제2판

남북한 체제통합론

이론 · 역사 · 정책 · 경험

김계동 지음

명인문화사

남북한 체제통합론, 제2판

이론·역사·정책·경험

제1쇄 펴낸 날 2020년 8월 25일

지은이 김계동
펴낸이 박선영
디자인 전수연

펴낸곳 명인문화사
등 록 제2005-77호(2005.11.10)
주 소 서울시 송파구 백제고분로 36가길 15 미주빌딩 202호
이메일 myunginbooks@hanmail.net
전 화 02)416-3059
팩 스 02)417-3095

ISBN 979-11-6193-031-2
가 격 23,000원

이 도서의 국립중앙도서관 출판예정도서목록(CIP)은 서지정보유통지원시스템 홈페이지(http://seoji.nl.go.kr)와 국가자료종합목록 구축시스템(http://kolis-net.nl.go.kr)에서 이용하실 수 있습니다. (CIP제어번호 : CIP2020033311)

간략목차

1장 서론 1

제1부 체제통합의 분석틀

2장 통합의 개념과 이론 11

제2부 체제의 갈등과 통합의 역사

3장 분단, 전쟁과 대립의 역사 51

4장 통합의 초기과정: 교류협력의 제도화와 평화체제 구상 123

제3부 통일정책과 통일방안

5장 남북한의 통일정책: 합의통일 방안 237

6장 북한의 급변사태와 흡수통일: 가능성과 한계 294

제4부 통합과 통일의 국제사례

7장 독일통일 355

8장 예멘통일 408

9장 베트남통일 456

10장 결론 496

세부목차

서문 • xii

1장 서론 • 1

제1부 | 체제통합의 분석틀

2장 통합의 개념과 이론 • 11
1. 통합의 개념 • 12
1) 통합과 통일 • 13
2) 통합의 개념적 정의 • 16
2. 통합의 접근 방법론 • 19
1) 기능주의: 점진적 접근방식 • 22
2) 신기능주의: 점진적 접근의 한계에 대한 대안 • 26
3) 통합이론의 남북한관계와 한반도 통일 적용 • 30
3. 제도적 통합이론: 연합과 연방 • 38
1) 국가연합 • 39
2) 연방국가 • 42
3) 연합과 연방의 비교 • 46

제2부 | 체제의 갈등과 통합의 역사

3장 분단, 전쟁과 대립의 역사 • 51

1. 한반도의 분단과정 • 52
   1) 해방과 분할점령 • 54
   2) 미국과 소련의 점령정책 • 57
   3) 통일실패와 남북한 분단정부 수립 • 69
2. 한국전쟁: 무력통일 시도와 재분단 • 81
   1) 한국전쟁의 기원 • 81
   2) 한국전쟁에의 국제개입 • 87
   3) 전쟁의 전개 • 92
   4) 한국전쟁 휴전과 재분단 • 102
3. 한국전쟁 이후 남북한의 대립관계 • 106
   1) 무력침투와 군사충돌 • 106
   2) 1980년대의 테러행위 • 112
   3) 서해교전 • 116

4장 통합의 초기과정: 교류협력의 제도화와 평화체제 구상 • 123

1. 냉전시대 남북한의 상호정책: 기능주의와 연방주의의 조우 • 124
   1) 7·4공동성명과 남북한의 정치적 의도 • 125
   2) 남북한의 상호접근방식의 차이 • 130
   3) 1980년대 비정치분야의 대화: 체육회담과 경제협력 모색 • 132
2. 탈냉전시대의 남북한관계 • 135
   1) 북한의 체제위기와 남한의 적극적 대북정책 • 135
   2) 북한의 유연한 전략과 기본합의서 체결 • 140
   3) 북한 핵문제의 등장과 북한의 '통미봉남'정책 • 149

3. 한반도의 탈냉전: 화해 · 협력시대의 모색 • 151
1) 정경분리 원칙에 의한 대북 포용정책: 새로운 기능주의 접근 • 152
2) 첫 정상회담개최: 정치적 신뢰구축 추진 • 156
3) 정상회담 이후 신뢰구축의 전방위화 • 160
4) 남북한 교류·협력의 제도화: 심화와 확대 • 167
5) 남북한관계의 퇴보와 활로 모색 • 180
4. 김정은시대의 남북한관계 • 197
1) 박근혜시대의 남북한관계 • 198
2) 문재인시대의 남북한관계 • 203
5. 통합과정으로서 한반도 평화체제 • 214
1) 한반도 평화의 제도화 모색 • 214
2) 평화협정 체결과 평화공동체 구상 • 219
3) 남북한 군비통제 • 223

제3부 | 통일정책과 통일방안

5장 남북한의 통일정책: 합의통일 방안 • 237
1. 남한의 통일정책 • 238
1) 남한 통일정책의 기조와 방향 • 239
2) 남한의 통일접근 방법과 통일안 • 245
2. 북한의 통일정책 • 256
1) 북한 통일정책의 기조와 방향 • 257
2) 북한의 통일 접근방법과 통일안 • 269
3. 남북한 통일정책 비교 • 286

6장 북한의 급변사태와 흡수통일: 가능성과 한계 • 294

1. 북한 급변사태 시나리오 • 298
   1) 북한 급변사태 발생 가능성 • 298
   2) 북한 급변사태의 유형 • 300
   3) 급변사태 시나리오 평가와 전망 • 304
2. 흡수통일에 대한 국제법적 분석 • 307
   1) 한국정부의 관할권 범위와 북한의 국가성 • 308
   2) 역사적 사례: 한국전쟁 시 북한 통치를 위한 유엔 결의안 • 312
3. 북한 급변사태 시 국제개입 가능성 • 316
   1) 북한 급변사태에 대한 각국의 입장 • 316
   2) 북한 급변사태 시 국제관리: 가능성과 방향 • 331
   3) 북한 급변사태 유형별 국제개입 요건 • 337
   4) 국제개입의 가능성 판단 • 340
4. 북한의 국제관리와 한국의 통일정책 • 344
   1) 북한 급변사태 이후 국제관리 시 피해야 할 상황 • 345
   2) 국제관리 이후 통일 유도 방안 • 349

제4부 통합과 통일의 국제사례

7장 독일통일 • 355

1. 동서독의 분단과정 및 적대정책 • 357
2. 서독의 동방정책 추진 • 359
3. 통일 이전 양독 간의 교류 · 협력 상황 • 365
   1) 경제교류·협력 • 365
   2) 인적교류 • 370

4. 동서독의 통일과정 • 374
1) 동독의 급변사태와 서독의 통일정책 모색 • 374
2) 동서독의 통합조약 체결과 국제적 승인 • 379
5. 분야별 통합추진 • 384
1) 경제통합 • 386
2) 사회통합 • 391
3) 군사통합 • 395
6. 독일통일의 평가 • 401

8장 예멘통일 • 408
1. 예멘의 지정학적 환경과 분단사 • 409
2. 남북 예멘의 비교 • 412
1) 정치체제 • 413
2) 경제와 사회 • 417
3) 남북 예멘의 종합적 비교 • 420
3. 남북 예멘의 통일과정 • 422
1) 제1기(1972~1978년): 화해·공존 기간 • 423
2) 제2기(1979~1986년): 통일촉진 단계 • 426
3) 제3기(1986년 1월~1990년 5월): 통일완성 단계 • 429
4. 분야별 통합추진 • 433
1) 정치통합 • 433
2) 경제통합 • 436
3) 군사 및 사회·문화통합 • 437
5. 합의통일의 실패 • 439
1) 통합의 문제점 발생 • 440
2) 통합의 실패과정 • 441
3) 통합실패의 원인 • 445
6. 예멘통일의 평가: 한반도 통일에의 시사점 • 453

9장 베트남통일 • 456
1. 베트남의 분단과정 • 457
2. 평화통일 추진 실패와 베트남전 확대 • 464
3. 베트남전 종전을 위한 평화협상 • 469
4. 휴전의 실패와 공산화 통일 • 473
5. 남베트남의 공산화와 통일정부의 수립 • 476
6. 통일 이후 양 체제의 통합과정 • 480
1) 정치통합 • 480
2) 경제통합 • 484
3) 사회통합 • 488
7. 베트남통일의 평가 • 491

10장 결론 • 496

주 • 511
참고문헌 • 525
찾아보기 • 537
저자소개 • 540

도해목차

표

2.1 국가연합과 연방국가의 비교 ········ 48
3.1 한국전쟁 기간 인명피해 ········ 105
3.2 북한의 주요 대남 공작 및 무력대결 일지(1970년대 이후) ········ 121
4.1 남북한 기본합의서의 구성 ········ 144
4.2 김대중정부 전후 남북한관계 비교 ········ 165
4.3 연도별 인적교류 현황 ········ 179
4.4 남북교역 현황 ········ 179
4.5 분야별 남북회담 개최 현황 ········ 182
4.6 남한정부별 대북 인도적 지원 ········ 196
4.7 한국의 대북 인도적 곡물 지원 ········ 196
4.8 불가침협정과 평화협정의 차이점 ········ 220
4.9 군비통제와 군비축소의 개념 비교 ········ 225
5.1 남북연합의 기구 ········ 248
5.2 남북한 통일안 비교 ········ 289
7.1 동서독 간 교류·협력형태 변화단계 ········ 366
7.2 1980년대 동서독 간 무역현황 ········ 367
7.3 통일독일 주요지표 ········ 385

7.4 통일 당시 동서독 경제력 비교 ······ 387
7.5 통일 이전 동서독 병력 비교 ······ 396
8.1 통일전 남북 예멘 비교 ······ 421
8.2 통합 후 예멘의 주요 경제지표(1990~1992년) ······ 437

글상자

3.1 북방한계선(NLL) ······ 117
4.1 개성공단사업 ······ 170
4.2 거시적 통합이론: 초국가주의와 정부간주의 ······ 223

서문

남북한관계는 기복이 매우 심하다. 남한의 대통령이 평양 시민들 앞에서 평화와 비핵화를 내용으로 한 연설을 하는가 하면, 화해의 상징으로 건설한 남북한 연락사무소를 북한이 폭파하는 장면도 연출되었다. 이제는 남북한 사이에 대화와 협상을 하여 긍정적인 결과가 나와도 과연 이러한 분위기가 얼마나 지속될지 의문을 가지게 된다. 이제는 좋은 관계가 나빠져도 의례 그런 거라고 생각하면서 과거와 같은 관심을 가지지 않게 되었다.

통일에 대한 담론도 마찬가지가 되었다. 80년 가까이 분단된 체제에서 살아오면서 통일에 대한 시각도 많이 무뎌졌다. 특히 젊은 세대들에게 통일은 주요 관심사가 아닌 것으로 되어 가고 있다. 지금의 한국 수준으로 국력이 발전하고 살기 좋은 나라가 되었는데, 왜 통일을 해야 하는가? 통일은 하면 좋기는 하지만, 많은 난관과 고통이 수반될 통일을 반드시 해야만 하는가라는 생각을 하는 사람들이 늘어나고 있다.

남북한이 이웃국가로 지내는 것이 분단의 고통을 극복하는 데 더 낫지 않는가? 이러한 의문을 제기하는 사람들이 늘어나고 있다. 70년 이상을 통일을 추구해 왔지만, 통일은 커녕 남북한이 관계개선도 제대로 이루지 못한 데 대한 회의감이 팽배해 있다. 북한과의 이웃관계를 우선적으로 모색해야 한다고 주장하는 사람들은 북한을 하나의 국가로 인정하여 남북한이 일종의 외교관계를 가지는 것이 바람직하다고 강조한다. 남북한이 이웃국가로 존재하면서 연합체제로 발전했다가, 기회가 되면 통일을 하는 과정을 생각하는 것이 합리적이라는 생각을 한다.

이 책은 통일을 어떻게 이룰 것인가에 대한 해답을 제시하기 위하여 쓴 책은 아니다. 단지 남북한관계의 현상적인 사실을 규명하고 분석하여, 한반도의 평화와 통일로 나아가는 과정을 체계적으로 연구할 수 있는 기초를 제공하기 위하여 수행된 연구결과이다. 남북한의 평화와 통일문제를 체제통합의 관점에서 살펴보았다. 독일, 예멘, 베트남의 통일사례를 보면 나타나듯이 분단국의 통일문제는 매우 복합적이기 때문에 단순한 방법론으로는 종합적이고 논리적인 분석이 불가능하다.

이 책은 남북한 통일과정 및 통일 이후의 체제통합에 대한 모든 문제를 '이론, 역사, 정책, 경험'이라는 4가지의 분석틀을 가지고 규명, 해석 및 전망을 하기 위해 노력하였다. 유럽통합에서 제시된 통합이론을 틀로 하여 통일을 결과가 아니라 과정의 차원에서 '통합'의 개념으로 들여다봤다. 미래에 이루어질 통일을 과거의 연속선상에서 전망하기 위하여 분단으로부터 현재까지 한반도에서 발생한 역사적 사실들을 객관적으로 분석하였다. 통일은 한반도에 사는 모든 주민들이 이루는 것이지만 그들을 대표하는 당국의 정책이 주도할 것이라는 측면에서 현재 남북한 정부가 택하고 있는 통일정책을 살펴보고 비교하였다. 지금까지 이루어진 다른 나라의 통일사례는 합의, 흡수, 무력 통일의 경험 모두를 보여주고 있다. 어떻게 하면 통일이 성공할 수 있고, 어떻게 하면 실패하는지에 대하여 경험적 교훈을 주고 있기 때문에, 이에 대한 연구는 우리가 가장 앞선 방식의 통일을 할 것이라는 기대감을 안겨 주고 있다.

다양한 방법론과 입체적인 시각을 바탕으로 하여 이루어지는 이 연구는 다차원적인 활용이 가능할 것이다. 이제 막 통일문제에 대하여 입문하는 학생들에게 편향적 시각을 배제하고 균형된 지식을 함양할 수 있는 교과서로서의 역할을 할 것이다. 통일정책을 수립하고 이행하는 정부 기관의 담당자들과 북한에 진출하려는 기업인들에게는 그들 작업의 기초자료로 활용될 것이며, 북한과 남북한 관계를 소상하게 알고 싶어 하는 일반인들에게는 상식의 지평을 넓혀 주는 서적이 될 것이다.

이 책은 2006년 명인문화사의 설립 이후 제1호로 출판된 책이다. 15년이 지났지만 통일에 대한 논의의 핵심은 변한 것이 많지 않다. 다만 제1판 출판 시 미흡했던 연구를 보충하여 제2판을 준비하게 되었다. 15년 동안 이 책을 활용하여 통일에 대한 지식을 함양하고, 강의에 교재로 사용해 주고, 정책수립에 기초자료로 활용해 주신 모든 분들께 감사드리고, 이 새로운 개정판이 더 나은 활용도를 가졌으면 하는 것이 저자의 바람이다. 대중적인 인기가 많지 않은 이 책의 2판을 기꺼이 출판해 준 명인문화사의 박선영 대표와 전수연 디자이너에게 감사의 마음을 표한다.

2020년 8월

저자 김계동

1장

서론

남북한이 왜 통일을 하여야 하는가? 과거에는 거의 무조건적으로 통일을 해야 한다는 대답을 했는데, 왜 해야 하느냐고 물어보면 대답이 쉽게 나오지 못한다. 최근에 와서는 통일을 꼭 해야 하느냐고 답변하는 사람들이 많이 늘었다. 아마 가장 큰 이유는 우리가 분단되어 살고 있다는 사실을 언제부터인가 잊지는 않았지만, 이제는 생활화되어서 그리 중요하지 않게 여기며 살고 있기 때문일 것이다. 이미 분단된 남쪽은 국제적으로나 국내적으로 주권국가로서 경쟁력을 갖추고 있으며, 북한도 마찬가지로 이제는 주권국가로 인정을 받기 때문일 것이다. 통일이 되지 않더라도 살아가는 데 아무런 어려움을 느끼지 못하기 때문에 통일의 필요성을 크게 느끼지 않게 된 것이다.

그렇다고 통일을 할 필요가 없다고 명시적으로 대답하는 사람들은 아직 많지 않다. 남북한은 하나의 민족이기 때문에 통일을 하여야 한다는 것이 통일의 필요성에 대한 가장 간단하고 명료한 대답이다. 역사적으로 하나의 국가를 유지해 온 하나의 민족이기 때문에 하나의 민족국가 내에서 살아야 한다는 당위성의 논리이다. 통일하는 과정에서 많은 갈등과 모순적인 요소가 등장할 가능성이 있고, 막대한 통일비용이 소요되더라도 남북한은 동일언어를 사용하고 동일역사를 지니고 있으며 동일문화 속에 살고 있는 동일민족이기 때문에 통일이 국가와 민족의 지상목표인 것이다.

분단 이후 남북한 간의 상호보완적인 경제체제가 분리됨으로써 남북한 양측의 국민경제가 어려워졌고, 분단으로부터 비롯되는 군사대립으로 군비확충을 하다 보니 국민들에게 풍요로운 삶을 보장할 수 있는 국가운영체제를 확립하지 못했다. 따라서 분단의 고통과 분단으로부터 오는 부담을 피하면서 국민들이 보다 '질 높은 삶'을 영위하기 위하여 통일하여야 한다는 명제는 통일이 이루어지는 날까지 잊혀지지 않을 것이다. 인간의 자유와 기본권이 보장되고 민주적인 방법으로 공동체를 형성하면서 정의로운 사회를 구현하는 질 높은 삶을 위하여 통일을 하여야 한다는 것이다.

통일이 되면 모든 것이 해결될 것이라는 생각은 금물이고, 통일은 실패할 가능성도 높다. 1990년에 이루어진 예멘의 합의에 의한 평화통일이 4년 후에 실패한 사례를 보면, 통일된 국가가 국민의 삶을 향상시켜 줄 수 있느냐의 문제가 통일의 성공여부와 직결되어 있음을 알 수 있다. 막연하게 통일만 되면 경제문제 등 모든 것이 해결될 것이라는 낙관론은 차라리 통일이 이루어지지 않는 것보다 못할 수 있다. 따라서 통일의 접근은 신중해야 한다. 유럽이 1952년부터 수십 년에 걸쳐 통합을 해 오면서 통합에 대한 개념을 정립하고 다양한 통합이론을 만들어 내는 등 방법과 절차에 대한 중요성을 강조하면서 통합을 해 왔듯이, 분단국의 통일도 통일의 개념이 무엇인지를 확인하고, 통일에의 접근을 위한 과정과 방법론에 관심을 기울여야 할 때가 온 것이다.

우리는 1990년 냉전의 종식과 함께 이루어진 독일과 예멘의 통일 이전까지만 해도 분단국은 통일만 되면 민족화합과 국력상승을 누릴 수 있을 것이라는 환상에 젖어 있었다. 그러나 독일과 예멘의 통일과정이 순탄치 않게 진행되는 것을 보면서 통일은 생각했던 것보다 훨씬 어렵다는 점을 알게 되었다. 독일의 통일은 어렵게 성공했고 예멘은 실패했다. 이러한 어려움을 겪은 이유는 통일에 대한 준비가 부족했기 때문이고, 통일 자체가 냉전 종식에 의해 갑작스럽게 이루어졌기 때문이다.

이러한 점을 피하기 위해서는 통일을 하나의 과정이라 생각하고 점진적인 통합방식을 준비해야 한다. 독일과 예멘의 사례를 보면서 통일에 대한 준비가 제대로 되어 있지 않으면 통일을 이루더라도 통일국가의 유지가 어려울 수도 있다는 점을 알게 되었다. 양측이 합의에 의한 통일을 하더라도 오래 전부터 통일에 대한 준비가 되어 있어야 통일과정에서 동질감을 회복하고 진정한 의미의 '하나'가 될 수 있는 것이다. 흡수통일의 경우에도 상대방의 급진적인 붕괴상황을 안정적으로 대처하기 위해서는 위기관리 측면에서의 대비책이 필요하다. 그리고 상대 체제를 흡수하는 과정에서 제기될 국제법적 요인에 대한 논리도 확고해야 한다.

이러한 난관과 실패 가능성을 극복하기 위해서 분단부터 통일까지 이어지는 과정, 통일 이후 양 체제를 합치는 과정을 '통합'이라는 개념으로 정리하는 등 분단국을 합치는 문제에 통합의 개념을 적용하는 것이 바람직하다. 세계적으로 가장 오랜 시일에 걸쳐 가장 큰 규모로 통합이 이루어지고 있는 유럽의 점진적 통합의 경험이 분단국 통일의 모델로 제시되고 있다. 1952년 유럽석탄철강공동체(ECSC)로부터 시작되어, 유럽경제공동체(EEC)와 유럽공동체(EC)를 거쳐 현재 유럽연합(EU)까지 유럽통합의 단계적 심화과정을 보면서 분단국의 통일도 결국은 이러한 단계를 거치지 않고는 안정적인 통일을 이루기 어려울 것이라는 인식을 하게 된 것이다.

1990년대 이후 분단국을 합치는 문제에 대하여 통합이라는 개념을 적용하여 방법론을 모색하고 있지만, 유럽통합과 같은 국가 간의 통합과 분단국의 통일 사이에는 근본적인 차이점이 존재하고 있다. 첫째, 유럽연합과 같은 국가 간의 통합은 대체로 상이한 민족에 의하여 구성된 국가들 간의 통합인데 반하여 분단국의 통일은 하나의 민족이 일시적인 사유에 의하여 분단되었다가 재통일을 하는 것이다. 둘째, 유럽통합과 같은 국가 간의 통합은 비슷한 성향의 국가들끼리, 대체로 체제와 이념이 유사한 국가들끼리 통합을 하는 것인데 반해, 분단국은 체제와 이념이 상이하기 때문에 분단이 되었고 따라서 체제와 이념이 상극적인 두 체제 또는 국가가 합치는 것이다.

이러한 근본적인 차이점이 존재하는데 왜 분단국을 합치는 데 있어서 통합이라는 개념을 적용시키는가? 1990년 독일과 예멘의 통일과정을 지켜보면서 통일을 전후하여 발생하는 문제점들에 대하여 새롭게 자각하면서 통합을 논의하게 되었다. 한국인들은 1989년 세계 냉전이 끝나면서 이듬해 독일과 예멘이 통일되는 것을 보면서 상당히 부러워했다. 한반도의 분단도 냉전의 부산물인데 세계 냉전이 종식되었음에도 무슨 이유로 한반도의 통일은 이루어지지 않는가에 대하여 많은 의구심을 가지게 되었다.

언제 이루어질지 모르는 통일에 대하여 사전에 준비를 하는 것도 중요하지만, 통일을 향한 양 분단체제 사이의 화해와 협력을 위해 현안문제에 대해 적극적이고 상호 이해를 바탕으로 한 정책을 추진하는 것도 중요하다. 통일을 이루어 나가는 데 있어서 가장 크게 대두될 장애요인 중의 하나는 경제문제일 것이다. 정확한 통일비용과 편익의 계산이 이루어져야 한다. 경제적으로 통합에 소요되는 각종 비용의 계산은 물론이려니와 통일 이후의 삶이 분단시대의 삶보다 더 낫게 할 수 있는 종합적 통일 경제정책의 수립이 필요하다. 비록 통일 직후 많은 시행착오를 거쳤지만 독일이 서독의 막강한 경제력을 바탕으로 비교적 단시일 내에 양 체제의 통합을 완수한 사례에서 보듯이, 통일의 성공과 경제력의 크기 사이에는 밀접한 관계가 있음을 알 수 있다.

지정학적으로 강대국들에 의해 둘러싸인 한반도는 외교 및 안보적인 측면에서 주변국들로부터의 위협과 경쟁을 극복하고 민족의 생존과 번영을 위해서도 통일이 필요하다. 세계가 동서 양 진영으로 분리되어 대립하였던 냉전시대에 남북한은 강대국들과 동맹을 체결하여 안보를 유지했다. 남한은 한미상호방위조약의 틀 내에서 미국에 의존하였고, 북한은 중국 및 소련과 동맹조약을 체결하여 안보를 유지했다. 그러나 세계 냉전이 끝나면서 동북아에는 새로운 형태의 경쟁, 갈등과 대립이 시작되었다. 이러한 상황에서 분단된 남북한은 주변국들의 '두개의 한국정책(Two Korea Policy)'에 의하여 분할통치(divide and rule)의 희생양이 될 우려가 높아졌다. 따라서 동북아의 중심에 위치하고 있는 남북한이 통일을 하지 못하고 대립을 지속한다면, 한반도는 주변국들의 동북아에서의 영향력 확대를 위한 방편으로 악용될 소지가 크다고 하겠다.

대외적인 측면을 좀 더 확대된 개념으로 살펴보면 동북아와 세계의 평화를 위해서 한반도는 통일되어야 한다는 것이다. 국제정치 학자들은 세계에서 분쟁이 발생할 가능성이 가장 높은 지역으로 중동이나 한반도를 지적한다. 특히 한반도는 좁은 지역에 200만 명 가까운 군대가 대량살상무기를 비롯한 최신 첨단 무기를 보유한 채 대립하고 있기 때문에 세계 어느 곳보다도 긴장이 높은 지역이다. 한반도가 통일되어 분쟁위협이 소멸되면, 통일 그 자체가 동북아 및 세계평화에 기여하는 것이다.

이러한 통일의 당위성과 정당성보다는 통일과정을 보다 중요하게 다룬 이 책의 내용은 크게 4개의 분야 — 이론, 역사, 정책, 경험 — 로 분리되어 남북한 체제통합을 설명하고 있다. 첫째, 이론분야에서는 통합의 개념을 분석하고 두 가지 차원에서의 통합이론을 설명한다. 하나는 통합접근 방식으로서의 통합이론으로 유럽통합에서 제시된 기능주의와 신기능주의를 살펴보고, 다른 하나는 제도적 차원에서의 통합이론으로 남북한의 통일방안을 설명하기 위한 틀로써 연방과 연합을 심층 분석한다. 그리고 이러한 이론들을 남북한관계 및 통합에 대입하여 평가한다.

둘째, 통합과정을 역사적 차원에서 살펴볼 것이다. 1945년 38선 분단으로부터 시작되어 한국전쟁을 거치면서 분단이 고착화되는 과정은 향후 통일을 추진하는 데 있어서 중요한 참고사항이 될 것이다. 이와 더불어 한국전쟁 이후 남북한관계는 적대상태를 지속하였으며, 데탕트의 세계질서가 이루어진 1970년대부터 제한적인 대화를 시작했다. 1980년대 후반부터 시작된 남북한 간의 교류와 협력은 남북한의 긴장완화, 상호 이해, 동질성 회복을 거쳐 평화와 통일을 이루는 데 중요한 역할을 할 것으로 기대되었다. 여기서는 분단사 및 남북한관계 변천사와 더불어 통일의 직접적 단계라 할 수 있는 한반도 평화체제와 남북한 군비통제에 대하여도 심도 있는 분석을 할 것이다.

셋째, 남북한의 통일정책을 구체적이고 심층적으로 연구할 것이다. 남북한이 분단과 전쟁 이후 추진하고 있는 통일정책을 분석하고, 통일정책의 핵심이 되는 통일방안에 대한 연구를 할 것이다. 2000년 6월 15일 남북한 정상회담 공동선언 제2항에서 언급된 '남한의 연합제와 북한의 낮은 단계 연방제'의 공통점을 분석하기 위하여 남북한이 제시한 통일방안을 면밀히 분석할 것이다. 합의통일을 전제로 한 남북한의 통일방안은 정치적 성격이 짙고 평화공세적인 측면이 있으나, 남북한 정부가 공식적으로 제시한 안이기 때문에 자세히 연구할 필요가 있다.

흡수통일에 대해서도 정치적, 외교적, 국제법적 차원에서 면밀하게 설명할 것이다. 우선 흡수통일의 전제조건이 되는 북한 급변사태의 유형과 가능성을 살펴본다. 흡수통일의 국제법적 제한사항에 대해서는 남한정부의 북한지역에 대한 관할권 보유 여부, 그리고 북한지역의 국가성에 대해서 분석한 후, 북한의 급변사태 발생 시 한국이 단독으로 흡수통일 할 수 있는지, 아니면 국제관리가 실시될 것인지에 대해서 전망한다. 만약 북한지역에 국제관리가 실시된다면 한국은 어떠한 입장과 정책을 추구해야 하는지에 대해서도 면밀하게 분석한다.

마지막으로 독일, 예멘, 베트남의 통일사례를 살펴 볼 것이다. 이 국가들은 합의, 흡수, 무력 등 통일의 세 가지 유형을 전부 보여 주었고, 통일의 부정적 측면도 적나라하게 보여 주었다. 어떻게 하면 통일이 실패하는지에 대하여도 중요한 교훈을 남겼다. 따라서 한반도의 통일은 이들의 긍정적이고 부정적 측면을 모두 경험했기 때문에 가장 훌륭한 통일을 할 수 있을 것으로 기대된다. 따라서 이 책에서는 세 국가들의 분단, 통일, 통합과정을 입체적으로 자세히 검토할 것이다.

제1부

체제통합의 분석틀

2장

통합의 개념과 이론 _ 11

유럽통합과 같은 국가 사이의 통합을 분석하는 이론적 틀로는 기능주의와 신기능주의, 그리고 연방주의가 대표적으로 존재하나, 분단국의 통일에 대한 분석틀은 존재하지 않는다. 유럽통합은 통합이론에 의해 해석과 설명이 되는 동시에 통합이론을 기본틀로 하여 통합이 추진되는 데 반하여, 지금까지 이루어진 독일, 예멘, 베트남 등의 분단국 통일은 이론적인 뒷받침이 없이 즉흥적으로 이루어진 것이 사실이다. 이 국가들은 대내외적 상황이 통일을 유도하는 방향으로 전개되어 전격적으로 통일이 된 것이지, 이론적인 뒷받침을 가지고 단계적인 과정을 거쳐서 통일이 이루어진 것이 아니다.

냉전대립에 의해서 이루어진 분단국들 중에 마지막 남은 한반도 통일은 과거의 다른 통일 사례들을 보면서, 특히 통일과정의 어려움을 보면서 어느 정도 이론적인 배경을 논하게 되었다. 특히 분단국의 통일은 점진적이고 단계적으로 이루어져야 한다는 측면에서 유럽통합에서 제시된 통합이론들을 원용하여 분석틀로 활용하는 것이 바람직하다는 시각이 대두되고 있다. 통일 접근방식으로 통합이론의 기능주의와 신기능주의의 설명이 도움이 되고, 통일국가 형성 방식에 있어서는 연방과 연합에 대한 이론이 토대가 될 수 있다.

2장

통합의 개념과 이론

1. 통합의 개념 … 12
2. 통합의 접근 방법론 … 19
3. 제도적 통합이론: 연합과 연방 … 38

통일은 기본적으로 영토와 민족의 통합을 의미한다. 따라서 분단국이 통일되었다는 의미는 분단된 두 체제가 한 국가를 형성하는 것, 즉 하나의 영토와 하나의 국민을 가진 나라로 된다는 것을 의미한다. 최근 들어 통일을 논할 때 통합의 개념이 자주 등장한다. 통일과 통합은 서로 대체되어 사용되기 때문에 동일하거나 유사한 측면이 있지만, 자세히 들여다보면 분명한 차이점이 존재한다. 통일은 완전히 하나가 되는 결과적인 성격이 강한 반면, 통합은 하나로 되어가는 과정을 의미한다.

통합은 크게 나누어서 국가 간의 통합과 국내적인 통합의 두 가지 유형이 있는데, 분단국의 통합은 이 두 가지를 모두 내포하고 있다. 남북한과 같이 분단이 고착화되면서 주권국가로 발전된 두 체제가 하나로 뭉치는 것은 국가 간 통합의 의미를 가지며, 내부적으로 분열된 민족을 재결합하는 것은 국내적인 통합의 성격을 가진다. 이러한 의미에서 통합의 개념은 흩어져 있는 인간 집단이 하나의 공동체를 만들어 가는 과정 또는 공동체가 일체감을 유지하는 조건이 충족된 상태라 할 수 있다.

분단국의 통일문제는 1980년대까지만 하여도 이상적 차원에서 민족적 정체성을 확인하고 결합하는 측면에서 접근되었다. 그러나 냉전이 끝나면서 1990년에 이루어진 독일과 예멘의 험난했던 통일과정을 지켜보면서 통일은 이상적 차원에서 열정만 가진다고 되는 것이 아니고, 실질적으로 많은 연구와 준비를 하여야만 통일과정에서의 장애를 제거할 수 있고, 통일 후 실패를 막으면서 국가번영을 도모할 수 있다는 것을 인식하게 되었다.

이에 따라 분단국의 통일을 이론적으로 접근하려는 노력이 시작되었고, 통일을 민족적 당위성보다는 현실적이고 기술적(technical)으로 접근하려는 시도를 하게 되었다. 유럽통합의 부산물이라 할 수 있는 통합이론을 연구하고, 이를 분단국 통일방식에 접목하려는 연구도 시작되었다. 통합이론을 분단국 통일방식에 적용하는 데 대하여 반론도 있지만, 유용한 측면도 많다는 논리에 의거 이 장에서는 체제통합의 기본 틀로서 통합이론을 다루고, 이를 남북한의 통일정책에 대입하여 보고자 한다.[1)]

1. 통합의 개념

통일과 비교적 측면에서 정의하면 통합의 개념은 '과정(process)'이다. 각 기능별로 교류·협력을 비롯한 접촉이 통합을 유도하고, 이 기능별 통합이 모이면 전체의 통합 또는 통일이 된다는 논리이다. 분단국 통일에 적용시키는 통합의 개념은 이처럼 유럽에서 파생된 통합의 개념과 완전히 동일하지는 않다. 통합 또는 통일의 환경, 목적, 주체의 성격이 다르기 때문이다. 또한 통일의 경우 합의, 흡수, 무력통일 등 다양한 시나리오가 있으며, 흡수나 무력통일의 경우에는 통합의 개념이 통일까지 가는 '과정'뿐만 아니라, 통일 이후에 추진되는 '결과'도 포함한다.

통합의 개념은 유럽통합을 연구하는 학자들에 의하여 정형화되었지만, 분단국 통일의 과정 또는 결과로써의 통합의 개념은 통일의 개념과 비교할 때 더욱 명확해 질 수 있다. 따라서 이 절에서는 우선 통합과 통일의 개념을 비교한 후 통합의 개념을 살펴보겠다.

1) 통합과 통일

통합의 개념은 유럽통합으로부터 정형화되었다. 20세기 전반기에 두 번의 세계대전을 치른 유럽의 주요 국가들은 다시는 유럽에 전쟁이 발생하지 않도록 하자는 목적과 의지를 가지고 통합을 추진했다. 1945년 제2차 세계대전이 끝나고 미국과 소련을 중심으로 한 동서 양 진영의 체제와 이념의 차이에 따른 냉전이 격화되면서 서유럽국가들은 군사적으로 미국을 중심으로 한 북대서양조약기구(NATO: North Atlantic Treaty Organization)를 결성하고 경제적으로는 통합을 추진하였다. 따라서 유럽통합은 서로 다른 민족, 서로 다른 국가 간의 통합이었으며, 이러한 의미에서 한 민족이 두 체제 또는 두 개의 국가로 분리되었다가 재결합되는 통일과는 개념상 차이가 있다. 통일은 기본적으로 영토의 통합을 의미한다. 따라서 분단국이 통일되었다는 의미는 분단된 두 체제가 한 국가를 형성하는 것, 즉 하나의 영토와 하나의 국민을 가진 나라로 된다는 것을 의미한다.

통합이 완성된 상태가 통일이며, 따라서 통합은 통일과정에서 이루어지는 결합상태라 할 수 있다. 대체로 통합은 국가를 단위로 하여 이루어지는 반면, 통일은 민족을 단위로 이루어진다. 통합에는 다양한 하위체제 또는 기능적 결합이 존재할 수 있지만, 통일은 국가만이 대상 또는 목표로 추진된다. 통일은 '정치적 주권의 융합이 전제되는 종합적인 결합상태'로 규정되며, 통합은 '분야별 혹은 부분적인 결합상태'로 규정될 수 있다. 따라서 통합은 각 분야에서 상이한 두개의 객체가 일원적인 관계로 결합하는 것이며, 통일은 모든 분야에서 통합이 성취되어 분열된 두 주권 객체가 하나의 국가를 구성하는 의미를 지닌다.[2)] 이러한 점에서 통일이 통합보다 상위의 개념이라고 할 수 있지만, 원활하고 성공적인 통일을 위해서는 통합과정을 거치는 것이 바람직하다.

통일을 하기 위해서는 통합의 과정을 거치는 것이 현실적이고 바람직하다는 주장을 하지만, 유럽통합과 분단국 통일을 비교해 보면 여러 측면에서 차이점이 존재하고 있다. 첫째, 유럽통합은 체제와 이념이 동일한 또는 유사한 동맹국 또는 우호국들 간에 추진되고 있다. 유럽이 냉전의 시작과 더불어 동서로 분열되면서 동유럽을 제외한 서유럽국가들이 통합을 추진한 반면, 분단국 통일의 경우 체제와 이념의 차이에 의한 냉전의 부산물로 분단되어 상호간 적대적·대립적인 관계를 유지하다가 하나가 되는 것이다. 따라서 유럽통합은 체제와 이념이 유사하거나 동일한 주체들이 하나로 합쳐 나가는 것이고, 통일은 체제와 이념이 상이한 두 주체가 합치는 것이다.

둘째, 유럽통합은 경제발전과 역내 안정이라는 공동이익을 추구하는 목표를 가진 데 반하여, 분단국의 통일은 역사적·민족적인 일체감이라는 당위성을 바탕으로 하여 추구된다. 셋째, 유럽통합은 대체로 민족이 상이한 주권국가들의 결합이고, 분단국 통일은 동일민족이 이데올로기 대립에 의하여 분열되었다가 다시 합치는 것이다. 넷째, 유럽통합은 통합의 주체들이 시간을 가지고 단계적·점진적인 방식으로 통합을 하지만, 분단국의 통일은 통일의 세 가지 유형 중 합의통일을 제외하고 흡수통일이나 무력통일은 통일 주체들의 의지와는 별 관련 없이 급진적으로 이루어진다.

이러한 관점에서 일부 학자들은 분단체제를 하나의 국가로 합치는 통일과 국가 간의 통합의 개념은 상이하기 때문에 분단국 통일을 연구하는 데 통합의 개념이나 이론을 적용시키는 것은 합당하지 않으며 따라서 그런 작업을 할 필요도 없다고 주장한다. 이들은 통합은 '이상주의자들이 추구하는 탈근대 지향의 결합 현상'이고, 통일은 '현실주의자 또는 급진주의자들이 이해하는 부정적 결합 상태에서 민족국가로 회귀하는 결합 현상'이라고 주장한다.

통합과 통일을 별개로 보는 시각은 다음과 같은 측면에서 논리를 전개하고 있다. 첫째, 통합은 국가를 기본적인 분석단위로 하는 반면에, 통일은 민족을 기본 단위로 하기 때문에 두 현상 간에는 근본적으로 다른 '역학'이 존재한다고 한다. 둘째, 통합에서의 주된 행위 원칙은 '합리적인 이익'의 추구이지만, 통일의 동인은 '감성적인 열정'이라고 한다. 셋째, 통합은 조건의 형성과 그 진행과정에 중요성을 두어 '일단의 과정적 움직임의 총합'으로 인식하는 반면, 통일은 과정을 중요시하기보다는 결과적으로 어떠한 상태가 되었는가에 초점을 맞추는 '특정한 목표 지향의 완료 상황'으로 인식된다.[3)]

이러한 차이점 때문에 분단국의 통일문제는 국가 간의 통합과는 완전히 다른 접근이라고 생각되었다. 그러나 1990년대 들어서면서 분단국의 통일문제에 대하여 통합의 개념과 통합이론을 적용시키려는 움직임이 시작되었다. 특히 1990년 독일과 예멘이 통일되었으나 통일국가 건설 이후 양 체제를 통합하는 과정에 많은 문제점이 발생하여 통일의 장애요인으로 등장하면서 통일과정에 대한 중요성이 부각되었다. 특히 예멘의 경우 철저한 준비 없이, 국민적 공감대를 형성하지 못한 채 지도자들 간의 합의에 의한 조급하고 부실한 통일이었기 때문에 이에 대한 반면교사로서 통일과정을 연구하기 시작하였다.

다시 말해서 통일에 대한 환상을 갖고 통일국가 건설이라는 이상적인 목적을 추구하기보다는 통일에 도달하는 중장기적 과정을 중시하면서 통일에 따른 부정적 요인들을 극복하기 위한 현실적인 시각을 갖기 시작한 것이다. 궁극적으로 분단된 양 체제를 통합하는 분단국 통일에 통합이론을 대입하는 시도가 시작되었다. 분단된 두 체제가 통일되어 한 국가가 되면 민족의 불행이 끝나고 민족적 번영을 이룩할 수 있다는 당위론적인 시각에서 벗어나, 보다 과정을 중시하는 방법론적인 측면에 초점을 맞추면서 이질화된 양 체제를 효율적으로 통합하는 것이 통일국가가 장기적으로 생존과 번영을 누릴 수 있는 바탕이 된다는 시각을 가지게 된 것이다.

2) 통합의 개념적 정의

통합이라는 개념은 매우 복합적인 의미를 지니고 있다. 통일의 학문적 바탕이 되는 국제정치학에서 통용되는 통합은 '여러 부분들을 하나의 전체로 구성하게 하는 것 또는 상호의존을 산출'하는 것으로 정의된다. 많은 전문가와 학자들이 주장하는 통합의 개념을 종합하여 보면, 통합은 '기존의 국제질서와 현존하는 권위적 통치구조 양자를 급진적으로 재구성하는 것'이다. 따라서 통합의 개념은 국제정치적 시각과 국내정치적 시각을 모두 함유하고 있다.[4)]

하스(Ernst Haas)는 정치구조적인 측면에서 통합이란 "몇 개 국가의 정치행위자들이 그들의 충성심, 기대 및 정치적 행위를 명백히 구분되는 몇 개의 국가 내부의 무대에서 새로운 중심으로 전환하도록 설득 당하는 과정"으로 정의하였다.[5)] 이러한 하스의 개념을 이어 받아 린드버그(Leon N. Lindberg)는 정치행위의 측면에서 통합은 ① 국가들이 외교정책과 주요 국내정책을 독자적으로 추진하는 의지와 능력을 유보하고, 그 대신 공동의 정책을 수립하거나 정책결정체계를 새로운 중앙기구로 위임하도록 하는 과정, ② 다양한 분야에 있어서 정치적 행위자들이 그들의 기대와 정치적 활동을 새로운 중심으로 이전하도록 설득당하는 과정이라고 주장하였다.[6)]

따라서 국제적 차원에서의 통합은 둘 또는 그 이상 국가에 의한 정치적 과정의 제도화로 개념화될 수 있다. 다시 말해서 통합은 지역 또는 기능적으로 과거보다 포괄적인 체계의 차원에서 새로운 구조와 기능을 발전시키는 과정에 대한 개념으로 정의된다. 이에 따라 통일과정으로서의 통합은 하나의 단위체로 만들어 가면서 양측의 제도와 기능을 수렴해 가는 과정이라고 할 수 있다. 이러한 수렴은 대립적 상태를 벗어나 교류협력과 거래의 관계에 의하여 뒷받침된다.

한편, 일부 전문가 및 학자들은 통합을 과정이라기보다는 조건을 성취한 상태로 인식하였다. 에치오니(Amita Etzioni)는 정치공동체를 3가지 통합을 이룩한 공동체로 설명했다. 3가지 통합은 첫째, 폭력수단의 사용에 대한 효과적인 통제권을 보유하고, 둘째 자원과 보상을 분배할 수 있는 결정적 영향력을 갖고 있고, 셋째 정치적 의식이 있는 대다수 시민들에 대한 정치적 일체감의 지배적인 중심이라고 주장하였다. 도이치(Karl W. Deutsch)도 통합을 과정으로 보지 않고 조건이 이루어지는 상태로 인식하였다. 그는 통합의 개념은 "한 집단의 사람들이 일정 영역 내의 문제들에 대하여 평화적인 해결이 가능하다고 확신하기에 충분할만한 공동체 의식과 기구 및 관행을 갖게 되는 상태의 조건"이라고 주장하였다.[7)]

도이치는 통합의 의미를 비폭력적인 갈등해결, 평화적인 사회변화가 기대되는 안전공동체(security community)의 조건과 연계시켰다. 통합은 단순히 주민단위나 정부들이 하나의 단위체로 합쳐진 상태를 의미하는 것이 아니라 안전공동체가 되어야 한다는 것이다. 정치적 공동체의 의미를 함유한 안전공동체는 미국처럼 독립적인 정치 단위체들이 공통의 한 정부를 가지고 단일의 정치단위를 형성하는 융합적 안전공동체(amalgamated security community)와 각각의 정부가 법적으로 독립성을 유지하면서 공동의 목표를 달성하는 다원적 안전공동체(pluralistic security community)의 두 가지가 있는데, 융합적 안전공동체나 다원적 안전공동체를 형성하는 데 있어서 가장 기본적인 조건은 '가치의 호환성'이라고 주장하였다.[8)]

통합은 분야에 따라 경제통합, 사회통합, 정치통합의 유형으로 분류할 수 있다. 경제통합은 국가에 속한 경제단위 간의 차별을 없애는 것이며, 그 단계는 자유무역지역, 관세동맹, 통화동맹, 경제동맹, 전면적 경제통합이다. 사회적 통합은 국경을 초월하는 커뮤니케이션과 상호거래가 증가하여 최고조에 달하여 범국가적 사회가 형성되는 것을 말한다. 통상적으로 타국의 사회에서 발생한 변화에 대하여 자국의 사회가 동조적인 민감성을 발생시킬 때 사회적 통합이 나타난다고 할 수 있다.

정치적 통합은 2개 이상의 정치단위가 하나의 정치단위로 합쳐지는 것을 말한다. 일반적으로 통합이라고 할 때 정치통합을 의미하는 경우가 많으며, 정치통합이 이루어져야 완전한 통합을 이루었다고 할 수 있다. 헛지즈(Michael Hodges)는 통합을 "현재까지 분리되어 있는 정치체제들을 새로운 정치체제로 형성하는 것"으로 개념화하였다.[9] 따라서 정치통합이 분야별 통합 중에서 가장 어려운 것으로 인식되고 있다. 나이(Joseph S. Nye)는 정치통합이 이루어지기 위해서는 최소한 초보적인 기구를 갖추고 있고, 정책 형성과정에서 상호의존적이어야 하며, 상호 동일체 의식과 공동의 의무감을 가져야 한다고 주장하였다.[10]

이와 같이 통합의 고전적 의미는 정치통합에 치중되었으나, 최근 들어서는 통합을 보다 넓게 정의하고 있다. 월리스는 통합을 "이전에는 자율성을 가졌던 단위들이 상호작용(interaction)을 하는 강력하고 다양한 패턴을 창조하고 유지시키는 것"으로 정의하였다. 그는 '공식적' 또는 '비공식적' 통합을 구분하였다. 전자는 의도적인 정치행위의 결과로 나타나는 제도, 정책, 법률 등을 포함하고, 후자는 공식적이고 권위적인 개입이 없이 진전되는 과정을 의미하였다. 히곳(Richard Higgot)은 '사실상 구조적 지역화(de facto structural regionalization)'와 '법률상 제도적 경제협력(de jure institutional economic cooperation)'으로 구분하였다.[11]

종합적으로 분석해 보면, 통일은 통합과정을 거치는 것이 바람직하며, 통합의 개념은 제도적 또는 정치적 측면에서 하나의 공동체를 창설하기 위한 과정이라 할 수 있다. 따라서 통합은 국가 또는 집단들 간의 갈등을 해소한 이후 주권 또는 기득권을 포기하면서 다른 국가 또는 집단과 융합·병합하는 것이다. 각 주체들의 이익이 충족되면 통합이 구체적으로 추진되는데, 통합은 궁극적으로 주권과 기득권을 포기해야 하기 때문에 신중하게 추구된다. 갈등 상황에서 준비 없이 급진적으로 전면적인 통합을 실현하려는 절대적이고 급진적인 접근방식은 현실적으로 파국을 초래할 위험이 있는 융통성 없는 방안으로 평가된다. 두 개의 상이한 체제가 새로운 형태의 국가를 형성하기 위해서는 일단 공존하면서 다차원적 접근방식을 사용하여야 한다. 물론 체제와 이념의 동질성이 확보될 경우, 그리고 국가이익과 목표의 공통성이 존재할 경우 통합을 앞당기기 위하여 급진적인 통합방식이 유용할 수도 있다.

2. 통합의 접근 방법론

두 개 이상의 국가를 합치는 방법은 다양하다. 가장 기본적인 차원에서 점진적으로 합치는 방식이 있는가 하면, 급진적으로 합치는 방법이 있다. 남북한의 통일방안을 비교해 보면, 남한의 통일방안은 화해 협력, 연합, 통일국가건설 등 단계를 거쳐서 통일을 하는 것이고, 북한의 통일방안은 남북한이 합의하여 중앙에 연방정부를 수립하고 남북한이 각기 주권을 그 연방정부에 할양하는 급진적인 방식으로 통일을 하는 것이다. 두 가지 방식 모두 장단점을 지니고 있지만, 통일과정에 들어선 이후 완전한 통일국가가 이루어질 때까지 다양한 문제점이 등장할 가능성이 있기 때문에 이 문제들을 해결하기 위해서는 점진적인 방식으로 통일을 해 나가는 것이 바람직하다.

현재까지 세계적으로 분단국이 통일된 사례가 여러 차례 있다. 1975년 북베트남이 남베트남을 무력통일했고, 1990년 서독이 동독을 흡수통일했다. 같은 해 남북 예멘이 합의통일을 했는데, 복합적인 이유로 통일이 실패하여 1994년에 재분단이 되면서 내전이 일어나 북예멘이 남예멘을 무력으로 통일을 했다. 여기서 눈여겨 볼 점은 합의통일이 실패한 점이다. 합의통일은 장시간에 걸쳐서 민족 내부의 동질화 작업을 해야 하고 제도적으로도 효율성 있는 방식으로 단일화를 추구해야 하는데, 그 점에서 많이 미흡했다. 통일된 예멘 사람들이 아니라 남예멘 출신과 북예멘 출신으로 정체성이 분리되어 있었고, 군대통합과 행정통합도 제대로 이루어지지 않았으며, 이러한 비효율성 때문에 경제적으로도 퇴보했다.

지금까지 점진적으로 합의해서 통일을 할 경우 어떠한 방식으로 해야 하는가에 대한 공식은 나와 있지 않다. 유일하게 시도된 예멘의 합의통일이 실패했기 때문이다. 점진적인 합의통일이 성공한 사례가 없는 상황에서 합의통일에 참고할만한 사례로는 유럽통합이 가장 적실성 있고 바람직한 방식으로 판단된다. 유럽통합은 분단국통일과 다른 점은 있지만, 다른 체제, 다른 국가를 합친다는 대의에 있어서는 유사한 점이 존재하고 있다. 유럽통합을 대상으로 해서 나온 접근방식은 분단국 통일에 참고해도 거의 문제가 없는 것으로 판단된다.

1952년부터 시작되어 현재까지 70년 동안 통합이 추진되어 오기 때문에 유럽의 많은 학자들이 복합적으로 추진되고 있는 유럽통합에 대하여 다각도로 분석하였고, 그 파생물로 통합이론이 제시되었다. 유럽통합에 있어서 통합에 참여한 국가들의 국가이익, 국가 간의 관계, 정치적 고려, 국민적 합의 등이 통합의 촉진요인이 되기도 하면서 억제요인이 되기도 하였다. 이에 따라 통합에 참여한 국가의 일부는 각 국가가 주권을 보유한 상태에서 연합만 하기를 원하였는가 하면, 일부는 단일국가로 통합하여 연방국가를 형성하자는 주장을 하기도 했다. 이러한 국가들의 견해차, 추진과정 등을 분석하여 이론으로 제시한 것이 통합이론이며, 각 국가 또는 전문가의 견해가 다양했기 때문에 통합이론도 다양하게 제시되었다. 따라서 통합이론은 다양한 분석수준에서 연구가 되고 있으며, 이에 따라 통합이론 자체가 통합되고 있지 않고 다양한 가설들로 구성되어 있다는 평가를 받고 있다.[12] 분단국의 경우도 통일에 대한 남북한의 통일안이 다르고 각 전문가 및 학자들의 주장이 다르며, 이러한 주장들은 통합이론으로 설명이 가능하다. 따라서 통합이론을 한반도 통일이론에 접합시켜도 큰 무리가 없다.

통일의 경우와 마찬가지로 통합은 참여국들이 통합에 참여할 동기가 있어야 하고 통합절차나 통합 이후 체제에 대한 합의가 있어야 한다. 결국 통합이론은 각 단위체가 공동체 또는 기구를 형성하여 이를 통하여 민족 또는 국가의 이익과 세계적인 협력과 평화를 추구하기 위한 민족적 또는 국가적 노력을 이론화한 것이다. 따라서 통합이론은 "둘 또는 그 이상으로 분리되었던 국가가 어떠한 환경에서, 무슨 조건으로, 어떠한 과정을 거쳐서 새로운 초국가기구를 건설하느냐"라는 질문에 대한 답을 얻기 위하여 연구된 결과라고 할 수 있다. 이것이 바로 분단국의 합의통일의 접근방식과 동일한 것이다.

대체로 통합이론은 통합을 해석하는 데 있어서 다음과 같은 두 가지 측면을 바탕으로 하여 발전되어 왔다. 첫째, 통합을 추진하는 국가들이 공통된 가치를 가지고 단일체제에 대한 합의를 이루는 등 결속력을 유지하는 측면에 초점을 둔 통합이론이다. 둘째, 정치체제는 외부 힘의 존재나 위협 때문에 결속한다는 논리이다. 국제정치학 연구에 있어서 세계정부 지지자들은 폭력을 줄이는 열쇠는 국제적 차원에서 힘을 독점하여야 한다는 인식을 가지고 있다. 세계질서의 영역, 목표, 통제에 대한 세계적 차원의 합의의 발전 없이는 세계정부가 창설되고 유지될 수 없다는 논리가 니버(Reinhold Niebuhr)나 모겐소(Hans J. Morgenthau) 같은 현실주의자들의 주장이다.[13] 이 두 가지 논리를 종합분석 해 보면 통합은 참여국들이 통합에 참여할 동기가 있어야 하고 통합절차나 통합 이후 체제에 대한 합의가 있어야 한다는 점을 알 수 있다.

통합과정은 매우 복합적이고 수많은 단계를 거치기 때문에 다양한 이론이 존재하지만, 개념적으로 볼 때 통합이론은 각 민족국가가 민족국가를 초월하는 공동체 또는 기구를 형성하여 이를 통하여 민족 또는 국가의 이익과 세계적인 협력과 평화를 추구하기 위한 국가적 노력을 이론화한 것이다. 따라서 통합이론은 "둘 또는 그 이상으로 분리되었던 국가가 어떠한 환경에서, 무슨 조건으로, 어떠한 과정을 거쳐서 새로운 초국가기구를 건설하느냐"라는 질문에 대한 답을 얻기 위하여 연구된 결과라고 할 수 있다. 이 장에서는 이러한 논리를 바탕으로 하여 점진적이고 단계적 접근방식으로서 기능주의와 신기능주의에 대하여 살펴보고 이를 남북한관계에 대입하여 설명하겠다.

1) 기능주의: 점진적 접근방식

대표적인 점진적 접근방식인 기능주의(functionalism)는 원래 세계의 평화를 구조화하기 위해서 제시되었다. 세계적인 평화체제를 만들기 위하여 국가 간의 파트너십이 필요하고, 이 방안이 국제정치에서 전쟁을 피할 수 있는 가장 유효한 방안이라는 인식 하에 기능주의가 등장했다. 이러한 점에서 미트라니(David Mitrany)에 의하여 처음 제시된 기능주의는 칸트(Immanuel Kant)와 윌슨(Woodrow Wilson)으로부터 기원을 찾을 수 있는 국제관계의 자유주의적, 이상주의적 전통으로부터 영향을 받았으며, 국제정치에 있어서 국가중심의 '힘의 정치'에 대한 지속적인 도전의 기초가 되어 왔다.[14] 기능주의는 국제기구와 비정부간기구 연구의 중심요소를 이루고 있으며, 국제정치의 국가중심의 '힘의 정치'에 대한 지속적인 도전의 기초가 되어 왔다.[15]

미트라니가 처음 기능주의를 주창한 이유는 세계적인 평화체제를 만들기 위하여 국가 간의 파트너십이 필요하고, 이 방안이 국제정치에서 전쟁을 피할 수 있는 가장 유효한 방안으로 생각하였기 때문이다. 기능주의 이론은 민족국가는 개별적으로 주권을 향유하고 있으며, 이 주권을 단일화된 초국가기구에 쉽게 포기하지 않을 것이라는 전제하에 제시된 통합이론이다. 미트라니는 "우리시대의 문제점은 국가들이 어떻게 평화적으로 분리되어 지내는가가 아니라, 어떻게 적극적으로 함께 하도록 하는가이다"라고 주장하였다. 평화는 '공존(coexistence)'하는 것보다 '공동활동(coactivity)'에 의하여 이루어지는 것이 이상적이라 하였다.[16] 분단되어 공존하는 평화가 아니라 교류협력 등 공동활동을 하여 통일을 이루어 나가는 것이 평화의 길이라는 논리이다.

기능주의에 따르면, 국가들이 공동의 번영과 평화를 증진시키는 최선의 방법은 사회와 경제 등 기술적 분야(technical areas)에서 협력을 하는 것이다. 전쟁은 가난, 불행, 절망으로부터 기원한다고 주장하는 기능주의에 의하면 전쟁을 피하는 방안에는 두 가지가 있다. 첫째, 공동과업을 수행하기 위한 목적으로 국가들이 상호접촉을 하다 보면 우호관계를 가질 수 있고 협력적인 방향으로 나갈 수 있다. 둘째, 경제, 기술, 복지분야에서의 국가 간 상호의존의 확대는 정부 간의 망(enmeshment)을 형성한다. 상호의존에 의하여 망이 형성되면 각 정부는 전쟁에 의하여 적대적이 되는 비용이 망을 형성하는 비용보다 더 크다는 것을 인식하고 전쟁을 피하게 된다.[17]

상호의존 관계는 공동이익을 창출하고 이 공동이익은 둘 이상의 사회를 불가분의 관계로 만들기 때문에 상호의존이 통합의 촉진요인으로 등장한다. 이와 같이 한 차원에서 이루어진 기능적 협조관계는 다른 차원에서의 협조관계를 유도하여 결국 하나의 공동체가 이루어진다. 기능주의자들은 통합은 자체의 내부적 역동성을 가지고 있다고 주장하였다. 만약 국가들이 어떠한 제한적인 분야에서 협력하여 그 협력을 포괄하는 분위기가 조성되면 통합의 '보이지 않는 손(invisible hand)'에 의해 다른 분야까지 협력을 하게 된다는 논리이다. 다시 말해서 한 분야에서의 교류협력이 활성화되기 시작하면 다른 문야까지 자동적으로 확산된다는 주장이다.

기능주의는 지역통합에서 중요시되는 영토의 통합을 우선시하는 접근을 반대한다. 지역주의는 국가체제의 오류를 증대시키는 방법이며, 영토적 논리의 전개는 지역 간 잠재적 적개심을 만든다고 한다.[18] 기능주의 이론에 따르면 통합을 효율적으로 추진하려면 경제·과학 등 비정치분야에서부터 시작하여야 하고, 비정치분야의 교류·협력을 하게 되면 자동적으로 정치부문의 통합에 이룰 수 있다. 따라서 기능주의는 한 부문에서의 기능적 통합이 부분 통합을 거쳐 전체 통합으로 발전하게 되는 '자동성(automaticity)'을 강조한다. 기능주의자들은 기능적 통합을 보다 효율적으로 추진하기 위해서는 초기에 쉬운 분야의 교류와 협력부터 시작해야 한다고 주장한다. 초기에 한 가지 문제를 해결하면 다른 협력을 고무하기 때문에 우선적으로 처음 당면한 문제를 해결하는 것이 중요하다.[19]

기능주의자들은 정치나 국방정책과 같은 주요 이슈를 협력하는 노력보다는 비교적 논쟁점이 적은 분야 즉, 우편사업, 산업의 특정 분야, 또는 측량과 같은 기술문제의 협력 같은 분야의 통합을 추진함으로써 평화에 접근해 가는 것이 중요하다고 믿는다.[20] 미트라니는 이데올로기를 배제하면서 비정치적 분야에서의 기능적인 협력이 발전·확산되면, 정치분야까지를 포함하는 타 분야의 협력을 조장하게 된다고 주장하였다. 직업 외교관보다 비정치적 분야의 전문가들이 제시하고 유포시키는 전문적 지식이 국가 간의 관계를 더욱 긴밀하게 만들 수 있다는 주장이다. 직업외교관들은 인간의 이익을 무시하고 이기적인 국가이익만을 추구하기 때문이다. 따라서 기능주의 이론은 정치의 동기가 권력의 유지와 획득에서 나오는 것이기 때문에 '정치는 불결한 것(politics is dirty)'이라는 가정으로부터 시작된다.[21] 통일정책을 추진하는 데 있어서 정치인들이 통일을 자신의 정치적 이익을 위해 악용하는 것도 이에 해당된다고 볼 수 있다.

국가에게 있어서 중요한 부분, 즉 정치, 외교, 군사 등에 대한 통합을 초기단계에서 배제하기 때문에 기능주의 통합과정에서 국가의 생존과 정체성은 그대로 유지된다. 따라서 통합을 위한 기능주의적 접근방법은 통합의 마지막 단계 이전까지 국가의 주권과 행동할 수 있는 법적 권리를 보존한 채 추진될 수 있다. 교류와 협력이 순조롭게 진행되면, 국가 간의 결속은 증대되고, 결국 국가 간의 긴밀한 협력은 최후의 순간에 국가들이 보유한 주권을 초국가기구에 전환시킴으로써 통합이 완성된다.

세계평화와 질서수립에 지대한 공헌을 하였지만 기능주의는 몇 가지 측면의 비판을 받았다. 미트라니는 철도, 해운, 항공사업의 적절한 협력 형태를 확정짓는 데에는 어려움을 가지지 않았으나, 생산, 무역과 같은 분야의 협력은 그 분야들의 경쟁성 때문에 보다 어렵고 복합적이라는 점을 인정하였다.[22] 경쟁이 이루어지고 승자와 패자가 확연히 구분되는 시장경제의 정상적인 조건 하에서 기능주의 논리가 어떻게 작동할 것인가를 예상하는 것은 어렵다는 데 대하여 많은 학자들이 동의하였다.

기능주의는 중요한 정치현실을 거의 고려하지 않은 점에 대하여도 부정적인 지적을 받았다. 기능주의자들은 기능만을 중요시하는 나머지 법, 제도 및 권위체를 경시하고, 국가 간의 갈등을 유발시킬 위험성이 큰 정치문제를 등한시한다는 지적을 받았다. 특히 기능주의는 정치와 비정치분야를 구분한 점에 대하여 비판을 받는다. 그러한 구분은 비현실적이고 이와 같이 구분한 상태에서 통합은 지연될 수밖에 없다는 것이다. 또한 비정치분야에서의 통합 경험은 다른 분야의 통합에 별 다른 역동성을 제공하지 못하고 상위정치(high politics)를 변화시키지 못한다는 것이다. 오히려 비정치적인 분야가 정치적인 영향을 받는 경우가 더 많다고 한다. 더구나 1970년대 이후 국제경제가 국제정치의 중요한 부분으로 등장하면서 정치분야와 경제를 포함하는 비정치분야를 구분하기 어려워 졌다는 평을 받고 있다. 특히 상위정치에 속하는 안보분야에 있어서 군사적 위협뿐만 아니라 경제문제도 안보위협의 요소가 되기 때문에 정치와 비정치의 구분이 더 어려워졌다는 것이다. 실제로 경제와 사회문제는 정치적 고려 없이 해결되기 어렵다.

2) 신기능주의: 점진적 접근의 한계에 대한 대안

기능주의의 한계에 대한 대안으로 나온 곳이 신기능주의(neo-functionalism)이며, 따라서 신기능주의는 기능주의 이론을 바탕으로 하여 제시된 이론이다. 기능주의는 기능적 협력이 확대되면 정치적 통합은 자동적으로 이루어질 것이라고 보는 반면, 신기능주의는 기능적 협력과 정치적 협력을 분리할 수 없다고 보는 점에서 다르다. 신기능주의는 방법론에 있어서 기능적인 통합 행위를 통해 접근하고 있지만, 기능주의보다 훨씬 제도화된 통합의 달성을 목표로 하고 있다.[23)]

신기능주의는 정치문제에 대해서 기능주의와 전혀 견해를 달리하고 있다. 다시 말해서 기능주의는 정치문제를 해결하기 위한 비정치적인 접근 방법이라고 할 수 있는 반면, 신기능주의는 통합에 있어서 정치적 요소를 중요시한다. 정치적인 논쟁을 불러일으킬 가능성이 큰 분야를 제외하고 비정치분야의 교류와 협력을 추진하는 것이 아니라, 정치분야의 협력에 강조점을 두고 있다.[24)] 정치적인 이질적 요소 또는 갈등을 그대로 남겨 놓고 비정치분야에서의 통합만 추진하게 되면, 역으로 정치분야의 부정적인 영향을 받을 수 있기 때문에 정치분야의 교류와 협력도 동시에 추진해야 한다는 논리이다.

신기능주의에 의하면, 궁극적으로 정치공동체를 이룰 수 있는 동기는 미트라니의 기능주의가 제시한 기술적 '자동성'이 아니라 자체 이익을 추구하는 목표지향형의 행위자들이 추진하고 모색하는 것이다. 행위자들과 그들 간의 상호작용에 대한 강조는 신기능주의가 결과보다는 과정을 중시한다는 점을 나타낸다. 여기서 의미하는 '과정'은 다원적인 정치환경에서 행위자들이 자신들의 이익을 추구하기 위하여 복합적으로 얽히게 되는 것으로 정의된다.[25)]

신기능주의 접근에서 핵심적으로 필요한 세 가지 요인이 있다. 첫째, 관료를 포함한 정부 또는 당국자가 주도해야 한다. 둘째, 협의체 또는 공동체 등 제도적 틀을 만들어서 상호 접근을 해야 한다. 이러한 공적인 제도가 어려우면 최소한 회의체라도 만들거나 공동선언에 의한 교류협력을 하는 것이 바람직하다. 셋째, 교류협력의 정치화가 이루어져야 한다. 정치 이외의 분야의 교류와 협력도 정치적 고려에 의해서, 그리고 정치가 주도하는 방식에 의해서 이루어져야 한다. 그래야 교류협력이 난관에 처했을 때 발생하는 정치적 갈등을 최소화할 수 있다.

통합의 과정을 설명하는 신기능주의의 핵심적 개념은 '파급효과(spill-over)'이다. 이는 통합이 추진되는 분야 간의 상호의존에 의하여 한 분야에서 시작된 통합이 다른 분야로 전파되어 가는 과정을 설명한다. 따라서 신기능주의의 핵심은 기능주의에 의한 비정치적인 분야에서의 점진적 교류·협력이 자동적으로 정치적 통합으로 확산되지 않기 때문에 기능적 교류·협력과 정치적 통합을 연결시키는 '파급효과의 정치화'로 통합을 이룰 수 있다는 이론이다. 국가 간의 협력과정에 내재하고 있는 정치적 장애를 제거함으로써 향후 정치통합의 구성국이 될 국가들에게 공동으로 이득이 될 수 있는 점을 보여줘야 한다는 것이다. 따라서 신기능주의 이론은 기능주의의 소극성을 벗어나기 위하여 제시되었다고 할 수 있다.

파급효과는 크게 두 가지 형태를 취하고 있다. 첫째는 기능적 파급효과이며, 기능주의의 논리를 기초로 하고 있다. 예를 들어, 현대 경제의 상호연결적 특성 때문에 통합은 단순히 특정한 경제 영역들에만 국한될 수 없다는 설명이다. 이 접근법에 따르면, 오히려 한 영역의 통합은 주변 영역 및 관련 영역의 통합에 압력적 요소로 작용한다는 것이다. 두 번째는 정치적 파급효과이다. 이는 전반적으로 경제적 통합에서 발전하여 다양한 차원으로 나타난다. 예를 들어, 국가의 엘리트들이 초국가적 수준의 활동과 의사결정에 관심을 기울이는 것, 이러한 엘리트들이 통합과정과 공동의 이익을 증진시키는 데 우호적인 태도를 취하는 것, 국가와 정부의 행위자들의 영향력은 감소하는 가운데 초국가적 제도와 비정부 행위자들이 통합과정에 미치는 영향력이 증대되는 것, 그리고 통합의 중요성이 증대되면서 초국가 수준에서의 정치적 통제와 책임에 대한 압력과 요구가 증대되는 것 등이 정치적 파급효과에 포함될 수 있다.[26] 통일의 경우 초국가적 제도의 중요성은 통일의 대외적 환경, 즉 통일에 대한 국제적 지지와 보장이 필수적이라는 점을 의미하고, 비정부행위자의 중요성은 국민의 의사를 반영하는 사회단체가 통일에 있어서 중요한 역할을 한다는 점을 의미한다.

신기능주의 학자들은 파급효과는 정치적 타결이 따르지 않을 경우 역류효과(spill-back) 또는 지체효과(spill-around)의 위험이 있다고 경고한다. 따라서 신기능주의는 파급을 이끌어내기 위한 파급효과의 정치화, 즉 관료의 역할, 조직이데올로기, 정치·행정엘리트의 창조적 창출을 중시한다. 슈미터(Philippe Schmitter)는 교류의 범위가 확대될수록, 그리고 집단적 결정을 내리는 수준이 높을수록 정치적 공동체로의 파급효과는 커진다고 했다.[27] 나이(Joseph S. Nye)는 관료와 엘리트가 국가통제의 상실을 우려하여 통합에 대하여 부정적인 견해를 가질 가능성이 있기 때문에, 관료와 엘리트의 '사회화(socialization)'를 통하여 통합을 지지하도록 하여야 한다고 주장하였다.[28]

신기능주의 통합은 우선 경제 부문부터 시작된다. 경제 이외의 다른 분야, 즉 교육, 사회정책, 국방분야의 협력 가능성도 존재하지만, 경제분야가 가장 활성화되어 있고 융통성 있는 분야이기 때문에 통합이 가장 손쉽게 진전될 수 있는 분야로 인정되고 있다. 경제분야의 통합을 추진하되 통합 초기단계에 정치단체나 정치엘리트가 참여하여야 한다는 점은 매우 중요하다. 이들이 참여하려면 통합으로 인하여 국가의 핵심적 이익이 영향을 받지 않을 것이라는 점이 명확해야 한다. 그렇지 않으면 정치엘리트들은 그들이 향유하고 있는 권력과 기존이익이 위협받을 것이라는 인식 하에 통합에 반대할 것이기 때문이다. 그러나 통합이 진행되는 과정에서 정치엘리트들은 긴장과 왜곡을 느끼지 않을 수 없을 것이며, 결국 통합을 발전적으로 추진하기 위해서는 '적응' 과정을 거쳐야 할 필요성을 느끼게 된다. 이러한 적응은 통합을 다른 분야로 진전시켜 확대하는 방법으로 성취될 수 있다.[29] 신기능주의자들은 통합을 추진하는 주체가 이득이 된다고 판단할 경우 공동체를 구성하여 보다 거시적인 초국가주의 접근방법에 의한 통합을 추진한다고 주장한다.

슈미터(Philippe Schmitter)는 부분 통합에 참여한 국가들이 통합추진 시 합의했던 목표를 이루는 데 만족하지 못할 경우, 이 불만족을 해결하기 위하여 상호협력의 '범위(scope)'를 확대하여 통합을 추가적으로 추진하거나, 상호협력의 '수준'을 제고하여 원래 추진하던 분야에 대한 통합을 심화한다고 주장하였다.[30] 이와 같이 신기능주의는 이익을 추구하기 위한 통합의 심화를 의도적으로 추진하는 것을 기본 전제로 한다. 경제통합의 심화는 초국가적 접근을 필요로 하고, 경제분야에서 파급효과의 자동화는 정치행위를 필요로 한다. 통합의 기능적 파급효과의 과정이 올바른 방향으로 나아가기 위해서는 상위 권위체(High Authority)의 지휘와 협력이 필요하다.

신기능주의 접근방법은 정치분야를 축으로 하여 통합을 이루는 방식이지만, 정치는 갈등이 가장 쉽게 조장될 수 있는 분야이기 때문에 정치가 신기능주의 통합의 장애요인이 될 가능성도 있다. 신기능주의 방식에 의한 통합에 있어서 이러한 잠재적인 장애요인에도 불구하고 통합이 추진되기 위해서는 다음과 같은 조건들이 필요하다.[31] 첫째, 단위체들 간의 균형, 특히 경제적 균형이 필요하다. 특히 선진산업국가들보다 저개발국들의 통합의 경우 통합에 참여하는 국가들의 GNP 규모는 통합을 추진하는 데 있어서 중요 사항으로 등장한다. 둘째, 통합 참여국 엘리트 간 가치관의 차이가 많이 나지 말아야 한다. 통합에 참여하는 국가들의 엘리트 간 생각하는 바가 유사할수록 통합이 용이하게 진전될 수 있다. 분단국의 통일이 어려운 이유 중의 하나는 엘리트들의 이념이 다르기 때문이고, 따라서 통일을 하기 위해서는 이념적 대립이 종식되어야 한다. 셋째, 다원주의에 대한 지지가 있어야 한다. 통합은 여러 민족 또는 여러 국가가 하나로 합쳐지는 것이기 때문에 다원주의를 지지하는 단체들이 많이 존재하고 있어야만 통합을 위한 제도적 장치를 마련하기가 용이하다. 분단국 통일의 경우 다민족이 통합하는 것은 아니지만, 통합의 결속을 위해서는 다원적 단체들이 통합을 지지하고 참여해야 한다. 넷째, 참여국들의 적응력과 책임성이 높아야 한다. 다시 말해서 국내정치적으로 안정이 되어 있고, 정치단체들의 요구를 받아들일 수 있는 능력이 있는 정부만이 통합에 적극적으로 참여할 수 있다.

3) 통합이론의 남북한관계와 한반도 통일 적용

통합이론들을 분단국의 통일문제에 적용시키는 데에는 분명히 한계가 있다. 앞서 설명한 바와 같이, 통합이론이 제시되고 발전된 계기라 할 수 있는 유럽의 통합은 분단국의 통일과 많은 차이가 있기 때문이다. 첫째, 유럽통합은 서유럽국가들의 통합으로써 체제와 이념적으로 유사한 국가들, 다시 말해서 우호국 또는 동맹국들 간의 통합으로 시작되었다. 이에 비해, 분단국은 체제와 이념이 상극적인 두 체제가 통합 내지는 통일을 해야 하는 관계이다. 둘째, 유럽통합은 서로 이질적인 민족 또는 국가들의 통합인 데 반하여 분단국 통일은 한 민족이 두 개의 체제 또는 국가로 분열되었다가 다시 통합을 하는 과정이다. 이러한 차이점에도 불구하고 궁극적으로 둘 이상의 체제가 하나의 국가 또는 체제를 만들어 간다는 점에 있어서는 근본적인 유사점을 찾을 수 있다. 이러한 점에서 통합이론은 한반도 통일의 이론적 틀, 그리고 평화를 향한 남북한의 대화, 협상, 교류, 협력의 접근법으로도 적실성이 있다는 평가를 받게 된다.

통합의 절차를 통합의 환경조성, 통합의 결정, 통합의 추진, 통합의 결과로 분류하여 볼 때 유럽통합과 분단국 통일의 경우 통합의 환경과 통합의 결정 측면에서 가장 큰 차이가 난다. 분단국의 경우 통합의 주체들이 적대적인 관계에 있기 때문에 통일의 환경을 조성하고 통일의 결정을 하기 위해서는 보다 더 많은 인내와 노력과 시간이 투입되어야 한다. 통합을 위한 환경이 조성되고 통합의 결정이 이루어져 적대감을 완화시키는 과정을 거친 이후 통일을 이룬다면 분단국 통일문제에 유럽통합에서 생성된 통합이론을 적용시킬 수 있다. 또한 분단국의 적대감을 해소시키는 교류·협력을 촉진시키는 방안으로도 통합이론을 적용시킬 수 있다.

분단 이후 남북한의 관계는 기본적으로 적대적이고 대립적인 구도 속에서 유지되어 왔으나, 다른 한편 교류와 협력이 활성화된 시기도 있었다. 남북한은 체제와 이념의 상극에도 불구하고 동일민족이라는 감상적 차원과 언젠가는 통일을 해야 한다는 잠재적 당위의식은 일반적인 적국의 관계와는 다른 모습을 보여 주고 있다. 따라서 분단상태에서 적대감을 쉽게 버리지 못하면서도 언젠가는 포용해야 할 대상으로 생각하고 있는 것이다. 이러한 점은 남북한 간에 화해와 평화를 모색하면서 경제를 중심으로 한 다방면적 교류·협력을 확대했다는 사실이 이를 증명하고 있다.

기능주의나 신기능주의 이론은 남북한의 적대감을 해소하고 각 기능별로 점진적이고 단계적인 통합을 추진하는 데 있어서 유용하다. 양 이론은 분단상태에서 통합으로 가는 과정에서 교류와 협력을 중시하기 때문에 남북한의 통일환경을 조성하고 통일을 향한 접근을 해 나가는 데 있어서 특히 높은 적용성을 가지고 있다. 남북한과 같이 적대적인 두 체제가 통합까지 도달할 수 있는 우호적인 관계를 가지기 위해서는 교류·협력의 방식으로 점진적인 접근을 추진해야 하고, 이 방식이 통합의 후유증이나 부정적인 면을 줄일 수 있는 가장 효율적인 방안으로 평가된다.

적대상태에 있는 분단국가가 통합을 위한 교류·협력을 추진하는 초기에는 기능주의적 접근방법을 사용하는 것이 바람직하다. 앞서 설명하였다시피 기능주의는 우선 비정치적인 분야에서 교류·협력을 시작하면 통합 자체의 역동성 때문에 정치분야까지 보이지 않는 손에 의하여 자동적으로 확대가 이루어진다는 내용을 골간으로 하고 있다. 다시 말해서 적대적인 양국이 '정경분리 원칙'에 의거 경제분야를 중심으로 한 비정치분야에서의 교류·협력부터 시작하면 정치 등 다른 분야까지 확대될 수 있다는 논리이다. 정경분리 원칙은 김대중정부가 1998년 북한에 대한 포용정책을 추진할 당시 처음부터 당국 간 정치대화가 어렵기 때문에 정치와 경제를 분리하여 우선 대화가 가능한 경제 등 비정치분야부터 대화와 교류를 시작하겠다고 추진한 정책이다. 수십 년간 지속되어 온 이념적·정치적·군사적 갈등을 해소하기 위한 남북한 화해의 가장 빠른 방안은 어느 한쪽이 절실하게 필요한 부분을 다른 한쪽에서 지원하여 충족시켜 주는 것부터 시작하는 것이다.

1990년대 들어서 북한은 국내외적인 환경변화에 처하게 되었다. 특히 경제난이 심화되고 식량난이 가중되어 체제위기에 봉착하였고, 남한의 경제지원이 북한에 많은 도움을 준 것이 사실이다. 특히 김대중정부 들어서 확대된 남북한의 경제교류와 남한의 북한에 대한 지원은 정치를 비롯한 다른 분야로까지 확대되는 파급효과를 생성하여 정상회담을 비롯한 정치적 대화까지 이끌어 냈다. 이론적으로 기능주의에 의한 접근이 보다 심화되어 신기능주의적 접근방법으로 전환되면서 진정한 의미의 통합의 초기단계에 들어섰다는 평가를 내릴 수 있다. 사실 남북한관계에 있어서는 신기능주의적 접근방법에 의한 대화와 협상이 이루어진 다른 사례들도 있다. 1972년의 7·4공동성명과 1992년의 남북기본합의서는 정치분야까지 포함하는 정치협상이었기 때문에 신기능주의에 의한 대화의 결과였다고 평가할 수 있는 것이다.

적대적이고 대립하는 분단국이 통합을 수월하게 이루고 통합 이후 후유증을 줄이기 위해서는 급진적으로 양 체제를 결합하는 방식보다는 점진적이고 단계적인 화해정책을 추진해야 한다. 특히 남북한의 경우 어느 분단국가들보다 상호간의 적대감이 심하기 때문에 점진적인 통합방식이 바람직하다.

기능주의와 신기능주의는 유럽통합을 대상으로 하여 제시된 이론이지만, 분단국이 점진적이고 단계적으로 화해를 이루고 동질성을 회복하면서 평화를 바탕으로 한 통일을 모색해 가는 과정을 적실성 있게 표현해 주는 이론으로도 적합하다. 분단국의 교류·협력, 평화, 통일을 대상으로 하여 제시된 이론이 없는 상황에서, 유럽통합의 경험으로 제시된 통합이론, 특히 기능주의와 신기능주의는 분단국의 상호관계와 접근정책의 틀을 적용시켜 볼 충분한 가치가 있는 것이다.

1970년대 초반 남북한이 처음으로 대화를 시작한 이후 국제환경과 남북한의 입장 변화에 따라 남북한관계는 끊임없는 변천사를 보여주고 있다. 통합이론의 관점에서 보면 남북한관계 변화를 축으로 한 남한정부의 대북정책은 기능주의와 신기능주의의 순환으로 설명될 수 있다.

1960년대 후반까지 남북한은 대화나 협상 없이 극한적인 대립상태를 벗어나지 못하였다. 당시 어느 누가 북한과 대화하고 교류해야 한다고 말하면 반공법에 의하여 처벌을 받을 정도였다. 이러한 긴장상태는 국제적인 데탕트에 힘입어 1970년대 초반부터 완화되기 시작하여 남북한 간의 대화가 개최되었다. 남북한은 적십자회담을 시작으로 7·4공동성명, 남북조절위원회 등을 틀로 하는 대화와 협상을 시작했다. 당시 남한의 대북정책의 기조는 점진적이고 단계적인 기능주의 접근을 기반으로 했다. 북한은 정치군사회담부터 시작하면 나머지 비정치분야는 자동적으로 해결될 것이라고 주장한 반면, 남한은 남북한이 전쟁도 경험하고 수십 년간 대화 없이 적대적으로 살아 왔기 때문에 단시일 내에 정치와 군사적인 긴장완화 및 신뢰감 회복이 어려울 것이고, 따라서 정치적인 대화보다는 적십자회담 등과 같은 비정치적인 대화부터 점진적이고 단계적으로 시작하자는 제의를 했다.

남한이 추진한 기능주의적 접근은 교류와 협력의 초기단계에서 비정치적인 분야, 즉 경제와 사회 등 정치적인 성향을 배제한 기술적인 분야에서부터 시작하고, 이러한 비정치적인 분야에서의 교류·협력은 자체적인 역동성, 자동성, 그리고 보이지 않는 손에 의거하여 다른 분야까지, 궁극적으로 정치분야까지 확대되어 포괄적인 통합의 과정으로 나아가게 된다는 논리를 기반으로 했다. 한국정부가 정치분야의 대화와 협상을 기피한 이유는 적대감 때문에 대화가 어려울 것이라는 기능주의적 고려도 있었지만, 북한에 대한 체제적 열세 때문에 북한과 정치군사회담을 하게 되면 북한의 '남조선 적화전략'에 따라 남한이 공산화될지도 모른다는 체제불안을 우려한 측면도 있었다.

남한정부의 북한에 대한 소극적인 기능주의 접근은 1980년대 후반에 보다 적극성을 가지게 되어 정치분야를 포함한 포괄적인 접근을 시도하게 되었다. 1989년 탈냉전과 공산권의 붕괴는 한국의 대외관계에서의 자신감을 갖게 했고, 북한과의 체제경쟁에서도 우위를 점할 수 있게 됨으로써 적극적인 대북정책을 모색할 수 있게 되었다. 한국의 북방외교 추진으로 동유럽 사회주의 국가들과의 수교행진이 시작되었으며, 사회주의 종주국인 소련 및 중국과의 수교도 적극 추진되었다.

냉전 종식으로 비롯된 국제환경의 급변은 북한에 위기감을 안겨 주었고, 더구나 1990년부터 시작된 마이너스 성장에 따른 경제난은 북한이 과거와 같은 한반도 적화통일은커녕 북한 자체의 사회주의체제도 지키기가 어려운 상황이 되었다. 반대로 한국정부는 대북정책에 있어서 자신감을 가지고 1988년 서울올림픽 성공 개최를 전후하여 '민족자존과 통일번영을 위한 특별선언(7·7선언)'과 '한민족공동체 통일방안'을 제시하였다. 남북한은 1990년 9월부터 총리를 대표로 하는 남북고위급회담을 개최하고 1991년 기본합의서를 체결하였다. 궁극적으로 기존의 비정치적인 분야에서의 교류를 넘어 정치적인 분야까지 협력이 이루어진 것이다.

1990년 이후 남한이 주도적으로 추진한 대북정책, 특히 정치적인 분야를 포함한 교류와 협력은 신기능주의 접근 방식으로 설명될 수 있다. 1988년 한국정부가 북한에 대한 자신감을 가지고 제의하여 성사된 남북한 고위급회담은 남북한의 총리가 대표가 되어 정치, 군사, 경제 등 포괄적인 분야에서 대화를 진행하였다. 그리고 이 회담의 결실로 서울에서 개최된 5차 회의에서 채택된 기본합의서는 '화해, 불가침 및 교류·협력'을 포함하였으며, 1992년 이 합의서의 이행을 위하여 정치 및 군사분야의 공동위원회와 분과위원회를 설립하기도 하였다. 따라서 한국정부가 보다 주도적으로 진행한 고위급회담과 기본합의서는 신기능주의의 핵심인 관료중심, 제도적 틀을 바탕으로 한 교류·협력의 정치화를 모두 이룬 것으로 평가된다.

남북한관계가 획기적으로 발전된 1990년대 초반은 별로 길게 가지 않았다. 북한은 세계 공산주의의 실패, 서독의 동독 흡수통일, 중국과 소련의 남한과의 수교, 미국의 북한에 대한 테러지원국 지정, 북한 자체의 경제난 등을 원인으로 한 체제위기를 맞이하여 미국과 남한 등 자본주의 국가들에 대하여 유화정책을 펼쳤으나 이러한 정책이 체제유지에 별로 도움이 안 된다고 판단하여 결국 핵 카드를 활용한 '벼랑 끝 외교'를 선택하였다.[32] 1993년 3월 북한은 핵확산금지조약(NPT)을 탈퇴하겠다는 성명을 발표하여 그동안 괄목할만한 발전을 이룬 남북한관계와 북미관계를 원점으로 되돌렸다.

한국정부는 핵-경협연계원칙을 발표하여 북한의 핵문제가 해결되기 이전에는 경협을 중단한다고 선언하는 등 북한과의 대화와 협상의 문을 닫아버렸다. 미국은 북한의 NPT 탈퇴선언 직후에는 핵개발 의혹 지역에 대한 폭격, 유엔을 통한 경제제재 등 채찍을 들려 했으나, 결국은 당근으로 북한을 설득하는 정책을 선택하였다. 미국은 북한을 봉쇄하기 위해서 유엔을 통한 제재결의안을 추진했으나, 중국이 이 결의안에 대한 거부권 행사 의도를 보여 이마저 여의치 않게 되었다. 북한은 미국과의 협상에 주력하면서 남한과의 관계개선을 회피하는 이른바 '통미봉남(通美封南)' 정책을 구사하였고, 이에 김영삼정부 말기의 남북한관계는 원점으로 돌아가 적대적인 상태가 지속되었다. 김영삼정부는 북한 핵문제에 대한 한미공조 원칙을 선언했으나, 실질적으로는 미국에 의존하는 양상이 되었고, 그 결과 북한으로부터 무시당하고 소외당하는 결과가 초래되었다. 이후 한반도 문제는 남북한관계가 아니라 북미관계에 의하여 해결책이 마련되곤 하였다.

1998년 출범한 김대중의 국민의 정부는 남북한관계의 개선을 정권 최대의 목표로 내세울 정도로 대북정책에 있어 과거의 정부와 달리 보다 유연하고 화합적 정책을 추진하였다. 국민의 정부는 "북한을 실패한 체제로 간주하되 쉽게 붕괴하지 않을 것이며, 이미 변화를 시작했고, 변화하지 않을 수 없을 것"이라는 과거와 다른 대북 시각을 보여주며 대북정책을 원점에서부터 새로 시작하였다.[33)]

국민의 정부가 대북 화해정책을 추진하는 데 있어서 두 가지 장애요인이 존재하고 있었다. 첫째, 진보적 대북정책에 대한 국내 보수 층의 반발과 비판이었다. 이 장애요인을 제거하는 방법은 국민들에 대한 신뢰를 바탕으로 한 설득과 홍보 이외에는 다른 방법이 없었고, 금강산 관광 등 획기적인 사업이 성공하면서 대북 화해정책에 대한 지지층이 점차 늘어났다. 다음의 장애요인은 포용정책에 대한 북한의 저항이었다. 체제열세에 놓이게 된 북한은 남한의 접근에 대하여 체제붕괴의 요인이 되지 않을까 우려하며 대화를 회피하는 전략을 펼쳤다. 이 문제를 해결하기 위하여 추진한 국민의 정부의 정책은 '정경분리 원칙'에 따른 대북 접근을 하는 것이었다.

당시 북한은 김일성 사망 이후 김정일이 체제를 승계한 이후 정권 공고화에 주력하면서 대남 및 대외정책에는 매우 소극적인 입장을 보이던 시기였다. 이러한 김정일체제는 남한의 접근에 대하여 선별적인 수용을 암시하였다. 당국자 간의 정치적 대화는 안 되고 단순히 민간에 의한 경제교류만 받아들이겠다는 것이었다. 결국 국민의 정부는 남북한 사이의 심각한 갈등 때문에 당분간 추진이 어려운 당국자 중심의 정치적 대화를 배제하고, 당장 실현이 가능한 비정치분야인 경제교류와 협력, 특히 민간이 주도하는 금강산 관광 및 대북투자를 확대하였다. 이 정경분리 원칙에 의한 접근은 기능주의에 해당하는 정책이라 할 수 있다. 1990년대 초반 고위급회담 개최 및 기본합의서 체결을 추진하면서 신기능주의 접근까지 나아갔던 대북정책은 김영삼정부 말기 원점으로 회귀하였다가, 김대중정부가 들어서면서 다시 기능주의 접근부터 시작한 것을 의미한다.

김대중정부는 금강산 관광객이 억류되는 등 당국자 대화가 필요한 경우가 발생했으나, 민간에 의한 비정치분야의 꾸준한 대화와 협상을 지속한 결과 2000년 들어 대북정책이 기능주의에서 신기능주의로 발전할 수 있을 정도로 남북한관계는 새로운 국면을 맞게 되었다. 2000년 3월 베를린을 방문한 김대중 대통령은 북한의 경제발전을 위해서는 도로, 항만 등 기간시설의 현대화 및 확충이 필요하다고 하면서 이를 위하여 남북한 당국자 간의 협상을 제의하였다. 당국자를 배제한 정경분리 원칙을 넘어서 당국자가 중심이 되는 대화를 제의한 것이다. 기능주의 접근에서 신기능주의로 전환되는 시점이었다.

2년에 걸친 기능주의에 기반한 대북정책 추진의 결과 2000년 6월 역사적인 남북정상회담이 개최되었다. 이 회담을 계기로 한국의 대북정책은 본격적으로 기능주의에서 신기능주의로 발전되었다. 정상회담 이전에는 남북한 교류·협력이 비정치적 민간교류에만 집중되었으나, 정상회담은 정치분야를 포함하였고, 최고 당국자 중심의 회담으로 신기능주의의 모든 요건을 갖춘 것이다. 정상회담 이후 6·15공동선언이라는 기본틀을 바탕으로 하여 장관급회담이 계속 개최되었으며, 국방부장관회담도 개최되는 등 정치 및 군사를 포함한 모든 분야에 대하여 정부 관료를 중심으로 한 대화와 교류협력이 시작된 것이다. 이후 노무현정권이 끝나는 시점까지 정치적 신뢰구축을 바탕으로 한 남북한의 교류협력이 꾸준히 지속되었으며, 남북한이 공동사업을 하는 개성공단도 완성되었다. 이러한 정치적 신뢰구축을 바탕으로 화해가 이루어졌기 때문에 2001년 부시 행정부 등장 이후 미국의 대북 강경정책, 그리고 북한의 핵문제 등장 등 악재에도 불구하고 남북 간의 교류협력은 변함없이 지속되었다.

그러나 2008년 한국의 정권교체가 보수진영으로 이루어진 이후, 새로 들어선 이명박정부는 이전에 추진하던 대북정책에 대해서 '잃어버린 10년'이라는 표현을 하면서 대북정책을 180도 강경 선회했다. 이전 정부는 북한의 핵문제와 상관없이 북한과의 교류협력을 지속하면서 핵문제는 6자회담을 통한 국제적 차원에서 해결하려고 노력한 반면, 이명박정부부터는 북핵문제를 북한과의 교류협력 또는 지원의 전제조건으로 삼았다. 국제회의에서도 풀리지 않는 핵문제를 북한과의 대화와 협상의 조건으로 삼는 의도는 북한과의 대화를 압도하는 우세적 입장에서 추진하려는 점을 보여 주는 것이었다. 결국 남북한관계는 김영삼정부의 중반 이후처럼 다시 원점으로 돌아갔고, 남북한관계를 복원하려면 다시 기능주의부터 시작해야 하는 부정적 순환이 되풀이되었다.

3. 제도적 통합이론: 연합과 연방

기능주의와 신기능주의는 통합을 과정으로 인식하고 그 과정을 이어나가는 방법론을 제시하며, 이러한 과정의 마지막 단계 또는 과정 이후에 하나의 국가를 건설하기 위한 제도의 중요성도 통일의 성공 여부를 판가름하는 데 있어서 무시할 수 없다. 남북한의 통일방안을 비교해 보면 북한의 통일방안은 급진적이고 남한의 통일방안은 단계적인 방식을 채택하고 있다. 북한은 급진적인 방식으로 연방국가를 형성하는 것이 통일의 완성이라고 주장하는 반면, 남한은 화해 협력, 연합, 완전 통일의 3단계에 걸쳐서 통일을 하자는 제의를 하고 있다. 양 통일방안의 핵심은 '연방'과 '연합'이라는 개념이다. 지구상의 모든 국가들은 단일국가, 연방국가, 국가연합 중 한 가지 형태를 택하고 있다. 남북한은 모두 현재는 단일국가이지만, 통일안에는 연방과 연합이 포함되어 있다. 남북한 통일안의 기본개념으로 삼고 있는 연방과 연합은 국가의 결합형태에 대한 국제법 또는 제도적 개념이다. 물론 연합은 제도적 개념이면서, 남한의 3단계 통일방안의 한 단계로 포함되듯이 과정적 개념도 함유하고 있다. 이 장에서는 남북한 통일안 분석의 기초 틀로써 국가연합과 연방국가에 대한 법적, 제도적 연구를 한다.

1) 국가연합

국가연합은 둘 이상의 주권국가들이 국가의 자격을 보유한 채 국제법상의 평등을 기초로 하여 공동의 이익을 위하여 조약을 체결하여 결합하고, 조약에 규정된 범위 내에서 공통기관이 국가와 같은 기능을 행사하는 형태이다. 구성 국가들이 독자적인 외교권과 군사권을 행사하는 것이 원칙이지만, 조약이 정한 테두리 내에서 공동기구를 통하여 공동의 기능을 행사한다. 단순화하면 국가연합이란 복수의 국가가 개별적인 국제적 인격(international personality)을 유지하면서 특정 권한을 보유하는 연합기구를 통하여 새로운 법적 실체로서 존재하지만, 이 연합기구가 국제법상 주권을 갖는 독자적인 국제법적 주체는 아니다.

따라서 국가연합은 주권을 보유한 구성국들 사이의 조약이나 성문헌법에 준하는 연합규약에 의하여 성립된다. 국가 간의 연합을 성립시키는 중앙의 초국가기구는 공식적인 정부조직보다는 의회와 같은 회의체의 형식을 갖는 경우가 대부분이다. 대체로 국가연합은 느슨한 형태로 결합되기 때문에 연합 결성 당시 추구했던 특정의 목적이 달성되면 해체되거나 연방국가로의 발전을 모색하게 된다.

연합은 상설기관이 있다는 점에서 단순한 동맹관계와 구별되고, 구성국들 간의 평등을 기초로 한다는 점에서 다른 불평등한 결합관계와 구별되며, 구성국들이 국제법적 주체성을 보유하고 있고 연합된 조직 그 자체는 국제법상 국가자격을 갖지 않는다는 점에서 연방국가와 구별된다. 국제법상 대외적인 권한은 국가연합의 구성국이 보유하고, 중앙조직은 다만 조약에 의해서 예외로 인정된 범위 내에서 외교능력을 가지게 된다.[34] 따라서 국가연합의 구성국들은 그들의 주권과 독립권을 국가연합에 이양하지 않고 결합한 것에 불과하므로 구성국은 완전한 주권국가의 위상을 유지한다. 그러므로 국가연합을 구성하는 국가들 사이의 관계도 국제법에 의해 규율된다. 국가연합이 행사하는 관할권은 그 설립조약에 규정된 사항에 한하는데, 전쟁권·조약체결권·사절권에 대한 것이 보통이다.

국가연합의 구성국은 국제법적 인격을 유지하지만, 대외적인 권능의 일부를 연합에 이양할 경우에는 완전한 주권국가라고 볼 수 없는 측면이 있다. 그러나 연합 자체도 약정된 한도 내에서만 외교 능력을 가지기 때문에 국제법상의 완전한 인격 주체로 될 수 없는 측면도 있다. 요컨대 국가연합 구성국은 대내외관계에서 독자적으로 행동하며 구성국 간에 합의된 사항에 한해서만 행위능력이 제한될 뿐이다.

국가연합은 독립한 주권국가 간의 특수한 결합 형태인 점에서 다른 형태의 국가 결합과 공통점이 있다. 그 결합을 구성하고 있는 국가 간의 합의에 의하여 공통의 국가기능의 일부를 공동으로 처리하기 위하여 중앙의 초국가기구를 설립하고, 구성국은 이 기구의 결정에 따르기로 합의할 경우, 이 국가결합은 연방국가에 가깝다. 그러나 국가연합의 경우 매우 긴밀한 연합이 이루어지더라도 그 구성국가가 주권을 포기하고 하나의 국가를 형성하는 경우는 없으며, 구성국가가 여전히 주권국가로 남아 있다는 점에서는 연방국가와 구별된다. 현재 유럽연합과 독립국가연합을 제외하고 국가연합은 존재하지 않으며, 1958년에서 1961년까지의 이집트와 시리아의 아랍연합공화국, 1974년 비준이 실패한 리비아와 튀니지의 아랍회교공화국의 시도가 있었을 뿐이다.

국가연합의 주요 원리는 다음과 같다. 첫째, 외교적인 측면에서 국가연합의 구성국은 국제법 주체로서의 지위를 갖는다. 연합의 각 구성국은 제3

국과 별개의 단위(국가)로서 외교관계를 설정하거나 국제기구에 가입하며, 또한 조약을 체결할 수 있는 능력(자격)이 인정되는 것이 원칙이다. EU 자체는 국가가 아니기 때문에 다른 국가들과 조약을 체결하지 않는 것이 원칙이지만, 최근 들어서 EU가 점차 국가로서의 형태를 갖춰가면서 역외 개별 국가와 FTA 등 조약을 체결하기도 하며, 다른 역외 국가들과 외교관계를 설정하고 있으며 대사도 파견하고 있다.

둘째, 국가연합과 구성국의 관계는 국제법 질서에 속한다. 국가연합은 구성국 간의 합의(조약 또는 규약 등)에 의해 이루어지므로 구성국은 각기 별개의 독립된 헌법을 가지며 연합의 중앙기구가 구성국 정부에 종속되는 경향을 갖는다. 국가연합 자체는 구성국에 대하여 명령 지배권을 가지지 않고, 국가연합의 내부관계는 국제법 질서에 속한다. 이와 연장선상에서 국가연합에는 공통 국적은 없고 개인은 각 구성국의 국민일 뿐이다. 따라서 연합의 구성국 국민에 대한 국가의 외교적 보호권도 구성국 자신이 가진다.

셋째, 구성국 정부의 대표로 구성되는 합의체인 공동기구에서의 의사는 구성국의 만장일치로 결정되는 것이 일반적이다. 연합의 공동기구의 결정은 국가연합을 구성하고 있는 국가를 구속하는 것일 뿐이고 구성국가의 국민에게 직접 구속력을 미치는 것은 아니며 단지 간접적인 영향만을 준다. 연합의 구성국들이 공동결의를 하고, 그 내용을 각 구성국이 입법조치를 할 경우에 한하여 구성국 국민을 구속할 수 있다. 예를 들어, EU의 집행위원회 또는 각료이사회에서 결정한 사항은 각 회원국이 자국의 법으로 입법조치를 해야 효용성을 가지게 된다.

넷째, 국가연합은 자체 군사력을 보유하지 않는다. 국가연합이 구성국 이외의 제3국과 전쟁을 할 필요가 있을 경우에 각 구성국은 연합에 필요한 병력을 제공한다. 연합이 구성국에 대하여 무력제재를 할 경우에도 다른 구성국이 제공하는 무력으로서만 가능한 것이므로 이러한 제재에 의한 전쟁은 공동체 안에서의 전쟁을 의미한다.[35)]

국가연합의 특징은 실제의 경우에서는 결합의 정도와 수준에 따라 상당한 편차를 보이기도 한다. 즉 국제연맹이나 국제연합과 같은 국제기구적 협의체에서부터 유럽연합이나 노르딕연합체, 독립국가연합 등과 같은 특정 영역에서 상당한 결합력을 가지는 경우, 1781~1787년간 13개 주가 합의한 '북미연합'과 1815~1848년간의 '스위스연합'처럼 연합 이후 단기간에 연방의 형태를 통해 단일국가로의 결합을 이룬 경우, 그리고 유사한 역사적 과거를 가진 국가들의 느슨한 결합체인 영연방 등이 모두 엄밀한 의미에서는 국가연합으로 분류될 수 있다.[36]

현재 세계적으로 국가연합의 사례는 유럽연합(EU)과 독립국가연합(CIS)이 대표적이다. 근대역사에서는 1815~1866년간 게르만연합, 1867~1871년간 북부독일연합, 1579~1789년간 프로방스연합 등이 있다. 또한 제국주의 종말기에 식민지의 독립과정에서 등장한 과거 통치국과 식민지역의 새로운 자치조직 간의 관계도 넓은 의미에서 국가연합으로 보기도 하는데, 프랑스와 불어권 아프리카 공동체, 1949~1954년간 네덜란드·인도네시아공동체가 그 예이다.[37] 우리는 '영연방'이라는 이름으로 부르고 있으나, 영연방 소속국가들은 주권을 가진 국가들이기 때문에 연합에 더 가깝다고 할 수 있다. 단지 구성 국가들의 상징적인 국가원수가 영국의 여왕이라는 점에서 형식적인 면에서 연방의 성격도 가졌다 할 수 있다. 영연방의 영어 표현은 British Commonwealth이고, 독립국가연합의 영어 명칭도 Commonwealth of Independent States이다. 통상적으로 연합의 영어 표현은 Confederation, Commonwealth, Union 등을 사용한다.

2) 연방국가

북한은 1960년대 초반부터, 시대마다 차이는 있지만 연방제 통일방안을 제의해 오고 있다. 1960년에 제의한 연방안은 연합의 성격이 짙었으나, 1980

년에 제의한 고려민주연방공화국 창립방안은 순수한 의미의 연방형태를 내용으로 하고 있다. '연방(federal)'의 어원은 계약(covenant) 또는 조약(treaty)이라는 의미를 가지는 라틴어의 포이더스(foedus)에서 비롯되었다. 연방국가는 국가연합과 다르게 그 결합이 긴밀하여 구성정부들은 국제법상 국가로서의 자격을 보유하지 못하고 연방정부만이 국가를 관할하는 자율성을 보유한다. 연방국가는 구성국들이 각자의 지역과 주민들에 대하여 보유하고 있던 주권을 포기하고 구성국 전체를 포괄하는 영토와 주민에 대해서 주권을 행사하는 중앙정부(연방정부)를 건설함으로써 성립된다.

연방국가의 구성정부들은 서로 평등하다는 점에서 종속관계와 같은 불평등 결합과는 근본적으로 다르며, 결합된 조직체가 국제법상 완전한 국가이기 때문에 국가 간 결합 관계라 할 수 없다. 연방정부와 구성정부 사이에는 양자 간 계약의 구체적 조건들을 명시한 연방헌법이 존재해야 하는데, 이 헌법은 연방국가와 구성정부들이 어떻게 권력을 분할하여 공유할 것인가에 대한 조건을 포함한다.

연방국가는 연방정부 자체가 국제법상 권리능력과 행위능력을 갖는 주권국가로 국제법 주체이며, 구성단위(주, 지방 등)는 내부적으로는 국가적 성격을 보유하나 대외적으로는 국가로서 법인격을 갖지 않는 것이 원칙이다. 따라서 연방국가는 그 자체의 정부기관을 갖고 연방 구성정부의 주민에게 통치권을 행사하는 국가이다. 연방국가의 대내문제에 관한 권한은 헌법의 규정에 의하여 연방당국과 구성국 당국에 분화되나, 대외문제에 관한 권한은 연방정부에 보유되는 것이 보통이다. 따라서 연방국가의 주권은 연방국과 연방 구성국에 분화되어 존재한다고 볼 수 있다.[38)]

연방국가만이 국제법상 국가로 간주되는 이유는, 국제법이 국제관계를 수행할 자격이 있는 실체만을 국가로 보기 때문이다. 연방의 필수적인 원리는 중앙정부와 지방정부가 직접통치하는 것뿐만 아니라, 각 정부가 자기의 고유한 영역 내에서는 독립적이어야 한다는 것이다. 그리고 연방의 결합근

거는 국내법의 형식에 속하는 연방헌법에 기초하여 새로운 통일적인 국가를 형성한다.[39)]

오늘날 연방의 숫자는 20여개에 이르는데, 이를 역사적 순서에 의해 나열하면 스위스, 미국, 아르헨티나, 브라질, 멕시코, 베네수엘라, 캐나다, 독일, 오스트리아, 호주, 인도, 파키스탄, 구소련, 유고, 말레이시아, 나이지리아, 카메룬, 탄자니아 등이다. 이들 각국은 그 생성의 역사, 지리적 환경, 정치·경제·사회·문화적 상황이 다르기 때문에 일률적으로 연방의 의미를 파악하기는 쉽지 않다.

대체로 연방은 다음과 같은 주요 원리에 의하여 설립되고 유지된다. 첫째, 연방국가에서 전체국가와 지분국은 헌법상의 근거에 의하여 결합하고 있기 때문에 지분국은 오직 연방헌법의 개정, 즉 연방기관의 승인에 의해서만 연방결합으로부터 분리할 수 있다. 둘째, 연방 구성국의 시민은 연방의 시민으로서 연방 공통의 국적을 가지며, 동시에 연방의 중앙권력은 구성국과 그 시민에게 직접적으로 미친다. 따라서 구성국의 시민에 대한 국가의 외교적 보호권은 연방정부만이 행사할 수 있다. 셋째, 연방국가 법질서의 중앙규범은 직접 개인에게 의무를 과하고 권리를 부여한다는 점에서 이 질서는 국제법 질서가 아니라 국내법 질서라 할 수 있다. 넷째, 연방정부는 자체의 병력을 보유하며, 구성국 상호간의 무력충돌은 내란으로 인정되어 국제법상의 전쟁으로 간주되지 않는다.

연방의 중앙정부는 구성국의 국민을 직접통치하는 중앙권력기관으로서 외교, 군사 및 국적에 관한 사항은 물론 경제사항, 특히 관세 및 통화에 관한 권한을 가진다. 중앙정부는 자기의 관할 사항인 국방, 외교, 통화, 전국적인 법질서 및 경제 등 전국적으로 통일적인 처리가 요구되는 사항에 관하여는 전국에 걸친 통치권을 행사하며, 지방정부는 제한된 관할 사항인 지역의 법질서, 복지, 후생, 교육, 보건 등의 사항에 관하여 그 관할 영역을 통치하기 때문에 국민의 입장에서는 중앙정부와 지방정부에 의한 이중의 통치를 받게 된다.

연방국가에 있어서 그 구성단위가 제한된 조약체결권 등을 소유하는 경우도 있으나, 이는 어디까지나 헌법상의 규정에 의한 것이다. 구성국의 포괄적인 조약체결권은 없고 단지 제한된 범위에서만 그러한 권리를 갖기 때문에, 당연히 구성국이 주권국가가 될 수 있는 것은 아니다. 이러한 지방정부의 국제관계에 있어서의 권한은 국내법에 의하여 결정되기 때문에 연방헌법의 개정으로 이런 권한관계를 수정할 수 있다. 예를 들어, 미국의 경우 주정부가 일정한 범위 내에서 외국과 협정을 맺을 수는 있지만 그 범위는 엄격히 제한되고, 극히 예외적인 경우에만 가능하다. 따라서 국제사회에서 행동할 때에는 오직 중앙정부만이 단일의 행위주체가 되는 것이다.

미국과 스위스의 주정부는 경찰, 경제, 토목공사와 같이 제한된 행정 내지 기술적 부문에 관한 국경문제를 해결하기 위해 직접 또는 연방정부의 동의를 얻어 조약을 체결할 수 있다. 1949년 서독기본법에 의하면 각 주(Land)는 연방정부에 대한 종속을 유지하는 한계 안에서 정치적 조약을 제외한 조약을 외국과 체결할 수 있었다. 1977년 구소련 헌법도 민족성의 원칙을 존중하여 주정부에 대하여 사절권·조약체결권·국제기구참가권을 인정하였다. 소비에트 연방의 구성 공화국이었던 우크라이나, 벨로루시는 1945년 유엔에 가입하였다. 그러나 이들 정부는 구소련정부에서 설정한 일반지침에 따라 대외행동을 하였다.[40]

앞서 언급하였다시피 연방국가의 중앙정부와 지방정부의 관계는 국내법 또는 헌법에 의해 이루어진다. 연방국가의 중앙정부와 지방정부는 각자의 관할 영역 내에서는 독자적으로 행동하고 어느 일방도 타방의 동의 없이 일방적으로 타방의 권한범위를 변경시키지 못한다. 이러한 관계는 헌법상의 문제이며, 대체로 이를 뒷받침하는 제도적 장치로서 헌법 개정에 있어서의 중앙정부와 지방정부의 동등한 참여, 사법기관에 의한 권한 조정제도 등을 가지고 있다. 연방국가에서는 헌법에 의해 중앙정부와 지방정부의 권한 배분이 이루어지기 때문에 경성헌법을 채택하며, 그 개정에 있어서는 연방의회에서 의결한 경우에도 효력을 발생시키기 위해서는 일정한 수의 지방정부의 비준을 필요로 한다. 또한 연방국가는 단일국가와 달리 지방정부의 이익을 대표하는 구조로서 의회의 상원은 지방정부의 대표자들로 이루어지는 것이 원칙이다.

3) 연합과 연방의 비교

미국은 1781년부터 1789년까지 국가연합의 형태로 존재하였고, 스위스는 1815년부터 1848년에 이르는 기간 동안 국가연합으로 존재하였으며, 두 국가 모두가 연합을 끝내면서 연방헌법을 제정하고 연방이 되었다. 독일은 1815년부터 비스마르크의 통일에 이르기까지 국가연합의 형태를 취하고 있었다. 역사적으로 국가연합의 형태에서 연방국가로의 발전이 많았다는 것은 두 제도가 하나의 연속선상에 존재한다는 의미를 갖는 것이고, 따라서 두 제도가 서로 접하는 부분에 이르면 사실상 어느 것에 속하는 지를 판단하기가 곤란해진다. 이러한 점에서 연합과 연방은 상당히 공통되는 요소가 존재한다는 것을 알 수 있다. 즉, 연합과 연방의 두 개념은 역사적으로 밀접히 연결되어 있으며, 또한 이들 개념은 단일국가에서 유엔에 이르기까지 일정한 정치적 목적을 공동으로 달성하기 위한 여러 정치단위들 간의 결합형태로서의 측면을 지니고 있다.

이처럼 국가연합과 연방국가는 그 결합의 정도에 있어서 차이가 있지만 구성국의 이익증진을 위해 다양한 형식으로 결합하며, 따라서 결합요인과 분화요인을 아울러 갖게 된다. 이러한 점에서 국가연합과 연방국가의 차이는 다음과 같다.

① 국제법의 주체: 연방국가는 그 자체가 국제법상의 주체이지만 그 구

성국은 그렇지 않다. 그러나 국가연합의 경우는 그 자체가 국제법상의 주체가 아니라 그 구성국이 국제법상의 주체이다.

② 결합의 근거: 연방국가의 결합 근거는 국내법인 연방국가의 헌법인데 반하여, 국가연합의 결합근거는 구성국 간에 체결된 국제법인 조약에 의하여 이루어진다.

③ 권한 행사: 연방국가의 중앙정부는 구성국가들에 대해서 뿐만 아니라 그들의 시민에 대해서도 직접 권한을 행사할 수 있는 데 반해, 국가연합의 정부 당국은 그 회원국들에 대해서만 권한을 미칠 수 있을 뿐이며, 그 국민에게 직접 적용되는 법을 제정할 권한은 갖고 있지 못하다.

④ 대내적 통치권의 소재: 연방국가의 경우는 연방국가와 그 구성국 모두 대내적 통치권을 갖지만, 국가연합의 경우에는 그 구성국만 대내적 통치권을 갖는다.

⑤ 대외적 통치권의 소재: 연방국가의 경우에는 전쟁의 선언, 강화, 외교사절의 파견 접수, 조약의 체결 등 대외적 통치권은 연방정부가 보유하며, 연방 구성국은 대외적 통치권을 갖지 않는다. 그러나 국가연합의 경우는 그 구성국이 대외적 통치권을 행사하며 특별한 경우에 한하여 국가연합이 갖는다.

⑥ 병력의 보유: 연방국가의 구성국은 자체의 병력을 보유하지 않고 연방정부만이 자체병력을 보유하지만, 국가연합의 경우는 그 구성국이 자체의 병력을 보유하며 국가연합 구성국 간 무력투쟁은 전쟁이 된다. 물론 미국의 주방위군과 같이 구성국이 예외적으로 자체 방위군을 보유하는 경우도 있다.

이런 정의에 따르면 1781년 북미국가연합 이후 1789년 연방헌법 채택 이전의 미국과 1991년 소연방 해체 후의 독립국가연합(CIS)의 경우는 국가연합의 대표적인 예이며, 1789년 이후의 미국과 1991년 해체 이전의 소련(USSR)의 경우는 연방국가의 대표적인 예이다.[41]

조세제도의 측면에서 파악하면 연방국가에 있어서는 원칙적으로 중앙정

표 2.1 국가연합과 연방국가의 비교

	국가연합		연방국가	
	국가연합	구성국	연방국가	구성국
주권보유	X	O	O	X
국제법인격	X	O	O	X
대내적 통치(1): 주민 통치권 및 과세권	X	O	O	O
			* 양자 간 권한배분문제 발생	
대내적 통치(2): 군사권 및 통화발행권	X	O	O	X
대외적 통치권	△	O	O	X
	* 국가연합도 제한적인 외교권 행사 및 군사적인 통일행동 가능		* 조약체결의 경우 예외 존재 (미국, 독일 등)	
국제 책임	X	O	O	X
결합 근거	조약(국제법)		연방헌법(국내법)	
존속의 안정성	한시적·잠정적·과도적 결합		영구적 또는 반영구적 결합	
주민의 국적	구성국의 개별국적 보유		연방국가의 단일국적 보유	
구성국 간 무력충돌	전쟁		내란	

부와 지방정부가 각각의 징세권을 행사할 수 있으며, 국가연합의 경우 중앙정부는 그러한 징세권이 없고 오직 그 구성국만이 징세권을 갖게 되므로 중앙정부의 재정적인 사항은 그 구성국들의 합의에 의해 구성국 자체가 부담하게 된다.

제2부

체제의 갈등과 통합의 역사

3장
분단, 전쟁과 대립의 역사 _ 51

4장
통합의 초기과정: 교류협력의 제도화와 평화체제 구상 _ 123

분단과 전쟁을 거치면서 생성된 남북한의 적대적인 대립상태를 기저로 하여 한반도는 세계 냉전의 전초기지가 되었고, 세계 냉전이 끝났음에도 불구하고 한반도의 냉전적 대립은 계속되고 있다. 1970년대 초반 세계적인 데탕트가 시작될 때 남북한도 7·4공동성명을 발표하는 등 관계개선을 위한 대화와 협상이 시작되었으나, 영구적인 평화를 이루기에는 그 토대가 너무 약했다.

1989년 세계 냉전이 종식되자 남북한은 고위급회담 개최, 남북 기본합의서 체결 등을 통하여 획기적인 관계개선을 이루는 듯하였으나, 1993년 북한의 핵문제가 등장하면서 남북한관계 뿐만 아니라 한반도를 둘러 싼 국제관계도 모두 얼어붙게 되었다. 1994년 10월 21일 북한과 미국 사이의 제네바합의에 의해서 제1차 북한 핵위기가 일단락된 이후 잠정적이나마 북한과 미국의 관계개선은 이루어졌으나, 남북한의 불편한 관계는 지속되었다.

1998년 김대중정부가 들어선 이후 정경분리를 바탕으로 한 기능주의 접근방식을 채택하면서 남북한관계가 개선되기 시작했다. 2000년에는 정경분리의 한계를 넘어서 정치분야까지 교류와 협력을 모색하였으며, 그 결실로 남북한 정상회담이 개최되었다. 이후 노무현정부도 대북포용정책을 계승 발전시켜 개성공단을 성공적으로 조성하고 정상회담까지 하는 등 남북한관계 발전을 이룩했다. 2002년부터 제2차 북핵위기가 발생했으나, 핵문제와 관련 없이 남북한관계는 순조로운 방향으로 전개되었다.

이후 이명박정부가 대북정책에 북한의 비핵화를 강조하면서 남북한관계가 부정적인 방향으로 전개되었을 뿐만 아니라, 북한의 비핵화를 위한 6자회담에서 합의된 내용마저 추진되지 않는 결과가 초래되었다. 이후 보수정권이 이어지면서 박근혜정부는 개성공단 폐쇄조치를 취해서 남북한관계는 돌아오기 어려운 강을 건너게 되었다. 김대중정부 시절에 남한주민들이 북한 땅을 밟아보게 하기 위해서 추진했던 금강산 관광 및 개성 관광마저 모두 중단되었다.

2018년 들어서 평창동계올림픽에 북한이 참여함에 따라 남북한 관계가 개선되는 움직임이 보였다. 북한은 핵실험과 미사일 발사를 중단했다. 세 차례에 걸쳐 남북한 정상회담이 개최되어 비핵화, 평화 등 군사문제를 포함한 다양한 분야의 교류와 협력을 위한 합의가 이루어졌다. 북미정상회담도 두 차례나 개최되는 등 한반도 주변의 냉전이 해체되고 비핵화와 평화가 이루어지는 듯이 보였다. 그러나 북한의 비핵화와 대북제재 해제의 교환조건이 제대로 맞지 않으면서 다시 남북한관계와 북미관계는 원점으로 돌아가게 되었다.

3장

분단, 전쟁과 대립의 역사

1. 한반도의 분단과정 … 52
2. 한국전쟁: 무력통일 시도와 재분단 … 81
3. 한국전쟁 이후 남북한의 대립관계 … 106

1945년 해방과 함께 미국과 소련에 점령당한 한반도는 남과 북으로 분단이 고착화되어, 적어도 1960년대 후반까지는 아무런 평화의 대화나 협상이 없이 대결만 계속했다. 3년에 걸친 처절한 한국전쟁이 휴전된 이후에도 분단선에서 분쟁이 심심치 않게 발생했고, 침투하여 혼란을 야기하는 도발전략도 지속되었다. 세계적 차원에서 미국과 소련의 냉전대립은 한반도에도 강력한 영향을 미쳐서 갈등과 대립이 어느 다른 지역보다 강력하게 지속되었다. 오로지 통일은 흡수통일이나 무력통일을 상정하고 서로에 대한 적대정책을 펼쳤다.

1. 한반도의 분단과정

한반도 분단은 국가를 형성하는 요소들을 기준으로 평가해 볼 때 다음과 같은 의미를 지니고 있다. 첫째는 지리적 분단이다. 한반도를 거의 같은 크기로 양분하는 위도인 북위 38도선으로 분단되었는데, 북한지역이 남한 보다 넓게 되었고 행정단위가 아니라 일직선에 의한 분단이었기 때문에 황해도와 강원도가 분리되는 결과가 초래되었다. 둘째, 이념적 분단으로 해방과 함께 한반도를 분할하여 점령한 미국과 소련의 영향을 받아 자본주의와 공산주의의 대립상태가 시작되었다. 셋째, 민족적 분단으로 수천 년간 동질성을 유지해 온 동일민족이 자의에 의해서가 아니라 외세에 의하여 분단되었다. 넷째, 경제적 분단이다. 공업지대이면서 자원이 풍부한 북한과 농업지대인 남한지역의 분단으로 분단 이후 산업보완성 부족으로 양쪽 주민들은 많은 경제적 어려움을 겪어야만 했다.

한반도의 지리적 위치는 역사적으로 팔레스타인, 폴란드와 벨기에가 처했던 운명과 유사하게 한반도의 분단과 전쟁이라는 비극을 제공하였다. 한반도의 전략적 위치 때문에 한국의 역사는 중국, 러시아, 일본에 의한 침략으로 점철되어 왔다. 일본인들은 한편 한반도가 그들의 '아시아 본토로 진출하기 위한 디딤돌'로 간주하고 있으면서도, 다른 한편 한반도는 '일본의 심장부를 겨냥한 단도(短刀)'라는 표현을 하였다. 중국인들은 한반도를 '중국의 머리를 가격할 준비가 되어 있는 망치', 또는 '중국의 치아를 보호하기 위한 입술'로 인식하였다.[1)]

이러한 점을 보면 한반도는 극동에 있어서 중요한 교차점 또는 동북아 전략의 요충지에 위치하고 있음을 알 수가 있다. 이에 따라 한반도는 아시아 열강들의 주요 전략적 목표였고, 그들의 한반도에 대한 이해관계가 교착상태에 처할 경우 전쟁을 피하면서 어느 한편도 손해를 보지 않고 공평한 이익을 획득하기 위하여 한반도의 분단이 제기되곤 하였다.[2)]

한반도의 분단은 16세기말 일본인들에 의하여 처음으로 제의되었다. 1592년 도요토미 히데요시를 선봉으로 한 일본군이 침략하자, 조선왕조는 중국의 명나라에게 침략자들을 물리쳐 주도록 요청하였다. 결국 중국이 개입하여 일본군이 남부지역 일부만을 점령하는 데 그쳤다. 이후 교착상태가 지속되자 히데요시는 일본이 남부 4개도를 점령하고 나머지 4개도는 조선의 왕이 지배하도록 하자는 제의를 하였다. 이 제의를 중국과 조선 양측이 거부하였고, 1598년 히데요시가 사망하자 일본군은 조선으로부터 철수하였다. 이때 제의된 분단선은 북위 38도선에서 45마일 정도 남쪽에 이어진 선이었다.[3)]

한반도의 분단은 1894년 다시 제의되었다. 1882년 서방세계에 개방을 한 이후 조선은 강대국의 각축장이 되었다. 개국 이래 외세의 내정개입을 정부가 적절히 대응하지 못하자 동학난이 발생하였고, 이 난이 전국으로 확대되자 조선왕은 중국에게 요청하여 이 난을 진압해 줄 것을 요청하였다. 두 척의 전함과 2,500명의 중국군인이 한반도에 파견되자, 일본도 자국의 외교사절들을 보호한다는 명목으로 조선이 요청을 하지 않았는 데도 4,000여 명의 병력을 파견하였다. 동학난이 진압되자 조선왕은 중국과 일본군의 철수를 요구하였으나, 그들은 이 요구를 묵살하여 갈등이 지속되었다. 양군대 간의 충돌이 예상되자 영국이 중재에 나서 1894년 7월 중국과 일본이 각기 북한과 남한지역을 점령하도록 제의하였다. 중국은 이 제의를 수용하였으나, 일본은 거부하였다. 일본인들은 한반도의 반쪽만 점령하는 데 만족하지 않았고, 일본군이 중국군을 충분히 이길 수 있다고 확신하고 있었다. 결국 청일전쟁이 이 분쟁을 종식시켰는데, 한반도 분할 협상에 대한 영국의 제의를 조선은 전혀 통보받지 못하였다.

1896년과 1903년 러시아와 일본은 북위 38도 또는 39도선에서의 한반도 분할에 대한 논의를 하였다. 부동항의 획득을 목표로 한 러시아의 조선에 대한 영향력이 점차 강화되어 조선왕은 러시아 공사관으로 거처를 옮기고 그곳에서 정사업무를 집행하였다. 조선왕의 아관파천을 매우 심각하게 받아들인 일본은 러시아가 38도 이북지역에 대한 영향력을 행사하고 그 이남은 일본의 영향권으로 하자는 제의를 하였다. 1896년 6월 러시아의 니콜라스 2세의 대관식에서 일본육군의 야마가다 아리토모 원수가 이를 제의하였을 때 대관식에 참석한 조선사절은 이 제의를 통보받지 못하였다. 러시아는 조선 전체를 점령할 수 있다는 자신감에 일본의 제의를 거절하였다. 결국 일본은 러시아와의 일전을 예상하고 전쟁준비를 하게 되었고, 이의 일환으로 영일동맹 조약을 체결하였다.

궁지에 몰린 러시아는 동경주재 공사를 통하여 1903년 10월 한반도의 39도선 이북은 어느 나라의 군대도 주둔하지 않는 완충지대로 하고, 그 이남지역은 일본의 영향권으로 인정하겠다는 제의를 하였다. 일본은 이에 대하여 한만국경지역에 남북으로 50마일씩 100마일의 비무장지대를 설치하자는 역제의를 하였다. 러시아가 이 제의를 거부하자 일본은 1904년 2월 10일 대러시아전쟁을 선포하였고, 이 전쟁에서 러시아가 패배하였다.[4] 이와 같이 한반도 주변국들은 한반도의 분단을 통한 동북아의 세력균형을 모색하였고, 이 과정에서 조선의 주권은 전혀 고려대상이 되지 못하였다. 이와 같이 한국의 현대사는 외세개입과 외세에 의한 분단 모색이 되풀이되었다는 점을 여실히 보여주고 있다.

1) 해방과 분할점령

1945년 일본으로부터 해방되면서 한반도는 분단되었다. 제2차 세계대전의 종료와 함께 전승국들은 적국과 적국이 지배하였던 지역에 대하여 철저히 세력을 약화시키고 전승국들 간의 균형적 영향력 확대를 위한 정책을 모색하기 시작하였다. 여기서 고안된 방안이 독립된 식민지에 대한 신탁통치와 공동(분할)점령이었다. 한반도도 이 두 가지 모두가 고려되었다.[5]

한반도를 비롯하여 제2차 세계대전 이전에 독일, 일본 등 제2차 세계대전을 일으킨 추축국들이 보유했던 식민지들은 전쟁이 그들의 패배로 끝날 경우 신탁통치가 실시되도록 예정되어 있었다. 새로운 강대국으로 등장한 미국은 세계대전이 끝난 후 전후처리 과정의 하나로 식민지 지역들에 대한 신탁통치를 구상하여 영국과 소련 등에 제의했다. 신탁통치 구상은 장기간 식민지 지역으로 있던 독립 예정 국가들에 대해서 토착세력이 국가를 통치할 능력을 갖출 때까지 강대국들이 맡아서 통치를 하면서 통치 기술을 전수해 주는 의미를 지니고 있었다. 패전국들이 보유했던 식민지를 승전국들이 인계받아서 새로운 식민통치를 할 수는 없는 것이었고, 독립을 시켜주되 혼란을 방지하기 위해서 당분간 강대국들이 관리하겠다는 의도였다.

한반도도 이에 포함되었다. 1945년 2월 얄타에서 개최된 미국, 영국, 소련의 정상회담에서 미국의 루즈벨트 대통령은 한반도에 대한 신탁통치 구상을 제시했고, 스탈린의 동의를 받아냈다. 이전의 카이로 회담 등에서 한반도를 '적절한 절차를 거쳐서(in due course)' 독립을 시켜준다는 추상적인 논의는 있었으나, 한반도를 독립시켜 주기 위한 구체적인 방안은 얄타회담에서 미국에 의해서 처음으로 제시되었다.

1945년 5월 유럽에서의 제2차 세계대전이 끝나자 승전국들은 7월 포츠담에서 정상회담을 개최하고 패망한 독일 처리문제와 아시아에서의 대일전쟁을 종식시키기 위한 토의를 하였다. 이 회의에서 미국의 트루먼 대통령은 유럽에서의 전쟁이 끝났으니 소련이 대일전에 참전하여 제2전선을 개설해 달라는 요청을 하였다. 그러나 유럽에서 거의 단독으로 독일과 전쟁을 치르면서 수천만 명의 군인과 민간인을 잃은 소련은 더 이상 전쟁을 치를만한 능력이 없었고 군대와 국민들도 전쟁에 대한 사기가 크게 저하된 상태였다. 또한 미국을 비롯한 서방국들과 마찬가지로 소련은 만주에 주둔하고 있던 일본의 관동군에 대하여 과대평가를 하고 있었다.

당시 소련은 일본과 중립조약을 체결한 상태였다. 대일전을 주저하던 스탈린의 태도는 1945년 8월 6일 미국이 히로시마에 투하한 원자탄의 위력 때문에 급변하였다. 원자탄의 위력을 알게 된 스탈린은 일본이 곧 항복할 것이라고 판단하게 되었고, 대일전에 참전하지 않으면 전후 일본을 처리하는 과정에서 소련이 지분을 별로 차지하지 못할 것이라는 우려에서 급히 참전을 결정하고 8월 8일 선전포고를 하였다.

선전포고와 동시에 소련군이 일사천리로 남진하여 한반도 점령을 눈앞에 두게 되었다. 소련이 아시아전쟁에 참전하면서 두려워하던 100만 명의 일본 관동군은 자국을 지키기 위해서 만주로부터 이미 본국으로 철수한 상태였다. 포츠담회담에서 소련군의 아시아전쟁 참전을 강력하게 요구하던 미국은 이번에는 소련군의 한반도 전체 점령을 봉쇄하는 방법을 강구하기 시작했다. 8월 10일 개최된 국무성-전쟁성-해군성 합동위원회(SWNCC)는 소련군의 진격을 멈추는 방안에 대한 논의를 하였다. SWNCC의 의견 제시 요청으로 육군성의 실무자인 러스크(Dean Rusk)와 본스틸(Charles Bonesteel) 두 대령은 미국의 능력 한계와 정치적 요망 사항을 조화할 수 있다고 생각되는 북위 38도선을 미국이 점령할 수 있는 가장 북쪽선이라는 제의를 하였다. 이 제안은 트루먼 대통령의 재가를 얻어 소련을 비롯한 연합국 정부들로 보내졌다.[6)]

당시 일본본토 공격을 계획하고 있던 미국은 한반도를 점령할만한 군사력을 확보하고 있지 않았다. 이 상황에서 소련군은 아무런 장애 없이 한반도 전체를 점령할 기회를 포착하고 있었으나, 스탈린은 38선을 미국과 소련의 점령 경계선으로 하자는 미국의 요구를 받아들였다. 스탈린이 한반도 전체를 점령할 수 있는 기회를 가지고도 이를 포기한 이유에 대하여 다양한 설이 있으나, 대체적인 분석은 스탈린이 역사적·지리적으로 경쟁과 대립을 해 온 일본의 점령을 기대하고 한반도에 대한 양보를 하였다는 논리가 주류를 이루고 있다. 소련에 접경한 한반도를 적화시키는 것은 별로 어렵지 않겠지만, 일본 점령은 기회를 놓치면 다시 찾기 어려울 것이라는 판단에서

독일식의 분할점령을 요구하기 위하여 한반도에 대한 미국의 요구를 순순히 받아들였다는 것이다.

이러한 과정을 거치면서 한반도의 분단선으로 북위 38도선이 결정되었다. 40년 가까이 일본의 점령을 받아 온 한반도는 해방과 동시에 미군과 소련이 진주하게 되어 또 다른 형태의 외세개입의 그늘에 놓이게 되었다. 중국과 미국에 있던 독립단체들이 정부형태를 이루면서 독립을 위한 정치활동을 하였고, 한반도 내에도 지하에서 독립운동을 한 정치가들이 다수 존재하고 있었으며, 이들이 해방 이후 한반도 정치의 주도권을 장악하려 기도를 하였지만, 세계대전 종료 후 전쟁에서 승리한 강대국들이 세계지도를 새로 그리는 과정에서 한반도의 국내정치세력은 철저히 무시당하였고 결국은 냉전 시작과 함께 국내정치는 미국과 소련을 대리로 한 이데올로기 대결을 피하기가 어렵게 되었다.

2) 미국과 소련의 점령정책

소련의 한반도에서의 군사작전은 1945년 8월 12일 나진과 웅기항을 점령하면서 시작되었다. 8월 24일 20만 명의 소련군과 3만 명의 한국인들을 포함한 소련군 제25군이 치스차코프(M. Chistyakov) 대령의 지휘 하에 평양에 입성하였다. 한편 하지(John Hodge) 장군에 의하여 통솔되고 있었으며, 당시 오키나와에 주둔하고 있던 미국 제24군단이 한반도 38선 이남을 점령할 부대로 선정되었다.

미국과 소련이 점령 준비를 하는 동안, 한반도에서는 전쟁에 패망한 일본인들은 어떻게 하면 한국인들로부터 35년간의 학정에 대한 보복을 받지 않고 일본으로 돌아갈 수 있을까 하는 문제로 전전긍긍하고 있었다. 신변안전을 위한 궁리를 하던 끝에 일본인들은 한국인 지도자에게 질서를 유지시켜 주는 대가로 과도정부를 구성할 권리를 주겠다는 조건으로 협상을 시도하였다. 정무총감(政務總監)이었던 엔도 류사쿠(遠藤柳作)는 우선 우익 민족지도자였던 송진우에게 접촉하여 한반도에 대한 통치권을 넘겨줄 테니 자신들의 신변을 보호해 달라는 제안을 했다. 그러나 송진우는 모든 한국인들은 중경의 임시정부가 귀환하기를 기다려야 한다며 일본의 제의를 거절하였다.

송진우에게서 거절을 당한 정무총감은 여운형을 찾아가서 같은 제안을 했다. 좌익의 성향을 가지고 있던 민족주의자인 여운형은 이 제의를, 일본이 모든 정치범을 석방하고, 치안유지와 건국을 위한 여운형 자신의 정치활동에 일본인들이 간섭을 하지 않고, 한국청년을 조직 훈련하는 데 간섭하지 말고, 3개월간의 식량을 보장할 것 등 5개항의 요구를 일본 측이 받아들이는 조건으로 일본의 제안을 수락하였다.[7] 후세의 평가에 의하면, 송진우 등 일부 우익진영은 일제 말기에 친일 활동을 했기 때문에 해방 이후 이러한 전력을 감추기 위해서 일본인들의 제안을 받아들이지 않았고, 사회주의 성향을 지닌 여운형은 끝까지 반일의 지조를 지켰기 때문에 일본인들의 제안을 자신 있게 받아들였다고 한다.

일본인들로부터 통치권을 이양 받은 여운형은 자신이 조직한 비밀지하조직인 '조선건국동맹'의 첫 번째 공개 회합을 개최하였다. 여운형은 이 동맹을 1944년 8월 항일지하활동을 하기 위하여 설립하였다. 건국동맹은 일본이 패망할 때까지 독립운동을 계속한 국내 유일의 지하조직이었다. 건국동맹의 목표는 연합국들과 협력하여 대일 연합전선을 형성함으로써 민족독립을 위하여 일본 제국주의 세력과 부일세력에 대항하여 투쟁하는 것이었다. 전국에 걸쳐 약 7만 명의 맹원을 확보하고 '불언(不言), 불문(不文), 불명(不名)'을 행동 3대 원칙으로 삼은 조선건국동맹은 식량공급, 치안유지와 군사에 관한 위원회도 보유하고 있었다.[8]

여운형은 송진우를 비롯한 한국의 많은 지도자들과 접촉을 하며 협력을 요청하였으나 거의 모든 우익지도자들은 중경 임시정부의 정통성을 내세우며 여운형에게 협조하기를 꺼렸다. 그들은 일본인들에게 협력하는 것은 있을 수 없는 일이라고 비난하였다. 이러한 상황에서 여운형은 8월 16일 자신을 위원장으로 하는 '건국준비위원회(약칭 건준)'를 창설하였다.[9] 1945년 8월 25일 건준은 다음과 같은 강령을 발표하였다.

1. 우리는 완전한 독립국가의 건설을 기함.
2. 우리는 전 민족의 정치적·경제적·사회적 기본권을 실현할 수 있는 민주주의 정권의 수립을 기함.
3. 우리는 일시적 과도기에 있어서 국내의 질서를 자주적으로 유지하며, 대중생활의 확보를 기함.[10]

건준은 스스로를 모든 정치세력이 참여하는 민족통일전선체라고 주장하면서 특정한 이념적 성향을 보이지 않으며 선국가건설, 후사회변혁의 방향을 지향했다. 이에 따라 구체적인 사회개혁 프로그램은 제시하지 않고 국가건설에 역점을 두었다.

여운형은 라디오를 통하여 그의 조직이 법과 질서의 유지와 정부의 주요 기능에 대한 책임을 가지게 되었다고 발표하였다. 일본인들은 사태가 그들이 원하지 않는 방향으로 흘러가고 있음을 인식하게 되었다. 여운형에게 양보한 것을 한국인들이 일본세력의 약화로 받아들이고 있음을 느끼게 되었다. 더구나 여운형과의 밀약을 모르고 있던 일본 육군이 총독부에 항의하였고, 결국 총독부는 행정권을 여운형에게 인계하는 계획을 취소하였다. 일본 육군은 한국내의 모든 정당과 정치단체의 해체를 명령하였고, 건국준비위원회에게는 '건국'이라는 용어를 쓰지 않도록 요구하였다. 조선 군관구 일본군 사령관은 건준에게서 치안유지 기능을 환수하려 하였다.[11]

그러나 그들은 한국인들의 독립에 대한 열망을 봉쇄할 수가 없었다. 한반도 내에서 가장 강력하게 정치세력화한 자생적인 건준은 전국 각 지역에 '인민위원회'를 설립하였는데, 이 인민위원회들은 중앙정부와 통신이 원활치 않았음에도 불구하고 한반도의 질서를 효율적으로 유지시킨 '지역적인 기반을 가진 책임 있는 조직'이 되었다. 실제로 대다수의 한국인들은 인민위원회에 적극적인 협조를 하며 자치정부수립 능력을 대외적으로 입증하기 위한 노력을 기울였다. 8월 말까지 한반도 전체에 145개의 인민위원회가 설치되었고 이들은 각 지역의 주요인사에 의하여 통솔되었다.

소련군이 1945년 8월 24일 평양에 입성할 당시 북한지역에는 두 종류의 비공산 단체가 존재하고 있었다. 이는 모두 종교단체로 기독교와 극단적 민족주의 종교인 천도교였다. 그들 중에서 기독교인이었던 조만식이 가장 추앙을 받는 인물이었다. 그는 일본인 도지사로부터 권력을 직접 이양 받았다. 평양 인민위원회 위원장에 취임한 조만식은 서울의 여운형과 지속적으로 접촉을 가지며 '유사한 정치적 견해'를 공유하였다. 평양 인민위원회는 18명의 우익 민족주의자들과 단 두 명의 공산주의자들로 구성되어 있었다. 서울의 건국준비위원회를 중앙기구로 인정을 했고, 건준의 지국 역할을 하고 있었다. 공산주의자로 분류되던 현준혁이 부위원장을 맡았는데, 그도 조만식을 '민족적 지도자'로 전적으로 지지하면서 혁명의 주도권은 '부르주아 성향의 민족주의 지도자'가 장악하여야 한다고 했다. 소련점령군은 평양의 인민위원회가 '공산주의자들과 민족주의자들이 동등한 수의 대표권'을 가지도록 조성한다는 전제 하에 인민위원회의 권한을 인정했다.

이에 따라 인민위원회는 1945년 8월 29일 치스차코프 소련군 사령관의 지휘 하에 조만식을 위원장으로 하여 16명씩의 공산주의자들과 우익 민족주의자들을 대표로 하여 인민정치위원회로 재조직되었다. 소련의 대동유럽 정책과 비교하여 보면, 스탈린은 한국인들이 실질적 자치를 하도록 어느 정도 허용한 점을 알 수 있다. 소련은 "일본의 가혹한 식민지 지배에서 북한을 '해방'시킨 은인으로 한반도에 진주하여 북조선 인민들의 '친구'로서 사회주의 국가의 탄생을 지원했다"고 자처하였다.[12)]

그동안 남한에서 여운형은 미군이 남한을 점령한다는 소식을 듣고, 미군이 진주하기 이전에 '과도정부'를 세울 필요를 느꼈다. 1945년 9월 6일 건국준비위원회는 1,000명의 대의원이 참석한 국민대회를 서울에서 개최하였다. 이 대회는 '조선인민공화국'의 이름으로 정부를 구성한 뒤 한반도 전역에 대한 지배권을 선포하였다. 이 정부는 좌우익을 총망라한 연합정부의 성격을 가지고 있었으며, 이승만을 주석, 여운형을 부주석으로 선정하였다. 내부적 갈등을 막기 위하여 각부 장관은 좌익과 우익에서 동등한 비율로 배분하였다.

이 정부의 주요 임무로는 정치적·경제적으로 독립된 국가건설, 일본인과 협력자들의 공직에서의 추방, 기본적 인권에 기초한 민주주의의 실현, 경제·사회개혁 등을 망라하였다. 인민공화국은 정강으로 민주주의 국가의 일원으로서 상호 제휴하여 세계평화의 확보에 기여할 것임을 밝혔다. 인민공화국의 성격에 대하여 많은 논란이 있다. 일부에서는 공산세력에 의하여 설립된 조직이라는 주장이 있으나, 커밍스(Bruce Cumings)는 인민공화국을 공산정권으로 간주하는 것은 '어리석은(absurd)' 주장이고, 1945년 인민위원회는 공산주의자들의 지배를 받지 않았다고 주장했다.[13] 인민공화국은 외국군 점령 기간을 최대한 줄이면서 독립국가를 수립하려는 한국인들의 의지와 능력을 보여주기를 원하였다.

일본의 점령을 받는 동안 한반도 내에는 우익 민족주의자들과 좌익 공산주의자들이 제한적이나마 정치적 활동을 하고 있었다. 그들이 직접통치를 하지 않았기 때문에 이념적 갈등과 대립이 심각한 정도는 아니었으나, 독립운동에 대한 시각 차이와 해방 이후의 주도권을 예상하여 대립적인 모습을 보이기도 했다. 우익진영은 대부분이 기업을 운영하는 등 재정적으로 부유한 편에 속했으며, 일제 말기에는 재산과 권위를 유지하기 위해서 일부 일본에 협조하는 모습을 보이기도 했다. 이와 달리 좌익진영은 해방되는 날까지 일본 제국주의를 반대하며 한반도의 독립을 위해서 투옥 등 저항을 지속적으로 했다.

인민공화국이 한반도 내에서 가장 강력한 정치단체로 부상하였으나, 다른 정치단체들의 도전도 만만치 않았다. 첫째, 중경에 있던 임시정부가 인민공화국을 지지하지 않았다. 인민공화국은 임시정부의 대통령이었던 김구를 내무장관으로 임명하고 임시정부와 인민공화국의 합병을 제의하였다. 그러나 김구는 인민공화국이 임시정부의 정통성을 훼손시켰다는 이유로 이를 거부하였다. 둘째, 1945년 9월 12일 박헌영에 의하여 서울에 재건된 공산당이 인민공화국의 가장 위험스러운 상대였다. 극단적 공산당이 출현함에 따라 연합정부 형태의 인민공화국은 모호한 성격을 가진 조직이라는 평을 듣게 되었다.

이 이외에도 국내외에서 다양한 성향의 한국인들이 독립운동 등 정치활동을 하고 있었다. 중경에 있던 임시정부는 대부분이 우익인사들이었고, 중국에 있는 좌익 한국인들은 김두봉의 지휘 하에 중국 공산당의 본거지인 예난(延安)에 자리 잡고 있었다. 만주에서 항일활동을 하던 김일성 중심의 갑산파는 1941년 태평양전쟁 발발 후 시베리아로 이주하였다가 소련군이 북한을 점령할 때 북한으로 입국했다. 소련에는 일제 시작 직후에 소련으로 이주한 한국인들의 2세들로 구성된 소련파가 있었으며, 허가이가 주도하는 소련파도 소련군 입북 때 같이 북한에 들어갔다. 해방 이후 중국이나 소련에서 활동을 하던 좌익 세력들은 38선 이북에 입국했고, 중경에 있던 임시정부 요원들과 미국에서 활동하던 이승만은 남한으로 입국했다.

제2차 세계대전의 아시아전쟁이 끝난 8월 15일부터 소련의 북한지역 점령이 시작되었으나, 미국의 남한지역 점령은 전쟁이 끝나고 20여일이 지난 이후에야 이루어졌다. 하지 장군의 지휘를 받는 7만 2,000명의 24군단은 9월 8일 인천항에 도착하였다. 미군이 인천항에 도착하자, 인민공화국 대표단이 승선하여 새 정부의 행정기구로서 각 지역에 인민위원회가 설립되어 있다는 내용을 알리는 문서를 전달했다. 그러나 하지는 인민공화국의 존재를 무시하였고, 미군이 진주할 때 인천항의 질서를 유지시킨 일본인들을 칭

찬하였다. 하지가 한국인들에게 일본인들에 대한 시위를 벌이거나 미군을 환영하러 부두에 나오지 못하도록 경고하였으나, 해방군을 환영하러 부두에 몰린 한국인들에 대하여 일본군이 발포를 하였고, 그 결과 두 명의 한국인이 사망하고 10명이 부상당하였다.[14] 이 사건이 하지가 한국인들 사이에서 인기를 끌지 못한 이유 중의 첫 번째였다. 미국인들은 한국을 패전국으로부터 독립한 국가가 아니라 패전국으로 대하는 듯한 태도를 보였다.

9월 9일 하지와 7함대 사령관인 킨카이드(Thomas C. Kinkaid) 제독이 일본인들의 공식적 항복을 받기 위하여 서울에 도착하였다. 항복 기념식 직후 하지는 기자회견을 개최하고, 일본 총독인 아베 노부유끼를 비롯한 일본 관리들이 미군의 행정을 지원하고 질서 있는 정부의 인수인계를 위하여 당분간 종래 관직을 유지할 것이라는 성명을 발표했다. 미 합참이나 본국 정부로부터 아무런 훈령을 받지 못한 상태에서 하지는 한국점령기간 강력한 군사력을 사용하여 한국을 효과적으로 통치한 일본관료와 경찰에 의존하지 않을 수 없다고 생각했다. 하지는 한국인들을 신뢰하지 않았다. 이러한 점은 도착 직후 발설한 그의 발언을 보면 알 수가 있다. 그는 한국인들은 '즉각적인 독립' 이외에 아무런 생각도 할 줄 모르고, 그들은 일본인들과 마찬가지로 '고양이 같은 종족'들이라는 망언을 서슴치 않았다.[15]

일본인들을 공직에 사용하는 하지의 정책에 반발하여 9월 10일 한국군중들이 시위를 벌였고, 일부는 경찰서를 습격하였는데 이 과정에서 2명의 한국인들이 일본 헌병에 의하여 살해되었다. 종국적으로 한국인들의 강한 반발에 직면하여, SWNCC는 일본인들을 모든 관직으로부터 제거하도록 하지에게 명령을 내렸다. 아베 총독은 9월 12일 면직되었지만 엔도 정무총감은 고문으로 남았고, 많은 수의 일본인들은 4개월 이상 관직에 그대로 남아 있었다. 해방 당시의 7만 명의 관리들은 1946년 1월 말 60명으로 줄었다.[16] 이 사건은 미국정부가 얼마나 한국점령에 대한 사전준비가 없었는가를 보여주는 동시에, 한국에서 하지와 미 점령군의 인기를 하락시키는 근본적인 원인이 되었다. 한국인들은 그들의 강력한 반발이 미국정부를 움직이게 하였고 하지도 굴복시켰다는 자부심을 갖게 되었다.

일본인들을 관직에서 제거한 후, 하지는 미군사정부를 수립하고 이를 남한에서의 유일 합법정부로 공표하였다. 당시 미국이 군사정부체제로 선택할 수 있는 대안으로는 일본점령 이전의 분권체제, 일제시대의 중앙집중 통치구조, 인민공화국의 체제, 또는 완전히 새로운 체제의 건설 등이었다. 일본인들의 통치철학에 대한 이해도 없는 상태에서 미 점령 당국은 일본체제를 받아들였다. 미국인들은 '현존하는 정치체제를 유지시키는 것이 논리적이고 현실적'이며, 그 정책이 점령지에 대한 '민사행정 절차의 표본'이라는 논리를 내세웠다. 미국인들의 남한에 대한 직접통치는 1947년 6월 미군사정부의 명칭을 '남조선 과도정부'로 변경할 때까지 지속되었다. 명칭 변경 후 남조선 과도정부의 중요한 직책을 한국인들이 맡았다.[17]

하지 장군이 통솔하는 미 점령군은 전투부대였고 점령지를 통치할만한 민정 능력이 부족했기 때문에 처음부터 한국의 실정을 제대로 파악하지 못했고, 통치를 할 만한 준비와 능력이 부족했기 때문에 점령 시작부터 한국인들의 반발을 초래했다. 특히 경험과 자질이 풍부한 참모의 부족은 하지가 남한지역을 점령통치하는 데 있어서 큰 제한사항이 되었다. 하지는 인민공화국을 인정하지 않았지만, 미군사정부는 지방의 법과 질서를 유지하는 데 인민위원회를 사용하지 않을 수 없었다. 인민위원회에 대한 의존을 줄이기 위해서 하지는 1945년 10월 5일 11명의 한국인들로 '국가고문회의'를 구성하는 등 군사정부의 권한을 강화시켰다. 11명의 고문회의 위원 중에 9명은 지주와 기업가들을 중심으로 9월 16일 설립된 한국민주당으로부터 선정되었다. 위원장은 김성수가 맡았는데 그는 일제말기 친일활동을 하였다는 비판을 받고 있었으며, 해방 후 한국민주당을 운영하고 있었다. 여운형도 위원으로 선정되었으나 참여를 거부하였다. 임명된 위원 중 대부분은 친일파로 알려진 인사들이었을 뿐 아니라, 한국인들은 고문회의 설치를 미국이 오랜 기간 동안 점령 통치하려 한다는 것으로 해석하였다.

1945년 10월 10일 군정장관이었던 아놀드(Archibald Arnold) 소장은 남한지역에서 미군사정부가 유일한 정부라는 성명을 발표하였다. 인민공화국이 중앙정부가 되려는 것은 '늙은이들의 유치한 짓'에 불과하며, "그들이 한국정부로서 정통성 있는 기능을 가지고 행사하려고 생각하는 것은 참으로 바보스럽다"며 인민공화국의 존재를 일축하였다. 인민공화국의 활동은 '광대극'에 불과하며 그들은 하루 빨리 광대극의 막을 내려야 한다고 선언하였다. 같은 날 베닝호프는 인민공화국이 '공산주의자' 또는 '급진단체'에 의하여 조직되었다고 보고하였다.[18)]

인민공화국은 거세게 반발하였다. 포스터와 팸플릿을 만들어 미군사정부를 비난하며, 인민공화국이 설립한 인민위원회가 38이북 지역에서 인정을 받고 있기 때문에 인민공화국은 분단선을 초월한 통일정부라고 주장하였다. 당시 전국적으로 수천 개의 인민위원회가 설립되어 있었다. 1945년 11월 21~22일 서울 천도교 강당에서 개최된 전국 인민위원회 대표자회의에서 보고한 내용에 따르면, 북한지역에는 564개의 면, 28개의 읍, 70개의 군, 9개의 시, 6개의 도가 있는데 이곳 전체에 인민위원회가 설립되어 있으며, 남한지역은 1,680개의 면 중 1,667개, 75개의 읍 중 75개, 148개의 군 중 145개(3개는 창설 준비 중)의 인민위원회가 설치되어 있었다.[19)]

미군사정부가 여운형을 고문회의 위원으로 선정했던 사실을 상기시키며 한국 언론은 누가 '광대극'을 지원하느냐고 반문하였다. 한국인들은 해방군이 탄압군으로 되었으며, 과거 일본점령자와 새로운 점령자 간의 차이는 '피부색' 뿐이라고 생각하였다. 미드(Edward Grant Meade)는 "미군의 한국 주둔의 유일한 목적이 한국인들로 하여금 자유로운 선택에 의하여 민주적인 독립정부를 수립하는 것을 지원하는 것이라면, 또한 워싱턴정부가 한국인들 스스로 필요한 경제와 정치체제를 결정할 수 있는 권한을 인정한다면, 인민공화국이 왜 그러한 취급을 받아야 했는가?"라는 의문을 표시하였다.[20)]

소련이 북한을 점령한 이후 인민공화국의 조직을 사용한 것처럼 미국도 인민공화국이라는 '사실상(de facto) 정부'를 공식적으로 승인하고 이를 통한 점령통치를 했다면, 한반도는 점령 초기에 통일된 독립국가를 수립할 수 있었을 것이다. 비록 인민공화국은 미국식 사고가 지배하지는 않았지만, 미국인들은 의장과 내각각료로 임명되었던 이승만과 우익인사들을 통하여 인민공화국의 공산화를 막을 수 있었을 것이다. 만약 미점령 당국이 인민공화국을 승인하였다면, 임시정부의 환국을 기다리던 우익인사들이 인민공화국에의 참여 이외의 다른 대안을 마련할 수 없었을 것이다.

인민공화국을 불법화하려는 하지의 정책은 38선 이남에 존재하는 모든 정치단체를 지배하도록 하고, 미군사정부의 목적에 부합되는 민주정당의 설립과 활동을 격려하라는 10월 17일자 워싱턴정부의 명령에 의하여 합리화되었다. 이 명령은 또한 한국의 임시정부 또는 유사한 정치단체를 공식적으로 승인하거나 정치적 목적으로 사용하지 말도록 하였고, 군사점령에 필요하거나 점령군에 협조하는 정치단체에 대해서는 격려를 하되 점령군은 이 단체를 반드시 통제할 수 있는 조치를 취하여야 한다고 지시하였다.[21] 이는 다시 말하면 친미적인 성격을 가진 정치단체만을 존속시키고 세력을 키워주라는 뜻이었다. 이러한 명령을 받은 하지는 인민공화국 측에 이름에서 '공화국'이라는 단어를 삭제하기를 요청하였고, 인민공화국 측이 이를 거부하자 그는 인민공화국의 활동을 중단시키기 위하여 '선전포고'를 해야 한다고 생각하였다.[22]

모든 정치단체의 등록을 지시한 결과 공산당, 민족정당, 중도정당을 포함한 54개의 정당이 등록을 하였다. 미군사정부는 민주주의 원칙에 따라 공산당도 법을 준수하는 한 다른 정당들과 같은 대우를 받아야 한다며 형식적으로 모든 정당에 대하여 중립적 태도를 보였다. 그러나 하지는 급진좌익은 한국정치에 있어서 '불필요한 집단'이라 간주하고, 보수우익정당들이 강한 대중적 지지를 획득하고 미국의 목표에 동참하기를 희망하였다. 그러나 우익정당들은 대체로 지지기반이 약했고 유능한 지도력을 결하고 있었으며, 대개가 친일파들이었다. 따라서 하지는 임시정부가 중국에서 환국하기를 바랐고, 이승만도 미군사정부에 협력하고 당시 고문회의 위원들과 동등한 조건으로 이 회의에 참여한다는 조건 하에 개인자격으로 귀국하기를 희망했다.[23)]

1945년 10월 16일 귀국한 이승만은 지지자들을 결속하며 한국의 정치권을 지배하기 위한 행동을 전개하기 시작하였다. 10월 20일 하지는 5만 명 이상이 군집한 야외집회에서 이승만을 한국인들에게 소개하였다. 하지는 이승만을 한국 군중들에게 소개함으로써 한국인들이 미국인들에게 감사한 마음을 가지게 하고 이에 따라 한국인들의 반미감정을 줄이는 기회로 이용하려 하였다. 그러나 이승만은 한국인들이 스스로를 통치할 수 있는 능력이 있으므로 강대국은 즉시 독립할 기회를 제공해야 한다면서, 10월 23일 '독립촉성중앙협의회'를 조직하였다. 이 협의회는 임시정부를 전적으로 지지하였고 조속한 환국을 강조하였다. 협의회는 남한에 존재하던 54개의 정당 중 43개 정당의 지지를 받음으로써 임시나마 우익정당들의 결속을 도모하는 데 성공하였다.[24)]

이 결과는 하지로 하여금 미래 한국정부의 모델로서 이승만을 지도자로 하고 임시정부 임원들로 구성되는 '통치위원회'를 구상하게 하였다. 하지는 한국인들이 이러한 정치조직을 지지할 것이고, 여론의 압력을 받아 소련도 미국의 정책에 협력할 것이라고 생각하였다. 극동지역에 주재하던 미국인들은 한국인들이 정부조직에 참여할 수 있도록 미국이 적극적인 행동을 취하여야 한다는 인식을 가지게 되었다. 극동주재 미국인들이 이러한 인식을 가지게 된 것은 점령이 끝날 때까지 한국에 임시정부를 세우지 않으려는 워싱턴정부의 의중을 몰랐거나, 워싱턴을 향하여 이러한 정책을 바꾸도록 요청하는 것 중 하나였을 것이다.

미 국무성은 이러한 요청을 받아들일 의사를 전혀 가지고 있지 않았다.

첫째, 제2차 세계대전 기간 이승만의 임시정부 승인을 요구하는 끈질긴 투쟁 때문에 국무부는 그에 대하여 별로 좋은 시각을 가지고 있지 않았으며, 일부 미국 관료들은 이승만을 '불평분자(grumbler)'로 간주하고 있었다. 둘째, 국무부는 남한지역에 반소 성향의 위원회를 설립하게 되면 소련을 자극할 것이라는 우려를 하였다. 빈센트(John Vincent) 극동국장은 미국이 특정 한국인 단체를 지지하게 되면 소련도 북한지역에서 유사한 방식을 택하게 될 것이고, 이는 한반도 통일에 장애가 될 것이라고 주장하였다.[25] 아직 제2차 세계대전 기간에 이루어진 소련과의 우호관계가 유지되고 있었지만, 미국인들은 소련이 이미 북한지역에 소련의 취향에 맞는 체제를 수립하고 있다는 사실을 모르고 있었다.

상황이 점차 불확실하고 불투명하게 전개되자 이에 불안을 느낀 한국인들은 1945년 11월 모든 정치단체들이 회합하는 자리를 마련하였다. 공산주의자들까지 참여한 이 회합은 통일된 한국을 조직할 수 있는 기회가 한국인들에게 주어져야 한다는 공동선언서를 발표하였다. 이 선언서에서 한국인들은 한반도의 분단은 자신들이 자초하지 않은 '매우 심각한 실책(most serious blunder)'이라고 규정하였다.[26]

남한지역의 불안정한 정국상황에 더하여, 한반도 분단의 지속은 미군사정부가 직면한 중대한 문제가 되어 가고 있었다. 남북한 어느 쪽도 상호간의 협조 없이 경제적으로 자립할 수 없었기 때문에 미소점령 당국이 한반도를 하나로 통일된 바탕에서 지배할 수 있는 협정을 체결할 필요성을 느끼게 되었다. 아직 국제적인 차원에서 미국과 소련은 제2차 세계대전의 협력적 관계를 미미하게나마 유지하고 있었으므로 미국은 한반도 점령의 파트너인 소련과의 협력을 기대하고 있었다. 미국이 가장 중요하게 생각하던 한반도에서의 목표는 남한지역의 정치를 안정시켜 미국을 지향하는 민주주의를 정착시키고 영광스럽게 철수하는 것이었다. 한반도의 통일도 중요하지만 더 중요한 것은 어떠한 방식으로든 한반도에서 미국의 영향력을 유지하는 것이었다.

한편, 북한지역을 점령한 소련은 북한 내의 토착세력에 보다 많은 자율권을 부여하며 점령통치를 해 나갔다. 소련점령군은 1945년 9월 14일 정치강령을 발표했는데, 그 내용은 농민과 노동자를 대표하는 민족정부의 수립, 토지개혁, 친일파의 즉각적인 숙청, 모든 교육 문화기관의 공공관리를 포함하고 있었다. 북한지역의 5도에 설치된 인민위원회의 10월 8일 대표회의에서 소련점령 당국은 한국인들에게 5개의 위원회를 5도 임시인민위원회라는 이름으로 하는 하나의 행정기구로 통합하도록 강요하였고, 이틀 뒤에는 한 걸음 더 나아가 공산당을 설립케 함으로써 북한의 공산화를 위한 전략을 수립 실행해 나아갔다.[27)]

북한 공산당이 조직될 무렵에 평양에는 김일성 장군이 귀국하였다는 소식이 전해졌다. 10월 14일 대중들에게 '민족의 영웅'으로 김일성을 소개한 후, 소련군 사령부는 '사령관 명령(Order of the Commander)'을 발표하여, 북한에 존재하는 모든 정당은 강령, 규율, 당원명단을 사령부에 제출함으로써 등록을 하도록 하였다.[28)] 소련점령군은 북한의 정치상황을 재조정하여 김일성이 세력을 구축할 수 있도록 지원하는 정책을 추구하였다.

3) 통일실패와 남북한 분단정부 수립

1945년 12월에 접어들어 한반도의 분할점령을 위하여 그어진 38선은 이미 국경선과 유사하게 고정화되어 가고 있었고, 한반도의 통일은 점점 요원해져만 갔다. 한반도를 분할할 당시 어느 한쪽도 스스로 자립할 수 있는 경제구조를 가지지 못하고 있었기 때문에 미국의 입장에서 남한을 자립시키려면 막대한 투자를 해야 하고 장기간에 걸친 점령을 해야 하는 부담이 생기기 시작했다. 특히 북으로부터 공급되던 석탄의 부족으로 미국은 일본점령사령부에 요청을 하여 매달 7만 톤의 석탄을 규슈에서 부산으로 공급하는 조치를 취하기도 하였다.

남북한을 비교해 보면, 북한에는 12만㎢에 900만 명이 살고 있었고, 남한지역에는 9만 5,000㎢에 2,100만 명이 살고 있었다. 해방 후 100만 명 이상의 한국인이 일본으로부터 귀환하였으며, 10만 명 가까운 수가 중국 및 기타 국가에서 남한으로 유입되었기 때문에 남한 인구가 크게 증가하였다. 더구나 약 100만 명의 북한지역의 주민들이 보다 나은 생활조건과 자유를 찾아 남한으로 이주하였다. 1945년 말까지 남한 인구의 10% 이상이 피난민들이었다. 이로 인하여 남한은 극심한 식량난을 겪게 되었다.

남북한의 산업구조를 보면, 북한지역에는 전력(94%), 중공업(86%)이 편중되어 있었고, 남한지역에는 농업토지(63%), 경공업(74%)이 주된 산업으로 자리 잡고 있었다. 소련 점령지역에서 생산되는 것으로 미국 점령지역에 필요한 품목들은 석탄, 콩, 소금, 선철, 알루미늄, 중석, 비료, 황산염, 황산암모늄 등이었다. 전력과 중공업의 대부분이 북한지역에 편중되어 있었기 때문에 남한에서는 비료마저 생산하기 어려운 상황이었고, 북한으로부터 비료공급 없이 남한 농민들은 필요한 농작물을 생산하기가 매우 어려운 형편이었다. 또한 화학제품, 석탄, 원자재 등이 부족하여 남한 경제는 거의 마비상태에 놓여 있었다. 1945년 11월 남한지역의 물가지수는 통제 불능의 악성 인프레로 인하여 치솟기 시작하였다.

점령초기 미국인들은 한국정치에 미국식 정치이념을 주입시키는 것이 별로 어렵지 않을 것이라고 생각하였다. 이 목적으로 한국에 존재하던 모든 정치단체들을 불법화하고 미국에 협조하는 조직만을 육성하였다. 그러나 한국의 강한 민족주의는 이에 대하여 거부반응을 보였으며, 이러한 상황에서 분단된 남한에 친미정부를 세우는 것은 시간도 걸리고 매우 어려운 작업이 될 것이라고 느끼기 시작하였다. 대다수의 한국인들이 미군사정부에 협력하는 태도를 보이지 않고 점령군의 인기가 날로 실추하게 되자, 미국은 제2차 세계대전 중 전후 한반도 처리방안으로 제시되었던 4개국 신탁통치안을 재논의하게 되었다. 사실 미국정부로서는 신탁통치안을 재부각시켜 소련과 협상하는 것 외에 격동기의 한반도 문제를 해결하는 별다른 방안을 강구하기가 힘들었다.

1945년 12월 모스크바에서 미국·영국·소련 3국의 외상회담이 열렸다. 회의 벽두부터 중국에 미군이 계속 주둔하고 있는 문제와 일본을 미국이 독점하려는 데 대하여 소련이 공세를 펼쳐 미국은 수세에 몰리게 되었다. 한국문제에 관하여 미국은 보다 더 시급한 세부 문제를 해결하기를 원하였다. 그 문제들은 화폐, 물자의 거래, 교통, 체신, 전력공급과 해양운송문제 등이었다. 미국의 번즈 국무장관이 먼저 한반도 신탁통치에 대한 언급을 하였는데, 그는 4개국 신탁통치 기간을 5년으로 하되 4국의 합의에 의하여 10년으로 할 수 있도록 하자는 제안을 하였다. 미국 대표는 또한 신탁통치의 방법으로 한국인에 의한 임시정부를 세우지 말고 4개국의 대표로 단일행정부를 구성하여 입법, 사법, 행정권을 수행하자는 제의를 하였다. 미국정부는 남한의 우익진영 대부분이 신탁통치를 극렬히 반대하고 있었고, 미 점령군의 인기하락으로 말미암아 친미정부를 구성하는 것이 거의 불가능했으므로 일단 신탁통치 기간 동안에는 한국의 임시정부 없이 외세가 통치를 하도록 하는 의도를 가지고 있었다. 미국의 입장에서 한반도에서 공산주의 팽창을 봉쇄하는 최선의 방법은 신탁통치 기간 동맹국들인 영국과 중국을 활용하는 것이었다.

반면, 소련인들은 단기간의 신탁통치 아이디어를 고수하였다. 소련대표는 신탁통치 기간을 5년으로 제한하고, 장기간의 '일본점령의 잔재'를 청산하기 위하여 한국인들에 의한 임시정부를 수립하여 이를 통한 신탁통치를 하자고 제의하였다. 당시 스탈린의 한반도에 대한 주 관심사는 일본의 부활을 막는 것이었다. 특히 미 점령군이 일본의 한반도 점령 당시의 통치체제를 그대로 활용하고, 일부 일본 관리들과 친일파들을 지도층으로 활용하는 것을 보고 일본의 한반도에 대한 영향력을 단절하는 것이 시급하다고 생각했다. 특히 한반도에 수립될 통일정부가 반소적이 되지 않도록 하기 위해서는 일본세력을 완전히 제거하는 것이 필요하다고 생각하였다.[29)]

회의기간 내내 수세에 몰리던 미국은 소련의 제의를 수용하지 않을 수가 없었다. 마침내 미국·영국·소련의 외무장관들은 신탁통치에 활용될 한국임시정부를 수립하기 위하여 공동위원회를 설치하기로 합의하였다. 12월 28일 합의된 협정의 내용은 신탁통치를 실시할 임시정부를 구성하기 위해서 미국과 소련의 대표자들로 '공동위원회'를 설치하고, 신탁통치 기간을 5년으로 고정하는 합의를 했다.

예상한대로 신탁통치를 하기로 강대국들이 결정하였다는 소식이 한국에 전해지자 김구를 중심으로 한 민족세력은 격렬한 반탁운동을 전개하였다. '신탁통치반대국민총동원위원회'를 설립한 김구는 모든 국민은 자유와 평등을 누릴 수 있고, 자치할 수 있는 권리를 가져야 한다고 주장했다. 좌우를 막론하고 모든 한국인들은 신탁통치가 한반도의 독립을 지연시킬 것이라는 불안감을 가지게 되었다. 특히 우익단체들은 소련이 참여하는 어떠한 임시국제통치기구에 참여할 수 없다는 입장을 명확히 했다. 이승만과 김구를 중심으로 한 정당·사회단체에서는 자유를 위해서 죽을 때까지 싸울 것, 신탁통치에 찬성하는 반동주의자들을 일소할 것, 임시정부를 중심으로 연합할 것, 임시정부의 법통을 회복할 것, 일본에 협력한 자를 처벌할 것, 군정을 철폐하고 외국점령군대를 철수시킬 것 등을 행동강령으로 내세워 반탁시위를 연일 계속하였다. 또한 그들은 행정부에서 일하는 모든 사람들은 파업을 하고 전국적 대중집회를 가질 것을 요구하였다.[30)]

한편, 모스크바협정에 관한 소식이 12월 29일 소련 점령지역에 유포되자, 조만식과 민족주의자들은 "조국을 소련에 팔아먹었다"면서 신탁통치 계획에 강한 저항을 하였다. 초기에 김일성과 공산주의자들도 신탁통치를 반대하였다. 조선공산당은 대변인 정태식을 통하여 "5년은커녕 5개월의 신탁통치도 반대한다"라는 성명을 발표하였고, 12월 30일에는 조선청년총동맹이, 31일에는 좌익계의 40여개 단체 100여명이 반파쇼공동투쟁위원회 결성 총회를 개최하고 신탁통치안의 철폐를 요구하는 성명을 발표했다.[31)]

이에 따라 며칠 동안 한반도 전체의 여론은 만장일치로 신탁통치를 거부하였다. 그러나 1946년 1월 2일 북한 공산당은 돌연 모스크바협정 지지 성명을 발표하였다. 그 성명은 모스크바 삼상회의에서 이루어진 협정이 '정의와 진실의 표현'이라면서, 자신들은 이 협정에 기초하여 독립되고 민주적인 한국정부를 수립하는 데 전력을 기울일 것이라는 선언이었다. 한 걸음 더 나아가 그들은 소련의 지원 없이 한국의 신속한 발전을 이룰 수 없다고 선언하였다. 소련의 지시를 받은 남쪽의 공산주의자들도 입장을 전환하였다. 1946년 1월 2일 평양을 다녀온 박헌영은 조선공산당 중앙위원회 명의로 찬탁을 호소하였다. 모스크바 삼상회의의 결정을 신중히 검토한 결과 "문제의 5년 기한은 그 책임이 삼상회의에 있는 것이 아니라 실인즉 우리 민족자체의 결점(일제점령과 민족적 분열)"에 있기 때문에 반성해야 한다면서, 민족통일을 위하여 미국과 소련 등 연합국들과 협력할 것이라고 선언하였다. 공산주의자들은 신탁통치 결정이 '배신행위', '기만'도 아니고, '국제법 위반'도 아니라고 주장하였다.[32)] 결국 미국과 소련정부, 한국의 공산주의자들이 신탁통치를 지지하였고, 한국의 우익계열만이 강력한 반탁운동을 전개하였다. 이에 따라 미군사정부는 매우 곤혹스런 입장에 처하게 되었다.

하지는 자신이 신뢰할 수 있던 보수층들이 신탁통치를 강력히 반대하여 매우 곤란한 입장에 놓이게 되었다. 그가 우려하는 것은 만약 그가 남한의 우익인사들을 지지한다면 소련이 모스크바 계획을 방해하는 배신자라 비판하며 미국을 계속 비난할 것이라는 점이었다. 그러나 하지로서는 우익인사들이 소련의 팽창주의를 봉쇄하는 유일한 장벽 역할을 할 것이기 때문에 그들을 지지하지 않을 수 없었다. 하지는 1946년 2월 14일 이승만을 의장으로 하고, 김구와 김규식을 부의장으로 하는 '대표민주의원(代表民主議院, 공식명칭은 남조선대한국민대표민주의원)'을 설치하였다. 이 의원은 점령정책 수립에 있어서 한국인들의 역할을 증대시키기 위한 자문기구였다. 하지는 25명의 위원 중 거의 대부분을 우익인사들로 충당하였지만, 광범위한 정치적 협력을 획득하기 위하여 공산주의자들도 참여하도록 요청하였다.

그러나 박헌영과 여운형을 비롯한 좌익인사들은 이 요청을 거부하고 2월 16일 '민주주의민족전선(민전)'을 설립하였다. 민전의 창립총회는 1946년 2월 15일에서 16일 사이에 서울에서 50여 개의 좌익 정치조직의 2,000여 명 대표자가 참석한 가운데 개최되었다. 민전은 여운형의 인민당, 박헌영의 조선공산당, 노동자들의 전평, 농민들의 전농 등을 망라하였다. 민전의 구성원은 좌익뿐만 아니라 종교집단, 산업, 문화, 그리고 여러 사회조직에 열려 있었다.[33] 민전은 대표민주의원을 '반역자, 친일주의자와 파시스트의 소굴'이라 비난하였다. 민전은 북한의 김일성을 중심으로 하여 같은 날 설립된 임시인민위원회에 대한 남한 좌익들의 대응적 조직이라고 할 수도 있다. 따라서 민전 고위직의 어느 누구도 소련으로부터 훈련받고 지시를 받는 인사는 없었다.[34]

한국 우익민족주의자들의 반대에도 불구하고 신탁통치를 위한 미소의 협상은 계획대로 진행되었다. 모스크바 삼상회의에서 결정한대로 미소공동위원회가 1946년 3월 20일 한국임시정부를 설립한다는 목적 하에 서울에서 개최되었다. 이때부터 양측은 한반도내에 자국에 충성하는 정부를 세우려는 투쟁을 시작하였다. 소련은 반소적인 경향을 가졌으면서 신탁통치를 반대하던 남한의 우익인사들을 임시정부의 구성에서 제외시켜야 한다는 주장을 하였다. 미국정부가 이에 동의할 리가 없었다. 비록 미국이 소련과 합의한 신탁통치안에는 반대를 하고 있었지만, 미국이 의존할 수 있던 한국인들은 이승만을 비롯한 우익민족주의자들 외에는 없었다. 이 상태에서 회의가 순조롭게 진행될 수 없었고, 24차에 걸친 회의 동안 제안, 역제안을 거듭하다 결국 소련대표는 5월 8일에 북한으로 돌아가고 말았다.[35]

소련인들과 달리 미국관리들은 남한지역에 새로운 정치질서를 수립하는 데 있어서 여러 가지 어려움에 봉착하였다. 첫째, 반탁이 격화되었고 반소 운동도 점차 확대되어 나갔다. 공동위원회 기간 좌익과 우익 단체 간 갈등도 고조되기 시작하였다. 둘째, 미군사정부가 의존하고 있는 보수층의 반대 때문에 사회개혁과 토지개혁이 불가능한 상황이었다. 대개가 친일경력을 보유한 보수주의자들은 상당한 토지를 소유하고 있었으며, 관료나 경찰 지위를 가지고 있었다. 셋째, 워싱턴으로부터의 지휘나 지시가 미군사정부의 의견이나 한국인들의 여론과 상충되는 것이 많았다.

미소공동위원회 기간 하지는 소련과 협상을 하는 데 있어서 가장 큰 걸림돌이었던 남한의 우익진영을 보호하는 데 염증을 느끼기 시작하였다. 따라서 그는 남한지역에 새로운 정치구조를 건설하여야 한다고 생각하였다. 워싱턴으로부터 온건주의자들을 지원하라는 훈령을 받고 하지는 '좌우합작위원회'를 설립하였다. 이 위원회에 참여한 주요 인사로는 우익의 김규식, 원세훈, 김명준, 안재홍, 최동오 등이었고, 좌익에서는 여운형, 허헌, 정노식, 이강국, 성주경 등이 참여하였다. 이에 발맞추어 한국인들에 의한 좌우합작운동도 전개되었다. 남한의 중간 좌파와 중간 우파의 지도자인 여운형과 김규식이 좌우합작운동을 주도하였다. 이들은 이데올로기의 측면에서 박헌영, 김일성 등의 좌익과 이승만, 김구 등의 우익보다는 온건한 편이었다. 좌우합작위원회가 가동되기 시작한 1946년 5월부터 8월까지는 허헌, 이강국 등 좌익진영의 핵심인사들이 민주주의민족전선(민전) 소속으로 참여하였으며, 우익진영에서 한민당의 원세훈 등과 임시정부의 김붕준, 최동오 등도 대표민주의원 소속으로 참여하여 명실상부한 좌우합작을 시도하였다. 그러나 1946년 8월 말 이후 미군사정부가 좌익진영을 탄압하려는 움직임을 보이자 공산주의자들이 이탈했다. 또한 10월 4일 좌우합작위원회 위원들이 합의한 좌우합작 7원칙에 대해 한민당이 10월 8일 반대성명을 발표하고 탈퇴했다. 이에 따라 좌우합작은 좌우익은 모두 탈퇴하고 중간파들만 남아 온건한 집단으로 남게 되었다.[36]

1947년에 다시 개최된 제2차 미소공동위원회도 실패로 돌아갔다. 미국이 추진하던 좌우합작이 실패했고, 1947년부터 미국과 소련의 냉전이 시작되어 한반도에 대한 미국과 소련의 입장 차이를 좁히기가 어려웠다. 미소공동위원회가 실패로 돌아가고, 미국과 소련이 협상에 의하여 한국문제를 해결할 가능성이 희박하다는 인식을 한 미국은 1947년 9월 17일 한국문제를 유엔에 상정했다. 구체적으로 유엔 감시 하에 1948년 3월 31일까지 각 지역에서의 점령군에 의한 선거 실시, 정부수립, 자체군대 창설과 점령군 철수를 제의하였다.

소련은 한국문제를 유엔에 상정한 미국의 정책을 "유엔의 권위를 이용하여 한국에서 일방적이고 비합법적인 행동"을 하려는 정치적인 음모라고 비난하면서, 1948년 초에 양국 군대를 동시에 철수하여 한국인들 자신이 정부를 구성하는 기회를 제공하자는 제의를 하였다. 미국은 통일정부설립을 위한 장치가 마련된 이후에 외국군의 철수가 이루어져야 한다는 입장을 고수하였다. 종국적으로 유엔은 소련의 제안을 거부함과 동시에 1948년 3월 31일 이전에 실시될 한반도 총선거를 감시할 유엔한국임시위원단(UNTCOK: United Nations Temporary Commission on Korea)을 설립하고, 새 정부수립 이후 90일 이내에 점령군이 동시 철수하는 내용의 미국 결의안을 11월 14일 통과시켰다.[37)]

북한과 소련은 유엔위원단을 인정하지 않았고, 결국 북한이 유엔위원단의 입국을 거절함에 따라, 위원단의 활동 영역은 한반도 전체를 포함한다는 기존의 결의에 대하여 유엔 총회가 재토론을 하지 않을 수 없게 되었다. 유엔 총회의 기간 동안 미국은 인도, 캐나다, 호주 등 영연방국가들이 남한에 단독정부를 세우려는 미국의 정책에 동조하지 않고 심지어는 비판적인 발언을 하여 거북한 입장에 놓이게 되었다. 호주와 캐나다 대표들은 남한에 단독정부를 수립하게 되면 북한에도 유사한 정부가 세워져 영구분단의 우려가 있고, 북한에서 무력위협이 있을시 유엔은 "자신이 세운 정부에 대하여 적극적으로 지원을 하든지, 아니면 모든 책임을 회피해 버려야 할 어려운 입장"에 놓이게 될 것이라고 주장하였다.[38)]

미국은 하루라도 빨리 남한에 미국정부를 지지하는 단독정부를 구성해 놓고 철수하기를 희망하였다. 이에 따라 유엔이 남한만의 단독선거를 결정하기를 원하였다. 결국 미국의 압력에 직면하여 유엔 임시총회는 한국위원단이 출입 가능한 지역에서만 선거를 실시하도록 하는 결의안을 찬성 31, 반대 2, 기권 11로 통과시켰다. 미국에 항상 우호적이었으며 한국위원단의 구성국가인 호주와 캐나다가 반대표를 던졌고, 과거 미국의 거수기에 불과하였던 중남미의 3개 국가와 스칸디나비아의 3개 국가가 기권하였다.[39)] 이 표결결과는 유엔 회원국들 중 적지 않은 국가가 한반도의 분단을 영구화시키고 냉전의 적대감을 증대시키는 정책을 채택하는 것은 잘못된 일이라고 믿고 있다는 점을 시사하고 있다.

김구와 김규식은 '통일'이 한반도 문제해결에 있어서 최우선 순위에서 고려되어야 한다고 주장하였다. 그들은 임시위원단에게 남한지역에 단독정부를 수립하면 소련은 북한에 공산정부를 수립하여 한반도 분단이 고착화될 것이라고 경고하였다. 유엔의 결정에 실망한 김구와 김규식, 그리고 김창숙, 조완구, 조성환, 조소앙, 홍명희 등 7명의 민족지도자들은 한국의 통일과 독립을 위하여 함께 노력하고, '한 가족을 몰살시키는' 결과를 초래할 남한에서의 단독선거에의 불참을 약속하는 성명을 1948년 3월 12일 발표하였다. 그들은 동시에 김일성과 김두봉에게 편지를 보내 민주적인 통일정부를 수립하기 위한 남북한 정치지도자회의를 제의하였다. 3월 말 김일성은 이 제의를 받아들여 15명의 우익지도자들과 좌익단체 전체를 초청하였다.[40)] 이승만은 두 김 씨가 나라를 공산주의자들에게 팔아먹으려 한다면서 남북정치회담을 적극 반대하였다. 하지도 남북회의를 비난하며 국민들에게 지지하지 말도록 성명을 발표하였다.[41)]

평양에서 1948년 4월 19일에 개최된 남북정치회담에는 양측 16개 정당과 40개의 사회단체로부터 695명(남측 240명, 북측 455명)의 대표가 참석하였다. 이 회의는 해방 이후 한반도의 독립과 통일을 협상하기 위하여 남북한 대표가 만난 첫 회합이었다. 비록 회의진행은 공산주의자들이 조종하였지만, 4월 30일 다음과 같은 내용의 공동성명서를 발표할 수 있었다.

1. 조선에서 외국군대가 즉시 철수하는 것이 현 상태 하에서 조선문제를 해결하는 유일한 방법이다.
2. 남북 지도자들은 조선에서 외국군대가 철수한 이후 내전이 발생할 수 없다는 것을 확인하며, 통일에 대한 조선인들의 열망에 배치하는 여하한 무질서의 발생도 용납하지 않을 것이다.
3. 외국군대가 철수한 후에 '전조선 정치회담'을 소집하여 '민주주의 임시정부'를 수립할 것이다. 이 임시정부는 일반, 직접, 평등, 비밀투표로 통일된 조선입법기관의 선거를 실시하며 선거된 입법기관은 조선헌법을 제정하여 통일된 민주정부를 수립할 것이다.
4. 본 성명서에 서명한 제 정당, 사회단체들은 남조선 단독선거의 결과를 결코 승인하지 않을 것이며 그 선거로 수립된 단독정부를 결코 지지하지 않을 것이다.[42]

1948년 5월 5일 서울로 귀환한 김구와 김규식은 북한당국이 단독정부를 수립하지 않고, 남한에 전기를 공급하며, 빠른 시일 내에 조만식을 석방하겠다는 약속을 하였다고 발표하였다. 이 발표 직후 그들의 인기와 권위는 높게 상승하였다. 많은 남한 주민들이 그들을 '구세주'로 표현하면서 열광적으로 지지하였다. 그러나 두 김 씨의 통일을 위한 호소는 그들을 향한 이승만과 하지의 연합된 비방을 막아내기에 힘이 약하였다. 결국 미국과 이승만이 뜻하는 대로 남한에서의 단독선거가 실시되었다.

선거날짜가 다가오면서 우익과 좌익은 테러단을 조직하는 등 극렬한 선거 캠페인을 실시하였다. 두 김 씨와 마찬가지로 공산주의자들도 총선거를 거부하고 선거를 방해하기 위한 물리적 행사에 돌입하였다. 1948년 2월 7

일부터 5월 9일까지 선거 지지파와 반대파의 무력충돌로 245명이 사망하였고, 559명이 부상당하였다. 선거 당일인 5월 10일 44명이 사망하고 62명이 부상당하였다. 특히 우익 청년단체들이 주민들에 대한 위협을 지속적으로 가하였고, 그 결과 선거를 반대하였으나 공산주의자로 오인 받지 않기 위하여 선거인 명부에 등록하는 사람이 많이 늘어났다.[43] '공산주의'로 모함하는 것은 남한정치에 있어서 정적을 탄압하기 위하여 편리하게 그리고 빈번히 사용되던 정략이었다. 이러한 상황에서 남한 주민들은 선거에서 선택의 자유를 행사하기 어려웠다.

1948년 5월 10일 선거권자의 75%인 750만 명이 참여한 총선거 결과 이승만의 대한독립촉성국민회와 한국민주당이 승리하였다. 200석 중에 이승만 계열이 55석, 한국민주당 29석, 이청천의 대동청년단 12석, 6석은 조선민족청년단, 13석은 기타 군소정당이 차지하였고, 나머지 85석은 무소속이 당선되었다. 무소속의 분포를 보면 45석이 우익진영에 속하였는데, 7석은 이승만 지지, 38석은 한국민주당을 지지하였다. 나머지 40명은 온건 우익 인사들이었다. 그리고 선거에 당선된 사람들 중 지주가 84명, 자본가 32명, 부일 협력자 23명이 포함되어 있었다.[44] 미국과 이승만 진영은 총선거의 결과를 '민주주의의 대승리와 공산주의에 대한 거부'로 인정하며 환영하였다. 선거를 거부하였던 좌익과 온건세력들은 선거를 '광대극(farce)'에 비유하면서 의사표현을 자유롭게 할 수 있는 환경 하에서 실시되지 않은 부정선거였다고 주장하였다.

해방일로부터 만 3년이 되는 일자인 1948년 8월 15일 대한민국정부가 공식적으로 수립되었다. 5월 10일 총선거 실시 이후 7월 17일 제헌국회가 헌법을 제정하였고, 7월 29일 이승만이 초대 대통령으로 선출되었으며, 8월 4일 내각을 구성하였다. 정치제도로는 미국식의 대통령제를 채택하였다. 대통령제를 채택하였으나 원래 헌법기초위원회는 의회제(의원내각제)를 구상하였다. 대통령제는 의회와 상관없이 행정부를 책임지는 대통령을 선출하여 모든 국정을 대통령이 단독으로 행사하는 제도이고, 의회제는 의회의 과반수 세력이 국가 행정권도 장악하는 제도로서 의회와 행정부가 융합되어 있는 제도이다. 헌법기초위원들은 제도원리적 측면에서 '정치안정'과 '독재방지'를 위하여 의회제가 더 바람직하다는 의견을 제시하였다. 위원들은 의회제가 국회와 정부의 대립을 제도적으로 해결할 수 있으므로, 대통령제보다 정국안정을 달성하는 데 용이하다고 주장했다.

이에 대하여 차기 대통령으로 예정되어 있는 이승만은 오히려 '정부의 안정'을 위하여 임기가 보장되는 대통령제가 바람직하다고 주장하였다. 그러나 헌법기초위원들은 헌법 초안의 국회상정 3일 전인 6월 20일까지 의회제 헌법을 고수하였다. 그러자 이승만은 헌법기초위원회에 출석하여 "이 헌법하에서는 어떠한 지위에도 참여하지 않고 민간에 남아 국민운동을 하겠다"고 정치적 협박을 하였다. 일부 한민당 의원들은 이승만의 압력을 받아 대통령제를 지지하였고, 결국 6월 22일 헌법기초위원회는 대통령제 초안을 통과시켰다. 이에 따라 대통령제를 권력구조로 하여 대한민국정부가 탄생했다.[45]

대한민국 국회는 북한지역의 대표를 위하여 300석 중 100석을 남겨 두었으며, 6월 12일 북한에서 100석을 채우기 위한 선거를 실시하도록 요구하는 의안을 통과시켰으나, 북한은 8월 25일 자체적으로 '전국적인' 총선거를 실시하였다. '조선민주주의인민공화국'이 1948년 9월 9일 평양에서 설립되었음을 선포하였다. 북한 당국에 의하면 남한의 유권자 총수 868만 1,746명 가운데 76.5%에 해당하는 676만 2,407명이 비밀지하투표에 참가했다고 한다. 여기서 선출된 1,002명의 대표들이 해주에 모여 8월 21일부터 26일까지 '남조선 인민 대표자대회'를 열고 남한을 대표하는 최고인민회의 대의원 360명을 선출하였다고 한다. 북한의 유권자수는 452만 6,065명이었는데 99.97%에 해당하는 452만 5,932명이 투표에 참가하였으며, 여기서 212명의 대의원이 선출되었다. 남북한에서 선출된 572명의 대의원이 임시

인민위원회를 대체하여 최고인민회의를 구성하였다.[46] 한 땅덩어리, 한 민족이 두 개의 정부를 구성하고 양대 초강대국의 영향권 하에서 이념적인 대립상태로까지 나아가게 됨으로써 결국은 피를 흘리는 비극을 피할 수가 어렵게 되었다.

2. 한국전쟁: 무력통일 시도와 재분단

분단정부의 수립 이후 남북한의 지도자들은 서로의 정통성을 인정하지 않고, 상대 지역을 언젠가는 무력으로라도 통일을 해야 할 대상으로 간주하며 적대적인 태도를 보였다. 1947년부터 시작된 세계 냉전은 제2차 세계대전 동안 이루어졌던 미국과 소련의 협력을 붕괴시켰고, 양 초강대국의 갈등과 대립은 한반도에 확산되었다. 유럽에서 시작된 냉전은 한반도를 비롯한 아시아 지역에는 열전(熱戰)으로 확대 전파되었다. 이 장은 1950년에 한국전쟁이 발발한 원인에서부터 1953년 7월 27일 정전이 이루어지면서 한반도가 재분단되는 과정을 개괄적으로 설명한다.[47]

1) 한국전쟁의 기원

한국전쟁은 1945년 제2차 세계대전이 끝난 후 5년 만에 일어난 첫 번째 전면전이었다. 내전으로 시작된 한국전쟁은 개전 이후 며칠 지나지 않아서 국제전으로 확대되었다. 단순하게 시작되어 복잡하게 전개된 이 전쟁의 발발 기원은 공산주의체제가 자본주의체제를 공격한 것이라고 단순화 할 수 있다. 하지만 남북한, 미국, 중국, 소련, 유엔, 유엔군 파견국들 등 다양한 국가들과 국제기구가 관련되어 있었다. 다른 전쟁들과 마찬가지로 이 전쟁의 기원도 매우 복잡하여 다양한 음모론들이 제기되기도 했다.

특히 공격을 먼저 시작한 북한의 의도와 동기에 대해서는 여러 가지 설이 있었다. 소련-중국-북한으로 이어지는 북방 공산주의 3국은 전쟁 발발시 어떠한 입장을 표명하고 역할을 수행하였는가? 한국전쟁의 기원에 대하여 북한 공산주의의 책임론을 제시하는 전통주의 시각이 있는 반면, 미국 및 남한의 책임론을 주장하는 수정주의 시각이 대립하기도 했다. 남한의 북침론을 주장하는 학자들도 있었지만, 미국 및 영국 등 서방국가들과 민주화된 러시아에서 당시의 외교문서들을 공개하면서 공산주의자들을 제외하고 남한의 북침을 주장하는 학자들은 거의 사라졌다.

한국전쟁의 기원에 대해서는 국제적 요인을 중시하는 시각과 한반도 내부의 분열구조를 중시하는 두 가지의 시각이 존재하고 있다. 국제적 요인을 중시하는 시각은 세계냉전의 발생이 한국전쟁 발발의 주요 원인이 되었다고 주장하는 반면, 한반도 내부 요인을 중시하는 시각은 북한 내의 권력정치, 특히 김일성과 박헌영의 권력경쟁이 전쟁의 도화선이 되었다고 주장한다. 물론 북한 내부의 권력정치는 소련-중국-북한으로 이어지는 외세와의 연결도 한 몫을 했다고 주장한다.

먼저 국제적인 시각부터 살펴본다. 1945년 8월 해방과 함께 이루어진 한반도 분할 점령 당시에 미국과 소련은 국제관계에서 협력관계를 유지하고 있었다. 제2차 세계대전 기간 동안 전쟁을 일으키고 유럽 전역을 점령하려 했던 독일에 승리하기 위해서 미국과 소련은 군사연합을 했다. 자본주의와 공산주의의 이념적 차이가 있었지만, 양국은 독일을 패배시켜야 한다는 공동목표 때문에 연합을 하지 않을 수 없었다. 따라서 1945년 8월 한반도를 분할 점령할 당시 미국과 소련은 군사적으로 협력하고 있었다. 이러한 제2차 세계대전 동안의 협력을 바탕으로 하여 1945년 5월 유럽전쟁이 끝난 후 미국과 소련은 유럽을 동유럽과 서유럽으로 분할하여 세력권화하였고, 한반도도 분할 점령을 한 것이다.

미국과 소련의 전후 국제질서 재편을 위한 협력관계는 1946년까지 이어졌다. 제2차 세계대전에서의 승리라는 공동목표를 성취한 이후 양국은 이념적 차이를 바탕으로 하여 차별적인 세계전략을 추구하기 시작했다. 미국은 전쟁으로 황폐해진 서유럽을 부흥시키면서 자본주의 이념을 착근시키는 데 주력했고, 소련도 전쟁이 끝난 후 공산주의 진영의 세력권으로 편입된 동유럽의 정치경제적 안정을 위한 정책을 모색했다. 이러한 전후 혼란스러운 분위기에서 자본주의 세력권인 서유럽 지역에 공산주의가 등장하는 조짐이 나타나기 시작했다. 미국은 이러한 서유럽에서의 공산주의 등장이 소련의 팽창주의에 의한 것이라는 의구심을 가지기 시작했다.

1946년 2월 소련주재 미국 대사관의 외교관이었던 케넌(George Kennan)은 본국 정부에 긴 전문을 보내, 소련의 전체주의와 팽창주의를 경고하면서 소련과는 대화와 협상이 불가능하다는 신념을 바탕으로 미국이 소련에 대항하는 힘을 집중시키는 봉쇄정책(containment policy)을 채택해야 한다는 건의를 했다. 케넌은 서방세계에 대한 소련의 적대감은 자본주의가 패망할 때까지 계속될 것이므로, 미국은 장기적으로 인내심을 가지면서 '강력하고 주의 깊은 봉쇄정책'을 추진해야 한다고 주장했다.[48] 케넌은 제2차 세계대전 이후 타협과 대화의 방법으로 소련과 국제평화를 위한 협력을 추구해야 한다는 이상주의에 대한 비판을 하면서, 국제정치에 있어서 현실주의를 바탕으로 한 정책추진을 제시했다.

이러한 캐넌의 경고는 1947년 3월의 트루먼독트린으로 이어졌다. 특히 그리스와 터키에서 공산주의 활동이 증가하자 트루먼(Harry S. Truman) 대통령은 양국의 공산화가 시도된다면 미국이 군사적 개입을 불사하겠다는 내용의 트루먼독트린을 발표했다. "만약 그리스가 무장한 소수세력에 의하여 지배된다면, 이웃국가인 터키에 대한 영향은 즉각적이고 심각할 것이다. 혼란과 무질서는 중동 전체에 확산될 것이다." 유럽에서 중동으로 향하는 관문으로서 그리스와 터키의 중요성을 부각한 것이다. 트루먼은 "무장한 소수세력 또는 외부의 압력에 의하여 시도되는 전복(subjugation)에 대항하는 자유국가를 지원하는 것이 미국의 정책이어야 한다"고 단호한 입장을 표명하였다. 특히 그는 무장한 공산주의의 도미노적인 확산을 우려하였다. 민주적 자본주의 세계의 상호 연계적 본질을 강조하면서, 자본주의 진영에 의해서 유지되는 세계평화는 미국안보를 위해 필요하다는 점을 명확히 했다.[49] 트루먼독트린이 미국과 소련을 중심으로 한 동서냉전의 시작이라 할 수 있고, 이에 이어서 서유럽의 공산주의 등장을 막기 위한 서유럽 부흥정책인 마셜플랜, 서유럽국가들을 미국의 군사적 울타리 안에 안주시키면서 공산주의와 대립을 모색한 군사동맹체인 북대서양조약기구(NATO)의 설립이 추진되었다.

이와 같은 과정을 거쳐서 유럽에서 시작된 냉전은 아시아 지역으로 전파되었다. 세계 냉전의 시작과 함께 전후 처리 과정에서 한반도를 분할 점령한 미국과 소련의 협력도 끝나게 되었고, 결국 남북한에 분리된 단독정부가 수립되었다. 요컨대 유럽에서 시작된 미국과 소련의 냉전이 아시아에도 전파되었고, 그 여파로 한반도는 영구분단의 길로 들어서게 된 것이다. 유럽에서 시작된 냉전은 아시아에 전파되면서 크게 상향조정되어 냉전이 아니라 열전의 상황으로 전개되었다. 중국에서 마오쩌둥(毛澤東)의 공산군과 장제스(蔣介石)의 국민당이 장기간의 내전 끝에 장제스 군대가 패배하였고, 1949년 10월 1일 공산주의 국가인 중화인민공화국이 탄생했다. 동남아에서는 분단된 베트남에서 1955년부터 내전이 발생하였고, 이후 1960년대에 미국이 개입하면서 장기적이고 대규모 전쟁으로 발전했다. 한반도에서는 1950년 6월 25일 내전이 발생했으며, 이 내전은 며칠 지나지 않아 유엔과 16개 서방국, 그리고 중국이 직접 개입하는 국제전으로 확대되었다.

세계적인 냉전이 발생하지 않았다면 한반도는 어떻게 되었을까? 미국과 소련의 협력관계가 지속되었다면, 한반도 분단의 고착화를 막을 수 있었고 통일이 되었을 수도 있었을 것이다. 미국과 소련이 합의하여 4개국 신탁통치가 실시된 이후 통일국가가 수립되었을 수 있고, 신탁통치의 실시가 안되었더라도 유럽의 오스트리아와 같이 중립화 통일이 이루어졌을 수도 있다. 아시아의 전후 처리 과정이 유럽과 유사하게 실시되었다면, 패전국이 아닌 한반도는 통일이 되고, 일본이 독일처럼 승전국들에 의한 공동점령 이후 분단이 되었을 가능성도 있다. 그러면 한국전쟁이 일어나지 않았을 것이다.

다음으로 한국전쟁이 발생한 것은 북한과 공산진영의 내부적 요인이 주요 역할을 했다는 주장에 대해서 논하고자 한다. 1948년 8월 15일 대한민국정부 수립 이후 이승만 대통령은 남한 내에 잔존하는 공산주의 세력을 소탕하는 작전을 벌이기 시작했다. 그 결과 남한지역에서 활동하던 공산주의 세력인 소위 남로당의 당원들은 지하에 숨거나 북한으로 탈출했다. 북한으로 탈출한 남로당의 지도자 박헌영은 북한지역에서 국내 공산주의 세력을 규합하면서, 남한지역에 남겨진 남로당원들에 대한 미련을 버리지 못하고, 남한지역의 공산화를 위해 남침을 해야 한다고 역설하고 다녔다. 그는 북한이 남한에 대한 해방전쟁을 일으키면 남한에 남겨져서 지하에서 활동하고 있는 약 20만 명의 공산주의자들이 지원할 것이기 때문에 전쟁을 조기에 승리로 끝낼 수 있다고 장담했다.

해방 직후 북한지역에는 대체로 네 종류의 공산주의 세력이 할거하고 있었다. 가장 토착적이고 인기가 있던 세력은 박헌영을 중심으로 한 국내파 공산주의자들이었다. 한반도에 있던 대부분의 우익세력이 일제 말기에 친일활동을 암암리에 벌였던 반면, 좌익세력은 최후까지 반일사상을 유지했으므로 한국인들의 신뢰를 상당히 받고 있었다. 두 번째 세력은 일제 침략 동안 만주에서 항일활동을 하다가 1941년 태평양전쟁 발생 이후 시베리아 지역으로 이전한 후 1945년 소련의 북한 점령 당시 소련군과 함께 북한으로 입성한 김일성 중심의 갑산파였다. 세 번째 세력은 일본이 한반도를 점령한 초기인 1900년대 초반에 소련에 이주해서 공산주의 활동을 했던 한국인들과 2세들로, 이 세력의 중심인물은 허가이였다. 이들도 소련이 북한을 점령할 때 소련군으로, 또는 소련군과 함께 북한에 입성했다. 마지막으로 일제 동안 중국의 연안을 본거지로 하여 중국에서 공산주의 활동을 하던 연안파이며, 김두봉이 지도자였다. 해방 직후 연안파는 늦게 귀국하다가 소련점령군 및 갑산파의 국경봉쇄로 입북을 하지 못하다가, 결국은 남한을 통해서 월북해야 했다.

이러한 4개의 세력들 가운데 박헌영의 국내파와 김일성의 갑산파가 북한지역의 공산주의 활동의 주축을 이루고 있었다. 소련점령군도 박헌영이나 김일성 중 어느 한 편을 지지하지 않고 양 세력을 저울질하고 있었다. 이러한 상황에서 박헌영의 주장대로, 박헌영의 주도 하에 북한이 남한을 침공하여 남한 내의 20만 명의 남로당원들이 봉기하여 남한지역의 공산화가 이루어진다면 박헌영의 세상이 될 것이라고 김일성은 우려했다. 이에 김일성은 남한에 대한 침공을 더욱 강력하게 주장하며, 자신이 주도해야 한다는 생각을 가지게 되었다. 결국 김일성과 박헌영의 권력경쟁으로 북한의 남침이 거의 기정사실화 되었다.

김일성과 박헌영은 대남 침공에 대한 뜻을 공유하고 있었으나, 북한이 과연 남한을 성공적으로 정복할 수 있을지에 대해서는 의문을 가지게 되었다. 이에 따라 김일성과 박헌영은 대남 침공에 대한 소련의 지지와 지원이 필요했다. 이러한 이유로 1949년 3월 김일성과 박헌영은 모스크바를 방문하여 스탈린을 만나 대남 침공의 필요성에 대해서 설명을 하고 소련의 지지와 지원을 요청했다. 그러나 스탈린은 북한의 남한 침략이 미국의 개입을 불러올 것이며, 이는 미국과 소련의 전쟁으로 비화할 것으로 우려했다. 아직 미국과의 전쟁을 할 능력과 의사를 가지지 않고 있었기 때문에 스탈린은 북한의 남한 침공에 대해서 반대했다. 일본과의 태평양전쟁을 일거에 종식시킨 원자탄을 보유하고 있는 미국과의 전쟁을 스탈린은 두려워하고 있었던 것이다.

스탈린을 설득하는 데 실패한 김일성과 박헌영은 대남 침공의 미련을 버리지 못했고, 평양주재 소련 대사를 통해서 스탈린을 설득하는 데 몰두했다. 마침내 1949년 8월 소련은 원자탄 개발에 성공했고, 이때부터 스탈린의 세계전략은 보다 공세적으로 전환되기 시작했다. 결국 1950년 3월 김일성과 박헌영은 모스크바를 다시 방문하여 스탈린으로부터 대남 침공에 대한 승인을 받았으며, 지원을 약속받았다. 이때 김일성과 박헌영은 북한이 남한을 침공하면 남한 내에 있는 20만 명의 공산주의자들이 봉기하여 도울 것이며, 미군이 남한에서 철수한 상황에서 다시 개입하려면 적어도 6주일은 걸리는데, 북한은 남한을 3주 만에 점령할 수 있다는 논리를 전개하며 스탈린을 설득했다. 스탈린은 대남 침공을 승인하면서, 중국 마오쩌둥의 승인도 받으라고 하였고, 이에 김일성과 박헌영은 베이징을 방문하여 마오쩌둥의 승인도 받아 냈다. 결국 한국전쟁은 김일성이 박헌영과 함께 기획하였으며, 스탈린과 마오쩌둥이 승인과 지원을 한 전쟁이었다.

2) 한국전쟁에의 국제개입

내전으로 시작된 한국전쟁은 곧 바로 국제전으로 확대되었다. 전쟁발발 직후 미국이 즉각적으로 유엔 안보리에 한반도 문제를 상정하여 유엔이 국제개입을 주도했고, 미국은 전쟁발발 1주일도 되지 않아서 지상군을 파견하면서 본격적인 무력개입을 시작했다. 1947년부터 미국과 소련의 냉전이 시작되면서 미국 내에는 세계전략에 대한 두 가지 시각이 대립되고 있었는데, 하나는 유럽 제1주의였고, 다른 하나는 아시아 제1주의였다. 유럽 제1주의자들은 소련이 동유럽국가들을 통하여 서유럽의 안보를 위협하고 있다는 냉전의 기원 논리에 기반하고 있었다. 기본적으로 미국과 인종적이고 문화적으로 친근관계에 있는 유럽의 안보에 총력을 기울여야 한다는 주장이었다. 두 차례의 세계대전 발화지역이고, 냉전도 시작된 지역이기 때문에 미국은 서유럽과의 군사동맹체인 북대서양조약기구(NATO)에 전력을 기울이면서 유럽의 안보를 우선시해야 한다고 주장했다.

아시아 제1주의자들은 유럽 제1주의자들보다 세력은 약했으나, 장기적으로 아시아에 미국의 세력을 구축해야만 소련과 공산화된 중국을 압박하고 견제할 수 있다는 미래지향적인 논리를 전개했다. 이들은 대체로 제2차 세계대전 당시 일본과의 태평양전쟁에 참전한 군 인사들이 주축을 이루고 있었다. 특히 전후 일본을 미국이 단독으로 점령한 이후 일본의 안보를 유지하기 위해서 미국은 동북아 지역의 중요성을 간과하면 안 된다는 주장을 했다. 이러한 점에서, 즉 일본의 전초기지로서 한반도의 중요성이 강조되었다. 결국 미국은 미국의 세력권에 속하고 미국이 동북아시아 대륙의 교두보로 삼을 수 있는 친미정부를 남한에 수립하여 한반도 분단의 고착화를 주도했다.

한국정부 수립 이후 미국정부는 한국이 미국의 경제지원에 의해서 자립하기를 바라고 있었다. 한반도에서 무력충돌이 발생하여 남한이 공산화되거나, 미국이 남한의 공산화를 막기 위해서 군사적 개입을 하는 것은 당시 미국의 전략적 이익과 목표가 아니었다. 이러한 이유로 미 군부 지도자들은 한반도가 미국의 세계전략에 있어서 중요한 지역이 아니라는 주장을 빈번하게 했다. 심지어는 후일 유엔군 사령관이 되는 맥아더(Douglas MacArthur)도 이러한 주장을 했다. 그리고 1950년 1월 12일 미국의 애치슨(Dean Acheson) 국무장관은 한반도가 미국의 아시아 방어선에서 제외된다는 발언을 하기도 했다. 후세의 일부 역사가들은 이러한 미국의 군부와 외교 책임자들이 공공연하게 한반도가 미국에 있어 전략적으로 중요한 지역이 아니라고 한 발언이 공산주의자들로 하여금 남한에 대한 침공을 하도록 했다는 비판을 하고 있다.

미국의 한반도에 대한 소극적인 시각은 1950년 6월 25일 한국전쟁이 발발한 직후 급격하게 변하였다. 미국의 트루먼 대통령은 한국전쟁을 스탈린이 일으킨 전쟁으로 간주했다. 트루먼은 스탈린이 일단 한국에서 전쟁을 일으키고 나서 미국 등 자본주의 진영이 대응하는 태도를 보고 서방 측의 반응이 신통치 않으면 다른 지역에서도 공산화 무력투쟁을 일으키도록 할 계획이라고 생각했다. 다시 말해서 트루먼은 한국전쟁을 소련이 지시한 대리전(proxy war)으로 규정했다. 이에 따라 트루먼은 북한의 남한 공격에 대해서 서방진영이 단합하여 응징하는 단호한 의지와 능력을 보여 주어야 한다면서 미국의 적극적인 개입정책을 모색했다. 일본 점령 사령관이었던 맥아더에게 지시하여 7월 초부터 일본을 점령하고 있던 미 지상군을 한국전쟁 전선이 투입하도록 지시했으며, 외교적으로 유엔을 통하여 서방국들의 한국전쟁 참전을 유도했다.

유엔은 한국전쟁에 전쟁 당사자로 참전했지만, 원래 설립 취지는 세계평화를 위한 것이었다. 제2차 세계대전이 끝난 직후인 1945년 승전국들은 민족 및 국가 간 갈등과 분쟁의 평화적 해결, 세계인류의 안전과 인권보호를 목적으로 유엔을 설립했다. 이와 같이 국제평화를 주요 목적으로 한 유엔이 설립된 지 5년도 지나지 않아서 한국전쟁에 교전 당사자로 참여하는 상황이 전개된 것이었다. 유엔의 한국전쟁 참여는 겉으로는 침략자를 응징하고 평화를 회복한다는 목적을 내세웠지만, 실질적으로는 공산주의 진영의 한반도에서의 무력행사에 대해서 서방진영의 힘과 의지를 모으려는 미국의 주도에 의해서 이루어졌다.

한국전쟁 발발 즉시 미국은 한반도 문제를 유엔 안보리에 상정했다. 유엔의 결의안은 안보리 또는 총회에서 통과될 수 있는데, 세계평화와 전쟁, 안보 등에 대한 이슈는 반드시 안보리에서 통과되어야 한다. 안보리에서 다루는 이유 중의 하나는 제2차 세계대전의 승전국들이면서 전후 세계질서를 지배하던 미국, 소련, 영국, 프랑스, 중국 5개국이 상임이사국이면서 거부권을 가지고 있었기 때문이었다. 따라서 한국전쟁에 대해서 침략자를 응징하는 결의안이 통과되기 위해서는 안보리 15개국 중에서 5개 상임이사국을 포함한 10개국의 찬성이 필요했다. 당시 중국의 대표권은 장제스정부가 보유하고 있었기 때문에, 북한을 지지하고 지원하는 상임이사국은 소련이 유일했고, 소련의 반대가 없어야 미국의 뜻대로 침략자를 응징하고 서방세계의 힘을 모으는 결의안을 통과시킬 수가 있었다. 이러한 소련의 거부권 행사에 대한 우려는 소련이 당시 유엔 참석을 거부하고 있었기 때문에 불식될 수 있었다. 소련은 중국의 유엔 대표권을 장제스정부에서 마오쩌둥정부로 교체해야 한다는 요구를 하며, 이것이 실현될 때까지 유엔 참석을 거부하고 있었다.

소련의 거부권 행사에 대한 우려를 하지 않게 된 미국은 유엔을 통하여 서방세계가 한국전쟁에 개입하는 결의안들을 통과시킬 수 있었다. 6월 25일의 첫 결의안은 북한에게 전투행위를 중단하고 38선 이북으로 후퇴하여 원상회복을 하라는 요구를 내용으로 했다. 당시 북한은 빠른 속도로 성공적인 남진을 하고 있었기 때문에 이러한 유엔의 요구를 수용할 가능성은 거의 없었다. 서울을 사흘 만에 점령한 북한은 파죽지세로 한반도 전체 점령을 목표로 진격을 하고 있었다.

북한이 유엔 안보리의 결의를 무시하고 진격을 계속하자 미국은 이틀 뒤인 6월 27일에 새로운 결의안을 통과시켰다. 이틀 뒤에 새로운 결의안을 통과시킬 정도로 전투 상황은 급하게 전개되고 있었다. 6월 27일의 안보리 결의안은 6월 25일의 결의안을 모태로 하면서 유엔 회원국들의 지원을 독려하는 내용을 담고 있었다. 전투행위를 중단하고 원상회복하라는 유엔의 요구를 무시한 북한의 침략행위에 대해서 유엔 안보리는 유엔 회원국들로 하여금 북한의 침략을 막아내기 위해서 노력하는 남한을 심리적이고 물질적으로 지원하라는 결의안을 통과시켰다.

안보리가 두 번에 걸쳐서 결의안을 통과시켰으나, 한국에 군사적 지원을 하려는 국가는 미국 이외에 별로 없었다. 대부분의 국가들은 제2차 세계대전 종식 이후 전시형 군대를 평시형 군대로 개편하면서 대체로 군비를 축소했으나, 1947년 이후 세계 냉전이 시작되면서 외부로부터의 안보위협이 증가함에 따라 군비확충 등 새로운 군사전략을 준비해 나가는 상황이었기 때문에 한국을 지원할 여력이 있는 국가들은 거의 없었다. 영국 등 일부 영연방 국가들만이 당시 일본에 파견되었던 점령군을 한반도로 이전할 수 있다는 소극적 태도를 보였다. 영국의 경우에는 기존 병력을 차출하여 한국에 보낼 수는 없고, 병역 기간을 늘린 후 새로 징집을 해서 한국에 보내겠다는 의사를 보이기도 했다. 미국의 입장에서는 미국이 한국전쟁에 단독으로 개입한다는 인상을 주지 않고, 국제사회가 단합하여 침략군을 물리친다는 인상을 주기 위해 다른 서방국들의 지상군 파견을 기대하고 있었다. 자본주의 진영이 결속된 의지를 공유하고 있다는 점을 공산주의 진영에 보이고 싶었던 것이다.

한반도에서의 전황이 매우 불리하게 진행되었지만 군대를 파견하려는 국가들이 별로 없자 미국은 회원국들의 보다 적극적인 한국전쟁 개입을 요구하는 결의안을 유엔 안보리에 제출하여 통과시켰다. 한국전쟁이 시작된 지 10여 일 만인 7월 7일에 통과된 유엔 안보리 결의안은 한국전쟁에 참여할 유엔군을 조직하는 결의안이었다. 회원국들이 군대를 파견하여 구성될 통합군대는 유엔군이라는 이름을 붙이고 유엔 깃발을 사용하도록 했으며, 이 유엔군을 지휘할 사령관을 미국이 임명하도록 위임했다. 결국 세계평화를 위해서 만들어진 유엔이 전쟁 당사자가 되어서 전쟁에 참여하는 아이러니한 상황이 전개된 것이다.

국제평화기구인 유엔이 전쟁에 참여할 준비를 하는 동안 일부 국가들은 한반도의 분쟁을 평화적으로 해결하기 위한 평화중재를 시도했다. 북한의 종주국이면서, 북한으로 하여금 전쟁을 일으키도록 사주했다고 인식되던 소련과 중국정부에 접근하면서 영국과 인도정부가 평화를 중재했다. 협상조건은 유엔에서의 중국 대표권을 장제스정부에서 마오쩌둥정부로 바꿔주는 대신, 소련과 중국이 북한에 압력을 넣어 전투행위를 중단하도록 하는 것이었다. 협상 타결의 가능성이 전혀 없던 것은 아니었지만, 미국의 협상 반대로 이 평화중재는 진전이 되지 않았다. 미국은 당시와 같이 서방 측이 밀리는 상태에서 공산주의자들과의 협상을 원하지 않았다. 기본적으로 미국은 '힘의 우위에서의 협상(negotiation from strength)'을 원칙으로 하고 있었다. 미국인들은 중국의 유엔가입 문제는 별개의 문제이고, 한국에서의 침략을 물리치려는 전 세계의 이목을 다른 곳으로 돌리려는 기도가 허용되어서는 안 된다고 주장했다. 미국인들은 공산주의자들과 양보를 바탕으로 한 협상을 한다면 세계평화 회복은 불가능하고 침략행위만 조장할 것이라 생각하였다. 미국의 정책만이 세계평화를 유지하는 유일한 방법이라는 점을 강조했다.[50]

3) 전쟁의 전개

한국전쟁은 매우 복잡하게 전개되었다. 내전으로 시작된 전쟁이 시작 며칠 뒤에 국제전으로 확대되었는가 하면, 전선도 한반도의 최남단과 최북단을 오르내리면서 역동적으로 전개되었다. 전쟁 초기 북한군이 낙동강 유역까지 진격하면서 한반도 전체의 공산화 통일을 목전에 둔 상황에서 유엔군이 전세를 뒤집어서 압록강 유역까지 진격하는 상황으로 전개되었다. 그러나 중국군의 개입으로 유엔군에 의한 한반도 통일도 무산되었다. 이후 전선이 교착되면서 어느 한쪽도 일방적인 승리를 하기 어려운 구조로 전황이 전개되었다.

전쟁이 시작되고 약 3개월 동안 북한군은 빠른 속도로 진격을 해나갔다. 미국이 일본을 점령하고 있던 지상군을 파견하였으나, 북한군을 막아내기에는 규모가 너무 작았다. 더구나 아직 미국 이외의 다른 국가들의 지원이 이루어지지 않은 상태에서 소규모의 미군으로는 소련과 중국의 장비 및 병력 지원을 받고 남한지역에서 징집하여 병력을 증가시킨 북한군대를 막아내기에는 역부족이었다. 이 상황이 조금만 더 진행되면 한반도 전체가 공산화될 위기에 처하게 되었다. 급기야 낙동강 유역까지 전선이 이동되어 북한의 승리로 전쟁이 마감될 일촉즉발의 상황이 되었다. 이러한 상황에서 유엔군 사령관으로 임명된 맥아더는 한반도 허리 부분인 인천에 상륙작전을 감행하여 적의 후방을 공격하는 전략을 수립했다. 아직 유엔 회원국들의 지원이 제대로 이루어지지 않아서 유엔군이 완전하고 체계화된 조직을 갖추지 못했지만, 북한군의 승리를 막기 위해서는 일종의 모험적이고 변칙적인 작전을 수립하지 않을 수 없었다.

맥아더가 인천상륙작전 계획을 수립하자 미 합참은 이 작전에 반대했다. 인천 해안의 조수 간만의 차가 매우 크고, 월미도 등 인천 앞바다의 섬들이 상륙작전에 장애물이 될 수도 있기 때문이었다. 상륙정이 정상적으로 가동되기 위해서는 수심이 50미터 이상이 되어야 하는데 썰물 때는 인천 해안의 수심이 낮아지기 때문에 상륙이 어려울 것으로 예상되었다. 이에 따라 상륙작전은 3~4시간 정도의 밀물 때만 수행해야 했다. 이러한 점 때문에 원산을 상륙작전지역으로 고려한 적도 있으나 원산은 남쪽에 있는 유엔군과 너무 떨어져 있고, 서울과도 멀기 때문에 상륙부대의 보급선이 너무 길어질 우려가 있었으며, 동해안 내부에 이어지는 산맥은 상륙한 부대가 서쪽으로 이동하는 데 장애물이 될 수 있기 때문에 제외되었다.[51)]

본국의 정부와 군부의 반대시각에도 불구하고 맥아더는 인천에 대한 상륙작전을 감행했다. 1950년 9월 12일 영국과 미국의 혼성 기습부대가 인천보다 훨씬 남쪽인 군산에서 양동작전을 감행하고, 동해안 전대는 9월 14일과 15일 삼척 일대에 맹포격을 가하면서, 인천상륙작전이 시작되었다. 9월 15일 새벽 5시 45분 알몬드(Edward M. Almond) 소장이 지휘하는 미 10군단의 제5해병여단이 주축이 되고, 호주, 캐나다, 뉴질랜드, 프랑스와 영국군을 포함한 약 7만 명의 병력이 260척의 함정을 동원하여 적의 후방인 인천에 상륙작전을 감행하여 적의 보급로와 진격선을 가로질러 끊어 놓았다. 당시 인천지역에는 북한군 육전대 소속 제226연대의 예하부대 약 400명이 월미도와 소월미도의 제918해안 포연대 제2대대의 2개 포대 지원을 받고 있었다. 그 이외의 북한군은 대부분이 낙동강 전선에 투입되어 있었기 때문에 북한군은 인천에서 제대로 저항도 해보지 못하고 무너졌다. 미 8군도 남동쪽 낙동강 유역에서 북진을 시작했고, 10군단과 8군은 9월 26일 오산에서 만났으며, 9월 28일 서울을 탈환했다.[52] 유엔군은 10월 1일에 북위 38도 선에 도착하여 전쟁 이전의 상태로 환원시켰다.

순식간에 전세를 뒤집고 원상회복에 성공한 유엔군의 다음 문제는 유엔군이 38선에서 전쟁 이전 상태로의 회복에 만족하고 전쟁을 멈추는가, 아니면 침략자에 대해서 철저한 응징을 하여 한반도 전체에서 침략자들을 몰아내고 자본주의 진영에 의한 통일을 모색하느냐의 문제였다. 유엔군이 38선을 넘어서 진격을 해야 한다고 주장하는 사람들은 이미 북한군이 남침을 하면서 38선은 없어진 것이기 때문에 북진을 해도 논리적으로 아무런 문제가 없다는 주장을 했다. 반면, 일부 조심스러운 시각은 유엔군이 38선을 넘어서 새 전쟁으로 발전시키면 소련이나 중국이 이 전쟁에 참여할 명분을 주기 때문에 유엔군은 38선에 진격을 멈추고 전쟁 이전의 상태로 돌아가서 전쟁을 끝내야 한다고 주장했다.

38선에서의 진격중단과 38선 이북으로의 진격이라는 두 시각이 팽팽히 맞서는 가운데, 미국의 국가안보회의(NSC)는 유엔군이 38선을 넘어야 한다는 결정을 하고, 맥아더에게 38선 이북으로 진격하도록 지시를 했다. 유엔군의 38선 도달 이후 일단 유엔군 사령관이 북한에 항복을 요구하는 성명을 발표한 이후 북한이 이를 거부할 경우 북진을 하도록 했다. 유엔군이 인천상륙작전 이후 38선 이남에 있던 북한군의 퇴로를 차단하고 거의 모든 북한군을 포로로 잡았기 때문에 북한지역에 군대는 별로 없었고, 별 다른 저항 없이 유엔군이 북한지역을 점령할 수 있을 것으로 기대되었다.

공산주의 세력에 대한 승리의 기회가 다가오자, 미국은 무슨 수를 써서라도 자본주의 세력에 의한 한반도 통일을 실현시키기 위한 노력을 기울였다. 미국정부가 유엔군의 38선 이북 진격을 결정했으나, 유엔군이 38선을 넘어서 진격하기 위해서는 국제법적인 조치가 필요했다. 왜냐하면 유엔군은 유엔 안보리 결의안에 의해서 조직되어 전쟁에 참여했는데, 유엔군의 참전 목표는 북한군을 격퇴시키고 원상회복하는 것이었기 때문이었다. 다시 말해서 유엔군이 38선을 넘도록 유엔이 새로운 결의안을 통과시키기 전에는 38선을 넘으면 안 되었다. 따라서 10월 1일 38선에 도달한 유엔군은 진격을 잠시 멈추었다.

유엔군이 38선을 넘어 진격하는 결의안은 전쟁에 관련된 사항이라서 안보리에서 통과시켜야만 했는데 안보리에서 이 결의안을 통과시키는 데 문제가 생겼다. 전쟁 직후 6월 25일, 6월 27일, 7월 7일 안보리에서 한국전쟁에 관한 결의안을 통과시킬 때 유엔에 불참하고 있었던 소련대표가 유엔에 복귀한 것이다. 이에 따라 유엔군이 38선 이북으로 진격하여 새로운 전쟁을 벌이도록 하는 결의안에 소련이 거부권을 행사할 것이 분명해졌다. 전쟁 발발 직후 통과된 세 번의 안보리 결의만은 북한의 침략행위를 응징하는 차원의 결의안이었기 때문에 소련이 거부권을 행사할 명분을 가지지 못했으나, 유엔군의 38선 이북 진격은 새로운 전쟁을 의미할 수도 있기 때문에 소련이 거부권을 행사할 명분이 있을 것으로 예상되었다.

결국 서방 측은 소련의 거부권 행사로 안보리에서 결의안 통과가 어려울 것이라 예상하고 38선 이북 진격에 대한 결의안 문구를 재조정하면서 총회에서 통과시키려는 준비를 하였다. 총회에서 통과될 수 있도록 한반도의 통일, 총선거, 평화 및 부흥 등 유연한 용어를 사용하여 결의안을 준비하였다. 이 결의안의 내용은 한반도의 재통일, 유엔 감시 하의 자유 총선거, 평화 상태로의 복귀를 감독할 유엔위원회 구성, 경제부흥을 위한 유엔원조 등을 포함했다. 마침내 10월 7일 유엔 총회는 유엔군이 38선을 넘어 진격을 할 수 있는 근거를 제공하는 내용의 결의안을 찬성 47, 반대 5, 기권 7로 통과시켰다. 미국이 총회에 제출한 결의안은 군사활동을 유도하기 위해서 의도적으로 모호한 내용을 포함하였다. 한반도에 통일되고, 독립되고, 민주적인 정부를 수립하는 문제에 있어서 한반도의 안정적 조건을 보장하기 위한 '모든 적절한 조치(all appropriate steps)'를 취하도록 권고하였다. 안보리가 아닌 총회에 제출하는 결의안에는 38선 이북 진격과 군사활동에 대한 직접적인 문구를 포함할 수 없었다. 총회가 통과시킨 결의안에 있는 '모든 적절한 조치'에는 유엔군의 38선 이북 진격이 포함된다는 해석이 가능하도록 하였다.[53]

그동안 한국군은 이러한 국제법적인 문제와 상관없이 10월 1일 38선 이북으로 진격을 했다. 9월 30일 이승만 대통령은 한국군의 육군 수뇌부를 국장급까지 소집하여 38선에는 장벽이 쌓여 있는 것도 아니며, 북한의 남침으로 38선은 사라졌으니 즉각 북진을 하도록 명령을 내렸다. 군 일부에서 한국군의 작전지휘권을 유엔군 사령관에게 이양한 점을 상기시키며 신중한 결정을 하도록 건의하자, 이승만은 "작전지휘권은 내가 자진해서 맡긴 것이기 때문에 언제라도 뜻대로 찾아올 것"이라고 천명하였다.[54] 10월 9일 38선을 넘은 유엔군은 사흘만인 10월 12일 평양을 점령했고, 유엔군에 의한 한반도 통일을 눈앞에 두게 되었다.

중국군의 개입

1950년 10월부터 유엔군의 반격이 성공하면서 북한군은 패배에 직면하게 되었다. 북한의 붕괴를 앞에 두고 소련과 중국이 개입을 해야 하는가를 놓고 깊은 고민에 빠지게 되었다. 특히 북한과 긴 국경을 맞대고 있는 중국의 우려가 커졌다. 북한의 붕괴는 중국안보에 심대한 영향을 미칠 가능성이 높기 때문에 중국은 유엔군의 북진에 대하여 지속적으로 경고를 하였으며, 실질적으로 참전 준비를 하였다. 미국과의 전쟁을 피하려는 소련은 중국을 종용하여 참전하도록 하였고, 결국 유엔군이 북진을 시작한 직후 중국은 참전과정에 돌입하게 되었다. 38선 이북 진격을 심사숙고해야 한다고 주장한 사람들은 중국의 참전 경고를 무시해서는 안 된다는 조심스러운 태도를 보였다. 그러나 북한에 잔존하는 북한군이 거의 없었기 때문에 승리에 도취된 맥아더를 비롯한 미국정부는 결국 38선을 넘어 한만국경(중국과의 국경선)

을 향하여 진격을 계속했다.

미국은 총공세를 하여 전쟁을 크리스마스 이전에 끝내겠다는 전략을 수립하고 있었으나, 다른 서방국들은 보다 조심스러운 태도를 보였다. 영국을 비롯한 서방 참전국들은 미국정부에게 중국의 경고에 대해서 신중하게 생각해야 한다는 의견을 강력하게 제시했다. 이에 따라 미국의 트루먼 대통령은 태평양의 웨이크 섬(Wake Island)에서 맥아더와 만나 이 문제를 논의했다. 10월 15일 이루어진 트루먼과의 대화에서 맥아더는 중국의 경고는 허세(bluffing)에 불과하며, 실제로 참전을 할 의사가 있다면 사전에 이러한 경고를 하지 않고 기습적 개입을 할 것이라고 주장했다. 중국이 참전하게 되면 압록강을 건너야 하는데, 미군의 공군력으로 충분히 분쇄할 수 있다고 장담했다. 결국 트루먼은 현지 사령관인 맥아더의 견해를 받아들이고 크리스마스 이전에 미군 병사들을 집으로 돌려보내기 위한 총공세를 승인했다.

그러나 서방 연합국들, 특히 영국은 중국의 경고를 무시하면 안 된다고 하면서, 유엔군이 계속 진격하여 한반도 북단에 도달하면 지형이 동서로 넓어져서 전선이 확대되기 때문에 제한된 병력으로 군사작전을 수행하기가 어려워진다는 점을 상기시켰다. 북한군이 크게 약화되었더라도 무작정 진격하는 것은 한반도의 지형상 바람직하지 않으며, 특히 중국이나 소련이 참전하면 방어하기가 어려워질 것이라는 점을 경고했다. 영국은 한반도에서 제일 잘록한 부분인 북위 40도 선(영국은 이 선을 ‘narrow neck’, 즉 ‘좁은 목’으로 표현했다)에서 일단 진격을 멈추어야 한다는 전략을 제시했다. 그곳에서 일단 진격을 멈추면 중국이 참전하지 않을 것이고, 그 이후 북위 40도선 이북지역은 완충지대로 하는 평화협상을 제의하는 것이 바람직하다는 ‘완충지대안’을 제시했다. 결과적으로 이후 중국이 참전한 점을 놓고 볼 때 이러한 영국의 제안은 심각하게 고려했어야 하는 안이었다는 평가를 내릴 수 있다. 북위 40도 선에서 진격을 멈춘 후 평화협상이 실패하여 재분단이 되었더라도, 1950년 10월 이후 더 이상 전투를 하지 않게 되고, 남쪽 지역에 평양이 포함되는 매우 유리한 방향의 정전을 모색할 수 있었다.

그러나 빠른 진격에 따라 승리에 도취된 미국정부와 군부는 이러한 중국의 경고와 영국의 완충지대안을 거부하고 총공격을 실시했으며, 결국 중국은 대규모로 참전을 했다. 넓은 전선에 게릴라 전법으로 개입한 중국군을 미군은 막아내지 못하고 미군 역사상 최장의 후퇴를 하게 되었다. 중국군의 진격으로 다시 38선이 무너졌고, 유엔군은 한반도에서 철수해야 할지도 모르는 위기상황에 처하게 되었다. 그러나 중국의 참전 목적은 한반도 전체의 점령이 아니라 북한지역을 회복하는 것이었기 때문에 유엔군은 38선 부근까지 반격을 다시 할 수가 있었다. 중국의 전쟁목적은 미국에 대항하고 북한을 돕는 것이었다. 그래서 중국인들은 자신들이 참전한 한국전쟁을 항미원조전쟁(抗美援朝戰爭)으로 부른다.

핵무기 사용 논쟁과 영미 갈등

10월 25일 중국이 참전한 이후 유엔군이 걷잡을 수 없는 후퇴를 하게 되자, 중국군을 얕보던 미국인들은 전쟁이 불리한 상황으로 전개될지도 모른다는 우려감을 가지게 되었다. 불리한 상황이 계속되자, 11월 30일의 기자회견에서 트루먼 대통령은 한국전을 수행하는 데 필요한 모든 방안을 강구하고 있다는 성명을 발표했다. 이에 대해 기자들이 핵무기 사용도 고려중이냐는 질문을 하자, 미국은 핵무기 사용에 대한 '적극적인 고려(active consideration)'를 항상 해 왔으며, 핵무기 사용에 대한 권한은 전투사령관이 가지고 있다고 선언함으로써 핵무기 사용 권한을 맥아더에게 위임한 듯한 인상을 줬다.[55] 트루먼은 아마도 대통령만이 핵무기 사용을 명령할 수 있는 권한을 가진다는 1946년의 원자력법(Atomic Energy Act)을 인지하지 못하고 있었거나, 알고 있으면서 의도적으로 중국이 한반도에서 군사활동을 계속한다면 핵무기에 의한 보복을 당할 것이라는 점을 중국인들에게 알리고 싶었을지도 모른다.

이 성명에 대해서 세계 지도자들, 특히 한국전에 군대를 파견한 서방국가들의 지도자들이 우려감을 가지게 되었다. 그러나 트루먼의 발언은 잘못된 것이었고, 결국 미국 백악관은 미국에서 핵무기 사용에 대한 결정은 현지 사령관이 아니라 대통령이 하게 되어 있다는 내용으로 정정하여 발표했다. 그러나 참전국들 사이에서 미국이 중국군에 대한 전세를 뒤집기 위해서 핵무기를 사용할지도 모른다는 우려감은 씻어지지 않았다. 미국은 핵무기 사용을 자제한다는 태도를 보였지만, 중국 참전 이후 미국이 실제로 핵무기 사용에 대해서 논의했다는 기록은 남아 있다. 1950년 11월 4일 니츠(Paul Nitze) 정책기획국장은 육군의 핵무기 전문가인 로퍼(Herbert B. Loper) 장군을 만나 둘 또는 세 개의 핵무기를 전술적으로 사용하면 민간인의 대량 살상을 피하면서 중국의 한국전쟁 개입을 억지할 수 있을 것이라는 견해를 제시했다. 핵무기의 사용은 소련의 개입을 초래하고 아시아 인민들의 미국에 대한 반감을 조장할 우려가 있으므로 핵무기는 반드시 유엔의 동의하에 사용되어야 한다는 점을 강조하였다. 니츠는 유엔에서 이 문제를 공론화하면 적에 대한 심리적 가치를 가지게 될 것이라고 생각했다.[56)]

미국의 일부 군부 인사들은 중국이 전면적으로 개입한다면 미국은 병력집결지와 병참기지에 대하여 핵무기를 사용해야 한다고 생각하고 있었다. 중국이 즉각적으로 군대를 한반도로부터 철수하지 않는다면 미국이 만주의 군사목표물에 대하여 핵무기를 사용할 것이라는 내용의 공개적 경고를 해야 한다고 주장하는 사람들도 있었다. 트루먼이 문제의 기자회견을 하기 하루 전인 11월 29일 합참 합동전략조사위원회(Joint Strategic Survey Committee)는 미군이 한국전에서 패배하는 것을 막기 위하여 핵무기를 사용해야 할 상황으로 발전될 가능성이 크다고 보고하였다.

그러나 핵무기의 실제 사용에 대해서는 부정적인 의견이 많았다. 우선 전략적인 효율성 문제가 제기되었는데, 핵무기를 사용하더라도 중국의 개입을 막을 수 있을지, 또는 소련을 억제할 수 있을지에 대한 의구심이 제기되었다. 전술적인 차원에서도 핵무기 공격을 위해서는 적절한 목표와 정확한 위치를 설정해야 하는데, 당시의 정보력으로는 거의 불가능하다는 판단이 있었다. 그리고 핵무기 사용 후 발생할 대량 사상자를 위한 의료부대도 준비를 해야 하고, 불가피하게 발생할 민간인 피해자들에 대한 의료지원도 필수적으로 준비되어야 했다. 요컨대 한반도에는 핵무기를 사용하기에 적절한 목표가 없고, 민간인을 비롯한 대규모 사상자 발생이 예상되어 한국전에서 핵무기를 사용하는 것이 적절하지 않다는 전술적·전략적 결론을 내리고 있었다.

비록 추후에 정정발표를 했지만, 핵무기를 사용할지도 모른다는 트루먼의 성명에 대하여 서방 연합국들이 거센 반발을 하였다. 특히 당시까지 미국의 호전적인 정책에 비판적인 견해를 가지고 있던 영국인들의 불만이 폭발하였다. 트루먼의 핵무기 관련 발언 나흘 뒤에 애틀리(Clement Attlee) 영국 수상이 트루먼과 정상회담을 하기 위해 워싱턴을 방문할 만큼 영국인들은 이 문제를 심각하게 받아들였다. 영국정부는 핵무기 사용을 반대함은 물론, 중국과의 확전을 피해야 한다는 입장을 견지하고 있었다. 영국인들은 대만 국민당 정부에 대해 미국이 지원을 하는 점과 중국에 대하여 호전적인 태도를 보이는 맥아더의 전략에 불만을 품어왔고, 11월 24일에 실시한 유엔군 총공세의 실패와 중국군의 개입은 맥아더 작전의 실수라고 비판을 해왔다.

영미정상회담은 1950년 12월 4일부터 8일까지 6차에 걸쳐 개최되었다. 1차 정상회담에서 두 정상은 세계전략에 대하여 논쟁을 벌였다. 트루먼이 유럽 제1정책에도 불구하고 아시아에서의 의무를 포기할 수 없다고 하자, 애틀리는 서방에서 공격에 노출될 만큼 동방에 너무 개입되어서는 안 된다고 하면서 미국이 중국에 양보하는 태도를 보여야 한다고 강조했다. 애치슨 미 국무장관은 유엔이 극동지역을 포기한다면 많은 국가들이 소련과의 화해를 즉시 시도할 것이며, 특히 미국이 중국에 양보를 한다면 중국인들은 더

호전적이 될 것이라고 경고했다.[57] 미국인들은 극동의 안보가 그 자체로서 중요할 뿐더러 유럽의 안보에도 중요하다고 생각한 반면, 영국인들은 유럽의 방어전략과 별로 관련이 없는 극동지역에서 동맹국들의 힘을 소진하지 말아야 한다고 생각했다. 이러한 영국인들의 생각에 대해서 미국의 외교관들은 만약 미국이 극동지역에서 패배한다면, 이러한 붕괴를 초래한 서유럽을 돕지 말아야 한다는 방향으로 미국의 여론이 형성될 것이라고 경고했다.

12월 5일의 제2차 정상회담에서 애틀리는 미국인들이 보다 유연해지기를 요구하였다. 미국과 영국은 중국의 민족주의를 사용하여 중국을 소련으로부터 자주적이 되도록 유도하고, 소련에 대한 '중요한 대항세력'으로 키워야 한다고 주장했다. 영국인들이 중국의 유엔가입 가능성에 대하여 언급하자, 미국인들은 중국이 한국문제에 대하여 비타협적인 태도를 보이는 상황에서 어느 누구도 중국의 유엔가입을 찬성하지 않을 것이라고 단언하였다.

12월 6일 개최된 3, 4차 정상회담에서는 주로 전략적인 문제에 대한 토의를 했다. 애틀리는 미국의 공세적인 전략에 대해서 불만을 표시하며, 맥아더가 "쇼를 하고 있다"는 유럽인들의 견해를 피력했다. 맥아더가 한국전쟁 수행을 위한 작전을 수립할 때 군대를 파견한 국가들과의 협의가 부족하다는 불평을 했다. 이에 대해 미국의 군 대표들은 맥아더가 유엔이 위임한 사항들을 정확히 수행하고 있다면서, 영국인들과 충분한 협의를 하고 있다고 답했다. 영국인들이 '전쟁을 지휘하기 위한 일종의 위원회'의 설립을 요구하자, 미국의 브래들리(Omar Bradley) 합참의장은 한국전쟁의 작전은 촌각을 다투기 때문에 위원회에 의하여 수행될 수 없다고 대답하였다. 만약 한국에서 진행되는 사항에 대하여 불만이 있는 국가가 있으면, 그 국가가 한국으로부터 철수하는 데 지원을 해줄 수 있다고 하였다. 그렇지 않고 한국에 계속 머물겠다면 그 국가는 유엔사령부에 지워진 책무를 수용하여야 한다고 브래들리는 강조하였다. 트루먼은 유엔이 미국으로 하여금 한국에서 연합사령부를 구성하도록 하였기 때문에, 미국은 유엔이 중지하라고 할 때까지 임무를 계속할 것이라고 언명하였다. 애치슨은 모든 국가와 협의를 해야 한다면 미국은 나토 사령관을 임명할 수 없다고 경고하였다. 마지막으로 트루먼은 어떠한 국가로부터도 지원을 받지 못하더라도 미국은 한국에 끝까지 남아서 싸울 것이라고 선언하였다.[58)]

정상회담 결과 영국과 미국이 동아시아 사태를 보는 시각과 전략에 차이가 있다는 점이 확실하게 드러났다. 미국은 자본주의 진영의 방위는 극동지역에서 강력한 군사적 대응과 함께 이루어져야 한다고 강조했다. 이에 반하여 영국은 서방국가들이 유럽의 안보에 해가 갈만큼 동아시아에 너무 깊이 개입하지 말아야 한다고 주장했다. 정상회담 개최의 동기가 된 핵무기문제는 정상회담 후반부에 거론되었는데 비교적 순조롭게 의견의 일치가 이루어졌다. 트루먼의 11월 30일 성명 이후 일주일이 지났기 때문에 당시의 흥분상태는 어느 정도 가라앉아 있었다. 트루먼은 영국과의 사전 협의 없이 핵무기를 사용하지 말아 달라는 영국의 제의를 받아들였다.[59)]

4) 한국전쟁 휴전과 재분단

중국 참전 이후 한국전쟁은 장기전으로 돌입하는 모습을 보이기 시작했다. 자본주의와 공산주의 어느 쪽도 상대 진영이 한반도 전체를 독점하는 데 대해 거부반응을 보이면서 위기 시마다 적극적으로 개입하며 세력균형에 입각한 전쟁 수행을 했다. 1951년 봄까지 중국군의 진격에 대한 유엔군의 반격이 제한적인 성공을 거두면서 전선은 한반도의 중간 부분으로 이동되었고, 그 지점에서 교착상태에 빠지게 되었다. 중국의 참전 목적은 한반도 전체의 점령이 아니라 북한지역의 공산화 유지였고, 유엔군도 중국군에 의한 최장의 후퇴 이후 침략자 응징 및 한반도 전체의 해방이라는 이전의 전쟁 목표를 포기해야 했기 때문에 전선의 이동 없이 한반도의 중간 부분에서 소모전에 돌입하게 되었다. 이러한 상황에서 자본주의와 공산주의 진영 모두가 이 전쟁을 군사적 승리로 끝내기 어렵다는 점을 자각하고 정치적 협상에 의한 전쟁의 종결을 모색하게 되었다.

1951년 7월부터 휴전회담이 시작되었다. 휴전을 하기 위해서는 여러 가지 이슈들에 대한 합의가 이루어져야 하는데, 가장 먼저 협의가 된 것은 휴전선문제였다. 공산 측은 휴전선으로 전쟁 이전의 분단선인 38선을 제의했으나, 유엔사 측은 휴전협정을 체결하는 당일의 전선으로 하자는 제안을 했다. 열띤 논의 끝에 유엔군이 제시한 안으로 결정되었다. 이에 따라 휴전협정을 체결할 때 더 많은 영토를 확보하기 위해서 휴전 당일까지 전투가 치열하게 전개되었다. 만약 38선으로 휴전선이 결정되었다면, 휴전회담의 협상이 길어져도 전투는 미리 끝낼 수도 있는 것이었다.

휴전회담이 시작될 때 협상이 2년 넘게 계속되어 1953년 7월 27일에야 휴전협정이 체결될 것이라고 예상했던 사람은 아무도 없었을 것이다. 그러나 휴전협상은 포로교환이라는 단 하나의 이슈 때문에 2년 이상이나 지속되었다. 포로교환문제가 가장 크게 대두된 이유는 유엔군이 보유했던 공산군 포로의 숫자가 너무 많았고, 이들 중에는 공산주의 사상을 가지고 있지 않거나 반공주의자들도 포함되어 있었기 때문이었다. 휴전회담이 시작할 당시 유엔사는 15만 명 정도의 공산군 포로를 보유하고 있었고, 공산 측은 그 숫자의 10분의 1 정도인 1만 5,000명 정도의 유엔군 포로를 보유하고 있었다. 인천상륙작전 직후 유엔군이 남쪽에 있던 북한 인민군의 퇴로를 차단하고 대부분을 포로로 잡았기 때문에 이처럼 공산군의 포로의 숫자가 늘어난 것이다.

포로교환에 대한 국제법적 규정이 있어서 이는 단순하게 끝날 수도 있는 문제였다. 1949년에 체결된 포로에 관한 제네바협정에 따르면, 전쟁이 끝나면 각 교전 당사국들은 보유하고 있는 포로들을 전부 송환하게 되어 있다. 따라서 양측이 보유한 포로 숫자의 차이가 크더라도 포로 전체 대 전체를 교환해야 했다. 그러나 미국은 유엔군이 보유하고 있던 15만 명의 포로 중에서 많은 수가 북한으로의 송환을 거부하고 있기 때문에, 인도적 차원에서 북송을 반대하는 포로들을 귀환시킬 수 없다고 공표를 했다. 공산군 포로들 중에 거의 절반인 7만 5,000명의 포로들이 북송을 거부했다. 이들 중에는 남한에 살다가 한국전쟁 전개 과정에서 북한이 남한을 점령한 이후에 인민군에 징집된 남한 주민들이 전쟁포로로 잡힌 사람들도 다수 포함되어 있었다. 그들은 자신들의 연고가 없는 북한에 가서 살 이유가 없으며, 북한에 송환되면 처형당할 것이라는 두려움을 갖고 있었다.

유엔사가 인도적 차원에서 포로의 강제 송환을 포기하고 자발적 송환을 발표하자 공산 측은 강력하게 반발했다. 제네바협정을 준수하라는 요구를 하며, 휴전협상 자체를 거부했다. 미국의 입장에서 자발적 송환은 인도적 이유 이외에도 유리한 점이 있었다. 15만 명의 포로 전체가 송환되어 군에 복귀하면 북한 인민군 병력이 대폭 확대되는데, 자발적 송환을 추진하면 북한군의 대규모 증강을 막을 수 있었다. 그리고 인민군 포로 중에 공산주의를 싫어하는 포로들이 절반이나 된다는 점은 국제적으로 냉전의 심리전에서 크게 유리한 측면을 내포하고 있었다. 이에 따라 서로 양보하기 어려운 이슈였고, 결국 양측이 팽팽하게 대립하게 됨에 따라 휴전협상은 진전이 이루어지지 않고 전투는 더욱 강렬하게 전개되었다.

포로송환문제는 1년 반 이상 해결점을 찾지 못하다가 1953년 3월 소련의 지도자 스탈린이 사망한 이후에 진전되기 시작했다. 새로 들어선 말렌코프(Georgy Malenkov)체제는 내부결속과 체제강화를 위해서 소련의 국력을 크게 소모시키는 한반도 문제와 같은 외부의 분쟁들을 조속히 해결해야 할 필요성을 느끼게 되었다. 한국전쟁을 배후에서 조종하던 스탈린이 사망함에 따라 휴전협상이 급진전된 것이다. 협상의 재개를 위하여 유엔사 측은 부상포로의 교환을 제의하였다. 유엔 대표는 이를 제의하면서 과거와 마찬가지로 공산주의자들이 거부할 것이라고 예상했으나, 의외로 공산주의자들은 이를 받아들였다. 부상포로 교환은 4월 20일부터 시작되었는데, 공산주의자들은 총 600명의 유엔군 포로를 하루에 100명씩 송환하였고, 유엔사측은 5,800명을 하루에 500명씩 송환하였다. 부상포로 교환은 휴전협상을 진전시키는 데 결정적인 기여를 하였다.

부상포로 교환 이후 휴전협정 체결을 위한 대화가 급진전되었다. 최종 합의는 휴전협정 체결과 함께 북한으로의 송환을 원하는 포로들은 북한으로 보내고, 송환을 거부하는 포로들은 60일 이내에 중립국 감시위원단으로 이관하고, 이관된 포로들을 북한이 3개월 동안 설득한 과정을 거친 후, 설득에도 불구하고 송환을 거부하는 포로들은 석방하기로 합의했다. 이러한 과정을 거쳐서 결국 1953년 7월 27일 휴전협정이 체결되었다.

전쟁은 3년 계속되었고, 그중의 2년 동안은 휴전협상이 전개되었지만, 전쟁의 피해는 상당히 많이 발생했다. 표 3.1에서 보는 바와 같이 인명피해는 150만 명의 사망자를 포함하여 500만 명 이상이 발생했다. 재산피해를 보면 북한지역의 피해가 무척 컸는데 그 이유는 유엔군의 공중폭격 때문이었다. 북한지역에서 총 8,700개의 공장이 파괴되었고, 공업생산은 전쟁 전에 비하여 64%로 줄어들었다. 특히 전력생산은 26%, 석탄생산 11%, 철생산 10%, 화학공업은 23%로 감소하였다. 폭격으로 인한 농경지 감소 및 수십만 마리의 소와 돼지의 죽음으로 전쟁 동안 농업생산도 76%로 감소하였

표 3.1 한국전쟁 기간 인명피해

	남한		유엔군	북한		중국군	계
	민간인	군인		민간인	군인		
사망	373,599	227,748	36,813	406,000	294,151	184,128	1,522,439
부상	229,652	717,083	114,816	1,594,000	225,949	715,872	3,597,372
실종	387,744	43,572	6,198	680,000	91,206	21,836	1,230,556
계	**990,995**	**988,403**	**157,827**	**2,680,000**	**611,206**	**921,836**	**6,350,267**

출처: 한국역사연구회 현대사연구반, 『한국현대사(2): 1950년대 한국사회와 4월 민중항쟁』 (서울: 풀빛, 1991), p. 62.

다. 남한의 피해는 주로 전쟁 초기에 발생하였다. 공업보다 농업이 앞서 있는 사회였기 때문에 공장피해는 그렇게 크지 않았지만, 제조업에서 섬유산업의 피해가 가장 컸고 화학공업, 요업, 기계공업 등이 뒤를 이었다. 전력부문에서는 전쟁 초기에 남한 발전능력의 80%를 잃었다.

3. 한국전쟁 이후 남북한의 대립관계

1953년 7월 27일 휴전이 되었으나, 남북한의 갈등과 대립관계는 지속되었다. 북한의 김일성정부는 1950년대 중반 이후 소련과 중국이 갈등관계를 가지기 시작하자, 어느 편에도 기울지 않는 등거리 외교를 시작하면서 자주외교 및 자주국방정책을 모색했다. 경제 등 모든 면에서 앞선 점을 활용하여 남한을 흡수하려는 대남적화 전략을 모색했고, 때로는 무력침투까지 시도했다.

1) 무력침투와 군사충돌

북한은 다양한 방식으로 간첩 및 무장공비를 침투시켰는데, 그 대표적인 사례는 1968년 1월 21일 박정희 대통령을 암살하기 위해 북한이 특공대를 남파한 청와대 기습사건이었다. 북한군 제124군 부대 소속 군인 31명이 휴전선을 넘어 서울지역에 침투하여 대통령 관저인 청와대를 습격하려는 시도를 했다. 그들은 경찰 검문에 걸리자 기관단총을 난사하고 4대의 시내버스에 수류탄을 던져 7명의 군경과 민간인이 사망했다. 군경 수색대는 2월 3일까지 수색 및 추격하여 31명의 공비 중 김신조를 생포하고, 도주한 2명을 제외한 28명을 사살했다.

같은 해 말에 북한은 무장공비를 남파했다. 1968년 10월 30일부터 11

월 2일까지 3차례에 걸쳐 울진·삼척 지역에 무장공비 120명이 15명씩 조를 편성하여 침투했다. 무장공비들은 11월 3일 새벽 주민들을 모아 대검으로 찌르는 등 잔혹행위를 하였으며, 일부 주민들을 살해했다. 이에 대해서 군경과 예비군은 본격적인 소탕작전을 벌여 12월 28일까지 약 2개월에 걸쳐 공비 113명을 사살하고 7명을 생포했다. 이 과정에서 남한의 군경과 일반인 60여 명이 사망했다.

1960년대 후반부터 시작된 무력충돌은 남북한 사이에 발생한 것도 있었지만, 북한과 미국 사이에 발생한 군사충돌도 상당수 있었다. 가장 대표적인 사건은 북한이 미국의 정찰함인 푸에블로호를 납치한 사건이다. 1968년 1월 23일 북한 원산 앞 공해상에서 해양 조사선으로 위장한 미군의 정찰함 푸에블로호가 나포되었다. 푸에블로호는 경화물선을 개조한 해군 정보수집 보조함으로, 중량 106t, 길이 54m, 너비 10m, 시속 12.2노트에 구경 50㎜ 기관포 2문을 갖추었을 뿐인 비무장 함정이었다. 푸에블로호는 일본 규슈에서 출발해 소련의 블라디보스토크로 향하고 있었다. 소련의 극동 기지를 정찰한 뒤 북한의 동해안에서 정보를 수집할 임무를 수행 중이었다.

1월 23일 오후 1시 45분에 동경 127°54′, 북위 39°25′ 공해상에서 푸에블로호는 무장한 4척의 북한 초계정과 미그기 2대의 위협 아래 나포되어 원산항으로 강제 납치되었다. 푸에블로호에는 6명의 해군장교와 수병 75명, 민간인 2명을 포함한 총 83명이 승선하고 있었다. 처음에는 북한의 초계정 1척이 푸에블로호를 추적한 후 "국적을 밝혀라"는 요구를 했고, 이에 미국함이라고 답변했는데, 북한정이 "정지하라. 그렇지 않으면 발포하겠다"고 요구했다. 이에 푸에블로호가 "공해상에 있다"고 답변하며 정지 요구를 거절했다.

그로부터 1시간 뒤 북한의 무장 초계정 3척과 2대의 미그기가 출동했다. 미그기가 선회 비행하며 위협 신호를 보내고 있는 동안, 북한의 무장한 수병들이 푸에블로호에 승선하여 곧 원산행을 강요했다. 결국 푸에블로호는 무력 저항을 포기하고 원산항으로 끌려갔다. 오후 2시 30분 경 푸에블로호는 “엔진이 모두 꺼졌으며 무전연락도 이것이 마지막이다”, “원산항으로 끌려간다”는 최종 보고를 하고 북한으로 나포되었다. 미국의 해군함정이 공해상에서 납치된 것은 미국 해군사상 106년 만에 처음 있는 일이었다.

사건발생 직후 미국정부는 국가안보회의를 소집하고 전투태세를 갖추었다. 미국은 일본에서 베트남으로 항해중인 핵 항공모함 엔터프라이즈호와 3척의 구축함 진로를 변경시켜 원산만 부근에서 대기토록 했다. 그리고 25일에는 해공군의 예비역 1만 4,000여 명에게 긴급 동원령을 내리고, 전투기를 비롯한 항공기 372대에 대한 출동태세를 갖추도록 했으며, 오산과 군산기지에 2개 전투기 대대를 급파하는 등 군사적 조치를 취해 나갔다. 28일에는 추가로 2척의 항공모함과 구축함 1척 및 6척의 잠수함을 동해로 이동시켜 한반도에는 전운이 감돌기 시작했다.

북한이 공해상의 함정을 납치한 행위에 대해서 규탄하는 세계 여론이 들끓었으며, 사건 발생 다음날인 1월 24일 판문점에서 군사정전위원회 본 회의가 개최되었다. 이 회의에서 유엔사 측은 푸에블로호 납치문제 뿐만 아니라 사흘 전에 있었던 1·21사태에 대해서도 강력한 비판을 했다. 유엔사 대표는 북한 무장 유격대의 서울 침입을 신랄히 규탄한 이후, 푸에블로호는 북한 육지로부터 16마일 떨어진 동경 127°54′, 북위 39°25′ 공해상에서 납북되었다고 항의했다. 공해상에서 벌어진 일이기 때문에 “미국은 국제법상 배상을 요구할 권리를 가지고 있다”고 주장하면서 승선원 전원과 푸에블로호의 즉각 송환을 요구했다.

미국의 요구에 대해서 북한 측은 푸에블로호가 나포된 지점은 동경 127°46′, 북위 39°17′으로 북한의 영해를 침범했다고 주장하였다. 북한과의 협상이 제대로 이루저지지 않자 미국은 소련에게 중재를 요청했으나 거절당했다. 국제적십자사를 통하여 북한적십자사와 접촉하여 해결을 하려 했으나 이마저도 효과를 거두지 못하였고, 미국은 폴란드에서 북한과의 간접 접촉을 시도한 데 이어 판문점에서 북한과 직접 비밀협상을 하게 되었다.

1968년 2월 2일 세 번째 가진 비밀협상에서 미국이 영해 침입을 시인하고 사과하는 조건으로 승무원을 송환한다는 조건에 합의했으나 북한은 승무원 석방에 따른 대가를 요구하였다. 사건 발생 후 11개월 만인 1968년 12월 23일 28차례에 걸친 비밀협상 끝에 합의문서에 서명함으로써 82명의 생존 승무원과 시체 1구가 판문점을 통해 귀환되었다. 선체와 장비는 북한에 몰수되었으며, 보상금 지불에 관한 내역은 알려지지 않았다.

푸에블로호 납치 사건이 해결된 지 불과 4개월 후인 1969년 4월 15일 미 해군 정찰기가 동해 북방한계선(NLL)에서 북한에 의해 격추되는 사건이 발생했다. 일본의 아쓰기 해군 비행장을 출발한 미국 해군 소속 EC-121 워닝스타(Warning Star) 조기경보기가 4월 15일 14시경 동해상에서 북한 공군 소속 미그21 전투기의 공격을 받아 해상으로 추락했다. 4발 프로펠러 방식으로 비행하는 이 비행기의 기체 무게는 약 66톤이었으며, 이 중 전자장비의 무게가 약 6톤을 차지했다. 이 비행기에 탑승했던 승무원 31명 전원이 사망했다. 기내에는 8명의 장교와 23명의 엔지니어가 탑승하고 있었고, 그 중 한 명은 미국 해병대원이었다. 탑승자들 중 9명은 러시아어와 한국어의 암호통신을 해독하는 언어학자들이었다.

이 비행기의 콜사인은 'Deep Sea 129'였으며, 주 임무는 북한의 길주군 근해에서 소련과 북한 사이의 전파정보를 수집하는 것이었다. 이 임무는 명목상으로 미국 태평양군 제7함대의 지휘 아래에서 이루어지고 있었으나 실제로는 NSA(국가안보국)가 시행한 첩보 활동이었다고 밝혀졌다. Deep Sea 129의 임무는 2년간 계속되고 있었으며, 북한 해안에서 50해리(90km) 안으로 접근하는 것은 금지되어 있었으나, 정찰활동 중에 북한 공군 MiG-17 전투기 2대가 Deep Sea 129의 움직임을 탐지하고 이륙한 사실이 감지되었다. MiG-17 전투기가 접근하고 있었으므로 Deep Sea 129는 작전을 중단하기로 하였으나 MiG-17 전투기를 탐지한지 약 2분 뒤 Deep

Sea 129는 레이더에서 사라졌다. Deep Sea 129는 레이더에서 사라진 뒤 청진에서 90해리(167km) 떨어진 동해의 북위 41°28′, 동경 131°35′으로 추락했다.

미국은 이 비행기가 북한의 영공 밖에 있었다고 주장한 반면, 북한은 이 정찰기가 영공을 침범하여 격추당했다고 주장했다. 이 사건이 발생하자 미국은 한반도 주변에 항공모함 엔터프라이즈호를 다시 급파하는 등 한반도 정세가 긴박하게 돌아갔다. 추락된 비행기의 수색 활동을 위하여 미국 공군과 해군의 항공기가 최대 26기 투입되었고 구축함 등이 사세보 기지에서 출항하였다. 추락 다음 날 오전 9시 30분에 기체의 잔해가 발견되었다. 이 해역에는 소련의 함정과 항공기도 출동하여 일촉즉발의 위기가 감돌았으나 큰 충돌은 없었다. 4월 17일 정오가 되어 헨리 터커 구축함에서 2명의 시신을 회수하였으나, 나머지 29명의 시신을 찾는 데에는 실패했다.

1968년 1·21사태 이후 북한의 군사적 충돌은 푸에블로호 납치와 EC-121기 격추와 같이 남한보다는 미국에 대해서 행해진 것들이 많았다. 특히 북한은 1972년 7·4공동성명 이후에 남한과의 무력충돌을 자제하는 태도를 보였으며, 미국과의 군사충돌 대부분도 계획적이라기보다는 우발적으로 발생한 것들이었다. 계획적이 아니라 우발적인 사건들이었기 때문에 일촉즉발의 상황까지 갔지만 미국의 응징과 보복이 이루어지지 않았다.

푸에블로호 또는 EC-121은 북한에 의한 일방적 납치 또는 격추였으나 1970년대 중반에는 미군과 북한군이 직접 충돌하는 사건이 판문점에서 발생했다. 1976년 8월 18일에 판문점에서 소위 '도끼만행사건'이 발생한 것이다. 판문점 공동경비구역(JSA)에서 나뭇가지 작업을 하던 유엔군 소속 미군 장교 2명을 북한군이 도끼로 살해하고 한국과 미국 병사 9명에게 중경상을 입히는 한편, 유엔군 트럭 3대와 초소를 모두 파괴하는 심각한 사건이 발생했다.

사건 발생일까지 판문점의 공동경비구역 내에 북한군과 유엔군의 경계지역을 구분하는 군사분계선이 존재하지 않았다. 이런 상황에서 양측의 초소가 대치하고 있는 가운데, 북한 초소 3개소에 둘러싸인 한국의 제3초소 부근의 미루나무가 15m 높이로 자라 시야를 가리게 되어, 시계를 확보하기 위에서 나뭇가지 작업의 필요성이 대두되었다.

1976년 8월 18일 오전 10시 45분경 미군 장교 2명과 사병 4명, 한국군 장교 1명과 사병 4명 등 11명이 '돌아오지 않는 다리' 남쪽 유엔사 측 제3초소 부근에서 시야를 가리고 있는 미루나무의 가지를 치는 한국인 노무자 5명의 작업을 지휘 및 경호하고 있었는데, 갑자기 북한군 장교 2명과 20여 명의 사병이 나타나 "나뭇가지를 치지 말라"고 요구했다. 북한의 요구를 무시하고 작업을 계속하자, 북한군 장교와 북한초소에서 2대의 트럭에 분승한 50~60명의 북한병사들이 달려와 도끼, 쇠꼬챙이, 몽둥이 등을 휘두르며 폭행했다. 그 결과 보니파스(Arthur George Bonifas) 대위와 배럿(Mark Thomas Barrett) 중위 등 미군장교 2명이 도끼로 살해되고 나머지 9명이 중경상을 입었고, 북한군은 이어서 유엔군 트럭 3대와 초소를 파괴하고 북쪽 지역으로 사라졌다.

사건 직후 주한미군사령부는 주한미군 장병들의 휴가를 취소하고 부대복귀명령을 내리는 한편, 주한미군과 한국군은 전투준비태세 명령인 데프콘 3호(경계상태돌입)를 발령했다. 미국은 백악관, 국무부, 중앙정보국(CIA) 등 행정부 고위관리들로 특별대책위원회를 구성했으며, F-4전폭기, F-111 전폭기 각 1개 대대를 한국기지에 배치하고, 항공모함 레인저호와 미드웨이호를 한국해역으로 이동시켰다. 또한 B-52폭격기를 급거 출동시키고 오키나와 주둔 해병대 1,800명을 한국에 증파하는 등 강경한 대응을 취했다.

미국의 군부가 무력시위를 하는 동시에 헨리 키신저 국무장관은 NBC 텔레비전 회견을 통해 북한의 해명과 배상을 요구했다. 사건 발생 3일 뒤인 8월 21일 새벽 7시 미정부는 데프콘을 격상시켜 전쟁준비태세를 강화했다. 데프콘 3호를 2호(전쟁돌입상태)로 격상시킨 후 문제의 미루나무 절단작업에 나섰다. 당시 미국 포드 대통령의 지시에 따라 한미 양국 간 협의결정으로 실시된 이 작전에는 건십헬리콥터 26대, B-52 중폭격기 3대, F-4 및 F-111 폭격기 수십 대가 판문점 상공을 엄호하는 가운데 300여 명의 한미 양군 기동타격대가 투입되었다.

한미 양국의 대응이 강경해지자 북한의 김일성은 21일 유엔군 사령관에게 유감의 뜻을 표명하는 사과문을 전달하며 사건은 일단락되었다. 9월 1일부터는 판문점 공동경비구역을 남과 북으로 분할경비하기로 합의해 사건은 19일 만에 마무리되었다. 9월 16일부터 판문점내 공동경비구역에는 양쪽의 영역을 구분하는 경계선이 콘크리트로 만들어졌으며, 상대 지역에 있던 초소는 철거되었다.

2) 1980년대의 테러행위

1972년 7·4공동성명을 발표한 이후 남북한은 적십자회담 및 남북조절위원회를 개최하며 제한적이나마 관계개선을 위한 회담을 진행하는 등 되도록 직접적인 무력충돌을 피하기 위한 상호정책을 추진했다. 더구나 1970년대는 세계적으로 데탕트가 시작되어 냉전이 완화되고 화해와 협력을 모색하는 시기였다. 미국과 중국이 1972년에 관계개선을 이루었고, 같은 해 미국과 소련은 전략무기제한협정(SALT: Strategic Arms Limitation Treaty)을 체결하여 냉전의 가장 중요한 대립이었던 핵무기 대립을 완화시키는 환경을 조성했다. 또한 유럽에서는 1975년에 헬싱키 의정서에 의해서 다자안보협력체인 유럽안보협력회의(CSCE: Conference on Security and Co-operation in Europe)를 조직하여 평화체제를 모색하는 국제환경이 조성되었다.

이러한 한반도 및 세계적인 화해와 협력의 분위기는 1980년대에 접어들면서 급변하기 시작했다. 우선 한반도에서 남한의 박정희 대통령이 김재규

정보부장에게 암살당하였고, 신군부에 의한 새로운 쿠데타가 성공하여 새로운 군사독재정부가 등장한 것이다. 이미 1980년대에는 군사력만 제외하고 모든 국력에 있어서 남한에 크게 뒤진 상황에서 북한은 보다 긴장된 대남정책을 모색하지 않을 수 없게 되었다. 세계적으로도 1979년 소련이 아프가니스탄을 침공하면서 1970년대의 데탕트가 끝나고 신냉전의 새로운 적대적인 질서가 시작된 상황에서 한반도에도 긴장이 고조되기 시작했다.

이러한 세계와 한반도의 새로운 긴장관계가 조성된 이후 북한은 남한과 한반도에서 직접적인 무력대결을 하기보다는 해외에서 공작을 하거나 간접적인 무력충돌을 야기했다. 가장 큰 사건은 미얀마에서 한국 대통령 등 정부 인사들에 대해서 행한 테러공격 행위다. 1983년 10월 9일 미얀마의 수도 양곤에 있는 아웅산 국립묘지에서 북한 공작원 3명이 미얀마를 방문 중인 전두환 대통령을 암살하기 위해 미리 설치한 폭탄을 터뜨려 한국인 17명과 미얀마인 4명 등 21명이 사망하고 수십 명이 부상당한 사건이 발생했다. 폭발 당시 전두환 대통령은 묘소에 도착하기 전이어서 화를 당하지 않았다. 미얀마는 전두환의 동남아시아와 오세아니아 순방 일정의 첫 번째 방문지였다.

한국인 중에 희생된 이들은 서석준 부총리 겸 경제기획원 장관, 이범석 외무부 장관, 김동휘 상공부 장관, 서상철 동력자원부 장관 등 4명의 각료와 함병춘 대통령 비서실장, 심상우 민정당 총재 비서실장, 김재익 청와대 경제수석, 이기욱 재무부 차관, 이계철 주 버마 대사, 하동선 해외협력위원회 기획단장, 민병석 대통령 주치의, 강인희 농수산부 차관, 김용한 과학기술처 차관, 이재관 청와대 공보비서관 등 10명의 고위 관리와 언론인과 경호원 등 모두 17명이 사망했다.

사건 현장에 늦게 도착한 전두환 대통령은 모든 방문 일정을 취소하고 즉시 귀국했다. 사건 발생 직후 미얀마정부는 암살범을 추적하여 북한군 정찰국 특공대 소속 강민철 대위와 진용진 소좌(소령) 등 2명을 체포하고 신기철 대위를 사살했다. 10월 17일 이 사건이 북한의 특수공작원에 의해 자행된 것임을 공식발표했고, 11월 6일 미얀마정부는 북한과의 국교를 단절하고 북한 외교관들을 추방했다. 북한은 이 암살사건과 무관함을 강변했으나, 11월 22일 미얀마 검찰이 체포된 범인들을 수사해 북한이 전두환 대통령과 수행원들을 살해하기 위해 인민군 장교들로 구성된 암살단을 밀파했다는 사건의 전모를 밝혀냈다.

1983년 10월 7일 북한 김정일의 친필 지령으로 받은 것으로 알려진 북한군 정찰국 특공대 소속 진용진 소좌, 강민철 대위, 신기철 대위 등 3명은 전창휘 미얀마 주재 북한 대사관 정무 담당 참사관의 집에 숨어 지내다가, 전두환 대통령 일행이 버마에 도착하기 하루 전 새벽 아웅산 국립묘지에 잠입해 지붕에 2개의 폭탄을 설치하여 당일 폭발시켰다. 당일 미얀마의 외무부 장관이 전두환 대통령의 숙소인 영빈관에 도착해 함께 묘소로 출발할 계획이었으나, 외무부 장관의 차가 중도에 고장이 나서 전두환 대통령의 출발시간이 4분여가 지체되었고 차량정체가 심해서 행사장에 늦게 도착하는 바람에 전두환 대통령은 테러를 모면할 수 있었다. 전두환 대통령의 지연도착에 따라 예행연습을 한 번 더 했는데, 북한 공작원이 음악이 나오자 행사가 시작한 것으로 오해해서 미리 설치해 놓은 폭탄의 폭발 스위치를 눌러서 미리 폭발하는 바람에 전두환 대통령은 화를 면할 수 있었다.

테러를 저지른 북한 공작원들은 양곤강에서 대기 중인 고속정을 타고 북한 화물선으로 이동하여 북한으로 귀환하도록 되어 있었다. 양곤강에는 약속된 고속정도 화물선도 없었다. 북한 당국은 책임을 면하려고 처음부터 이들의 탈출에 신경을 쓰지 않았던 것이다. 주모자였던 진용진은 양곤에서 진술을 거부하다 1986년에 처형됐고, 강민철은 북한의 테러를 시인하고 무기징역을 선고 받고 복역하다가 2008년 5월 현지 감옥에서 간암으로 사망했다.

미얀마에서 암살사건이 일어난지 4년 뒤에 북한의 공작에 의해서 행해진 것으로 밝혀진 비행기 테러가 발생했다. 이라크 바그다드에서 출발해 1차 경유지인 아부다비에서 중간 기착 후 2차 경유지인 방콕으로 운행하던 대한항공 858기가 1987년 11월 29일 14시 1분(한국시간) 미얀마 안다만 해역 상공에서 랑군 관제소에 '정시 방콕 도착 시간과 위치정상'이란 최후 교신을 한 후 14시 5분경 공중 폭파되어 결국 탑승자 115명 전원이 사망하는 사건이 발생했다. 사건발생 15일 만인 12월 13일 양곤 동남쪽 해상에서 대한항공기용 구명보트 등 부유물 7점이 발견됨으로써 비행 중 폭발에 의하여 추락하였음이 최종 확인되었다. 수사 결과 사고 비행기에 한국 입국이 금지된 '요주의 인물'인 일본인 2명이 탑승했었다는 보도가 확인되면서 수사가 급진전되어 이 비행기가 일본인으로 가장한 북한 공작원 김승일과 김현희에 의해 공중 폭파된 것으로 밝혀졌다. 일본인 이름인 하치야 신이치와 하치야 마유미로 위장한 두 명의 북한공작원은 국제공조 하에 조사하고 있던 현지조사단에 의해 12월 1일 바레인 공항에서 체포되었다. 그러나 김승일은 현장에서 독약을 삼켜 사망했고 김현희만 살아났다. 자살 기도에 실패한 김현희는 재갈이 물린 채 한국으로 압송되었다.

1988년 1월 15일 김현희는 TV기자회견을 하였으며, 본인이 대한항공 858기 폭파범이며 북한 김정일의 사주로 88서울올림픽 방해, 선거분위기 혼란야기, 남한 내 계급투쟁 촉발 등을 목적으로 폭파했다고 발표했다. 당시 국제적으로 비행기 테러가 자주 발생하여 모든 국가들이 비행기 테러에 대해서 반인륜적 행위로 규정하고 있었기 때문에 북한의 KAL기 폭파에 대해서 국제사회가 엄격한 응징을 하고 나섰다. 미국정부는 1988년 1월 21일 북한을 테러국가로 규정하여 미국 비자발급 규제를 엄격히 강화했고, 1987년 3월 북한 외교관 접촉을 허용하였던 지침을 철회했다. 일본정부도 1월 26일 제3국에서의 북한 외교관 접촉을 제한하고 일본-북한 간 특별기의 일본 기항을 중지하는 대북 제재조치를 단행했다.

폭발범 김현희는 1987년 12월 16일 13대 대통령 선거전날 서울에 입국함으로써 13대 대통령선거에 최대 변수로 작용하기도 했다. 그 후 김현희는 한국정부의 보호 하에 있다가 1990년 재판을 받고 사형이 선고되었으나 한국에 전향, 대통령 특사로 자유의 몸이 되었다.

1980년대에 두 번이나 테러행위를 한 북한은 1980년대 후반 이후에는 남한과 이렇다 할 충돌을 야기하지 않았다. 특히 1989년 세계냉전이 종식되면서 북한의 우호적 사회주의 국가들이 붕괴되고, 중국과 소련이 남한과 수교를 하면서 북한은 체제위기에 처하게 되어 남한에 대해서 무력충돌을 할 만한 여력을 가지고 있지 못했다. 오히려 북한은 1990년부터 남한과의 고위급회담 개최, 나진·선봉개방 등을 하면서 유연한 대외 및 대남관계를 조성하기 위한 노력을 기울였다.

3) 서해교전

1993년 3월 북한이 핵확산금지조약(NPT)을 탈퇴하겠다는 선언을 하여 북한의 핵무기 개발문제가 한반도 및 국제사회에 주요 갈등 이슈로 등장했다. 미국정부가 북한과 협상하여 1994년 10월 21일 제네바합의를 통하여 북한 핵문제가 일단 협상에 의해 해결이 되었고, 북한과 미국의 대화로 한반도 긴장도 많이 완화되었다. 그러나 북한과 미국이 밀착하는 만큼 남북한관계도 가까워지지는 못했다. 북한은 소위 통미봉남(通美封南)정책을 구사하며, 미국과만 통하고 남한은 봉쇄하는 정책을 추진했다.

이러한 상황을 극복하기 위해서 1998년부터 김대중정부는 적극적인 대북 화해 및 협력정책을 추진했다. 그 결실로 남북한 정상회담이 개최되는 등 화해 분위기가 크게 고조되었으나, 다른 한편 무력충돌도 전개되었다. 1999년부터 2009년까지 북한이 서해상의 북방한계선(NLL)을 침범하여 세 차례의 군사적 충돌이 발생했다. 기본적으로 대화를 하면서도 남북한은 양측의 이익이 걸려 있는 문제에 대해서는 한 치의 양보도 없이 긴장상태를 유지한 것이다.

1999년 6월 들어서 북한의 어선과 경비정이 지속적으로 북방한계선을 침범했다. 6월 15일 오전 북한 해군 경비정 4척이 어선 20척과 함께 북방한계선 남쪽 2km 해역까지 내려왔다. 이에 한국 해군은 참수리급 고속정과 초계함 10여 척을 동원하여 해군 교전 수칙에 따라 경고 방송을 했다. 북한의 경비정들은 한국 해군의 경고를 무시하고 '충돌시 밀어내기' 전술로 저지하는 남한 함정에 선제사격을 가해서 남북 함정 간의 포격전이 전개되었다. 북한군 경비정 684호가 25mm 기관포로 공격을 가해 왔으며, 어뢰정 3척도 가담하였다. 684호는 한국 해군의 참수리급 고속정, 포항급 초계함의 반격으로 반파되어 퇴각하였다. 14분간 진행된 교전에서 참수리급 고속정 325호의 정장 안지영 대위를 비롯한 장병 7명이 부상을 당해 국군수도병원으로 긴급 후송되었다. 이에 반해 북한군은 어뢰정 1척 침몰, 경비정 1척 반파, 3척이 파손되고 130여 명의 사상자가 발생한 것으로 추정되었다

북한의 북방한계선 침범은 정전협정의 정신과 '쌍방이 지금까지 관할한 구역을 인정'키로 한 1992년의 남북기본합의서의 합의를 위반한 행위였다. 이 해전은 한국전쟁 이후 남북한 정규군의 첫 해상 전투였다. 이러한 무력

글상자 3.1 북방한계선(NLL)

1953년 7월 27일 한국전쟁 휴전협정 체결 시 유엔군 측과 공산군 측은 육상경계선만 설정하고 해양경계선은 합의하지 못하였다. 이후 1953년 8월 30일 클라크(Mark W. Clark) 유엔군 사령관이 한반도 해역에서 우발충돌을 예방하는 목적에서 남한 측 해군 및 공군의 초계활동을 제한하기 위하여 NLL을 설정하였다. 동해 NLL은 지상의 군사분계선(MDL) 연장선을 기준으로 설정하였고, 서해의 NLL은 서해 5개 도서와 북한지역과의 중간선을 기준으로 하여 한강 하구로부터 서북쪽으로 12개 좌표를 연결하여 설정하였다. 휴전 직전에는 황해도 섬과 해변지역까지 유엔군의 점령 하에 있었으나, 휴전협정 체결에 따라 서해 5개 도서를 제외한 나머지 섬들을 공산군 측에 양보하였다.

충돌에도 불구하고 남한정부는 북한과의 대화 분위기를 유지시키려는 노력을 기울였다. 이를 위해서 대북 비료 수송선을 예정대로 북한으로 출항시켰으며 금강산 관광 등을 지속적으로 진행시켜 대북 포용정책의 기조를 유지했다.

2000년 남북한 정상회담을 하고, 그 후속조치로 다양한 협상과 접촉이 이루어졌지만 서해상에서의 갈등과 충돌은 지속되었다. 2002년 6월 29일 연평도 근해 북방한계선에서 제2차 연평해전이 다시 발생했다. 이 전투는 1999년의 제1차 연평해전에서 패배한 북한이 계획적으로 북방한계선을 침범하여 남한 해군을 의도적으로 공격한 전투로 일려졌다. 한국 해군 고속정에 대한 북한 해군 경비정의 지근거리 기습 함포공격으로 시작되어, 30분 가량 함포와 기관포를 치열하게 주고받으면서 진행된 이 전투에서 양측 모두 손상을 입었다. 북한군의 선제공격을 당한 한국 해군의 참수리급 고속정 357호는 교전 후 예인 도중 침몰하였고, 정장을 포함한 승무원 6명이 전사하고 19명이 부상당하는 인명피해를 입었다. 북한 해군 소속 등산곶 684호도 한국 해군의 반격으로 전투 후 상당한 피해를 입고 예인 당했다. 이 해전으로 북한 해군 13명이 전사하고, 25명이 부상당했다.

서해에서의 갈등은 남한의 이명박정부가 강경한 대북정책을 추진하면서 다시 등장했다. 제3차 서해교전인 대청해전은 2009년 11월 10일 서해 북방한계선 부근인 대청도 동쪽 9km 지점에서 발생했다. 이날 11시경 북한의 경비정 한 척이 서해 북방한계선을 무단 침범(대청도 동쪽 11.3km 지점)하여 남하하자 남한 해군이 5차례 경고방송을 했는 데도 응하지 않자 한국 해군이 경고사격을 가했다. 이에 북한 해군의 경비정이 조준사격하면서 교전으로 이어졌다. 그 결과 북한 해군의 경비정은 반파되어 다른 함선에 예인되어 북상하였다. 남한 해군의 인명 피해는 없었지만, 남북관계에 새로운 갈등이 조장되었다.

대청해전 1년 뒤에 서해안 연평도 지역에서 새로운 갈등이 조성되었다.

2010년 11월 23일 오후 2시 34분부터 3시 41분까지 북한군이 인천광역시 옹진군 연평면의 대연평도를 향해 170여 발의 포격을 가한 사건이 발생했다. 북한당국은 북한군이 연평도에 포격을 가한 것은 같은 날 오전에 한국군이 실시한 포 사격훈련에 대한 응징이었다고 주장했다. 이날 오전 북한은 한국군과 미군의 육해공 연합 호국훈련에 대해 자국에 공격을 하려는 것이 아니냐며 중단을 요청하는 전통문을 보냈다. 11월 23일 8시 20분 북한은 남북장성급군사회담 북측 단장 명의로 "조선민주주의인민공화국측 영해에 대한 포 사격이 이루어질 경우 즉각적인 물리적 조치를 경고한다"는 통지문을 발송했다. 이에 대해 한국 국방부는 호국훈련이 1996년 11월부터 실시된 연례적인 훈련이라며 북한의 요청을 거절하고 예정대로 훈련을 진행하였다. 10시 15분부터 14시 24분까지 4시간 동안 연평도 주둔 해병대가 3,657발의 사격 훈련을 했다.

한국 해병대의 포격 훈련이 종료된 지 10분 후인 14시 34분에 북한군은 76.2mm 평사포, 122mm 대구경포, 130mm 대구경포 등을 이용하여 연평도 군부대 및 인근 민가를 향해 개머리 해안부근 해안포기지로부터 무차별 포격을 가했다. 북한군이 남한 영토에 대해 포 사격을 가한 것은 한국전쟁 이후 처음 있는 일이었다. 과거 북한은 대부분 해상에서 공격행위를 하였으나, 해상이 아닌 영토에 대해 직접 포사격을 했다는 점에서 심각한 문제점을 야기하였다. 북한의 포격으로 인해 한국 해병대원 2명이 전사했고 16명이 중경상을 입었으며, 민간인도 2명이 사망했고 3명이 중경상을 입었다. 이러한 인명 피해와 더불어 각종 시설 및 가옥 파괴로 재산 피해를 입었다. 주택 12동이 대파되었고 25동은 불에 탔으며, 차량 3대와 컨테이너 박스도 여러 채 파괴되었다.

북한군의 포격이 시작되자, 한국 해병대 자주포 부대는 K9 자주포들을 대피시설인 포상 내부로 일단 숨기고 나머지 해병들도 대피호로 대피하였다. 이후 북한군의 1차 포격이 잠잠해지자 K-9을 다시 이동시켜서 첫 피격이 있은지 13분 후인 14시 47분경부터 대응 포격을 시작해서, 북측의 무도 포진지 방향에 50발, 개머리 포진지 방향에 30발 총 80여 발을 발사했다. 한국 공군은 14시 38분에 KF-16 2대를 긴급 출격시키고, 이후 추가로 KF-16 2대와 F-15K 4대를 출격시켰다. 한국군 당국은 서해 5도에 진돗개 하나를 발령한 뒤, 곧 전군으로 진돗개 하나를 확대 발령했다.

사건 발생 후 한국정부는 안보관계 장관회의를 소집하고 북한의 추가적인 공격이 있을 경우 더욱 강력한 대응방안을 강구하고 서해 5도의 군전력을 증강하기로 결정하였다. 한국정부는 북한이 연평도를 공격한 것은 한국군의 '호국훈련'에 대한 반발이 아닌 의도적 도발이라고 밝혔다. 이에 대한 증거로 국방부는 '군이 연평도 일대에서 실시한 훈련은 호국훈련이 아니라 단순히 주기적으로 실시되는 사격훈련'이며 사격 훈련 방향도 NLL 남쪽을 향한 점 등을 들었다.

사건 발생 당일인 2010년 11월 23일 북한은 '인민군 최고사령부 보도', '외무성 대변인 담화', '조평통 대변인 성명' 등 일련의 공식 입장 표명을 통해 연평도 포격을 북한의 '자위조치'라고 주장하면서 NLL 무력화 및 서해의 분쟁수역화를 시도하였다. 북한은 자신들의 거듭된 경고에도 불구하고, 11월 23일 13시부터 북한 서해 연평도 일대의 '북한 측 영해'에 포사격을 가하는 '무모한 군사적 도발'을 감행했다고 비판하였다. 그리고 북한은 '즉시적이고 강력한 물리적 타격으로 대응하는 단호한 군사적 조치'를 취하였다고 주장하였다. 또한 남한이 남쪽 방향으로 포사격을 했다고 하지만, 연평도에서 포실탄 사격을 하면 어느 방향으로 쏘든 포탄은 북한 영해 안에 떨어지게 되어있다고 강조하였다. 더불어 북한은 이 사건이 1953년 8월 30일 유엔군 사령관 클라크가 "일방적으로 그어놓은 불법 무도한 북방한계선 때문에 초래된 또 하나의 위험천만한 사태발전"이라고 주장하였다. 연평도 포격에서 민간인 사상자가 발생한 것이 사실이라면 지극히 유감스러운 일이 아닐 수 없지만 그 책임은 "이번 도발을 준비하면서 포진지 주변과 군사시설 안에 민간인들을 배치하여 '인간방패'를 형성한 적들의 비인간적인 처사"에 있다고 언급하였다.[60] 북한은 한국전쟁 이후 남북 간 최대의 긴장상태가 조성된 책임을 한국과 미국에 지속적으로 전가하고, NLL 무력화 및 서해지역 분쟁지역화 시도를 지속함으로써, 한반도 평화협정 체결의 필요성을 부각시키려는 의도를 보였다.

이 사건은 1953년 한국전쟁 휴전 이후 북한군이 남한 영토를 직접 타격하여 민간인이 사망한 최초의 사건이었다. 국내와 국제사회에서 북한의 일방적 포격에 대해서 규탄했으나, 북한은 정당한 군사적 대응이었으며 전적인 책임은 한국에게 있다고 주장했다. 표 3.2에서 보다시피 1970년대 이후 주로 북한의 공작에 의해서 남북한 사이에는 크고 작은 충돌이 발생했으나, 전쟁으로 비화될 만큼 심각한 충돌은 없었다. 다만 북한의 핵무기 개발과 미사일 시험발사가 한반도의 위기국면을 지속시키고 있다. 이의 해결을 위해 김정은, 문재인, 트럼프의 다양한 방식의 정상회담을 통해 평화를 모색하고 있다.

표 3.2 북한의 주요 대남 공작 및 무력대결 일지(1970년대 이후)

일자	사건
1976년 08월 18일	도끼만행사건: 북한군들이 판문점 공동경비구역에서 유엔군 소속 미군장교 2명 도끼로 살해
1983년 10월 09일	아웅산 테러사건: 아웅산 국립묘소에서 전두환 전 대통령과 수행원 암살 시도. 원격조종폭탄 폭발로 17명 사망, 14명 부상
1987년 11월 29일	KAL858기 폭파 사건: 중동에서 귀국하던 항공기 폭파로 한국인 승객 93명 등 115명 사망
1996년 04월 5~7일	공동경비구역(JSA)에 무장병력 200~300명 초과 투입, 중화기 반입
1996년 09월 18일	북한 잠수함, 강릉 앞바다 좌초(26명 탑승)

계속

표 3.2 계속

일자	사건
1997년 10월 17일	북한 무장군인 12명이 대성동 주민 2명 납치
1998년 06월 11일	북한군 최전방초소(GP)에서 한국군 GP 방향 자동소총 4발 발사
1998년 06월 22일	속초 동쪽 11.5마일 해상서 북한 유고급 잠수정 1척 (시체 9구) 발견
1998년 07월 12일	동해시 해안에서 무장간첩 시체 1구, 침투용 수중추진기 1대 발견
1998년 12월 18일	여수 앞바다 침투 북한 반잠수정 1척 격침
1999년 06월 15일	북한 경비정, 서해 북방한계선(NLL) 월선, 1차 연평해전 발생
2001년 11월 27일	북한군, 파주군 장파리 DMZ서 남한 초소에 기관총 2~3발 발사
2002년 06월 29일	북한 경비정, NLL침범으로 2차 연평해전 발생
2002년 02월 20일	북한 미그-29기 1대 연평도 NLL 13km 남하
2003년 07월 17일	북한군, 경기 연천 DMZ서 14.5mm 기관총 4발 발사
2004년 07월 14일	북한 경비정 NLL 월선
2004년 10월 10일	북한 잠수함, 동해침투 첩보
2004년 10월 24일	연천군 일반전초(GOP) 철책선 2곳 절단
2004년 11월 01일	북한 경비정 3척, 서해 소청도 동방 6.5마일 및 연평도 서방 25마일 해상 NLL 월선
2009년 11월 10일	대청해전 발생: 북한 경비정 서해 NLL 침범해 남하하다 함포 50여 발 발사
2010년 03월 26일	천안함 사건: 백령도 서남방 2.5km 해상에서 해군 1,200톤급 초계함인 천안함의 침몰로 승조원 104명 중 46명 실종 및 사망
2010년 08월 09일	북한군, 백령도 북방 해상에 해안포 10여발 발사
2010년 11월 23일	연평도 포격 사건: 북한군, 연평도에 해안포 공격

출처: 『Korea Policy』, 2011년 9월 10일, p. 25.

4장

통합의 초기과정: 교류협력의 제도화와 평화체제 구상

1. 냉전시대 남북한의 상호정책: 기능주의와 연방주의의 조우 … 124
2. 탈냉전시대의 남북한관계 … 135
3. 한반도의 탈냉전: 화해 · 협력시대의 모색 … 151
4. 김정은시대의 남북한관계 … 197
5. 통합과정으로서 한반도 평화체제 … 214

한국전쟁이 종료된 이후 1960년대까지 남북한정부는 상호 체제를 인정하지 않으면서 극한적 대립을 계속하였다. 휴전 이후 양 체제는 전후 복구에 총력을 기울여야 했기 때문에 통일문제는 2차적 관심사였으며, 따라서 경제복구 등 국력발전에 매진하지 않을 수 없었다. 1960년대에 경제력 등 모든 국력에서 남한을 앞서고 있었기 때문에 북한은 더욱 적극적인 대남적화전략을 모색했으며, 남한은 상대적으로 소극적인 대북정책을 추진했다.

1970년대에는 국제환경이 변화하여 동서 진영 간의 데탕트가 시작되었다. 미중 관계개선이 이루어졌고, 미소 군축회담도 개최되었다. 닉슨독트린의 발표에 따라 한국을 포함한 서방국가들의 미국에 대한 의존도가 약화되었다. 1970년대에는 남북한 역학관계의 변화도 이루어졌다. 남한은 1970

년대부터 '선 평화 후 통일'이라는 기능주의적 접근방법을 사용하기 시작하였다. 경제건설의 성공으로 체제의 자신감 확보가 기능주의적 접근방법을 사용하기 시작한 배경이다. 1960년대에 남한은 두 차례의 경제개발 5개년 계획의 목표를 달성하여 1960년대 후반부터 남한의 경제가 북한을 앞지를 수 있었다. 북한은 1961년부터 1967년까지의 경제개발 7개년 계획이 실패하여 3년을 연장할 수밖에 없었다.

북한은 1960년대에 군사력 강화와 경제건설의 병행정책을 추진하여 군사력 강화는 어느 정도 이루어졌지만, 경제발전은 예상했던 것보다 훨씬 지체되었다. 7개년 계획을 3년의 연장 끝에 1970년 달성된 것으로 발표하였지만, 더 이상 군사주의가 지속된다면 북한경제가 붕괴하지 않을 수 없을 것이라는 점이 확실해졌다. 결국 김일성은 북한사회의 군사화 드라이브에 제동을 걸고 국방비를 통제하였으며, 소련 대신 서방으로부터 외자도입을 모색하였다. 국방비 절감을 위해서는 남한과의 긴장완화를 모색하여야 했고, 결국 남한과의 대화를 시작하게 되었다. 경제력 등 국력이 균형을 이루게 되자 남북한은 무력에 의한 일방적인 통일, 즉 흡수통합이 불가능하다는 것을 인식하기 시작하였다.

1. 냉전시대 남북한의 상호정책: 기능주의와 연방주의의 조우

남북한은 세계적인 데탕트의 흐름에 편승하고 남북한 국내체제의 안정화를 위해서 전략적으로 대화를 모색했다. 한편으로 냉전적인 대립과 갈등은 해소되지 않은 상황에서 제한적인 대화가 이루어졌다. 남한은 정치·군사문제를 제외한 비정치분야의 기능주의적 접근을 시도했고, 북한은 정치군사회담부터 하자는 제의를 하면서 연방 형식의 통일을 위한 대화를 촉구했다.

1) 7·4공동성명과 남북한의 정치적 의도

남북한의 대화는 1970년 남한의 제의로부터 시작되었다. 1970년 8·15 기념식에서 박정희 대통령은 '평화통일의 기반조성을 위한 접근방법 구상'을 발표하면서 북한을 처음으로 인정하는 발언과 함께 '선의의 체제경쟁'을 제의하였다. 이 선언의 주요 내용은 ① 남북한 사이에 조성된 긴장상태의 완화 없이는 평화적 통일이 불가능하다. ② 북한은 무장공비 남파 등의 전쟁도발 행위를 즉각 중지하고, 무력에 의한 적화통일의 야욕을 버려야 한다. ③ 이러한 요구를 북한이 수락·실천한다면, 인도적인 견지에서 통일기반 조성에 기여할 수 있는 인위적인 장벽을 단계적으로 제거해나갈 방안을 제시할 용의가 있다. ④ 북한이 유엔의 권위와 권능을 수락한다면 유엔에서의 한국문제 토의에 북한이 참석하는 것을 굳이 반대하지 않는다. ⑤ 북한이 더 이상 전쟁 준비에 광분하지 말고, 개발과 건설과 창조의 선의 경쟁에 나설 것을 촉구한다. 이 선언은 1960년대 한국의 경제성장과 자주국방을 추진하면서 어느 정도 회복한 북한에 대한 자신감을 표출한 것이었다. 즉, 8·15선언은 기본적으로 북한체제 및 북한의 대남전략에 대해 경계를 유지하면서, 북한을 정치적 실체로 인정하는 등 현실주의적 태도를 보여 준 것이었다.

박정희 대통령의 제안 때문에 남북한의 대화 분위기가 조성되자 김일성은 1971년 8월 3일 시아누크 환영연설에서 여당인 공화당을 포함한 남한의 제정당, 사회단체와의 '연석회의'를 제의하였다. 이에 대하여 남한은 이산가족문제 협의를 위한 '남북적십자회담'을 제의하였다. 북한이 이를 수용함으로써 1971년 8월 20일 정오 판문점 중립국 감독위원회 회의실에서 남북적십자사 요원 4명(남북 2명씩)이 첫 남북적십자회담 개최를 위한 1차 파견원 접촉에 나섰고, 1972년 8월 11일까지 5회의 파견원 접촉과 25회의 예비회담을 하고 본회담 장소·일시·의제에 합의했다. 1차 남북적십자회담은

1972년 8월 30일 평양에서 열렸다. 이후 7회에 걸쳐 이산가족들의 주소와 생사 확인, 방문과 상봉, 서신 왕래, 재결합, 기타 인도주의 문제해결 등 5개 항을 의제로 하는 남북적십자 본회담을 개최했으나, 실질적인 결실은 별로 맺지 못했다. 대화를 했다는 데 만족해야 했다.

적십자회담과 별도로 김일성-이후락(중앙정보부장), 박정희-박성철(북한 부수상) 간 비밀접촉이 이루어졌고, 이를 통하여 역사적인 7·4남북공동성명을 발표하게 되었다. 7·4공동성명의 핵심은 남북한이 군사적 해결방식을 포기한다는 것이었다. 7·4공동성명에서 발표된 조국통일 3대 원칙은 아래와 같다.

① 자주: 통일은 외세에 의존하거나 외세의 간섭을 받음이 없이 자주적으로 해결해야 한다.
② 평화: 통일은 상대방을 반대하는 무력행사에 의거하지 않고 평화적 방법으로 실현해야 한다.
③ 민족적 대단결: 사상과 이념, 제도의 차이를 초월하여 우선 하나의 민족적 대단결을 도모해야 한다.

이후 남북한은 공동성명에서 합의된 평화통일을 이루기 위한 방법론적 대결을 시작하였다. 북한은 급진적인 연방주의 접근을, 남한은 점진적인 기능주의 접근을 하기 시작한 것이다. 따라서 1970년대는 '대화 없는 대결'에서 '대화하는 대결'로 전환되었다는 평가를 받았다.

7·4공동성명을 계기로 하여 남북한 간의 대화가 시작되었지만, 당시 세계적인 데탕트 분위기와 어울릴 수 있는 수준의 남북한 간의 긴장완화는 이루어지지 못하였고, 7·4공동성명 당시의 열광적인 분위기도 지속되지 못하였다. 그 가장 큰 이유는 공동성명을 주도한 남북한 당국이 이 성명을 정권유지를 위한 정치적 목적으로 활용한 측면이 있었기 때문이었다. 이 성명은 남북한 주민들의 의사가 결집되거나 동의를 받은 것이 아니라 지도자들끼

리의 정치적 의도를 저변에 감춘 비밀협상의 결과였기 때문에 근본적인 한계를 지닐 수밖에 없었다.

특히 정치적인 측면에서 위선적인 성격이 강했다. 공동성명 직후 7월 5일 김종필 국무총리가 "7·4공동성명은 북한과의 공존을 뜻하는 것은 아니다"라며 공동성명의 기본원칙을 부정하였다. 한국사회의 반공노선이 오히려 더 강화된 측면도 있었다. 7·4남북공동성명으로 처형 연기가 예상되었던 유럽 거점 간첩단 사건 연루자 등 친 공산주의 사상범들에 대한 사형이 집행되었다.

공동성명 3개월 뒤 박정희정권은 통일시대를 대비한다는 명목으로 정변을 일으켜 헌정사상 가장 독재적이고 반민주적 체제인 유신체제를 출범시켰다. 남북공동성명에 따라서 구성된 남북조절위원회가 제1차 회의를 가진 10월 12일보다 닷새 뒤인 1972년 10월 17일 헌정을 중단시키고 자신의 종신집권을 보장하는 유신체제를 출범시킨 것이다. "민족의 염원인 평화통일의 성취와 남북대화를 진정으로 뒷받침하기 위하여 이에 적응할 수 있는 새로운 체제로의 일대 유신적 개혁"이 있어야 한다는 논리가 그의 독재체제 출범의 강변이었다. 통일과 대북정책을 자신의 영구집권을 위한 논리적 배경으로 활용한 것이다.

북한도 마찬가지였다. 1972년 12월 27일 모든 국가권력을 국가주석 김일성에게 집중시키는 새로운 헌법인 '조선민주주의인민공화국 사회주의 헌법'을 새로 제정하였다. 1972년에 제정된 사회주의 헌법은 1948년 북한정권 수립 시 제정된 헌법의 6차에 걸친 개정에 속하지만, 새 헌법의 성격상 새로운 제정을 한 것으로 평가된다. 헌법 명칭에 있어서 1948년의 헌법은 '조선민주주의인민공화국 헌법'이었던 데 반하여 1972년의 헌법은 '조선민주주의인민공화국 사회주의 헌법'으로 바뀌었다. 내용에 있어서도 그 기본이념과 권력구조에 있어서 본질적인 변화가 이루어졌다. 이념적으로 주체사상이 새로 등장하였고 권력구조에 있어서 주석제를 신설하는 등 김일성

우상화 체제를 더욱 공고화하였다. 이처럼 7·4남북공동성명은 통일을 목표로 한 귀중한 의미에도 불구하고 남북한 위정자들에 의해서 '권력 강화의 도구'로 이용되었다.

이러한 정치적 의도는 있었지만, 남북 관계개선의 성과도 일부 있었다. 7·4공동성명에 따라 남북조절위원회가 구성됨으로써 남북한 간에는 남북적십자회담과 함께 정치적 차원의 남북조절위원회회담이 열리게 되었다. 남북적십자회담은 5회의 실무접촉, 25회의 예비회담, 16회의 비공개 실무회담을 거쳐 이산가족들의 주소와 생사를 확인하여 통보하여 주는 문제, 자유로운 방문과 자유로운 상봉을 실현하는 문제, 자유로운 서신 거래를 실시하는 문제, 자유의사에 의한 재결합문제 등 5개 항의 본회담 과제에 합의하였다. 그러나 남북조절위원회는 양보 없이 되풀이되는 양측의 일방적인 주장 속에 회담은 제대로 진전되지 않았다.

남북적십자 본회담은 예비회담에서 합의한 대로 서울과 평양을 왕래하면서 7차례 개최되었다. 남북적십자회담에서 나타난 쌍방의 입장을 비교해 보면, 한국적십자 측이 1,000만 이산가족들을 하루속히 만나게 해주려는 인도주의 입장을 보인 데 반해, 북한적십자 측은 "인도주의의 최고목표는 조국 통일"이라고 주장하면서 남한의 반공법 철폐, 반공 활동의 중지, 반공단체의 해체 등 법률적 조건개선과 사회적 환경개선을 요구함으로써 적십자회담을 정치선전의 도구로 이용하였다.

남북조절위원회는 양보 없이 되풀이되는 양측의 일방적인 주장 속에 회담은 제대로 진전되지 않았다. 조절위원회는 3회의 공동위원장회담, 3회의 본회담, 3회의 간사회담을 개최하였다. 한국 측은 내정불간섭 등의 원칙 하에 남북 간의 오해와 불신의 제거, 사회적 이질화의 극복과 민족 동질성의 회복을 점진적으로 추진해 나가자고 제의한 데 반하여, 북한 측은 무력증강의 중지, 군대의 감축, 군수물자의 반입중지, 외국군대의 철수, 남북 간 평화협정의 체결 등 5개 항의 군사제안을 내놓으면서 군사문제의 우선 해결을 주장하였다. 5개 항의 군사제안은 다음과 같다.

① 남북은 무력증강과 군비증강을 그만두고,
② 군대를 각기 10만 또는 그 이하로 줄이고 군비를 대폭 감축하며,
③ 외국으로부터 일체의 무기와 작전 장비 및 군수물자의 반입을 중지하고,
④ 미군을 포함한 일체 외국군대를 철거시키며,
⑤ 이상의 문제를 해결하며 남북 간에 무력행사를 않을 데 대해 서로 담보하는 평화협정을 체결한다.

이러한 북한의 정치공세에 대하여 한국 측은 비정치분야의 교류를 우선적으로 제의하였다. 1973년 6월 12일 남북조절위원회 제3차 회의에서 남한 측은 경제분과위원회, 사회·문화분과위원회의 설치, 경제인·물자·과학기술의 교류, 자원 공동개발, 학술·문화·체육·영화·무대예술·사회인사 및 단체·기자·통신·관광분야의 공동연구를 제의하였다.

남북적십자회담과 조절위원회회담은 1973년 8월 28일 북한 측의 일방적인 남북대화 중단성명으로 유산되었다. 이날 북한은 평양방송을 통해 남북조절위원회 평양 측 공동위원장 김영주의 명의로 대한민국 중앙정보부가 "평화통일을 주장하는 애국적 민주인사를 탄압하고 있기 때문에 남조선 중앙정보부 깡패들과는 마주 앉아 국가 대사를 논의할 수 없다"라는 성명을 발표하고 모든 대화를 중단시켰다. 1973년 8월 발생한 '김대중 납치사건'도 대화 중단의 한 원인이었다.

중단된 회담을 재개하려는 한국 측의 노력으로 남북조절위원회 부위원장회담이 1973년부터 10회에 걸쳐 개최되었으나 북한이 남북조절위원회를 변질시키려는 제의를 계속함에 따라 더 이상 진전되지 못하였다. 북한은 남북조절위원회에 당국 대표 외에 60~70개 정당·사회단체에서 5~20명의 대표를 참가시키자는 확대개편안을 제시하는가 하면, 남북조절위원회와 병

행하여 남북정치협상 회의의 개최를 주장하기도 했다. 더욱이 북한은 주한 미군 철수, 반공정책의 포기, 6·23선언의 취소, 구속자 석방 등의 전제조건을 남한이 받아들이지 않자 1975년 5월 일방적으로 회담을 중단시켰다. 이후 남북한 간에는 오히려 긴장이 더욱 격화되는 부정적 상황이 전개되었다.

2) 남북한의 상호접근방식의 차이

남한의 기능주의 접근방법에 따라 대립상태를 해소하고 평화를 정착시킨 후에 통일을 논의하자는 '선 평화정착 후 통일정책'은 1974년 1월 18일의 '남북불가침협정' 체결 제의에서 시작되어 1974년 8월 15일의 '평화통일 3대 기본원칙'에서 구체화되었다. 3대 기본원칙은 아래와 같다.

- 첫째, 한반도에 평화를 정착시켜야 한다. 이를 위하여 남북은 상호불가침협정을 체결하여야 한다.
- 둘째, 남북 간에 상호 문호를 개방하고 신뢰를 회복하여야 한다. 이를 위하여 남북대화를 성실히 진행시켜야 하며, 다각적인 교류와 협력이 이루어져야 한다.
- 셋째, 이 바탕 위에서 공정한 선거관리와 감시하에 토착인구 비례에 의한 남북 자유 총선거를 시행하며 통일을 이룩한다.

남한은 평화정착의 한 방안으로 경제교류·협력도 제의하였다. 1978년 6월 23일 박정희 대통령이 제의한 '남북한 경제협력 추진을 위한 협의기구결성'이 그것이다.

이같은 남한의 제의가 나온 배경을 살펴보면, 북한은 군비경쟁 중지, 미군 철수, 평화협정 체결과 같은 정치적 문제의 일괄타결을 주장하면서 '정치합작 우선론'에 입각하여 정치적 분야에서의 일괄타결을 선결한 뒤 다방면의 교류 확대 방안을 제시하였다. 이의 방안으로 '대민족회의'(1974. 8), '민족통일전선'(1975. 10), '남북정치협상 회의'(1977. 1) 등을 잇달아 제안하였다. 북한의 입장은 비정치분야부터 교류하기보다는 정치와 군사적 측면에서의 일괄타결을 하면 나머지 분야의 교류와 협력이 쉽게 이루어질 수 있다는 것이었다. 이후 남한은 경제 등 비정치분야에서의 협력을 모색하여 평화가 정착된 후 정치 및 군사문제를 해결하자는 입장을 고수했다. 이에 따라 1978년 6월 23일 박정희 대통령은 '남북한 경제협력 추진을 위한 협의기구 결성'을 제의하였다.

이후 남북한 사이에는 진정한 화해를 바탕으로 한 의미의 대화는 거의 이루어지지 않았다. 1980년대 초반 북한은 10·26 및 12·12 사태 등 남한의 정치적 혼란기를 이용하여 남북문제 및 통일문제에 대해 주도권을 잡기 위해 노력했다. 1980년 1월 12일 이종옥 정무원총리와 김일 조국평화통일위원회 위원장 명의로 된 대남편지 공세를 시도하였다. 남한 국무총리에게 보낸 편지는 이례적으로 '대한민국 국무총리'라는 호칭을 사용했으며, 편지는 한국의 각계인사 11명에게 보내졌다. 한국정부는 "남북의 총리가 직접 만나 격의 없는 의견을 나눌 것"을 제안한 편지만을 선별적으로 수용하여 남북총리회담을 개최하기 위한 실무대표접촉을 1월 24일 제의하였고, 북한 측이 이를 수락함에 따라 10회의 실무대표 접촉이 이루어졌다.

실무대표 접촉에서 양측 간의 호칭·의제문제 등에 대한 의견이 대립되다가, 한국 측의 정치정황이 안정되자 북한은 제11차 접촉을 이틀 앞둔 1980년 9월 24일 한국 측의 국무총리가 서리(署理)라는 자격문제를 제기하고 접촉을 일방적으로 중단하였다. 호칭문제에 있어서 한국 측이 '남북총리회담'으로 하자고 제의한 데 대하여 북한 측은 '남북총리 간 상봉 또는 접촉'으로 하자고 제안하였다. 의제문제에 있어서 한국 측이 ① 남북 간 신뢰조성문제, ② 한반도의 평화정착문제, ③ 평화통일문제를 제기한 데 반하여, 북한 측은 "북과 남이 합작하고 단결하여 조국의 평화통일을 촉진시킬 데 대하여"라는 단일의제를 고집하였다. 북한의 의도는 남북총리회담이 성립되면 남북 간의 책임 있는 당국 간 회담이 아니라 정치협상회의의 일환으로 이끌어 가려는 것으로 해석되었다.

1982년 2월 1일 한국정부는 남북한 간의 중단된 대화의 물꼬를 트기 위하여 서울·평양 간 도로 연결 개통, 이산가족 우편교류 및 상봉, 자유 관광 공동지역 설정, 인천·남포의 자유 교역항 개방, 남북 간 정규방송 자유 청취, 공동어로구역 설정 등을 골자로 한 '20개 시범 실천사업'을 제의하였다. 20개 시범사업 중 사회개방은 8개항, 교류협력은 8개항, 긴장완화는 4개항으로 구성되었다.

1983년의 미얀마 아웅산 폭파 테러사건과 최은희·신상옥의 납북사건 발표(1984년 4월 2일) 직후인 1984년 정치적 유화 제스처를 보이려는 북한 측의 제의로 제23회 LA올림픽 남북단일팀 구성·참가를 위한 남북체육회담이 개최되었다. 1984년 4월 9일부터 5월 25일까지 3차례의 회담을 가졌으나, 본질적인 문제는 제대로 토의하지 못하고 중단되었다. 이 회담에서 한국 측은 아웅산 폭파 테러사건과 최은희·신상옥 납북사건에 대한 시인·사과를 요구하였고, 이에 대해 북한 측은 우리의 자작극·날조극이라고 답하였다. 이 회담은 제3차 회담의 하루 전날인 1984년 5월 24일에 체코 프라하에서 개최된 공산권 11개국 체육장관회의에서 LA올림픽 대회의 불참이 결정되면서 결렬되었다.

3) 1980년대 비정치분야의 대화: 체육회담과 경제협력 모색

1980년대 중반 남북한은 정치회담보다는 비정치적 회담에 주력하였다. 1985년 10월 8일부터 1987년 7월 15일까지 국제올림픽위원회(IOC) 사마란치 위원장의 중재로 IOC 주재하에 88올림픽을 주제로 하여 스위스의 로잔에서 4차례에 걸쳐 체육회담이 개최되었다. 한국 측은 2회에 걸친 IOC의 중재안을 수용하여 탁구, 남·여 양궁, 여자배구, 축구예선경기 1개조, 싸이클 남자 도로경기 등 6개 종목을 북한에 할애하겠다는 양보를 하였다. 반면 북한 측은 서울올림픽의 공동개최와 개폐회식의 평양 별도 개최, 북한 개최 경기종목에 대한 TV방영권, 그리고 축구, 탁구, 양궁, 여자배구, 축구의 전 경기, 싸이클 도로경기 대신 다른 종목의 전 경기, 또 다른 1개의 종목 등 6개 종목의 할애를 주장하는 등 사실상 남북분산개최를 요구하였다. 이는 IOC 헌장 상 불가능하여 결국 회담은 결렬되고 말았다.

한편, 1984년 9월 한국의 수재가 발생하자 북한 측은 수재물자를 보내왔고, 수재물자 인도가 끝난 1984년 10월 12일 한국은 경제기획원 장관의 서한을 통해 남북교역과 경제협력을 추진하는 상설기구로서 쌍방 당국과 경제계 대표들로 구성되는 남북경제협력기구 설치를 협의하기 위한 남북경제회담을 제의하였다. 북한이 이에 동의함에 따라 판문점에서 남북한 간 최초로 경제회담이 개최되었다. 1984년 11월 제1차 회담에서 남북 쌍방은 경제협력과 교역문제에 대한 구체적 안을 제시하여 교역품목, 자연자원의 개발, 남북공동어로구역의 설정, 남북철도(경의선)의 연결, 남북경제협력위원회의 설치문제 등에서 공통점이 발견되어 밝은 전망을 하게 되었다. 그러나 1985년 1월 북한이 한미 팀스피리트 훈련을 구실로 회담을 결렬시켜 제2차 회담이 무기 연기되었다.

1985년 5월 제2차 회담이 개최되었으나 별 진전이 없었고, 1985년 6월의 제3차 회담에서 한국 측이 남북경제협력공동위원회의 구성, 기능, 운영에 관한 구체적 방안을 제의한 데 대해 북한 측이 호응해 오자 남북한 간 물자교류 및 경제협력 추진과 남북경제협력기구 설치에 관한 합의서를 채택하기로 합의를 보았다. 그 후 5차까지 회담이 개최되었으나, 북한 측의 토의지연 전술로 별다른 진전을 보지 못하다가 1986년 북한이 다시 한미 팀스피리트 훈련을 구실로 남북대화를 일방적으로 중단함에 따라 경제회담도 중단되었다.

북한의 수재물자 인도 후 남북적십자회담도 개최되었다. 한국 측이 1984년 10월 4일 남북적십자회담의 재개를 제의하였고, 북한이 이에 동의하여 남북적십자회담 중단 10여 년 만에 재개되어 3회의 본회의(8~10차), 7회의 실무대표접촉을 가졌다. 적십자회담의 결과로 1985년 9월 제한된 규모의 남북 이산가족 고향방문단 및 예술공연단의 교환방문이 이루어졌다. 이 상호방문은 1985년 9월 20일부터 23일까지 3박 4일 동안 이루어졌다. 방문단은 단장 1명, 이산가족 50명, 예술공연단 50명, 취재기자 30명, 지원인원 20명으로 구성되었다. 남한 측의 50명 방문단 중 35명이 북쪽의 가족·친척들과 상봉했고, 북한 측 50명의 방문단 중 30명이 남쪽의 가족·친척들과 상봉했다.

이후 적십자회담은 별다른 성과는 없었고, 1986년 1월 북한이 한미 팀스피리트 훈련을 구실로 모든 대화를 중단함에 따라 2월 26일 평양에서 개최하기로 되어있었던 제11차 본회담은 무기 연기되었다. 비정치적 대화와 협상이 한미 팀스피리트 훈련이라는 정치군사적인 요인의 영향을 받게 되었다. 북한은 대화를 일방적으로 중단하면서도 책임을 남한에 전가하려는 전략도 구사하였다. 비정치적인 분야의 교류·협력부터 시작하여 정치적인 분야까지 확대하는 기능주의 접근법이 남한의 대북정책이라는 것을 알면서도 남한이 수용하기 어려운 정치군사회담을 제의하였다. 여기에는 '군사 3당국 회담(1986년 6월 17일)', '남북고위급 정치군사회담(1987년 1월 11일)', '다국적 군축협상(1987년 7월 23일)', '3자 외무장관 회담(1987년 8월 6일)', '남북연석회담(1988년 1월 1일)' 등이 포함되었다.

이 시대에는 남북한의 국력 격차가 심화되기 시작함에 따라 남북한 간의 접촉은 큰 결실을 이루지 못하였다. 특히 후반기에는 동유럽 공산주의의 붕괴, 독일통일, 유럽군비통제조약체결 등에 의한 세계적인 냉전의 종식으로 공산주의의 실패가 검증됨에 따라 북한은 남한과의 대화 및 협상보다는 어떻게 하면 체제위기를 극복하는가의 과제에 직면하였다.

2. 탈냉전시대의 남북한관계

1980년부터 시작된 신냉전기간 동안 미국의 레이건 공화당정부는 소련에 대해 군사적 압박정책을 구사했다. 미국이 군사력을 지속적으로 증강하면서 경제력이 취약한 소련의 약점을 계속해서 물고 늘어졌다. 이 정책은 성공을 거두어 1985년 소련의 지도자로 등장한 고르바초프는 미국과의 경쟁을 포기하고 화해 제스처를 보이기 시작했다. 결국 1989년 미국과 소련정상이 몰타에서 만나 냉전 종식을 공식적으로 선언했다. 같은 해 모든 동유럽의 공산국가들이 민주화되면서 공식적인 탈냉전시대에 돌입하게 되었다. 미국과 소련이 냉전 종식을 공동으로 선언했지만, 실질적으로 공산주의가 서방과의 냉전대립에서 패배한 것이었다. 공산주의 실패가 세계적으로 검증되기 시작하면서 한반도의 통일 및 안보환경도 큰 탈바꿈을 하게 되었다. 또한 1980년대 후반 남북한의 경제력 등 전체적인 국력에서 격차가 심화됨에 따라 남한이 대화 및 통일문제에서 주도권을 장악하게 되었다.

1) 북한의 체제위기와 남한의 적극적 대북정책

1980년대 후반 이후 북한은 다양한 이유로 심각한 체제위기에 처하게 되었다. 가장 큰 이유는 세계냉전의 종식이다. 세계냉전의 종식과 함께 동유럽 및 소련의 공산주의체제가 붕괴되고 민주화됨에 따라 북한의 전통적인 우호국들이 사라지게 되었다. 더구나 소련과 중국이 남한과 수교를 함에 따라 북한의 외교적 고립이 심각해지고, 공산권과의 교역과 소련과 중국 등 공산권의 대국으로부터의 지원도 줄어들게 되었다. 북한은 점점 심해지는 남한과의 국력 격차를 극복하고 1988년에 개최될 서울올림픽을 방해하기 위해서 1987년 KAL기 테러사건을 일으켰고, 이러한 사건으로 미국 등 국제사회로부터 테러지원국으로 되었고 이에 따른 제재가 이어졌다. 1990년에는 분단 형제국이라 할 수 있는 동독이 붕괴되어 서독에 흡수되었으며, 한반도에서도 유사한 상황이 벌어질 것이라는 논평들이 나오기 시작했다. 가장 심각했던 위기는 북한의 경제난과 식량난이 1990년부터 시작된 것이다. 1990년부터 북한의 마이너스 경제성장이 시작되었다.

체제경쟁 면에서 자신감을 가지게 된 남한정부는 북한을 포용하는 정책을 선택했다. 1988년 서울올림픽을 앞두고, 4년 전 LA올림픽에 공산진영이 불참하여 반쪽 올림픽이 되었던 점을 상기하고, 세계 많은 국가가 서울올림픽에 참석하는 분위기를 만들기 위해서 남북한관계의 개선이 필요했다. 한국정부는 대통령 선언을 통하여 1988년 7월 7일, 북한에 대한 인식과 통일·외교정책 방향의 일대 전환을 의미하는 '민족자존과 통일번영을 위한 특별선언(7·7선언)'을 발표하였다. 이 선언은 1973년의 '6·23선언'이 15년 경과한 시점에서 국제질서와 주변정세의 변화에 힘입어 남북한관계 발전사에 획기적 전기를 이룩해야 한다는 인식에 따라 종래의 북한 고립화 외교정책에서 탈피하여 남북한 화해·협력의 새 시대를 주도함으로써 북한의 동참을 유도한다는 의미에서 발표되었다. 7·7선언 6개 항의 내용은 다음과 같다.

① 정치인, 경제인, 언론인, 종교인, 문화·예술인, 체육인, 학자 및 학생 등 남북동포 간의 상호교류를 적극적으로 추진하며, 해외동포들이 자유로이 남북을 왕래하도록 문호를 개방한다.
② 남북적십자회담이 타결되기 이전이라도 인도주의적 견지에서 가능한 모든 방법을 통해 이산가족 간에 생사·주소확인, 서신왕래, 상호방문 등이 이루어질 수 있도록 적극 주선·지원한다.
③ 남북 간 교역의 문호를 개방하고 남북 간 교역을 민족 내부교역으로 간주한다.
④ 남북 모든 동포의 삶의 질을 향상시킬 수 있도록 민족경제의 균형적 발전이 이루어지기를 희망하며, 비군사적 물자에 대해 우리 우방들

이 북한과 교역을 하는 데 반대하지 않는다.

⑤ 남북 간의 소모적인 경쟁·대결외교를 종결하고 북한이 국제사회에 발전적 기여를 할 수 있도록 협력하며, 또한 남북대표가 국제무대에서 자유롭게 만나 민족의 공동이익을 위하여 서로 협력할 것을 희망한다.

⑥ 한반도의 평화를 정착시킬 여건을 조성하기 위하여 북한이 미국, 일본 등 우리 우방과의 관계를 개선하는 데 협조할 용의가 있으며, 우리는 소련, 중국을 비롯한 사회주의국가들과의 관계개선을 추구한다.

7·7선언의 골자는 남과 북이 하나의 민족이라는 민족공동체 의식에서 북한동포도 민족의 일원으로 포용하여 교류·협력을 추진함으로써 긴장완화와 평화통일의 길로 나아가겠다는 것이었다. 당시까지의 폐쇄적인 북한을 봉쇄한 극한적 적대정책을 지양하여 북한사회의 개방과 체제의 변화촉진을 유도하는 등 적극적으로 통일여건을 조성하려는 대북정책의 대전환을 의미하였다. 따라서 이 선언은 그동안 적대·대결·경쟁의 대상으로 보아 온 북한에 대한 인식의 대전환과 통일 및 외교정책의 전개 과정에서 일대 전환점을 형성하였다는 평가를 받았다.

이처럼 남한이 적극적이고 전향적인 대북정책을 추진한 결과 1980년대 후반부터 시작된 남북한 교류는 빠른 속도로 증가했다. 1988년부터 시작된 남북한 경제교류의 결과 1989년에 1,900만 달러의 반출입이 이루어졌다. 1991년에 1억 1,100만 달러, 1995년에 2억 8,700만 달러, 1997년에 3억 800만 달러, 2000년에 4억 2,500만 달러, 2002년에 6억 4,100만 달러, 그리고 2008년에는 7억 2,400만 달러를 기록했다.

북한도 국력 약화 및 외교적 고립을 탈피하기 위하여 남한에 대한 평화공세를 시작하였다. 1988년 11월 7일 북한은 중앙인민위원회, 최고인민회의 상설회의, 정무원 연합회의를 개최하여 "조국의 자주적 평화통일을 촉진하기 위한 포괄적인 평화방안"을 제의하였다. 이 평화방안에 포함된 '평화보장 4원칙'에 따르면, 한반도의 평화는 ① 통일을 지향하는 것이어야 하고, ② 외국군의 철수에 의하여 담보되어야 하고, ③ 남북한의 군축에 의하여 보장되어야 하고, ④ 긴장 격화에 책임이 있는 당사자들의 대화를 통하여 실현되어야 한다는 것이 북한의 주장이었다.[1)] 포괄적 평화방안 제의는 1988년 10월 19일 노태우 대통령이 유엔연설에서 제기한 남북정상회의의 실현, 동북아평화협의회 구성, 4강에 의한 남북한 교차승인에 대한 대응 정책적 성격을 가지고 있었다. 남한은 점진적인 방안의 평화에 대한 접근을 제의한 반면, 북한은 군사문제 해결에 의한 급진적인 평화를 제의했다.

1989년 7월 9일 조국평화통일위원회(조평통) 허담 위원장은 남북한 및 해외동포들이 참가하는 '범민족대회'를 1990년 8월 15일 판문점에서 개최할 것을 제의하였다. 범민족대회 개최를 위한 시도는 서울올림픽 개최시기인 1988년부터 시작되었다. 1988년 8월 28일 문익환, 계훈제 등 남한 내의 재야세력이 '한반도의 평화와 통일을 위한 세계대회 및 범민족대회 추진본부'를 발족시키고 서울올림픽이 개최되는 1988년 9월 17일~10월 2일 기간에 '범민족대회'를 서울에서 개최하자는 제의를 북측에 하였다. 북측은 1988년 12월 9일 조평통 명의의 공개서한을 통하여 범민족대회 개최 제의를 수락하고, 1989년 1월 21일 발족한 남한의 '전국민족민주운동연합(전민련)'과 함께 이 대회를 개최하려고 추진하였으나, 남한정부의 원천봉쇄 방침에 따라 무산되었다.

이어서 북측은 1989년 3월 유럽, 미주, 일본 등 3개 지역에 해외추진본부를 설립하고 1989년 7월 '조국통일촉진대회'를 개최하여 범민족대회 개최를 다시 제의하였다. 남한정부가 이를 받아들이지 않자 1990년 6월 2일~3일 베를린에서 조평통 부위원장 전금철 주도하에 범민족대회 준비를 위한 1차 실무회의를 개최하고 명칭, 기간, 참가 범위 등 구체적 추진방안을 확정한 제1차 범민족대회 개최 관련 합의서를 채택하고, 1990년 8월 15일 판문점 북측지역에서 '제1차 조국통일 촉진을 위한 범민족대회'를 변칙적으로 개최하였다.

이 대회에는 북한 및 친북 해외동포 600여 명이 참석하였다. 남측 대표 자격으로 참석한 황석영은 기조 보고에서 범민족대회 상설기구 설치를 제안하였고, 해외 측 대표인 곽동의 한통련(韓統聯) 의장은 상설기구명칭을 '조국통일범민족연합'으로 할 것을 제의하여 상설기구 결성에 합의하게 되었다. 1990년 8월 19일 범민족대회 공동운영위원회의 기자회견에서 '조국통일범민족연합' 결성 및 조직의 착수를 선언했고, 1990년 11월 19~20일 이틀간 베를린에서 개최된 '남·북·해외동포 3자회담'에서 중앙기구를 조직하고 범민련의 남·북·해외본부를 1991년 1월까지 구성하기로 합의하였다. 해외본부는 윤이상(尹伊桑) 의장을 대표로 하여 1990년 10월 16일 베를린에서 결성되었고, 1992년 2월 24일 본부 위치를 베를린에서 일본 동경으로 이전하였으며, 북측 본부는 윤기복을 의장으로 하여 1991년 1월 25일에 결성되었다. 남측 본부는 1991년 1월 23일 범민족대회 추진본부(공동본부장 이창복) 주최로 향린교회에서 결성준비위(위원장 문익환) 발족식을 갖고 1991년 2월 중순쯤까지 남측 본부를 정식 결성키로 하였으나 관련자들이 1991년 1월 24일 당국에 검거되어 뜻을 이루지 못하였다.

제2차 범민족대회는 1991년 8월 12일~18일 개최되었는데, 이와 동시에 판문점에서 진행된 '남·북·해외동포 청년 학생 통일대축전' 기간 중(8월 14일~16일) '청년 학생 통일 회담'(8월 15일)에서 남·북·해외청년 학생 간 조국통일을 위한 연대투쟁을 전개하기 위해 '조국통일범민족청년학생연합(범청학련)' 결성을 공식 결의했다. 그리고 1991년 10월 14일 평양에서 개최된 '청년 학생 통일대축전 총화 회담'에서 범청학련의 1992년 결성에 대한 결의문을 재차 채택하고, 1991년 11월 2일 범청학련 결성을 위한 '공동해외연락본부'를 베를린에 설치하고 밀입북 후 현지에 체류 중인 '전대협'의 박성희, 성용승을 남측 대표로 인정하였다. 이러한 청년들의 통일운동에 대해 남한정부는 공식적으로 허가 또는 지지하지 않았으나, 당시는 남북한 사이에 총리회담에 개최되던 시기였기 때문에 물리적으로 막기도 어려운 상황이었다.

북한은 1980년대 말과 1990년대 초반에 걸쳐 통일협상을 위한 제의를 이어서 발표하였는데, 그 내용은 '민족통일협상회의'(1989. 9. 28), '남북최고위급당국 및 정당수뇌협상회의'(1990. 1. 1), '조국통일 5개 방침'(1990. 5. 24), '민족통일정치협상회의'(1991. 1. 1) 등이었다. 남한과의 체제경쟁에서 북한이 점차로 열세에 놓이게 되고, 남한이 1989년 '한민족공동체 통일방안'을 발표하면서 통일의 주도권이 남한에 넘어가는 듯한 분위기가 조성되자 북한은 흡수통일을 방지하고 통일의 주도권을 유지하기 위하여 다양한 형태의 평화공세를 시도한 것으로 분석된다. 북한은 군사 관련 협상제의도 하였다. 1990년 5월 31일의 '평화를 위한 군축 제의'에서 ① 남북한의 신뢰구축방안, ② 남북한 군사력의 감축, ③ 외국군대의 철수, ④ 비무장 이후의 평화보장 등 4개 항을 제시하였다. 종래의 주장과 달리 북한정부는 남북한 간의 군사력 감축 및 주한미군 철수 이전에 군사적 신뢰구축 방안이 마련되어야 한다는 주장을 했다.

2) 북한의 유연한 전략과 기본합의서 체결

1989년 냉전의 종식과 더불어 전 세계의 역학구조는 변하였고, 대립과 갈등의 국제관계가 화해와 협력으로 전환되기 시작했다. 한반도에도 변화의 바람이 불기 시작했다. 1990년대 초반 체제위기에 직면한 북한이 유연한 대외관계를 추구하기 시작하면서 남북한 간에 화해 분위기가 조성되었다. 이에 따라 남북한 사이에는 1980년대 말과 1990년대 초반에 걸쳐서 남북국회회담 준비접촉과 1990년 북경아시안게임 단일팀 구성을 위한 대화가 이루어졌고, 1990년 10월에는 남북통일축구대회가 서울과 평양에서 개최되었다. 가장 의미 있는 대화는 1990년 9월부터 개최된 남북고위급회담이었다.

고위급회담은 남한의 제의에 의해 성사되었다. 1988년 12월 28일 강영훈 국무총리가 연형묵 북한 정무원총리에게 보낸 서한을 통해 총리를 수석대표로 하는 '남북 고위 당국자 간 회담' 개최를 제의하였다. 이에 대하여 북한 측은 1989년 1월 16일 '남북고위급 정치·군사회담을 위한 예비회담'의 개최를 제의하였다. 이에 따라 남북한은 1989년 2월 8일부터 1990년 7월 26일까지 판문점에서 8차례의 예비회담과 2차례의 합의서 문안 정리를 위한 실무대표 접촉을 하였다. 그 결과 쌍방 총리를 수석대표로 하는 남북고위급회담을 개최하여 '남북 간의 정치·군사적 대결상태 해소와 다각적인 교류협력 실시문제'를 협의할 것이라는 '남북고위급회담 개최에 관한 합의서'를 채택하였다. 이 합의서는 회담 명칭(남북고위급회담), 회담 일자(1차: 1990년 9월 4~7일, 2차: 1990년 10월 16~19일), 의제(남북 간의 정치·군사적 대결상태 해소와 다각적인 교류협력 실시문제), 대표단 구성(총리를 수석대표로 한 7명으로 하되 장·차관 급으로 구성) 등 모두 19개 항을 포함하였다.

냉전시대에는 상상조차 할 수 없었던 남북한 총리회담이 서울과 평양을 오가며 개최되기에 이르렀다. 1990년 9월부터 12월 사이 서울과 평양에서 번갈아 개최된 제1차~3차 고위급회담 기간 남북한 대표는 자신의 입장을 개진하는 동시에 합의서 안을 제출하였다. 선정치·군사문제 해결, 불가침 선언 채택을 주장한 북한의 입장과 남북관계개선에 관한 기본합의서 채택, 이산가족문제 해결, 경제교류·협력의 활성화를 주장한 한국의 입장이 대립하여 별다른 성과를 거두지 못하였다.

그러나 그동안의 국제정세 변화에 따라 강경했던 북한의 태도가 완화되기 시작하였다. 국제정세의 변화를 살펴보면, 동유럽 공산주의권의 체제변화가 있었고, 1989년 5월 중국과 소련이 화해하여 장기간에 걸친 분쟁을 종식했고, 그해 12월 미국과 소련의 몰타 정상회담을 계기로 탈냉전의 새로운 국제질서가 창출되기 시작하였다. 이와 더불어 1990년 9월 한소수교, 1990년 10월 독일통일 및 한중 무역사무소 개설로 세계정세와 동북아 정세는 급변하기 시작하였다. 이 과정에서 북한도 1988년 12월부터 미국과의 직접접촉을 시작하였고, 1990년 9월 일본과의 국교 정상화에 합의하는 등 대외정책의 변화를 보이기 시작하였다. 또한 북한은 1991년 5월 27일 외교부 성명을 통하여 유엔가입을 표명함으로써 '하나의 조선' 정책을 포기하는 태도를 보이기까지 하였다.

당시 북한은 유엔 분리가입을 '두 개의 조선' 조작 책동이라며 적극적인 반대를 하였고, 이에 대하여 남한정부는 우월한 외교력을 바탕으로 유엔 단독가입을 추진하였다. 남한의 유엔 단독가입이 거의 기정사실로 되자 북한은 태도를 바꾸어 유엔 동시가입을 받아들였다. 북한은 "남조선 당국자들이 기어이 유엔에 단독으로 가입하겠다고 하는 조건에서 이것을 그대로 방임해둔다면 유엔 무대에서 전 조선민족의 리익과 관련한 중대한 문제들이 편견적으로 론의될 수 있고 그로부터 엄중한 후과가 초래될 수 있다"라며 "남조선 당국자들에 의하여 조성된 이러한 일시적 난국을 타개하기 위한 조치로서" 유엔에 가입한다는 성명을 발표하였다.[2)]

서방과의 대화와 협상, 유엔가입 등 정상적인 외교정책을 추진하기 시작한 북한은 남북고위급회담에서 적극적으로 임했다. 1991년 10월 하순 평양에서 재개된 제4차 고위급회담에서 북한은 기존입장에서 선회하여 상호실체인정, 불가침선언과 교류·협력에 관한 합의서의 단일 문건 채택, 법률적·제도적 장애조항 삭제, 이산가족문제 해결조항과 상대방에 대한 일체의 파괴·전복행위 금지조항 신설 등을 제시함으로써 태도 변화를 보였다.

남북한은 1991년 12월 15일 제5차 남북고위급회담을 개최하고 '남북 사이의 화해와 불가침 및 교류·협력에 관한 합의서(기본합의서)'를 채택하였다. 5차 회담의 양측 수석대표인 정원식 국무총리와 연형묵 북한 정무원총리는 공개회의를 가진 뒤, 전문과 본문 4장 25조로 구성된 합의서에 서명하여 역사적인 남북화해·교류시대의 새장을 열었다. 이날 채택된 합의서는 분단 46년 만에 남북정부 당국 간에 이루어진 최초의 공식합의로서, 7·4공동성명과는 달리 구체적인 실천방안과 기구 구성까지 명시하고 있어 남북관계 정상화는 물론, 통일을 향한 획기적 이정표가 될 것으로 평가되었다.

기본합의서는 서문에서 정치·군사적 대결상태를 해소해 민족적 화해를 이루고, 무력에 의한 침략과 충돌을 막고 긴장완화와 평화를 유지하며, 다각적인 교류·협력으로 민족공동의 이익을 도모한다고 밝히는 한편, 남북 쌍방의 관계는 나라와 나라 사이의 관계가 아닌 통일을 지향하는 과정에서 잠정적으로 형성되는 특수관계라고 규정하였다.

기본합의서는 서문에서 남북한의 정치·군사적 대결상태를 해소해 민족적 화해를 이루고, 무력충돌을 막고 긴장완화와 평화를 유지하며, 다각적인 교류·협력으로 민족공동의 이익을 도모한다고 밝히는 한편, 남북한관계는 나라와 나라 사이의 관계가 아닌 통일을 지향하는 과정에서 잠정적으로 형성되는 특수관계라고 규정하였다. 기본합의서는 전체 4장으로 구성되었는데, 앞의 3장이 남북한관계를 다루는 본문 장들이고, 마지막 4장은 수정 및 발효에 관한 장이다.

기본합의서는 외세에 의해 초래된 분단을 남북한이 자주적 노력으로 해결하기 위한 첫 결실인 동시에 분단 46년 만에 처음으로 제3국의 개입 없이 책임 있는 남북한의 정부당국이 공식적으로 민족문제에 관한 합의를 했다는 의미가 있다. 기본합의서는 한반도 내의 두 체제를 인정하고 그 당사자들 간에 공동이익을 모색하는 내용을 담은 최초의 문건이라는 평가를 받았다. 실제로 기본합의서는 적대적 분단 상황에서 출발하여 공동의 이상인 통일을 실현할 수 있는 길을 가장 적절하게 제시한 남북한 관계개선의 지침서 또는 '남북대화의 교본'으로 높이 평가되었다.[3)]

이 합의서에서 남북한은 정식국호와 서명 당사자의 직함을 명시함으로써 상호실체를 인정하였다. 특히 화해, 불가침 및 교류·협력을 통하여 평화공

표 4.1 남북한 기본합의서의 구성

	장제목	내용
제1장	남북화해	상호 체제의 인정과 존중, 내정불간섭, 비방·중상중지, 파괴·전복행위 금지, 정전상태의 평화상태로의 전환, 남북연락사무소 및 남북정치분과위원회 설치 운영
제2장	남북불가침	상호 무력 불사용·불가침, 분쟁의 평화적 해결, 남북군사공동위원회 및 남북군사분과위원회 구성 운영
제3장	남북교류협력	자원의 공동개발·물자교류·합작투자 등 경제교류와 협력 실시, 출판·보도 등 교류, 민족구성원의 자유로운 왕래, 이산가족의 자유로운 서신 거래·왕래, 상봉 및 재결합, 우편과 전기통신 교류, 남북경제교류·협력공동위원회 및 남북경제교류·협력분과위원회 구성 운영

존체제 구축 및 민족동질성 회복과 민족공동체 건설을 도모할 수 있게 되었다는 점에서 국민들의 전폭적인 지지를 받게 되었다. 한국갤럽조사연구소가 1991년 12월 13일 20세 이상의 남녀 906명을 무작위 추출하여 여론조사를 한 결과를 보면 기본합의서에 대한 국민들의 평가는 대체로 긍정적이었다는 점을 알 수 있다. 합의서 채택을 이끌어 낸 정부의 노력에 대하여 아주 잘한 일이다 49.2%, 대체로 잘한 일이다 38.7%, 별로 잘한 일이 못된다 5.0%, 아주 잘못한 일이다 0.1%, 모름·무응답 7.0%이었다. 67.9%가 한국측 주장이 많이 반영되었다고 생각하였다. 합의서의 남북한 평화공존 조성에의 기여도에 대하여 아주 크게 기여할 것이다 24.9%, 어느 정도 기여할 것이다 51.0%, 그다지 기여하지 못할 것이다 11.6%, 전혀 기여하지 못할 것이다 1.4%, 모름·무응답 11.1%이었다. 남북한의 통일 가능 시기에 대하여는 1년 이내 1.4%, 2~3년 이내 9.3%, 5년 이내 31.2%, 5~10년 31.2%, 10~20년 16.0%, 20년 이상 7.1%, 불가능 5.7%, 모름·무응답 16.0%로, 전체 응답자의 55.1%가 10년 이내에 통일이 가능할 것이라고 예상하였다.[4] 당시 북한의 체제위기 때문에 북한의 붕괴에 따른 흡수통일의 가능성을 생각한 국민들이 있는가 하면, 남북한 고위급회담과 기본합의서 체결로 합의

통일이 가능할 것이라고 예상한 국민들도 상당수 있었다. 환경변화에 따라 통일에 대한 모순된 인식과 기대가 증폭되었다.

67.9%의 국민들이 인정하다시피 합의서 체결과정 및 합의서 내용을 살펴보면 한국이 주도적 역할을 하였고, 한국의 입장이 많이 관철된 점을 알 수 있다. 첫째, 남북 당사자 해결원칙을 관철하였다. 특히 정전상태를 남북한 평화상태로 전환하는 문제에 있어서 북한 측은 북미평화협정 체결을 주장해 왔으나, 기본합의서는 "정전상태를 남북 사이의 공고한 평화상태로 전환하기 위하여 공동으로 노력하며 이러한 평화상태가 이룩될 때까지 현 군사 정전협정을 준수"하게 라고 되어있다. 둘째, 실천성 보장의 원칙을 관철시켰다. 북한 측은 남북 관계개선에 대한 구체적 실천의지가 결여된 단순히 선언적인 합의만 하려는 태도를 보였으나, 한국은 선언적인 것과 더불어 실천적인 것을 함께 반영하자는 입장을 견지하여 이를 관철시켰다. 남북연락사무소, 남북군사공동위원회, 남북경제교류·협력공동위원회 등 부문별 공동위원회와 남북정치분과위원회, 남북군사분과위원회, 남북교류·협력분과위원회 등 기본합의서 이행 및 실천을 위한 위원회들을 구성하는 데 합의하였다. 셋째, 남북 관계개선에 필수 불가결한 내용이 전부 반영되었다는 점이다. 북한 측은 불가침선언의 우선 채택 입장을 고수하였으나, 한국의 주장에 따라 화해, 불가침, 교류·협력의 동시 추진을 확보함으로써 남북 관계개선의 기본틀을 마련하였다.

전체적으로 합의서를 도출하는 과정에서 북한 측은 종래의 주장에서 크게 후퇴하였다. 한국 측은 북한 측이 제시한 내용 중 불합리하고 문제가 있었던 조항은 협의 과정을 통해 철회하도록 유도하였다. 예를 들어, 북한 측은 교류·협력과 관련, 한국 측의 국가보안법 철폐와 밀입북자 석방 등의 명분을 확보하기 위해 법률적·제도적 장해 제거를 주장했으나 한국 측의 끈질긴 노력으로 스스로 철회하도록 하였다. 전반적인 국제정세가 북한에 불리한 상황으로 전개되고 있었으며, 국제적 고립과 경제난을 타개하기 위하여 추진하고 있던 미국과의 관계개선을 순조롭게 추진하기 위해서 북한은 유연한 태도를 보이지 않을 수 없는 상황이었다.

기본합의서 채택 이후 이행을 위한 후속 작업도 순조롭게 진행되었다. 제5차 고위급회담 종료 후 남북한은 3차례의 대표접촉을 가져 1991년 12월 31일 핵무기 시험·제조·접수·사용금지, 핵의 평화적 이용, 핵 재처리·농축시설 보유금지, 핵사찰 등 6개 항으로 구성된 '한반도의 비핵화에 관한 공동선언'을 채택하였다. 1992년 2월 18일부터 21일까지 평양에서 개최된 제6차 남북고위급회담에서 '기본합의서', '비핵화 공동선언', '남북고위급회담 분과위원회 구성·운영에 관한 합의서'가 발효됨으로써 양측은 화해하고 공존할 수 있는 제도를 마련하게 되었다. 앞의 세 가지 문건이 발효됨에 따라 1992년 3월부터 정치, 군사, 교류·협력 분과위원회와 핵통제공동위원회가 각각 발족되어 남북기본합의서, 비핵화 공동선언에 명시된 사항의 구체적 이행 대책을 마련하기 위한 협의를 시작하였다. 1992년 5월 6일부터 8일까지 서울에서 개최된 제7차 고위급회담 결과 남북한은 기본합의서 규정에 따라 5월 18일까지 남북연락사무소 및 군사공동위원회, 경제교류·협력공동위원회, 사회문화교류·협력공동위원회 등을 구성하고 화해분야 이행기구로서 남북화해공동위원회를 구성·운영하기로 합의하였다. 또한 부속합의서 작성시한, 8·15를 계기로 한 이산가족 노부모 방문단 및 예술단의 교환방문, 차기 회의 일정 등에 합의하였다.

제7차 고위급회담 이후 부속합의서 작성을 위하여 41차에 걸친 각 분과위원회 회의와 위원장 및 위원 접촉, 또한 11차례의 핵통제공동위 회의를 진행하였다. 이 협상 과정에서 교류·협력분야의 부속합의서 작성은 거의 이루어졌으나, 화해 및 불가침분야에서는 남북관계의 규정, 분쟁 방지에 필수적인 정찰활동 중지 등 핵심사항에 대한 이견이 좁혀지지 않아 제7차 고위급회담에서 합의한 시한 내에 부속합의서를 작성하는 데 실패하였다.

1992년 8월 24일 한중수교 이후 9월 15일부터 19일까지 평양에서 개최된 第8차 고위급회담에서 그동안 정치, 군사, 교류·협력의 3개 분과위에서 협의되어 오던 화해, 불가침, 교류·협력의 이행·준수를 위한 3개 분야의 부속합의서 및 화해공동위 구성·운영 합의서가 채택·발효되고, 화해, 불가침, 경제협력, 사회문화의 4개 공동위 운영개시일 등이 합의됨으로써 기본합의서의 이행·실천이 개시될 수 있는 근거가 마련되었다.

분과위원회별 남북대화 진행 상황은 다음과 같았다.

- **남북정치분과위원회**: 기본합의서 제1장 남북화해의 이행과 준수를 위한 부속합의서. 7차례의 회의와 3차례의 위원장 접촉 등 총 15차례의 남북접촉(1992.3.9~9.8).
- **남북군사분과위원회**: 기본합의서 제2장 남북불가침의 이행과 준수를 위한 부속합의서. 8차례의 회의와 3차례의 위원장 접촉, 3차례의 위원 접촉 등 총 14차례의 남북 접촉(1992.3.13~9.5).
- **남북교류협력 분과위원회**: 기본합의서 제3장 남북교류협력의 이행과 준수를 위한 부속 합의서. 7차례의 회의와 3차례의 위원장 접촉, 6차례의 위원 접촉 등 총 16차례의 남북접촉 (1992.3.18~9.7).
- **남북핵통제공동위원회**: 7차례(1992.2.19~3.14)의 '남북핵통제공동위원회 구성 운영 협의'를 위한 접촉을 통해 '남북핵통제공동위원회 구성 운영에 관한 합의서' 합의 문건을 교환한 후 13차례의 회의와 8차례의 위원 접촉, 2차례의 위원장 접촉 등 총 23차례의 남북접촉(1992.3.19~12.17).

1990년대 초반의 대북접근방식, 특히 고위급회담과 기본합의서 체결은 신기능주의적 접근이라는 평을 할 수 있다. 남북한 최고정치지도자는 아니지만 총리급의 행정관료 내지는 정치가들에 의한 접근이 이루어졌고, 기본합의서에 남북불가침문제 중 정치 및 군사문제가 포함되었고, 부속기구로 정치공동위원회가 설립되도록 합의하였다는 점은 한국의 기존 정치분야를 제외하는 기능주의적 접근법에서 진일보한 것이고, 북한도 대내외적 열세에서 한국의 신기능주의적 접근을 받아들이지 않을 수 없었다.

남북기본합의서의 채택·발효에도 불구하고 북한 측의 태도 돌변으로 남북기본합의서의 이행·실천은 되지 않았다. 북한은 1992년 10월 31일 대남전화통지문을 통하여 한국의 화랑훈련(11월 2일~7일), 한미연합 92독수리훈련(11월 3일~9일), 한미 팀스피리트 훈련 등 연례적인 군사훈련을 구실로 4개 공동위원회의 개최를 무산시킨 데 이어 12월 21일부터 24일까지 서울에서 개최하기로 되어있던 제9차 회담도 일방적으로 중단시켰다. 신기능주의적 접근방식으로 발전되어 나갔지만, 정치군사적인 신뢰구축이 제대로 이루어지지 않았기 때문에 신기능주의적 접근방식이 위기를 맞게 되었다.

남북기본합의서는 남북한의 적대상태를 완화하고 신뢰를 구축하는 데 기초가 될 수 있는 훌륭한 문서였다. 1972년에 체결된 동서독 사이의 기본조약보다도 월등한 문서였다. 하지만 남북기본합의서는 많은 기대를 안고 태어났으나 아직 제대로 실행된 경험을 가지지 못하고 있다. 기본합의서 자체의 문제점은 이 합의를 이행할 구체적인 기구, 제도 또는 보장장치가 결여되어 있다는 것이다. 유럽통합의 경우 통합을 위한 조약이 제대로 이행되는 이유는 EU 내에 통합을 추진할 수 있는 집행위원회, 각료이사회, 의회, 재판소 등 튼튼한 조직들이 존재하기 때문이다. 또한 이 합의서는 양측의 입장과 이익을 한꺼번에 배합하였기 때문에 양측이 이 문건을 제각기 다르게 해석할 수 있는 여지를 남겨놓았다. 결국 남북기본합의서는 대내외의 환경변화가 남북 양측에 공동이익의 절실함을 인정케 할 때만 이행이 가능한 것이었다.

남북기본합의서가 제대로 이행되지 못한 또 다른 이유는 북한의 경제난이 심각한 수준으로 악화되면서 합의서에 명시된 바와 같이 교류협력을 실시할 경우, 북한체제의 위협요인이 될 수도 있다는 우려 때문에 북한이 소극적인 태도를 보여 이행이 어려운 측면도 있었다. 그러나 가장 직접적인 이유는 1993년 북한이 한국과 미국에 대한 유연정책을 포기하고 NPT 탈퇴를 하면서 강경정책으로 선회하였기 때문이었다.

3) 북한 핵문제의 등장과 북한의 '통미봉남'정책

남북기본합의서가 이행되지 않은 결정적 이유는 북한의 핵문제 등장이었다. 1990년을 전후하여 북한의 핵문제가 국제사회의 주요 이슈로 등장하자 한국정부는 1991년 11·8선언을 통해 비핵 5원칙을 선언하고, 재처리와 농축의 포기를 선언하면서 북한도 이를 받아들이라는 요구를 하였다. 노태우 대통령은 이 선언으로 "이제 북한이 국제 사찰을 피하며 핵무기를 개발해야 할 아무런 이유도 명분도 있을 수 없다"라고 지적하며, 북한이 이 선언에 상응하는 조처를 할 것을 강력히 촉구하였다. 결국 1991년 12월 31일 남북한은 핵 협상 고위급회담 3차 실무접촉을 실시하고 '한반도의 비핵화에 관한 공동선언(비핵화 공동선언)'을 채택하였다. 이 선언 발표 후 남북한은 1992년 3월 19일 '남북핵통제공동위원회(JNCC: Joint Nuclear Control Committee)의 구성·운영에 관한 합의서'를 채택 및 발효하였다.

1993년 3월 북한이 핵확산금지조약(NPT)에서 탈퇴하겠다는 성명을 발표하여 북한과 미국 및 한국과의 관계가 더욱 경직되었다. 그러나 김영삼정부가 들어서면서 대북 유화정책을 취하자 북한도 형식적이나마 유연한 태도를 보였다. 1993년 5월 북측은 '특사교환방문 실현을 위한 실무자 접촉'을 제의하였고, 이에 대해 남측은 '핵문제와 특사교환문제 협의를 위한 실무대표접촉'을 제의하였다.

남북한관계는 북한의 핵문제와 이를 해결하기 위한 미국의 북한에 대한 '채찍과 당근' 정책에 묻히게 되었다. 한국정부는 핵-경협연계원칙을 발표하여 1989년부터 시작된 남북한의 경제교류협력을 중단했다. 한국정부는 북한 핵문제에 대한 '한미공조' 원칙을 제시하며 스스로 배제되는 결과를 초래하였다. 미국은 핵개발 의혹 지역에 대한 폭격, 유엔을 통한 경제제재 등 채찍을 들려다 결국은 협상을 하는 당근정책을 추진하였다. 1993년 6월 미국과 북한은 차관보급 회담을 가지고 일단 북한이 NPT 탈퇴를 유보하는 합의를 하였다. 그 대신 미국은 조선민주주의인민공화국을 인정하고 내정불간섭을 약속하였고, 핵 선제공격을 하지 않을 것이라는 확인도 해주었다.[5] 그 결과 북한의 국제적인 지위가 급상승하였고, 외부의 압력에 의한 체제위기를 탈피할 수 있게 되었다. 당시 북한은 경제난 등 체제위기를 벗어나기 위해서는 미국과 일본 등 선진자본주의 국가들과의 관계개선을 절실하게 필요로 하였기 때문에 핵 카드를 활용하여 큰 성과를 거들 수 있었던 것이다.

핵문제 등장 이후 남북한 사이에는 형식적인 차원에서의 대화만 이루어졌다. 북한은 미국과의 협상을 원만하게 진행하기 위해서 남한과 대화를 하는 제스처를 보여야 할 필요가 있었다. 1993년 5월 북측은 '특사교환방문 실현을 위한 실무자 접촉'을 제의하였고, 이에 대해 남측은 '핵문제와 특사교환문제 협의를 위한 실무대표접촉'을 제의하였다. 1993년 10월 5일 제1차 특사교환을 위한 접촉이 이루어졌고, 그 후 1994년 3월 19일까지 8차례 진행되었으나 합의점을 찾지 못하였다. 이러한 상황에서 북한은 남한과 더 이상 대화나 협상을 할 필요를 느끼지 않게 되었다. 더구나 집권 초기에는 북한에 대하여 유연한 정책을 전개하였던 김영삼 대통령이 점차 북한에 대하여 강경정책을 펼치면서 남북한관계도 경색국면으로 접어들었다. 북한 핵문제 등장 이후 한국정부가 택한 '핵-경협연계원칙', 즉 북한의 핵문제가 해결될 때까지 대북 경협을 중단하겠다는 선언에 의하여 남북한관계는 더욱 악화되었다. 이러한 상황에서 북한이 추진한 정책은 '통미봉남(通美封南)' 정책이었다. 미국과 통하되 남한은 봉쇄한다는 의미이다. 남한은 '미국의 식민지'이기 때문에 북한이 미국과 합의하면 남한은 거기에 따르지 않을 수 없다는 논리였다.

한반도가 최악의 상황으로 치닫는 것을 우려한 미국은 북미관계 뿐만 아니라 남북한관계의 발전도 필요하다고 느끼게 되었다. 1994년 6월에는 미국의 카터(Jimmy Carter) 전 대통령의 중재로 남북한 정상회담이 추진되었다. 남측은 1994년 6월 20일 총리 명의로 남북정상회담 개최 절차문제

협의를 위한 예비접촉을 북측에 제의하였다. 이에 의하여 '남북정상회담을 위한 부총리급 예비접촉'이 1994년 6월 28일 판문점에서 개최되었고, 남북대화 사상 가장 긴 13시간의 회담 끝에 1994년 7월 25일부터 27일까지 평양에서 남북정상회담을 열기로 합의하였다. 이에 따라 '남북정상회담 실무절차협의를 위한 실무대표 접촉'이 7월 1일과 2일 열려 대표단 규모, 회담형식, 체류 일정, 선발대 파견 등 14개 항으로 된 '남북정상회담 개최를 위한 실무절차 합의서'를 채택하였다. 그러나 1994년 7월 8일 김일성의 사망으로 정상회담은 무산되고 말았다.

김일성 사망 이후 남북한 간의 대화와 협상은 거의 완전하게 단절되었다. 북한은 미국과의 대화만 하면서 남한과의 대화는 기피하였다. 따라서 김영삼정부 말기 남북한관계는 원점으로 되돌아가고 말았다. 김일성 사망 이후 권력을 승계한 김정일은 대외 또는 대남관계의 개선이나 발전보다는 선군정치 등을 내세우며 권력 공고화에 총력을 기울였다.

3. 한반도의 탈냉전: 화해·협력시대의 모색

1994년 10월 21일 제네바에서 미국과 북한 사이에 북한 핵문제에 대한 기본합의가 이루어졌다. 북한이 현재와 미래의 핵 동결을 하는 대신, 경수로발전소 2기를 건설해 주고 경수로발전소가 완공될 때까지 매년 중유 50만톤을 제공해 주기로 합의했다.[6] 김일성 사망 이후 북한에 새로 들어선 김정일체제는 정권 공고화를 위해서 미국과 접촉만 했을 뿐 남한이나 다른 국가들과는 외교적 접촉을 거의 하지 않았다. 이러한 상황에서 1998년 초 수립된 김대중 대통령 당선과 함께 수립된 국민의 정부는 대북정책에 있어서 과거의 정부들과 달리 보다 온건하면서도 자신감 있는 정책을 추진하였다. 여당과 야당 간의 정권교체에 따른 실질적 민주화의 과정을 거치게 되어 국민으로부터 높은 지지도를 누리는 정부가 되었고, 집권세력 자체가 보수적인 경향이 덜하므로 북한이 갖는 강한 거부감을 어느 정도 완화시킬 수 있게 되었다. 또한 IMF 위기를 성공적으로 극복해 나감에 따라 국민들의 정부에 대한 신뢰도가 제고되어 대북문제에 있어서도 주도권을 장악할 기회를 가지게 되었다.

특히 새로운 정부는 남북한관계를 동반자의 관점에서 설정하기 시작했다. 무엇보다 중요한 것은 국민의 정부가 북한을 보는 시각이 과거의 정부와 달라진 점이다. 국민의 정부는 "북한을 실패한 체제로 간주하되, 쉽게 붕괴하지 않을 것이며, 이미 변화를 시작했고, 대남혁명 전략을 포기하지 않을 것"으로 보았다.[7] 과거의 한국정부는 북한체제는 실패하였기 때문에 머지않아 붕괴할 것이라고 간주하였으며, 따라서 북한을 흡수하는 정책을 펼쳤고 결국은 남북한 간의 대립이 더욱 격화되는 결과를 초래하였다.

1) 정경분리 원칙에 의한 대북 포용정책: 새로운 기능주의 접근

분단과 전쟁 이후 수십 년 동안 한국의 대북정책의 기본은 북한을 봉쇄하는 것이었다. 이러한 냉전적이고 대결적 대북정책의 결과는 아무런 결실도 없이 대립과 반목을 되풀이하는 것에 불과하였다. 사안별로 또는 국내정치적 상황에 따라 온건한 정책을 추진하였지만, 기조는 봉쇄정책이었기 때문에 북한으로부터 긍정적인 반응을 받지 못한 채 국내적으로는 "일관성 없다", "북한에 지원을 하면서도 끌려만 다닌다"라는 비난을 면하기 어려웠다. 그러지 않아도 체제적 열세에 놓여있는 북한은 한국의 정책에 대하여 경계심을 가지고 있었는데, 기본적으로는 북한의 붕괴를 원하면서도 유혹하는 듯이 간혹 당근을 제공하여 북한으로 하여금 남한과의 대화를 중단시킨 결과를 초래하였다.

북한의 '통미봉남'이라는 유산을 김영삼정부로부터 물려받은 김대중정부는 북한을 압박하고 봉쇄하는 전략을 채택하기 불가능한 상황에서 한국 정부는 북한을 설득하고 이해시켜 국제사회에 동참하도록 하는 '보장형 설득전략'을 택하였다. 이 전략은 북한을 설득하여 남한과의 관계개선이 북한의 체제유지에 결코 해가 되지 않는다는 점을 확신시키고, 북한이 대량살상무기의 개발과 보유를 포기하고 국제사회에 합리적인 행위자로 등장한다면, 반대급부로 체제유지를 보장해 주고 정치, 경제적 이득을 가질 수 있는 환경을 조성해 주겠다는 것이었다. 호전적이고, 비합리적이고, 비정상적이고, 폐쇄적인 정책을 지양하고 국제사회에 나서서 더불어 대화할 수 있도록 인식의 전환을 하라는 요구를 하였다. 머나먼 장래의 통일을 위해서 한 걸음 한 걸음 평화를 이루어 나가겠다는 전략이었다.

1998년부터 국민의 정부는 북한을 화해와 협력의 대상으로 인정하고 공존공영을 목표로 한 대북 화해 협력정책을 추진하였다. 이에 따라 ① 일체의 무력도발 불용, ② 일방적 흡수통일 배제, ③ 남북 간 화해협력의 적극 추진이라는 대북 3원칙을 밝히고 이를 통한 남북 관계개선을 추구하였다. 즉 튼튼한 안보를 통해 평화를 유지하면서 화해와 협력을 추구함으로써 북한이 스스로 변화의 길로 나올 수 있는 환경을 조성하고자 하였다. 당장 법적·제도적 통일의 실현을 서두르기보다는 교류와 협력을 활성화해 나감으로써 남북주민들이 자유롭게 오가면서 상호 이해의 폭을 넓혀 민족동질성 회복을 실현하고자 하였다.

대북 포용정책을 효율적으로 추진하기 위하여 한국정부는 다음과 같은 5대 과제를 제시하였다. ① 남북한 간의 대결적 불신관계를 화해와 협력의 관계로 전환, ② 북미와 북일 간의 관계정상화 실현, ③ 북한이 국제사회의 책임 있는 구성원으로 활동할 수 있도록 환경과 조건 조성, ④ 한반도에서의 대량살상무기 제거와 군비통제 시행, ⑤ 남북한 간 정전체제의 평화체제로의 전환과 법적통일(*de jure unification*)에 앞선 사실상의 통일(*de facto unification*) 상황의 실현 등이었다. 국민의 정부는 이 외에도 포용정책의 기반이 되는 대북정책의 6대 기조를 제시했다. 6대 기조는 ① 안보와 협력의 병행추진, ② 평화공존과 평화교류의 우선 실현, ③ 화해와 협력에 의한 북한의 변화여건 조성, ④ 남북 간 상호이익 도모, ⑤ 남북 당사자 원칙의 국제적 지지 확보, ⑥ 국민적 합의에 기초한 대북정책 추진 등이다. 이처럼 김대중정부는 3대 원칙, 5대 과제, 6대 기조 등 대북정책의 전환을 위한 보다 구체적인 틀을 마련했다.

당시 남한정부가 북한에 대하여 추진한 포용정책의 중요한 부분 중의 하나는 북한이 경직된 정책에서 탈피하여 국제사회에 동참할 수 있는 환경을 조성해 주기 위하여 지원하는 것이었다. 한국정부의 대북지원 정책은 세 가지 방향에서 추진되었다. ① 긴급구호 차원의 인도적 지원, ② 농업생산성 향상 등 구조적 개선을 위한 농업협력, ③ 외화가득을 돕는 경제협력 활성화 등이었다.

남한의 적극적인 대북화해정책은 초기부터 순조롭게 진행되지는 않았다. 특히 북한이 이를 수용하는 태도를 보이지 않았다. 남한이 '햇볕정책' 또는 '포용정책'을 추진하기 시작하였을 때 북한은 강력하게 비난하였다. 모든 분야에서 열세에 놓여있던 북한은 강한 적대세력이 취하는 모든 정책에 대하여 경계심을 가지고 보았으며, 이에 대한 비난을 체제결속에 이용한 측면도 있다. 특히 북한당국은 방송과 신문 등 언론을 통한 북한 내부의 경각심을 깨우치는 데 주력을 하였다. "남조선 당국자들이 떠드는 햇볕론은 공화국을 개방으로 유도해 정치사상적인 무장을 해제시키고 사회주의 옷을 벗기자는 것으로 통일원칙에 위배되는 반공화국, 반통일 대결 선언"이다. "햇볕론의 본질은 외세와 작당, 북의 사상과 제도를 질식시키고 나아가 남조선에 대한 미제의 식민통치를 우리 공화국에까지 연장하겠다"라는 선언이다. "제국주의자들이 개혁·개방으로 유도하려고 악랄하게 책동하고 있으나 자립원칙을 끝까지 수호할 것"이다. "남조선 당국자들이 북한을 개방으로 유도해야 한다고 떠들고 있는데, 자물쇠는 문 안쪽에 걸려 있는 것이 아니라 미국 등 세계반동들이 제재니, 봉쇄니 하면서 문밖에서 채웠다."[8]

북한은 남한의 대북정책을 다섯 가지의 '공개 질문장' 형식으로 비판하고 나섰다. 공개 질문장에 나타나 있는 5항의 질문은 ① 미군의 영구강점을 애걸하면서 조국통일 3대 원칙을 재확인한 기본합의서의 정신에 대해 운운할 수 있는가? ② 국가보안법과 안기부를 그대로 두고 남북화해를 실현할 수 있는가? ③ 상호주의와 햇볕론 따위를 들고 상대방을 우롱하려 들면서 진정한 교류협력이 실현될 수 있다고 보는가? ④ 도발적인 무력증강과 외세와의 합동 군사연습을 계속하면서 평화와 전쟁 위협 제거에 대해 말할 수 있는가? ⑤ 민족의 화해와 단합, 통일을 위해 떨쳐나선 남한 청년 학생들과 인민들에 대한 야만적인 탄압은 역대 파쇼독재자들이 감행해온 반통일 분열주의 책동의 재현이 아닌가?[9]

또한 김대통령이 1998년 11월 23일 CNN과의 방송 회견에서 '北과의 경제협력 및 상호공존'을 강조한 데 대해 "속에 칼을 품고 하는 협력타령"이라고 비난하면서, "진정으로 남북 사이의 화해와 협력을 추진할 생각이라면 사대 매국행위와 반북대결 전쟁책동을 그만두어야 하며 국가보안법과 안기부를 바로 철폐 해체하는 것으로 그 의지를 보여 주어야 한다"라고 주장하였다.[10] 김정일은 "남조선에서 현 정권이 출현한 이후 북과 남 사이에는 화해가 아니라 대결이 격화되고, 평화가 아니라 전쟁의 위험이 짙어가고 있다. 도발자들에게 복수의 불벼락을 안길 것"이라는 극한적 용어를 사용하여 한국정부의 정책을 비난하였다.[11] 김대중정부 초기 북한당국의 태도는 남한정부가 진실로 북한과 대화와 협상을 하려는 의지를 갖췄는지 시험을 하는 성격이 강했다. 또한, 김일성 사망 후 권력을 승계한 김정일정권의 공고화를 위해 주민결속용으로 남한을 비판한 이유도 있었을 것으로 판단된다.

이처럼 남한정부가 포용정책을 처음 발표하였을 때 경계의 태도를 가지고 과민반응을 보인 북한의 태도는 1999년 들어 조금씩 변화하는 모습을 보였다. 처음에 보인 과민반응은 김대중정부에 대한 기대감에서 나온 것이라는 주장도 있다. 즉 김대중정부의 정책에 대해 북한이 비난하는 형식과 강도를 분석해 보면 김영삼정부에 대한 비방과 같이 강력한 거부감의 표현이라기보다는 '김대중정부 출범 초기 가졌던 기대에 대한 실망감의 성격'이 짙다는 것이다. 또한, 김일성 사망 이후 5년이 지나 김정일정권이 어느 정도 공고화되어 대외정책도 추진할 만큼 자신감을 가지게 된 점도 있었다.

북한은 1999년 2월 3일 평양에서 "정부·정당·단체 연합회의"를 개최하고 당국 회담을 포함한 남북 간의 폭넓은 대화를 제의했다. 북한은 이 제의에서 고위급 정치회담의 기본의제로 자주·평화·민족대단결의 조국통일 3대 원칙이 통일문제의 유일한 기초이며, 최고의 지도적 지침이라 하면서 이 조국통일 3대 원칙을 통일문제 해결의 원칙으로, 남북한 관계개선을 위한 대북정책의 기조로 명문화하는 조치를 취해야 한다고 주장했다. 북한은 이 제의에서 고위급 정치회담의 기본의제로 조국통일 3대 원칙이 재확인되어 있는 남북기본합의서의 이행 대책이 포함될 수 있으며, 또한 협력교류 문제, 이산가족 및 친척들의 고통을 덜어 주는 문제 등 남북관계의 당면 문제들도 논의될 수 있다고 밝혔다.

그러나 북한은 과거 거의 모든 제의에 포함된 바와 같이 '선행실천사항'을 달았다. ① 외세와의 공조 파기 및 합동 군사훈련 중지, ② 국가보안법 철폐, ③ 통일 애국 단체 및 인사의 통일운동과 활동의 자유 보장 등의 3개 항이다.[12] 전제조건을 달았지만 이 제의는 북한이 상당히 대화를 필요로 하고 있다는 점을 보여 줬다. 제의시 북측은 대통령을 '대한민국 대통령 김대중'으로 호칭하였고, 정경분리 교류를 고집하던 태도를 전환하여 '고위급 정치회담'을 제의한 점이 북한이 대화를 원하고 있다는 점을 나타내 주었다.

2) 첫 정상회담개최: 정치적 신뢰구축 추진

북한의 태도는 적극적이지 않았으나, 1998년 이후 금강산 관광 및 민간기업의 대북투자 등 비정치적인 교류가 점차 확대되기 시작했다. 2000년도 신년사에서 김대중 대통령은 대북정책 중점사항으로 한반도 냉전 종식을 위한 남북한 사이의 화해 협력을 강조하였다. 첫째, 북한의 어떠한 도발도 용납하지 않는다. 둘째, 우리는 북한을 해치지 않는다. 셋째, 남북한은 서로 화해·협력하자는 3가지를 강조하였다. 아울러 대북 인도적 지원을 성의껏 제공하되, 상호이익·공존공영의 틀에서 경제교류를 추진할 것임을 밝히고, '남북경제공동체' 건설을 위한 남북 국책연구기관 간 협의를 제안하였다. 남한정부가 제안한 남북경제공동체는 교역과 경협 등 다양한 남북 경제교류협력의 폭과 심도를 확대함으로써 남북 간 실질적인 협력관계를 발전시켜 남북관계의 틀을 새롭게 구축하자는 것이었다.

당국자를 배제한 민간교류만을 추진하던 남한정부는 2000년 들어서면서부터 남북한의 고위급회담, 한 단계 더 나아가 정상회담을 고려하고 있는 듯한 태도를 보였다. 김대중 대통령은 연두 기자회견에서 "남북정상회담은 총선이 끝난 뒤 어떤 방식으로 어떤 제안을 할 것인지 최종 결정하겠다"라고 선언하였다. 그리고 2000년 2월 9일 일본 TBS-TV와의 회견에서 "김정일 총비서는 지도자로서의 판단력과 식견 등을 갖추고 있는 것으로 알고 있으며 남북문제를 풀려면 김 총비서와의 대화 외에 다른 길이 없다"라고 발언하였다. 약 2년간 추진해 온 대북 포용정책을 더욱더 발전하기 위해서는 정치를 기반으로 한 대화가 필요하고, 이를 위해서 정상회담을 추구하면서 김정일을 공식적인 대화의 파트너로 인정하게 된 것이다.

기능주의적인 비정치분야의 대화와 교류만 하다가 본격적으로 정치분야까지 포괄하는 신기능주의로 발전하는 계기가 마련되었다. 냉전 종식 직후인 1990년에 추진한 신기능주의적 접근은 총리를 대표로 하는 고위급회담이었으나, 그로부터 10년이 지난 2000년에는 정상회담을 추진하게 되었다. 정치적 성향을 가지는 당국자를 중심으로 한 남북한의 관계는 2000년 3월 10일 김대중 대통령이 독일을 방문하여 발표한 '베를린선언'을 계기로 획기적인 변화가 시작되었다. 2000년 3월 9일 김 대통령은 독일 베를린 자유대학 강연을 통해 대북 경제지원, 평화정착, 이산가족문제 해결 및 당국 간 대화 등 한반도 문제 전반을 포괄하는 '한반도 평화와 통일을 위한 남북 화해·협력선언(베를린선언)'을 발표하였다. 베를린선언의 가장 중요한 내용은 남북경협을 통한 북한의 경제회복을 지원하겠다는 것이었다. 특히, 민간 차원의 경제교류협력만으로는 한계가 있다는 점에서 정부 당국 간 대화와 협력을 통해 남북경제협력을 본격적으로 추진하기 위한 방안을 제시하였다. 구체적으로 도로·항만·철도·전력·통신 등 사회간접자본 확충은 물론, 투자보장·이중과세방지 등 경협의 제도적 기반을 마련하고 나아가 북한 식량문제의 근본적 해결을 위한 비료 지원, 농기구·종자 개량, 관개시설 개선 등 농업구조 개선을 지원한다는 것이었다.

김대중 대통령은 '독일통일의 교훈과 한반도 문제'라는 제목의 연설을 통해 "남북한 간 정경분리 원칙에 의한 민간 경협이 이뤄지고 있으나 이제는 정부 당국 간의 협력이 필요한 때이며, 우리 정부는 북한당국의 요청이 있을 때 이를 적극적으로 검토할 준비가 되어 있다"라고 밝혔다. 이처럼 베를린선언은 한반도에서 냉전을 종식시키고 평화공존을 이룩하기 위해 남북간 화해·협력을 적극 추진해 나간다는 실천 의지를 전 세계에 천명한 것이었다. 또한 이 선언은 북한이 남북정상회담에 호응해 오도록 하는 등 남북관계개선의 획기적 돌파구를 마련하였다는 점에서 중요한 역사적 의미가 있었다.[13] 정부와 민간기업을 분리하여 교류와 협력을 하는 소극적 차원의 '정경분리' 원칙에서 정부와 민간기업을 막론하고 경제 논리에 의해 남북경협을 추진한다는 이른바 적극적 정책을 모색한 것이었다. 정경분리 원칙에 의거하여 민간기업 간의 경제교류 또는 비정치적인 문화 및 스포츠 교류만을 추진하다가 처음으로 당국자 대화를 제의한 것이다.

이 제안에 대하여 북한은 양면적인 반응을 보였다. "민족 내부 문제를 지금 시기에 남의 집에 가서 말한 것을 보면 다른 불순한 계산이 있지 않은가

하는 의심"을 가지게 한다면서, 1999년 북경에서 개최된 "부상급 접촉 때 쌍방이 논의한 문제들을 되풀이"한 데 지나지 않는다고 폄하하였다. 다른 한편 "남조선 당국이 실지 행동으로 긍정적인 변화를 보인다면 민족의 운명 문제를 놓고 허심탄회하게 협상"할 것이며, "우리의 원칙적 입장에 부합된다면 아무 때나 북남 당국 사이에 대화와 접촉이 이루어질 수 있을 것"이라는 기대 섞인 표현도 했다.[14] 약 2년에 걸친 포용정책의 결실로 북한은 정치적 성향의 당국자 회담도 받아들일 수 있다는 전향적인 태도를 보이기 시작한 것이다.

궁극적으로 북한이 정상회담 제의를 받아들여 6월 13일부터 15일까지 역사적인 남북한 정상회담이 개최되었다. 북한이 남북정상회담을 받아들인 이유는 국내정치, 경제력 재건, 국제위상 제고로 구분할 수 있다. 첫째, 김정일의 정권장악력 제고와 체제의 정당화와 안정화 모색이다. 북한은 정상회담을 통해 김정일의 지도자 이미지를 부각해 그동안 김일성의 유훈 통치를 끝내고 명실상부한 지도자상을 대내외에 과시하려는 목적이다. 둘째, 경제력 회복을 위한 실리확보용이다. 그동안 북한이 벼랑 끝 외교와 직접적 호소에 의하여 받아 오던 국제지원이 한계에 도달하여, 이제는 국제적 지원보다는 중장기 차원에서 남한과의 경제협력 방식을 통하여 경제를 재건하려는 목적이다. 셋째, 국제위상 제고 및 대미, 대일관계 개선용이다. 북한은 외교의 국제화, 개방화, 전방위화를 추구하는 데 있어서 폐쇄적이고 강경한 이미지를 불식시키기 위하여 남북한 화해에 동참하게 되었다. 또한 남한과 관계개선을 적극적으로 추진함으로써 미국 및 일본과의 관계를 개선하는 데 있어서 압력요소로 작용할 것이라는 기대를 하였을 것이다. 10년 이상 미국 및 일본과 관계개선 회담을 해 온 북한은 양국과의 관계개선이 쉽지 않다는 것을 절감하게 되었을 것이다. 따라서 양국과의 관계를 타개하기 위한 새로운 조치가 필요하다고 판단했고, 남북한 정상회담이 이에 활용되었을 가능성이 크다.

정상회담에서 발표된 5개 항의 공동선언의 골자는 다음과 같다.

① 통일문제를 우리 민족끼리 서로 힘을 합쳐 자주적으로 해결
② 남측의 연합제안과 북측의 낮은 단계의 연방제안 공통성 인정 및 앞으로 이 방향에서 통일을 지향
③ 올해 8·15에 즈음하여 흩어진 가족, 친척 방문단 교환 및 비전향 장기수문제 등 인도적 문제를 조속히 해결
④ 경제협력을 통해 민족경제를 균형적으로 발전시키고 사회, 문화, 체육, 보건, 환경 등 제반 분야의 협력교류 활성화
⑤ 합의사항을 조속히 실천에 옮기기 위하여 빠른 시일 안에 당국 간 대화 개최

남북정상회담이 한반도 및 동북아 국제정세에 미치는 영향은 지대하였다. 우선 국제화되었던 한반도 문제를 남북한이 주도하여 해결할 수 있는 계기를 마련할 수 있었다. 그동안 한반도 문제를 남북한이 주도하여 풀기보다는 주변국들의 '세력균형(balance of power)'과 '분할통치(divide and rule)'의 개념에 입각한 개입정책이 해결방안으로 제시되고는 했는데 이를 탈피할 수 있는 제도적 장치를 마련할 수 있었다. 북한의 입장에서는 대북투자를 망설이는 미국과 일본의 소극적 자세를 벗어나, 민족화해의 차원에서 적극적인 태도를 보이는 남한과 경제교류·협력을 하여 경제난을 풀어나갈 수 있게 되었다. 한국정부의 입장에서는 일관성을 가지고 추진해 온 대북 포용정책이 커다란 결실을 보게 되었다는 의미를 가지게 되었다.

3) 정상회담 이후 신뢰구축의 전방위화

김대중-김정일 정상회담은 성공리에 끝났고, 후속 조치들도 원활하게 진행되었다. 정상회담은 일회성이 아니라 궁극적으로 남북한이 전 분야에 걸쳐서 교류·협력을 할 수 있는 제도적 장치를 마련하였다. 2000년 7월 29일부

터 8월 4일까지 서울에서 개최된 제1차 남북장관급회담을 필두로, 경제 군사회담 등이 계속 개최되었다. 남북한의 화해 분위기는 김용순 노동당 비서의 9월 9일부터 15일까지의 서울 방문과 9월 15일의 시드니올림픽에서의 남북한 선수들의 동시 입장과 함께 더욱 고조되었다.

군사분야에서 정상회담에서 합의된 긴장완화 및 평화정착을 실천하기 위해 국방장관회담과 장성급 군사회담이 개최되었다. 9월 26일부터 29일까지는 '6·15공동선언' 이행을 군사적으로 보장하기 위한 제1차 남북국방장관회담이 제주도에서 개최되었다. 남한은 군사적 긴장완화와 평화보장에 공동으로 노력할 것과 국방장관회담을 정례화하고, 남북군사위원회 및 군사실무위원회의 설치를 제의하였다. 또한 상호 부대 이동 시 이를 통보하고, 군 인사 간의 교류와 군사정보 교환, 남북군사 직통전화 설치 등 군사적 신뢰를 구축하는 조치와 당면과제인 남북 철도·도로 연결공사에 관련한 군사적 협력문제를 협의할 것을 제안하였다. 이에 대해 북한은 6·15남북공동선언 이행에 방해되는 군사행동을 금지하고, 민간인의 왕래와 교류협력을 보장하기 위한 군사적 문제, 군사분계선과 비무장지대를 개방하여 남북 관할구역으로 설정하는 문제 등을 협의하자고 주장하였다. 또한 철도·도로 연결과 관련하여 남과 북의 인원과 차량, 기자재의 비무장지대 내 출입을 보장하는 문제를 실무급에서 토의하자고 제의하였다.

남북한은 두 차례의 회담을 하고 경의선 철도복원 및 문산~개성 간 도로 개설을 위한 '남북군사실무위' 구성 등 5개 항의 합의사항을 공동보도문으로 발표하였다. 그 주요 내용은 아래와 같다.

① 쌍방은 '6·15남북공동선언' 이행을 위해 최선을 다하고, 민간인들의 왕래와 교류협력을 보장하는 데 따르는 군사적 문제를 해결하기 위해 상호 적극 협력

② 쌍방은 군사적 긴장을 완화하며, 한반도에서 항구적이고 공고한 평화를 이룩하여 전쟁의 위험을 제거하는 것이 긴요한 문제라고 이해

를 같이 하고 공동으로 노력

③ 남과 북을 연결하는 철도와 도로공사를 위하여 각 측의 비무장지대 안에 있는 인원과 차량, 기재들이 들어오는 것을 허가하고 안전을 보장

④ 남과 북을 연결하는 철도와 도로 주변의 군사분계선과 비무장지대를 개방하여 남북 담당 지역을 설정하는 문제는 정전협정에 기초하여 처리

⑤ 쌍방은 2차 회담을 11월 중순에 북측지역에서 개최

이전에는 상상도 할 수 없었던 정상회담과 국방장관회담을 개최하여 평화의 합의를 하는 역사적 사건이었다. 더구나 정상회담 이후에 처음으로 열린 회담이 국방장관회담이었다. 합의 내용 중에 장기적인 차원에서 "한반도의 긴장완화, 공고한 평화, 전쟁위험 제거"를 포함한 제2항은 50여 년간 계속되어 온 남북한의 적대감을 해소하는 데 양측이 이해를 같이 했다는 점을 나타냈다.

이후 남북한 군사실무회담도 개최되었다. 국방장관회담에서의 합의에 따라 2000년 11월부터 남북군사실무회담이 수시로 개최되었다. 2000년 11월 28일 첫 회담 이후 2003년 12월 23일까지 본회담 9회, 수석대표접촉 10회 등 총 19회의 회담이 개최되었다. 그 결과 '동·서해지구 남북관리구역 설정과 남북연결 철도·도로 작업의 군사적 보장을 위한 합의서'(2002년 9월 17일)와 '동·서해지구 남북관리구역 임시도로 통행의 군사적 보장합의서'(2003년 1월 27일) 등을 채택하여, 비무장지대 내에서의 공사와 통행을 가능하게 했다. 이 합의서들을 통해 금강산 육로관광을 비롯하여 남북 철도·도로 연결을 위한 자재 및 장비의 대북지원, 개성공단 건설 등 교류협력의 활성화를 위한 여건이 마련되었다.

경제분야의 협력도 제도적 틀을 만들어 협력의 활성화를 도모했다. 남북한은 1988년부터 경제교역을 해 왔는데 그동안은 제도적 틀 없이 교류를 했기 때문에 정치적 사건이 발생할 때마다, 그리고 북한에 투자한 한국기업

에 대하여 북한이 불만족스럽게 생각할 때 남북한의 경제교류와 협력은 중단 또는 실패하곤 하였다. 예를 들어, 1993년 북한이 NPT 탈퇴 선언을 하였을 때 한국정부는 핵-경협연계원칙을 발표하여 북한의 핵문제가 해결될 때까지 남북한의 경제교류·협력을 중단한다는 발표를 하였고, 1996년 북한이 간첩 잠수정을 동해에 파견하였을 때 김영삼정부는 다시 한번 남북한 경협을 유보한다는 발표를 한 적이 있다. 북한에 투자한 한국의 기업 중 성공하는 기업이 거의 없을뿐더러 기업들은 성공 가능성이 불투명하기 때문에 북한에 대한 투자를 주저하였다.

이러한 문제점들을 해결하고 남북한 교류·협력을 제도화하기 위하여 남북한은 경협 실무접촉을 시작하였다. 남북한은 정상회담이 있었던 직후 2000년 9월과 11월 두 차례에 걸쳐 남북경제협력에 관한 실무접촉을 갖고, 6·15공동선언문의 경제 관련 내용을 실현하기 위해 4개 경협합의서를 채택하였다. 9월 25일부터 26일까지 서울에서 개최된 제1차 남북 경제협력 실무접촉에서 원칙을 확인한 뒤, 11월 8일 평양에서 개최된 제2차 회의에서 투자보장, 이중과세 방지, 상사분쟁 해결 및 청산결제 등에 관한 합의서를 체결하여 남북경협의 안정적인 추진을 위한 토대를 마련하였다. 이 합의서의 사항들을 이행하고 남북경협 추진에 따르는 제반 실무적 문제들을 협의 해결하기 위해 2000년 12월 12일부터 16일까지 평양에서 개최된 제4차 남북장관급회담에서 남북경제협력추진위원회를 구성하고 운영하는 데 대한 합의를 하였다. 경제협력추진위원회는 차관급을 수석대표로 하여 5~7명으로 구성하도록 하였다.

남북경제협력추진위원회 제1차 회의가 2000년 12월 27일부터 30일까지 평양에서 진행되었다. 양측은 전력 분야를 비롯하여 경의선 철도·도로 연결, 개성공단 건설 등과 관련한 남북 간 협력문제와 임진강 수방사업을 위한 공동조사 문제 등을 협의하였다. 이 회의는 당면한 남북경협 방안에 대해 진지하게 협의함으로써 남북경협을 본격적으로 추진할 수 있는 발판을 마련하였다. 2005년 10월까지 총 11차례의 회담이 진행된 남북경제협력추진위원회는 크게 세 가지 의제를 다루었다. 첫째, 남북 간 철도·도로 연결이나 개성공단과 같이 남북경협을 발전시키기 위한 구체적 협력에 관한 것이었다. 둘째, 대북 식량 지원이나 임진강 수해방지문제와 같이 남북한이 시급히 처리해야 할 현안이었다. 셋째, 이 의제들을 처리해 나아가는 데에서 파생되는 여러 제도적 문제들이었다. 남북경제협력추진위원회가 본격 가동되면서 육로 및 해로를 통한 금강산 관광이 활성화되었고, 경의선 및 동해선 철도·도로 연결, 개성공단 개발, 남북한 경제시찰단 상호방문 등 남북경협의 논의와 실행이 폭넓게 진전되었다.

2001년 9월 15일부터 18일까지 서울에서 개최된 제5차 남북장관급회담에서 남북은 당국 및 민간 차원의 대화, 접촉과 왕래, 협력사업을 적극적으로 추진하고, 추석을 계기로 2001년 10월 16일부터 18일까지 제4차 이산가족 방문단을 교환하기로 하였다. 또한 경의선 철도 착수, 개성공단 협의 실무회담 개최, 금강산 육로관광 실무접촉 개최, 남-북-러 철도 및 가스관 연결사업 검토, 민간선박의 영해 통과 협의, 임진강 유역 수해방지 현지조사 착수, 경협관련 4개 합의서 조기 발효 등을 포함한 남북 경제협력 활성화를 위해 각종 협력사업 추진 및 당국 간 회담 개최에 합의하였다. 이 회의에서 경의선 철도-도로 연결공사 착수, 금강산 육로 개설을 위한 당국 간 회담 개최 등 그동안 남북 간에 합의는 되었으나 제대로 이행되지 않았던 협력사업들을 실질적으로 이행할 수 있는 토대를 마련하였다. 남북한 대표는 '실사구시(實事求是)'적 접근방식에 따라 남북화해·협력을 위한 실질적이며 구체적인 조치들에 대한 합의를 도출하였다. 그리고 특히 미국에서의 9·11 테러사건 발생 등 복잡한 국제정세에도 불구하고 남북한 사이에는 회담이 정상적으로 개최되어 여러 가지 이슈들에 대한 합의를 이루어낼 수 있었다.

김대중정부가 들어선 이후 비정치분야에서의 점진적인 교류와 협력이 이루어지기 시작한 남북한관계는 남북정상회담 이후 급변하였다. 이는 정상회담 이후의 장관급·실무자급 회담의 개최 내용이 표현해 주고 있다. 정상회담 이후 장관급회담, 국방장관회담, 군사실무회담, 적십자회담, 경제협력추진위원회, 경협 관련 실무접촉이 개최되어 다방면적인 협의를 하였다. 김대중정부가 들어와서 남북한 물자 및 인적교류도 괄목하게 늘어나 연평균 6,000명이 북한을 방문하였고, 200여 개의 기업이 북한에 진출하여 위탁가공 교역을 하는 등 인적·물적교류가 증대되었다.

궁극적으로 남북한관계는 경제협력을 선두로 하여 정치 및 군사분야까지 협력을 하는 총체적인 개선으로 발전했는데, 구체적으로 정상회담 이후 다음과 같은 네 가지 합의를 바탕으로 하여 협력사업을 시작하였다. 첫째, 경의선 철도-도로 연결이다. 2000년 9월 1일 남북은 경의선(서울~신의주) 철도연결과 문산~개성 간 도로 개설에 합의하였다. 남한은 경의선 철도연결 기공식을 2000년 9월 18일 임진각에서 갖고 지뢰제거 등 공사를 시작하였다. 철도는 문산역에서 개성역까지 24Km, 도로는 통일대교 북단에서 개성까지 17.1Km를 연결하는 것이었다. 둘째, 개성공단 개발이다. 2000년 8월 현대와 한국토지공사가 개성지역에 대한 현지 조사를 실시했고, 현대와 북한의 조선아시아태평양위원회간에 개성공단 조성에 대한 합의서를 체결했다. 2000년 11월 현대와 토지공사는 개성시 및 판문군 평화리 일대의 100

표 4.2 김대중정부 전후 남북한관계 비교

	1989~1997년 (9년간)	1998~2001년 8월 (3년 반)
교역액	총액 15억 4,569만 달러 연평균 1억 7,174만 달러	총액 12억 3,372만 달러 연평균 3억 4,008만 달러
인적왕래	2,980명 (방북 2,405, 방남 575)	23,427명 (방북 22,514, 방남 913)
이산가족	상봉 155건 생사확인 1,014건 서신교환 4,047건	상봉 1,152건 생사확인 2,833건 서신교환 3,096건

만 평에 대해 현지 측량 및 지질조사를 실시했다. 셋째, 임진강 공동수해방지 사업이다. 당시 몇 년간 임진강 유역에서는 대규모 홍수 피해가 되풀이되고 있었는데, 이는 남북을 관류하는 임진강의 특성 때문에 어느 일방의 치수 사업으로는 한계가 있었다. 남한이 임진강 공동수해 방지사업을 북측에 촉구하였고, 2000년 9월 남북장관급회담에서 이 사업에 합의를 본 이후 2001년 2월 21일부터 24일까지 평양에서 임진강 수해방지실무협의회 제1차 회의가 개최되어 남과 북은 임진강 유역 수해방지를 위해 적극적으로 협력해 나간다는 데 합의했다. 넷째, 경협 관련 4개 합의서를 채택하였다. 2000년 11월 11일 남북경협 실무접촉에서 대북경협 활성화에 필요한 투자보장·청산결제·이중과세 방지·상사분쟁 해결 등 4개 합의서를 채택했다.

당시 남북한관계는 경제협력을 선두로 하여 정치 및 군사분야까지 협력이 파급되는 등 총체적인 개선이 시도되었다. 북한의 대남 화해 제스처의 의도와 진실성에 대한 의구심이 일부 존재했지만, 북한이 체제위기를 탈피하고 경제를 재건하기 위해서는 외부의 지원이 절실하게 필요하고 국제적 고립을 탈피하기 위하여 남한을 비롯한 국제사회와의 선린관계를 모색하지 않을 수 없다는 점에서 북한이 일시적인 전술로 대남 화해·협력을 하는 것으로 보이지는 않았다. 2000년 이후 북한은 국가발전이라는 장기적인 계획을 가지고 대남관계와 대외관계를 전방위적으로 추진하는 것으로 평가되었다.

2000년 정상회담 이후 경제 및 군사교류뿐만 아니라 전방위직인 교류가 실시되었다. 특히 2002년 이후 남북한의 적극적인 방송교류가 이루어지기 시작했다. 2002년 9월 KBS 교향악단이 평양에서 공연을 하였고, 2003년 8월 KBS 전국노래자랑의 평양 편을 남북한이 공동으로 제작하여 방영했다. 2004년 6월 MBC 취재팀이 평양을 방문하여 '살아오는 고구려'를 제작하여 방영했으며, 2005년 8월 SBS가 조용필 공연을 평양에서 펼쳤으며, 2007년 조선중앙TV와 공동제작한 KBS 드라마 '사육신'이 방영되었다.

경제분야 다음으로 많이 이루어진 남북한 교류는 체육분야였다. 남북한 고위급회담이 시작된 1990년에 남북통일축구대회가 평양과 서울에서 개최되었다. 2000년 남북한 정상회담 이후 2001년 세계탁구선수권대회와 세계청소년축구대회에 남북단일팀을 구성하여 참가했다. 남한에서 개최된 2002년 부산아시아경기대회와 2003년 대구유니버시아드대회에 북한의 선수단과 응원단이 참가했다. 2000년 시드니올림픽 개막식, 2004년 아테네올림픽 개막식과 폐막식, 2007년 장춘동계아시안게임, 2018년 평창동계올림픽, 2018년 인도네시아아시아게임, 2018년 인도네시아장애인아시아게임 등 국제스포츠대회에 남북한이 12차례 공동으로 입장했다.

4) 남북한 교류·협력의 제도화: 심화와 확대

김대중정부의 포용정책을 바탕으로 하여 발전된 남북한관계는 정상회담으로 이어졌고, 그 이후 6·15남북공동선언의 후속 조치를 실현하기 위하여 2000년 7월 29일 제1차 남북장관급회담을 서울에서 개최한 이후 21차례의 회담을 했다. 남북장관급회담은 6·15남북공동선언을 이행하고 남북 간 화해·협력관계를 주도하는 등 현안에 대한 중심협의체 역할을 수행했다. 이 과정에서 우여곡절도 많았는데 2001년 부시 행정부의 출범 이후 미국의 대북 적대정책, 미국의 9·11테러 사태, 2002년 6월 서해교전 사태 등으로 어려운 상황을 맞이하였으나 장관급회담은 중단되지 않고 근근이 이어졌다.

부시정부 등장 및 서해교전 등으로 남북한의 교류가 잠시 중단되었다가 본격적으로 재개된 것은 2002년 8월 15일 행사가 계기가 되었다. 남북 대표단이 참가한 '8·15 민족통일대회'가 8월 15일부터 16일까지 서울에서 개최되었다. 이 행사는 분단 이후 처음으로 대규모 북측 대표단이 남한을 방문하여 서울에서 개최되었다는 점에서 의의를 지녔다. 북측 대표단은 특별한 돌출행동 없이 공동행사를 무난하게 마무리하려는 자세를 보여 주었으며, "통일운동 발전에 중요한 의의를 갖는 이번 대회가 성공적으로 개최되었다"라고 강조하였다. 이와 같은 북한의 태도는 남북 간 교류·접촉을 확대해 나가겠다는 의지를 표명한 것으로 평가되었다.[15)]

특히 남북한 교류에 기본적으로 필요한 철도와 도로 등 기간시설에 대한 협력사업이 순조롭게 진행되었다. 이 시설은 장기적으로 통일이 되더라도 가치 있게 사용될 의미 있는 사업이었다. 2002년 9월 13일 개최된 남북 철도·도로 연결 실무협의회 제1차 회의에서 철도·도로 연결에 필요한 자재·장비를 남한이 제공하기로 함으로써 반세기 동안 끊어져 있던 남북 철도·도로 연결을 위한 전기가 마련되었다. 2002년 9월 18일 남과 북은 동과 서에서 철도·도로 연결공사 착공식을 거행하고 본격적인 지뢰제거 작업과 공사를 시작하였다. 또한 이산가족 상봉이 재개되고, 부산아시안게임에 670여 명의 북측 선수와 응원단이 참가하는 등 남북관계가 다시 활성화되는 듯했다. 그러나 2002년 10월 2차 북핵문제가 돌출되면서, 핵문제가 장관급회담의 주요 의제로 떠올랐고, 북핵문제가 해결되지 않는 상황에서 남북한관계의 괄목할만한 진전을 기대하기가 어렵게 되었다. 그러나 제2차 핵위기가 발생했지만, 1993년 제1차 핵위기 발생 당시와 달리 남북한관계가 전면 중단되지는 않았다. 1990년대 초반에는 미국과 북한의 관계를 적대적으로 만드는 사건이 생기면 남북한관계도 악화되었지만, 2000년대 초반 북한에 대한 적대시 정책을 펼치는 미국의 새로운 정부가 들어서고 핵문제가 등장했으나 남북한관계가 전면 악화되는 상황으로 발전되지는 않았다.

2003년 초 남한에는 새로운 노무현정부(참여정부)가 들어섰는데 정권교체가 아니라 민주당이 정권을 재창출했기 때문에, 새로운 참여정부는 이전 국민의 정부가 추진하던 대북정책 기조를 대체로 계승하였다. 참여정부가 추진한 '평화번영정책'은 한반도 평화증진과 남북공동번영을 기본으로 하여 한반도를 동북아 경제 중심으로 만들어나가기 위한 포괄적인 중장기 전략이었다. 평화번영정책은 갈등과 대립으로 점철되어 온 한반도를 동북아 평화와 번영의 중심으로 만들어나감으로써 이 지역의 안정과 번영에 기여한다는 목표하에 추진되었다. 평화번영정책은 이전의 국민의 정부가 추구했던 화해 협력, 평화공존 등의 대북정책 기조를 계승하였다. 즉 평화번영정책은 남북이 서로 체제를 인정하고 평화공존 하면서 화해 협력을 통해 점진적·단계적으로 사실상의 통일 상태를 실현해 나가는 것을 지향하였다. 평화번영정책은 기존의 대북정책에 비해 정책의 내용과 외연이 확대되고, 경제와 안보분야 발전의 균형을 중시하였다. 과거 대북정책은 남북관계에 중점을 두고 정책의 목표와 전략을 제시했으나, 평화번영정책은 남북관계를 넘어 동북아까지로 정책 시야를 확대했으며, 군사·안보분야의 진전도 중요시하고 있다는 점에서 통일·외교·안보정책의 유기적인 연계와 조화를 강조했다.

참여정부 들어 북한 핵문제에 의한 갈등적 요소가 잠재하고 있음에도 불구하고 남북대화와 남북 인적·물적교류는 점차 확대되어 갔으며, 개성공단 건설, 철도·도로 연결, 금강산 관광 등 3대 경협사업도 제도화 단계에 진입하였다. 남북대화는 참여정부 출범 이후 2004년 말까지 총 56회 개최되었으며, 합의서 채택 건수가 44건에 이르렀다. 대화의 분야도 다양해지고, 회담의 내용도 점차 구체화, 전문화되었으며, 회담 장소도 개성, 문산, 금강산, 설악산 등으로 확대되었다. 남북 간 인적왕래도 점차 확대되어 2002년에는 1만 3,877명이었던 왕래 인원이 2003년에는 1만 6,303명으로, 2004년에는 2만 6,534명이 군사분계선을 넘어 남북을 오갔다.

참여정부 등장 이후 가장 진전이 된 남북협력 분야는 경제협력이다. 3대 경협사업 중의 하나인 개성공단은 남한의 사업자가 공업지구의 토지를 북한으로부터 장기간 임대받아, 공단개발·분양 및 내외부 기반시설 건설을 주도하고, 북한 법인인 관리기관을 설립·운영하면서, 남한 기업이 공장설비·기술, 원부자재를 직접 투입하여 제품을 생산하는 특수한 형태의 경제특구이다. 경의선·동해선 도로는 2004년 11월 연결공사를 완료하였고 철도 연결공사도 진행했다. 금강산 관광도 2003년 9월 육로관광이 시행되면

글상자 4.1 개성공단사업

2000년 8월 22일 현대아산과 북한의 합의로 시작되었다. 이후 남북 사업자 및 당국 간 협의를 거쳐 2003년 6월 30일 착공식을 개최한 이후 2004년 4월 13일 1단계 100만 평 토지 임차료, 보상비 등 1,600만 달러에 해당하는 계약을 체결하였다. 북한도 개성공단이 북한의 경제난 극복에 기여할 것이라는 인식에 따라 제도 정비 과정에서 적극적인 자세를 보였다. 2002년 11월 27일 '개성공업지구법'을 공포한 이후, 2003년에 '개성공업지구개발규정' 등 7개의 법규를 제정하였고, 2004년에 '외화관리규정' 등 4개 규정을 제정하였다. 시범 단지 조성을 거쳐서 2004년 12월 첫 제품이 생산되었다. 1단계 기반시설 공사가 완료되어 2007년 10월 준공식을 거행하였으며, 용수시설, 폐수처리장, 폐기물처리시설 등도 모두 완공되었다. 10만KW 용량의 송·변전 시설공사를 추진하여 2007년 5월부터 입주기업들에 송전방식의 전력공급을 시작했으며, 통신은 2005년 12월 303회선을 개통하여 총 653회선의 전화와 FAX 서비스를 제공했다.

2009년 12월에는 개성공단 종합지원센터를 완공하였으며, 2010년 9월에는 개성공단 북한 근로자를 위한 탁아소를 개원하고 '개성공업지구지원에 관한 법률 시행령'을 개정하였다. 2004년 6월 14일 시범단지에 15개사가 입주 계약을 체결한 이래, 2015년 1월 기준 개성공단에는 124개 사가 입주하여 생산활동을 하고 있다. 2015년 1월 기준 북한 근로자는 총 5만 4,375명이고 남한 근로자는 808명이며, 누적 총생산액은 25억 9,000만 달러이다.

개성공단사업은 남한의 자본과 기술, 북한의 노동력과 토지를 결합하여 남북 모두가 경제적 이익을 얻고자 추진되는 남북경제협력사업이다. 또한 개성공단사업은 남북한의 긴장을 완화하는 데 일정 역할을 하고 있다. 비무장지대를 가로지르는 경의선 도로를 통해 매일 1,000여 명의 인원과 600대가 넘는 차량이 서울과 개성을 오가며 생산활동에 종사했다.

서 관광객이 꾸준히 증가했다. 남북경협은 사회문화교류 확대 및 남북관계 전반에 긍정적인 파급효과를 미쳤으며, 북한을 동북아 협력 네트워크로 유도하여 경제공동체 건설로 나아가게 하는 추진 동력이 되도록 한다는 목표를 세우고 진행되었다.

노무현정부 출범 이후 군사문제에 대한 대화도 꾸준히 이어졌다. 제14차 남북장관급회담의 합의에 따라 남북장성급 군사회담이 개최되었다. 2004년 5월 26일 금강산에서 개최된 제1차 남북장성급 군사회담에서 남한은 우발적인 무력충돌을 방지하기 위한 방안으로 남북 서해함대사 간 직통전화 설치·운영, 경비함정 간 공용주파수 설정·운영, 시각신호 제정과 활용, 불법어로행위 단속 활동 관련 정보 교환 등 네 가지를 제시하였다. 그러나 북한은 우발적 충돌방지조치와 관련해서는 언급하지 않은 채, 군사분계선 지역에서의 선전 활동 중지와 그 수단들의 제거를 주장하였다. 결국 남북은 뚜렷한 합의점을 도출하지 못한 채 서해상의 우발적 무력충돌 방지, 군사분계선 지역에서의 선전 활동 중지와 선전수단 제거에 관한 기본입장만 교환하였다. 남북 군사 당국 간 대화는 2004년 5월 26일 제1차 남북장성급 군사회담을 시작으로 6회의 남북장성급 군사회담과 16회의 남북군사 실무회담이 개최되었다.

2004년 6월 3일부터 4일까지 개최된 제2차 남북장성급 군사회담에서 남북은 서해상 우발적 충돌방지 조치와 군사분계선 지역에서의 선전 활동 중지 및 선전수단 제거문제에 대한 협의를 진행하여, 2004년 6월 4일 '서해 해상에서 우발적 충돌방지와 군사분계선 지역에서의 선전 활동 중지 및 선전수단 제거에 관한 합의서'를 채택하였다. 이로써 남북은 양측 함정이 대치하지 않도록 통제하고 상대 측에 대한 부당한 물리적 행위를 금지하도록 했으며, 50여 년간 첨예하게 대치해 온 군사분계선 지역에서의 선전 활동 중지와 선전수단 제거에 합의함으로써, 군사분야에서 본격적인 신뢰구축이 이루어질 수 있는 발판을 마련하였다. 그 후 1년여가 지난 2005년 7월 20일과 8월 12일 두 차례에 걸친 남북장성급 군사회담 실무대표회담의 합의를 통해 2005년 광복절 60주년에 즈음하여 8월 14일 서해상 우발적 충돌방지를 위한 남북 간 통신연락소를 설치·운영하였고, 군사분계선 지역에서의 선전수단 제거를 완료하였다.

경제와 군사 등의 분야에서 대화와 협상은 지속해서 하고 있었지만, 남북한의 적대감이 완전히 해소된 것이 아니고 기본적으로 체제와 이념의 차이로 갈등적인 요소들이 잠재하고 있었기 때문에 화해와 협력의 분위기는 잦은 위기를 맞았고 이로 인해 대화와 협상이 중단되기도 했다. 2004년 7월 8일 남한정부의 김일성 주석 10주기 조문 불허 방침, 7월 21일 미국 의회의 북한인권법 채택과 7월 27일 탈북자의 대규모 입국 등을 빌미로 북한은 개최 예정이던 몇 가지 대화를 거부하였다. 7월 13일 개최예정이던 해운 협력 실무접촉, 8월 3일 개최예정이던 제15차 남북장관급회담, 8월 31일 개최하려던 남북경제협력추진위원회(경추위) 제10차 회의가 무산되었다. 그러나 남북 당국 간 대화가 중단되었음에도 경제분야 교류협력은 비교적 원만히 진행되었다. 경의선·동해선 도로연결공사는 2004년 11월 말 모두 완료되었고 개성공단 15개 시범단지 입주기업 중 리빙아트가 첫 제품을 생산함으로써 남북경협의 새로운 장을 열게 되었다.

2002년부터 시작된 북한의 제2차 핵위기가 몇 년 동안 해결되지 않은 채 지속되고 있었기 때문에, 이 문제도 남북한관계 발전의 장애요인이 되기도 했다. 2005년 2월 10일 북한이 핵무기 보유를 공식적으로 선언함에 따라 북핵문제가 새로운 국면에 접어들었고, 남북한관계도 다시 난기류를 맞게 되었다. 이에 남한정부는 조속한 대화 재개를 북한에 요구하기 시작했다. 5월 13일 북한 경비정이 두 차례 북방한계선(NLL)을 침범한 다음 날 북한 측은 대남통지문을 통해 당국 회담 개최에 동의해 왔고, 5월 16일부터 19일까지 개성에서 차관급회담이 개최되었다. 차관급회담에서 제15차 장관급회담의 일자와 장소가 합의되었고, 봄철 비료 20만 톤 제공이 제시되었다.

이어서 6·15 민족통일대축전행사에 당국 대표단을 이끌고 참석한 정동영 통일부장관이 2005년 6월 17일 대통령 특사자격으로 김정일 위원장을 면담했다. 2시간 30분 동안의 면담에서 정동영 장관은 북한이 핵 폐기에 합의하면, 송전선로 공사에 즉각 착수해서 200만KW의 전력을 북한에 직접 송전을 하겠다는 제안을 했다. 6·15 및 8·15 남북공동 행사 시 고위 당국 대표단 파견을 통해 정치적 신뢰 증진 및 남북관계 발전을 위한 발판을 공고화하였고, 새로운 경협방식 추진 및 농업, 수산업 등 경협범위 확대, 이산가족 면회소 착공과 화상상봉 진행 등 경제, 인도분야 협력 증대에도 합의하였다.

이어 열린 제15차 남북장관급회담에서 남북한은 남북관계 현안에 대한 12개 항에 합의하였으며, 2005년 9월에 개최된 제16차 남북장관급회담에서는 한반도의 공고한 평화보장 노력과 군사적 긴장완화를 위한 실천적 방안 모색 등 6개 항에 합의하였다. 이를 계기로 소모적인 상호 비난과 정치선전을 지양하고 호혜주의와 실사구시적 상호협력을 추구하는 생산적이고 실용적인 관계를 모색했다. 2005년 12월 13일 제주도에서 개최된 제17차 남북장관급회담에서 남과 북은 광복 60주년 및 6·15남북공동선언 5주년에 이룩한 성과를 바탕으로 한반도 평화와 남북공동번영을 위해 상호협력 해나가기로 하면서, 9개 항에 합의하였다. 9개 항의 주요 내용은 남북경협과 체육·역사 등 사회·문화분야에서의 협력 강화, 이산가족의 화상상봉과 상봉행사의 지속 진행, 군사적 긴장완화를 위한 군사당국자 회담의 조속 개최 등을 포함하였다.

2005년 중반부터 군사분야의 회담도 이어졌다. 2005년 7월 20일에 개최된 남북장성급 군사회담 실무대표회담에서는 서해상 우발충돌 방지를 위한 연락사무소 개소가 합의되었다. 그 결과 2005년 8월 13일부터 통신연락소가 설치되어 남북 군 당국 간 유·무선으로 긴급 의사소통이 가능하게 되었다. 또한 서해상에서 남북함정 간 국제상선 공통망을 이용한 교신 및 불법조업 선박에 대한 정보 교환에 합의하였다.

2006년 3월 2일부터 3일까지의 제3차 남북장성급 군사회담과 5월 16일부터 18일까지의 제4차 회담에서 남한이 서해 해상 충돌방지와 공동어로수역 설정문제를 제기했으나, 북한이 새로운 서해 해상경계선을 주장함에 따라 합의가 도출되지 못하였다. 그 후 2006년 7월 북한의 미사일 시험발사, 10월 핵실험 등으로 남북 간 군사회담은 2006년 5월 제4차 남북장성급 군사회담 이후 개최되지 못하다가, 2007년 2월 제20차 남북장관급회담이 개최되자 군사회담도 재개되었다.

2007년을 기점으로 남북한관계는 확대와 심화 과정을 거치게 되었다. 금강산 관광은 2006년 10월 북한 핵실험의 여파로 일시 위축되었으나, 2007년 6월부터 내금강 관광이 시작되면서 빠르게 회복되어 2007년 말까지 누적 관광객이 170만 명을 넘어섰다. 관광 이외에 열차 및 도로 연결도 적극적으로 추진되었다. 2007년 4월 18일 평양에서 개최된 남북경제협력추진위원회 제13차 회의에서 열차시험 운행을 5월 17일에 진행하기로 합의하였다. 이에 따라 남북관리구역 철도·도로 통행의 군사적 보장문제를 협의하기 위한 제5차 남북장성급 군사회담이 2007년 5월 8일부터 11일까지 판문점에서 개최되었다. 남한은 철도·도로 통행의 군사적 보장합의서 및 임진강 수해방지와 한강하구 골재채취 등 남북경협사업에 대한 군사적 보장문제, 서해 해상에서 충돌방지를 위한 개선조치와 공동어로수역 설정 등에 대한 의제를 제시하였다. 이에 대해 북한은 서해 해상경계선, 북한 측 민간선박의 해주 직항 허용문제, 제주해협 통과문제, 북한지역에 살포된 전단 등의 문제를 제기하였다. 쌍방은 열차시험운행에 대한 잠정합의서를 채택하였고, 서해 해상의 군사적 긴장완화와 평화보장을 위해 군사적 충돌방지문제와 공동어로구역 설정 등의 문제들을 계속 협의하기로 하는 공동보도문을 채택하였다.

남북연결 철도는 2005년 12월 궤도부설공사 완공에도 불구하고 개통이 지연되다가 2007년 5월 17일 시험운행을 실시하여 56년 만에 남북 간 열차 운행을 재개하였다. 또한 2007년 10월 남북정상선언에 따라 2007년 12월 11일부터 문산-봉동간 화물열차 운행을 개시함으로써 남북 간 열차의 정기운행이 실현되었다. 이로써 2004년 12월부터 정상 운행하여 2007년 1일 평균 1,529명의 인원과 290대의 차량이 왕래한 남북연결도로와 함께, 철도도 남북을 연결하는 육상 물류 축으로 기능하게 되었다.

제6차 남북장성급 군사회담이 2007년 7월 24일부터 26일까지 판문점에서 개최되었는데, 이 회담에서 남한은 서해 해상에서의 충돌방지문제와 관련하여 함대사 간 직통전화 설치, 함정 간 정기시험통신 실시 등 실질적 조치들을 협의해 나갈 것을 제시하였다. 또한 공동어로구역 설정과 관련하여 북방한계선(NLL)을 기준으로 동일면적·동일거리의 수역에서 시범적으로 공동어로구역을 설정·운영하고, 서해 해상에서의 평화가 정착되는 데 따라 확대해 나가는 방안을 제시했다. 이와 함께 철도·도로 완전 통행의 군사적 보장문제와 한강하구 골재채취사업, 임진강 수해방지사업의 군사적 보장조치문제를 조속히 타결해 나갈 것을 제의하였다. 이에 대해 북한은 새로운 서해 해상경계선 설정문제를 우선으로 협의할 것을 요구하였다. 북방한계선을 기준으로 한 등거리·같은 면적의 공동어로구역 설정 방안은 수용할 수 없고 북방한계선 이남에 설정되어야 한다고 주장하였다. 또한 북한 측 선박의 해주항 직항로 이용문제는 이미 한국 측 선박들이 자유롭게 왕래하고 있으므로 남북 간 해운협력 차원에서 즉각 허용해 줄 것을 요구하였다. 쌍방간 서해 해상경계선 재설정, 공동어로구역 설정 등에 대한 의견 차이를 좁히지 못한 채 회담이 종료되었고 군사회담이 개최되었다는 그 자체에 의미를 두게 되었다.

경제와 군사회담이 병행해서 지속적으로 개최되는 분위기를 타고 남북한 정상회담도 추진되었다. 원래 2007년 8월에 정상회담을 개최하기로 되어있었으나, 북한의 수해 발생으로 10월로 연기되었다. 사실 노무현정부의 임기가 6개월도 남지 않은 상황에서 정상회담을 개최하는 것은 너무 늦은 감이 있었다. 정권 재창출이 이루어진다면 다음 정부가 노무현 대통령이 정상회담에서 이루게 될 결실들을 추진하겠지만, 그렇지 않다면 전부 뒤집힐 가능성이 있었다. 그러나 노무현정부는 남북한관계를 더욱 제도화시킨 후 임기를 끝내기를 원했다. 정상회담을 위한 방북 직전 노무현대통령은 "지난 2000년 정상회담이 남북관계의 새 길을 열었다면 이번 회담은 그 길에 가로 놓여있는 장애물을 치우고 지체되고 있는 발걸음을 재촉하는 회담이 될 것"이라는 담화를 발표하였다. 이 정상회담의 특징 중의 하나는 분단 이후 54년 만에 한국의 국가원수로서는 처음으로 남북분단의 상징인 군사분계선을 걸어서 통과했다는 것이었다.

2007년의 남북정상회담은 남북경협을 한 단계 도약할 수 있는 토대를 마련하였다. 해주경제특구 건설, 한강하구 공동이용, 남포·안변 조선협력단지 건설, 개성-평양 고속도로 및 개성-신의주 철도 개보수, 문산-봉동 화물열차 운행 등과 같이 남북경제공동체 건설에 실질적으로 기여할 수 있는 새로운 협력사업들을 추진하기로 합의하였다. 이 외에도 개성공단 통행·통신·통관 등 3통 문제해결에 합의함으로써 한국기업의 대북투자 환경개선을 확대하였다.

양 정상은 10월 4일 6·15공동선언 적극 구현 등 8개 항으로 구성된 '남북관계 발전과 평화번영을 위한 선언'에 합의하고 이에 서명하였다. 2000년 6·15남북공동선언이 분단 이후 단절된 남북대화를 재개한 선언적 성격이었다면, 2007년 남북정상선언은 정치·화해, 평화, 경제협력, 사회문화, 인도분야 등 40여 개의 의제를 담고 있었다. 정상회담 이후 한국정부는 "단기적이고 일회성이었던 경협사업을 장기적이고 지속적인 쌍방향 투자 협력으로 전환하고 경제협력을 통해 상호이익을 도모하는 관계를 형성해 평화의 물질적 토대를 구축하고 나아가 하나의 경제권을 추구해 나간다는 목표를 제시하고 있다"라고 발표하였다.[16]

10·4정상회담에 대해서는 찬성과 비판의견들이 뒤따랐다. '남북관계 발전과 평화번영을 위한 선언'에 대하여 '상당히 구체화되고 훌륭한 합의', '평화와 번영을 연결시킨 합의', '남북이 윈-윈하는 합의', '평화번영 단계로 발

전을 위한 강력한 드라이브를 걸 수 있는 메커니즘'이라는 긍정적 평가가 있었던 반면, 북한의 확고한 비핵화 의지가 없는 점에 대하여 아쉬움을 표현하는 시각도 있었으며 서해 북방한계선(NLL) 문제 등에 양보를 너무 많이 했다는 비판적 의견도 있었다.

정상회담에서 합의한 대로 제1차 남북총리회담이 2007년 11월 14일부터 16일까지 서울에서 개최되었다. 남북 간 주요 현안에 대한 중심협의체가 장관급회담에서 총리회담으로 격상되었다. '남북관계 발전과 평화번영을 위한 선언 이행에 관한 제1차 남북총리회담 합의서'와 '서해평화협력특별지대 추진위원회 구성·운영에 관한 합의서', '남북경제협력공동위원회 구성·운영에 관한 합의서'를 채택하였다.

정상회담을 계기로 남북 간의 하위급 회담들도 활기를 띠게 되었다. 군사분야에서는 2000년 9월 25일 제주도에서 개최되었던 제1차 남북국방장관회담 이후 7년 만인 2007년 11월 27일 평양에서 제2차 남북국방장관회담이 재개되었고, 장성급 군사회담과 군사실무회담 등을 통해 군사적 신뢰구축과 남북경협사업의 군사적 보장에 합의하는 성과를 이루었다. 2007년 12월 12일부터 14일까지 개최된 제7차 장성급 회담에서는 '동서해지구 남북관리구역의 통행, 통신, 통관의 군사적 보장을 위한 합의서'가 채택되었다. 2000년 이후 남북군사회담을 통해 12건의 합의서가 채택되었으나, 실질적으로 신뢰구축과 직결되는 생산적인 합의는 별로 이루어지지 않았다.

정상회담 전후로 남북경협이 포괄적·체계적으로 추진되었다. 참여정부 출범 이후 정상회담 이전까지 남북경제협력추진위원회가 9차례 개최된 것을 비롯하여 철도·도로 실무접촉, 개성공단 실무접촉 등 총 57회의 경제회담이 개최되어 개성공단 건설, 남북 철도·도로 연결, 금강산 관광사업 등 3대 경협사업이 안정적 궤도에 진입할 수 있게 되었다. 특히 2005년 7월 개최된 제10차 남북경제협력추진위원회를 계기로 상호호혜적인 새로운 방식의 경협사업이 추진되었고, 농업·수산업·경공업·광업 등 경협사업의 범위가 산업의 전 분야로 확대되었다. 2005년 8월까지 경협 관련 13개 합의서가 국내 비준 절차를 거쳐 공식 발효되었고 개성공단 통행·통신·통관문제가 실질적으로 개선되었다. 정상회담 이후 경제분야의 중심협의체로서 차관급의 남북경제협력추진위원회가 부총리급인 남북경제협력공동위원회로 격상되었으며, 이 위원회 산하에 철도, 도로, 개성공단, 보건의료·환경보호, 농수산, 조선·해운, 경협제도, 자원개발 등 8개 분과위원회가 신설되었다.

인도·사회문화분야에서는 두 차례의 남북적십자회담 및 실무접촉을 통해 이산가족 상봉의 확대시행과 국군포로·납북자 문제해결에 합의함으로써 인도적 문제해결에 진전을 이루었다. 또한 2007 남북정상선언에서 백두산 관광 및 서울-백두산 직항로 개설, 경의선 열차를 이용한 남북응원단의 2008 베이징올림픽 참가 등에 합의함으로써 사회문화분야 회담의 저변이 확대되었다. 특히 제1차 남북총리회담에서 '남북사회문화협력추진위원회' 구성이 합의됨에 따라 향후 역사·언어·교육·문화예술·과학기술·체육 등 사회문화 전 분야에 걸친 협력사업을 추진하였다.

남북한 경제협력의 확대·발전에 따라 2007년 남북 간 인적·물적교류도 대폭 증가하였다. 최고치를 기록한 2007년의 남북 왕래 인원은 약 16만 명, 남북교역액은 약 18억 달러에 달하였다. 이명박정부가 들어선 2008년에 1만 4,120명으로 줄었다가 다시 늘어나 2011년에는 11만 6,047명이 북한을 방문하였다. 남한을 방문한 북한 사람들은 2005년 1,313명으로 최고치를 기록하였고, 2011년에는 단지 14명 만이 남한을 방문하였다.

표 4.3과 표 4.4에 나타나있듯이, 2000년 남북정상회담 및 2004년 개성공단 본격 가동을 기점으로 남북 인적교류와 교역 규모가 큰 폭으로 성장하였다. 2005년 남북교역액은 사상 최초로 10억 달러를 넘어섰다. 1988년 7·7선언에 따라 남북교역이 시작된 후 1991년 1억 달러를 넘어선 이래 14년 만에 10억 달러를 초과한 것이다. 2007년 남북교역 규모는 남북정상회담 등 남북관계 진전과 북한의 수요, 6자회담 합의 이행의 대내외적 화해

표 4.3 연도별 인적교류 현황

(단위: 명)

년도	1989~2001	2002	2003	2004	2005	2006	2007	2008	2009	2010	2011
북한방문	27,154	12,825	15,280	26,213	87,028	100,838	158,170	14,120	120,616	130,119	116,047
남한방문	1,534	1,052	1,023	321	1,313	870	1,044	332	246	132	14
합계	28,688	13,877	16,303	26,534	88,341	101,708	159,214	14,452	120,862	130,251	116,061

표 4.4 남북교역 현황

(단위: 백 만 달러)

구분	1989~ 2000	2001	2002	2003	2004	2005	2006	2007	2008	2009	2010	2011	계
반입	1,616	176	272	289	258	340	520	765	932	934	1,044	914	8,062
반출	908	227	370	435	439	715	830	1,032	888	745	868	800	8,258
계	2,526	403	642	724	697	1,055	1,350	1,798	1,820	1,679	1,912	1,714	16,302

분위기 속에서 2006년 대비 33.2% 증가한 17억 9,789만 달러로 사상 최대치를 기록하였다. 이는 개성공단 입주업체 생산품 반입증가 및 북한산 농수산물·광산물 반입 증가 등 상업적 거래가 대폭 늘어난 데 따른 것이다. 2007년 교역규모를 반입·반출로 구분하여 살펴보면, 반입은 7억 6,534만 달러로 전년 대비 47.2% 증가했고 반출은 10억 3,255만 달러로 전년 대비 24.3% 증가하였다.

5) 남북한관계의 퇴보와 활로 모색

김대중정부의 등장으로부터 시작하여 노무현정부까지 10년 동안 남북한관계는 분단 이후 어느 시기보다 돈독한 관계를 유지하였다. 그러나 2008년 남한의 정권교체가 되어 보수적인 이명박정부가 들어서면서 남북한관계는 새로운 국면을 맞게 되었다. 이명박정부가 들어선 이후 북한은 그 전 해의 남북한 정상회담에서 발표된 10·4선언의 이행을 더욱 강조하였다. 10·4선언은 "외세의 지배와 간섭을 배격하고 우리 민족의 자주적 발전과 통일을 추동하는 고무적 기치"이다. 10·4선언에는 "남북관계를 확대·발전시키기 위한 구체적인 방향과 방도가 제시되어 있으며, 현실적이고 시급히 해결해야 할 긴박한 문제들을 폭넓게 담고 있다." 10·4선언이 '민족의 자주적 운명 개척의 고무적 기치'가 되는 이유는 '민족자주의 원칙, 우리 민족끼리의 이념'에 기초하고 있기 때문이라고 강조하였다. 북한은 특히 '우리 민족끼리'라는 어휘를 강조했는데, 즉 "남북관계, 조국통일운동에서 제기되는 문제는 당사자들인 우리 민족끼리 해야 하며 외세가 끼어들면 그 실현에 장애만 조성된다"는 논리였다.[17]

북한은 이명박정부가 전임 대통령들과 정상회담을 하여 발표된 6·15와 10·4공동선언을 완전히 무시하는 데 대하여 강한 반발을 하였다. 북한은 양 공동선언을 '조국통일의 표대', '이정표'라고 칭하며 이 선언들의 이행을 강조하였다. 북한은 남북공동선언들을 부정하는 것은 '통일에 대한 부정, 남북관계 발전에 대한 부정'이며 그 이행을 차단하는 것은 '민족자주 통일을 가로막고 외세와 작당하여 흡수통일 야망을 실현하려는 흉계'의 발로라고 주장하였다.[18] 이명박정부가 6·15와 10·4선언을 이행할 의지를 보이지 않고, 대북정책으로 '비핵·개방 3000'을 제시하자, 이에 대하여 맹렬하게 비난하였다. 비핵·개방 3000은 북한이 비핵화를 하면 개방을 시켜줘서 1인당 국민소득을 3,000달러까지 오르게 해주겠다는 내용의 선언이었다. "비핵·개방 3000은 민족의 이익을 외세에 팔아먹고 대결과 전쟁을 추구하며 남북관계를 파국으로 몰아넣는 반통일 선언"이라고 하면서, 이는 이명박정부의 '반통일성과 반민족성을 보여 주는 허황한 망상'이라고 주장하였다.[19] 결국 남북관계는 단절되었고, 표 4.5에서 볼 수 있다시피 그동안 명맥을 유지하던 남북대화도 중단상태에 이르게 되었다.

특히 북한은 남한정부가 북한 핵문제에 개입하는 데 대하여 민감한 반응을 보였다. 남한정부의 '핵 포기 우선론'은 핵문제 해결에 장애만 조성하여 남북관계도 평화도 부정하는 '대결 선언, 전쟁 선언'이라고 비난했다.[20] 더불어 개방 요구는 '우리 제도에 대한 변질'과 자유민주주의체제에 흡수할 것을 도모하는 것으로 '대결과 전쟁'만 가져올 것이라고 경고했다. "'개방'을 말하는 것은 우리의 존엄과 체제에 대한 도발이며 '인권문제'도 우리에 대한 무지를 드러낸 것임과 동시에 남북관계를 대결로 몰아가기 위한 고의적인 정치적 도발"이라고 주장하였다. 남한정부가 상호 비방 중상과 내정간섭을 하지 않기로 한 남북관계의 기본원칙을 모르고 있다는 비난을 했다. '국민소득 3000'을 언급하는 것은 '간상배, 사기 협잡꾼의 반공화국 모략의 산물'이라고 주장했다. 북한은 비핵·개방 3000에 대하여 '북한에 대한 대결 선언, 전쟁 선언' 등으로 표현하며 연이어 비난을 지속하였다.[21]

남한정부의 대북정책을 강하게 비판한 북한은 자신들의 요구는 강력하게 제시하였다. 2008년 5월 30일 북한은 남북군사 실무회담 북측 대표단장

표 4.5 분야별 남북회담 개최 현황

구분	'71~00	2001	2002	2003	2004	2005	2006	2007	2008	2009	2010	2011	계
정치	207	2	4	5	2	10	5	13	–	–	–	–	248
군사	4	2	9	6	5	3	4	11	2	–	1	1	48
경제	8	3	14	17	13	11	8	22	3	4	3	–	106
인도	121	1	3	7	2	4	3	3	–	2	4	–	150
사회문화	34	–	2	1	1	6	3	6	1	–	–	–	54
합계	**374**	**8**	**32**	**36**	**23**	**34**	**23**	**55**	**6**	**6**	**8**	**1**	**606**

명의의 대남 통지문을 발송하여, 남한정부가 군부와 우익반공단체를 동원하여 북한을 비방 중상하는 '반공화국 전단(삐라)살포행위'를 하고 있다고 주장하면서 이의 중단을 요구하였다. 이러한 행위는 6·15공동선언과 10.4선언 이행을 위한 쌍방의 군사적 합의를 부정하는 또 하나의 새로운 도발로서 민족의 화해·통일에 역행하며 나라의 정세를 긴장시키고 '전쟁의 불구름'을 몰아오려는 반평화적 처사라고 비난하였다. 북한은 삐라살포행위를 즉시 중단하는 동시에 이에 가담한 당사자들과 관련 기관, 단체들을 처벌하고 민족 앞에 사죄하도록 하는 조치를 취해 줄 것을 요구하였다. 남북한은 2004년 6월 제2차 장성급 군사회담에서 군사분계선 지역에서 방송과 게시물, 전단 등을 통한 모든 선전 활동을 2004년 6월 15일부터 중지하기로 합의한 바 있다. 이 합의에 따라 남한정부는 정부 차원의 모든 선전 활동을 중단하였으나, 민간 차원의 행위에 대해서는 사회의 특성상 완전히 통제하는 데 어려움이 있었다. 북한이 전단살포와 관련하여 강력하게 항의하고 중지 요구를 한 것은 내부적으로 주민통제 및 사상교양사업 등을 통해 자본주의 사조 유입 차단에 장애요인이 되고, 전단살포 확산으로 인한 체제 이완을 우려하여 이를 견제하려는 의도가 있는 것으로 풀이되었다.

설상가상으로 이명박정부가 들어선 이후 남북한관계를 악화시키는 여러 가지 사건들이 발생했다. 가장 먼저 일어난 사건은 금강산 관광객 총격 사망 사건이었다. 2008년 7월 11일 금강산 관광객 박왕자 씨가 오전 5시 15분경 금강산 관광지구 내 군사 통제지역에서 북한군 초병으로부터 두 발의 총격을 받고 그 자리에서 사망하였다. 남한정부는 사건 다음 날인 7월 12일부터 사건의 진상이 규명될 때까지 금강산 관광을 중단시켰다. 남한의 북한에 대한 책임추궁에 대해 북한은 "유감스럽게 생각한다"면서도 이 사건은 남측에 책임이 있다고 주장하였다. 관광객이 북한의 군사통제구역을 침범하여 정지 요구를 했는데 달아났기 때문에 사격을 했다는 주장을 하면서 사고의 책임이 전적으로 남측에 있다고 주장하였다. 남한이 책임을 지고 사과를 하는 동시에 재발 방지 대책을 세워야 한다고 강조했다. 남한정부가 금강산 관광을 잠정 중단하도록 한 것은 북한에 대한 도전이라고 하면서, 북한도 남한이 사과하고 재발방지대책을 세울 때까지 남한의 관광객을 받지 않을 것이라고 경고하였다. 금강산 관광은 2008년 7월 관광이 중단되기까지 9년 8개월 동안 약 196만 명의 남한 관광객들이 금강산을 다녀오면서 남북교류사업 중 가장 많은 인적교류를 기록하였다.

북한은 남한정부의 금강산 관광 중단에 대한 보복조치를 취했다. 2008년 11월 12일 북한은 남북장성급 군사회담 단장 명의로 "12월 1일부터 군사분계선을 통하는 모든 육로통행을 엄격히 제한, 차단하는 조치를 실시한다"고 통보하였다. 12·1조치는 모든 남북 간 교류협력과 경제거래를 목적으로 한 인원의 (육로)통행 제한, 남북 육로통행 시간대와 인원수 축소, 개성공단 상주 인원 감축, 남북 간 철도운행과 개성 관광 중단, 경협사무소 폐쇄 등을 골자로 하였다. 이 조치로 우선 경의선 도로를 통한 남북 간 왕래 횟수(시간대)가 매일 출경(방북) 12회, 입경 7회에서 출·입경 각각 3회로 축소되었다. 그리고 3,000명 정도의 개성공단 상주체류증 소지자가 880명으로 제한되었다. 2007년 12월 11일 개통되었던 경의선 열차의 운행이 중단되었고 2007년 7월 관광객 피살사건으로 중단된 금강산 관광에 이어 개성 관광도 중단되었다. 북한의 통행 제한 조치는 2009년 8월 20일까지 지속되었다. 이 조치로 남북한 교류협력의 가장 발전된 형태인 개성공단 합작 사업의 유지가 원활하지 못했다.

이명박정부 시절에 남북한관계의 진전을 가로막는 사건이 계속 발생했다. 2009년 3월 30일 현대아산 근로자 유성진씨가 북한체제를 비판하고 개성공단에서 근무하는 북한 여성의 탈북을 유도했다는 이유로 북한당국에 의하여 억류되었다. 북한은 이 사건에 대한 남한 보수언론의 보도 태도에 대해 강력하게 비판했다. 북한당국은 한국정부와 보수언론들이 '개성공업지구와 금강산 관광지구의 출입 및 체류에 관한 합의서'를 북한이 위반했다고 주장하면서 '인권침해'로 몰아붙이는데 이는 '반공화국모략책동' 전략이라고 비판하였다. 유성진은 개성공단에서 북한의 '존엄 높은 체제'를 비판하면서 '공화국의 자주권을 침해'하고 해당 법에 저촉되는 행위를 하였다고 주장하였다.[22)]

유성진이 억류된 후 40여 일이 지난 2009년 5월 15일 북한 '중앙특구개발지도총국'은 개성공단관리위원회에 개성공단 사업 관련 기존 법규와 계약의 무효를 선포하는 통지문을 보냈다. 북한은 개성공업지구의 제도적인 특혜조치들을 전면적으로 재검토하고 재협상하기 위한 실무접촉에서 남한이 불성실한 태도를 보이고 회담을 지연시키는 데 대한 불만을 표하면서, 특히 '의제 밖의 문제'인 유성진 문제를 '실무접촉의 전제조건'으로 내세우는 데 대해서도 강한 유감을 표명하였다. 이러한 상황에서 북한은 불가피하게 6·15공동선언의 정신에 따라 남측에 특혜적으로 적용하였던 토지임대값과 토지사용료, 노임, 각종 세금 등 관련 법규들과 계약들의 무효를 선포하고, 변화된 정세와 현실에 맞도록 법과 규정, 기준을 개정하기 위한 절차에 착수할 것이라고 선언하였다. 남한 기업들과 관계자들은 이상의 사항을 "무조건 받아들여야 하며 이를 집행할 의사가 없다면 개성공업지구에서 나가도 무방"하다고 경고하였다. 그리고 "이제 앞으로의 사태가 어떻게 더 험악하게 번져지는가 하는 것은 전적으로 남측의 태도 여하에 달려 있다"고 위협했다.[23] 이전의 김대중, 노무현정부와 달리 북한에 대하여 강경정책을 펼치고 있는 이명박정부에 대해 북한은 개성공단문제를 통해 불만을 표시하고 공세적으로 나가기 위한 전략을 구사하고 있는 것으로 평가되었다.

이에 대하여 남한정부는 북한의 일방적 조치를 받아들이지 않는다면 개성공단에서 나가도 좋다고 한 것은 북한 스스로 개성공단 사업에 대한 의지가 없음을 보여 준 매우 무책임한 처사라고 비판하였다. 북한이 거론한 기존 법 규정 및 계약의 개정과 시행문제는 개성공단의 안정과 향후 진로에 관련된 중요한 문제이기 때문에, 이에 대한 남북 당국은 물론, 개발사업자와 공단에 입주한 기업들의 의견을 존중해야 하며, 상호 합의가 전제되어야 한다고 강조했다. 북한은 남한이 유성진 문제해결을 전제조건으로 내세우면서 회담을 지연시켰다고 비난하고 있으나, 남한의 입장에서 유성진 문제는 개성공단에서 일하고 있는 한국 근로자 전체의 신변 안전에 관련된 문제이기 때문에 개성공단의 가장 중요하고 본질적이며 당면한 현안이라고 주장했다. 남한정부는 북한이 관련 법 규정들 및 계약들의 무효 선언을 즉각 철회하고 남한이 제의한 당국 간 실무회담에 조속히 호응해 나오기를 촉구하였다.

이에 대해 북한은 '우리 민족끼리'의 이념에 따라 민족의 공리공영을 도모하기 위하여 닫혀 있던 군사분계선을 열어놓고 중요한 군사적 요충지들을 개방하는 동시에 토지임대료, 노동자임금, 각종 세금 등 경제적인 특혜조치를 남한에 부여해 왔는데, 남한정부가 여러 장애를 조성하고 있다고 비난하였다. 남한에서는 북한이 개성공업지구를 폐쇄하려는 수순을 밟고 있다는 내용의 보도가 있지만, 북한은 일관되게 개성공업지구사업을 원만히 추진시키려 하고 있다고 단언하였다.[24] 북한은 남한정부가 6·15공동선언과 10·4선언을 부정하기 때문에 개성공단 특례조치를 무효로 할 수밖에 없다는 논리를 지속해서 전개하였다. 이는 북한의 일방적인 개성공단 관련

'특례조치 무효화' 통지로 인한 위기상황의 책임을 남한정부에 전가하고, 남남 갈등을 유발하기 위한 의도로 평가되었다. 북한은 핵실험 이후 국제적인 비난에 직면하여 개성공단을 '우리민족끼리 이념의 주요 산물'이라고 강조하며, '개성공단 사업의 원만한 추진'이 북측의 일관된 입장이라고 주장하였다.

남한의 입장에서도 개성공단이 폐쇄되면 천문학적인 액수의 손실이 예상되었다. 개성공단 폐쇄 시 국내 모기업의 부실과 6,000여 협력업체의 동반 부도로 인한 직접적인 경제 피해만 6조 원에 달하고, 한반도 안보리스크 증가로 인한 국가신인도(한 국가의 국가위험도, 국가신용도, 국가경쟁력, 국가부패지수, 경제자유도, 정치권리자유도 등을 평가한 지수) 하락, 외국자본의 유출 등에 따른 간접 손실까지 고려하면 피해가 14조 원 이상이 될 것이라는 평가가 있었다. 북한도 공단 폐쇄 시 근로자 임금 등 연간 4,000만 달러의 수입이 중단되는 등 남과 북의 경제력을 감안한 상대적인 피해는 북한에 더 치명적이라고 분석되었다.[25] 결국 개성공단이 폐쇄되면 남북한 경제에 상당한 악영향을 미칠 것이고, 남북한관계는 최악의 상황이 될 것이기 때문에 남북한 모두가 선부르게 결정하기는 어려운 문제였다. 이러한 공단 내의 공장들을 한번 폐쇄하면 재개하기가 쉽지 않기 때문에 더욱 조심스러운 접근을 하여, 양측이 파국은 막으려는 입장을 보였다.

이명박정부 시기에 남북관계가 항상 악순환된 것만은 아니었다. 2009년 8월 4일 미국의 클린턴 전 대통령이 북한을 방문했고, 북한은 5개월간 억류되었던 두 명의 미국 여기자를 석방했다. 남한에 대해서도 유화적인 태도를 보이기 시작하였다. 2009년 8월 8일 북한은 『로동신문』 논평을 통하여 "협력과 교류를 실현하기 위한 실천적 조치들을 취하는 것은 북남관계를 근본적으로 개선 발전시키기 위한 현실적 방도"라고 이례적으로 주장하였다. 한국정부의 '동족대결적인 대북정책'으로 말미암아 남북한관계가 사상 최악의 상태에 처하고 한반도의 평화가 위협당하고 있다고 하면서, "우리 민족끼리의 기치 밑에 북과 남이 상대방의 사상과 제도를 인정하고 존중하면서 화해와 단합, 협력과 교류를 실현하기 위한 실천적 조치들을 취하는 것은 북남관계를 근본적으로 개선 발전시키기 위한 현실적 방도"라고 강조하였다. '남북관계의 최악 상태' 및 '화해와 단합, 협력과 교류' 등의 용어를 사용하면서 남한정부를 비난하기보다는 '관계개선 필요성'을 강조했다. 이명박 정부 수립 이후 남한정부를 대화상대로 인정하지 않고 원색적 비난 및 반정부투쟁 선동에 주력하던 북한이 남북 관계개선을 위한 '상대방 인정·존중', '공동선언 이행을 위한 책임적 조치' 등을 강조한 것이다.

특히 관광객 피격 사망 사건으로 2008년 7월 12일부터 잠정 중단되었던 금강산 관광 재개를 위한 논의가 시작되었다. 관광 중단의 원인이 북한 군인의 총격에 의한 관광객 사망이었기 때문에, 남한정부는 관광 재개 조건으로 진상규명, 재발 방지 대책 마련, 신변안전보장 강화를 북한에 요구하고 있었다. 그러나 북한의 만족할만한 조치가 이루어지지 않자 한국정부는 금강산 관광 재개를 거부하였다. 이후 중단상태가 이어지다가 2009년 8월 10일부터 17일까지 현정은 현대그룹 회장이 방북하면서 금강산 관광에 대한 재논의가 시작되었다. 현 회장의 원래 방문 목적은 북한에 억류된 개성공단 근로자 유성진 씨 문제를 해결하기 위한 것이었으나, 실질적으로는 남북한 관계를 풀어나가는 데 일정 역할을 하였다. 현 회장은 8월 10일 2박 3일 일정으로 방북하였으나, 5차례에 걸쳐 방북 일정을 연기하며 8월 17일까지 체류하였으며, 8월 16일 김정일과 면담했다. 면담 이후 현대그룹과 북한의 조선아시아태평양평화위원회 사이의 공동보도문이 발표되었다. 양측은 아래와 같이 실행할 것을 합의하였다.

1. 중단된 금강산 관광을 이른 시일 안에 재개하며 금강산 제일봉인 비로봉에 대한 관광을 새로 시작하기로 하였음. 관광에 필요한 모든 편의와 안전이 철저히 보장될 것임.

2. 남측 인원들의 군사분계선 육로통행과 북측 지역 체류를 10·4선언 정신에 따라 원상대로 회복하기로 하였음.
3. 군사분계선 육로통행이 정상화되는 데 따라 개성 관광을 곧 재개하고 개성공업지구사업을 활성화해 나가기로 하였음.
4. 현대는 백두산 관광을 위한 준비사업이 추진되는 데 따라 관광을 시작하기로 하였음.
5. 민속 명절인 추석에 금강산에서 북과 남의 흩어진 가족, 친척들의 상봉을 진행하기로 하였음.

금강산 관광과 더불어 개성 관광 및 백두산 관광에 대한 합의가 이루어졌다. 양측은 6·15공동선언과 10·4선언에 따라 남북관계를 개선하고 민족공동의 번영을 위한 협력사업을 적극 발전시켜나갈 의지를 표명하였다. 현 회장이 북한을 방문하고 있는 동안 북한은 개성공단 근로자 유성진을 억류한 지 137일 만인 8월 13일 추방 형식으로 석방하였다. 남한정부가 개입하지 않는 상황에서 민간업자가 대북관계의 물꼬를 트기 시작하였다.

남북한 관계개선의 조짐은 김대중 전 대통령 서거에 대한 북한의 조문으로 이어졌다. 북한은 2009년 8월 18일 김대중 대통령의 서거 이후 조전을 발송하였고, 특사 조의방문단 6명이 8월 21일 서울을 방문하였다. 북한은 조문단의 남한 방문에 대하여 '국방위원회 위원장 김정일 동지의 위임에 따라 특사 조의방문단'의 방문이라는 표현을 쓰면서 '특사'라는 점을 강조하였다. 방문단의 일원이었던 김양건 통일전선부장은 '특사'라는 점을 강조하면서, 특사단은 "남북 관계개선의 임무를 부여받았다. 누구든 만나서 모든 분야에서 톡 까놓고 솔직하게 얘기하자"라는 발언을 하였다.[26] 방문단은 체류기간을 예정보다 하루 연장하여 8월 23일 이명박대통령을 면담하였다. 김정일은 조전에서 "김대중 전 대통령은 애석하게 서거하였지만 그가 민족의 화해와 통일념원을 실현하기 위한 길에 남긴 공적은 민족과 함께 길이 전해지게 될 것"이라고 언급하였다. 북한의 특사 조의방문단은 김기남 로동당 중앙위원회 비서를 단장으로 하여, 김양건(로동당 통일전선부장·조선아시아태평양평화위원장), 원동연(아태평화위 실장), 맹경일·리현(아태평화위 참사) 등 6명으로 구성되었다. 접견 시 이대통령은 남한정부의 일관되고 확고한 대북원칙을 설명하고 이를 김정일에게 전달해 달라고 당부하였다. 청와대 예방 후 김기남 비서는 기자들의 질문에 "다 잘되었으며, 좋은 기분으로 간다"라고 언급하였다.

조문단의 방문을 계기로 남북한 관계개선의 새로운 계기가 마련되었다. 방문단의 서울 도착일인 8월 21일을 기해 북한은 남측 인원에 대한 통행 및 체류에 제한을 가한 '12·1조치'를 전면 해제하였고, 이를 계기로 남북관계의 각종 '교두보'가 복원될 것으로 기대되었다. 북한은 12·1조치를 해제하면서, 개성 남북경협사무소의 재가동, 경의선 철도운행 재개, 육로 방북 시간 및 출입 인원수 원상회복 등의 조치를 취하겠다고 발표하였다. 또한 북한은 그동안 이명박정부와 대통령에 대해 사용해 오던 '역도' '역적패당' 등의 용어 사용을 자제하면서 '이명박 대통령'이라고 호칭하였다.[27)]

2009년 김정일이 와병 중이라는 소식이 알려진 이후 북한은 비교적 유연한 대외정책을 추진했다. 아들 김정은에게 권력을 물려 주려는 의도를 가진 김정일의 입장에서 대외문제의 부담을 덜어 주고 권력을 승계하기 위해 대외적으로 화해정책을 추구한 것으로 보인다. 2010년 초 북한은 대외관계의 개선을 모색하였다. 당시 북한은 사회주의 강성대국 건설과 안정적 권력승계를 위한 여건 조성, 외부로부터의 안보위협 해소, 외교적 고립탈피 등의 과제에 직면하여 있었다. 우선 미국과의 평화협정회담을 제의하였으나 미국의 거부로 성사되지 않자, 북한은 남한과의 관계개선을 모색하였다. 북한은 2010년 1월 14일 금강산 및 개성 관광 재개를 위한 남북 실무접촉을, 1월 22일에는 개성공단 통행·통관·통신 등 3통문제를 협의하기 위한 군사실무회담 개최를 제안하였다.

북한의 제안에도 불구하고 남북한관계는 쉽게 해빙되기 어려웠다. 남한정부는 북한의 제안에 응하되, 남한이 남북대화를 주도할 수 있는 국면을 조성하고자 했다. 이에 대하여 북한은 강경 자세를 보이기 시작하였다. 2010년 1월 26일 북한은 서해 북방한계선 남측 수역 내에 항해 금지 수역을 선포하고 1월 27일부터 29일까지 NLL 이북 해안에 다수의 해안포를 발사하였다. 북한 인민군 총참모부는 이 수역에 대한 배타적 권리를 주장하는 한편, 서해 해상에는 오로지 북한이 인정하는 해상 군사분계선만이 있을 뿐이며 이 수역에서의 포실탄 사격훈련은 계속될 것이라고 선언하였다.[28)]

이러한 강경한 군사적 조치를 취하기 시작한 북한은 개성 관광(3월)·금강산 관광(4월)의 일방적 재개를 선언하고, 관광이 재개되지 않을 경우 모든 관련 계약·합의 파기 및 금강산 지구 내 남측 부동산 동결 등을 위협하였다. 2010년 3월 25일에서 3월 31일까지 금강산 지구 내 남한 소유의 부동산조사를 하였다. 2010년 4월 8일 북한의 명승지종합개발지도국은 금강산 관광이 장기간 재개되지 않자, 남한 소유 부동산에 대한 조사에 이어 남한 소유 자산을 동결하는 등 4개 항의 행동 조치를 일방적으로 선포하였다.

1. 일차적으로 남조선 당국의 자산인 금강산면회소와 소방대 그리고 '한국관광공사' 소유의 문화회관, 온천장, 면세점을 동결하고 그 관리 인원을 추방함.
2. 이번 부동산조사에 참여하지 않은 남측의 '현대증권', '이든상사', '평안섬유공업주식회사'의 사업권을 박탈하고 그 관계자들의 금강산 출입을 불허함.
3. 남조선 당국에 의해 현대와의 관광 합의와 계약이 더 이상 효력을 가질 수 없게 되였으므로 곧 새로운 사업자에 의한 국내 및 해외 금강산 관광이 시작될 것임.
4. 남조선 보수패당이 공동선언의 정신과 민족의 지향에 배치되게 대결의 길로 계속 나가는 경우 개성공업지구사업도 전면 재검토되게 될 것임.

한국정부는 통일부 대변인 성명을 통해 남북관계를 근본적으로 훼손시키는 북한의 '불법 부당한 조치'에 대해서 강력하게 대응해 나갈 것이라는 입장을 발표하였다. 향후 남북관계가 악화하는 데 따르는 모든 책임은 전적으로 북한에 있으며, 북한의 이러한 조치는 사업자 간, 그리고 남북 당국 간 합의와 규제규범에 어긋나는 것으로 수용할 수 없으며, 남북관계를 근본적으로 파탄시키는 부당한 조치라고 주장했다.

북한은 날이 갈수록 금강산 관광사업에의 참여를 희망하는 새로운 사업자들이 늘어나고 있으며, 남한 당국이 관광 재개를 끝까지 가로막아 나서며 버티는 이상 북한은 천명한 대로 '단호한 징벌 조치'들을 연속 취해 나갈 것이라고 경고하였다. 2010년 4월 23일 명승지종합개발지도국은 '금강산 관광지구 내 남측 당국의 자산 몰수' 및 '남측 민간 부동산 동결 및 관리 인원 추방' 조치를 발표하였다. 해당 기관의 위임에 따라 금강산 관광지구 남측 부동산에 대한 1차 동결조치의 연속으로 이차적인 행동 조치에 들어간다는 것을 선포하였다.

① 이미 동결된 남 당국 자산인 금강산면회소 등 5개 대상을 몰수함. 몰수된 부동산들은 법적 절차에 따라 공화국이 소유하거나 새 사업자들에게 넘겨지게 될 것임.
② 금강산지구에 있는 나머지 전체 남측 부동산을 동결하고 그 관리 인원들을 추방함.

이어서 4월 29일에는 기존의 최고인민회의 상임위 정령 '금강산 관광지구를 내옴에 대하여' (2002년 10월 23일)를 대체하여 '금강산 국제관광특구를 내온다'라는 정령을 발표하고, 5월 31일에는 기존 '금강산 관광지구법'을 대체하여 '금강산국제관광특구법'을 채택하는 등 그동안 남한 측 사업자와의 모든 약속을 일방적으로 파기하는 조치를 취하였다.

2010년 11월 11일 북한의 명승지종합개발지도국은 '관광 재개문제와 관련한 북남당국간 실무회담을 시급히 개최할 데 대한 통지문'을 통일부에 보냈다. 통지문은 2010년 10월 2일과 14일 2차례에 걸쳐 관광 재개 회담을 가질 것을 제의한 데 대해 남한정부가 '검토', '추후 통보'하면서 답변을 끌고 있는 데 대하여 유감을 표시하고 흩어진 가족, 친척 상봉 정상화를 위해서도 시급히 필요하므로 관광 재개를 위한 당국 간 실무회담을 11월 19일 개성에서 가질 것을 제의하였다. 이 회담이 개최되면 11월 25일에 진행되는 남북적십자회담에도 유리한 분위기가 마련될 것이라고 주장하였다.[29)]

이에 대하여 통일부는 11월 17일 남북 당국 간 회담을 위해서는 북한이 금강산 관광지구 내 남측 시설에 대한 동결과 몰수 조치부터 철회해야 한다는 통지문을 발송했다. 이에 대하여 북한은 즉각적인 반응을 보였다. 명승지종합개발지도국은 다음날인 10월 18일 관광 재개 회담을 개최하자는 3차례나 되는 통지문에 대해 '검토', '차후 통지' 하면서 근 50일이나 끌다가 남측 부동산 몰수, 동결조치를 회담 전제조건으로 내거는 '무성의'한 통지문을 보내온 데 대해 심한 유감을 표시하면서, 남측의 태도는 "언론들도 평하고 있는 바와 같이 사실상 회담을 거부하는 것이나 다름없다"고 지적하였다.

2011년 중반 들어 남북한은 금강산 관광을 재개하기 위한 협상을 몇 차례에 걸쳐서 실시하였다. 남한 측이 '금강산 국제관광 특구법'을 폐지하라는 요구를 하였고, 북한은 이를 되돌릴 수 없다고 하면서, 남한을 배제한 관광사업을 시작하였다. 2011년 8월 말부터 외국 언론사와 관광회사 관계자를 대상으로 '나선-금강산 시범 크루즈관광'을 실시하여 부두시설, 온정각, 문화회관, 금강산호텔(북측 자산을 현대아산이 임차하여 리모델링 투자) 등 한국 측 시설을 사용하면서 금강산 국제관광을 실시하기 시작하였다.

2011년 8월 22일 북한은 '금강산국제관광특구지도국' 대변인 담화를 통해 금강산 관광특구내 남측 모든 재산에 대한 실제적인 법적 처분 단행, 21일부터 물자·재산의 반출 중지, 체류 인원 72시간 내 철수 등의 조치를 발표하였다. 북한은 남한정부의 '일방적인 관광 중단'으로 인해 막대한 피해를 보고 있는 남한 기업들의 재산 보호를 위해 수차례에 걸쳐 협상 기회를 마련하고 여러 가지 선택방안도 제시하는 등 모든 성의와 노력을 다하였으나, 남한정부가 방해를 하므로 이미 예고한 대로 2011년 7월 29일 북한법에 따라 남한 재산들에 대한 법적 처분이 된다는 것과 남한 기업들이 3주일 안에 입회하지 않으면 재산권을 완전히 포기한 것으로 인정하고 엄정처분하게 될 것이라는 점을 통고한 바 있다고 주장하였다. 북한의 성의 있는 노력에도 불구하고 남한정부가 금강산 관광 재개도 안 하고, 재산등록도 거부해 금강산국제관광특구법 제26조와 제40조 등 관련 법률에 따라 아래와 같은 조치를 취한다고 선포하였다.

> 첫째, 남측 당국이 남측 기업들의 재산 및 이권 보호를 완전히 포기한 것으로 인정하고 이제부터 금강산국제관광특구에 있는 남측 부동산과 설비 및 륜전기재들을 비롯한 모든 재산들에 대한 실제적인 법적 처분을 단행한다.
> 둘째, 금강산에 들어와 있는 남측 기업들의 물자들과 재산에 대한 반출을 21일 0시부터 중지한다.
> 셋째, 금강산국제관광특구에 남아 있는 남측 성원들은 72시간 안에 나가야 한다.

2009년 현정은 회장의 방북과 김대중 대통령 조문단의 남한방문으로 재개 움직임이 있었던 금강산 관광은 결국 재개되지 못하였다. 북한은 온 민족과 전 세계의 관심 속에 진행되어 온 금강산 관광사업이 이러한 사태에 처하게 된 책임은 전적으로 남한에 있다고 전가하였다.

2010년에 발생한 천안함 침몰 사건도 금강산 관광 재개를 가로막고 남북한관계를 동결시키는 주요 요인이 되었다. 2010년 3월 26일 백령도 근처 해상에서 한국해군의 초계함인 PCC-772 천안함이 침몰되는 사건이 발생했다. 이 사건으로 한국해군 병 40명이 사망하였고 6명이 실종되었다. 한국정부는 천안함 침몰 원인을 규명할 민간·군인 합동조사단을 구성하였는데, 여기에는 미국, 영국, 스웨덴, 호주, 한국 등 5개국의 전문가 24명이 참여하였다. 합동조사단은 2010년 5월 20일 천안함이 북한의 어뢰공격으로 침몰하였다고 발표하였다. 이 문제는 유엔 안보리 안건으로 회부되었으며, 안보리는 천안함 공격을 규탄하는 내용의 의장성명을 채택하였다.

북한에 의해서 천안함이 침몰되었다는 결론을 내린 한국정부는 북한이 무력위협과 무력행사를 금지하는 유엔 헌장 제2조 제4항, 일체 적대행위의 정지를 보장하는 정전협정 제2초 제12항, 그리고 상대방에 대한 무력사용을 금지하는 남북기본합의서 제2장 제9조를 정면으로 위배했다는 주장을 한 반면, 북한은 자신의 소행이 아니라고 부인했다. 북한은 천안함 피격사건을 지속적으로 '한미가 조작한 특대형 모략 사기극'으로 비난하며, 사고지점 근처에는 암초가 많았다는 점을 들어 좌초한 것이라고 주장하면서, 북한이 제의한 '국방위 검열단' 파견의 수용을 촉구하였다. 2010년 5월 20일 국방위원회 대변인은 "천안호의 침몰 사건이 모종의 정치, 군사적 목적을 추구하기 위해 역적패당이 꾸며낸 의도적이며 강도적인 모략극, 날조극이라고 밖에 달리는 볼 수 없다는 것"이라고 하면서 "천안호의 침몰을 우리와 연계되어 있다고 선포한 것만큼 그에 대한 물증을 확인하기 위하여 국방위원회 검열단을 남조선 현지에 파견할 것"이라고 언명하였다. 북한의 군대와 인민은 남한 당국의 "그 어떤 응징과 보복행위와 그 무슨 제재에 대해서도 그 즉시 전면전쟁을 포함한 여러 가지 강경조치로 대답할 것"이라고 경고하였다.

북한의 부인과 경고에도 불구하고 이명박 대통령은 5월 24일 대국민 담화를 통해 앞으로 북한의 도발을 용납하지 않을 것임을 분명히 하고, 천안함 사건에 대한 북한의 사과와 관련자 처벌을 요구하였다. 이어 통일·외교통상·국방 3부 장관의 합동 기자회견을 통해 대통령의 대국민 담화에 따른 분야별 대응조치를 발표했다. 남북한관계를 보다 건전하고 정상적으로 유도한다는 명분 아래 5개 항의 대북 경제제재 조치가 발표되었다. 첫째, 북한 선박의 남한 해역 운항 전면 불허, 둘째, 남북교역(일반교역, 위탁가공교역 등)을 위한 모든 물품의 반·출입 금지, 셋째, 남한 국민의 방북 불허(개성공단, 금강산 관광지구 예외) 및 북한 주민과의 접촉 제한, 넷째, 북한에 대한 신규투자 불허(진행 중인 사업의 투자확대 금지), 다섯째, 영유아 등 취약계층에 대한 인도적 지원을 제외하고 대북지원사업은 원칙적으로 보류 등이다. 이 조치의 일환으로 개성공단에 대한 신규 진출과 투자확대를 금지하고, 신변 안전을 이유로 개성공단 체류 인원을 평소의 50~60% 수준으로 축소했다.

5·24조치 이후 개성공단을 제외한 일반교역, 위탁가공교역 등 남북경협을 비롯한 거의 모든 남북교류협력사업이 중단되었다. 2010년 남북교역은 5·24조치의 영향으로 일반교역 및 위탁가공 교역이 급감했으나 5·24조치에서 제외된 개성공단의 교역증가로 2009년보다 13.9%가 증가한 총 19억 1,200만 달러를 기록하였다. 그러나 5·24조치의 영향이 본격화된 2011년의 남북교역은 17억 1,400만 달러를 기록하여 전년 대비 10.4% 감소하였다. 이후 일반교역과 위탁가공업을 포함한 남북교역액은 엄청나게 감소했다.

남북한관계는 기복이 심하여 교류와 협력에 제동이 걸리는 적이 많았지만, 남한의 북한에 대한 인도적 지원은 꾸준히 이어졌다. 남한의 북한에 대한 인도적 지원은 1995년 식량지원을 시작으로 지속적으로 이어져 왔다. 남한의 북한에 대한 인도적 지원은 당국 차원의 지원, 민간단체에 의한 기금 지원, 국제기구를 통한 지원, 식량 차관 등의 방식으로 이루어져 왔다. 인도적 지원은 곡물과 비료가 가장 큰 비중을 차지했다. 1995년 쌀 15만 톤을 제공했고, 2006년 10만 톤, 2010년 5,000톤 등 쌀 25만 5,000톤을 무상 지원했다. 2000년 태국산 쌀 30만 톤을 비롯하여 총 쌀 240만 톤, 옥수수 20만 톤을 차관 형태로 지원했다. 1999년에 15만 5,000톤의 비료 지원을 시작한 이후 매년 20만~30만 톤씩 2007년까지 총 255만 5,000톤의 비료를 지원했다.

표 4.6 남한정부별 대북 인도적 지원 (단위: 억 원)

구분		김영삼 정부	김대중 정부	노무현 정부	이명박 정부	박근혜 정부	문재인 정부	계
정부 차원	당국 차원 *식량지원 포함	1,854	5,366	12,574	183	–	–	19,777
	민간단체 통한 지원	–	161	692	300	24	–	1,177
	국제기구 통한 지원	264	626	960	503	391	–	2,744
민간 차원		196	2,406	4,609	1,507	252	49	9,020
합계		**2,315**	**8,558**	**18,834**	**2,494**	**667**	**49**	**32,918**

표 4.7 한국의 대북 인도적 곡물 지원

연도	지원 규모	지원금액	구분
1995년	국내 쌀 15만 톤	1,854억 원	무상
2000년	외국산 쌀 30만 톤 중국산 옥수수 20만 톤	1,057억 원	차관
2002년	국내 쌀 40만 톤	1,510억 원	차관
2003년	국내 쌀 40만 톤	1,510억 원	차관
2004년	국내 쌀 10만 톤 외국산 쌀 30만 톤	1,359억 원	차관
2005년	국내 쌀 40만 톤 외국산 쌀 10만 톤	1,787억 원	차관
2006년	국내 쌀 10만 톤	394억 원	무상
2007년	국내 쌀 15만 톤 외국산 쌀 25만 톤	1,505억 원	차관
2010년	국내 쌀 5천 톤	40억 원	무상
합계	**쌀(국내외) 265.5만 톤 중국산 옥수수 20만 톤**	**11,016억 원**	**무상 2,288억 원 차관 8,728억 원**

출처: 『통일문제이해』 (서울: 통일부, 2019), p. 72

곡물과 비료 이외에 영유아들을 위한 지원도 했다. 2005년에 북한 영유아에 대한 특별지원 장기계획을 수립한 이후 2006년과 2007년에 UMICEF(유엔아동기금)와 WHO(세계보건기구) 등의 국제기구를 통해 100억 원 내외의 영유아 지원사업을 시작했다. 특히 2007년부터 한국 제이티에스, 남북어린이어깨동무 등 국내 민간단체를 중심으로 구성된 5개 컨소시엄이 총 105억 원어치의 영유아 지원사업을 추진했다. 2010년 5·24조치 이후 북한에 대한 인도적 지원도 중단되었으나, 2014년에 재개되었다. 북한 영유아 및 임산부 대상 슈퍼시리얼 및 슈퍼비스킷. 즉 영양 강화식품을 제공하는 사업에 2014년에 700만 달러, 2015년에 210만 달러를 지원했다.

4. 김정은시대의 남북한관계

2011년 12월 19일 김정일 위원장의 사망 소식이 북한 방송을 통해 발표되었다. 한국의 통일부장관은 12월 20일 정부 담화문을 발표하여 "북한 주민들에게 위로의 뜻을 전하고, 북한이 조속히 안정을 되찾아 남북이 한반도 평화와 번영을 위해 협력할 수 있게 되기를 기대한다"는 뜻을 밝혔다. 정부에서는 조의를 표했고, 김대중 대통령과 정몽헌 현대회장 사망 시 북한에서 보낸 조문단의 답방 형식으로 이희호 여사와 현정은 회장의 조문만 허용하고, 일반인들의 조문을 불허하였다.

북한은 한국정부가 김정일 사망에 대해 일반인들의 조문을 불허한 데 대하여 강력하게 지속적으로 비판하였다. 이어서 북한은 남한 당국은 "절대로 우리의 대화상대가 될 수 없으며, 그들에게 차례질 것은 오직 무자비하고도 철저한 징벌뿐"이라고 위협하였다. 이와 더불어 남북관계 단절에 대하여 남한정부에 모든 책임을 전가하였다. 금강산 관광·이산가족 상봉·천안함·연평도 문제·비밀접촉 등을 거론하면서 "북남관계를 더는 수습할 수 없는 완

전 파국으로 몰아넣었다"고 비난하였다.[30]

2012년 2월 2일 북한의 국방위원회 정책국은 남북대화 재개 및 관계개선 관련 9개 항목의 공개질문장을 내고 '명백히 대답할 것'을 촉구하였다. 9개 항목의 공개질문장 내용은 아래와 같다.

① 대국상 앞에 저지른 대역죄를 사죄할 결심이 있는가
② 6·15, 10·4선언을 전면 이행할 의지를 내외에 공식 표명하겠는가
③ 천안호사건과 연평도포격전을 걸고 우리를 더 이상 헐뜯지 않겠다는 것을 세계 앞에 공언할 수 있는가
④ 대규모 합동 군사연습을 전면 중지할 정책적 결단을 내리겠는가
⑤ 조선반도 비핵화에 대한 그릇된 견해를 버리고 비핵화를 위한 실천에 발을 잠글 결심이 되어 있는가
⑥ 반공화국 심리모략전에 계속 매달릴 작정인가
⑦ 북남협력과 교류를 진정으로 민족의 평화번영과 공리공영을 도모하는 방향에서 재개하고 활성화할 용의가 있는가
⑧ 정전체제를 평화체제로 바꿀 데 대한 원칙적 요구에 호응해 나설 수 있는가
⑨ 보안법을 비롯한 반민족적, 반통일적 악법들을 즉시 철폐할 결단을 내릴 수 있는가

이 질문사항들은 그동안 북한이 계속 주장하고 요구해 온 사항들로서 그동안 북한에 대한 강경정책을 펼쳐 온 남한정부로서는 받아들이기 어려운 내용들이었다. 따라서 남한정부는 이에 대하여 아무런 응답을 보내지 않았다.

1) 박근혜시대의 남북한관계

김정은이 권력을 승계한 이후 북한은 직접적인 무력행사보다는 지속적으로 미사일 발사와 핵실험을 감행했다. 2012년 4월 13일에 장거리 미사일을 시

험 발사했는데, 발사 직후 폭발로 실패했다. 2012년 12월 12일에 장거리 미사일 발사에 성공했고, 이때문에 유엔 안보리에 의해서 유엔 제2087호 제재를 받았다. 2013년 2월 12일에 제3차 핵실험을 하여 유엔 안보리의 관련 결의 제1718호, 1874를 위반했다는 명목으로 결의안 제2094호에 의한 제재를 받았다.

김정일 사망 이후 김정은체제는 미국과 협상을 하는 태도를 보이다가 2012년 4월 국제사회의 반대와 우려에도 불구하고 위성발사를 한 이후 대외적으로 별다른 움직임을 보이지 않았다. 김정은체제가 확고하게 안정화되기 이전까지 대외문제에 대해서는 숨 고르기에 들어간 것으로 평가되었다. 남북한은 첨예한 대립을 하고 있었기 때문에 우발적 사고가 발생하지 않을 수가 없었다. 2015년 8월 4일 북한이 DMZ 서부전선 일대에 매설한 지뢰가 폭발하는 사건이 발생했다. 아침 7시 40분경 경기도 파주시에 소재하는 한국 육군 제1보병사단에서 하사 2명이 DMZ를 순찰하는 도중 하재헌 하사가 철책을 넘어가다가 목함지뢰가 폭발하였다. 이에 김정원 하사가 하 하사를 부축하고 이동하는 과정에 다시 한번 목함지뢰가 폭발하였다. 이 사고로 하재헌 하사가 오른쪽 무릎 위와 왼쪽 무릎 아래, 김정원 하사가 오른쪽 발목이 절단되었다.

이 사건이 발생하자 한국 합참은 북한군이 군사분계선을 넘어 지뢰를 매설한 것으로 결론 내렸다. 한국정부는 즉시 대북경고 성명을 발표하고 11년 만에 대북 확성기 방송을 재개했다. 북한은 이에 대응해서 2015년 8월 20일 최전방 서부전선인 경기도 연천지역에 포격을 가했다. 북한의 지뢰도발과 포격으로 촉발된 군사대치 상황을 해소하기 위해 남북한은 8월 22일부터 3일간 고위당국자 접촉을 실시하여 8·25합의를 도출했다. 이 접촉을 통하여 남북한은 군사적 긴장완화 조치와 더불어 남북당국회담 및 이산가족 상봉 행사 개최 등 남북 관계개선과 교류 활성화를 위한 합의를 했다.

8·25합의에도 불구하고, 북한이 핵실험과 미사일 발사를 지속적으로 하

여 남북한관계는 획기적인 발전을 이루기가 어려웠다. 2016년 1월 6일 북한은 제4차 핵실험을 하고, 2월에는 장거리 미사일을 발사하여 유엔 안보리로부터 결의안 제2270호에 의한 제재를 받았다. 2016년 8월에는 전략잠수함발사탄도미사일(SLBM) '북극성'의 시험 발사를 통해 무기체계 사거리를 연장한 '북극성-2형'을 개발했다.

갈등과 대립에도 불구하고 최소한 유지되던 개성공단은 결국 북한의 핵실험과 미사일 발사에 대한 한국정부의 일방적인 조치로 폐쇄되었다. 북한이 2016년 1월 6일 제4차 핵실험을 하자 박근혜정부는 국민의 신변 안전을 확보한다는 명목으로 개성 만월대 남북공동발굴조사 사업, 겨레말큰사전 남북공동편찬사업 등 추진 중이던 민간교류·협력을 잠정 중단하고 개성공단 체류 인원을 축소하였다. 2월 7일 북한이 장거리 미사일을 발사하자 한국정부는 2월 10일 국가안전보장회의 상임위원회를 개최하여 개성공단 전면 중단을 결정했다. 박근혜정부는 개성공단 자금이 북한의 미사일 개발에 이용되는 것을 막고, 남한 기업들이 희생되지 않게 하려고 개성공단을 전면 중단하기로 결정했다고 밝혔다.

이명박정부 등장 이래 남북한의 갈등과 대립이 빈번하게 발생했으나 개성공단은 유지되었다. 하지만 결국 2016년 박근혜정부가 폐쇄조치를 취했다. 2010년 11월 23일 북한의 연평도 포격이 있었으나, 개성공단이 남북한의 교류와 협력 등 관계개선에 차지하는 비중을 고려하여 기존의 생산활동은 유지했다. 개성공단은 남북한관계가 악화되면 규모가 조정되는 악순환은 겪었지만, 사업을 전면 중단하지 않고 최소한 유지될 수 있는 마지막 보루였다. 이후에도 남북한 사이의 갈등과 대립이 조성될 때마다 개성공단의 위기도 지속되었다.

2016년 박근혜정부가 개성공단을 완전히 폐쇄하기 이전에도 개성공단의 위기는 있었다. 2012년 12월 북한이 장거리 미사일을 발사하고 2013년 2월 제3차 핵실험을 강행하자 한국정부는 북한에 대해서 강력한 항의와 대응

조치를 했다. 막 출범한 박근혜정부는 3월에 개성공단을 잠정적으로 폐쇄하는 조치를 취했다. 이를 빌미로 북한은 3월 말 개성공단 입출경을 중단시키고 남북한 군 통신선을 차단했다. 이어서 4월 9일 북한은 근로자를 전면 철수시켜 개성공단의 가동이 일시 중단되었다. 이후 남북한은 협상을 하여 8월 29일 '개성공단 정상화를 위한 합의서'를 채택하였고 9월 16일부터 재가동에 들어갔다. 이러한 위기에도 불구하고 개성공단은 완전히 폐쇄되지 않고 유지되었으나, 2016년 박근혜정부가 완전히 폐쇄하는 조치를 취했다.

개성공단 폐쇄조치를 취한 남한정부는 개성공단을 통하여 2015년 말까지 5억 6,000만 달러(약 6,160억 원)의 현금이 북한에 유입되었고, 2015년 한 해만도 1억 2,000만 달러(1,320억 원)가 유입되었다고 밝혔다. 그리고 정부와 민간에서 총 1조 120억 원의 투자가 이루어졌는데, 그것이 핵무기와 장거리 미사일을 고도화는 데 사용됐다고 주장하면서 개성공단 사업을 전면 중단하였다. 박근혜정부가 개성공단 사업을 전면 중단하는 조치를 취하자 북한은 다음날 일방적으로 남한 측 인원을 모두 추방했다. 남북교역액은 2016년 3억 달러로 전년도 대비 90% 가까이 대폭 감소했고, 2017년에는 비상업적 거래(반출)를 예외한 남북교역이 전혀 없는 상황으로 되었다. 개성공단 중단으로 북한은 연간 1억 수천만 달러의 외화수입을 잃은 것으로 알려졌다.

개성공단이 가동 중단된 2016년 2월 기준으로 개성공단에는 총 125개 기업이 입주하였으며 이 중 123개 기업이 생산시설을 가동하고 있었다. 개성공단에 입주한 기업들은 섬유, 신발, 기계금속, 전기전자 등 노동 집약적인 산업이 대부분이었다. 가동 중단 시점에 개성공단 내에는 약 5만 5,000명의 북한 근로자들이 근무하고 있었고, 남한 측의 근로자 주재원은 약 820명이었다. 당시 북한 근로자의 1인당 월 최저임금은 약 73.9달러였으며, 월평균 인건비(기업 부담 사회보험료 포함)는 약 188달러 수준으로 다른 해외투자 대상국에 대비하여 상당히 저렴하였다. 개성공단의 기업들은 연간 약

5억 6,000만 달러 어치의 생산을 했고, 공단 시작 이후 누적 총 32억 3,000만 달러 이상의 생산을 달성했다. 개성공단은 남한의 자본과 기술, 북한의 토지(자원)와 노동력 등 상호 비교우위의 장점을 살린 경제협력이 성공할 수 있으며 호혜적인 발전이 가능하다는 점을 보여 주었다.

1988년 7·7선언이라 불리는 민족자존과 통일번영을 위한 특별선언 이후 발표된 '남북물자교류에 대한 기본지침'에 따라 북한과의 경제교류 및 협력이 1989년부터 시작되었다. 1989년 남북교역이 시작된 이래 교역액과 승인 건수 기준 성장추세가 지속되었다. 특히 개성공단이 본격적으로 시작된 이후 남북교역액은 개성공단이 전면 중단되기까지 꾸준히 증가하였다. 2000년 이후 교류 건수는 총 474건에 달했으며, 이중 개성공단 관련 사업이 총 390건으로 약 82%를 차지했다. 개성공단 폐쇄 1년 전인 2015년의 남북교역 규모가 27억 1,500만 달러로 역대 최고치를 기록했다.

개성공단을 폐쇄한 박근혜정부는 2016년 3월 8일 독자적인 대북제재 조치를 발표했다. 이 제재는 유엔 안보리가 3월 2일에 채택한 대북제재 결의 2270호를 보완하고, 이명박정부가 취한 5·24조치를 강화하며, 미국, 일본, EU 등 국제사회의 제재 조치들과 시너지 효과를 내기 위한 목적을 지니고 있었다. 3·8 대북제재 조치는 금융제재, 해운제재, 수출입 통제, 북한 영리시설 이용 자제 계도 등 4가지로 구성되어 있었다. 첫째, 금융제재와 관련해서 대량살상무기 개발에 책임이 있는 김영철 전 정찰총국장, 김낙겸 전략군사령관 등 개인 43명과 무역은행, 원자력연구원 등 기관 34개에 대한 외환 및 금융거래를 금지하고 국내자산도 동결했다. 둘째, 해운제재와 관련해서 북한에 머물렀던 외국 선박의 입항을 180일 동안 금지하고, 북한 편의치적(便宜置籍) 선박(경비 절감을 위해 선주가 선박의 선적을 외국으로 옮기는 것)의 국내 입항 금지뿐만 아니라 북한 편의치적 선박의 남북항로 운항을 금지하였다. 그리고 해운제재의 일환으로서 남북한과 러시아 3국 간 물류 협력사업인 나진-하산 프로젝트 중단도 결정하였다. 셋째, 수출입 통제와 관련해서 북한산 물품의 반출입을 엄격하게 통제하기로 하였다. 2010년 5·24조치에서 남북 간 교역을 위한 모든 물품의 반출·반입 금지를 명시했지만 제3국을 통한 우회적 위장반입이 있었다는 점에서 이를 강력히 통제하기로 한 것이다. 넷째, 남한 국민과 재외동포의 해외 북한 영리시설의 이용을 자제하도록 했다. 이는 5·24조치에서 규정한 북한주민과의 접촉 제한을 강화한 것이다.

2) 문재인시대의 남북한관계

2017년 5월 14일 문재인정부가 탄생한 지 4일 만에 북한은 탄도미사일 화성-12형을 발사했고, 그해 6월 2일 유엔 안보리는 결의안 2345호를 채택하여 북한을 제재했다. 이어서 2017년 7월 4일과 28일 북한이 ICBM이라고 발표한 장거리 탄도미사일 화성-14형을 발사하자 8월 5일 유엔 안보리는 다시 결의안 제2371호를 채택했다. 북한은 안보리의 제재에도 불구하고 11월 29일 화성-15형을 발사했다. 그 사이 북한은 2017년 9월 3일 제6차 핵실험을 하고, 조선중앙TV를 통해 수소폭탄 시험을 성공적으로 마쳤다고 발표했으며, 유엔 안보리는 제2375호 결의안을 채택하여 북한을 제재했다. 김정은은 2017년 11월 29일 장거리 미사일을 시험발사한 후 '국가 핵 무력 완성'을 선언하였고, 2018년 신년사에서는 "핵 단추가 내 사무실 책상 위에 항상 놓여있다는 것은 위협이 아닌 현실임을 똑바로 알아야 한다"고 위협하기도 하였다.

2018년 들어서 남북한관계의 극적인 반전이 이루어졌다. 북한이 평창에서 2월 8일부터 개최된 동계올림픽 일부 종목에 선수단을 파견하여 남한과 단일팀을 구성하여 참가하는 화해의 분위기가 조성되었다. 개막식에는 김정은의 동생인 김여정 당 중앙위원회 제1부부장과 김영남 최고인민위원회 상임위원장이 참석했다. 이러한 화해 분위기는 2018년 4월 27일 남북한 정상이 판문점에서 만나 정상회담을 하여 판문점선언의 발표로 이어졌다. 판문점 남측 구역에 있는 평화의 집에서 정상회담을 하기 위해서 북한 지도자로서는 처음으로 김정은이 남한 땅을 밟았다.

판문점선언의 내용은 크게 남북한 관계개선과 발전, 남북 간 군사적 긴장 상태 완화와 전쟁위험의 실질적 해소, 한반도의 평화체제 구축을 위한 협력을 포함했다. 남북한 관계개선을 위해서는 앞서 채택된 남북 선언들을 이행하고 남북 간 협력을 위해 남북공동연락사무소를 개성지역에 설치하기로 했다. 또한 8·15를 계기로 이산가족과 친척 상봉을 진행하기로 합의했다. 남북의 경제협력을 위해 동해선과 경의선 철도 및 도로를 연결하고 현대화하겠다는 내용도 포함됐다. 남북 간 군사적 긴장 상태 완화를 위해서는 먼저, 일체의 적대행위를 중단하기로 했다. 이에 따라 2018년 5월 1일부터 군사분계선 일대에서의 확성기 방송과 전단살포 등을 중지하도록 했다. 또한 서해 북방한계선 일대를 평화수역으로 만들어 우발적인 군사적 충돌을 방지하기 위한 실제적 대책을 세워가기로 했다.

이와 더불어 남북은 완전한 비핵화를 통해 핵 없는 한반도를 실현한다는 공동의 목표를 확인했다고 명시했다. 또한 판문점선언에서 남북은 서로에 대한 불가침 합의를 재확인하고 이를 통해 단계적으로 군축을 실현해 나가기로 합의했다. 그리고 정전협정을 평화협정으로 전환하기 위해 남북미 3자 또는 남북미중 4자회담 개최를 추진하기로 했다. 판문점선언은 '종전 선언'을 명확히 선언하고 그 시기를 정했다는 점에서 '10·4공동선언'보다 진일보했다는 평가를 받고 있다.

5개월 뒤인 2018년 9월에는 평양에서 남북한 정상회담이 개최되었다. 2018년 9월 19일 평양공동선언은 4월의 판문점선언보다 남북경제협력의 내용을 보다 구체화했다. 선언문 제2조에서 남북경제 협력의 목표를 '민족경제의 균형적 발전'에 두고, 모두 네 개 항의 경제협력을 합의하였다. 네 개 항은 철도 및 도로 연결을 위한 착공식 거행, 개성공단과 금강산 관광의 조건이 마련되는 데 따라 우선 정상화한 후 서해경제공동특구와 동해관광공동특구 조성, 환경협력 및 산림분야 협력, 전염병 방지를 위한 방역 및 보건과 의료분야 협력 등을 포함했다.

과거 두 차례의 남북정상회담의 결과 남북한은 경제협력추진위원회 및 경제협력공동위원회를 개최하여 철도·도로, 농업, 나진·하산 등 다양한 분야의 남북경협을 추진하였다. 철도와 도로를 연결하는 사업은 2002년 단절된 남북 경의선(문산에서 개성까지 27.3km)과 동해선(제진에서 금강산까지 28.5km) 철도를 시범 운행하였다. 그리고 2007년 12월부터 남측 도라산역과 북측 판문역 사이의 남북 화물열차를 운행한 바 있다. 도로 연결사업은 2004년 10월 경의선·동해선 도로공사를 완료하여 12월부터 통행을 개시했다.

9·19평양공동선언 중 구체적 실천 사항은 총 13건이었는데, 그중에서 '연내 철도·도로 연결 착공식'만 실행되었다. 더구나 국제사회의 대북제재 때문에 '착공 없는 착공식'만 열었다. 그 외 남북군사공동위원회 가동, 조건부 개성공단, 금강산 관광 정상화, 금강산 이산가족 상설 면회소 개소, 이산가족 화상 상봉 및 영상 편지 문제해결, 평양예술단 서울 공연 진행, 동창리 엔진 시험장 및 미사일 발사대 영구 폐기, 김정은의 서울 답방 등 7건은 진행되지 않았다.

북한이 원했던 남북군사 합의는 다른 항목들과 달리 진척도가 높은 편이다. 군사분계선(MDL) 일대의 비행 금지 구역 설정과 비무장지대(DMZ) 내 감시초소(GP) 시범 철수, 공동경비구역(JSA) 비무장화, 한강 하구 공동 이용 수역 설정 및 조사, 서해 북방한계선(NLL) 일대의 서해 평화수역 설정 등 대부분이 실현됐다.

2018년 6월 1일 남북고위급회담이 개최되었고, 이를 시작으로 하여 남북한 간의 장성급회담, 적십자회담, 철도·도로 및 산림회담 등 각 분과회담이 순차적으로 개최되었다. 남북은 군사분야 회담을 통해 군 통신선을 재가

동하고, 함정 간 해상통신도 복원했다. 철도·도로분야에서 남북 연결구간 점검 및 북한지역에 대한 현지 조사도 순차적으로 시행했다. 스포츠분야에서는 통일농구대회, 남북노동자축구대회, 아시안게임 남북단일팀 참가 등을 포함하여 다양한 교류가 활발하게 진행되었다. 8·15를 계기로 한 이산가족 상봉 성사와 아울러 민간 차원의 남북교류도 증가했다. 특히 9월 14일 차관급을 소장으로 하는 개성의 남북공동연락사무소가 개소되어 남북한은 24시간 상시 연락 및 접촉 창구를 개설했다. 공동연락사무소의 개소는 남북관계의 제도화를 의미한다는 점에서 중요성이 있으며, 장기적으로는 대표부로도 발전될 수도 있다.

2018년 10월 15일 개최된 평양공동선언 이행을 위한 남북고위급회담에서 경제분야 협력을 위한 세 개 항의 합의문이 도출되었다. 이 합의문에서 남과 북은 동·서해선 철도 및 도로 연결과 현대화를 위한 착공식을 11월 말~12월 초에 진행하고, 소나무 재선충 방제, 양묘장 현대화와 자연 생태계의 보호 및 복원을 위한 남북산림협력 분과회담을 10월 22일 진행하며, 전염성 질병의 유입 및 확산방지를 위한 남북보건의료 분과회담을 10월 하순경 진행하는 등의 사항에 합의하였다.

남북경제교류와 관련하여 남한정부가 가장 중점을 둔 사업은 철도 및 도로 연결과 현대화 사업이다. 이 사업은 그 중요성과 남한정부의 의욕적인 추진에도 불구하고 국제사회의 대북제재를 위반한다는 주장도 제기되고 있다. 유엔의 대북제재 2397호의 제7조는 산업용 기계류, 운송수단, 철강 및 여타 금속류의 북한에 대한 직·간접 판매 및 이전을 금지하고 있으며, 또한 미국의 행정명령 13722호와 13810호는 북한의 운송 및 건설관련자에 대해 포괄적 대북제재를 부과하고 있다. 따라서 철도 및 도로 등 핵심적인 운송수단을 연결하고 현대화하여 남북협력사업이 본격적으로 추진된다면 금지품목의 북한 반입 우려와 함께 대북제재 위반에 대한 비판을 면할 수 없다. 유엔의 제재 때문에 개성공단 재개도 쉽지 않을 전망이다. 북한이 제6차 핵실험을 했기 때문에 채택된 2017년 9월의 안보리 결의 2375호는 대북합작을 전면 금지하고 있다. 이 결의는 북한산 직물·의류의 수입을 금지하고 있는데, 개성공단 입주기업 대부분은 의류 관련 업체다. 따라서 개성공단 사업 자체가 결의 위반인 것으로 주장되고 있다.

남북한관계가 개선되는 데 있어서 가장 큰 걸림돌은 유엔의 제재라 할 수 있다. 유엔 안보리 결의안 2397호(2017)는 대북제재의 이행과 관련하여 두 가지 원칙을 제시한 바 있다. 첫째, 모든 회원국들에게 제재 이행 의무를 부과한 집행의 '강제성'이다. 둘째, 북한의 비핵화 준수 여부에 따라 제재위원회가 필요시 어떤 조치도 예외와 해제가 가능하도록 하여 적용의 '유연성'을 확보하고 있다. 따라서 북한이 비핵화를 시작하면 유엔은 제재를 단계적으로 완화할 수 있는 법적 근거가 있는 것이다. 북한은 자신들이 비핵화를 시작하는 동시에 미국과 유엔이 제재를 완화하거나 해제하기를 원하고 있으나, 미국은 비핵화가 완전히 끝나야 제재를 해제하겠다는 입장을 보이고 있다. 이 점이 남북한관계의 발전에 장애요인이 되고 있다.

2018년 접어들어서 남한과의 대화를 획기적으로 진전시킨 북한의 대남대화 전략 중에서 이전의 자세와 크게 달라진 점은 북한의 비핵화문제를 남북한 대화에서 본격적으로 거론을 하기 시작했다는 점이다. 이전에는 자신들의 핵문제는 남한과는 상관이 없는 문제라고 하면서 남북대화에서 북한의 핵문제를 거론하는 데 대해서 신경질적인 반응을 보이곤 했다. 그러나 2018년부터 대화 전략이 바뀌기 시작한 것이다. 9·19정상회담선언은 "한반도를 핵무기와 핵 위협이 없는 평화의 터전으로 만들어나가야 하며 이를 위해 필요한 실질적인 진전을 조속히 이루어 나가야 한다"고 밝혔다. 김정은은 기자회견에서 "조선반도를 핵무기도 핵 위협도 없는 평화의 땅으로 만들기 위해 적극적으로 노력해 가기로 확약했다"고 강조했다.

북한은 미국과의 관계도 개선을 모색했다. 6월 12일 싱가포르에서 열린 북미정상회담에서 트럼프와 김정은이 서명한 공동성명의 전문은 "트럼프 대통령은 북한에 대해 안전보장을 제공하기로 약속했고, 김정은 위원장은 한반도의 완전한 비핵화라는 확고한 약속을 재확인했다"고 되어있다. 정상회담 합의문은 양국이 평화와 번영을 위한 새로운 관계를 수립하고, 한반도에서 지속적이고 안정적인 평화체제를 구축하기 위해 노력하며, 2018년 4월 27일 판문점선언을 재확인하며, 북한은 한반도의 완전한 비핵화를 위해 노력한다를 주요 내용으로 했다.

이 공동성명에는 미국의 안전보장 제공 방법과 한반도의 완전한 비핵화를 위한 북한의 이행의무와 절차가 구체적으로 담겨 있지 않았다. 따라서 합의 내용을 구체적으로 실천하기 위해서는 불완전한 내용을 보완할 수 있는 후속 합의가 필요했다. 이를 위해서 2019년 2월 하노이에서 제2차 북미정상회담이 개최되었으나, 아무런 합의도 하지 못하고 끝났다.

북한이 미국 및 남한과 대화를 모색하면서 비핵화까지 거론하는 등 실질적인 행동을 취한 이유 중의 하나는 국제사회의 대북제재로 인하여 받고있는 압박 때문이었다. 북한에 대한 다양한 제재는 북한경제를 사실상 거의 완전하게 봉쇄하고 있는 수준이다. 북한의 수출이 거의 불가능하고, 석유류의 수입은 절반으로 줄어든 상황이다. 주요 외화수입원인 해외노동자 송출도 중단될 상황에 처해 있다. 북한의 외화가 고갈되어 가면서 장마당을 지탱하는 밀가루, 식용유, 설탕 등 수입생필품의 수급이 불가능해지고 있다. 경제제재로 인하여 북한경제는 구조적인 위기에 직면하게 된 것이다. 트럼프정부가 들어선 이후 미 행정부의 북한 지도부를 향한 공개적인 군사적 압박도 부담으로 작용했을 것이다. 경제가 점점 취약해지는 국력과 군사력으로 한국과 미국의 군사적 압박에 대처하기에는 한계가 있다는 점을 감지하고 결국 대화 테이블로 나선 것이다. 경제위기 및 군사적 압박을 벗어나기 위해서 북한은 국가전략의 변화를 모색했다. 2018년 4월 20일 노동당 중앙위원회 7기 3차 전원회의에서 경제·핵병진노선의 종료를 선언하고 경제우선의 발전전략을 채택했다. 김정은은 집권 이후 2017년 말까지 권력 공고화와 경제·핵병진노선에 주력했으며, 2018년부터 경제발전을 국정운영의 핵심과제로 선정하고 외부와의 대화를 모색했다.

2018년부터 미국 및 남한과 획기적인 대화를 이어가던 김정은은 기대한 만큼 성과를 거두지 못하자 다시 강경한 입장으로 선회했다. 2019년 2월 제2차 북미정상회담을 개최했으나,'하노이 노딜' 이후 북한과 미국의 관계는 악화되었다. 특히 트럼프 대통령이 경제제재 완화에 대해서 명확한 태도를 보이지 않는 데 대해서 불만을 가졌다. 하노이 회담 이전에는 적어도 북미 연락사무소 개설, 미국 유해 송환 등에 대한 합의가 이루어지고 점진적·단계적 비핵화 해법에 대한 논의가 있을 것이라는 기대와는 달리, 미국의 빅딜, 포괄적 합의 주장과 북한의 단계적 신뢰구축과 제재 완화 요구가 충돌하면서 북미는 합의를 도출하는 데 실패했다. 하노이 정상회담 결렬 이후 트럼프는 유엔 총회 연설에서"비핵화가 나타날 때까지 제재는 유지될 것이다(The sanctions will stay in place until denuclearization occurs)"라고 밝혔다. 비핵화가 시작되면 제재 완화를 시작할지, 비핵화가 완전히 이루어져야 제재 해제를 할지에 대해서 명확히 하지 않은 모호한 발언이었다.

북미관계가 악화되면서 남북한관계도 경색국면에 돌입했다. 미국이 2019년 3월 21일 북한과 관련되어 불법적으로 환적했다고 의심되는 선박과 해운사에 대한 독자 제재 등을 발표했다. 바로 다음 날 북한은 개성의 남북 공동연락사무소에서 철수했으며, 남한의 연락사무소에 대해서는 잔류하든 철수하든 상관하지 않겠다고 하면서 무력화시켰다. 하노이 노딜 이후 북한은 미국 및 남한과의 대화를 중단하고, 한미연합 군사훈련과 남한의 첨단무기 도입을 문제 삼았다. 특히 남한이 도입 중인 F-35 스텔스 전투기를 북한의 군사적 능력으로 탐지와 요격을 할 수 없다는 점에서 크게 경계하였다. 2019년 5월부터 단거리 미사일과 방사포를 지속적으로 시험발사했으며, 7월 23일 김정은의 현지 시찰로 공개된 잠수함은 최대 세 발의 SLBM 탑재가 가능한 구소련의 구형 골프급 내지는 파생형으로 추정되었다.

2018년에 세 차례나 정상회담을 한 김정은은 미국과의 타협이 실패로 돌아가자 노골적으로 남한에 대한 불만과 적대감을 나타냈다. 김정은은 노동당 고위 간부들에게 "남조선엔 어떤 기대도 할 게 없다", "굶어 죽더라도 남조선에 구걸하지 말라"고 하는 등 남한에 대해 불신과 적대감을 수시로 내비쳤다. 김정은은 문재인 대통령이 미국에 밀착하는 데 대해서 불만을 가지는 동시에 북한의 입장을 미국에 설득해 주기를 기대했으나 문재인 대통령이 미국에 더 기울어지는 정책을 펼치자 실망감을 나타낸 것이다. 이러한 불만과 적대감은 무력행사로 이어져서 13차례 방사포와 미사일을 발사했다. 그리고 금강산 남측 시설 철거를 요구하는 등 문재인정부에 대한 불만과 비난을 이어갔다.

김정은은 한국과 해외의 민간단체들이 북한을 지원하려는 계획을 보고받는 자리에서 "나라가 어려운데 민간단체들이 돕겠다는 것은 좋은 일이지만 민간단체들은 실속이 없고 허풍이 많다"며 "굶어 죽더라도 남조선에선 아무것도 받지 말라"는 강경 지시를 내렸다. 2019년 10월 23일에 김정은은 금강산 관광시설을 현지 지도하고 "보기만 해도 기분이 나빠지는 너절한 남측 시설들을 남측의 관계 부문과 합의하여 싹 들어내라"는 지시를 내렸다. 심지어 금강산 관광사업을 '선임자들의 잘못된 정책'이라고 비판까지 했다.

유엔의 경제제재를 받고 있는 북한은 관광업을 발전시켜 경제 회생에 도움을 받으려 하고 있다. 김정은은 2019년 1월 신년사에서 금강산 관광사업의 조건 없는 재개 의사를 밝혔으나, 진전이 별로 없자 북한 스스로 주도하는 새로운 관광사업을 추진하고 있다. 김정은이 역점을 두고 건설 중인 원산 갈마 해안관광지구에는 16개의 호텔과 28개의 콘도미니엄 단지, 그리고 방갈로와 캠핑장 등 세계적인 규모의 관광단지가 개발되고 있다. 이에 비하면 기존의 금강산 관광 시설은 초라해 보이는 것은 당연하다. 구체적으로 북한은 원산지구, 마식령스키장지구, 울림폭포지구, 석왕사지구, 통천지구, 금강산지구 등 6개 권역을 포함하는 원산-금강산 국제관광지대를 개발하고 있는데, 이 구상은 마식령-원산-금강산을 연계하는 국제적인 관광지구의 조성을 목표로 하고 있다. 김정은은 원산-갈마 해안관광지구 건설의 수준에 맞게 금강산 지구의 개발계획을 구상하고 있는 것으로 보인다.

원산-금강산지구 이외에도 삼지연과 양덕 온천지구 개발 등 김정은의 경제정책에서 관광사업은 핵심적인 의미를 지니고 있다. 다양한 제재를 받고 있는 북한경제의 현실에서 단기간에 안정적인 외화 확보가 가능한 사업은 사실상 관광사업이 유일하기 때문이다. 김정은은 단순히 남북관계에 대한 불만과 위협으로만 금강산의 새로운 개발을 모색하는 것이 아니라 북한경제 회생의 일환으로 구상하고 있는 것이다.

북한에 대한 유엔과 국제사회의 제재가 북한경제에 어떠한 영향을 미치는지에 대해서는 부정적 시각이 대부분이지만, 별 영향 없이 북한경제가 버티고 있다는 시각도 있다. 2017년에 유엔 안보리 역사상 최강의 제재를 북한에 부과했다. 이러한 강력한 국제사회의 제재에도 불구하고 북한경제는 비교적 안정세를 보이고 있다는 주장이 나오고 있다. 특히 서방에서 북한경제의 안정 지표로 활용하는 환율, 쌀 가격이 어느 정도 안정세를 유지하고 있다고 한다. 대표적으로 한국은행의 통계발표는 2017년 북한경제가 양적으로 마이너스 성장을 했다고 주장하지만, 질적 연구와 현장조사를 하는 학자들은 제재의 역설이 작동하고 있다는 상반된 주장을 한다. 지난 몇 년간 북한에서 고층건물의 대량 건설, 밝아지는 야경, 차량, 관광객, 목장과 양어장, 삼림 등의 증가 현상이 나타나고 있다는 주장이 제기되고 있다. 또한 상품공급이 안정적으로 이루어지고 있으며 공급의 원천인 외화 또한 안정적으로 공급되고 있다고 평가되고 있다.

북한에 대한 국제사회의 포괄적인 제재에도 불구하고 북한경제는 사회주의기업책임관리제와 협동농장의 포전담당제 등으로 북한 내부의 생산성 향상이 이루어져서 최악의 경제 붕괴 상태를 면하면서 어느 정도 안정적으로 유지되고 있다는 평가도 있다. 김정은 등장 이후 자체적인 경제개혁이 일정 정도 성과를 거두고 있는데, 특히 관광산업의 활성화가 무역수지의 악화를 어느 정도 보전하고 있는 것으로 파악되고 있다. 중국 관광통계국에 따르면, 방북하는 중국인 관광객 수가 2018년 7월부터 비약적으로 급증했으며, 전년 대비 약 50% 증가했다. 특히 중국인들의 관광이 기존의 신의주와 라진 등을 방문하는 반나절 또는 하루 코스에서 평양, 원산, 청진 등 이틀에서 나흘 정도 소요되는 비교적 장거리 여행코스로 전환되고 있다. 여행비용도 신의주 반나절 여행 상품이 2019년 2월 인민폐로 780위안 수준이었으나, 평양 여행의 상품은 최소 2,900위안에서 최대 3,700~4,000위안까지 소요되는 고가다.[31)]

반면, 유엔 안보리의 대북제재를 비롯한 국제사회의 대북제재는 북한경제에 심각할 정도의 악영향을 미치고 있다는 주장도 있다. 북한경제 성장률에 대한 통계치가 이를 말해 주고 있다. 북한은 2017년 20년 만에 최저 경제성장률을 기록했다. 북한의 경제성장률은 2015년 −1.1%에서 2016년 3.9%로 플러스 성장을 보였으나, 2017년에 들어 다시 −3.5%로 최악의 마이너스 성장률을 나타낸 것이다. 특히 대북제재로 수출이 차단된 광업(−11%), 광공업(−8.5%) 등과 함께 제조업(−6.9%), 중화학공업(−10.4%) 등이 마이너스 성장을 주도했다.

북한의 경제난 원인 중에 무역량 감소도 큰 몫을 차지하고 있다. 2017년 북한의 대외무역은 15% 감소한 55억 5,000만 달러를 기록했다. 2016년에는 증가세를 보인 북한의 대외무역 규모는 유엔 안보리의 포괄적인 대북제재 결의안 시행 영향으로 1년 만에 다시 감소세로 전환한 것이다. 특히 수출이 감소하는 반면, 수입은 증가하면서 무역수지 적자 폭도 많이 증가했다. 수출은 37.2% 감소했지만 수입은 1.8% 증가하여 무역적자는 125.5% 급증한 20.1억 달러를 기록했다. 수출이 많이 감소한 원인은 대북제재 결의안에 의한 광물성 연료, 섬유제품, 수산물의 수출 감소 때문으로 분석되었다. 특히 중국과의 무역량이 크게 줄어들었다. 북중 무역을 살펴보면, 2018

년 양국 무역 총액은 24억 3,079만 달러로, 전년 대비 51.9%가 감소했다. 그중 북한의 대중 수출은 2억 1,314만 달러로, 전년 대비 약 88%나 감소했다. 이는 북한산 석탄을 비롯한 광물, 섬유제품, 수산물 등 북한의 주요 수출품목에 대한 전면적인 거래 금지가 원인이라고 할 수 있다. 수입은 22억 1,765만 달러로 33.4% 감소했으나 수출보다는 감소 폭이 상대적으로 작은 편이다.

남북한관계의 개선은 북한의 비핵화와 밀접한 관계를 가지고 있으나, 남한이 단독으로 취한 규제조치는 핵개발에 따른 국제제재와 다른 차원에서 접근할 수도 있는 사안이다. 금강산 관광 및 개성공단 사업의 중단과 5·24 조치는 국제제재 결의를 준수하기 위한 제재가 아니라, 한국정부가 단독으로 취한 조치이기 때문에 한국정부 스스로의 의지에 따라 해제가 가능한 제재이다. 특히 관광분야는 국제사회의 대북제재 대상이 아니며, 따라서 금강산 관광사업은 북한과의 협상에 의해서 한국정부 단독으로도 결정할 수 있는 사항이다. 원산·금강산을 국제관광지구로 개발하고 있는 북한의 입장에서도 금강산 관광사업 재개를 거부만 할 이유가 없어 보인다. 개성공단사업은 세부항목을 적용시킨다면 국제사회의 대북제재와 중첩된다는 점을 부인하기 어렵지만, 박근혜정부가 개성공단 사업을 중단시킬 당시 국제제재와 보조를 맞춘다는 의지보다는 한국정부가 단독으로 추진한 사항이고, 그 정부는 탄핵당했고 사법처리까지 받아서 정통성이 부족하다는 점에서 현 정부가 새롭게 정책을 구사할 명분은 충분히 있는 것으로 보인다. 5·24조치도 새로운 시각에서 완화를 하거나 폐기를 할 필요가 있으며, 당장이라도 북한 선박의 남측 해역 운항 금지 조치 해제, 방북 불허 및 북한 주민 접촉 제한 조치의 해제는 현재로서도 가능한 항목이다. 남북 간 교역 및 물품 반·출입 금지, 대북 신규투자 금지 조치 등은 핵과 미사일에 대한 북한의 정책변화와 거시적인 남북한관계의 변화에 따라 신축적으로 적용할 수도 있는 것이다.

5. 통합과정으로서 한반도 평화체제

한반도의 평화는 남북한 간의 적대행위가 종료되고, 화해, 협력 및 불가침을 바탕으로 한 균형적인 관계가 이루어진 상태를 말한다. 다시 말해서 남북한이 현재의 정전상태를 법적인 평화상태로 전환하고, 상호 체제를 인정하는 바탕 위에서 긴장을 완화하고, 정치·경제·사회·문화 등 다방면의 교류·협력을 본격적으로 추진하는 상태를 의미한다.

한반도 평화체제는 양 체제의 궁극적인 완전통합을 목표로 한 남북한의 갈등 및 적대관계 해소와 평화공존의 제도화를 의미하며, 이를 통하여 화해·협력·평화가 보장되는 체제이다. 이를 위해서는 남북한이 상호행위에 있어서 적대감을 최소화할 수 있는 인식, 규범 등에서 공동의 양식이 있어야 한다. 절차적인 차원에서 일단 교류·협력을 하면서 상호 이해의 폭을 넓혀야 하고, 다음으로는 전쟁의 위험이 증가되는 상호 간의 안보적 위협을 억지시킬 수 있는 제도를 강구해야 한다. 마지막 단계는 군사적 갈등을 증폭시키는 군비증강을 억제하고 군사력과 무력사용을 제한하는 군비통제를 실시하여야 한다.

1) 한반도 평화의 제도화 모색

국가 간의 평화란 해당 국가 간에 전쟁이나 분쟁이 없이 화목하면서 정상적인 관계를 유지하는 상태를 말한다. 평화에는 소극적 평화와 적극적 평화가 있다. 국가 간에 전쟁이 없는 상태를 일컫는 소극적 평화는 '활성적이고 조직적인 군사폭력이 일어나지 않는 상태', 또는 '국가 간에 폭력적인 행동을 억누르고 있는 상태'를 말한다. 적극적 평화는 전쟁뿐만 아니라, 전쟁의 원인과 사회체제 내에 갈등이 생길 수 있는 구조적인 폭력이 없는 상태를 의미한다. 구조적 폭력이 없는 상태는 "국가 간 또는 국가 내부에서 기존 체제가 정치적으로 억압하지 않으며, 경제적으로 수탈하지 않고, 문화, 종교 등이 폭력을 권장하지 않는 상태"를 말한다.[32]

국가 간의 단순한 평화유지보다는 실질적인 평화구축을 이루기 위해서는 적극적인 평화를 목표로 하여 국가 간에 조화로운 관계를 수립하려는 노력을 기울여야 하며, 국내외적으로 '비착취적인 민주적 정치체제'를 구축하고, 전쟁이 없는 상황에서도 평화를 건설하고 유지하려는 노력을 항상 하여야 한다. 따라서 적극적인 평화는 창조적이어야 하고 목표지향적이어야 한다. 한반도의 경우 단지 정전협정을 준수하는 것은 소극적 평화인 반면, 남북한이 정치적인 신뢰구축을 이뤄 상호 안보이익을 인정하고 공존공영을 하면서 교류·협력을 증대시키는 것이 적극적 평화라 할 수 있다.

안정적이고 지속성 있는 평화를 이루기 위해서는 몇 가지 조건이 필요하다. 첫째, 남북한 간 군사력의 균형이 이루어져 상대방의 적대적 의도와 행위를 사전에 봉쇄할 수 있을 정도의 효과적인 억지 상태가 이루어져야 한다. 둘째, 상호 적대행위를 유발시킬 수 있는 공세적인 군사력 배치나 운용을 적절히 제한할 수 있어야 한다. 셋째, 오해나 불신에 의한 소규모의 우발적인 충돌이 대규모의 무력충돌로 확대되는 것을 방지할 수 있는 분쟁해결장치가 마련되어야 한다. 넷째, 남북한 간의 교류·협력을 본격적으로 추진·확대하여 상호 의존성을 심화시킬 수 있는 제도적 장치가 필요하다.[33]

남북한 사이의 평화를 이루기 위해서는 상대방의 위기나 불행이 자신의 기회와 행복이라는 인식과 자신의 이익을 상대방에 강요하거나 굴복시키는 것과 같은 제로섬(zero-sum)적인 논리에서 벗어나, 자신의 이익뿐만 아니라 상대방의 이익도 존중하면서 상호이익을 최대화하는 포지티브섬(positive-sum)적 접근방식을 택해야 한다. 또한 한반도 평화체제는 민족의 동질성을 회복하기 위한 '상호교류·협력체제'와 군사안보적 대치상태를 해소하기 위한 '군비통제체제'를 기본으로 하여 이루어져야 한다.

1950년 시작된 한국전쟁은 1953년 7월 정전협정을 체결함으로써 군사적 적대행위는 중단되었지만, 종전이 아니라 정전이기 때문에 법적으로 아직 한국전쟁은 끝난 것이 아니라 중단된 상태에 있다. 정전협정은 군사적 적대행위를 일시적으로 중단시킨 협정이며, 법적으로 전쟁을 종식시키기 위해서는 평화협정을 체결해야 한다. 정전협정은 양측의 군사령관이 체결하였던 군사적 성격의 협정인 반면, 평화협정은 국가원수가 체결하는 포괄적인 정치적 의미의 조약이며 비준을 필요로 한다.

한국전쟁의 정전 이후 남북한의 갈등 및 우발적 충돌을 방지하기 위해서 정전협정에 의거한 정전체제를 유지해 왔다. 한국전쟁을 영원히 종식시키기 위해서는 정전협정을 대신할 평화협정을 체결해야 한다는 것이 정설이다. 특히 북한이 평화협정 체결을 강조해 왔다. 남북한관계에서 전쟁상태를 종식시키기 위해서 평화협정을 체결하여 정전협정을 대체하자는 주장은 1972년 1월 김일성이 일본 요미우리신문 기자와 대담하는 과정에서 처음으로 제기되었다. 김일성의 주장은 진정한 한반도의 평화를 위한 측면도 있었지만, 평화가 이루어지면 미군의 남한 주둔 명분이 없어진다고 판단했던 측면도 있었던 것으로 보인다. 이러한 북한의 주장에 대해서 남한의 박정희 정부는 1974년 1월 북한의 주장은 남한의 군사력을 무력화하려는 시도라는 논리하에 공식적으로 거부하면서, 북한에 대해 남북 불가침협정을 역제안했다. 북한은 1974년 3월 북한의 최고인민회의는 평화협정의 당사자를 남북한에서 북한과 미국으로 변경했고, 이를 남한에 대한 평화공세로 활용했다.

1990년대에 들어서 북한당국은 자신들의 뜻을 이루기 위해서 정전협정과 정전체제를 무력화시키는 시도를 했다. 한국전쟁 정전 이후 정전체제의 유지를 위하여 설립되었던 주요 관리·감독기구인 군사정전위원회와 중립국감시위원회는 북한의 무력화 시도 때문에 정상적으로 작동하지 않고 있다. 1991년 3월 한국군 장성이 군사정전위원회 수석대표로 임명되자 북한은 이에 반발했으며, 이후 군사정전위원회는 사실상 무력상태에 놓이게 되었다. 북한은 1994년 4월 군사정전위원회에서 북한군 대표를 철수시켰으며, 5월에는 북한군 판문점대표부를 설치하고 군사정전위원회를 폐쇄했다. 중국도 군사정전위원회에 참여하고 있던 중국 인민지원군 대표단을 소환하여 군사정전위원회의 공산 측 당사자가 존재하지 않게 되었다. 북한은 1993년 4월 중립국 감독위원회 소속 체코대표단에 이어 1995년 2월 폴란드대표단을 철수시켰다. 같은 해 3월에는 중립국 감독위원회 사무실 자체를 폐쇄했다.

1994년 4월 제1차 핵위기가 지속되는 과정에 북한은 정전협정을 평화협정으로 대체하고 정전기구를 대신하는 평화보장체계의 수립을 위한 협상을 제안했다. 북한은 1994년 10월 21일 제1차 핵위기를 해결하기 위한 제네바합의 이후, 1995년 6월에 유엔사령부의 해체를 요구했다. 1996년 2월에는 새로운 평화보장체계의 수립을 위한 협상을 재차 미국에 제안했다. 핵심 내용은 평화협정을 체결하기 이전에 정전협정을 대신할 '잠정협정'을 체결하고, 군사정전위원회를 대체하는 북미군사공동기구를 만들자는 것이었다. 북한은 2013년 3월 11일부터 정전협정을 무효로 하겠다고 선언했으며, 북한군 판문점대표부의 활동도 중지하겠다고 밝혔다. 이로써 1953년의 정전체제는 정상적인 기능을 상실하게 되었다.

제2차 핵위기를 해결하기 위해 6자회담이 진행되던 2005년 7월 북한은 외무성 대변인 담화를 통해 "조선반도에서 정전체제를 평화체제로 전환하게 되면 핵문제의 발생 근원으로 되고 있는 미국의 대조선 적대시 정책과 핵 위협이 없어지는 것으로 되며 그것은 자연히 비핵화 실현으로 이어지게 될 것"이라고 주장하며, 평화체제와 비핵화를 교환하는 방식을 제안했다. 6자회담에서 북한이 평화체제란 용어를 본격적으로 사용하기 시작했고, 결국 2005년의 9·19공동선언에는 "직접 관련 당사국들은 적절한 별도 포럼에서 한반도의 항구적 평화체제에 관한 협상을 가질 것"이라는 문구가 포함되었다.

2018년부터 재개된 남북한의 대화에서 한국전쟁의 종전과 평화에 대해서 자주 언급이 되었다. 특히 한반도 평화체제 수립을 위한 다자회의 개최, 그리고 비핵화와 평화체제를 연계시킬 필요성이 제기되었다. 2018년 4월 판문점에서 남북정상은 "한반도에 더 이상 전쟁은 없을 것"이라고 선언했으며, "한반도에서 비정상적인 현재의 정전상태를 종식시키고 확고한 평화체제를 수립하는 것"을 "더 이상 미룰 수 없는 역사적 과제"로 규정했다. 이를 위해서 남북미 3자 또는 남북미중 4자회담 개최를 추진하기로 합의했다. 평화의 가장 큰 걸림돌이 되고 있는 핵문제의 경우 "완전한 비핵화를 통해 핵 없는 한반도를 실현한다"는 공동의 목표를 확인하였다.

2018년 6월 남북 군사 당국은 제8차 남북장성급군사회담을 개최하여 2004년 서해 해상에서의 우발적 충돌방지를 위한 6·4합의서 복원과 동·서해지구 군 통신선 복구에 합의했고, 2018년 7월의 제9차 남북장성급군사회담과 9월의 제40차 남북군사실무회담을 개최하여 판문점선언의 군사분야 합의사항 이행을 위한 추가적인 협의를 진행하였다. 2018년 9월 남북 국방장관은 평양공동선언의 부속합의서로서 '판문점선언 이행을 위한 군사분야 합의서'(이하 남북군사합의서)를 체결하였다. 이 합의서에는 상호 지상, 해상, 공중 등 일체의 적대행위 전면 중지, DMZ 안의 감시초소(GP) 철수, 판문점 공동경비구역(JSA) 비무장화, 공동유해발굴, 서해 NLL 일대 평화수역화, 한강하구 공동이용 등 남북 간 군사적 긴장완화와 신뢰구축에 필수적이고, 한반도에서 전쟁 위험을 해소하기 위한 실효적인 조치들이 담겨 있다. 궁극적으로 남북 군사당국은 2018년 11월 상대방에 대한 일체의 적대행위를 전면 중지하였고, 남·북·유엔사는 3자협의체 회의를 통해 JSA 비무장화 조치를 이행하였으며, 2018년 12월까지 GP 시범철수가 완료되고 공동유해발굴을 위한 지뢰제거 및 도로 개설이 이루어졌다. 또한 2019년 1월 한강하구 공동이용을 위한 수로 조사 결과인 해도(海圖)도 공유하였다.[34]

북미정상회담에서도 한반도 평화체제에 대한 언급이 있었다. 2018년 6

월의 북미정상회담에서 양국은 새로운 북미관계 수립과 한반도에서의 '항구적이며 공고한 평화체제 구축'을 위한 노력에 합의했고, 북한은 판문점선언을 재확인하면서 한반도의 '완전한 비핵화'를 공약했다.

남북한이 분단의 부담과 고통을 줄이고 더불어 살면서 평화통일을 향한 민족화합과 협력을 하기 위해서는 한반도의 영구적 평화를 위한 평화체제를 수립해야 한다는 점에 대해서는 누구도 이견을 달지 않는다. 평화체제는 "국가 간에 전쟁의 위험을 제거하고, 상호불신과 군비경쟁으로 초래된 적대관계를 청산하며, 상호 간에 공존과 번영을 추구하기 위해 협력을 해 나가도록 국가 간에 합의하는 절차, 원칙, 규범, 규칙 그리고 그것을 관할하는 기구 등을 의미"한다.[35)] 평화체제에는 평화협정 체결이 하나의 수단으로 포함될 수 있다.

2) 평화협정 체결과 평화공동체 구상

남북한이 평화체제를 구축하기 위해 체결하는 협정에는 불가침협정 또는 평화협정을 고려할 수 있다. 표 4.8에서 설명되듯이, 불가침협정은 평시에 전쟁을 예방하기 위하여 국가 간에 체결하는 협정이고, 평화협정은 전쟁을 사후에 정리하기 위하여 종료되지 않은 전시상태를 평화상태로 전환하기 위한 협정이다. 한국전쟁이 아직 법적·제도적으로 종식되지 않은 상태이고, 남북한의 군사적 대치상황은 전쟁 가능성을 배제할 수 없기 때문에 한반도는 불가침협정과 평화협정 양자를 필요로 하고 있다. 남북한은 1992년에 체결한 기본합의서에 불가침 내용이 포함되어 있기 때문에 기본합의서를 부활시키는 합의를 하고 평화협정을 체결하면 법적·제도적으로 평화체제를 이루게 된다.

평화협정의 내용은 한국전의 종결선언과 남북한의 상호불가침 및 우호관계의 회복, 주변국의 평화보장을 위한 법적·제도적 장치 마련, 우발사

표 4.8 불가침협정과 평화협정의 차이점

구분	불가침협정	평화협정
전쟁과의 관계	전쟁을 사전 예방하려는 협정	전쟁을 사후에 정리하는 협정
협정체결시기	평시 상태에서 체결되는 것이 원칙	전시상태 또는 전쟁 중단 직후에 체결되며 평화협정의 효력 발생으로 전쟁 종료
협정체결 당사자	국가와 국가 간에 체결	국가와 국가 간에는 물론이고 국가와 교전 단체 간에도 체결
협정체결 목적	현존상태를 확인, 현 상태를 유지하려는 협정	전시상태를 평화상태로 전환, 장래 상태를 창설하려는 협정

태시 당사국 간 협의 및 국제협조, 협정위반 국가에 대한 국제제재 조치 강구, 해당국의 군비 배치 전환 및 군축 등이 포함될 수 있을 것이다. 평화협정에서는 정전협정에서 다루지 못한 분야에 대한 보완이 필요한데, 특히 해상 군사분계선에 대한 언급이 요구되고 있다. 정전협정은 해상 군사분계선을 설정하지 않았고, 유엔군사령부가 일방적으로 서해에 '북방한계선(NLL: Northern Limited Line)', 동해에 '군사분계연장선(Extension Line of the Military Demarcation Line)'을 선언하였고, 북한은 1973년 12월 1일 제246차 군사정전위원회에서 서해 5도(백령도, 대청도, 소청도, 연평도, 우도)에 대한 북한의 영유권을 일방적으로 선언한 바 있다. 1991년 체결된 기본합의서에서 '해상불가침 경계선'에 대하여 남과 북은 계속 협의하도록 한 바 있으며, 이에 따라 이 문제는 평화협정에서 반드시 다루어져야 할 것이다.

1990년대 이후 남북한의 분쟁이 가장 심각하게 발생하는 서해지역의 평화에 대한 시도가 여러 차례 이루어졌다. 2007년 10·4공동선언인 '남북관계 발전과 평화번영을 위한 선언'에서 "해주지역과 주변 해역을 포괄하는 서해평화협력특별지대를 설치하고 공동어로구역과 평화수역 설정, 경제특구건설과 해주항 활용, 민간선박의 해주 직항로 통과, 한강하구 공동이용 등을 적극적으로 추진해 나가기로"했다. 즉 '서해평화협력특별지대'를 설립하는 방식으로 군사적 분쟁을 예방하고자 한 것이다.

2018년 4월 판문점선언에서 최초로 '북방한계선'이라는 표현이 사용되었다. 이 선언에서 남북한은 "서해 북방한계선 일대를 평화수역으로 만들어 우발적인 군사적 충돌을 방지하고 안전한 어로 활동을 보장하기 위한 실제적인 대책을 세워나가기로" 합의했다. 2018년 9월 평양공동선언에서는 '서해경제공동특구'라는 용어가 사용되었으며, 군사분야 합의서에서 "서해 북방한계선 일대를 평화수역으로 만들어 우발적인 군사적 충돌을 방지하고 안전한 어로 활동을 보장하기 위한 군사적 대책을 취해 나가기로" 합의했다.

1991년에 체결된 남북기본합의서가 향후 한반도 평화체제의 기본 토대가 되는 것이 바람직하다. 우선 미국과 일본이 북한과 수교를 하여 주변국들이 남북한에 대해서 교차적 선린관계를 이루고, 그 후 다자회담을 개최하여 한반도 평화협정을 체결할 필요가 있다. 평화협정 체결 후 한반도가 안보적인 측면에서 어느 정도 안정단계에 들어서면 남북한은 남북기본합의서와 부속합의서에서 제시하고 있는 남북군사공동위원회를 가동하여 이를 중심으로 남북한 간의 평화체제를 구축하는 것이 바람직하다. 군사공동위원회는 제대로 가동되면 한반도 평화체제의 핵심적 기구로서 충분히 기능할 수 있을 것으로 평가되고 있다. 특히 주변국의 개입 없이 남북한이 주도적으로 한반도 평화체제를 구축할 수 있는 틀이다. 따라서 한국은 한반도 문제를 남북한 당사자가 주도하고 신뢰구축의 제도화를 위해서는 군사공동위의 가동을 북한에 지속적이고 적극적으로 제의할 필요가 있다.

군사공동위원회가 가동되면, 추상적이고 형체불명인 평화체제를 논하기보다는 구체적이고 실질적인 '평화공동체(peace community)'를 설치하는 것이 평화공존을 제도적으로 보장하는 방안이 될 수 있을 것이다. 공동체의 개념은 체제보다는 더욱 강한 내부적인 연대 내지는 결속을 의미한다. 일반적으로 집합체의 의미로 사용되는 공동체는 한정된 물리적 공간 또는 지리적 영역을 공유하면서 공통적 속성, 귀속감, 또는 사회적 유대의식을 공유하는 집단을 의미한다.

평화공동체는 유럽의 냉전을 종식시키는 데 결정적인 역할을 한 유럽안보협력회의(CSCE)와 유사한 성격을 가지되 한반도 통일을 염두에 두고 보다 결속력 있는 공동체가 되는 것이 바람직하다. 따라서 이 평화공동체는 한국정부가 통일안으로 제시한 바 있는 민족공동체 통일방안 중의 '연합' 단계 직전에 설립되는 것이 바람직하며, 사실상의 통일이 실현되는 시작단계인 연합 기간에도 평화공동체를 존속시키면서 남북한의 평화뿐만 아니라 군사적 신뢰구축과 군축의 역할을 담당하도록 하는 것이 바람직하다.

한국정부의 공식적인 통일방안인 민족공동체 3단계 통일방안의 3단계는 화해·협력, 연합, 완전통일의 단계이다. 이 3단계 중 첫째 단계와 둘째 단계의 내용상 거리가 너무 떨어져 있기 때문에 중간단계가 필요한데, 그것이 평화공동체로 보완될 수 있을 것이다. 평화공동체는 평화, 안보, 군사문제뿐만 아니라 유럽안보협력회의와 같이 경제, 인권문제 등 범위를 확대할 수 있을 것이다.

평화공동체는 남북한의 평화공존을 축으로 하고, 주변국들의 한반도에 대한 이익과 목표를 조정하면서 정치, 경제, 군사 등을 포괄적으로 협의하고 공동 실천하는 기구로 발전되어야 한다. 한반도 차원에서 쌍방체제의 인정과 존중, 상호 비방·선전 중지를 기본으로 하여 남북한 기본합의서와 한반도 비핵화 공동선언의 성실 이행, 남북한의 군사적 투명성 증대와 신뢰구축을 모색하여야 한다. 평화공동체에서는 한반도의 신뢰구축을 바탕으로 하여 동북아 차원의 안보협력과 평화도 논의할 수 있을 것이다. 동북아 차원의 신뢰구축은 미일중러의 남북한 교차승인 실현, 동북아 정상회담 정례화, 한반도 평화와 동북아 안정을 위한 고위급 다자간 안보회의 정례화, 대규모 군사훈련의 사전 통보 및 상호참관단 허용, 동북아 지역 국가들 간의 공동군사훈련의 실시, 동북아의 제한적 비핵지대화(한반도 포함), 동북아 군축회담의 개최 등을 포함한다.

평화공동체는 내부적으로 이원화된 조직을 가져야 할 것이다. 중추적으로 남북한이 정치, 경제, 군사 등 평화와 관련되는 분야를 다룰 수 있는 초국가적 기구를 만들고, 주변적인 차원에서 주변 4국이 한반도의 평화를 보장하는 확대된 6개국 정부 간 협의체를 만들어야 할 것이다. 따라서 한반도 평화공동체는 통합이론의 두 가지 기초 이론인 초국가주의와 정부간주의를 혼재한 조직이 되는 것이 바람직하다. 한반도의 군사적 신뢰구축과 군비통제를 포함하는 평화체제의 유지는 느슨한 형태의 회의체나 대화보다는 구속력 있고 조직화된 공동체를 만드는 것이 보다 효율적인 것으로 판단된다.

3) 남북한 군비통제

유럽의 냉전 종식 과정에서 유럽안보협력회의(CSCE)가 한 역할 중에 가장 결정적이고 최후에 모색된 역할이 군비통제(arms control)이었듯이, 통일로 가는 과정에서 한반도 평화체제의 최종목표는 군비통제이다. 군비통제의 개념은 모든 전쟁은 인간의 의지로부터 시작된다는 전제하에 잠재적 적대국 간의 상호 합의를 통하여 군비경쟁을 조정하여 군사적 안정성을 제고

글상자 4.2 거시적 통합이론: 초국가주의와 정부간주의

초국가주의와 정부간주의는 유럽통합의 거시적 이론으로서 초국가주의는 유럽통합이 EU 기구인 집행위원회, 유럽이사회, 유럽의회 등 통합의 중심기구들에 의하여 추진되는 것이라는 주장인 데 반하여, 정부간주의는 중앙기구보다는 유럽통합에 참여한 국가의 정부들 간의 협의와 합의에 의하여 추진되어야 한다는 논리이다. 앞서 설명한 통합이론의 기능주의와 신기능주의가 절차적이고 미시적 이론이라면, 초국가주의와 정부간주의는 보다 토대적 성격을 가진 거시적 이론이라 할 수 있다.

하고 군사력의 운용 및 구조를 통제함으로써 전쟁 가능성을 제한하거나 감소시키려는 다양한 형태의 군사적 협력을 포괄한다.

따라서 군비통제는 신뢰구축(CBMs: Confidence Building Measures), 군축(Arms Reduction), 군비제한(Arms Limitation), 군비해제(Disarmament) 등을 포함하는 포괄적 개념이다. 보다 구체적으로 살펴보면 광의의 개념으로서 군비통제는 다음과 같은 내용을 포함한다. ① 특정 무기체계의 동결(freeze), 제한(limit), 감축(reduce), 폐기(abolish), ② 특정 군사활동의 제한, ③ 군사력의 전개 조정·통제, ④ 군사적으로 중요한 물자 이전 규제, ⑤ 특정 무기의 사용 제한 혹은 금지, ⑥ 우발전쟁 방지, ⑦ 국가 간의 군사적 투명성 확보를 통한 신뢰구축 등을 포함한다.[36]

군비통제에는 운용적 통제와 구조적 통제의 두 가지 개념이 있다. 운용적 군비통제는 신뢰구축조치, 위기감소조치(RRM: Risk Reduction Measures)와 안전구축조치(SBM: Security Building Measures)로 이루어지는데, 구체적으로 병력이동, 훈련과 배치 등에 대한 투명성 확보를 포함한다. 구조적 군비통제는 군사력의 동결, 제한, 감축과 폐기를 포함한다. 군비제한 조치는 현존의 군사력 보유는 그대로 인정하지만, 그 사용과 배치, 운용 등을 규제하는 조치이다. 이러한 개념에 의하면 평화체제가 구축되어 군사적 신뢰구축을 이루고 나면 군축을 위한 협상을 전개해야 한다. 군축은 무기가 전쟁의 직접적인 원인이라는 가정하에 군비경쟁을 중단하고 병력 장비 등을 포함하는 군사력을 일정 수준까지 감축하거나 폐기하고 궁극적으로 모든 무기의 해체를 목표로 하는 '이상주의적이며 평화론적 접근개념'이다.[37]

군비통제는 평화를 이루기 위하여 추진하는 것이지만, 또한 평화가 어느 정도 이루어진 상태에서 추진될 수 있으므로 군비통제와 평화는 불가분의 관계를 가지고 있다. 따라서 한반도의 군비통제도 일단 남북한 간의 평화를 전제로 시작되어야 한다. 평화의 개념과 마찬가지로 '포괄성'을 가져야 하고, 일방의 안보보다는 공존의 철학에 입각한 공동안보(common security)

표 4.9 군비통제와 군비축소의 개념 비교

구분	군비축소	군비통제
기본가정	무기가 전쟁의 원인이므로 무기의 절대적 감소 및 제거	전쟁은 인간의 마음에서 일어나므로 군사적 안정화 수단을 강구하기 위한 군비경쟁의 규제
목표	군비경쟁의 절대 중단 (이상적, 평화적)	군비경쟁의 상대적 조정을 통한 제도화 (합리적, 기능적)
분야	객관적 군사력의 감축이나 폐기	객관적 전력에 대한 상호 군사적 협력/협조
접근방법	무기로부터 안전추구 (제한적)	무기의 보유 상태 하에서 상대적 조정을 통한 안전 추구(포괄적)

출처: 이재헌, "국제 및 주변국의 군비통제 추이 분석과 대응방향: 남북 군비통제 정책의 발전 방향을 중심으로," 『한반도 군비통제』 제21집, 1997년 7월, p. 97.

의 개념을 가지고 추진되어야 한다. 탈냉전 이후 공동안보 또는 협력안보(cooperative security) 개념이 안보전략 연구에 있어서 빈번하게 등장한 바 있는데, 이는 안보는 상대방의 희생을 통하여 추구할 수 없는 것이며 공동으로 또는 협력을 통하여 달성할 수 있다는 개념이다. 따라서 한반도의 경우도 남북한 간의 긴장이 완화되고 대치상태가 해소되면 상호 간의 번영을 위하여 협력하에 안보를 유지해야 한다는 개념으로 군비통제의 필요성이 인식된다.

한반도 군비통제의 목표와 원칙

남북한 군사관계의 경우 극한적인 대립상태를 유지해 왔기 때문에 적대 상태를 우호관계로 전환시키는 데도 그만큼 어려운 작업을 요할 것이므로, 한반도 군비통제는 다음과 같은 중첩적인 목표에 중점을 두어야 할 것이다. 첫째, 남북한의 전략을 방어전략으로 전환하는 동시에 우발적 사고에 의한 군사충돌이 전쟁으로 확대되는 것을 방지하여야 한다. 북한의 전략은 군사력의 구조, 군비태세 또는 독트린을 살펴볼 때 분명히 공세적 전략을 취하고 있음이 확실하나, 한국의 전략에 대하여는 공세적이냐 방어적이냐에 대한 논쟁이 있는데 북한의 도발 시 북한군을 격퇴해 휴전선 이북까지 진격할 전략을 수립하고 있는 점을 보면 '공세적 방어전략'으로 평가할 수 있다. 남북한이 어떠한 군사전략을 채택하고 있든지, 우발적 충돌을 방지하기 위해서는 먼저 정치·군사적 신뢰구축이 필요하고 상호 불신감을 줄이는 동시에 자국 군대의 군사활동 상황에 대한 투명성을 보여야 한다.

둘째, 기습공격이나 대규모 공격능력을 축소하거나 제거하여야 한다. 이를 위하여 공격형 무기인 핵무기와 생화학무기 등 대량파괴무기, 전차·장갑차·야포·공격용 헬기·전투기·지대지 미사일·상륙정·공격용 잠수함 등의 무기를 제한하거나 감축해야 하고, 공수부대·기갑부대·상륙부대 등 공격형 부대에 대한 통제를 가해야 한다.

셋째, 전진 배치된 군사력을 후방으로 분산시키는 동시에 비무장지대(DMZ)를 실질적으로 비무장화하고 평화적 목적으로 이용하여야 한다. 넷째, 군비감축을 통하여 전체적인 군사적 균형을 도모하여 군사적 불균형에 의한 새로운 위협이 발생하는 것을 방지하고, 전쟁이 억지될 수 있는 제도적 틀을 마련해야 한다.

이러한 목표에 대하여 남북한이 군비통제 협상을 추진하는 데 있어서 준수해야 할 다섯 가지 원칙은 다음과 같다. 첫째, 당사자 해결원칙으로 남북한 군사문제 협상은 남과 북의 대표성을 갖는 책임 있는 당국자 간에 해결해야 한다. 둘째, 합리적 충분성 또는 방어충분성 원칙으로 합리적이고 충분한 방어의 개념에 입각하여 자위 수준을 초과하는 과도한 공격용 군사력 및 기습능력을 허용하지 않는 원칙이다. 셋째, 균형추진 원칙으로 군사문제는 정치적 화해와 교류협력 등 다른 분야의 관계개선과 조화를 이루면서 추진되어야 한다. 넷째, 실천성 보장원칙으로 구체적으로 실천 가능한 제안과 협상을 하고, 감시·검증에 대한 대책을 마련하고, 확인·감독이 불가능한 제의는 하지 말아야 한다. 다섯째, 통일지향원칙으로 통일 이후에도 도움이 될 수 있는 방향으로 군비통제가 추진되어야 한다.

한국정부는 군비통제를 통하여 군사적 안정성을 달성·유지해야 한다는 기본원칙하에 3단계의 단계적·점진적 접근방식을 제시하였다. 다시 말해서 신뢰구축을 실현한 뒤 군비제한을 거쳐 군비감축을 하자는 3단계론이다. 운용적 군비통제인 군사적 신뢰구축을 실시한 후 구조적 군비통제로 발전시켜 군비감축을 점진적으로 실현하자는 안이다. 이에 반하여 북한은 동시적·포괄적 접근방식을 제시했다.

운용적 군비통제 방안인 신뢰구축조치에는 고위장성급 대화의 정례화 등 군 인사 교류를 통한 불신제거 조치, 우발적 군사충돌을 방지하기 위한 핫라인(Hot-Line) 설치, 군사정보 및 자료교환을 통한 투명성 향상 조치, 군사훈련의 사전 통보 및 개방, 대규모 부대이동 통제를 통한 기습 위험성 감소 조치, 비무장지대(DMZ)의 비무장화 및 평화적 이용을 통한 우발적 무력충돌방지 조치 등이 망라되어 있다.

유럽의 경험을 볼 때 신뢰구축은 상호불신·대립과 연계된 세력균형으로부터 상호의존과 협력·신뢰에 기반한 균형으로 점진적 이전이 이루어져야 한다는 기본 전제에서 시작되어야 하고, 군사분야는 물론 정치, 경제, 인권 등의 제 분야에서 체제를 불안정하게 할 수 있는 요소를 제거해야 한다. 따라서 신뢰구축은 '국제성, 합목적성, 합리성, 포괄성'을 가지는 평화체제 건설을 목표로 해야 한다. 한국의 정책은 이러한 신뢰구축을 이루어야 실제로 군비감축이 실현될 수 있다는 입장이다.

이러한 '선 신뢰구축, 후 군비감축' 원칙에 대한 반론도 상당한 설득력을 보이고 있다. 첫째, 이 원칙의 고수는 실질적인 군비감축을 회피하려는 구실이라는 것이다. 둘째, 신뢰구축조치와 군비감축은 단계적이거나 별도 분리되어 추진되는 것이 아니라 상호보완적이고 상호 연계적이라는 주장이다. 셋째, 군비감축의 이행은 제도적인 검증조치를 통해 확인되고 달성되는 것이지, 신뢰구축이 전제되어야 달성되는 것이 아니라는 것이다.

남북한은 군비통제의 방식, 대상, 절차에 있어서 이견을 보이고 있지만, 과거 1990년대 초반 8차례의 고위급회담을 통하여 군비통제의 기본 틀에 대하여 합의한 바 있다. 남북한이 합의한 군비통제의 기본원칙은 상호불가침과 공고한 평화체제를 구축할 때까지 휴전협정을 존중하고, 군사적 신뢰구축조치들과 검증 가능한 단계적 군비감축을 실현함으로써 저수준의 군사적 대결구조로 전환시킨다는 것이다.

1991년 12월 제5차 고위급회담에서 채택된 기본합의서의 남북 불가침 부분은 향후 한반도 군비통제를 위한 기본 틀을 마련하였다. 6개 조로 구성된 불가침 분야는 무력불사용, 분쟁의 평화적 해결, 불가침 경계선 설정, 불가침의 이행과 보장, 군사당국자 간 직통전화 설치, 남북군사위원회 구성 등을 규정하였다. 남북한은 불가침의 이행과 보장을 위하여 기본합의서 발효 후 3개월 이내에 남북군사공동위원회를 구성하여 군사적 신뢰조성과 군축을 실현하기 위한 조치를 협의·추진하기로 합의하였는데 그 내용은 ① 대규모 부대 이동과 군사연습의 통보 및 통제문제, ② 비무장지대의 평화적 이용문제, ③ 군 인사 교류 및 정보교환문제, ④ 대량살상무기와 공격능력의 제거를 비롯한 단계적 군축 실현문제, ⑤ 검증문제 등이었다.

한반도 군비통제를 실현하는 데에는 많은 제약요인이 있다. 특히 남북한의 위협인식 차이와 비대칭적 지전략적 위치 때문에 군비통제 협상이 쉽지 않을 것으로 전망되고 있다. 남한은 장사정포, 미사일, 특수부대 및 화생무기 등 휴전선 근처에 전진배치된 북한의 군사력에 대하여 위협을 느끼고 있는 반면, 북한은 주한미군 및 미군의 유사시 증원전력을 위협으로 인식하고 있다. 휴전선에 근접한 서울과 재래식무기 사정권 밖에 위치한 평양의 지리적 비대칭성도 동등한 입장에서 군비통제 협상을 하는 데 제약요인으로 지적되고 있다.[38)]

군비통제는 국력 차원에서 한국에 비하여 열세에 놓여있는 북한의 생존에 직결되는 문제이기 때문에 북한은 체제붕괴를 우려하여 섣부르게 협상에 응하지 않을 것이다. 북한이 생각하기에 남한에 대하여 우위를 점하고 있는 분야는 군사력뿐인데 군비통제를 하여 같은 수준이 된다면 대남 체제 경쟁에서 뒤지게 될 우려를 할 것이다. 또한 북한은 국제사회에서 제정한 행위규범이나 규칙을 대체로 준수하지 않는 경향이 있다. 북한은 이러한 국제규범들은 강대국의 이익을 대변하고 그들만을 유리하게 하는 결과를 초래한다고 주장한다. 약소국으로서 북한이 선택할 수 있는 대안은 제한되어 있고 이 규범들을 지키면 지속적으로 '종속관계'에 처하게 된다는 인식을 가지고 있는 것이다.

북한이 부정적인 태도를 가지고 있어 한반도 군비통제의 한계성이 존재하지만, 북한이 한국과의 정치적 신뢰구축을 바탕으로 한 교류·협력을 계속하고, 미국 및 일본과의 관계개선을 한 후 안보에 대한 자신감을 가지고 자체적으로 군사력과 군사비를 감축하여야 할 필요성을 느낄 경우 남북한 군비통제는 빠른 속도로 진행될 가능성도 없지 않다. 한국의 입장에서도 지금까지 제시한 3단계론, 즉 '선 신뢰구축 후 군비감축'의 기본입장이 한반도의 현실에서 실현가능성이 있는가에 대한 의문이 제기되고 있으며, 군비통제는 "남북 간의 포괄적인 정치적 관계 운영을 위한 수단적 차원에 두는 것"이 바람직하다는 의견도 제시되고 있다.[39)]

신뢰구축, 군비제한, 군비축소의 3단계 원칙을 완화하여 2단계로 압축하여 탄력적으로 시행하는 방안이 일부 전문가들에 의하여 제시되었다. 우선 군사적 신뢰구축과 군비제한을 병행 추진한 후에 군비축소를 추진하는 방안, 북측의 '군축 우선주의'와 한국의 '신뢰구축 우선 원칙'의 중간선에서 타협하여 군비제한부터 시작하는 방안, 그리고 신뢰구축과 군비제한 및 축소를 동시에 수행하는 방안으로서 신뢰구축 분야를 기본적으로 일관성 있게 추진하되 분야별·사안별로 협의하거나 군비제한과 군비축소를 선별적으로 추진하는 방안 등이다. 결국 한반도 군비통제는 절충적 대안으로 신뢰구축과 군비감축을 동시에 실시할 수도 있다는 융통성을 가져야 한다는 것이 대체적인 의견이다. 사실 신뢰구축은 구조적 군비통제를 하기 위한 전제조건이 아니라 군비감축 과정이나 감축 후 검증과정에서도 지속적으로 모색되어야 할 문제인 것이다.

남북한 군비감축 추진 방향

남북한 군비감축에 대하여는 여러 학자, 전문가들이 다양한 아이디어와 시나리오를 제시하고 있다. 전통적 개념의 군축은 정치적인 고려는 배제한 채 양측이 보유하고 있는 무기만 일정 비율 또는 동수로의 감축을 다루었다. 이 기준에 의하여 제시될 수 있는 한반도 군축안은 양측의 군사력을 동수로 감축하는 안이다. 북한은 핵무기를 보유하고 있어서 전체 군사력 균형은 매우 복잡한 계산법을 적용해야 하지만, 여기서는 재래식무기에 대한 군축만을 다룬다. 휴전선 부근에 집중적으로 배치된 북한의 공격용 대량살상무기체계(생화학무기, 중무장대포, 다단계 로켓발사기 등)와 공격부대 등 북한의 공격적 군사력과 남한과 주한미군이 보유하고 있는 공격무기체계와 공격부대를 포괄적으로 인식하여 '균형된 점진적 상호감축 또는 해체'안이 구상될 수 있다. 대상 병력을 최소규모 수준까지 '상호동수보유원칙'에 따라 병력을 단계적으로 균형 감축하고, 주한미군도 남북한 실질적 군축과 연계하여 단계적으로 재조정하는 안이다.

최근에는 군축에 정치외교적인 측면도 가미하는 안, 즉 북한에 대한 포용 내지는 개입정책과 군축을 연계시키는 방안이 제시되기도 하였다. 남북한 간에는 군사적 비대칭성이 존재하고 국력에서도 상당한 차이가 나기 때문에 '비대칭적 상호주의(asymmetrical reciprocity)'를 군비통제의 수단으로 활용하자는 견해이다.[40] 이 논리는 한국, 미국, 일본이 군축을 위하여 북한에 대한 포괄적 접근을 할 필요가 있다는 점을 전제로 한다. 3국은 북한과의 '재래식무기 감축조약'을 체결하는 조건으로 미국의 대북제재 해제

뿐만 아니라 5년에 걸친 대규모 경제원조를 제시한다. 이 합의는 상호 외교관계 개설, 평화조약 체결, 북한의 핵실험 및 미사일 발사실험 중지, 원자력협정의 완전준수, 핵개발 의혹지역에 대한 현장검증 합의를 포함한다. 이러한 군축과 원조를 연계시키는 협상은 북한의 군사비를 줄여주고, 경제난을 해결하고 경제발전을 할 기회를 제공하기 때문에 북한은 긍정적인 태도를 보이지 않을 수 없을 것이다. 북한에 대한 지원이 경제적 측면과 아울러 안보적 측면도 포함되기 때문에 경제지원을 보다 적극적인 방법으로 안보와 연결하는 방안이라는 것이다. 경제지원과 군축을 연계시키는 방식은 직접 한반도에 평화를 가져다주지는 못하더라도 적어도 한반도 내의 갈등과 분쟁 가능성은 크게 낮출 수 있을 것이라는 논리이다.[41]

군축방법과 감축규모에 대하여도 견해가 다양하다. 우선 제기되는 문제는 무기 중심의 군축을 실행할 것인가, 병력감축에 우선을 둘 것인가의 문제이다. 대체적인 의견은 무기와 병력의 감축을 동시에 시행해야 한다는 것이다. 유럽의 재래식 군사력 감축의 경우, 무기와 병력에 대한 감축을 위한 협상을 별도로 진행하여 별개의 협정이 시차를 두고 서명되었으나, 발효는 동일한 날짜에 이루어졌다. 무기감축을 위한 CFE조약은 1990년 11월 19일 서명되었고, 병력감축을 위한 CFE-1A협정은 1992년 7월 10일 서명되었으나, 양 협정의 발효는 1992년 11월 9일 동시에 이루어졌다.

감축 규모에 대해서는, 과다 보유한 측이 적게 보유한 측 규모로 줄여서 동등한 수준을 달성한 후, 동수균형감축 방식으로 진행하는 '선 상호동등수준달성, 후 동수균형감축' 방식은 한국 측에서 제시하는 안이다. 북한 측은 선전적이고 평화 공세적인 성격이 많았지만, 10만 명으로 동수 감축하자는 주장을 한 적이 있다. 이에 대하여 남북한의 동수보유 원칙에 기초하여 '동일상한선' 목표를 설정한 후, 이 상한선까지의 감축은 남북한 보유 군사력의 차이를 인정하여 '단계별 동률 감축방식'의 견해도 제기되고 있다.

한반도 재래식무기 감축 조약은 유럽재래식무기감축협정(CFE)과 유사한 형태로 무기종류와 검증방법을 명시하고, 구체적인 군축 방식은 양측이 보유하고 있는 모든 종류의 '중장비(heavy weaponry)'를 50% 줄이는 안이 제시되기도 하였다. 한국과 미국은 초기 협상안으로 CFE와 같이 양측의 장비를 동수로 줄이는 안을 제시하여야 하고, 50% 감축안으로 타협하는 대신 북한의 핵실험 및 미사일 개발 중지, 핵무기 개발 의심지역에 대한 현장검증을 조건으로 제시하는 것이 바람직하다고 주장하였다. 다른 대안으로 동수로 감축을 하되 북한이 이를 수용하게 하려고 북한에 대하여는 내부 보안군의 장비로 10~20%를 추가로 인정하는 방안도 제시되었다.[42]

초기 단계에서는 지역배치의 제한이 필요한데, 북한은 군축 실행 시 평양 이남지역에 군축 시작 당시 장비의 50% 이상을 배치하지 못하도록 하여야 한다. 다시 말해서 평양 이남지역에 다른 지역에서 감축되는 장비를 이동시켜 보완하지 말아야 한다는 것이다. 검증과 현실적인 측면에서 병력과 경장비, 그리고 생화학무기와 지뢰 등도 군축대상에서 일단 제외하여야 한다.

이 방안은 '동등한 상한선(equal-ceiling)'을 설정한 CFE와 달리 비율에 따른 감축이기 때문에 양적으로 우세한 북한에게 불리하지 않은 군축방식이다. 북한을 군축협상 테이블에 나오게 하고, 협정체결까지 유도하려면, 한국과 미국정부는 남한의 안보에 크게 저해가 되지 않는 한도 내에서 '유연성'을 가지고 접근하여야 할 것이다. 이 안에 따르면 중장비만 감축하기 때문에 전체 군사력 평가에 있어서 병력의 중요도가 높아질 것이고, 남한보다 월등히 많은 병력을 보유한 북한이 이 점에서 유리할 것으로 예상된다. 남한에게 유리한 점도 있다. 남한이 보유한 장비 중 1/3 내지 1/2은 현대화된 최신예 무기인데, 50%를 감축하더라도 이 장비들은 그대로 유지하여 질적인 측면에서 북한 무기체계에 비하여 상대적인 우위를 유지할 수 있다. 이 안은 모든 현실을 고려하고 양측에게 되도록 손해가 가지 않게 하는 흥미롭고 추진해 봄직한 안이지만, 실현 이후 비정상적인 군사력이 유지될 가능성이 크기 때문에 병력과 경장비를 줄이는 후속 감축안이 연결되어야 할 것이다.

한반도에서의 군축은 군사력의 균등화도 필요하지만, 양측의 공격적 성격을 방어적 성격으로 전환하는 것, 특히 비무장지대를 중심으로 밀집되어 있는 군사력을 후방으로 분산 배치하는 것이 중요하다. 이는 전략, 군구조 및 군사태세를 방어지향적으로 개편하고, 대량살상무기를 비롯한 공격형 무기를 감축 또는 폐지하는 것을 포함한다. 궁극적으로 방어적 충분성에 입각하여 적정 수준의 군비를 보유해야 할 것이다.

남북한이 보유하고 있는 군사장비 또는 병력을 감축하는 것이 최종목표인 한반도 군비통제는 장기적으로 한반도의 평화체제 수립에 필수적이며 통일정책에 지대한 영향을 미칠 것이므로 한국정부는 인내심을 가지고 꾸준히 추진해야 할 것이다. 따라서 군비통제는 대북포용정책 추진보다 더 전향적이면서도 추진하는 과정에 많은 부정적인 장애 요인이 나타나기 쉬운 정책이다. 군비통제 없이 남북한의 군사대치 상황을 협력적 관계로 전환시키기 어려울뿐더러 진정한 평화체제의 수립도 불가능할 것이기 때문에 적극적이고 전향적인 사고를 바탕으로 추진해야 할 것이다.

제3부

통일정책과 통일방안

5장

남북한의 통일정책: 합의통일 방안 _ 237

6장

북한의 급변사태와 흡수통일: 가능성과 한계 _ 294

1960년대부터 남북한은 통일안을 제의해 왔지만, 실제로 통일을 할 상황이 되었을 때 진정으로 그 방식으로 통일을 모색할지는 분명하지 않다. 통일안들은 남북한의 이데올로기와 정치 성향을 나타내고 있으며, 서로에 대한 시각을 적나라하게 보여주고 있다. 남한의 통일안은 보다 점진적이고 단계적인 성격을 가지는 데 반하여, 북한의 통일안은 보다 완성형이고 급진적인 성격을 보이고 있다. 그리고 상대방에 대한 체제열세의 입장에서 제시하는 통일방안과 통일에 대한 시각은 체제가 우세할 때 제시하는 방안 및 시각과 차이가 있다. 1990년 이후 북한이 체제위기에 처하면서 자신들이 체제 우월감의 입장에서 제시했던 완성형의 급진적인 통일방안을 점진적이고 단계적인 방식으로 수정한 경험이 있다.

1990년 세계냉전이 종식되고 서독이 동독을 흡수통일한 이후 남한에 의한 북한 흡수통일에 대한 논의가 시작되었다. 이와 관련하여 국제법적인 측면에서 남한정부의 북한지역에 대한 관할권 문제, 그리고 북한지역의 국가성 존재 여부가 쟁점으로 부각되었다. 이와 더불어 주변국들의 한반도 통일에 대한 시각이 혼합되면서 남한이 북한을 흡수통일할 수 있는가에 대한 법적이고 정치적인 의문이 제기되었다. 북한에 급변사태가 발생하더라도 남한이 북한을 흡수통일을 하지 못하고 국제 관리에 돌입할 가능성이 제기되고 있으며, 이 경우 남한 및 주변국들의 정책에 대한 면밀한 연구가 요구되고 있다.

5장

남북한의 통일정책: 합의통일 방안

1. 남한의 통일정책 … 238
2. 북한의 통일정책 … 256
3. 남북한 통일정책 비교 … 286

한반도 분단 이후 남북한은 '돌아오지 않는 메아리'로 통일방안을 제안해 왔다. 실제로 통일을 하려는 통일방안이라기보다는 체제 정당화와 상대방에 대한 정치공세 또는 평화공세의 차원에서 통일방안을 제의하는 경향이 짙었다. 따라서 남북한의 통일방안은 단순한 체제선전용, 세력과시용 또는 국내결속용이었다는 평을 받고 있다. 이때문에 양측의 통일안은 서로 평행선을 달리며 형식상으로만 존재하는 문서에 불과한 것으로 여겨지기도 한다. 심지어 남북한의 통일방안은 양측의 대화와 협력의 진전을 가로막는 장애요인이 된 측면도 있다.

예를 들어, 북한은 남한의 정치적인 혼란기인 1960년(4·19 직후), 1973년(10월 유신 직후), 1980년(광주민주화운동 직후)에 연방제 통일방안을 집중적으로 제의하였고, 한국정부는 북한과의 체제경쟁에서 어느 정도 자신감이 생긴 1980년대 이후에야 비로소 통일방안을 제시하였다. 1982년 민족화합 민주통일 방안, 1989년 한민족공동체 통일방안, 1994년 민족공동체 3단계 통일방안을 제의한 바 있다.

이 장에서는 남북한의 통일방안을 합리성, 실현성에서가 아니라, 남북한의 통일에 대한 시각, 통일 접근법의 차이, 통일협상 과정에서 도출될 문제점 등을 초점으로 하여 앞서 설명한 연방과 연합의 개념을 준거틀로 하여 분석할 것이다. 특히 2000년 6월 15일 남북한 정상회담 공동선언의 제2항인 남한의 연합제와 북한의 낮은 단계 연방제에 대한 선언을 면밀하게 분석할 것이다.

1. 남한의 통일정책

한국의 통일정책은 '민족공동체 통일방안'을 기본으로 하고 있다. 민족공동체는 동질적인 혈연관계를 바탕으로 공동체 내부 구성원들 간의 다양한 교류와 접촉을 통해 상호의존적인 인간관계가 이루어지고, 동질적인 신념체계와 가치관을 공유하면서 민족의 공동선에 대한 합의가 이루어지는 공동체라 정의되고 있다.

'선 평화 후 통일'의 논리에 근거를 두고 민족공동체 설립을 통한 통합을 추구하고 있는 한국의 통일정책은 기본적으로 방어적이며 점진적·단계적 방법론을 내포하고 있다. 한반도의 통일성취를 위해서는 남북한 간의 평화정착과 평화공존이 이루어져야 하며 무력을 통한 시도는 어떠한 경우라도 허용을 하지 않는다는 것이다.

1) 남한 통일정책의 기조와 방향

남한의 통일정책 목표는 완전한 국토통일, 민족통일, 제도통일을 실현하는 것이다. 다시 말해서 한반도와 그 부속도서에 하나의 헌법 아래, 하나의 정부가 수립되는 단일 주권국가의 건설이라고 할 수 있다. 민족 차원에서 통일은 정치, 경제, 사회, 문화 등 모든 영역에서 민족공동체를 형성하여 고도의 자유민주복지국가를 실현하는 것이다.

대한민국정부 수립 이후 한국정부는 일견 평화적이면서도 상당히 공세적인 통일정책을 펼치기 시작하였다. 소련과 북한이 한반도 전체의 총선거 결의안을 거부하고 유엔감시단의 북한지역 입국을 반대하여 분단정부가 수립되었는 데도 한국정부는 유엔 감시하에 남북한 총선거를 하여 통일을 하자는 비현실적인 통일방안을 한동안 주장했다. 1948년 6월 12일 한국 제헌국회는 결의문을 통해 북한에서 자유선거를 실시하여 한국국회에 공석으로 남겨둔 100석의 의석을 채우도록 촉구하였다.

따라서 1948년 정부수립 이후 시작된 한국의 통일정책의 기조는 미국이 주축이 된 서방진영과 유엔을 활용하여 통일을 모색하는 외세의존적 성격을 지니고 있었다. 당시 유엔은 서방진영이 지배하고 있었기 때문에 유엔을 통한 통일은 남한이 유리한 방향으로 이루어질 수 있는 상황이었다. 남한정부는 남한정부가 한반도 전체에서 유일합법정부임과 북한지역에 대한 주권회복의 권리가 있음을 선언하였다.[1)]

그러나 국제법적으로 대한민국정부는 북한을 일방적으로 통일할 수 있는 지위를 승인받지 못했다. 1948년 12월 12일 파리에서 개최된 제3차 유엔 총회에서 48대 6(기권1)으로 한국 승인에 대한 결의문이 채택되었다. 유엔은 대한민국정부를 한반도 전체를 대표하는 합법 정부가 아니라 단지 남한지역에서의 합법정부로 인정을 하고, 38선 이북지역은 국제법에서 통용되는 '무주지(無主地)'로 남겨두었다.[2)] 이 조항은 한반도 통일의 국제적 승인과정에서 논란의 대상이 될 수 있을 것이다. 특히 남한이 북한을 일방적으로 흡수통일을 할 경우 이 논리에 따라 국제적인 견제가 이루어질 것으로 예상된다. 흡수통일에 대해서는 다음 장에서 자세하게 논의될 것이다.

한국전쟁 기간 유엔군의 반격이 성공을 거두어 유엔군에 의한 통일을 눈앞에 두었던 1950년 10월 한국정부는 북한지역에 대하여 유엔 감시하의 선거를 하여 대한민국 국회 설립 시 남겨두었던 국회의석 100석을 보충하여 통일하자는 제의를 하였다. 1950년 10월 2일 제5차 유엔 총회에서 임병직 외무장관은 유엔 감시하에 북한에서의 자유선거를 제의하면서 남한에서의 새로운 선거는 반대한다고 천명하였다. 그러나 미국을 비롯한 참전국들은 이를 받아들이지 않았다.

1953년 한국전쟁 종료 이후에도 한국정부가 선택한 통일정책은 유엔 감시하의 남북한 총선거 방식이었다. 외면적으로 '무력에 의한 북진통일'을 정치구호화 하여 통일문제를 미수복 지역에 대한 수복의 개념으로 보고 국민의 통일의지를 고취시키던 한국정부는 휴전협정 제4항에 의거하여 1954년 개최된 제네바 정치회담에서 한국전쟁 이후 최초로 평화적 방법에 의한 통일방안을 제시하였다. 변영태 외무장관이 천명한 14개 항의 평화통일 방안은 유엔 감시하에 '대한민국의 헌법 절차에 의거하여' 남북한 총선거와 인구비례에 의한 국회구성을 원칙으로 하고 있었다. 총선거 1개월 전까지 중국군의 철수를 끝내고, 유엔군은 통일정부가 전 한반도에 대한 완전통치를 실현하고 이를 유엔이 확인할 때 완료하도록 하였다. 그 후 자유당 정부는 1960년 이승만이 학생 시위에 의하여 물러날 때까지 유엔 감시 하의 남북한 총선거에 의한 통일을 정책기조로 하였다. 남한 인구의 절반밖에 안 되는 북한이 남한의 선점적 우위를 보장하는 이 통일안을 받아들일 리가 없었다.

경제력을 비롯한 전체적인 국력이 열세인 상태에서 북한과의 협상도 열세를 면하기 어려울 것이라는 판단을 한 1960년대의 한국정부는 '선 경제건설 후 통일논의'를 통일정책의 기본원칙으로 정하였다. 이승만정권의 붕괴 이후 장면 총리가 주도하는 제2공화국 민주당 정권의 통일정책은 '대한민국 헌법 절차에 의한 유엔 감시 하의 인구비례에 따른 남북 총선거'였다. 제1공화국의 통일정책을 그대로 계승하여 북한을 국가로 인정하지 않으면서 할슈타인 원칙(서독만이 유일한 합법정부이며, 동독을 승인하거나 동독과 수교하는 국가와는 관계를 설정하지 않겠다는 원칙. 즉 북한을 인정하지 않고, 북한과 수교하는 국가와 관계를 갖지 않는다는 의미)을 고수하는 동시에 인구비례에 따른 남북한 총선거를 제의하였다. 민주당정부는 선거 이전에 '남북연합 위원회'를 구성한다거나 통일 전 남북교류를 추진하는 것은 공산주의자들의 파괴공작을 가능케 하는 것이므로 이를 거부한다는 점을 분명히 하였다. 제1공화국의 통일정책과 다른 점이 있다면 제2공화국은 북진통일론을 공식적으로 부인한 것이다.[3)]

그러나 이승만정권을 몰락시킨 주역인 학생들과 혁신계 정당 등 진보세력은 중립화 통일론을 주장하면서 남북협상, 남북교류론, 남북서신 왕래 등을 제시하였다. 보수와 진보적 시각에 의한 국론의 분열 상황하에서 장면정권의 통일정책은 '통일기피'라고 할 정도로 소극적인 입장을 견지하였다. 장면 총리는 국회에서 "용공 통일보다는 차라리 남북분단을 택하겠다"는 발언을 하는 등 대북관계에 있어서 열세를 벗어나지 못하였다. 이에 따라 경제적 열세에 놓여 있던 입장에서 북한을 압도하기 이전까지는 통일논의를 유보하고 경제건설에 치중해야 한다는 '선 건설 후 통일론'이 민주당 정권의 정책기조였다.

1961년 5월 16일 군사 쿠데타로 정권을 장악한 박정희 대통령은 민주당정부가 채택한 '선 경제건설 후 통일논의' 정책을 계승하였다. 민주당의 정책은 통일논의를 회피하기 위한 소극적 방어적 성격이었으나, 박정희정권의 '선 건설 후 통일론'은 적극적인 힘에 의한 승공통일 정책에 기초하였다. 다시 말해서 박정희 대통령은 이승만정권의 승공통일론을 골간으로 하되 북한을 압도할만한 국력을 건설할 때까지 통일논의를 유보하는 동시에 통일을 위한 역량의 배양에 힘쓴 이른바 '통일역량 배양정책'을 추진하였다. 박정희 대통령이 이승만정권의 승공통일을 계승하였다는 점은 1964년 연두교서에서 "이북의 실지를 회복함으로써 국토의 통일을 이룩할 노력을 하자"고 밝힌 점을 보면 알 수 있다. 제3공화국은 자유당 정권의 '실지회복론'을 계승했다.[4] 즉 북한을 제압할 힘의 우위를 확보한 후에 통일을 추진하겠다는 정책을 추진하였다. 통일은 논의보다는 힘을 필요로 한다는 의미의 통일역량 배양정책은 1960년대 일관된 통일정책의 지표로 존속하였다.

1970년대 들어 경제력에서 북한을 추월하기 시작한 한국정부는 보다 적극적인 통일정책을 추진하기 시작하였다. 더구나 국제정세의 변화가 한국으로 하여금 보다 적극적인 통일정책을 추진하게 하였다. 1970년대 초 미국과 소련이 전략무기제한협정(SALT I)을 체결하고 미국과 중국의 관계개선이 이루어지는 등 동서진영 간의 데탕트가 진행됨에 따라 그 여파가 한반도에 파급되어 화해적인 국제정세가 남북한관계 개선 및 통일추진에 큰 역할을 하였다.

1970년 8월 15일 기념연설에서 박정희 대통령은 북한의 유엔 참여를 인정하며 '개발과 창조의 경쟁'을 제안함으로써 북한의 정치적 실체를 인정하는 입장을 보였다. '8·15평화통일구상선언'으로 불리는 이 연설에서 박 대통령은 평화적 방법에 의한 통일을 위하여 남북한 간에 쌓여 온 불신과 적대감을 해소할 수 있는 대화의 장을 마련하여야 한다는 점을 제시하였다. "공산독재체제와 민주체제 중 어느 것이 국민을 더 잘 살게 해주는 제도인가를 가리기 위해 발전과 건설과 창조의 경쟁"을 제안한 남한은 이제 체제경쟁에서 어느 정도 자신감을 가질 수 있게 되었다. 따라서 이 선언은 분단 이후 남북한의 '특수한 관계'를 현실로서 인정하고 통일에 접근해 가려는 자세전환의 의미를 갖고 있었다. 서로 국가로 인정할 수 없는 특수한 관계임을 감안하여 '체제'라는 표현을 사용하였지만, 국제적으로는 북한을 사실상 하나의 국가로 인정하는 기점이 되었다.[5]

1970년 8월 15일의 평화통일구상선언은 주권회복, 수복, 북진, 불법집단 등의 개념에 입각한 1960년대의 북한에 대한 인식과 통일정책을 크게 전환시키는 계기가 되었다. 남한정부가 이처럼 적극적인 통일정책을 추진하게 된 것은 1960년대 중반 이후부터 시작되었다. 1966년 국회에 통일문제를 담당할 특별위원회가 구성되었고, 이 위원회는 이틀간의 청문회를 개최하였다. 이 청문회에서 학계 및 언론계 전문가들이 통일을 위해서는 정부 차원의 고위기관을 설치할 것을 촉구하였다. 이에 따라 행정부의 한 부처로서 '국토통일원'이 1969년 3월 1일 발족되었다.

1970년 8·15선언을 기점으로 남북한 간의 대화가 본격적으로 시작되었다. 물론 1970년 이전에 남북한 대화가 전혀 없던 것은 아니다. 1970년 이전의 대화로는 1948년 남북한 정부수립 이전의 남북협상, 1951~1953년의 휴전회담, 1954년의 제네바 정치협상, 1953~1954년의 휴전협상에 의거한 실향민문제 해결을 위한 남북접촉, 동경올림픽 단일팀 구성·참가문제를 협의하기 위한 남북체육회담 등을 들 수 있다.

1972년 7월 4일에는 남북 당국자 간의 비공개 접촉과 상호방문을 통해 분단 이후 최초의 남북 당국 간 합의문서라 할 수 있는 '7·4남북공동성명'이 서울과 평양에서 동시에 발표되고, 자주·평화·민족대단결의 조국통일 3대 원칙이 천명되었다. 따라서 제3공화국의 통일정책은 기존의 정책에서 탈피하여 북한정권을 대화 또는 협상의 실체로 인정하였고, 남북한 당사자 간의 직접적이고 평화적인 대화를 통하여 통일문제에 접근하려는 시도를 하였다는 평가를 내릴 수 있다.

1970년대 들어 경제력에 있어서 북한을 추월하기 시작한 한국정부는 체제에 자신감을 가지고 교류와 협력을 중시하는 기능주의적 접근방법을 채택하였다. 특히 1972년 7·4공동성명을 전후하여 남한은 북한에 대해 상호 신뢰와 이해를 증진시키기 위한 단계적 남북교류를 제의하였다. 남한의 기능주의적 접근방법은 1971년 8월 12일 대한적십자사 최두선 총재가 발표한 '남북 간에 흩어져 있는 일천만 이산가족찾기 운동의 전개'로부터 시작되었으며, 1972년 김용식 외무부 장관의 '통일을 위한 3단계 접근방법'에서 명확히 드러났다. 여기서 제시된 3단계는 1단계 이산가족 찾기 등 인도적 차원, 2단계 물자교환, 문화교류 등 비정치적 문제해결, 3단계 통일문제였다. 1970년대 들어 체제의 열세에서 벗어난 남한정부는 뚜렷한 통일정책을 선언하거나 통일방안을 제의하지 않았지만, 대북정책에 있어서 주도권을 장악하기 위한 방법을 모색하기 시작하였다. 북한의 실체를 인정하여 통일협상의 일방으로 인정하기 시작하였고, 유엔에 의존한 통일정책에서 벗어나 남북 당사자 간의 직접적이며 평화적인 대화를 통하여 통일문제에 접근하였다.

박정희 대통령은 1972년 10월 17일 유신을 단행하여 제4공화국을 출범시켰다. 유신의 논리는 통일의 효율적인 추진을 위해 대통령의 권한을 강화하여야 한다는 것이었다. 박 대통령은 1973년 6월 23일의 '평화통일을 위한 외교정책 특별선언'에서 북한을 보다 더 공식적으로 인정하였다. 6·23 선언이라 불리는 이 선언의 주요 내용은 남북한 상호 내정불간섭, 남북한 국제기구 동시 참가 및 유엔 동시가입, 호혜평등 원칙 아래에 모든 국가에 대한 문호개방 등이었다. 북한을 미수복지구로 규정하였던 인식을 수정하여 사실상 '2체제 2국가 관계'를 선언한 것이었다.

이어서 박 대통령은 1974년 1월 18일에는 남북불가침 협정체결을 제의하였고, 8월 15일에는 평화정착, 문호개방과 신뢰회복 및 통일성취라는 '평화통일 3대 기본원칙'을 천명하였다. 3대 기본원칙은 ① 한반도에 평화를 정착시켜야 하며, 이를 위해 남북한은 상호불가침협정을 체결하여야 한다. ② 남북 간에 상호문호를 개방하고 신뢰를 회복해야 하는 바, 이를 위해서는 남북대화를 성실하게 진행하고 다각적인 교류·협력이 이루어져야 한다. ③ 이 바탕 위에서 공정한 선거관리와 감시 하에 토착인구 비례에 의한 남북 자유총선거를 실시하여 통일을 이룩한다는 내용을 포함하고 있었다. 이처럼 1970년대 중반에 들어서면서 1960년대 초반까지의 북진통일 또는 무력통일의 기조는 완전히 포기되고 평화통일의 기조를 유지하였다.

1980년대 들어서는 평화적 합의통일을 하기 위한 통일안을 제시하기 시작하였다. 특히 1980년대 후반부터 한국의 통일정책의 기조는 민족공동체적 접근을 하여 점진적이고 단계적으로 통일을 모색하는 것이 되었다. 냉전이 종식되고 동유럽과 소련의 공산주의가 몰락하는 국제정세의 급변 상황에서 한국정부는 북한을 대결상대로 보기보다는 평화공존을 하면서 통일을 하여야 할 대상으로 인식의 전환을 하기 시작하였다. 북한을 화해와 협력의 국제사회에 동참하게 하여 북한의 개방을 유도하고, 한반도 평화정착과 통일의 여건을 조성하려는 노력을 기울였다.

1990년대 중반에는 한동안 북한의 붕괴를 예상하고 흡수통일을 염두에 둔 통일정책을 추진한 바 있으나, 1998년 김대중정부가 들어서면서부터 햇볕정책, 포용정책, 또는 화해·협력정책을 추진하면서 통일보다는 평화에 역점을 두는 적극적인 대북 접근정책을 모색하였다. 남북한관계에 도움이 된다면 '선제적 양보'를 통해서라도 화해를 하여 북한의 개방과 변화를 유도하는 시도를 시작하였다. 분단을 극복하기 위해서는 많은 비용과 시간이 걸리는 통일을 모색하는 이상주의적 접근에서 벗어나 우선 평화공존의 틀을 마련하는 것이 김대중정부가 택한 대북 화해·협력정책의 기조였다.

이후 노무현정부가 채택한 '평화와 번영'정책도 김대중정부가 추진한 통일정책과 큰 차이가 없다. 단지 참여정부의 대북 및 통일정책은 단순히 북한을 향하고 한반도 내부에서의 정책이 아니라, 보다 범위를 넓혀서 동북아의 큰 틀에서 한반도의 평화를 논의하는 것이다. 북한을 지원만 하는 것이 아니라 공동번영을 위하여 상호 교류하고 협력하는 정책을 추구하는 것이다.

2) 남한의 통일접근 방법과 통일안

한국이 처음으로 제시한 공식적 통일방안은 1981년 3월 출범한 전두환정부가 1982년 1월 22일 제의한 '민족화합 민주통일 방안'이다.[6] 이 방안은 "통일은 민족자결의 원칙에 의거하여 겨레 전체의 의사가 골고루 반영되는 민주적 절차와 평화적 방법으로 성취되어야 한다"는 기본원칙에 입각하여, 통일헌법의 제정으로부터 남북 총선거를 통한 통일 민주공화국 완성에 이르는 일련의 과정을 구체적으로 제시하였다.

신기능주의적 성격을 지닌 이 통일방안은 점진적이고 단계적 접근방법에 의한 구체성과 실현성에 중점을 둔 '선 평화 후 통일'의 원칙에 기초를 두고 있다. 첫째, 남북 쌍방주민을 대변하는 남북한 대표로 '민족통일협의회의'를 구성하며 이 협의회의에서 민족, 민주, 자유, 복지의 이념을 촉구하는 통일헌법 초안을 마련하고, 이 통일헌법안을 민주방식에 의한 자유로운 국민투표 실시에 의해 확정 공표하며, 이 통일헌법이 정하는 데 따라 총선거를 실시하며 통일국회와 통일정부를 구성하여 『통일민주공화국』을 수립한다.

둘째, 민족화합에 의한 통일을 이룰 때까지의 과도적 조치로서 '남북한 기본관계에 관한 잠정협정'을 체결하여, 양측의 신뢰를 조성하고 통일저해 요인을 제거하며 통일헌법 제정 작업을 순조롭게 촉진한다는 것이었다. '잠정협정'에서 합의되어야 할 7개 항은 ① 호혜평등의 원칙에 입각한 상호관계의 유지, ② 분쟁문제의 평화적 해결, ③ 현존 정치질서와 사회제도의 상호인정과 내정불간섭, ④ 현존 휴전체제의 유지와 군비경쟁 지양, ⑤ 모든 분야의 교류, 협력을 통한 사회개방 촉진, ⑥ 기존 국제의무 및 협정의 존중과 민족이익 증진, ⑦ 서울·평양에 상주 연락대표부 설치 등이다. 전두환정부가 제시한 통일안은 통일을 이루는 과정이 별로 정교하지 못한 내용이 포함되었을뿐더러 당시는 세계적으로 신냉전이 시작되는 시기였기 때문에 별로 주목을 받지 못하였다.

1980년대 후반 이후 대외정세가 한국에 유리한 방향으로 전환되었고, 한국이 체제면에서 자신감을 가지기 시작하게 되면서 한국이 대북관계에서 주도권을 장악하게 되었고, 이에 따라 새로운 통일안도 제시하게 되었다.

동유럽 공산주의의 붕괴, 서독의 동독 흡수통일, 한국의 성공적인 올림픽 개최, 북방정책의 결실 등 국제적인 환경변화는 한국의 국제적인 위상을 크게 제고시켰고, 이에 반비례하여 북한은 대외적으로 고립되었으며 내부적으로는 경제난이 시작되어 체제위기에 직면하게 되었다.

이러한 유리한 국면을 이용하여 한국정부는 북한을 봉쇄하고 붕괴시키려는 전략보다는 북한을 동반자로 인식하고 대승적인 입장에서의 접근을 해 나갔다. 이러한 측면에서 발표된 것이 1989년 9월 11일 국회에서 발표된 노태우 대통령의 '한민족공동체 통일방안'이었다.[7] 특기할 만한 사항은 남북한이 7·4공동성명에서 합의했던 자주, 평화, 민족대단결의 통일 3원칙 중 '민족대단결'의 원칙을 '민주'로 대체한 것이다. 한민족공동체 통일방안의 골자는 통일을 위한 과도기적 방식으로 남북 양측에 이질적인 두 체제가 존재함을 인정하고, 이 같은 현실을 바탕으로 개방과 교류·협력을 넓혀 신뢰를 구축해야 하며, 궁극적으로 민족 공존공영의 토대 위에서 남북한이 연합하여 단일민족사회를 지향하여 단일민족국가를 건설하자는 것이었다.

한민족공동체 통일방안은 신기능주의적 접근법을 채택하였다. 비정치적인 면에서 교류·협력을 시작으로 하여 점진적으로 정치적인 분야까지 확산시켜 나가자는 기능주의적 방식을 택한 이전의 대북정책에 비하여 큰 변화를 일으킨 것이었다. 즉, 3, 4, 5공화국의 정책과는 달리, 정치·군사적인 문제의 해결도 동시에 추구하며, 특히 군사문제 해결에 있어서는 휴전체제를 유지하는 가운데 남북한의 과도한 군비경쟁을 지양하고 군사적 대치상태를 해소하기 위하여 군사적 신뢰구축과 군비통제를 실현하는 문제를 협의할 수 있도록 했다.

한민족공동체 통일방안에 나타나 있는 통일과정은 남북한이 교류·협력을 활성화하고 정상회담에서 민족공동체 헌장을 채택하여 일단 '남북연합'을 하는 것이다. 연합 이후 통일될 분위기가 조성되면 통일헌법을 채택하여 단일국가로 통일하는 것이다. 앞서 설명하였듯이 국가 간의 연합은 국제조약에 의해 주권을 보유한 복수의 독립국들이 결합하는 것을 의미하며, 연합의 조직은 연합을 구성한 주권국가에 대하여 어떠한 권한도 가지지 못한다. 전반적인 외교권은 국가연합의 구성국이 가지며 중앙조직은 예외적으로 조약이 인정한 범위 내에서의 외교능력만을 가진다. 국가연합의 구성국은 주권을 국가연합에 이양하지 않은 상태에서 결합하였기 때문에 구성국은 완전한 주권국가의 지위를 유지한다. 따라서 구성국들은 별개의 헌법을 보유

표 5.1 남북연합의 기구

명칭	성격	구성 및 역할
남북정상회의	최고결정기구	
남북각료회의	협의·조정 및 실행보장기구	– 공동의장(남북총리)과 남북 각 10명 내외의 각료급 위원으로 구성 – 남북 간의 현안문제·민족문제에 대한 협의·조정 및 그 실행 보장 · 이산가족 재결합문제 · 정치적 대결상황 완화문제 · 국제사회에서의 민족역량 낭비 방지 및 해외동포 권익신장문제 · 남북사회 개방과 다각적인 교류·교역·협력 추진문제 · 민족문화의 창달 및 공동번영의 경제권 형성 문제 · 군사적 신뢰구축 및 군비통제문제 · 현 휴전협정체제의 평화체제로의 대체 문제 등 협의, 해결 – 5개 상임위원회 (인도, 정치·외교, 경제, 군사, 사회·문화분야) 설치
남북평의회	통일준비기구	– 100명 내외로 쌍방을 대표하는 동수 남북 국회의원으로 구성 – 각료회의에 대한 자문, 통일헌법 기초 및 통일 실현방법·절차 마련
공동사무처	실무지원기구	– 각료회의와 평의회 업무 지원, 합의사항 이행을 비롯한 실무문제 관장 – 상주연락대표 파견 (서울·평양)

하게 된다.

1민족 내부 2체제 연합형태를 지향하는 남북연합은 기본적으로 연합형태를 가지지만 완전한 국가연합(confederation)이나 연방(federation)의 개념과는 달리 통일을 지향하는 과도적이고 특수한 결합형태이다. 남북연합 안에서 남과 북은 각각 주권국가로 남게 되지만, 국제법상의 관계가 아닌 국내법에 준하는 특수한 법적 유대관계를 가지게 된다. 따라서 '남북연합' 안에서 남북관계의 기초가 되는 '민족공동체헌장'의 성격은 국가 간의 조약이 아닌 국내법적 협정에 가깝다.

남북연합은 통일을 촉진하기 위한 과도기적 조치로 정상회담에서 민족공동체헌장을 채택, 공포하고, 이 헌장에 따라 남북연합을 위한 기구들을 창설하는 것이다. 민족공동체헌장은 단순한 통일원칙과 기구설치에 대한 합의만을 포함하는 것이 아니라 통일국가를 건설할 때까지의 남북한관계를 규율하고 정치공동체 형성의 기반인 사회·문화·경제적 공동체를 실현하는 장전이라고 할 수 있다. 따라서 민족공동체 헌장에 포함될 내용으로는 평화와 통일을 위한 기본방안, 상호불가침에 관한 사항, 남북연합기구의 설치·운영에 관한 남북 간의 포괄적인 합의의 규정 등이다.

통일국가의 미래상은 민족성원 모두가 주인이 되는 하나의 민족공동체로서 각자의 자유·인권·행복이 보장되는 민주국가를 건설하는 것이다. 통일민주공화국의 정책 기조는 ① 민족성원 전체의 참여와 기회균등이 보장되고, 다양한 주의·주장의 표현이 보장되는 민주공화체제, ② 민족성원 모두의 복지 증진, ③ 민족의 항구적 안전과 세계평화에의 기여, ④ 모든 나라와 선린우호관계 유지 등이다.

김영삼정부의 민족공동체 3단계 통일방안

김영삼정부는 노태우정부의 한민족공동체 통일방안을 바탕으로 하여 보다 구체화하고 궁극적 통일정부의 체제성격을 명시하여, '민족공동체 건설을 위한 3단계 통일방안'을 1994년 제시하였다. 이 통일방안은 자주·평화·민주의 3원칙과 자유민주주의의 기본철학을 바탕으로 '화해·협력 단계'와 '남북연합 단계'를 거쳐 자유와 복지, 인간의 존엄성이 구현되는 완전한 '통일국가'를 건설하자는 방안이다.[8] 1989년의 한민족공동체 통일방안을 대체하는 방안이라기보다는 보다 구체적으로 단계를 설정하여 보완한 통일방안이라 할 수 있다.

제1단계인 화해·협력 단계는 남북한이 냉전구조의 산물인 이념대결과 적대관계를 청산하고 긴장을 완화하여 신뢰 속에서 화해와 협력의 관계로 발전해 가는 단계이다. 남북한이 적대와 불신, 대립관계를 청산하고, 상호신뢰 속에 남북화해를 제도적으로 정착시켜 나가면서 실질적인 교류협력을 통해 화해와 공존을 추구해 나가는 단계이다. 즉 남북한이 상호 체제를 인정하고 존중하는 가운데 분단 상태를 평화적으로 관리하면서 경제, 사회, 문화 등 각 분야의 교류협력을 통해 상호 적대감과 불신을 해소해 나가는 단계라고 할 수 있다.

이를 위해서는 먼저 한반도에 현실적으로 두 개의 정치적 실체가 존재함을 인정하고, 상대방을 타도의 대상으로 보지 않고 공존공영의 협력자로 보아야 한다는 것이다. 이 단계에서는 남과 북이 다각적인 교류·협력을 통해서 한층 더 깊은 상호신뢰를 쌓아가야 한다. 사회·문화분야에서는 관광교류, 학술 공동 연구, 예술 및 스포츠 교류, 교육·문학·보건·출판·종교·노동분야의 정보교환 및 기술협력, 남북 자유 왕래·접촉 등을 모색한다. 한민족 전체의 번영을 위한 남북한 경제교류는 자원의 공동개발 및 물자교류, 남북 교통로 신설, 과학·기술·환경분야의 교류·협력, 우편·전기·통신 교환 및 기술협력, 국제경제무대에서의 협력 및 해외시장 공동 진출 등을 포함한다. 이 단계에서 남북한은 냉전적 사고에서 공존적 사고로의 전환이 필요하며, 양측은 경쟁상대가 아닌 한민족 전체의 번영을 위한 동반자가 되어야 한다. 이 단계는 남북한이 비정치적 분야의 화해와 협력을 통하여 민족의 동질감을 회복하면서 그 파급효과를 통하여 정치통합의 여건을 성숙시켜 나가는 기능주의적 접근이라 할 수 있다.[9)]

제2단계인 남북연합단계는 남북한관계가 상당한 정도 활성화된 후 통일국가 실현을 위한 법적·제도적 장치를 마련하는 단계이다. 하나의 완전한 통일국가 건설을 목표로 이를 추구해 나가는 과정에서 남북한이 잠정적인 연합을 구성한다. 과도적 체제로서의 남북연합단계는 남북이 서로 다른 체제와 정부 하에서 통일지향적인 협력관계를 통해 통합과정을 관리해 나가는 단계라고 할 수 있다.

이 단계에서 남북한은 공존공영과 평화정착을 위한 사회·문화·경제적 공동체를 형성하여 민족 동질화를 추진하고 민족 공동생활권을 형성한다. 이 단계에서는 남북한이 합의하는 데 따라 각기 대외적 주권을 유지하되, 남북정상회의, 남북각료회의, 남북평의회, 남북공동사무처 등 제도적 장치를 마련하게 된다. 남북한은 국가 간의 관계가 아닌 민족 내부의 특수관계로 발전하게 하며, 국가통합을 위하여 남북 의회대표들이 통일헌법안을 마련한다. 휴전체제를 평화체제로 전환하고, 남북 군축회담을 추진하고 경제협력·교류도 활성화한다. 궁극적으로 군사적 신뢰가 구축되어 한반도에서 확고한 평화가 정착되고 경제협력과 사회·문화분야에서 교류협력이 심화되어 민족공동체가 형성될 것이다.

마지막 단계인 '통일국가 완성단계'는 '남북연합단계'에서 구축된 민족공동의 생활권을 바탕으로 남북한 두 체제를 완전히 통합하여 정치공동체를 실현하는 것으로서 1민족, 1국가, 1체제, 1정부의 형태로 통일국가를 완성하는 단계이다. 남북 의회대표들이 마련한 통일헌법안을 국민투표에 부쳐 확정되면, 이 통일헌법에 의한 남북한 총선거로 통일정부와 통일국회를 구성하고, 남북한 두 체제의 기구와 제도를 통합하여 통일을 완성한다. 통일한국은 7,000만 민족구성원 모두가 주인이 되며, 개개인의 자유와 복지와 인간 존엄성이 구현되는 자유민주주의 국가로 완성된다. 통일국가는 동아시아의 평화와 번영을 위해 주도적인 역할은 물론 인류의 발전에 기여한다.

이처럼 민족공동체 통일방안은 중간 단계인 남북연합 형성에 초점을 맞추고, 점진적 과정을 거쳐 남북한 간 이질감이 해소되고 민족공동체가 형성된 조건 위에서 통일국가를 형성하는 방안이다. 민족공동체 통일방안은 '1민족 1국가 1체제 1정부'로, 민족구성원 모두가 주인이 되며, 민족구성원 개개인의 자유와 복지, 인간 존엄성이 보장되는 선진 민주국가를 통일국가의 미래상으로 제시하고 있다.

북한의 연방제 통일안과 비교하여 민족공동체 통일안의 특징은 과도체제로서 국가연합의 형태인 '남북연합(The Korean Commonwealth)'을 제시한 것이다.[10] 남북연합의 구성에 있어서 남한은 인구면에서의 절대우위에도 불구하고 남북한 동수대표로서 남북연합 기구들을 구성할 것을 제의했다.

남북연합은 최고의결기구로 '남북정상회의'를 두고 쌍방 정부대표로 구성되는 '남북각료회의'와 남북 국회의원으로 구성되는 '남북평의회'를 두며, 이를 위한 실무적 문제를 관장하는 공동사무처를 두고 서울과 평양에 상주 연락대표부를 파견하는 것이다. 따라서 남북연합은 최고결정기구, 집행기구, 대의기구, 하위의 실무기구를 모두 구성할 수 있는 것이다.

남북연합의 성격에 대해서는 국가연합과 연방국가 사이의 중간적 위치에 있는 체제연합으로 보는 견해, 기본적으로 국가연합의 성격과 유사하다는 견해, 연방제보다는 국가연합에 가깝지만 특수한 형태로서 영연합(British Commonwealth, 우리는 영연방으로 해석하고 있지만, 엄밀한 의미에서 이는 영연합이다) 형태에 가깝다는 견해 등 여러 가지 시각이 있다. 한국정부의 해석에 의하면 남북연합은 통일을 지향하는 과도단계로서 국제법적으로는 부분적으로 국가연합의 성격을 띠고 있지만, 주권국가 간의 결합을 의미하는 국가연합과는 다른 특수성을 지니고 있다는 것이다. 첫째, 대외적 측면에서 남북한은 국제법적 주권국가로 존재하기 때문에 남북연합은 분명히 연방과는 다르다. 둘째, 남북한은 통일국가를 달성하기 위해서 '민족 내부의 특수관계'를 유지하면서 대화와 협력의 범위를 넓혀가기 때문에 남북연합은 독립된 국가 간의 관계를 가정하고 있는 일반적인 의미의 국가연합과도 다르다는 것이다.[11)]

연합이라는 과도적 절차가 완성되어 원만히 기능하면, 평의회에서 남북 양측이 제출한 통일헌법 초안을 민주적 방법과 절차로 확정, 공포하고, 통일헌법이 마련되면 헌법에 따라 총선거를 실시하여 통일국회와 통일정부를 구성하여 '통일민주공화국'이라는 단일국가를 건설하자는 것이다. 통일국회는 지역대표성에 입각한 상원과 국민대표성에 입각한 하원으로 구성되는 양원으로 하게 되어 있다.

민족공동체 통일방안은 점진적인 통일방식을 지향하고 단계별 과정을 제시하였다는 점에서 논리적이라는 평가를 받을 수 있으며, 정치선전적이고 평화공세적인 차원이 아닌 체계적이면서 객관적이라는 긍정적인 평가를 받고 있다. 그러나 다른 한편 '북한의 실정과 남북한관계의 현실을 도외시한 이론적 구상'에 지나지 않기 때문에 진보·보수 어느 진영으로부터도 적극적인 반응을 받지 못하는 취약점을 보이고 있다는 평도 함께 받고 있다.[12)]

궁극적으로 마지막 통일국가의 형성에 대하여 너무 단순한 형태만을 고수할 필요가 없다는 주장도 제기되고 있다. 즉, 제1, 2단계를 거쳐 민족 동질성을 회복한 통일국가는 단일제건, 연방제건 선택의 여지를 열어 놓을 필요가 있다는 것이다. 북한의 통일방안이나 남한에서 김대중 3단계 통일안을 비롯한 일부 통일안은 남북연방을 제시하고 있으나 남북한 그 자체를 기본 단위로 연방을 구성하는 '거시 연방'은 불안정하며, 캐나다나 독일 같이 남북한을 10여 개 주로 구성하는 연방제가 바람직하다는 견해도 있다. 거시 연방제에서는 남과 북의 두 자치 정부가 대치할 경우 이를 조정·중재할 수 있는 완충지대가 없으므로 폭력적 대결과 체제 붕괴로 이어질 가능성이 매우 크기 때문에 보다 많은 수의 지방정부를 만들자는 의견이다.[13)]

김대중 3단계 통일방안

한국정부의 공식적인 통일방안은 민족공동체 3단계 통일방안이지만 한반도 통일을 논할 때 김대중 3단계 통일방안에 대하여도 많은 논의가 되고 있다.[14] 김대중 대통령이 1970년대부터 주장한 통일의 대원칙은 자주, 평화 그리고 민주이다. 첫째, 자주의 원칙은 통일을 외세에 의존하지 않고 민족자결의 정신에 입각해 해결하자는 것이다. 물론 주변국의 협조와 보장 이외의 외세간섭은 허용하지 말아야 한다는 것이다. 둘째, 평화의 원칙은 통일을 무력에 의하지 않고 협상을 통해 평화적으로 해결하자는 원칙이다. 셋째, 민주의 원칙은 통일이 민주적 절차에 따라 민족적 합의에 의해 이루어져야 한다는 것을 의미한다. 이와 더불어 통일은 주민의 자유로운 참여와 동의에 의해서 이룩되어야 한다는 점을 명확히 하였다.

김대중 3단계 통일방안에서 관심을 끄는 부분은 제2단계인 '연방'이다. 북한의 연방제와 비교되는 이 연방은 하나의 체제가 된 이후 연방을 하자는, 즉 접근방식으로서의 연방이 아니라 정치제도로서의 연방이다. 반면 뒤에 설명되는 북한의 연방은 접근방식으로서의 연방이고, 자본주의와 사회주의라는 두 개의 체제가 병존하는 연방이다.

3단계 통일론의 제1단계는 '남북공화국 연합(남북연합)' 단계이다. 이 단계는 남북한이 각기 다른 체제를 유지하고 주권을 보유한 채 국가연합을 형성하는 것이다. 이는 실질적 통일의 단계로 진입하기 위해 남북협력을 제도화하여 통일의 과정을 관리하려는 목적 하에 설정된 것이다. 남북연합은 약 10년 정도 지속될 것이며 남북 간의 화해와 협력을 통해서 평화와 번영을 추구하는 가운데 민족의 동질성을 회복해 나가는 기간이다.

남북한이 합의하는 '남북연합헌장'에 따라 남북 통합과정을 관리하게 될 남북연합 기간에는 최고 의사결정기구인 '남북정상회의' 아래 대의기구적 성격을 갖는 '남북연합회의'와 집행기구적 성격을 갖는 '남북각료회의'를 둔다.

남북연합회의는 남과 북의 정상이 추천한 동수 대표로 구성된다. 연합회의는 모든 의결을 만장일치제로 이루고, 이 결의는 남북정상회의에 건의된다.

남북연합의 주된 임무는 '평화공존·평화교류·평화통일'의 3대 행동강령을 실현하는 것이며, 이와 같은 3대 강령을 구현하기 위해 다음과 같은 6대 과제를 실천에 옮기게 된다. 첫째, 남북 간의 화해·협력을 통해 정치적 신뢰를 구축한다. 상호 체제의 인정과 존중, 상호 비방·중상의 금지, 내정간섭 중지를 하여 남북 간 신뢰를 구축한다.

둘째, 남북 간 군사적 신뢰를 구축하고 축소지향적 군사력 균형을 달성해 평화공존의 기틀을 다진다. 남북한 군의 전진 배치를 방어 위주로 재편하며, 군비감축을 실시하고, 한반도의 평화체제를 정착시킬 수 있는 동북아 다자간 안보협력체의 실현을 모색한다.

셋째, 민족경제공동체를 건설하여 민족경제의 통일적이며 균형적인 발전과 민족복리증진을 위해 노력한다. 북한의 개방과 개혁을 지원하기 위해 상호 대등·존중의 원칙에 입각하여 다양한 형태의 남북경제교류·협력을 활성화한다.

넷째, 민족적 일체감을 조성하기 위하여 남북 간에 사회·문화 교류·협력을 활성화한다. 분단 기간에 조성된 사회·문화적 이질감을 해소하기 위한 활발한 교류·협력을 한다.

다섯째, 통일에 대비하여 남북의 법규를 정비하는 한편, 남북 공동법규를 제정·시행한다. 통일을 저해하는 남과 북의 법규를 정비하고 남북 간에 공동으로 적용할 수 있는 법규를 새로 제정·확대해 나간다.

여섯째, 평화통일에 유리한 국제환경을 조성해 나간다. 남북한은 세계열강에 둘러싸여 있기 때문에 평화통일에 유리한 국제환경을 조성하기 위하여 주변국들과의 통일외교를 강화하는 것이 중요하다.

3단계 통일론의 제2단계는 연방제 단계로서 1연방국가 1체제 2지역자치정부로 구성된다. 이 단계는 하나의 체제 아래 외교·국방 그리고 주요 내정을 중앙정부가 장악하고, 그 밖의 내정은 2개의 지역자치정부가 담당하게 된다. 그뿐만 아니라 통일헌법에 따라 연방대통령을 선출하고 연방의회를 구성한다.

남북연합단계에서 중앙집권적 형태의 완전통일 단계로 진입하기 이전에 과도적 단계로서 연방제를 실시하는 이유는 첫째, 분단 기간 남과 북의 경제·사회 발전단계의 차이와 이질화된 정치·사회구조 때문이다. 즉 체제통합의 충격을 완화하기 위해 연방제 하에서 지역자치정부의 자율성을 보장해야 한다. 둘째, 남북 사이에 존재하는 일상생활의 특수성을 감안하고 북한지역에 대한 특별한 배려의 필요성 때문이다. 끝으로 세계적 추세가 중앙집권체제로부터 지방분권화시대로 이행하고 있다는 사실도 염두에 둘 필요가 있다. 이러한 이유로 3단계 통일론은 연합과 같은 별도의 준비단계 없이 곧바로 연방제로 진입하자는 것은 남북분단의 현실을 무시한 비현실적 방식이라고 주장이다. 따라서 연방제는 '충격완화'와 '특화관리'를 위해 반드시 설정되어야 할 필수적인 단계이다.

끝으로 제3단계는 중앙집권적 단일정부가 통치하는 완전 단일 제도화 통일의 단계이다. 이 단계에서는 1민족 1국가 1체제 1정부의 체제가 실현된다. 완전통일 단계는 중앙집권적인 단일정부의 형태이다.

2. 북한의 통일정책

남북한 통일접근 방법의 차이는 점진적이냐 급진적이냐에 대한 성격규명에 있는데, 이는 통일방식으로서 '연방'을 지향하느냐, '연합'을 거쳐서 단일국가로의 통일을 지향하느냐의 차이로도 분석할 수 있다. 북한의 통일안은 다른 절차나 과정을 거치지 않고 1국가 내에 2체제를 존속시키면서 연방국가를 형성하자는 안이고, 남한의 통일안은 민족공동체적 의미에서 '연합' 단계를 중시하는 통일안이다. "우리의 통일방식은 옳고 상대방의 통일방식은 그르다." 우리 누구나 이러한 말을 할 수 있어도 그 이유를 물으면 제대로 답하는 사람은 별로 없다. 우리 것이 옳고 상대 것은 그르다는 주장은 논리가 있어야 한다. 상대방이 통일을 위하여 무엇을, 왜, 어떻게 제의하였으며, 그 내용은 무엇인가를 파악해야 한다. 그래야만 상대의 제안에 대한 정확한 평가를 내릴 수 있다. 이러한 관점에서 이 절은 북한의 통일접근 방식과 통일방안을 세밀히 분석하고자 한다.

1) 북한 통일정책의 기조와 방향

북한 사회주의 건설의 궁극적인 목적은 완전한 공산주의 사회의 물질적·사상적 토대를 마련하고 무계급 사회를 만드는 데 있다. 이러한 목적을 바탕으로 추진되는 북한의 조국통일은 분단된 국토와 민족의 재결합에 의미를 부여하는 것이 아니고, 전 한반도에서의 사회주의제도 수립을 지향하며 '조선혁명'의 종국적 승리를 위한 투쟁과업으로 제기하고 있다.

북한이 제시하는 '조선혁명론'은 "전국적으로 사회주의 혁명을 완성하고 이 땅에 공산주의 락원을 건설하는 것을 조선혁명의 종국적 목적"으로 규정하고 있다. 분단된 상황에서 북한은 "조건이 유리한 북반부에서 혁명발전의 객관적 합법칙성에 따라 혁명을 계속 앞으로 발전시켜 나가야 하며 동시에 남조선혁명도 주동적으로 밀고 나가 조선혁명이라는 하나의 흐름 속에서 공산주의를 향해 나가도록 하여야 할 것"이라고 천명하였다.[15]

궁극적으로 북한이 표방하는 통일은 사회주의헌법보다 상위 규범인 노동당 규약에서 규정한 바와 같이 '한반도의 주체사상화와 공산주의 사회를 건설'하는 데 있다. 한국정부가 민족공동체의 번영·발전 차원에서 통일문제를 보아온 반면 북한은 대남혁명전략 차원에서 통일문제에 접근해 왔다. 즉 '선 남조선혁명, 후 조국통일'이라는 정책기조를 견지해오고 있다. 따라서 북한 통일정책이 지향하는 목표는 '사회주의의 완전한 승리'를 통해 궁극적으로 한반도 전체의 공산화를 이루는 데 있으며, 한반도의 공산화는 '전조선 혁명'을 통해 실현될 수 있다는 원칙을 수립하고 있다. 북한은 당규약 전문에서 조선노동당의 당면 목적을 "공화국 북반부에서 사회주의의 완전한 승리를 이룩하여 전국적 범위에서 민족해방과 인민민주주의의 혁명과업을 완수하는 데 있다"라고 하였고, 최종 목적을 "온 사회의 주체사상화와 공산주의 사회를 건설하는 데 있다"고 규정하고 있다.

'전조선혁명'을 이루기 위하여 제시된 것이 '혁명기지론'이다. '혁명기지'는 '혁명하는 나라의 한 지역에서 승리한 혁명을 공고히 하여 혁명의 전국적 승리를 담보하는 책원지'로 정의되었다.[16] 혁명기지론은 1945년 해방 직후부터 채택한 전략으로서 1960년대 중반까지는 단독으로, 그 이후에는 지역혁명으로서 '남조선혁명론'과 더불어 적용되어 왔다. 혁명기지 노선은 해방 후 소련군이 주둔하고 있는 유리한 조건을 이용하여 북한지역의 정치·경제·군사적 혁명역량을 강화하고 이를 바탕으로 전 한반도의 통일을 모색하는 '민주기지론' 또는 '민주기지로선'에서 출발하였다. '민주기지로선'은 1945년 10월 10일부터 13일까지 개최된 '북조선 5도당책임자 및 열성자대회'에서 최초로 채택되었다. 특히 한국전쟁에서 군사적 방법에 의한 통일이 실패한 이후 내부의 복구를 위하여 북한지역의 혁명적 민주기지를 재건하는 데 총력을 기울였다.[17]

한국전쟁 이후 1950년대 남한에 비하여 경제력의 상대적 우위를 점하고 있던 북한은 혁명기지론, 민주기지론, 혁명적 민주기지론을 바탕으로 하여 대남적화통일에 의한 흡수통일전략을 추구하였다. 북한의 흡수통일전략은 우선 북한지역의 정치적·경제적·군사적 혁명역량을 강화하고, 이를 바탕으로 하여 전 한반도의 통일을 모색하는 것이다.[18]

북한이 창조한 '민주기지'라는 용어는 분단국가의 한 지역에서 우선적으로 혁명을 진행하면서, 이 혁명 과정을 민족통일과 연계시키기 위한 것이었다. 따라서 북한에서 민주기지론은 대내적인 민주개혁이나 당건설, 경제발전의 성과를 통일문제와 연결하는 과정에서 제시되었다. 북한에서 주장하는 '혁명적 민주기지'는 "미제의 남조선 강점으로 말미암아 전국적으로 혁명을 밀고 나갈 수 없게 된 조건에서 공화국 북반부에 조선혁명의 강력한 보루, 혁명적 민주기지를 창설"하는 것이며, "공화국 북반부에 혁명적 민주기지를 창설하기 위하여 우선 당을 창건하고 당의 령도밑에 인민정권을 세워 그를 혁명적 무기로 하여 반제반봉건민주주의 혁명과업들을 철저히 수행"하도록 하였다. 따라서 '민주기지론'은 "통일을 위해서 어떻게 할 것인가"라기보다는 "한 지역에서의 혁명건설이 어떻게 통일과 연결될 수 있는가"라는 명제를 근본으로 하고 있다.[19)]

민주기지론에 의하여 일으킨 한국전쟁이 실패로 돌아가자 북한은 전쟁의 피해를 복구하는 데 주력을 하면서, 통일정책의 추진보다는 적화통일을 위한 대내외적 환경의 안정화를 도모하는 현상유지 정책을 추진하였다. 1953년 7월 28일 연설에서 김일성은 다섯 가지 기본 당면목표를 제시하였다. ① 전쟁으로 파괴된 인민경제의 신속한 회복과 발전이라는 정치·경제적 과업, ② 조국의 국방력 강화, ③ 인민의 물질문화와 생활 수준의 향상, ④ 인민민주주의 제도의 발전과 강화, ⑤ 조국의 평화적 통일의 역사적 목표달성 등인데, 이 목표는 통일역량을 조성할 때까지 시간을 벌기 위한 전략이었던 것으로 평가되고 있다.

북한지역의 전후 복구가 남한에 비하여 성공적으로 이루어져 북한의 혁명이 진전되는 데 반하여 남한의 혁명이 지체되자 남한혁명의 상대적인 독자성을 모색하게 되었다. 이에 따라 제시된 것이 지역혁명으로서 '남조선혁명론'이다. 해방 이후 남북한에서는 지역적 특성에 따라 고유한 투쟁형식으로 혁명을 전개하였으나, 북한지역에서는 혁명이 계속 추진된 반면 남한의 '식민지 과정이 심화'됨에 따라 "통일적인 전조선혁명에 복종되는 두 지역의 혁명은 마침내 성격상의 차이"를 낳게 되어 '남조선혁명'을 위한 별개의

혁명방안을 강구하게 된 것이다.[20]

북한이 남한을 압도하는 사회주의 경제건설을 기반으로 통일문제에 있어서도 공세적 입장을 취하며 1960년 8월 남북연방제 통일안을 제의하였고, 5·16 쿠데타로 군부정권이 들어선 남한에서는 이 제안을 받아들일 수가 없었다. 남한의 반응이 없자 북한은 남한의 '군사파쇼 독재정권'을 전복시키려는 무력공세에 치중하였다. 1950년대의 혁명기지 노선으로 복귀하여 이를 추진하기 위하여 1962년 12월 4대 군사노선, 즉 ① 전군의 간부화, ② 장비의 현대화, ③ 전 인민의 무장화, ④ 전 국토의 요새화를 채택하였다. 이러한 공격적 군사정책을 바탕으로 대남 무력도발을 강화하였다.

이어서 1964년 2월 27일 조선노동당 중앙위원회 제4기 제8차 전원회의는 '3대 혁명역량 강화노선'을 채택하여 ① 북조선 혁명역량 강화, ② 남조선 혁명역량 강화, ③ 국제적 혁명역량 강화를 "조국통일과 조선혁명의 전국적 완성을 한층 확실하게 보장하는 전략"이라고 선언하였다. 다음 해 4월 김일성은 인도네시아 알리하르함 사회과학원 연설에서 3대 혁명역량 강화를 ① 북한의 사회주의 기지 건설의 강화, ② 남한 내의 혁명역량 강화, ③ 국제적 혁명역량과의 연대성 강화로 풀이하였다. 다시 말해서 북한은 '혁명기지'가 되고, "우선 조건이 유리한 북한에서 혁명과 건설을 빠른 속도로 추진하여 전국적 혁명의 견고한 근거지를 구축하고, 그 적극적 지원에 의지하여 조건이 불리한 남한에서 혁명운동을 발전시켜 남북 혁명역량의 전략적 배합에 의해 혁명의 전국적 승리를 성취하는 것"을 기본내용으로 하였다.[21] 그러나 "북조선인민들은 남조선인민들을 지원할 수 있지만 그들의 투쟁을 대신할 수 없다"고 하면서 '남조선혁명'의 독자성을 인정하였다. 국제적 혁명역량은 공산제국은 물론 선진제국에서의 노동운동 및 비동맹권에서의 반한·반서방운동 등을 모두 지칭하였다.

북한이 주장하는 조국통일의 과업은 '남조선혁명'의 과업이 완수되고 '전조선혁명' 과업이 실현되는 중간과정에서 제기되는 것으로서 북한의 조선노동당 주도하에 남한의 연공정권과 합작통일의 절차를 밟는 외형상의 평화적 통일협상이다. 이에 따르면 "조국통일은 남조선혁명을 전제로 하는 조국통일이며, 조선민주주의인민공화국 기치하의 통일"이라는 결론을 내릴 수 있다. '남조선 혁명론'은 "우리 조국의 통일과 조선혁명의 승리를 위하여서는 북반부의 사회주의 력량을 강화하는 동시에 남조선의 혁명역량을 강화해야 하며 북반부에서 사회주의 건설을 촉진하는 동시에 남조선에서 혁명을 수행하여야 한다"는 명제를 제시하고 있다. 결국 "조국통일 문제는 남조선혁명이 수행되는 조건에서만 해결될 수 있다"는 인식을 바탕으로 하고 있다.[22] 이러한 측면에서 북한의 통일정책은 '선 남조선혁명, 후 조국통일'이라는 평가를 할 수 있다.

북한이 조국통일을 위한 가장 중요한 과업으로 표방하는 '남조선혁명'의 성격은 "외래 제국주의의 예속 하에 있는 우리나라 령토의 절반과 인구의 3분의 2를 해방하기 위한 혁명으로서 전체 조선혁명의 중요한 구성부분"으로 표현된다. 한 단계 발전시켜 혁명적 차원에서 분석하면 남조선혁명은 "외래 제국주의의 침략세력을 반대하는 민족해방혁명이며 봉건세력을 반대하는 인민민주주의혁명"이다. 여기서 의미하는 인민민주주의는 '반제반봉건 민주주의 혁명단계'에서 노동계급이 "농민을 비롯한 광범한 민주력량을 동원하여 착취계급의 낡은 통치기구를 혁명적 폭력으로 뒤집어엎는 투쟁"을 말한다.[23] 김일성은 "혁명의 적은 미 제국주의 침략세력과 그 세력을 부식하며 그 동맹자로 되고 있는 남반부의 지주, 예속자본가, 친일·친미파, 민족반역자들"임을 명백히 하였다.[24]

'반제반봉건 민주주의혁명'은 다음과 같이 정의되고 있다.

> 조선민족 앞에는 미 제국주의 침략세력과 그 세력을 부식하며 그 동맹자로 되고 있는 남반부의 지주, 예속자본가, 친일친미파, 민족반역자들을 타도하고 남반부 인민들을 제국주의적 및 봉건적 압박과 착취에서 해방함으로써 조국의 민주주의적 통일과 완전한 민족적 독립을 달성하여야

할 반제반봉건적 민주주의혁명의 과업이 그대로 남아 있습니다.[25]

'반제반봉건 민주주의혁명'은 그 이후 '민족해방민주주의혁명'으로 불리다가 1970년 11월의 제5차 당 대회에서 '민족해방 인민민주주의혁명(NLPDR)'으로 공식화되었다. 북한은 제5차 당 대회 이전까지는 남한사회를 미국에 예속된 '식민지적 반봉건사회'로 규정하였고, 제5차 당 대회 이후부터는 '식민지적 반자본주의사회'로 규정지었다.[26] 이러한 용어들을 종합하면 북한의 '남조선혁명'이 의미하는 바는 '반제민족해방 반봉건인민민주주의혁명'으로 귀결된다.

'남조선혁명론'에서 혁명의 주체는 남한의 인민이다. 혁명의 역량은 '주력군'과 '보조력량'으로 구분되는데, 주력군은 노동자·농민과 그 속에 깊이 침투한 노농계급이고, 보조역량은 청년학생, 지식인, 종교인, 소시민 등에 이르는 각계각층을 의미한다. 이 혁명은 비평화적 방법에 의한 인민 민주주의 정권의 수립을 통하여 목표가 수립된다는 것이 북한의 주장이다.

1960년대 중반 3대혁명노선 강화를 주창한 북한은 1960년대 후반 남한에서의 혁명역량 강화를 위해 노력했다. 특히 4대 군사노선이 성공적으로 추진되고 대소련 관계회복에 따른 군사원조의 확대 결과 군사력이 강화되면서 1967년 이후 대남 무장침투 정책을 추진하였다. 그 사례로 운수봉지구 작전(1967년 6월 23일~24일), 정읍 내장산 작전(1967년 7월 18일~19일), 청와대 기습사건(1968년 1월 21일), 푸에블로호 나포(1968년 1월 23일), 서귀포 간첩선 침투(1968년 8월 20일), 울진·삼척 지역에의 120명 무장공비 침투(1968년 10월 20~11월 3일), EC-121 미국 정찰기 격추(1969년 4월 15일), KAL 여객기 납치 (1969년 12월 11일) 등이 있었다.

1960년대 들어 북한은 처음에는 경제건설 우위의 정책을 추진하였으나, 급격하게 군사주의 성향을 보이기 시작하였다. 쿠바 미사일 위기에서 소련이 미국에 굴복한 이후 1962년 10월 소집된 조선노동당 중앙위원회 제4기

5차 전원회의에서 '경제와 국방의 병진건설'을 내세우고 본격적인 군사력 증강에 나섰다. 특히 중소분쟁이 시작된 이후 북한은 중국과 유대관계를 강화하면서 그동안 소련으로부터 제공받던 군사·경제원조를 받지 못하게 되었다. 결국 북한은 자체 국방비 지출을 증가시키지 않을 수 없는 상황이 되었으며, 이는 곧장 경제적인 압박 요인으로 작용하였다.

북한은 경제적 압박에도 불구하고 1966년부터 공식적으로 전체 예산의 30~40%를 국방비에 사용할 정도로 군비증강에 힘을 쏟았다. 당시 북한의 예산 규모가 국민총생산의 70% 정도였다는 점을 감안할 때, 북한의 국방비는 국민총생산의 20~30%에 해당하였다.[27] 이와 아울러 북한의 모든 사회조직들도 전시에 즉각 활용가능한 동원체제로 전환되었다. 이 과정에서 전군의 간부화, 전군의 현대화, 전인민의 무장화, 전국의 요새화라는 '4대 군사노선'이 제시되었고 1968년에 있었던 무장공비 침투와 같은 군사모험주의를 실행하게 만든 것으로 평가된다.

정치적인 측면에서의 '남조선 혁명역량 강화'도 적극적으로 이루어졌다. 1964년 3월 15일 통일혁명당 창당준비위원회를 결성하고, 1969년 8월 25일 당 중앙위원회를 설립하였다. 통일혁명당의 투쟁능력을 강화시켜서 남한에서의 미군 철수 및 혁명세력에 의한 정권획득을 시도하였으나 별다른 결실을 거두지 못하였다. 마르크스-레닌주의를 기반으로 한 정당이 남한에 뿌리 내릴 수 있는 여건이 조성되어 있지 못한 점이 '남조선 혁명역량 강화정책' 실패의 주요 원인으로 평가되고 있다. 1968년 중반 김종태·최영도 등 통일혁명당 핵심인물들이 대거 검거됨으로써 북한의 정치적 침투를 통한 '남조선혁명' 구상은 실패로 돌아가게 되었다.[28]

1970년대 들어 대내외적 환경변화에 따라 북한도 대남전략을 수정하지 않을 수 없게 되었다. 국제적으로 동·서진영 간의 데탕트가 시작되었고, 남한의 경제력이 북한을 추월하기 시작하여 체제경쟁에서 북한의 우위가 더 이상 유지되지 못하는 상황이 전개되기 시작하였다. 1960년대 후반부터 활용한 게릴라 침투에 의한 남한 공산화가 뜻대로 이루어지지 않자, 김일성은 1970년 11월의 제5차 노동당대회에서 북한혁명기지 전략만으로는 부족하기 때문에 남한에서의 자체 혁명역량을 육성·강화해서 경제투쟁과 정치투쟁, 합법·반합법투쟁과 비합법투쟁, 폭력투쟁과 비폭력투쟁, 대규모 투쟁과 소규모 투쟁 등을 배합하여 혁명운동을 전개해 나갈 것을 강조하였다.

1971년 8월 6일 김일성은 남북관계에 있어 "남조선의 민주공화당을 포함한 모든 정당, 사회단체 및 개별적 인사들과 아무 때나 접촉할 용의"가 있음을 밝힘으로써, 북한이 한국의 집권당을 남북협상의 당사자로서 또는 대화의 상대로서 최초로 인정하였다. 그 결과 1971년 8월 12일 한국이 제의한 남북한 적십자회담을 8월 14일 북한이 수용하였고, 8월 20일 첫 접촉이 시작되었다.

1972년 7·4공동성명과 함께 남북대화가 본격적으로 시작된 1970년대에 북한은 직접적인 대남 공산화 전략보다는 남한 자체 내에서의 반미·반정부 운동을 조성, 소위 '인민혁명'의 여건을 고조시키는 데 역점을 둔 '공세적 방어형전술'을 구사하였다. 그러나 대화를 하면서도 북한은 대화가 북한에 불리하게 진전될 경우 일방적으로 대화를 중단하였고, 대남적화의 미련을 버리지 못하고 '대민족회의', '전민족대회', '정치협상회의', 또는 '100인 정치연합회의' 등 북한의 연방제 통일안을 본격 토의할 수 있는 기구들의 창설을 제의하곤 하였다.

북한의 교조주의적·혁명주의적·계급주의적 통일정책은 1980년대 후반부터 북한체제의 위기가 도래하면서 '남조선해방'보다는 체제의 존속이라는 생존전략을 더 중시하는 전략적 전환이 이루어졌다. 1980년대 후반과 1990년대 초반 동유럽 및 소련의 급격한 변혁, 독일통일, 한국의 대중소관계 개선, 북한의 경제·외교적 어려움 심화 등 대내외적 정세변화가 북한에게 불리하게 돌아감에 따라 위기감을 느끼지 않을 수 없게 되었다.

이에 따라 1990년대 들어서 북한은 공세적이고 호전적인 통일정책으로부터 수세적이고 현상유지적인 통일정책으로 전환하지 않을 수 없게 되었다. '하나의 조선' 논리를 포기하지는 않았지만, 흡수통일을 우려하여 전술적으로 '남북공존'을 수용하면서 체제유지를 하기 위하여 남북한 유엔동시가입(1991년 9월 17일), 남북기본합의서 채택(1991년 12월 13일 서명, 1992년 2월 19일 발효) 등에 응하였다. 다음 절에서 자세히 언급하겠지만, 1991년 신년사에서 김일성이 과거의 완성형 연방제 통일안을 점진적 연방제 통일안으로 수정한 것이 대표적 예이다.

한편 북한은 체제유지를 위한 전술적 변화를 모색하면서도 '민족대단결'을 명분으로 한 통일전선전술의 적극 추진을 위한 '남조선 혁명역량강화'전략은 고수하였다. 특히 남한사회의 다원적인 특성을 최대한 활용하여 통일방침, 통일강령 등을 제시하면서 평화공세를 계속했다. 1990년 5월 24일 김일성은 '조국통일 5개 방침'을 제시하면서 '전민족적인 통일전선의 형성'을 강조하였다. 5개 방침은 ① 조선반도에서 긴장상태 완화와 통일을 위한 평화적 환경 마련, ② 분단장벽 철폐와 자유왕래 전면개방 실현, ③ 자주적 평화통일에 유리한 국제환경 마련원칙에서 대외관계 발전, ④ 조국통일을 위한 대화 발전, ⑤ 조국통일을 위한 전민족적 통일전선 형성 등이다.[29)]

북한은 1993년 3월 12일 중앙인민위원회 9기 7차 회의에서 핵확산금지조약(NPT)에서 탈퇴하겠다는 선언을 하여 북한의 핵개발 의혹을 증폭시켜 국제적 비난과 경계를 받기 시작하였다. 이후 북한은 한편으로 핵 카드를 사용하여 체제유지를 위한 벼랑 끝 외교를 모색하면서, 다른 한편 남북한 통일문제에서 주도권을 장악하기 위하여 평화공세를 하기 시작하였다. 1993년 4월 6일 최고인민회의 제9기 5차 회의에서 북한은 '조국통일을 위한 전민족대단결 10대 강령'을 제시하면서 평화공세를 하였는데 10개 항의 내용은 아래와 같다.

1. 전민족의 대단결로 자주적이고 평화적이며 중립적인 통일국가를

창립
2. 민족애와 민족자주정신에 기초하여 단결
3. 공존, 공영, 공리를 도모하고 조국통일위업에 모든 것을 복종시키는 원칙에서 단결
4. 동족사이에 분열과 대결을 조장시키는 일체 정쟁을 중지하고 단결
5. 북침과 남침, 승공과 적화의 위협을 버리고 서로 신뢰하고 단합
6. 민주주의를 귀중히 여기며 주의주장이 다르다고 배척하지 말고 조국통일의 길에서 단합
7. 개인과 단체가 소유한 물질적, 정신적 재산을 보호하고 민족대단결에 이용
8. 접촉, 래왕, 대화를 통하여 전민족이 서로 이해하고 신뢰하며 단합
9. 북과 남, 해외의 전민족이 서로 연대성을 강화
10. 민족대단결과 조국통일위업에 공헌한 사람들 높이 평가

10대 강령은 "전민족의 대단결로 자주적이고 평화적이며 중립적인 통일국가를 창립"하여야 한다는 기존의 통일원칙을 다시 강조하는 동시에, '공존·공영·공리' 등 민족대단결의 논리를 강조했다.[30] 10대 강령에서 북한은 통일의 근본원칙으로 '민족자주'의 원칙을 강조함을 알 수 있다. 민족자주에 의한 남한에의 요구사항은 외세의존정책 포기, 주한미군 철수, 외국군대와의 합동군사연습 영원한 중단 등을 포함하였다.

1994년 김일성 사망 이후 김정일은 자신의 정권을 공고화하는 데 심혈을 기울이면서 대남 및 대외정책에는 별다른 새로운 정책방향을 제시하지 않았다. 김정일의 대남·통일정책의 방향은 김일성 사망 3년 뒤인 1997년 8월 4일 김정일이 "위대한 수령 김일성 동지의 조국통일유훈을 철저히 관철하자"(8·4 노작)와 1998년 4월 18일 "남북조선 정당, 사회단체대표자연석회의의 50돐기념 중앙연구토론회에 보낸 서한", "온 민족이 대단결하여 조국의 자주적 평화통일을 이룩하자"(4·18 서한)로 발표되었다.

김정일이 김일성의 후계자로 지명된 1974년 2월 이후 주체사상과 관련된 논문과 담화 등의 문헌은 주로 김정일 명의로 발표되었고, 통일 관련 문헌은 김일성 명의로 발표되었다. 북한은 김일성을 '조국통일의 구성'으로 김정일을 '사상이론의 영재'로 역할을 분담 지우면서 후계체제를 준비해 왔기 때문에 김정일 명의로 발표된 통일 관련 문헌은 거의 없었다. 따라서 '8·4 노작'은 지난 30여 년간 김정일 명의로 발표된 최초의 통일과 관련된 문헌이었다. 8·4 노작은 그동안 김일성의 이름으로 발표되었던 통일에 관련된 주의, 주장들을 집약하고 있다.

김정일은 "통일문제는 남조선에 대한 외세의 지배와 간섭을 끝장내고 전국적 범위에서 민족의 자주권을 확립하며 갈라진 민족의 혈맥을 다시 잇고 하나의 민족으로서 민족적 단합을 실현하는 문제이다"라고 밝히고 있다. 그리고 김일성이 밝힌 '조국통일 3대 원칙'(1972년 7·4공동성명), '전민족대단결 10대 강령'(1993년 4월 최고인민회의 제9기 제5차 회의), '고려민주연방공화국 창립방안'(1980년 10월 제6차 당 대회)은 "조국통일의 근본원칙과 방도들을 전일적으로 체계화하고 집대성한 조국통일 3대 헌장"이라고 밝히면서 "조국통일을 위한 투쟁에서 정세의 변화에 따라 구체적인 방법은 달라질 수 있어도 조국통일의 근본원칙과 입장에서는 변화가 있을 수 없다"라고 밝혀 김일성의 통일원칙과 방식을 계승할 것임을 분명히 하였다.[31)]

'8·4 노작'에 나타난 통일방안은 하나의 민족, 하나의 국가, 두 개 제도, 두 개 정부에 기초한 연방제 방식의 민족통일국가 창립이며, 주요 통일정책은 북미 평화협정 체결을 통한 "새로운 평화보장체계" 수립, 남한의 '반북대결정책'을 '연북화해정책'으로의 전환 요구, 북미, 북일관계 개선의지 표명, 통일에 관한 유관국가들의 협조 등이었다. 그리고 '4·18 서한'에서 김정일은 김일성이 발표한 "민족대단결사상은 민족의 자주성을 옹호하고 실현하기 위하여 사상과 이념, 정견과 신앙의 차이, 재산의 유무와 사회적 지위에 관계없이 모든 계급, 계층이 민족공동의 요구와 이익을 첫 자리에 놓고 하나로 굳게 단합할 데 대한 사상"이라고 주장했다. 이 서한에서 김정일은 김일성의 '전민족대단결 10대 강령'을 구현하기 위한 '민족대단결 5대 방침'으로 ① 민족자주의 원칙에 기초한 민족대단결, ② 애국애족, 조국통일의 기치 밑에 단결, ③ 북과 남 사이의 관계개선, ④ 외세의 지배와 간섭 반대 및 민족반역자들과 반통일세력을 반대하여 투쟁, ⑤ 온 민족이 서로 내왕, 접촉, 대화를 발전시키고 연대연합을 강화하는 것 등을 제시하였다.

1990년대 후반 남한의 김대중정부가 포용정책을 추진하기 시작하면서, 특히 2000년 정상회담 이후 북한의 통일에 대한 정치적 관점, 또는 평화공세로서의 교조적인 주장은 많이 줄어들었다. 내부적인 결속을 위하여 연방제 통일안을 재강조하는 경우가 더러 있을뿐 대외적으로 과거 냉전시대와 같이 연방제 통일에 대한 강력한 옹호발언은 별로 나타나지 않고 있다. 특히 2000년 6월 15일 정상회담의 공동선언에 남한의 연합제와 북한의 낮은 단계의 연방제의 공통점을 인정하고 그 바탕 위에서 통일을 추진하자는 합의의 범위를 벗어나는 통일에 대한 주장은 거의 없는 것으로 보인다.

2012년 7월 26일 김정은은 당 중앙위원회 책임일꾼들과의 모임에서 '김정일 애국주의를 구현하여 부강조국건설을 다그치자'는 제목의 담화를 발표했다. 이 담화에서 통일에 대한 언급을 하였다. "외세에 의해 북과 남으로 갈라져 오랫동안 헤아릴 수 없는 불행과 고통을 겪고 있는 우리 민족에게 있어서 조국을 통일하는 것은 한시도 미룰 수 없는 민족지상의 과업"이라며 "조국통일은 곧 애국이고 조국분열을 곧 매국"이라고 말했다.[32]

2013년 신년사에서도 통일에 대한 언급을 하였는데, 이 당시에도 형식적인 통일의 원칙과 당위성에 대한 언급에 그쳤다. 신년사에서 통일에 대한 언급은 "조국통일은 더는 미룰 수 없는 민족최대의 절박한 과제이며 위대한 대원수님들의 필생의 염원이고 유훈"이라는 말로 시작하고 있다. 특히 김정은은 김일성과 김정일이 "우리 겨레에게 통일된 조국을 안겨주기 위해 한평생 온갖 노고와 심혈을 다 바치시어 나라의 자주적 통일과 평화번영을 위한 튼튼한 토대를 마련해주시였습니다"라고 하면서 선대 지도자들의 유훈을 관철하겠다는 점을 강조하였다.

구체적으로 통일의 '새로운 국면'을 열어놓기 위하여 '북과 남 사이의 대결상태를 해소'하는 것이 필요하다고 주장하였다. 특히 "지나온 북남관계가 보여주는 바와 같이 동족대결로 초래 될 것은 전쟁뿐입니다. 남조선의 반통일 세력은 동족대결정책을 버리고 민족의 화해와 단합, 통일의 길로 나와야 할 것입니다"라면서 남한정부의 북한에 대한 강경대결정책을 우회적으로 비판하였다.

결국 김정은시대의 북한은 어떠한 구체적이고 새로운 통일의 방향이나 방안을 제시하지 않고, 선대의 유훈 관철과 남한과의 대결 해소를 위하여 추상적이고 원칙적인 차원에서 통일을 논하고 있다. 김정은의 입장에서 북한이 정치·경제적으로 앞선 상황에서 자신감을 가지고 제시한 연방제 통일방안이 북한에게 반드시 유리하지 않은 측면이 있다고 해서 이를 수정하기 어렵기 때문에 구호 차원 이상의 통일에 대한 새로운 시각과 방안을 제시하지 못하고 있는 것으로 보인다.

2) 북한의 통일 접근방법과 통일안

북한은 한국전쟁 종료 이후 경제복구에 총력을 기울인 결과 1차 5개년 계획(1975~1961)의 목표를 2년 만에 달성하였고, 이에 따라 전쟁복구 경쟁에서 남한 보다 앞설 수 있었다. 경제력에서 앞선 북한은 통일논의에 있어서도 주도권을 장악하면서 평화통일 공세를 펼쳤다. 1954년 4월 26일부터 6월 15일까지 개최된 제네바회담에서 북한의 부수상 겸 외무상인 남일 대표는 통일방안으로 유엔을 배제한 채 북한의 최고인민회의와 남한의 국회가 같은 수의 대표를 선출하여 '전조선위원회'를 구성하여 남북한의 총선거와 남북 간의 경제문화교류를 주관할 것을 제의하였다. 이 위원회의 감독 아래 한반도 전체에서 총선거를 실시하여 국회를 구성하며, 이 국회가 통일정부를 수립하며 6개월 이내에 남한의 유엔군과 북한의 중국군을 완전히 철수시키자고 제안하였다.

이후 북한은 남북한 총선거에 의한 통일을 지속적으로 제의하였다. 1958년 2월 5일 북한은 '조국의 평화적 통일을 위한 제안'을 통하여, 첫째 모든 외국군대가 남북한으로부터 동시에 철수하고, 둘째 중립국 기구의 감시 하에 전조선 총선거를 실시하고, 셋째 남북 간의 경제 및 문화의 교류와 전조선 선거에 관한 문제 등을 토의하기 위하여 남북의 협상을 조속히 실현하며, 넷째 조속히 남북 간의 군대를 축소하자고 제의하였다.[33)]

남북연방제안(1960년 8월 15일)

1950년대의 통일제의 보다 한 단계 진일보한 통일안이 1960년 8월 15일 '남북연방제'라는 이름으로 김일성에 의하여 제안되었다. 남북한 통일은 평화적으로 이루어져야 하며, 외국의 간섭없이 자주적으로, 그리고 민주주의의 기초 위에서 자유로운 남북한 총선거에 의해 이루어져야 한다. 만약 "남조선 당국이 남조선이 다 공산주의화될까 두려워 아직은 자유로운 총선거를 받아들일 수 없다고 하면 민족적으로 긴급하게 나서는 문제부터 해결하기 위해 과도적 대책"으로서 '남북조선의 연방제'를 제안하였다.

과도기적 연방제는 "당분간 남북조선에 현존하는 정치제도를 그대로 두고 양 정부의 독자적인 활동을 보장하는 동시에 양 정부 대표로 구성되는 최고민족위원회를 조직하여 주로 남북 간의 경제·문화발전을 통일적으로 조정"한다는 내용을 포함하였다. 이러한 연방제의 실시는 "남북의 접촉과 협상을 보장함으로써 호상 이해와 협조를 가능하게 할 것이며 호상간의 불신임도 없애게 될 것입니다. 그렇게 되었을 때에 자유로운 남북총선거를 실시한다면 조국의 완전한 평화적 통일을 실현"할 수 있을 것이라고 확신하였다.

만일 남한 당국이 연방제를 수락할 수 없다면 남북한의 실업계 대표들로 구성되는 '경제위원회'를 조직하여 남북 사이에 물자를 교역하며 경제건설에서 서로 협조하고 원조하는 동시에, 과학·문화·예술·체육교류를 실시할 것을 제의하였다. 또한 주한미군을 남한에서 철수시키고 남북한 각각 10만 명 또는 그 이하로 군대를 축소할 것을 제안하였다.[34)]

이 통일안에 포함된 연방제안은 완전통일 이전의 과도적인 것이었으며, 유일한 통일 방식이 아니라 몇 가지 통일방안 중 하나의 선택으로서 제의되었다.[35)] 이 연방제안에 포함된 과도적 중앙정부의 성격을 가진 최고인민회의의 주요기능은 내정권, 외교권, 군사권 등 국가주권의 영역을 전혀 침해하지 않고 '남북 간의 경제·문화발전을 통일적으로 조정'하는 것이었다. 이론적으로 연방주의적 접근법에 의한 연방제는 연방정부를 설립하고 기존의 정부들은 주권을 연방정부에 내놓고 지역자치정부 수준으로 절하되어야 하는데, 북한의 1960년 연방제 안은 각 지역의 정치체제는 그대로 두는 동시에 양 정부의 독자적인 활동을 보장하였다.[36)]

앞서 설명하였다시피 정치체제론에서 의미하는 연방제는 다음과 같은 특징을 가진다. 첫째, 연방제는 법적으로 동등한 지위와 권한을 부여받은 두 개 이상의 정치단위들이 결합해서 하나의 통합된 정치질서를 형성, 유지하는 정치조직의 한 양식이다. 둘째, 연방제는 중앙정부와 복수의 지방정부들간의 권력분리를 특징으로 한다. 각각의 정부가 일정한 권한을 보유하면서 상호 균형관계를 유지해 나가도록 조직된 정치체제이다. 셋째, 연방제는 강력한 중앙정부를 통해 국가의 통합성을 유지하는 동시에 대외적으로 국가의 독립적 주권을 확보한다. 넷째, 연방제는 지방정부도 고유한 권한을 행사할 수 있도록 성문헌법을 통해 구조화시켰으며, 따라서 중앙정부의 지방정부에 대한 일방적인 통제나 간섭은 제한을 받는다. 다섯째, 연방제는 법적이나 제도적으로 중앙정부와 지방정부들 간의 권력의 분리와 균등한 권력분배를 확립시켜 놓고 있지만, 효율적인 운영을 위해서는 다양성, 관용, 타협 등의 정치문화가 필요하다.

따라서 북한이 1960년에 제의한 남북연방제안은 엄밀한 의미에서 이러한 연방제의 성격보다는 느슨한 형태의 국가연합에 가깝고, 이는 연방주의적 접근에 의한 통합이라기보다는 오히려 기능주의적 요소를 더 많이 포함하고 있다는 평가를 내릴 수 있다. 북한이 제의한 '경제문화교류와 호상협조'는 '남조선의 경제적 파국수습'을 위한 것이라는 점에서, 대등한 입장에서 남북한의 평화공존과 상호협력을 위한 것이 아니라 남한을 흡수통일 할 수 있다는 자신감에서 나온 것이다.

북한 외교부 군축 및 평화연구소 고문 이삼노도 "1960년대에 들어서면서 완전통일에로의 과도적 조치 실시의 필요성을 인식하고 남북의 정치제도를 존속시키고 매개정부들의 독자성을 보장하며, 두 정부 대표들로 최고민족리사회를 구성할 때 대한 연방제안"을 제시하였다고 하여, 북한의 통일안이 국가연합의 성격을 가졌음을 암시했다.[37] 보편적으로 기능주의는 경제력이나 국력이 앞선 쪽이 사용하는 접근법이다. 즉 기능주의 이론에서 파급효과(spill-over)는 위에서 아래로 흐르는 것, 즉 강자가 약자로 접근하는 방식이다. 따라서 1950, 1960년대에 경제력이 앞선 북한도 이러한 측면에서 기능주의적 접근을 하였다고 할 수 있다.

북한이 연방제를 주장하면서도 중앙정부가 남북한의 주권을 완전히 장악하는 방식의 진정한 의미의 연방제가 아니라 남북한 정부가 주권을 장악한 상태에서 경제위원회 등의 설치와 교류에 역점을 둔 것은 1960년 8월 당시 남한의 정치상황을 고려한 측면이 강하다. 강력한 반공정권이었던 이승만정부가 학생들에 의하여 붕괴되고 혁신세력들의 남북교류론, 평화통일론, 중립화 통일론 등 진보적인 통일주장들은 북한과 연계가 가능한 것이라고 인식했던 것이다. 1961년 5월 16일 남한에서의 군사 쿠데타에 의하여 반공 군사정권이 탄생한 이후 북한이 남북총선거, 연방제, 경제위원회 등을 더 이상 거론하지 않은 것을 보면 1960년 8월 15일의 남북연방제 통일방안은 4·19에 의한 남한의 정권변화를 염두에 두었던 것이었음이 확실해진다.

더구나 북한이 남한보다 경제 수준에서 앞서 있기 때문에 경제교류를 하게 되면 북한이 유리할 것이라는 점도 경제위원회 설치 제의의 한 요인이었을 것으로 평가된다.

1960년 11월 11일 북한은 남한이 제의한 유엔 감시하의 총선거를 반대하고 김일성이 제안한 남북연방제를 포함한 각서를 제15차 유엔 총회에 제출하였다. 11월 19일 최고인민회의 위원장 최용건과 11월 24일 최고인민회의 의장 최원택은 남북연방제안을 다시 제의하였다. 최원택은 이 제의에서 남북한은 당분간 기존의 정치제도와 독자적 활동을 유지하면서 김일성이 '임시조치로서 제출한 남북연방제조직'에 동의한다고 하였으며, 이 연합체는 "경제, 문화활동의 조정 및 발전에 총력을 경주"한다고 주장했다.[38)]

북한의 최고인민회의는 1960년 11월 22일 대한민국 국회에 보낸 서신에서 "조국의 평화적 통일은 반드시 어떠한 외국의 간섭도 없이 민주주의적 기초 위에서 자유로운 남북총선거를 실시하는 방법으로 실현되어야 할 것이다. 총선거는 반드시 일반적이고 평등적이고, 투표의 비밀을 철저히 보장하는 민주주의적 선거로 되어야 할 것이다. 이렇게 함으로써 조선 인민은 자기의 진정한 의사를 대표하는 통일적인 전조선적 민주주의정부를 가지게 될 것이다"라고 강조하면서, 이것을 남한 측이 접수 못할 상황이라면, '과도적 대책'이라도 세워 연방제를 실시해야 하며, 그것도 안된다면, '순전한 경제위원회'라도 조직하자고 되풀이하여 요구했다.[39)]

1961년 5월 16일 군사 쿠데타에 의하여 박정희 군사정권이 들어서자 김일성은 1962년 10월 23일 최고인민회의 제3기 제1차 회의에서 다시 연방제를 다음과 같이 제의했다.

> 련방제 밑에서 남북은 서로 상대방의 내정에 간섭하지 않으며 어느 한쪽이 다른 쪽에 자기의 의사를 강요할 수 없습니다. 남북조선은 각각 자기의 정치적 신념에 따라 자유로이 행동할 것이며 오직 련방기구를 통하여 합의에 이른 민족공동의 이해에 관한 문제를 공동으로 해결할 것입니다.

우리의 련방제는 말과 풍습, 문화가 다른 민족들의 련방과도 달리 오랜 역사를 거쳐 같은 말과 같은 풍습과 같은 문화를 이루어 온 한 민족의 일시적으로 갈라진 두 부분이 련방에로 결합되는 것입니다.[40]

북한은 1970년대 들어서도 지속적으로 연방제 통일방안을 제시하였다. 1971년 4월 최고인민회의 제4기 5차 회의에서 허담 외교부장은 '과도적 조치'로 남북연방제 시행을 골자로 하는 '평화통일방안 8개항'을 제의하였다.[41]

① 남한에서 미군의 철수
② 미군 철수 이후 남북한 군대 각각 10만 또는 그 이하로 축소
③ 남한이 외국과 체결한 '매국적·예속적' 조약과 협정의 폐기 및 무효 선언
④ 자주적으로 민주주의적 기초 위에서 자유로운 남북총선거 실시로 통일 중앙정부의 수립
⑤ 자유로운 남북총선거를 위해 남한에서 정치활동의 완전한 자유보장과 '정치범·애국자'의 무조건 석방
⑥ 남북 사회제도를 그대로 두고 과도적 조치로서 남북연방제 실시
⑦ 남북 간의 통상과 경제적 협조, 과학·문화·예술·체육 등 다방면적·상호교류와 협조실현, 편지거래, 인사왕래의 실현
⑧ 이상 문제협의를 위해 각 정당, 사회단체와 전체 인민적 성격을 가진 사람들로서 '남북조선 정치협상회의' 진행

김일성은 1972년 4월 27일 일본의 NHK와 『아사히신문』 기자들과 공동으로 회견하는 자리에서 남북연방제를 다시 제안했으며, 1972년 9월 17일 김일성은 일본 『마이니치신문』과의 인터뷰에서 연방제 통일과 관련하여 다음과 같이 언급하였다. 첫째, 남북한의 정치제도를 그대로 두고 각 정부 대표로 구성되는 최고민족회의를 조직한다. 둘째, 최고민족회의는 남북 사이에 제기되는 정치, 경제, 군사, 문화적 문제들을 해결한다. 셋째, 쌍방이 서로 자기의 사회제도를 상대방에게 강요하지 않는다. 넷째, 남북연방제가 실

시되면 남북 간에 경제, 문화를 비롯한 모든 분야에서 광범한 접촉과 내왕이 원만히 실현되어, 불신과 냉대가 없어지며 이해와 신뢰가 조성되어 민족적 단합이 이루어질 것이다. 다섯째, 이러한 민족적 단합의 기초 위에 민주적 남북총선거를 통한 전 조선적인 통일정부를 수립한다.[42] 1960년의 남북연방제 통일안에서 진일보하여 최고민족회의가 정치문제도 해결하여야 한다고 하였고, 연방제 시행 이후 남북총선거에 의하여 통일정부를 수립하도록 하는 구체적 내용도 포함하였다.

고려연방제 통일방안(1973년 6월 23일)

국내외적인 통일 환경은 1972년을 기점으로 급변하였다. 1972년 7·4공동성명이 이루어져 남북한 간의 '대화 없는 대결'이 '대화 속의 대결'로 전환되었고, 남북한의 박정희·김일성정부는 7·4공동성명을 국내정치적으로 활용하여 각기 정권 안정을 위한 헌법개정을 실시하였다. 국제적으로는 자본주의와 공산주의 진영의 긴박한 냉전 대결상태가 완화되어 데탕트가 이루어졌다.

이후부터 북한의 통일안에서 남북총선거가 가장 합리적이고 현실적인 통일방안이라는 주장이 사라지고 연방제가 통일을 실현하기 위한 가장 합리적인 방안이라고 강조하기 시작하였다. 1973년 6월 23일 발표된 '조국통일 5대 강령'에 '고려연방제' 제의가 포함되어 있었다. 1973년 6월 23일은 남한정부가 '6·23 평화통일외교정책 특별선언'을 발표한 날이다. 이날 오전 한국정부는 대통령 특별선언을 통해 통일에 장애가 되지 않는다는 전제 아래 남북한 유엔 동시가입 불 반대 및 비적성 사회주의권과의 관계개선 등을 내용으로 한 선언을 하였다. 북한은 남한이 6·23선언을 할 것이라는 사전정보를 입수하고 이에 대응하기 위하여 조국통일 5대 강령을 급조하여 발표한 것으로 알려져 있다. 따라서 조국통일 5대 강령의 내용은 구체성을 결여하고 있으며, 발표도 후사크 체코슬로바키아 공산당 총비서 환영 평양

시 군중대회의 김일성 연설문에 포함되어 있다. 조국통일 5대 강령의 요지는 다음과 같다.[43]

① (군사문제 우선 해결) 북과 남 사이의 군사적 대치상태를 해소하고 긴장상태를 완화한다. 무력증강과 군비경쟁의 중지, 모든 외국 군대의 철수, 군대와 군비의 축소, 외국으로부터의 무기반입중지, 남북한 평화협정의 체결을 한다.
② (다방면적 합작) 정치·군사·외교·경제·문화 등 여러 분야에 걸쳐 다방면적 합작 교류를 한다.
③ (대민족회의 소집) 북과 남의 광범한 각계 각층 인민들이 조국 통일을 위한 거족적인 애국사업에 참여할 수 있게 한다. 통일문제를 광범하게 협의하여 해결할 각 정당·사회단체 대표들로 구성되는 대민족회의의 소집.
④ (고려연방제 실시) 단일국호에 의한 남북연방제를 실시한다. '고려연방공화국'이라는 단일국호를 사용하는 연방공화국 창설.
⑤ (단일국호로 유엔 가입) 두 개의 조선으로 영구분단 되는 것으로 막아야 하며 대외관계분야에서도 북과 남이 공동보조를 취해야 한다. 유엔 분리 가입 반대, 통일되기 전에 유엔에 가입하려면 단일 국호인 고려연방민주공화국의 국호를 가지고 하나의 국가로 가입한다.

김일성은 "대민족회의를 소집하고 민족적 단결을 이룩한 데 기초하여 북과 남에 현존하는 두 제도는 당분간 그대로 두고 남북련방제를 실시하는 것이 통일을 실현하기 위한 가장 합리적인 방도"라고 하면서, "고려련방공화국 창설은 나라의 분렬을 막고 북과 남 사이의 련계와 합작을 전면적으로 실현하며 완전한 통일을 앞당기는 길에서 결정적인 국면을 열어놓게 될 것"이라고 언급함으로써, 연방제는 완전통일로 가는 과정의 중간형태임을 밝혔다.

조국통일 5대 강령에 포함되어 있는 고려연방제 통일방안은 통일을 이루기까지의 과정에 대하여 깊은 내용은 없지만, 나름대로 이전의 통일안에 비하여 몇 가지 특징을 가지고 있었다. 첫째, 1950년대와 1960년대까지 제의하였던 총선거 통일방안이 폐기되었다는 점이다. 둘째, '고려'라는 단일국호를 제시함으로써 연방을 하게 되면 1국가가 된다는 점을 확실히 하였다. 남북연방제를 실시하는 경우 연방국가의 국호는 "우리나라의 판도 위에 존재하였던 통일국가로서 세계에 널리 알려진 '고려'라는 이름을 살려 '고려연방국'이라고 하는 것이 좋을 것"이라고 주장하였다. 특히 단일국호로 유엔에 가입하자는 주장은 같은 날 남한정부가 발표한 유엔 동시가입 불 반대 선언과 배치되는 주장이다. 셋째, 대민족회의를 정부대표로 구성하는 것이 아니라 제 정당 및 사회단체로 조직하자고 제의한 점이다. 1960년의 4·19는 학생들의 비조직적 시위에 의하여 이승만정권을 붕괴시켰던 데 반하여 1973년 봄부터 시작된 유신반대 시위는 정당과 사회단체가 주축이 된 조직적 시위였기 때문에 이러한 반정부 단체는 친북적일 수 있다는 생각에 대민족회의 구성체 요건을 변경시킨 것으로 분석된다. 다시 말해서 한국정부의 정통성과 권위를 무시하겠다는 의도로 해석된다. 북한은 1974년부터 시작하여 남북한의 각계각층 인민들과 각 정당 사회단체 대표 및 해외교포 단체와 교포 대표로 이루어지는 대민족회의의 개최를 지속적으로 주장하였다.[44)]

북한의 연방제 통일방안은 1960년대 처음 제의할 당시에는 기능주의적 성격을 많이 가지고 있었으나, 1970년대 후반 들어서는 연방주의적 성격을 점차 짙게 가지기 시작하였다. 1978년 4월 24일 '조국통일 민주주의 전선중앙위'가 제안한 연방제 통일안은 연방정부의 기능을 상당히 강화시켰다. 이 제안에서 밝힌 연방정부의 기능은 ① 민족경제와 문화를 통일적으로 발전시키고, ② 국방을 단일화하며, ③ 대외활동을 유일적으로 전개하며, ④ 나라의 완전한 통일을 크게 촉진한다는 것이다.[45)] 다시 말해서 이 제안은 연방정부가 국가주권에 해당하는 군사권과 외교권을 장악하고, 남북한 정부는 주권을 상실하게 됨에 따라 국가의 지위를 잃게 되는 통일방안을 의미하였다.

고려민주연방공화국 창립방안(1980년 10월 10일)

북한은 항상 남한에 정변 또는 정치적 혼란이 생기면 바로 통일안을 제의하곤 하였다. 1960년의 남북연방제는 4·19 직후에 제의되었고, 1973년의 통일안은 유신 직후 정치적 혼란기에 제의하였고, 박정희 대통령이 암살당한 이후 광주사태 등 정치적 혼란이 지속되던 1980년 10월 10일 노동당 제6차 대회에서 '고려민주연방공화국 창립방안'을 제의하였다. 이 제안은 남과 북에 현존하는 상이한 사상과 제도를 그대로 인정하고 남과 북이 동등하게 참여하는 통일연방 국가를 건설하자는 내용을 포괄하였다. 통합이론 중 연방주의 이론에 기초한 이 제안이 제시한 연방형성의 원칙은 사상과 제도의 차이를 인정하는 기초 위에서 남북지역자치제를 실시하여 연방국가를 창립하자는 것이었다. 1970년대까지의 연방제는 과도기적인 성격을 가지고 있었으나, 이 제안은 남과 북이 연방국가를 형성하는 통일의 완결적 형태로서의 연방제라 할 수 있다.

"세계 여러 나라들 사이의 리해관계가 복잡하게 엉키고 렬강들 사이의 군사적 대결이 날로 격화되고 있는 때에 … 우리 민족이 또 다시 외세의 희생물로, 식민지노예로 되는 것"을 막고, 미국의 '두 개의 조선' 조작과 남한의 분열주의 책동을 분쇄하기 위해, 7·4남북공동성명의 자주·평화·민족적 대단결의 원칙과 정신에 기초해 "북과 남이 동등하게 참가하는 민족 통일정부를 세우고 그 밑에서 북과 남이 같은 권한과 의무를 지니고 각각 지역자치를 실시하는" 고려민주연방공화국을 창설하자고 제안했다.[46]

북한은 고려민주연방공화국을 형성하기 위하여 ① 남북 동수의 대표와 적당한 수의 해외동포 대표로 연방국가의 통일정부인 '최고민족연방회의'를 구성하고, ② 최고민족연방회의 안에 '연방상설위원회'를 조직하여 남과 북의 지역정부들을 지도하며 정치, 외교, 군사 등 연방국가의 전반적인 사업을 관장하며, ③ 사상과 제도를 상호 인정하는 기초 위에서 남과 북이 같은 권한과 의무를 가지고 연방정부의 지도 하에 지역자치를 실시할 것을 제의하였다. 최고민족연방회의와 그 상임기구인 연방상설위원회는 연방국가의 통일정부로서 전 민족의 단결, 합작, 통일의 염원에 맞도록 "공정한 원칙에서 정치문제와 조국방위문제, 대외관계문제를 비롯하여 나라와 민족의 통일적 발전을 위한 사업을 추진하고 모든 분야에서 북과 남 사이의 단결과 합작을 실현"하도록 하였다.

연방정부가 남북한이 보유하고 있던 주권을 장악하게 되면 기존의 남북한 정부는 외교권과 군사권 등 국가주권을 보유하지 못한 지역자치정부의 성격만을 가지게 되고, 이 지역자치정부를 최고민족연방회의라는 중앙정부가 통합하여 통일을 이루는 방식이다. 따라서 연방정부의 기능은 남북의 지역정부를 지도하고, 정치·방위·외교에 관한 전반적인 업무를 관할하는 것이며, 통일국가의 전 지역과 사회의 모든 분야에 걸쳐 민주주의를 실시하고 지역정부는 연방정부의 지도 아래에 전 민족의 근본이익과 요구에 맞는 범위에서 독자적 정책을 실시하도록 하였다.

이 통일방안은 고려민주연방공화국이 시행할 '10대 시정방침'을 아래와 같이 제시하였다.

① 국가활동의 모든 분야에서 자주성을 확고히 견지하며 자주적 정책 실시
② 나라의 모든 지역과 사회의 모든 분야에 걸쳐 민주주의 실시 및 민족 대단결 도모
③ 남북한 간 경제적 합작과 교류 및 민족경제의 자립적 발전 보장
④ 과학·문화·교육의 교류와 협조 실현 및 과학기술과 민족문화예술, 민족교육의 통일적 발전
⑤ 남북한 간 교통과 체신 연결 및 전국적 범위에서 교통·체신 수단의 자유로운 이용 보장
⑥ 노동자·농민 등 근로대중과 전체 인민의 생활안정 도모와 복리의 계

통적 증진

⑦ 남북한 간 군사적 대치상태 해소, 민족연합군 조직 및 쌍방병력의 10~15만 명으로 축소

⑧ 해외동포의 민족적 권리와 이익 옹호·보호

⑨ 통일 이전 타국과 맺은 대외관계의 올바른 처리 및 두 지역정부 대외 활동의 통일적 조정

⑩ 대외관계에서 비동맹, 중립노선 견지, 한반도 평화 비핵지대화[47]

10대 시정방침의 내용을 주제별로 분석해 보면 제1항에서 제3항까지는 연방국가의 정치 또는 정책활동 원칙으로 자주, 민족, 민주와 민족대단결의 내용을 포함하였다. 제4항에서 제6항까지는 남북한 간의 다방면적 합작 교류와 복지에 관한 내용이며, 제7항은 군사적 문제로 특히 남북한 군대의 통합과 군비축소를 내용으로 하고있다. 제8항에서 제10항까지는 대외정책에 대한 내용으로 통일 이전의 남북한이 각기 맺은 군사조약들과 민족의 단합에 배치되는 협정 및 조약을 폐기하는 데 반해서 경제적 합작은 허용할 것을 내용으로 하고 있다. 두 지역정부가 일정 범위 내에서 독자적인 대외관계를 인정하는 가운데 연방정부는 이를 통일적으로 조절할 것을 언급하고 있다. 그러면서 제10항에서는 고려민주연방공화국만이 대외관계에서 유일한 대표권을 갖고서 국제기구 또는 국제행사의 유일 대표를 파견할 수 있다고 주장하였다.

고려민주연방공화국의 연방정부와 지역정부의 기능은 다음과 같이 규정되어 있다. "연방정부는 정치문제, 조국방위문제, 대외관계문제, 나라와 민족의 전반적 이익과 관계되는 공동문제 등에 대해 토의·결정하고, 나라와 민족의 통일적 발전을 위한 사업을 추진하고 모든 분야에서 나라와 민족의 단결·합작을 실현한다." 한편 "지역정부는 연방정부의 지도 밑에 전 민족의 근본이익과 요구에 맞는 범위에서 독자적 정책을 실시하고, 모든 분야에서 남북 간의 차이를 해소하며 나라와 민족의 통일적 발전을 도모한다."[48]

이 안은 남과 북의 지역정부들에 의하여 뒷받침되는 하나의 완성된 통일국가의 성격을 갖는다는 점에서, 연방제를 통일국가를 실현하기 위한 '과도적' 또는 '중간적' 조치로 규정한 1960년대의 '남북연방제', 1970년대의 '고려연방제'와는 질적인 차이를 보여주고 있다.[49] 첫째, 1973년에 제안된 고려연방국이 독자적인 군사·외교권을 가지는 연방국가를 의미하는 것이 아니었던데 반해, 1980년의 '고려민주연방공화국'안은 독자적인 연방군의 조직과 남북 쌍방의 외교권을 통일적으로 조정할 수 있는 분명한 연방국가의 창설을 제시하고 있다. 둘째, 1973년 안의 국호는 '고려연방공화국'이었던데 반하여 1980년의 국호는 '고려민주연방공화국'으로 '민주'라는 용어를 삽입하여 민주국가를 표방하는 선전효과를 극대화하였다. 셋째, 과거의 '과도적인 대책'으로서의 연방이 아니라 '고려민주연방공화국'을 완성형의 통일국가로 제시하고 있다. 넷째, 이전의 연방제 제안과 달리 연방제 통일을 위한 구체적인 선결조건을 제시하고 있다.

북한의 고려연방제 통일방안은 통합이론 중 연방주의를 기초로 하여 제의된 안이기 때문에 통일안 그 자체로는 큰 하자가 없으며, 논의를 할 가치가 있을 수 있다. 그러나 북한이 제의한 의도 및 한반도 통일에의 적합성을 분석해 보면 북한의 고려연방제 통일방안은 허점이 많음을 알 수 있다. 또한 북한의 연방제 통일안 그 자체에 문제가 있다는 비판도 많다. 특히 북한의 연방제 통일안은 그 성격이 모호하고, 일관성이 결여되어 있으며, 비현실적이라는 평가가 있다.

북한이 연방제 통일안을 제의한 의도는 연방국가의 실현을 위하여 북한이 제시한 '선결조건' 다섯 가지를 보면 분명하게 나타난다. 첫째, 남한사회의 군사통치 청산과 사회의 민주화가 실현되어야 하며 이를 위해 반공법 및 보안법을 비롯한 '파쇼 악법'이 폐지되어야 한다. 둘째, 통일혁명당을 비롯한 모든 정당, 사회단체, 개인의 자유로운 정치활동을 보장하여야 한다. 셋째, 남한의 반공 군사정권은 인민대중의 의사를 대변하는 '민주정권'으로 대체되어야 한다. 넷째, 미국과 북한 간의 휴전협정은 평화협정으로 교체되어야 하며 이에 따라 주한미군이 철수되어야 한다. 다섯째, 미국의 분열주의적 두 개의 조선 조작책동이 저지되어야 하며 내정간섭이 중지되어야 한다. 이러한 다섯 가지의 선결조건을 수용할 경우 남한은 공산화될 것이 확실하다. 따라서 북한의 의도는 남한을 공산화한 후, 북한의 공산정권과 공산화된 남한을 연방화시키려는 책동이었음을 알 수 있다.

연방주의적 접근방식을 활용하여 분단된 국가를 연방제로 통일한다는 논리는 이론상 있을 수 있으나, 이념과 제도가 다른 두 제도가 한 체제 내에 존재하는 것은 사실상 불가능하다. 미국, 독일, 스위스 등 연방제를 채택하고 있는 선진국가의 경우 연방 내의 지역자치 정부 간 이념이나 제도의 차이가 없다. 만약 이들 국가 내 지역정부 간 이념과 제도가 다를 경우 연방정부가 이들 국가를 통제하기가 불가능할 것이다. 북한의 연방제안은 이러한 점을 무시하고 한 체제 내에 이념과 제도가 다른 두 지역정부가 존재하도록 하는 비현실적인 안이며, 연방제가 되기 위해서는 우선적으로 이념과 제도를 동질화시키는 노력이 필요할 것이다.

북한이 제시한 연방정부의 구성방법은 남북한 간의 역학구조, 즉 인구차이나 경제력 격차 등 실질적으로 불균형한 것을 균형되게 다루는 데서 오는 문제점을 인식하지 못하고 있다는 비판도 받는다. 1990년 합의통일을 성취한 예멘이 남북 예멘의 국력 및 인구 차이를 무시하고 50:50의 이상적 통일을 하였으나, 과도기간이 지난 이후 우세한 국력을 지녔던 북예멘 출신들의 주도권 장악과 50% 지분의 상실을 우려한 남예멘 출신들 간의 갈등으로 결국 재분단 되어 내전이 발생하였으며, 1994년 북예멘이 남예멘을 무력통일하였다. 국력차이를 무시한 1:1 통합의 비현실성을 증명하는 에피소드였다.

연방제 통일안의 점진적 방향으로의 전환: 1991년 김일성 신년사

북한은 1980년 자신감을 가지고 고려민주연방공화국 창립방안을 제시하였지만, 1990년대 들어오면서 체제위기에 처하는 동시에 남한과의 체제경쟁에서 위축감을 보이기 시작한 북한은 통일문제에 대해서 소극적으로 되었다. 1990년 5월 24일 최고인민회의 제9기 제1차 회의에서 김일성은 "우리나라 사회주의의 우월성을 더욱 높이 발양시키자"에서 통일을 달성하기 위한 5대 방침을 제시하였다.

① 조선반도에서의 긴장상태를 완화하고 조국통일을 위한 평화적 환경 마련
② 분단의 장벽을 허물고 남북 사이의 자유왕래과 전면개방 실현
③ 자주적 평화통일에 유리한 국제환경을 마련하는 원칙 하에서 대외관계 발전
④ 통일을 위한 대화 발전
⑤ 조국통일을 위한 전민족적 통일전선 형성[50)]

이 선언의 특징은 과거의 통일방안에 빠짐없이 포함되었던 국가보안법 철폐와 미군 철수와 같은 공세적 단어가 포함되어 있지 않은 수세적인 성격의 통일제의였다는 것이다.

김일성의 통일에 대한 소극적 입장표명은 1991년의 김일성 신년사에 잘 나타나 있다. 김일성은 고려연방제 통일을 추진하되, 잠정적으로 연방공화국의 지역 자치정부에 더 많은 권한을 부여하는 과도기적 단계설정의 가능성을 언급하였다. 1980년의 즉각적이고 완성형의 연방제론으로부터 단계적 연방제론으로 변화함으로써 북한의 대남 통일공세가 수세적 입장으로 전환되고 있음을 나타내었다.

1964년 '3대 혁명역량 강화'를 발표하여 구체화되었던 남조선 혁명전략은 실현이 거의 불가능하게 되었다. 북한의 혁명전략은 경제난과 체제동요 및 일탈현상으로 인하여, 국제적 혁명역량 강화는 냉전 종식에 따른 전 세계적 사회주의 세력의 몰락과 소련의 해체로 인하여 무위에 돌아가게 된 것

이다. 결국 북한의 체제목표는 기존의 남조선의 적화통일 보다는 북한체제 생존에 더 무게를 두지 않을 수 없는 상황이 되었다.

김일성의 1991년 신년사를 자세히 음미해 보면 김일성은 흡수통일을 매우 두려워하고 있다는 점을 알 수 있다. "북과 남에 서로 다른 두 제도가 존재하고 있는 우리나라의 실정에서 조국통일은 누가 누구를 먹거나 누구에게 먹히우지 않는 원칙에서 하나의 민족, 하나의 국가, 두 개 제도, 두 개 정부에 기초한 연방제 방식으로 실현되어야 한다." 김일성의 1991년 신년사 중에 "먹고 먹히운다"는 단어가 되풀이되고 있는데, 이는 1989년 동유럽 공산주의의 붕괴 및 1990년 독일통일 이후 북한이 얼마나 흡수통일을 우려하고 있는가를 단적으로 나타내 주고 있다. 1980년대 후반부터 현저하게 나타나기 시작한 남북한의 경제 및 국제적 위상의 격차는 김일성이 수세적이고 위기감을 느끼게 하는 데 큰 기여를 한 것으로 생각된다.

남한에의 흡수통일을 우려한 김일성은 1980년에 제의한 연방제통일안의 성취방법에 대한 수정을 가하여, "우리는 고려민주연방공화국 창립방안에 대한 민족적 합의를 더욱 쉽게 이루기 위하여 잠정적으로는 연방공화국의 지역자치정부에 더 많은 권한을 부여하며, 장차로는 중앙정부의 기능을 더욱더 높여 나가는 방향에서 연방제 통일을 점차 완성하는 문제도 협의할 용의가 있다"고 선언하였다. 김일성은 종래의 완성형 연방제 통일안에서 잠정적·단계적·미완성 연방제 통일방안으로 선회하였다.

이어서 1991년 3월 손성필 주소 북한대사는 로가초프 소련 외무차관과의 회담에서 외교 및 군사에 관한 권한 등을 남북한 지역정부에 부여할 수 있다고 설명하였다. 북한 최고인민회의 통일정책 심의위원장 윤기복 서기는 1991년 4월 28일 평양에서 개최된 국제의원연맹(IPU) 총회에 참가한 한국대표단을 만수대 의사당에 초청한 자리에서 통일문제에 대하여 "북과 남의 제도를 그대로 두고 련방통일국가를 세우자. 그러나 잠정적으로 지역자치정부에 더 많은 권한 즉, 외교권, 군사권 및 내정권을 줄 수도 있다"고

주장했다.[51]

이와 같은 연방제 통일방안의 수정을 시사하는 발언은 정준기 대외문화위원회 위원장 발언(일본 방문 시, 1991년 4월 8일), 한시해 조국평화통일위원회 부위원장 발언(*New York Times* 회견, 1991년 6월 2일), 강석주 외교부 부부장의 1991년 46회 유엔 총회에서의 발언 등으로 이어졌다.[52] 1992년 6월 23~25일 하와이 국제학술회의에 참석한 북한 측 이삼노 대표는 "오늘날의 현실을 고려하여 남북정부가 외교권, 군통수권 등을 독자적으로 행사하는 두 개의 제도와 두 개의 정부"에 기초한 통일안을 주장하면서, "통일연방국가에서 북남의 타국과의 기존 조약이 존중되고 외국의 이권이 보호될 것" 임을 밝혔다.[53]

1991년 김일성 신년사에 나타난 통일방안은 자신에게 불리한 국제정세 하에서 사상과 제도가 다른 남한정부와 상당 기간 공존을 거침으로써 북한 체제를 보존하려는 체제생존 전략이라 해석된다. 남한과의 국력에서 뒤지는 상황에서 북한이 남한에의 흡수통일을 방지하면서 체제보존을 하기 위해서는 이념과 제도가 다른 남북한 정부가 상당 기간 공존 기간을 거칠 수 밖에 없다는 점을 스스로 시인한 것이다. 대내외적인 체제위협 상황을 맞이하여 급진적인 통일은 북한체제의 붕괴를 더욱 촉진할 것이라는 우려가 깊이 스며들어 있었다.

이후 북한은 1980년대까지의 급진적인 연방제 통일안 대신에 점진적이고 단계적인 연방제 통일안을 제의해 왔다. 점진적으로 연방제 통일을 하자는 1991년 김일성 신년사가 발표된 지 4개월 후인 1991년 5월 3일 윤기복 최고인민회의 조국통일정책심의위원회 위원장은 "남북한의 두 개 정부가 일정 한도 내에서 잠정적으로 외교 군사권을 보유할 수 있다"고 발언하였다. 당시 북한은 향후 기본적으로 연방제는 고수하면서 '중간단계와 남북공존'을 수용할 가능성이 큰 것으로 분석되었다. 다시 말해서 복합적인 위기상태에서 체제유지를 위하여 '국가연합' 방식의 '점진적·단계적 접근'을 추구할 가능성도 있는 것으로 전망되었다. 이는 2000년 6월 15일 정상회담 공동선언의 제2항에 '낮은 단계 연방'으로 표현되었다.

3. 남북한 통일정책 비교

이데올로기와 체제에서 상극적인 남북한은 통일방안에 있어서도 큰 차이를 보여 왔다. '남조선 적화통일'을 체제 목표로 삼았던 북한은 보다 공세적으로 급진적인 연방제 통일방안을 제시하였고, 평화를 우선으로 한 점진적인 통일을 추구하는 남한은 연합이 포함되는 민족공동체 3단계 통일방안을 제시해 왔다. 이러한 남북한의 통일방안은 정치적이며 평화공세적인 측면이 강한 것이 사실이지만, 2000년 6월 15일 정상회담 공동선언에서 남한의 연합제와 북한의 낮은 단계 연방제와의 공통점이라는 매우 수사적인 발표를 한 적이 있다.

현재 남북한이 제시하고 있는 공식적 통일안은 공통점을 찾기가 어렵다. 북한의 통일안은 구조적 접근을 하고 있으며, 남한의 통일안은 기능적 접근을 하고 있다.[54] 앞서 언급하였다시피 북한의 고려민주연방공화국 창립방안은 '최고민족연방회의'라는 연방정부 또는 초국가기구를 설치하고, 이 기구가 남북한의 주권을 장악한 후 지방정부 성격을 가지게 된 남북한 정부를 통합시키는 방안을 제시하고 있다. 이에 반하여 남한의 민족공동체 3단계 통일방안은 화해·협력, 연합, 단일국가의 단계적 또는 점진적 통일방안을 제시하고 있다.

북한의 통일안은 민족통일보다 국가통일을 우선시하고 있다. 주체사상이 함유하고 있는 민족이론에 따르면 한반도 분단문제는 민족분단의 문제라기보다는 국가분단의 문제로 해석된다. 한민족은 분단에도 불구하고 혈통과 언어라는 기본적인 결속을 유지하고 있으므로 완전한 단일민족으로 존재한다고 본다. 따라서 통일은 민족통일보다는 국가통일에 역점을 두어야 한다는 것이다.

한편, 남한도 한민족의 정체성을 인정하며 하나의 민족으로 인정하고 있으나, 오랜 기간의 분단상태에서 민족적 동질성을 잃고 모든 분야에서 이질감이 증대되고 있기 때문에 통일을 하기 위해서는 우선 민족의 화합을 이루기 위한 기능적 측면에서의 통합을 모색한 후 국가통일을 위한 정치·군사 분야의 제도와 구조를 통합하여야 한다는 것이다. 다시 말해서 민족공동체를 형성하여 통일을 위한 민족적 일체감을 이루는 것이 국가연합을 위한 밑바탕이 된다는 주장이다.

이론적인 측면에서 보면 남북한 통일안의 가장 큰 차이점은 연합과 연방의 차이라고 할 수 있다. 연합의 경우 구성체가 독립된 주권을 보유한 상태이고, 연방의 경우 구성체는 주권을 중앙기구에 이양하고 하나의 연방국가가 된 상태를 뜻한다. 따라서 남북한의 통일안은 실제로나 이론적으로 공통점을 찾을 수 없으며, 양자를 절충하여 통일을 추진하는 것도 불가능하다. 남북한은 이러한 방법론적인 차이 때문에 통일정책에 있어서 항상 대립적인 태도를 견지해 왔다. 공통점 또는 절충점을 찾을 수 없었기 때문에 통일안 또는 통일정책은 평화공세 또는 정치적 선전의 도구로 활용된 측면이 강했다.

남한과 북한이 제시한 통일방안은 형식상 연합과 연방의 형태를 보이고 있으나, 구체적인 내용을 보면 변형된 형태, 또는 특수성을 보이고 있음을 알 수 있다. 북한이 주장하는 고려민주연방공화국은 연방의 형식을 표방하면서도 실질 내용에서는 연합의 성격을 보이고 있다. 즉 북한이 주장하는 연방제는 단일한 연방헌법 하에 전체 국민을 직접 구속하는 권한을 갖지 못하고 오히려 지역정부가 각각의 헌법을 가진 채 해당 국민에게 직접적인 통치권을 행사하고 그 지역 자체의 제도적 이익을 추구하고 독자적인 대외관계를 유지하게 되어 있다. 따라서 북한의 연방제는 주권과 관련해서만 연방의 성격을 보유하고 나머지 실질적인 제도나 정책수립과 집행의 측면에서는 국가연합의 특징을 보인다. 북한 자신도 고려민주연방공화국의 영문 표기를 "Democratic Confederal Republic of Koryo"로 하고 있다.[55)]

남한이 제시한 '남북연합'도 모호한 개념과 형식을 보인다. 남북연합의 영문 표기는 "The Korean Commonwealth"로 되어 있는데, 일반적으로 Commonwealth는 주권국가 간의 가장 느슨한 결합형태를 의미하고 있다. Commonwealth의 대표적 사례인 영연합(British Commonwealth of Nations)은 "상호독립된 동등한 지위의 주권국가의 자발적인 연합으로 공통의 이익을 도모하고 국제 간의 이해를 증진시키기 위해 상호 협조할 의무를 부담하는 국가의 연합"으로 규정된다. 소비에트 연방의 해체 이후 설립된 독립국가연합(CIS: Commonwealth of Independent States)도 마찬가지 경우이다. 따라서 남한이 제의한 남북연합은 보편적 개념의 국가연합보다 그 결합의 수준이 낮은 국가 간 공동기구를 통한 매우 느슨한 국가결합 형태라 할 수 있다. 국제법상 연합의 개념에 못 미치는 '공동체'의 성격을 내포하고 있다.

북한의 연방제와 남한의 연합제가 국제법상 엄밀한 의미의 연방 및 연합의 개념과 차이를 보이지만, 연합과 연방의 가장 큰 차이점인 국가주권의 귀속문제에서는 명확한 의미를 부여하고 있다. 북한의 연방제는 연방정부의 '우선성'을 강조하기 때문에 주권은 연방정부에 귀속되고, 남한의 연합제는 국제법상 국가연합보다 훨씬 느슨한 형태의 공동체를 강조하고 있으므로 주권은 구성국 정부에 귀속된다. 이러한 본질적 차이 때문에 남북의 통일방안으로서 연합과 연방이 평화적으로 합의될 가능성은 매우 낮은 것으로 평가된다.[56)]

2000년 6월 15일의 정상회담 공동선언의 제2항은 이론적이나 실제로 남북한이 통일을 공동의 관심사로 삼으면서 보다 진일보한 방향에서 추진할 수 있는 계기를 제공하였다. 이전에 남북한이 제의한 통일안을 보면 대체로 상대방을 딛고 일어서는 통일을 지향했던 반면, 6·15공동선언에 포함된 통

표 5.2 남북한 통일안 비교

구분	한민족공동체 통일방안	고려민주연방제 통일방안
통일원칙	자주·평화·민주	자주·평화·민족대동단결
통일철학	자유민주주의(인간중심)	주체사상(계급중심)
선행조건	대남적화통일 포기 상호 신뢰회복 북한 주민에게 자유·인권 보장 교차승인	국가보안법 폐지 평화협정 체결 공산주의 활동 합법화 주한미군 철수
통일과정	화해협력→남북연합→1민족 1국가의 통일국가 완성의 3단계 과정	연방국가의 점차적 완성
과도체제	남북연합	없음
과도기구	남북 지역정부 남북정상회의(최고결정기구) 남북각료회의 공동사무국 남북평의회	고려연방공화국 창립준비 위원회
통일국가 실현절차	남북평의회 → 통일헌법기초 → 민주적 방법·절차 → 총선실시 → 통일정부·통일국회수립 * 남북연합(민족통합) → 통일민주공화국(국가통일)	연석회의(민족통일협상회의) 방식으로 연방제 실현방법협의 결정 (남북한 당국·정당·사회단체 참여)
통일국가 기구	통일정부 양원제로 이루어진 통일국회	최고민족연방회의 연방상설위원회
통일국가 정책기조	민주공화체제 민족전체의 복지증진 민족의 항구적인 안전보장 세계평화기여 각국과 선린우호관계유지	『10대 시정방침』 ·자주적 정책 실시 ·민주주의 실시와 민족대단결 도모 ·경제합작·교류, 민족경제자립적 발전 ·문화 교육 과학 기술의 통일적 발전 ·교통통신의 자유로운 이용 보장 ·군사대치상태 해소, 민족연합군 조직
통일국가 미래상	자유·복지·인간존엄성이 보장되는 단일 민주국가(1민족 1국가 1체제 1정부)	연방정부지도 하에 남과 북의 지역자치 정부가 독자적 정책을 실시하는 연방국가(1민족 1국가 2체제 2정부)
통일주체	남북한 정부	남북한 제정당·사회단체 대표
접근방법	기능주의 접근(경제교류 우선) 민족통합 강조	연방주의(정치·군사문제 우선 국가통합 강조)

일 관련 조항은 상대방 체제를 인정하는 바탕에서 공존공영의 과정을 통한 통일을 지향하는 의미를 지니고 있었다.[57)]

제2항은 "남과 북은 나라의 통일을 위한 남측의 연합제안과 북측의 낮은 단계의 연방제안이 서로 공통점이 있다고 인정하고 앞으로 이 방향에서 통일을 지향시켜 나가기로 하였다"는 내용을 담고 있다. 북한의 통일안으로 표현된 '낮은 단계의 연방제'는 1960년대부터 당시까지 북한이 제의한 연방제안 어느 곳에서도 찾아볼 수 없는 새로운 표현이었다. 단어 그 자체만 해석하면 1980년 10월 10일에 제의한 완성형의 연방을 실현하기 이전에 한 단계를 삽입한다는 내용으로 볼 수 있다. 북한은 1980년대 후반부터 북한은 기존의 완성형 연방제안을 점진형으로 변형시키기 시작하였으며, 점진형의 첫 단계가 낮은 단계로 해석될 수 있는 것이다.

1989년 김일성은 북한을 방문한 문익환 목사가 '고려연방제에 중간단계의 통일단계'를 삽입할 필요를 제기하였을 때 긍정적인 반응을 보였다. 김일성은 1989년 9월 8일 공화국 수립 40주년 경축보고대회 연설에서 "우리나라의 북과 남에 현실적으로 서로 다른 사상과 제도가 존재하는 조건에서 조국통일을 실현하기 위해서는 누가 누구를 먹거나 먹히우지 않고 일방이 타방을 압도하거나 압도당하지 않는 공존의 원칙에서 두 제도를 그대로 두고 두 자치정부를 련합하는 방법으로 하나의 통일국가를 형성하여야 합니다"라고 주장하여 공존의 원칙을 제시하였다.[58)] 김일성이 '선 남조선혁명, 후 합작통일'의 통일정책을 '선 남북공존, 후 연방통일'로 전환하기 시작한 것이다.

앞서 언급하였다시피 김일성은 1991년 신년사에서 "잠정적으로 지역정부에 더 많은 권한을 부여하고 장차로 중앙정부의 기능을 높여 나가는 방향에서 연방제 통일"을 완성하는 안을 제시하였다. 같은 해 3월 손성필 주소련 대사는 소련 외무차관과의 면담 시 "지역정부는 국방·외교·입법·경제업무를 수행하고 주 국제문제는 연방·지역정부가 협의결정"하도록 한다는 언급을 하였다. 이러한 주장들을 분석해 보면 북한이 명시적인 설명은 하지 않았으나, 1990년대 이후 북한이 제시하는 점진적인 연방제의 초기 단계는 남한의 연합제와 상당히 근접해 있음을 알 수 있다. 북한은 1990년대 초반부터 연방제에 대한 새로운 시각을 보이기 시작한 이유는 국제정세의 급변과 북한 자체의 경쟁력 저하에 따라 연방제를 실시하면 북한이 불리할 수도 있다는 점을 인지한 것으로 평가된다. 특히 북한은 1990년 독일통일 이후 흡수통일을 상당히 우려하고 있었다.

2000년 6월 15일 공동선언에서 표현된 '낮은 단계의 연방'이 연합과 공통점이 있으려면 '낮은 단계'에서 연방을 구성하는 하위정부가 주권을 보유하고 있어야 한다. 위에 언급한 내용들은 하위정부가 실제로 주권을 보유하는지, 아니면 주권 이외의 권한만을 보유하는지 명확하지 않다. 그러나 이러한 점에 대하여 북한은 6·15공동선언 이후 명확히 밝힌 바 있다. 2000년 10월 6일 안경호 조국평화통일위원회 서기국장은 고려민주연방공화국 창립방안 제시 20돌 평양시 보고회에서 "우리의 낮은 단계의 연방제안은 하나의 민족, 하나의 국가, 두 개 제도, 두 개 정부의 원칙에 기초하되 북과 남에 존재하는 두 개 정부가 정치, 군사, 외교권 등 현재의 기능과 권한을 그대로 갖게 하고 그 위에 민족통일 기구를 내오는 방법으로 북남관계를 민족공동의 이익에 맞게 통일적으로 조정해 나가는 것"이라고 설명했다.

2000년 10월 9일 자 『로동신문』은 '련방제통일방안은 가장 정당하고 현실적인 통일방도'라는 제목의 논평기사에서 낮은 단계의 연방제안은 "북과 남에 존재하는 두 정부가 정치, 군사, 외교권을 비롯한 현재의 기능과 권한을 그대로 가지게 하고, 그 위에 민족통일기구를 내오는 방법으로 민족공동의 리익에 맞게 북남관계를 통일적으로 조절"해 나가는 것이라고 밝혔다.[59] 이에 따르면 '낮은 단계의 연방'에서 하위정부가 가지는 권한은 주권을 의미하며, 따라서 '낮은 단계의 연방'은 실질적으로 '연합'을 의미함을 알 수 있다. 주목할만한 사실은 과거 통일안의 '통일정부' 대신에 '민족통일기구'

라는 용어를 사용했다는 것이다.[60] 이러한 해석과 달리 2항 합의는 남북한이 급진적 통합을 이루는 것이 아니라 체제인정과 공존공영의 단계를 통해 통일을 지향한다는 것으로서, 통일방안이 아닌 '통일과정의 원칙', '통일접근방식'에 합의했다는 분석도 있다.[61]

북한의 연방제는 남한의 남북연합과 유사성이 거의 없지만, '낮은 단계' 연방제는 연합제와 유사성을 발견할 수 있다. 양자 모두 평화통일을 전제로 하고 있으며, 통일의 완성상태가 아니라 과도기적 단계로 설정되어 있다. 북한은 외교권과 군사권을 지역정부에 맡기는 등 지역정부에 더 많은 권한을 부여함으로써, 낮은 단계의 연방은 남한의 민족공동체 3단계 통일방안의 제2단계인 남북연합과 유사성을 보이고 있다. 남한이 제시한 통일방안의 연합안은 구소련 해체 이후 소련을 구성했던 공화국들이 설립한 독립국가연합(CIS)과 같은 '공동체적 성격'을 지닌 연합의 형태로 이해될 수 있고, 북한 연방제안의 '낮은 단계'도 이와 유사한 단계로 간주될 수 있다.

제도적 차원에서 남한 통일방안의 연합과 북한의 낮은 단계 연방과의 공통점이 있지만, 과정 및 성격에 있어서는 차이점이 존재하고 있다. 통일과정에 있어서 남한의 민족공동체 통일방안은 화해·협력단계를 장기간 거치면서 이질감을 해소하는 파급효과(spill-over effect)를 가정하고 있으나, 북한의 연방제 또는 낮은 단계 연방제는 이러한 준비단계 없이 급진적인 통일을 상정하고 있다. 남북한 기존 정부가 정치, 외교, 군사권을 행사하는 낮은 단계 연방제를 등장시켜 연방의 단계별 완성을 암시하고 있으나 낮은 단계 연방을 달성하는 방법에 대한 언급이 없으므로 다른 과정 없이 낮은 단계 연방을 실시하는 것으로 풀이된다. 또한 남한의 연합제는 남북한 두 개의 국가가 연합을 하는 것으로 되어 있으나, 북한의 낮은 단계 연방은 하나의 국가를 상정하고 있다는 차이점이 존재하고 있다.

북한은 냉전 종식 이후 급진적인 연방제를 실시하면 오히려 남한에 흡수당할지 모른다는 우려감을 가지게 되어 점진적인 통일방안을 선호하게 되었고, 결국은 사실상 남한의 연합제 통일방안을 수용하지 않을 수 없는 처지에 놓이게 되었다. 그렇더라도 북한은 이를 대외적으로 공표하기는 어려운 것으로 보인다. 북한체제의 정당성 확보와 주민 결속용으로 적극적으로 활용되던 연방제 통일방안을 공식적으로 스스로 포기하기는 현실적으로 힘들기 때문이다. 2000년 정상회담에서 낮은 단계의 연방이라는 표현을 사용한 이후 북한은 통일에 대해서 과거와 같이 열광적이고 선전적으로 주장하지 않고 있다. 이는 체제 열세의 상황에서 통일이 이루어지면 북한이 불리할 수도 있다는 저자세 때문으로 풀이된다.

6장

북한의 급변사태와 흡수통일: 가능성과 한계

1. 북한 급변사태 시나리오 … 298
2. 흡수통일에 대한 국제법적 분석 … 307
3. 북한 급변사태 시 국제개입 가능성 … 316
4. 북한의 국제관리와 한국의 통일정책 … 344

1980년대 후반 세계 냉전이 종식되면서 변화하기 시작한 세계질서는 한반도의 역학구조를 급격하게 변화시켰다. 동유럽 공산주의의 붕괴, 소련연방의 해체 등 공산주의의 쇠퇴는 북한으로 하여금 체제위기에 봉착하게 하였고, 특히 서독의 동독 흡수통일은 이와 유사한 도식이 한반도에서도 실현될 수 있을 것이라는 희망 또는 우려를 하게 하였다. 더구나 북한은 1990년부터 마이너스 경제성장을 하여 심각한 경제난 및 식량난에 따른 급변사태의 가능성이 커지고 있었다. 이때부터 한국과 주변국들은 북한의 급변사태 발생 가능성과 시나리오를 연구하고, 이에 대한 자국의 이익을 분석 및 평가하면서 대비책을 수립하기 시작했다.

1990년부터 북한의 체제위기가 시작되면서 북한 급변사태 가능성이 제기되었으나, 30년 이상이 지난 현재 북한체제에는 급변사태가 발생하지 않았다. 이러한 상황에서 북한의 급변사태를 논하는 것은 북한의 입장에서는 불쾌한 사실이고 남한의 일부 시각도 불필요한 논의를 한다고 주장할지 몰라도, 한국정부의 입장에서는 모든 위기 시나리오를 대비해야 한다는 측면에서는 불가피한 정책적 고려가 될 것이다. 가능성이 크지 않더라도 안보위기를 사전에 대처하는 것이 국가의 의무이기 때문이다.

북한체제의 장래에 대한 분석은 국가의 체제변화와 관련되는 종합적이고 복합적인 요소들을 분석해야 하기 때문에 다양한 방식으로 접근되고 있다. 일부에서는 북한의 체제변화를 고장 난 비행기의 착륙방식에 비유했다. 고장 난 비행기가 경착륙(hard landing)할 경우 도시 한복판에 곤두박질하여 주변이 큰 피해를 볼 것이며, 연착륙(soft landing)은 유능하고 정확한 유도에 의하여 비행기가 주변에 피해를 주지 않고 불시착하는 것이고, 불착륙(no landing)은 추락 또는 불시착 없이 목표지점까지 항진을 계속하는 것이다.

1990년대 초반 북한의 급변사태 가능성이 커졌을 때 미국을 비롯한 주변국들은 북한을 연착륙시키는 것이 한반도 및 동북아의 안정을 위하여 바람직하다는 전제하에 북한의 급작스러운 변화보다는 점진적인 변화를 유도하기 위한 정책을 구사했다. 주변국들의 국가이익은 북한 급변사태 발생 이후 한국정부가 북한을 흡수통일하여 주변국들이 다루기 어려운 강대한 통일한국이 등장하는 것보다는 남북한이 세력균형 상태를 이루게 하여 남북한을 '분할통치(divide and rule)'하는 전략에 비중을 두고 있었다.

주변 강대국들의 이익이 충돌하는 한반도의 현실은 북한에 급변사태가 발생하더라도 한국이 북한을 흡수통일을 할 수 있도록 그렇게 여유롭지 않다. 흡수통일을 하는 과정에서 대내외적으로 여러 가지 문제에 봉착할 수 있다. 흡수통일의 가장 어려운 문제는 상대적으로 빈곤한 북한사회와 주민들에 대하여 한국이 재정적인 부담을 져야 한다는 것이라고 자주 언급이 되고 있다. 이러한 통일비용에 너무 많은 관심을 보이기 때문인지, 또 다른 중요한 문제인 흡수통일에 대한 국제적인 승인문제에 대해서는 별로 언급이 되지 않고 있다.

많은 사람들은 서독이 동독을 흡수통일한 사례가 있기 때문에 한국도 그렇게 하면 되지 않겠는가 하는 생각을 하고 있다. 동일한 민족이 살던 땅이고 수복지역이기 때문에 당연히 한국이 흡수를 해야 하고, 이에 대하여 국제사회에서는 별다른 이의를 달지 않을 것이라는 생각을 가지고 있는 것도 사실이다. 그러나 국제법과 국제정치적 측면에서 흡수통일은 그렇게 쉬운 문제가 아니다.

1990년대 초반부터 시작된 북한의 체제위기는 아직 해결되지 않은 것이 사실이므로 한국정부가 북한의 급변사태를 대비해야 하는 것은 위기관리의 차원에서 필요하다. 북한의 급변사태는 수준과 범위, 과정에 있어서 다양한 유형이 제시될 수 있다. 급변사태의 유형이 다양하므로 이에 대한 대비책도 각 유형에 맞게 준비해야 할 것이다. 궁극적인 목표는 북한체제를 평화적이고 안정적으로 흡수하여 통일하는 것이지만, 통일까지의 과정에는 복잡하고 험난한 과제가 수없이 놓이게 될 것이다. 자칫 잘못하여 준비가 덜 되어 있거나, 시행과정에서 발생하는 문제점들을 제대로 대처할 수 있는 능력과 의지가 부족할 경우 한국정부는 북한을 흡수하지 못하고 재분단 또는 내전을 겪게 될 우려도 있다.

북한을 흡수통일하려 할 때 과연 국제사회가 대한민국의 북한지역에 대한 관할권을 인정할지에 대해서는 확언을 하기가 어렵다. 만약 국제사회에서 한국의 북한 단독 흡수통일을 반대한다면 한반도 통일은 난관에 부딪힐 가능성이 크다. 대한민국의 헌법상 대한민국의 영토가 한반도 전체라는 점이 명시되어 있으며, 역사적으로 한반도는 분단의 경험이 없는 통합된 지역이었다. 또한 동일언어를 사용하는 동일민족이기 때문에 북한지역에 힘의 공백 상태 발생 시 한국이 통일해야 한다는 점은 한국인 누구도 부인하지 않을 것이다. 그러나 국제적 시각은 반드시 그런 것은 아니다.

한반도 주변에는 강대국들이 포진하고 있어 이들의 이익이 충돌할 때 한반도의 장래는 매우 불투명하고 불안정적으로 될 우려가 크다. 중국과 같이 한반도에 대한 지역적·정치적·안보적 이익이 큰 국가는 접경한 북한지역의 혼란을 방지하고, 북한이 적성국가화 되는 것을 막기 위하여 적극 개입할 가능성이 크다. 지리적으로는 멀지만 중국 이상으로 한반도에 대한 정치적이고 안보적인 이해관계를 가지고 있는 미국도 중국이 개입하면 적극개입정책을 펼칠 것이다. 한반도의 안정과 동북아의 세력개편이 자국의 안보에 밀접하게 연관되어 있는 일본과 러시아도 한반도 문제 처리에 있어서 배제되거나 소외되기를 원치 않을 것이다.

따라서 북한 급변사태 시 주변국관계에 대한 연구는 북한에 급작스러운 변화가 일어났을 때 북한의 처리를 두고 발생할 수 있는 국제사회의 협력과 갈등관계를 규명하는 데 목적이 있다. 더불어 이처럼 북한의 급변사태를 두고 실현되는 국제적 역학관계에 대하여 한국정부가 어떠한 입장을 보이고 정책을 추진해야 할지를 연구하는 목적을 함유하고 있다.

북한지역에 급변사태 발생시 대한민국정부가 국제법이나 주변국의 반대때문에 단독으로 북한에 진입하여 흡수통일 과정을 밟지 못할 때, 주변국들은 국제관리를 제안하고 행동에 옮길 가능성이 크다. 주변국들이 북한 급변사태 시 국제관리를 주장할 때 한국정부는 매우 어려운 정책적 선택을 해야 할 것이다. 한국정부는 기본적으로 주변국의 개입 없이 통일하기를 원하겠지만, 주변국들이 북한지역에 대한 국제관리를 요구할 정도가 되면 북한이 무정부상태가 되어 한국이 단독으로 흡수할 기회를 이미 상실한 시기가 될 것이다. 한국정부가 무리하게 단독흡수통일을 주장하게 되면 통일도 하지 못하고 국제적으로 소외될 우려도 있다.

1. 북한 급변사태 시나리오

1990년부터 북한의 급변사태에 대한 논의가 있었으나 지금까지 북한체제는 흔들림 없이 유지되고 있다. 특히 북한의 유일 수령이었던 김일성, 김정일 부자가 사망했는데도, 그리고 대량살상무기 개발로 포괄적인 국제제재를 받고 있으면서도 체제를 유지하고 있다. 그러나 아직 체제위기가 해소된 것은 아니며, 안정적인 상황은 아니기 때문에 한국은 최악의 상황에 대비하여 여러 가지 정책적 대비책을 수립하고 있다. 이 장에서는 지금까지 논의되고 있는 북한 급변사태 발생 가능성에 대한 논의, 그리고 어떠한 유형의 급변사태가 방생할지에 대해서 고찰해 본다.

1) 북한 급변사태 발생 가능성

1990년대 초부터 북한은 체제위기에 처하게 되었다. 북한이 만성적으로 겪고 있는 경제난과 식량난 등 체제 생존을 위협하는 중대한 대내외적 도전을 받고 있기 때문에 회복이 어렵고 결국은 급변사태가 발생할 것이라는 주장이 지속되고 있다. 최근에는 북한의 핵무기와 장거리 미사일의 개발에 따라 유엔, 미국, 한국 등 국제사회로부터 받고 있는 경제제재로 인하여 북한체제가 유지되기 어려울 것이라는 시각이 존재한다. 북한 지도층은 경제파탄, 사회일탈현상 등 위기요인을 극복하지 못하게 되고, 궁극적으로 경제난 및 생활난에 견디지 못한 대중들의 저항이 시작되고 군을 비롯한 지도층의 내분으로 결국 체제유지가 난관에 처하게 될 것이라는 주장이다.

이에 대한 반론은 북한이 위기에 처해 있지만, 붕괴 등 급변사태를 맞지 않고 체제유지에 성공할 것이라고 주장한다. 소위 북한 생존론자들이다. 생존론자들의 주장에 따르면, 1989년 동독을 포함한 동유럽국가들은 세계 냉전이 끝나면서 붕괴되었지만, 자주적인 성향이 강한 북한은 세계적 변화에 영향을 받지 않고 견뎌낼 수 있을 것이라고 전망했다. 특히 중국이 북한의 붕괴를 지켜보고 있지 않을 것이라고 주장했다. 자국 동북부 공업지대의 안전을 지켜주는 완충지대로 북한을 평가하고 있는 중국은 북한이 급변사태 과정에 들어가게 되면 물질적·심리적으로 지원을 할 것이라고 강조했다.

북한 급변사태의 주원인으로 지적되는 경제난은 서방시각에서 과장된 측면이 있기 때문에 급변사태의 직접적 원인이 되기 어렵다고 생존론자들은 주장한다. 국가가 가난해서 붕괴한 사례는 없고, 가난하기 때문에 주민들의 불만이 생기고, 이 불만이 조직화하여 체제에 대한 조직적인 저항이 시작되어야 급변사태 가능성이 커지는데, 북한에서는 이러한 움직임이 일어나기 어렵다고 한다. 북한은 장기간에 걸쳐서 빈곤이 지속되고 있기 때문에 빈곤이 체질화되어 있고, 빈부차이가 많이 나지 않는 총체적인 빈곤이기 때문에 상대적인 가난에 따른 불만이 나오기 어려운 체제라고 한다.

이러한 붕괴론자와 생존론자의 논쟁에도 불구하고 정책적으로 북한 급변사태에 대한 대비책은 지속적으로 수립되어 왔다. 북한의 체제변화를 보다 구체적으로 분석해 보면 다음과 같은 네 가지 시나리오로 유형화할 수 있다. 첫째, 점진적 변화 시나리오이다. 당면한 문제들을 해소하기 위하여 북한체제가 실용주의적 시각을 가지고 스스로 개방·개혁을 하여 체제유지에 성공하는 시각이다. 둘째, 현상유지 시나리오이다. 위기에 봉착한 현재의 불완전한 체제를 그대로 유지한다는 시각이다. 당분간 그럭저럭 버티다가(muddling through) 붕괴 또는 개방·개혁의 방향으로 나아갈 가능성을 배제할 수 없다.[1] 셋째, 대내외적 위기요인이 증폭되어 붕괴된다는 급진적 변화 시나리오이다. 특히 핵개발과 미사일 개발을 포기하지 못하여 국제사회로부터의 제재가 장기간 지속될 경우 체제가 약화되어 궁극적으로 붕괴된다는 시나리오다. 이 경우 체제적 모순점에 의해서 자폭될 수도 있고, 불만을 가진 주민들의 저항 때문에 붕괴할 수도 있다. 넷째, 건강상의 이유 또는 내부반란에 의해서 지도자가 유고되는 경우이다. 후계 구도 없이 유고될 경우 집단지도체제가 되었다가 결국은 급변사태로 이어지는 경우이다.

북한의 정치·경제·사회실태를 분석해 보면 체제변화에 영향을 미치는 안정적 요인과 불안정한 요인이 나타나고 있다. 첫 번째 안정적 요인은 김정은의 정권장악력이다. 김정일 사망 후 권력을 승계한 김정은은 모든 실권을 장악한 것으로 판단되며, 명실공히 최고지도자의 직위를 보유하고 있다. 둘째, 지배 엘리트의 결속이 유지되고 있으며 유일사상을 바탕으로 통치하고 있는 김정은에 대한 도전세력은 나타나지 않고 있는 것으로 평가된다. 셋째, 주민 및 관료에 대한 통제력으로 만성적인 경제난에도 불구하고 주민들과 하급관료들의 김정은에 대한 충성심은 변함이 없다.

북한체제의 급변사태를 촉진할 수 있는 불안정한 요인 중 첫째는 만성적인 경제난이다. 대량살상무기 개발로 인한 국제제재에 직면하여 북한체제는 경제난을 겪고 있으며, 이러한 상황이 지속되면 체제운영을 불가능하게 할 수도 있는 요인이다. 경제난을 해결하고 국제경쟁력을 회복하기 위해서는 서방선진국과의 관계개선이 필수적인데 원하는 만큼 순조롭게 진행되지 않고 있다. 둘째, 북한사회의 이완 현상이 나타나고 있는 점이다. 탈북자가 증가하고 있으며, 특히 고위층의 망명도 늘어나고 있다는 점이다. 셋째, 지도자의 건강문제이다. 극비사항이라 외부에 알려진 내용은 별로 없지만, 대체로 건강하지 않은 것으로 인식이 되고 있다. 이러한 요인들을 정치·경제적인 측면에서 객관적으로 평가해 볼 때 체제안정 요인보다 불안정 요인이 더 큰 것으로 평가된다.

2) 북한 급변사태의 유형

북한체제의 급변사태에 대한 분석은 다차원적으로 이루어지고 있다. 첫째, 급변사태의 유형에 대한 분석이다. 크게 나누어서 체제에 대한 아래로부터의 도전, 또는 권력층 내부에서의 갈등에 의한 급변사태 시나리오로 분류할 수 있다. 아래로부터의 체제 도전에 의한 급변사태는 정치·경제적 불만을 조직적 체제저항으로 발전시키는 주민봉기에 의한 것이고, 권력층 내부의 갈등은 권력투쟁과 쿠데타로 발전된 급변사태의 요인이 된다. 주민봉기, 권력투쟁, 쿠데타 등은 독립적으로 발생할 가능성도 있지만, 순차적·복합적으로 전개될 가능성도 있다. 예를 들어, 주민봉기가 발생했는데, 진압과정에서 일부 군대가 시위하는 주민 편에 가담하여 쿠데타로 이어질 수도 있고 개혁적 지도층에 의하여 권력투쟁이 나타날 수도 있다. 이와 반대로 권력투쟁 과정에서 주민봉기가 일어날 수도 있다.

주민폭동에 의한 급변사태

북한 주민들의 체제에 대한 불만은 경제난과 식량난으로부터 시작될 것이다. 굶주림에 의한 고통이 북한 당국의 주민교화와 통제를 무력화시키고 주민들은 식량난 해결 요구시위를 시작할 것이다. 더구나 북한이 경제난을 해결하기 위해서 언젠가 개방정책을 추진한다면 개방의 정치적 영향으로 인한 북한 주민들의 의식화로 체제비교 능력이 생기고, 이는 체제에 대한 불만으로 이어질 수도 있다. 당국의 주민들에 대한 정치이념 교육은 더 이상 주민을 결속시키고 체제에 대한 충성심을 유지하는 역할을 하지 못하게 될 것이다.

주민들의 체제저항은 지방의 소도시에서 산발적으로 발생하지만, 점차 확대되어 평양까지 확산될 것이다. 해외에서 유학을 하거나 연수받거나 근무한 경력이 있는 당·정의 개혁성향을 가진 테크노크라트들이 주민들의 체제저항 시위를 주도하고 시위대는 점차 조직화되어 간다. 배급체계가 완전히 마비되고 식량 및 생필품 품귀현상이 심각해지면서 주민들의 불만이 고조될 것이다. 주민들의 시위가 도미노 현상처럼 퍼지기 시작하여 군이나 경찰이 진압할 수 없을 정도로 확대되면 체제가 붕괴되고 큰 혼란상태에 빠질 것이다.

당국은 주민들의 저항이 시작되는 초동단계에 비상사태를 선포하고 무장력을 동원하여 유혈진압을 할 것이다. 중국의 천안문 사태와 같이 진압에 성공할 가능성도 있지만, 실패할 가능성도 크다. 강경 진압을 하면 주민들의 시위는 전국적으로 확대되고 더욱 과격화될 것이다. 그 결과 김정은정권이 무력화되면 진압에 동원된 군대 일부가 시위대열에 가담하여 시위세력과 진압세력 간의 무력대결 가능성도 배제할 수 없다. 결국 시위에 가담한 세력이 승리하게 되고, 김정은정권이 전복된다. 시위 주도 세력인 개혁성향의 테크노크라트와 해외경험이 있는 젊은 장교를 중심으로 하여 질서유지가 이루어지면 그들에 의한 개혁정권이 탄생할 것이다.

권력투쟁에 의한 급변사태

북한정권 내부에 보수파와 개혁파가 별도로 존재할 가능성은 별로 없지만, 향후 북한의 체제운영이 어려워질수록 사회주의를 고수하려는 수구파와 대내외 위기를 극복하기 위해서는 체제변혁을 해야 한다는 개혁파가 갈등을 겪을 개연성은 충분히 존재하고 있다. 특히 김정은이 당·정·군을 모두 장악하는 데 실패하고 당면한 문제들을 해결하는 데 실패한다면, 보혁세력 간의 노선대립이 첨예화하는 등 권력투쟁이 시작될 것이다. 북한이 핵과 미사일 개발로 국제제재를 계속 받아 체제가 붕괴될지도 모른다는 데 대해서 불만을 가진 세력이 등장할 가능성도 배제할 수 없다.

보혁세력 간의 갈등은 김정은에 대한 지지와 반대세력의 대립으로 발전될 가능성이 크다. 반 김정은 세력이 등장하여 권력투쟁의 조짐이 나타나게 되면, 김정은은 이에 대한 반사작용으로 자기 권력을 강화하기 위하여 권력을 재편하게 될 것이다. 김정은은 반대세력을 제거하고 정권유지를 위하여 군대를 동원하는 등 모든 수단을 강구할 것이다. 그러나 군부도 분열되어 김정은이 원하는 방향으로 움직여 주지 않고, 중국도 미국을 비롯한 서방국들의 강력한 견제로 개입을 하지 못하고 결국 김정은을 지원하는 데 실패할 것이다. 마침내 김정은정권은 붕괴하고, 군부세력을 중심으로 한 반 김정은 세력이 정권을 장악하여 김정은 세력을 완전히 제거하면서 체제개혁을 주도할 것이다.

군부 쿠데타에 의한 급변사태

기본적으로 북한 군부는 최고지도자에 대한 충성을 보이고 있기 때문에 군부 쿠데타의 가능성은 그리 크지 않다고 할 수 있다. 그러나 김정은이 현재 당면한 대내외적 어려움을 해결하지 못하여 주민들의 불만이 증대되고, 보혁세력 간의 권력투쟁이 심화할 경우 군부가 전면에 등장하여 쿠데타를 감행할 가능성을 배제할 수 없다.

군부 내에서 불만을 행동으로 표출할 가능성이 제일 큰 집단은 해외 유학한 군인들이고, 특히 러시아 및 중국에 유학한 경험이 있는 소장파 장교들을 중심으로 쿠데타 모의가 이루어질 가능성이 있다. 쿠데타의 명분으로 권력세습, 폐쇄적 정책노선, 위기극복정책 미흡, 집권층의 권력암투 등을 제시하면서 동조세력을 규합할 것이다. 주민들은 쿠데타군을 지지할 것이고, 중국, 러시아 등 주변국가들은 초기에는 김정은을 지원하겠지만, 대세가 반김정일 쪽으로 흐르게 되면 중립 또는 쿠데타군에 대한 암묵적 지원을 할 것으로 예상된다.

쿠데타에 성공한 군부는 질서유지와 안정을 위하여 당분간 군부통치를 실시하면서 체제개혁을 시도할 것이다. 군부 자체가 개혁지향적인 통치를 할 능력이 부족하기 때문에 통치경험이 있는 개혁성향의 테크노크라트에 많은 권력을 부여하면서 체제변혁을 시도하다가 결국 민선에 의한 개혁정권을 수립하게 될 것이다. 북한이 경제를 회생시키고 체제를 안정적으로 유지하려면 미국, 일본 등 주변국들의 도움이 필요하고 주변국들은 군부통치보다는 민간 개혁정권 수립을 강력히 요구할 것이기 때문이다.

3) 급변사태 시나리오 평가와 전망

북한의 급변사태를 논할 때 가장 중요하게 분석해야 할 사항은 급변사태의 수준에 대한 분석이다. 이론적으로 급변사태는 정권 차원, 체제 차원, 국가 차원으로 분류할 수 있다. 현존 북한정권이 붕괴되고 새로운 정권이 수립되더라도 보다 강력한 사회주의 정권이 들어서면, 이는 급변사태로 보기 어렵다. 적어도 체제 차원의 급격한 변화가 이루어져야 서독이 동독을 흡수통일한 것과 같은 급변사태가 발생한 것으로 인식이 될 수 있다. 특히 권력투쟁 또는 쿠데타에 의한 정권의 붕괴는 체제의 급변사태까지 이어지지 않을 수 있다. 오히려 김정은정권보다 더 강경한 정권이 들어서 사회주의체제를 강화할 수도 있다. 김정은의 건강 이상에 따른 북한의 급변사태를 예상하는 전문가들이 있지만, 김정은의 건강에 따른 북한체제의 급변사태가 발생할 가능성은 그리 크지 않다. 김정은은 나이가 젊기 때문에 건강에 이상이 있더라도 통치가 불가능할 정도가 되기는 어려울 것이고, 과거 김일성과 김정일의 사망 이후 북한체제가 동요되지 않은 점을 보면 지도자의 사망에 따른 급변사태는 발생하지 않을 것으로 보인다.

가능성은 별로 크지 않지만, 김정은이 경제난 해소 등 체제발전을 위하여 핵무기 개발을 멈추거나 개방·개혁정책을 추진하지 않는 데 반발하여 개혁지향적인 관료들이나 소장층 장교들이 체제저항 투쟁이나 쿠데타를 일으켜 성공할 경우 정권뿐만 아니라 체제의 급변사태까지 상정할 수 있다. 주민봉기의 경우 김정은정권은 무력을 동원하여 진압하려고 노력하겠지만, 정치·사회적으로 강력히 통제되고 있는 북한체제에서 주민봉기가 일어났다는 점은 그만큼 진압하기도 어려울 것으로 예상된다. 진압이 실패할 경우 정권과 체제의 급변사태는 동시에 일어날 것이다.

북한의 급변사태 과정에서 다양한 사건들이 발생할 가능성이 있다. 가장 발생 가능성이 크고 한국정부가 가장 경계해야 할 사건은 급변사태 과정에 북한정권이 남한에 대한 도발을 감행하여 전쟁이 발생할 가능성이다. 북한이 대남 도발을 할 가능성이 가장 큰 시나리오는 체제유지의 한계상황에 도달하여 더 이상 체제운영이 어려워지고, 체제저항 세력이 조직화되어 시위 등의 움직임을 시작할 경우 당국은 체제결속을 위하여 국지 도발 등 대남공격을 하는 것이다. 이때 북한의 대남 도발은 체제위기가 심각한 상황에서 선택하는 체제유지의 최후의 수단이 될 것이다.

그러나 최후의 수단이라고 해서 북한이 체제붕괴의 마지막 순간에 선택할 대안이라기보다는 위기가 고조되어 가는 과정에서 선택할 대안이다. 북한 내부의 혼란, 즉 민중봉기, 권력투쟁 등이 발생하였을 때에는 이 사태를 진압 또는 해결하는 데 총력을 기울여야 할 상황이기 때문에 도발할 여력을 갖기 어려울 것이다. 따라서 주민들의 불만이 점증하고 시위로 발전될 가능성이 커지면, 주민들의 관심을 딴 곳으로 돌리면서 내부결속을 하는 목적으로 대남 국지도발을 선택할 가능성이 있다.

그러나 이 시나리오도 북한이 도발을 국지전으로 끝낼 수 있고, 정치적 목적을 이룰 수 있을 경우에만 선택할 수 있을 것이다. 북한 내부의 혼란상태는 북한체제가 이미 크게 약화되었다는 점을 의미하므로 전면전을 치르기에는 물리적으로나 심리적인 능력이 크게 약화된 상태일 것이다. 따라서 한국이나 미국이 북한의 국지전 도발을 불용하고 국지전 발생의 경우 전면전으로의 비화가 피할 수 없다는 입장을 밝힌다면 북한이 도발하더라도 소기의 정치적 목적을 이루지 못하고 체제멸망의 부담을 안게 될 것이다.

남한에 대한 전쟁 도발 가능성 이외에 북한 내부에서 보혁세력 간의 내전이 발생할 가능성도 배제할 수 없다. 첫째, 주민봉기가 발생하여 진압과정에서 일부 군인들이 주민들과 합세하여 진압군에 대항하여 유혈투쟁을 벌여 내전으로 발전되는 경우이다. 둘째, 북한 지도층이 경제난을 해결하기 위하여 핵무기를 포기하고 실용주의와 개방정책을 채택하는 데 대하여 보수층과 군 일부 세력이 연합하여 쿠데타를 일으키고 친위부대와 충돌하여 내전이 발생하는 경우이다. 내전이 발생하게 되면 어느 한 편이 전쟁에서 승리하게 될 것이다. 보수집단이 승리할 경우 북한의 사회주의체제는 더 강경보수화할 것이다. 개혁세력이 승리할 경우 북한 사회주의체제는 붕괴될 것이고 공산인민군도 와해될 것이다. 이 경우 개혁세력이 조직화되어 있지 못하면, 사회주의체제를 붕괴시켰지만 혼란상태를 진정시키고 질서를 유지하여 새로운 정권을 탄생시킬 능력이 결여될 수 있다.

이와 같은 과정으로 북한의 급변사태가 발생할 경우 남은 문제는 이 상황을 안정적으로 관리하면서 통일과 연결하는 과제이다. 상식적으로 판단하면 남북한의 통일은 어느 한편이 붕괴되면 쉽게 이루어질 것으로 예견할 수 있지만, 다양한 상황적 변수가 존재하고 있기 때문에 통일이 이루어지지 않을 수도 있고, 이루어지더라도 복잡한 과정과 오랜 시간에 걸쳐서 이루어질 수도 있다.

특히 북한의 사회주의체제가 붕괴되는 데 핵심적 역할을 수행할 북한 내의 개혁세력이 정권 장악에 실패하고 무정부상태가 된다면 문제는 더욱 복잡해진다. 사실 북한에는 시민운동을 경험한 역사가 없고, 따라서 시민운동을 주도할 조직적 세력이 존재하기 어렵기 때문에 개혁세력이 생명을 담보로 한 극렬투쟁에 의하여 사회주의체제를 붕괴시키더라도 조직적으로 정권을 장악할 능력이 있을지에 대하여는 미지수이다.

남한이나 주변국의 지원이 없는 상태에서 개혁세력은 잔존하는 공산세력의 조직적 반격이 있을 경우 이를 무력화시킬 능력은 거의 없을 것이기 때문에, 주변세력 누군가가 북한에 진입하여 안정시키고 질서를 유지하여야 하는데, 한국정부가 이러한 역할을 할 수 있는가에 대해서는 명료한 결론을 내리기 어렵다. 독일통일의 경우 동독의 붕괴과정에서 서독정부는 동독에 대한 적극적 개입정책을 펼쳐 1990년 3월 동독지역에 총선거를 실시하여 친서독정권을 탄생시켰고, 이 정권과 1990년 5월 통일조약을 체결하여 통일하였다. 정통성 있는 동독정부를 탄생시켜 합법적인 조약을 체결하여 통일을 하였기 때문에 국제적인 개입을 배제할 수 있었으나, 한반도의 경우 남북한 간 갈등의 골이 크고 북한에 100만 명 이상의 강력한 군대가 존재하고 있어 개혁정부를 탄생시키기 위한 한국정부의 적극 개입은 쉽게 이루어지기 어려울 것이다.

따라서 한국정부가 북한지역에 통일의 파트너로서 개혁정권을 수립시킬 기회를 상실하거나, 북한의 상황이 이를 어렵게 할 경우 한국은 주변국과 공동으로 국제개입을 도모해야 할 상황에 처할 경우도 있을 것이다. 따라서 북한의 급변사태 시 한국 단독개입에 의한 흡수통일을 우선적으로 준비하여야 하지만, 경우에 따라서는 국제개입 시나리오도 준비해야 한다. 이 경우 중요한 점은 국제개입 과정에서 한국이 주도적인 역할을 하는 방법을 강구하고, 국제관리 이후 하루라도 빠른 시일 내에 통일로 연계시키는 방안을 모색하여야 할 것이다.

2. 흡수통일에 대한 국제법적 분석

북한에 급변사태가 발생하여 이루어질 흡수통일의 국제법적 분석에 앞서 우선 한국정부의 관할권 문제와 북한의 국제법적 지위에 대해 살펴볼 필요가 있다. 한국정부가 북한지역에 대한 관할권을 갖고 있는지의 문제는 북한에 급변상태가 발생하여 힘의 공백상태가 되었을 때, 남한이 이를 흡수해 통일할 수 있는지의 문제와 깊은 연관이 있다. 이 문제는 한국의 국가 정통성과 관련되는 부분으로서 논란이 끊이지 않는 주제이다. 특히 남북한의 분단과정 및 북한의 정부수립 과정의 복잡성, 분단 이후 남북한관계의 특수성으로 인해 그 법적 판단도 매우 모호하게 되었다.

1) 한국정부의 관할권 범위와 북한의 국가성

한국정부는 유엔 결의안에 의거 유엔의 감시 하에 1948년 5월 10일 제헌국회 구성을 위한 총선거를 실시하고 8월 15일 정식으로 출범했다. 북한은, 스스로의 주장에 따르면, 1948년 4월의 남북지도자 연석회의를 거쳐 7월의 북조선인민위원회 5차 회의에서 독자 정부수립을 결정, 8월 25일의 총선거를 거쳐 9월 9일에 별도의 정부를 수립했다. 한국정부의 국가성 및 국제적 위상은 유엔을 거쳐 집단적으로 제공된 것임에 반해, 북한은 이른바 '민족자결의 원칙'에 의해 스스로 행사되어 나타났다고 할 수 있다.

1948년 12월 12일 파리에서 개최된 제3차 유엔 총회는 48대 6(기권1)으로 대한민국정부 승인에 대한 결의문을 채택하여 한국의 국가성을 국제적으로 보장했다. 승인 내용은 "(유엔)임시위원단이 감시하고 협의할 수 있었고 전체 한국인의 과반수가 살고 있는 한국의 한 부분 위에 효과적인 통치와 관할권을 갖는 합법 정부가 수립되었다(there has been established a lawful government … having effective control and jurisdiction over that part of Korea where the Temporary Commission was able to observe and consult and in which the great majority of the people of all Korea reside)"고 되어 있다. 이어서 "한국에 그러한 정부는 하나밖에 없다(the only government in Korea)"라고 선언하였다.[2)]

다시 말해서 유엔은 대한민국정부를 한반도 전체를 대표하는 합법정부가 아니라 단지 남한지역에서의 합법정부로 인정을 하고, 38선 이북지역은 일본의 지배로부터 해방되었으나 합헌정부가 들어서지 못한, 국제법에서 통용되는 무주지(無主地)로 남겨둔 것이다.[3)] 이 조항은 한반도 통일의 국제적 승인과정에서 논란의 대상이 될 수 있을 것이다. 특히 남한이 북한을 일방적으로 흡수통일을 할 경우 국제적·법적 논쟁의 기초가 될 것이다.

남북한 정부의 국제법적 합법성에 대한 논쟁에도 불구하고 북한정부는 수립 이후 북한지역을 사실상 실효적으로 지배해 왔다. 그리고 북한정부는 다수의 외국정부의 승인을 받고 외교관계를 맺는 등 나름대로 지속적으로 국제활동을 확대해 왔다. 특히 1991년 9월의 남북한 유엔 동시가입으로 북한의 국제적 지위는 법적으로 더욱 안정화되었다. 유엔 가입 이후 북한의 국가로서의 지위는 국제적으로 거의 완전하게 공인되었다는 것이 통설이다. 국제법적으로 유엔 가입은 유엔에 의한 집단적 승인을 의미하는 것인데, 유엔 헌장에 의하면 유엔 헌장을 준수하는 평화애호국(國)만이 회원국으로 가입할 수 있으므로 북한의 국가로서의 지위는 국제적으로 완전하게 승인되는 효력을 가지게 되었다.[4)]

한국의 헌법은 국제법과 다른 성격의 영토권 조항을 포함하고 있다. 헌법 제3조는 한국정부의 관할권이 한반도 전역을 포괄한다고 규정하고 있기 때문에 북한은 미수복 지구의 반국가단체로 규정된다. 따라서 한국의 국내법과 국제법이 상충되고 있다. 한국정부가 북한에 대해 특별한 권리를 가지고 있는가 하는 문제는 향후 북한의 급변사태 시 주변국의 관점 및 한국의 정책적 고려와 관련하여 매우 심각한 문제를 발생시킬 가능성이 크다.

북한에 급변사태가 발생하여 북한이 붕괴과정에 들어갈 경우 남한이 북한을 흡수통일을 할 수 있는가의 문제는 북한의 국제법적 지위에 대한 보편적 시각에 의하여 좌우될 수 있다. 한반도의 북반부 지역에 대하여 실효적인 지배를 해 온 국가 및 정부의 국제법적 지위는 곧 그 지역에서의 국가 및 정부의 붕괴 시 어떻게 처리되어야 하는가의 문제와 직결되는 것이기 때문이다. 어느 지역의 국가성(stateness)에 대한 판단은 기본적으로 국제법적인 것이지만, 국제관계는 국제법보다 힘에 의한 국제정치의 현실에 더 좌우된다는 점에서 국제법적 판단은 제한적일 수밖에 없다.

남북한의 정부수립 과정을 살펴볼 때 남한정부의 국제적 정통성이 더 부여되는 것은 사실이다. 왜냐하면 남한정부는 유엔의 감시에 의한 선거에 의해서 수립이 되었으며, 유엔의 승인을 받았기 때문이다. 북한은 1991년 유엔에 동시가입하기 이전까지는 국제적 정통성이 부족했다. 이를 반대 시각에서 살펴보면, 북한은 1991년 유엔가입 이후 국제적 정통성을 확보했고, 북한지역에 대한 국가성이 존재하게 되었다고 할 수 있다.

종합적으로 볼 때 한국정부는 남한지역에서 정통성을 확보하고 있으나, 북한지역에 대해서는 한국의 시각과 국제적인 시각이 차이를 보이고 있다. 한국은 헌법에서 대한민국의 영토를 한반도 및 부속 도서로 규정을 하였기 때문에 북한지역에 대한 관할권이 있음을 명시하고 있으나, 국제적인 시각은 그렇지 않다. 유엔 가입 이후 북한지역에는 명시적으로 국가성이 생겼다는 것이 통설이다.

국가성이 있다는 의미는 북한지역에 어떠한 사유로 국가가 소멸되더라도 국제적 시각에서 국가가 있는 것과 마찬가지로 인정을 하여, 다른 국가들이 침범하지 못하도록 국제사회가 그 지역과 주민들을 보호하기 위한 장치이다. 더구나 북한은 국가성과 더불어 1945년 이후 북한지역을 실효적으로 지배를 하고 있다. 또한 냉전시대에는 공산주의와 제3세계 국가들만이 북한을 국가로 인정하고 외교관계를 가졌지만, 2000년 이후에 북한은 많은 서방국가들과도 외교관계를 맺고 있다. 미국과는 수교가 이루어지지 않았지만, 미국은 2018년 트럼프와 김정은의 회담을 정상회담으로 부르고 있기 때문에 북한을 국가로 인정한 것과 다름없다.

남한과 북한을 별도로 놓고 볼 때는 각기 국가로 인정이 되지만, 남한과 북한 모두가 남북한관계를 국가 사이의 관계로 보지 않는다. 1991년 말 제5차 남북한 고위급회담에서 체결된 남북기본합의서는 남북한관계를 '나라와 나라 사이의 관계'가 아닌 통일을 위해 노력하는 '특수관계'로 규정했다. 이는 양측이 상대방 지역의 국가성까지 부정하는 것은 아니지만, 서로가 상대방을 별도의 국가로 보지 않는다는 다소 모호한 의미를 내포한다. 다시 말해 대외적으로는 독립된 주권국가이고 대내적으로는 특수관계라는 것이다. 남북한관계를 국가관계로 보지 않기 때문에 남북한이 물건을 사고 파는 행위를 무역이 아니라 교역이라 부르고 있으며 관세도 부과하지 않고 있다. 통일과 관련해서 남북한이 합의통일을 할 경우에는 외부 개입을 막기 위해서 특수관계로 규정하는 한편, 남북한 지역의 국가성을 남북한정부 뿐만 아니라 국제사회에서도 인정을 하고 있기 때문에 어느 한 쪽이 일방적으로 흡수통일을 하는 데 있어서 장애요인이 되고 있다.

이러한 점에서 북한에 급변사태가 발생하여 북한에 일시적으로 합법정부가 존재하지 않더라도 국제법적으로 북한의 국가성은 유지되는 것이며, 이 점에서 '무주지에 대한 선점'이라는 국제법적 일반 원칙은 성립하지 않는다. 다시 말해서 북한에 급변사태가 발생하여 일시적으로 합법적인 정부가 존재하지 않더라도 주변국가가 함부로 침범하지 못하도록 하는 국가성이 존속하여 국제적인 보호를 받을 수 있다는 것이다. 이는 남한의 개입도 마찬가지 제한을 받아야 한다는 것이 국제적인 시각이다.

한국이 북한에 대해 특별한 권리를 가지고 있는가 하는 문제는 향후 북한의 급변사태 시 한국의 정책 사안과 관련하여 매우 중요한 문제이다. 한국의 북한에 대한 특별한 권리는 적어도 국제법으로 인정되지는 않으나, 국제정치 현실 면에서는 일정하게 인정되는 측면이 있다고도 할 수 있다. 현재 북한지역이 별도의 국가 관할 하에 있기는 하지만, 남북한이 '분단국가'라는 사실이 국제적으로 분명히 인정되고 있다는 점에서 국제법상 특별한 취급을 받을 수도 있다. 물론 이 경우에도 독일통일의 사례와 같이 북한의 개혁세력이나 선거 등 적법절차를 통한 주민들의 '동의' 또는 이에 준하는 법적 행위는 분명히 필요하다. 다시 말해서 북한체제가 무너지고 힘의 공백상태가 되었을 경우 남한이 북한을 흡수통일을 하기 위해서는 북한지역에 존재하는 국가성을 무효화시킬 수 있는 전략의 수행이 필요한데, 그것은 북한지역에 남한과 합의하여 통일을 할 수 있는 개혁정부를 탄생시키는 것이다.

2) 역사적 사례: 한국전쟁 시 북한 통치를 위한 유엔 결의안

한국전쟁 기간 대한민국정부가 북한지역에 대한 관할권을 보유하고 있는지를 나타내는 국제적인 시각이 표현된 사례가 있다. 1950년 9월 15일 인천상륙작전이 성공하여 유엔군의 반격이 이루어지면서 한국전쟁은 새로운 국면에 돌입하였다. 유엔군의 빠른 진격에 의하여 한반도의 통일이 다가오자 한국과 미국은 북한점령 준비를 시작했다. 초기에 양국은 북한점령의 성격을 패전지역에 대한 점령이나 보복으로 하지 않고 해방으로 하여야 한다는 인식을 하고 있었다. 한국의 시각은 육군 본부 훈령 제86호에 잘 나타나 있는데, 한국군은 북한의 주민을 적이 아니라 '해방된 형제'로 대하여야 한다는 것을 기본원칙으로 하고 있었다.[5] 이 훈령은 38선을 돌파한 한국군에 대하여 북한지역을 점령한 후 북한주민을 대할 때 지켜야 할 주요 행동지침을 하달하였다.

① 북한의 민간인은 해방된 형제이지 적은 아니다.
② 장래 한국국민이 될 그들의 권리와 사적 내지 공적 소유권은 존중되어야 한다.
③ 국군은 북한 민간인의 수호자이지 정복자는 아니다.
④ 국군은 모름지기 민주주의 국가의 군대로서 국민의 군대이며 국민을 탄압하는 군대가 아니고 국민에게 신뢰를 받도록 행동하는 군대가 되어야 한다.
⑤ 국군 전 장병은 민주주의의 사도로서 훌륭한 행동의 군인이 되어야 한다. 친절심으로써 민주주의 원칙이 공산주의 독재하의 경찰국가의 규율보다 훨씬 더 우수하다는 것을 표시해야 한다.

한국정부는 전쟁 이후의 통일은 대한민국정부가 주체가 되어야 하며 당시 국회에 북한지역 주민대표를 위해 남겨 놓은 100석의 공석을 채우는 북한지역의 선거를 유엔 감시 하에 실시하여 통일을 이룩해야 한다고 생각하였다. 1948년 제헌국회의 의석은 300석이었으나, 당시 국회의원을 200명만 선출하고 통일 이후 북한지역에서 충원할 목적으로 100석을 남겨둔 바 있다. 전쟁이 끝난 이후 북한지역의 선거를 할 수 있도록 안정되고 자유로운 분위기가 이루어질 때까지 북한지역에 대한 민사행정권을 한국정부가 보유해야 하고, 대한민국의 사법권이 한반도 전체에 적용되어야 하며 유엔과 한국정부는 상호합의에 의해 북한지역에서 실시할 총선거의 시기와 방법을 결정해야 한다고 주장했다.

10월 12일 유엔군이 평양을 점령한 이후 한국정부는 북한지역을 통치하기 위한 시정방침을 발표했다. 북한에 진입한 한국군은 각 지역에서 잔적을 소탕하고 계엄을 선포한다. 군이 각 도의 계엄사령관을 임명하면 지역 단위로 계엄군의 지휘 감독 하에 임시기구로서 주민자치위원회를 구성하여 자체적으로 치안유지와 질서회복에 노력한다. 치안이 확보되는 대로 내무부 행정관리들을 임명하는데, 수복지역의 도지사·시장·군수·경찰서장을 행정단위에 파견하여 행정을 복구한다. 우선 행정복구를 위해 각 시·군 단위로 민정관 1명과 간부 약간 명, 경찰대장과 경찰대원을 파견하여 전시구호, 민정조사, 치안유지를 담당하게 한다. 시·군 단위의 행정이 일단 회복된 후에 도지사로 하여금 계엄사령부의 지휘하에 통일적으로 행정을 운영하게 한다.[6)]

한국정부의 북한 흡수 및 통치를 위한 계획에 대하여 유엔과 유엔 참전국들은 반대의 입장을 보였다. 미국정부와 유엔은 10월 7일과 12일 북한지역을 유엔이 통치할 것이라는 점을 명확히 하였다. 유엔군의 38선 이북지역으로의 진격을 허용한 10월 7일의 유엔 총회 결의안은 38선 이북에서 군사작전의 주요 목적은 통일된 한국의 자주민주정부를 수립하는 것으로, ① 한반도 전역에서 안정상태를 확보하기 위해 모든 적절한 조치를 취하고, ② 유엔의 주도하에 한국에 통일된 자주민주정부를 수립하기 위하여 선거를 포함한 모든 합법적인 절차를 거치며, ③ 평화회복과 선거실시, 그리고 통일정부 수립문제에 대하여 유엔과의 협조를 위해 남북한의 모든 대표단체와 집단을 초청하도록 하였다. 또한 호주를 비롯하여 7개국 회원으로 구성된 유엔 한국통일부흥위원단(UNCURK)을 구성하고, 이 위원단이 유엔을 대표하여 총회에서 결의한 한국의 재건과 부흥을 위한 책임을 수행하도록 하였다.[7)]

미국을 비롯한 서방국가들은 10월 12일 유엔의 한국관계 소총회를 소집하여 유엔군이 점령한 38선 이북지역에서의 임시행정조치에 관한 결의안을 통과시켰다. 이 결의안은 대한민국정부가 남한지역에 대하여 합법적인 통치권을 가지고 있으나, 유엔군이 점령하고 있는 북한지역에 대해서는 유엔이 통치권을 보유한다는 점을 밝혔다. UNCURK가 정부기능과 민간행정을 관장할 때까지 유엔군 사령부가 잠정적으로 통치권과 일반행정을 관장하고 일반행정을 위해 설치된 모든 기관과 인원을 통괄하기 위해 즉각적인 조치를 취할 것을 권고했다.

유엔에서 10·12결의안이 통과되자 북한지역까지 통치권을 확대하려는 한국정부와 유엔군에 의한 군정실시와 총선거 실시를 주장하는 미국 행정부 간의 갈등이 노출되었다. 한국정부는 북한지역에 독자적으로 군정을 실시하고 통치권을 행사할 것이라고 선언하였고, 이승만 대통령은 10·12결의에 대한 항의 전문을 10월 16일 맥아더에게 보냈다. 첫째, 유엔 한국소총위원회의 결의를 수용할 수 없다. 둘째, 한국민은 그들의 자유의사에 따라 유엔의 협력과 감시 하에 선거실시와 정부수립의 권리를 보유한다. 셋째, 유엔까지 포함하여 어느 국가이건 외부세력이 국내행정에 간섭하는 것은 불가하며 앞으로 한국정부는 전투행위가 끝나고 즉시 2년 전에 임명한 이북 5도의 지사를 파견하여 일반행정을 맡게 할 것이다. 넷째, 상황이 허락하는 대로 자유 분위기에서 도지사선거를 실시하여 북한주민이 남한주민과 똑같은 자유와 권리를 누리도록 할 것이라는 내용이었다.

그러나 유엔이 북한을 통치하여야 한다는 미 행정부의 신념은 확고했다.

미 행정부는 주한미대사인 무쵸(John Muccio)를 통하여 이 대통령을 설득했다. 첫째, 유엔과 미국이 한국의 통치권이 북한지역에 자동적으로 확대 적용되지 않는다고 합의한 이상 통일을 위한 선거와 기타 법률적 행위는 UNCURK의 기능에 속한다. 둘째, 10·12결의는 UNCURK가 한국에 도착할 때까지 유엔군 사령부가 잠정적으로 북한에 대한 행정책임을 맡을 임시조치로서 이 위원단이 도착하면 행정사항에 대하여 이 대통령과 협의를 하게 될 것이다. 셋째, 이러한 조치는 절대로 공산주의를 보호하고 재생시키려는 의도가 아니라, 일반행정을 위해 설립된 모든 기관을 유엔군이 확실하게 통제하기 위한 것이다. 넷째, 미 행정부는 한국정부를 자유롭고 공정한 분위기에서 실시된 선거에 의해 선출된 대표자로 구성된 합법정부로 인식하고 있고, 앞으로 이 대통령과 한국정부는 UNCURK와 선거 실시문제에 대해 충분히 협의할 수 있으므로 한국정부가 자제와 중용을 지킬 것을 요구한다.

이 대통령은 10·12결의가 잠정적이라 할지라도 한국정부의 주권을 제한하는 처사는 법리상 모순이고 비논리적이라고 지적하면서 받아들일 수 없다는 태도를 견지하였다. 그러나 미국의 끈질긴 설득으로 이 대통령은 10·12결의를 조건부 수용하는 태도를 보였다. 10월 20일 무쵸-이승만 대담 시 이승만은 아래와 같은 입장을 밝혔다.

① 한국정부는 10·12결의에 따르기로 결정
② 한국정부는 월남 동포들의 귀향을 막을 수는 없으며 귀향 후 그들이 중요한 역할을 할 것으로 기대
③ 한국정부는 2년 전에 임명한 북한 측 관리의 임용을 고집하지 않을 것이고, 공산주의자들이 당선되어 최종선거를 지배하지 않는다는 보장이 있으면 선거결과를 전적으로 수용
④ 일시적이라도 공산주의자나 공산정권의 기구로 구성된 유엔 군정은 절대 반대
⑤ 한국정부는 북한지역에 어떠한 군사정권의 수립도 반대

한국정부가 이북지역에 대한 유엔군의 관할권을 인정하는 대신 미국은 북한지역에 군정을 실시하게 되면 대한민국정부가 추천하는 인사를 쓰기로 타협했다. UNCURK는 11월 26일에야 한국에 도착하였는데, 이미 중국군의 개입으로 전쟁은 새로운 국면에 접어들어 UNCURK가 북한통치 임무를 수행하지 못했다. 위원단이 입북할 때까지 북한지역에 대한 실질적인 통치와 행정책임은 유엔군 사령부가 담당했다.

3. 북한 급변사태 시 국제개입 가능성

북한의 급변사태가 발생하면 국제법적으로 한국의 흡수통일은 제한을 받게 된다. 국제법뿐만 아니라 국제정치적인 측면에서도 주변국들은 한반도의 통일에 대해서 경계하는 태도를 보일 것이다. 북한의 급변사태 발생 시 주변국들 중에 중국이 가장 적극적으로 개입할 것으로 예상되지만, 미국 등 다른 국가들의 견제 때문에 중국의 개입이 수월하지 않을 것이다. 결국 중국과 다른 국가들은 어느 한 국가의 북한지역에 대한 개입을 막기 위해서 유엔을 활용하여 집단적인 개입을 할 가능성을 배제할 수 없다.

1) 북한 급변사태에 대한 각국의 입장

미국

미국은 북한의 급변사태에 대해 자국의 핵심적 국가이익, 즉 한반도에서의 평화와 안정의 유지, 동맹국 및 우호국과의 관계 지속, 북한지역에 대한 자국의 통제력 확보 등을 목적으로 한 정책을 추진할 것이다. 이와 같은 미국의 정책은 중국을 비롯한 이 지역 국가들의 기본 정책과 충돌할 가능성을 배제하기 어렵다. 영토적 측면에서 동북아 국가가 아닌 미국이 동북아에서의 세력변화에 자국의 이익 수호를 위한 정책을 추진하는 데 있어서 동북아 국가들과의 의견과 정책 차이는 불가피할 것이다.

세계적인 차원에서 미국의 전통적인 외교정책은 국익뿐만 아니라 국가위신을 중시하고, 나아가 미국적인 국가 가치를 확산시키는 것을 최우선 목표로 하고 있다. 냉전 종식 이후 표명된 '참여와 확대(engagement and enlargement)'정책은 이를 명확하게 표현하고 있으며 미국의 국가안보전략은 이 범주 내에서 유지되고 있다. 다시 말해서 냉전 종식 이후 미국은 미국식의 '민주주의와 시장경제'의 확산을 본격적으로 추진하면서, 기존의 동맹 및 우호관계를 적극 활용하여 새롭게 등장하는 도전적 안보위협에 적극적으로 대응해 나가고 있다.

이러한 세계전략을 기초로 한 미국의 동북아정책 방향은 '포괄적 참여(comprehensive engagement)'로 규정되고 있으며, 이를 위한 광범위한 군사적 수단으로 한국 및 일본과 동맹을 유지하면서 약 10만 명의 미군을 주둔시키고 있다. 이러한 수단을 활용하여 미국은 동북아지역에서 자국의 주도권과 균형자 지위를 유지하려는 목표를 설정하여 중국이나 일본 등 잠재적 도전 세력을 한편으로는 아우르고 다른 한편으로는 견제하는 이중전략을 구사하고 있다.

미국의 대한반도 정책의 기본 목적은 한반도에서의 평화와 안정을 유지하고 자국의 영향력을 제고하면서 민주주의와 시장경제 등 미국적 가치를 유지하고 확산시키는 것이다. 미국은 우선 북한 및 중국 등 사회주의권을 봉쇄하기 위하여 한국과의 강력한 동맹을 유지하고 있다. 국제적 문제국가(rogue state)로서 북한의 존재는 미국의 대동북아 및 대한반도 정책을 모색하는 데 있어서 장애요인이면서도 정책적 목표대상이 되고 있다. 냉전 종식 이후 북한은 미국이 중시하는 핵무기와 미사일 개발, 인권문제 등 많은 분야에서 미국의 정책 방향에서 궤도를 이탈해 나가고 있다.

장기적인 차원에서 미국은 한반도 통일을 적극적으로 원하지는 않으며 소극적으로 지지하는 편이다. 미국은 장차 통일 한국이 대미 우호 또는 동맹 노선을 지속하기를 희망하며 가급적 민주주의와 시장경제가 유지되는 국가가 수립될 것을 기대하고 있다. 또한 미국은 한반도 통일 이후에도 한미동맹과 주한미군이 유지되기를 희망하고, 이를 통해 중국을 견제하면서 동북아지역의 안보문제에 대해 미국이 지속적으로 개입할 수 있기를 바라고 있다.

북한의 급변사태에 대한 미국의 정책이 명시적으로 발표된 적은 없으나 미국의 동북아 및 한반도에 대한 입장과 정책을 살펴보면 전망이 가능하다. 먼저 급변사태 발생에 대비한 미국의 정책은 북한의 급변사태가 가져올 안보위험을 최소화하는 데 우선적인 정책적 노력을 기울일 것이다. 그렇다고 해서 북한에 급변사태 발생이 기정사실로 되면 이를 적극적으로 막는 행위를 하지는 않을 것이다. 북한에 급변사태가 발생하여 한반도 주변상황이 혼란스럽게 되거나 미국의 이익에 해가 미칠 경우 미국은 한미동맹을 활용하여 미국의 이익이 훼손되는 것을 막으려 시도하겠지만, 중국과의 충돌이 예상되어 무력행사는 되도록 자제할 것이다.

북한의 급변사태가 확산되어 이전 상태로의 회복이 불가능해질 경우에 미국은 자국의 이익을 보다 폭넓게 보장할 수 있는 다음과 같은 정책으로 신속하게 전환할 것이다. 첫째, 북한의 급변사태 과정에 들어서게 되면 미국은 북한의 급변사태가 심각한 지역안보문제로 확산되지 않도록 일단 상황을 안정시키고 수습하는 데 주된 노력을 경주할 것이다. 이 과정에서 미국은 한미동맹 및 미일동맹 등 기존 동맹체제를 적극 활용할 것이며, 필요시 주한미군 등 지역주둔 군사력을 증강함으로써 주변국들의 개입을 억제하려 할 것이다.

둘째, 상황의 안정을 위해 되도록 은밀한 해결방법을 모색할 것이나 불가피할 경우에 자국이 주도하는 대북 국제개입을 추진할 것이다. 국제개입은 유엔을 활용할 가능성이 크다. 특히 미국은 자국의 참여 없는 대북 국제개입을 절대 반대하고 자국의 참여 내지 주도를 관철시킴으로써 북한지역에 대한 국제적 관리를 주도하려 할 것이다. 1950년 10월 한국전쟁 당시 유엔군의 북진에 의하여 통일이 거의 다가왔을 때 미국은 북한지역을 대한민국정부에 넘겨주지 않고 유엔 한국통일부흥위원단(UNCURK)을 설립하여 북한을 통치하려 했던 바와 같이, 국제관리단을 만들어 북한 통치를 추진할 가능성이 크다.

셋째, 북한의 급변사태 발생 시 미국이 개입해야 할지도 모르는 군사문제의 발생 가능성에 대한 대비책을 사전에 준비할 것이다. 특히 핵무기와 미사일 등 대량살상무기의 확산 및 통제 불능 상태는 미국이 가장 우려하는 안보위험 상황인데, 미국으로서는 능력이나 비용 등 제반문제를 고려할 때 자국만이 이를 해결할 수 있다고 강조하고 독자적인 활동을 할 가능성이 크다. 특히 이 문제로 중국 등 한반도 주변국들과 갈등을 겪을 가능성이 크다.

넷째, 중국 등 주변국의 과도한 대북 개입을 견제할 것이다. 미국으로서 북한지역은 중국과의 '완충 지역'으로서의 성격을 가지고 있으며, 중국이 북한의 급변사태에 개입하여 북한지역에 친중정부를 수립하거나 점령하여 주한미군 등과 대결하는 정책을 취하지 못하도록 사전에 대책을 강화할 것이다. 북한에 대한 중국의 영향력을 봉쇄하기 위하여 미국은 국제관리를 주장할 것이다. 중국의 북한에 대한 개입을 무력으로 막기보다는 유엔을 활용할 가능성이 크다.

다섯째, 미국의 일차적 정책 목적은 상황안정 및 수습, 그리고 미국의 한반도에서의 영향력 유지 및 강화이기 때문에 북한의 급변사태를 통일로까지 이어나갈 가능성이 있는 한국의 독자적 대북 행동을 억제하려 노력할 것이다. 한미동맹을 작동하여 한미가 합동으로 북한에 개입하는 이외의 한국 독자 행위는 적극적으로 봉쇄할 것이다. 한미동맹을 활용한 북한지역에의 개입도 중국의 반대개입(counter-intervention)을 조장하거나 미국의 부담을 안겨 줄 가능성이 있으므로 신중하게 고려할 것이다.

궁극적으로 미국은 북한의 급변사태에 대해 자국의 핵심적 국가이익, 즉 한반도에서의 평화와 안정의 유지, 동맹국 및 우호국과의 관계 지속, 한반도에 대한 자국의 영향력 유지 또는 강화 등을 목적으로 한 정책을 추진할 것이다. 이와 같은 미국의 정책은 한국이나 중국 등 이 지역 국가들의 기본 정책과 충돌할 가능성도 있으므로 독자적인 정책추진보다는 유엔 등을 활용한 국제개입을 선호할 것이다.

세계 최강의 군사력을 보유하고 있는 미국은 군사적 측면에서 충분한 대북 개입능력을 보유하고 있다. 특히 미국은 핵무기와 미사일 등 대량살상무기 확산금지, 자국민 보호 등 자국의 국익이 침해될 경우 대북 단독 행동도 추진할 수 있다. 그러나 한미상호방위조약이 방어조약이기 때문에 북한의 급변사태 시 상호방위조약에 의하여 주둔하고 있는 주한미군을 사용하여 적극 개입하는 것은 법적 논란이 야기될 수 있다. 미국은 대북 개입능력을 충분히 보유하고 있으나 국제법적 제약을 무시하고 정책추진을 하기 어려울 것이며, 현실적으로 중국의 존재, 한국의 입장 등을 고려할 때, 대북 단독 행동은 더욱 제한을 받을 것이다.

결론적으로 북한 급변사태 시 미국이 단독 행위를 하기에는 한계가 있기 때문에 되도록 유엔 결의안에 입각하여 주변국들이 공동으로 대응하도록 추진할 것으로 보인다. 미국이 북한의 급변사태에 대비한 계획을 어느 정도 수립하고 있는지 불분명하지만, 미국이 한국전쟁 당시와 마찬가지로 한국 정부가 힘의 공백상태가 된 북한을 흡수통일하려는 것을 지지하지 않을 것은 확실하다. 이 문제는 한국의 대북 주도권 문제와 관련하여 중요한 의미를 가지고 있다.

중국

중국은 우선 북한에 급변사태가 발생하지 않도록 정치·경제적 지원에 최선을 다할 것이다. 그런데도 북한에서 급변사태가 발생하였을 경우 중국은 자국의 안보이익을 지키면서 한반도에 대한 영향력을 유지·확대하는 정책을 추진할 것이다. 북한의 급변사태 시 한국과 미국 및 일본이 직접 개입하려 할 경우 중국은 이를 견제하기 위한 정치적 노력을 기울일 것이다. 그러나 이러한 전략들이 성공하지 못할 경우 직접 개입을 시도하여 친중국정부를 수립하려고 할 것이다.

중국은 대외정책의 기본목표로 반패권주의와 평화공존을 표면적으로 내세우고 있으며, 이 목표 하에 미국 및 주변국들과의 관계를 조정해 나가고 있다. 미국과의 경쟁에서 뒤지지 않으려고 전 세계에 대한 영향력 제고를 모색하면서, 자국의 경제발전을 위한 안정된 주변환경 조성을 도모하고 있다. 이와 같은 정책목표와 기조를 바탕으로 한 중국의 대한반도 정책의 목표는 한반도에서의 평화와 안정 유지 및 대한반도 영향력 증대라 할 수 있다. 특히 북한이 안정적으로 유지되어 중국의 동북부 지역의 안보에 기여하기를 원하고 있다.

중국의 한반도 전략은 다음과 같은 내용을 골자로 하고 있다. 첫째, 중국은 한반도의 평화와 안정을 유지하고, 중국의 경제발전을 위해 한국과의 경제협력 유지를 중시하고 있다. 이를 위해 중국은 한반도에서의 무력분쟁을 억제하고 미국을 비롯한 주변 강대국의 한반도에 대한 군사적·정치적 영향력을 견제 또는 최소화하려 하고 있다. 이를 위하여 중국은 지속적으로 주장해 온 '반패권원칙'을 강조함으로써 주변강국의 패권정치나 강권정치를 배제하려는 노력을 기울이고 있다.

둘째, 중국은 한반도에 대한 영향력을 확대할 목적으로 역내 강대국들과의 기존관계를 악화시키지 않는 범위 내에서 북한과의 정치·경제·군사적 유대관계를 지속적으로 발전시켜 나가고 있다. 중국은 북한의 핵무기와 미사일 개발에 대한 유엔 등 국제사회의 북한제재에 동참하고 있지만, 이러한 제재가 북한체제를 붕괴시킬 수도 있는 상황이 되면 중국은 북한의 붕괴를 막기 위해서 북한을 은밀하게 지원하는 정책을 펼칠 가능성이 있다. 이러한 관점에서 중국은 남한과의 관계는 경제협력 이상의 정치 및 군사관계의 증진을 되도록 억제하고 있다. 또한 중국은 남북한이 동시에 관련된 국제적 이슈에 대하여 되도록 균형된 입장을 유지하려고 노력함으로써 남북한 어느 편으로부터도 불만을 사지 않고 한반도에서의 발언권을 강화하려 하고 있다.

셋째, 중국은 자국의 국경 및 동북공업지대의 안보를 위해 북한의 안정을 도모하고자 하며, 북한체제의 안정이 자국의 변경지역과 소수민족 관리에 유리하게 작용할 것으로 판단하고 있다. 냉전 종식 이후 동유럽과 소련의 사회주의체제가 붕괴되는 등 전 세계적으로 사회주의 국가들이 사라져간 상황에서 긴 국경선을 공유하고 있는 북한에서 급변사태가 일어날 경우, 이는 중국의 체제안정에 적지 않은 영향을 미칠 것으로 우려하고 있다. 또한 경제적인 측면에서도 북한의 불안정에 의한 한반도에서의 혼란은 중국의 경제발전에 결코 유리하게 작용하지 않을 것으로 판단하고 있다. 요컨대 중국의 대한반도 정책의 기조는 한반도의 통일과정에서 군사적 충돌이 야기되는 것을 방지하고, 이를 위해서는 북한체제가 안정되어야 한다는 것이다. 궁극적으로 중국은 자신의 한반도에 대한 영향력을 유지하면서, 동시에 남북한 평화상태 유지와 북한사회주의체제 존립을 전제로 하는 현상유지정책을 펼치고 있다.

북한이 불안정하게 되면 중국은 즉각적인 영향을 받을 수 있기 때문에 전통적으로 중국과 한반도 간의 관계를 '순치관계(脣齒關係)'로 간주하여 왔다. 1950년 중국이 그 많은 희생을 감내하면서 한국전에 참전하였던 이유 중의 하나도 중국에게 있어서 북한지역이 가지는 안보 전략적 중요성 때문이라 할 수 있다. 즉, 중국은 적어도 북한지역을 자국의 세력범위 내에 존속시킴으로써 주변 강대국들의 영향력 확대를 억제하는 정책을 추구하여 왔다. 이러한 점에 입각하여 중국은 북한에 급변사태가 발생할 경우 다음과 같은 정책들을 추진할 것이다.

첫째, 북한의 급변사태 발생 시 중국은 이 사태가 남한 주도의 한반도 통일로 이어지거나 미국의 영향력 확대와 같은 극단적 결과를 가져오지 않도록 적극적인 개입정책을 모색할 것이다. 이 적극적 개입은 북한의 급변사태 과정에서 북한 내 친중 세력에 대해 지원을 하거나, 급변사태 이후 한국이나 미국이 북한을 점령하지 못하도록 하는 군사적 또는 외교적 노력을 포함한다. 이와 같은 중국의 적극적 개입정책이 중국과 한국 또는 중국과 기타 주변국 사이의 갈등을 조성하지 않도록 외교적 노력을 할 것이다.

둘째, 중국은 강대국들이 포진해 있는 동북아의 군사적 대립을 피하기 위해서 직접적인 군사적 개입보다는 간접적·정치적 개입을 시도할 가능성이 크다. 즉, 중국은 북한과의 동맹조약인 '북중 우호 협력 및 상호원조조약'의 '자동개입' 조항에도 불구하고 동북아의 안정과 평화유지를 위해, 북한에 대한 미국 혹은 한국의 직접적인 군사개입 등의 경우를 제외하고는 군사력 사용을 자제할 것으로 보인다. 중국은 한반도 사태가 자국 안보에 심각한 위협이 되지 않는 한, 경제발전을 희생하면서까지 미국과의 군사적 대결을 선택하지는 않을 것으로 보인다. 또한 중국은 한국과의 '협력적 동반자 관계'의 유지를 통해 얻을 수 있는 실리를 쉽게 포기할 수 없을 것이다.

셋째, 중국은 북한의 급변사태 시 한국과 미국 및 일본이 직접 개입하려 할 경우 이를 견제하기 위한 정치외교적인 노력을 기울일 것이다. 특히 미국 및 일본의 영향력 확대가 우려될 경우 중국은 러시아와의 협조체제 구축을 통해 이에 대처하려 할 가능성이 크다. 러시아와 협력하는 동시에 유럽 등 제3지역 국가들에 대한 외교력을 강화하고 유엔 안보리에서 이 문제를 다루도록 하여 미국에 대한 압력의 지렛대로 활용할 것이다. 그러나 이러한 전략들이 모두 실패할 경우 중국은 직접 개입을 시도하여 친중국 정부를 수립하려고 할 가능성도 배제할 수 없다.

넷째, 북한의 집권세력이 중국에 망명정부를 수립할 경우 중국은 이 정부를 승인 및 지원하여 자국의 한반도에 대한 영향력 강화에 이용할 것으로 보인다. 즉, 한국 및 미국, 혹은 한미연합세력이 북한을 장악하려고 시도하고 이것이 중국의 안보에 위협이 된다고 인식할 경우, 북한 망명정부를 지원하여 맞대응을 할 것이다. 그러나 통일한국이 중국에 적대적이지 않을 것이라는 확신이 있을 경우, 남한과의 관계를 더욱 강화하여 통일 후 한국과의 관계강화를 통해 한반도에 있어서의 안보와 경제적 이익을 확보하려고 할 가능성도 배제할 수 없다.

다섯째, 북한의 급변사태 발생 시 북한으로부터의 탈출자가 늘어날 것이고, 이들은 급변사태 발생 직후 봉쇄될 휴전선 통과가 어렵고 바다로 탈출할 경우 거리가 멀고 위험하기 때문에 중국으로 향하는 탈북자가 급격하게 늘어날 것이다. 중국은 북한난민의 대량유입이 동북 3성의 경제발전 및 치안유지에 부정적인 영향을 줄 것을 우려하여 국경경비 강화 등을 통해 북한주민들의 북중 접경지역으로의 탈출을 최대한 억제하려 할 것이다. 급격하게 늘어날 탈북자들을 막을 수 있는 수단이 부족할 경우 군사 동원에 의한 국경폐쇄도 고려할 것이다. 국경폐쇄를 해도 난민이 계속 증가할 경우 중국이 국경안전을 구실로 군대를 파견하는 등 직접 개입할 가능성도 배제할 수 없다.

일본

북한의 급변사태는 일본에 직접적인 영향을 미칠 가능성이 없으므로 북한에 급변사태가 발생하면 일본은 사태전개를 주시하면서 부정적인 영향이 일본에 미치지 않도록 경계하는 등 극히 소극적인 대비책을 수립하여 실행할 것이다. 특히 한반도 내의 반일감정 등을 고려하여 자국민 구출 등 극히 예외적인 경우를 제외하고는 개입을 자제할 것으로 보인다. 직접적인 개입을 자제하면서 일본은 북한지역에 대한 국제관리가 실시될 경우 여기에 참여하기 위해서 주변국과의 공동 개입을 모색할 것이며, 그 과정에서 자국의 대한반도 영향력을 증대시키는 방안을 추구할 것이다.

제2차 세계대전에서 패전한 이후 일본의 외교안보정책은 미국과 긴밀한 동맹을 유지하고 자위만을 위한 제한적인 군사력을 보유하는 것을 원칙으로 추진되었다. 그러나 냉전이 종식된 이후 일본은 보다 자율적이고 독자적인 외교정책을 추진하여 보통국가화를 모색하고 있다. 탈냉전과 더불어 소련이 붕괴된 이후 강대국 간의 전면적인 군사충돌 가능성은 감소한 반면, 지역분쟁 가능성이 증대함에 따라 일본은 아태지역에서 일본의 안보역할을 점차 증대시키고 있다.

다만 일본은 안전보장문제에 있어서 미국의 영향력 아래에 있기 때문에 역내 안보역할의 증대는 미일안보체제 내에서 추진하고 있다. 즉, 일본은 미국과의 안보협력을 강화함으로써 북한의 핵·미사일 개발, 중국의 패권주의 추구 및 군사력 증대 등 주변정세 변화에 능동적으로 대처하며, 국제사회에서 일본의 정치·군사적 위상을 높이는 것을 대외정책의 목표로 삼고 있다. 이를 기반으로 일본의 대한반도 정책기조는 한반도에서 전쟁 등 무력분쟁의 발발로 인하여 위기사태가 발생하여 일본에 영향을 미치는 것을 억제하고, 일본에 적대적인 정부가 한반도에 등장하는 것을 방지하며, 나아가 한반도에 대한 일본의 영향력을 증대시키는 데 중점을 두고 있다.

일본에게 있어서 한국은 정치, 경제, 군사적인 측면에서 무시할 수 없는 매우 중요한 이웃국가이다. 그러나 독도 영유권, 역사 교과서, 위안부문제, 반일감정 등 양국 간의 미묘한 갈등 때문에 양국의 관계는 획기적인 진전을 이루기에는 한계가 존재하고 있다. 따라서 일본은 미국에 의존하면서 한미일 간의 공조체제를 통하여 북한을 봉쇄하면서 동북아에서의 안보협력을 강화하려고 모색하고 있다. 특히 일본인 납치 의혹사건, 핵 및 미사일 위협 등으로 인한 일본 내의 비판적인 대북한 여론, 미국의 동북아 전략 및 북미관계, 그리고 한국의 대북한정책 및 남북한관계 등을 고려하여 일본의 대북한정책에 신중을 기하고 있다.

북한의 급변사태가 발생하게 되면 일본은 북한에서의 혼란이 일본에게 직접적인 피해를 주는 경우를 제외하고, 한국 내의 반일감정과 동북아에서의 일본의 입지 등을 고려하여 자국민 구출 등 예외적인 경우를 제외하고 개입을 자제할 것으로 보인다. 이와 같이 일본은 직접 개입을 자제하면서 주변국과의 공동 개입에 적극적으로 참여하고, 그 과정에서 자국의 대한반도 영향력을 증대시키는 방안을 모색할 것이다. 특히 일본은 한반도 주변에서의 일본의 군사적 역할을 규정한 미일방위협력지침에 따라 북한 급변사태에 대한 대응책을 수행할 것으로 전망된다. 미일방위협력지침은 평상시의 협력, 일본이 무력공격을 받을 경우의 대처 행동과 함께 일본 주변지역의 사태가 일본의 평화와 안전에 중요한 영향을 주는 경우의 협력에 대해 규정하고 있으며, 특히 한반도 유사사태를 주 고려 대상으로 하고 있다. 이 지침은 주변의 유사사태 발생에 대응하는 협력으로 구원활동 및 피난민에의 대응을 위한 조치, 비전투원을 대피시키기 위한 활동, 그리고 국제평화와 안전의 유지를 목적으로 하는 경제제재의 실효성을 확보하기 위한 활동을 명시하고 있다.

북한의 급변사태에 대한 논의가 한창 진행되던 1990년대 중반, 일본정부는 한반도 급변사태를 상정한 일본의 독자적인 대응책을 검토한 것으로 알려졌다. 1994년 당시 하타 수상은 북한의 핵무기 개발 의혹이 증축되면서 미국의 북한에 대한 공격 가능성이 제기되고 있는 위기 국면에 일본은 한반도 유사시에 대비한 유엔 안보리의 경제제재 결의에 대한 협력, 북한과 한미 간의 교전 상태 시 미군에 대한 지원, 피난민의 수송, 자위대법을 바탕으로 한 방위출동 등의 시나리오를 비밀리에 마련한 것으로 알려졌다. 이어 1996년 하시모토 수상이 한반도 등 일본 주변 긴급사태에 대한 대응책의 검토를 지시함에 따라 일본 안전보장실은 재외 일본인 구출, 대량난민 대책, 연안 경비와 테러 대책, 대미 지원 등 4개의 과제에 대한 검토작업을 진행했다.[8)]

북한 급변사태 발생 시 일본은 기본적으로 한국과 미국 등 주변국들과 협조체제를 유지하면서 독자적이면서 주도적인 역할을 자제하며, 특히 군사적으로는 주로 미국의 역할을 지원하는 범위 내에서 대응책을 수립할 것으로 판단된다. 그러나 일본의 이해관계에 직접적인 영향을 미칠 대량 난민문제, 자국민 구출문제 등에는 보다 적극적으로 개입할 가능성이 크다. 일본이 선택할 구체적인 내용은 아래와 같다.

첫째, 일본은 북한 급변사태 시 대량 난민사태에 대한 대책 마련에 큰 비중을 두고 있다. 해상을 통하여 탈출하는 북한의 난민들은 조류를 타고 일본 해안에 유입될 수 있다. 특히 일본은 급변사태 이후 북한 군인들이 무장난민이 되어 일본으로 유입될 사태를 우려하고 있으며, 과거 북한으로 송환된 10만여 명의 재일조선인이 일본으로 재입국할 경우 심각한 사회문제를 야기할 것으로 우려하고 있다. 일본 안전보장실은 북한 난민의 유입에 대비하여 난민 임시상륙허가를 위한 특별조치 강구, 임시 숙박시설 확보, 난민수송, 전용수용소 설치 등에 대한 조치를 사전에 준비하고 있다.

둘째, 일본은 비교적 많은 일본 국민들이 북한에 체류하고 있으므로, 북한에서 급변사태에 따른 혼란한 상황이 전개될 경우 자국민의 안전한 구출 및 보호를 위해 독자적인 대북 접근을 시도할 가능성이 있다. 북한에 거주하는 일본인들의 신변보호를 위해 북한을 주도하는 정치세력과의 협상을 추진할 가능성이 있다. 자국민 구출을 위해 일본이 자위대를 직접 파견할 가능성을 상정하여 해외파견을 금지하고 있는 자위대법의 개정을 모색하거나 법에 우선하는 위기대응조치를 취할 수도 있다. 이 경우 한국과 중국을 비롯한 주변국들의 반발이 거세질 것이다.

셋째, 일본은 대량 난민 대비 또는 자국민 구출 등의 경우를 제외하고는 직접적인 개입을 피하면서, 일본의 한반도 및 동북아에서의 영향력을 확대하기 위해 최대한의 노력을 기울일 것이다. 특히 한반도 유사시 미일동맹을 통하여 일본의 군사적 역할을 확대하려 할 것이다. 특히 북한의 급변사태에 따른 한반도 내의 무력분쟁 발생 시 일본은 공해 상에서의 지뢰제거 업무, 공해상에서의 선박검사, 후방에서의 미군에 대한 병참물자 보급 및 수송 등의 임무를 맡아서 할 것이다. 특히 일본이 주일미군의 작전을 지원한다는 명목하에 한반도 사태에 직접 개입함으로써 자국의 영향력 확대를 도모할 것이다.

그러나 일본의 군사적 역할 확대는 반일감정이 고조되어 있는 한국민들의 우려를 증대시킬 수 있을 뿐만 아니라 중국 및 러시아를 자극할 가능성이 크다. 따라서 북한 급변사태 시 일본의 군사적 역할은 미일동맹의 틀 내에서 미군에 대한 물품 및 수송지원 등 후방 병참 지원 역할 정도만으로 제한하고 일본이 직접 한반도에 군사개입하는 것은 자제할 것이다.

러시아

과거 소련은 북한체제가 수립되는 데 지도적 역할을 수행했지만, 냉전이 종식된 이후 러시아의 북한에 대한 영향력은 별로 존재가치가 없었다. 북한 급변사태 시 러시아는 이 상황을 한반도에 대한 자국의 영향력과 입지를 고양하는 기회로 활용할 것이다. 러시아는 한반도에서의 혼란이 확산되어 러시아 극동지역의 안전을 위협하지 않도록 대비하는 한편, 대외적으로 북한지역 국제관리를 위한 협력체 구성 등을 제안할 가능성이 크다. 미국, 중국 등 특정 국가의 지배적 영향력을 견제하는 동시에 자국의 적극적 참여를 위해 다자간 개입을 추구할 것이다.

냉전 종식 이후 붕괴된 소련을 계승한 러시아는 강대국 외교와 무기수출외교를 적극 추진하고 있다. 특히 미국과는 대등한 동반자관계를 구축하며, 세계의 모든 국가와 각 분야에서 선린·우호관계를 강화하려는 전방위 강대국외교를 대외정책의 중심적 기조로 삼아 왔다. 러시아는 동북아지역에서도 이러한 전방위 강대국외교를 추진하며 기존의 소극적·수동적 외교에서 탈피하여 능동적인 태세를 갖추고 중국과 일본은 물론, 남북한에 대해 전방위적으로 접근하고 있다. 미국의 대아시아 전략과 미일동맹을 견제한다는 목표하에 러시아는 중국과 전략적 동반자관계를 천명하면서 신북방3각관계를 모색하고 있다. 한 걸음 더 나아가 러시아는 남북한에 대한 중재자적 영향력 확보를 위해 북한과의 관계발전을 모색하고 있다.

이러한 측면에서 러시아의 대한반도 정책은 다음과 같은 목표를 중심으로 추진되고 있다. 첫째, 러시아는 국내 정치안정과 경제발전을 도모하기 위하여 평화로운 주변환경을 원하고 있으며, 이에 따라 한반도의 평화와 안정에 기여하고자 하고 있다. 둘째, 러시아는 실리추구와 대한반도 영향력 확보를 위해 남북한과의 우호관계 유지와 발전을 모색하고 있다. 셋째, 러시아는 한반도 문제해결 과정에 참여하는 역할을 통해 아태지역으로의 진출을 위한 교두보를 확보하고자 노력하고 있다.

이러한 한반도정책을 기반으로 하여 러시아는 남북한과의 관계를 발전시키는 양자주의와 한반도 문제의 해결을 위한 다자주의를 혼합하여 추구하고 있다. 한국과는 정치·경제·사회·문화 등 전면적인 분야에 있어서 관계의 발전을 모색하고, 북한과는 북한의 국제적 입장을 지원하고 중재하며, 북한의 체제위기 극복에 도움을 주는 동시에 북핵문제 등 한반도 문제를 해결하는 데 대한 다자주의 해결 방안 모색 및 다자회의 개최 주선 등의 정책을 추진하고 있다.

러시아는 지리적이고 역사적인 북한과의 관계, 특히 한반도와 국경선을 공유하고 있으며, 과거 소련이 북한체제를 수립하는 주도적 역할을 했고 동맹관계에 있었다는 측면에서 볼 때, 북한의 급변사태 시 그 해결과정에 능동적으로 개입할 가능성이 크다. 비록 냉전 종식 이후 민주화된 러시아가 들어서면서 러시아의 대한반도 영향력은 상당히 약화된 것은 사실이고, 더구나 1961년 체결되었던 북한과 소련 간의 동맹조약도 소연방 해체 이후 러시아의 요청으로 폐기되고 대신 동맹조항이 없는 일반 우호조약으로 대체되었기 때문에 냉전시대와 같이 후견-피후견의 관계는 아닌 것은 사실이다. 특히 1990년대에 접어들면서 북한과 러시아의 교역량이 10분의 1로 줄어들 정도로 관계가 약화되었으나, 1990년대 후반부터 러시아의 푸틴 대통령이 '잃어버린 10년'을 회복하는 정책을 추진하여 북한과의 관계를 다시 긴밀하게 유지하고 있다.

이러한 점에서 북한 급변사태 시 러시아는 방관하지는 않고, 어떠한 방법으로든 개입을 하려고 시도할 것이다. 특히 러시아는 한반도에서의 정세 급변을 자국의 영향력과 입지를 강화하는 기회로 활용할 것이다. 북한에서 급변사태가 발생하게 되면 러시아는 혼란이 확산되어 러시아 극동지역의 안전을 위협하지 않도록 대비하는 동시에, 이를 활용하여 동북아 국가들과의 관계발전을 모색하려 할 것이다. 러시아의 대한반도 인식 및 정책방향을 기반으로 하여 북한 급변사태 시 러시아가 선택할 대응책은 다음과 같이 전망된다.

첫째, 북한 급변사태 시 러시아는 다자간 콘소시엄 구성 등을 제안함으로써 한반도 문제에 다자주의적 방식으로 개입하려고 할 가능성이 크다. 특히 러시아는 경제적 능력의 제한 때문에 독자적으로 대북지원을 하기 어려울 뿐만 아니라, 다자간 협의체를 이용함으로써 미국, 중국 등 특정 국가의 지배적인 영향력 행사를 방지할 수 있다는 측면에서도 다자간 개입을 선호할 것이다. 유엔이 개입할 경우 적극적으로 참여할 것이다.

둘째, 러시아가 한반도의 급변하는 정세를 안정화하는 데 자국이 주도권을 행사하지 못하고 소외될 경우, 중국과 미국의 개입을 견제하고 한국의 주도권 행사를 옹호하거나 주선할 가능성도 있다. 러시아가 한국의 주도적 역할 수행을 적극적으로 지원할 경우, 러시아는 통일 이후 통일한국 정부와의 우호관계를 유지하고 발전시킬 수 있다는 점을 고려할 것이다.

셋째, 위의 두 가지 전략이 여의치 않을 경우 러시아는 독자적인 영향력 확대를 위한 정책을 추진할 가능성도 배제할 수 없다. 특히 구소련시대 러시아에서 유학했거나 러시아와 친밀한 관계를 유지해온 북한 내 친러성향의 인물들을 통하여 러시아의 입지확보를 모색할 것이다. 북한에서 급변사태가 내전으로 발전할 경우 러시아는 기존의 인맥을 활용하거나 북한에 밀파된 비밀요원 등을 통하여 특정 세력과 접촉하고 지원을 하는 등 개입을 위한 채널을 확보하는 데 주력할 것이다.

러시아는 미사일 등 무기공급을 통해서도 북한에 대한 독자적 영향력을 확보할 수 있다. 냉전시대에 북한은 러시아제 무기를 주력장비로 사용했고, 아직도 러시아제 무기를 사용하고 있기 때문에, 북한 내 내전 발생 시 친러 세력에게 무기 및 부품을 공급하는 등 다방면적인 지원을 하여 한반도 내에서의 러시아 영향력 확대를 위해 노력할 것이다.

결론적으로 북한에서 급변사태가 발생하였을 경우 러시아는 공식적으로는 다자주의적 접근을 통하여 한반도 문제에 개입하려 할 것이다. 그러나 비공식적으로는 기존의 친러 인맥 및 군비지원 등을 통해 독자적인 영향력 확보를 위한 노력도 병행할 것으로 보인다.

2) 북한 급변사태 시 국제관리: 가능성과 방향

북한 급변사태 시 주변국들은 다양한 이익과 목표를 가지고 접근하게 될 것이다. 무엇보다 이 사태로 인해 자국의 지역 이익이 훼손되지 않고 가급적이 기회를 활용해 국익을 증대하고 나아가 북한상황을 자국에 유리하게 이끌어가고자 할 것이다. 각국이 공동으로 추진할 수 있는 정책을 추진하기 어려울 경우 유엔 안보리를 통해서 이 문제를 다룰 가능성이 크다. 북한의 급변사태가 가지고 있는 국제법적이고 국제정치적 특성 때문에 어느 한 국가가 주도하기 어려울 것이기 때문이다.

역사적으로 다른 국가에 대한 개입문제는 국제정치와 국제법에서 주요한 논쟁거리가 되어 왔다. 주권국가와 그 국가가 존재하는 지역 주민들을 보호해야 한다는 기본원칙하에서 국제개입은 국제법적으로 제한 또는 금지되고 있다. 유엔 총회도 1965년에 다른 국가에 대한 '국내정치 개입 불인정 선언'을 한 바 있다. 기본적으로 국제개입은 '불개입원칙(non-intervention principle)'에 의하여 국제법적인 제한을 받고 있지만, 예외로 인정될 수 있는 국제개입도 일부가 있다.

첫째, 조약에 의한 개입이다. 동맹조약에 의한 개입은 국제법상 불개입 원칙에서 예외적으로 인정될 수 있다. 동맹조약은 동맹을 체결한 국가들 중의 하나 또는 일부 국가가 외부의 침략을 받았을 경우 타 당사국(들)이 개입하여 방어하는 데 도움을 주도록 규정되어 있다면 조약에 의한 개입의 권리가 국제법적으로 인정된다. 이처럼 동맹조약에 의한 개입이 국제적인 인정을 받기 위해서는 그 조약이 국내 비준을 받아야 한다. 국가들이 체결한 조약을 국제법적으로 인정하는 메커니즘은 따로 없고, 국내적으로 국민들의 동의, 즉 비준을 받아야 효력이 발생한다.

둘째, 개별적 또는 집단적 자위를 위한 개입이다. 다른 말로 표현하면 정당방위를 위한 개입으로 규정할 수 있다. 유엔 헌장은 어느 국가가 공격받는 경우 무력을 사용하여 이에 대항토록 하는 권리를 인정하고 있다. 헌장 제7장 51조는 "이 헌장의 어떠한 규정도 유엔 회원국에 대해 무력공격이 발생한 경우에 안보리가 국제평화와 안전의 유지에 필요한 조치를 취할 때까지 개별적 또는 집단적 자위의 고유한 권리를 저해하지 않는다"고 규정하고 있다. 이에 따라 공격을 받은 국가는 그 공격을 퇴치할 목적으로 개별적 또는 집단으로 적절한 규모의 군사적 행동을 할 수 있다. 이는 공격을 받은 시점부터 적용되는 권리이며, 임박하였을 경우 또는 이를 대비하기 위하여 실시되는 선제공격 또는 예방전쟁은 국제법적으로 인정되지 않는다.

이 두 가지는 거의 무조건 개입이 허용되는 경우이며, 아래 세 가지는 제한적으로 개입이 허용되는 상황이다. 첫째, 인도주의적 개입이다. 국가 사이의 전쟁이나 내전이 아닌 평시 상황에 국제사회가 한 국가에 대해 직접 개입할 수 있는 거의 유일한 경우이다. 어느 국가 내에 과도한 인권 탄압이나 학살 등 인도주의 문제가 발생할 경우 국제사회가 집단으로 개입하거나 이와 관련된 타국이 개별적으로 개입할 수 있도록 허용하고 있다. 그러나 제한요인이 있다. 과거에는 인도적 개입은 무조건 허용되었으나, 최근 들어서는 이러한 상황을 강대국이 국익추구에 활용하거나, 개입 이후 세력권 유지를 위해 철수하지 않는 경우를 막기 위해서 인도적 개입도 국제사회의 승인을 받도록 요구하고 있다. 특히 자국민 보호 등을 명분으로 하는 개별 국가 개입의 경우 실제로는 과도한 국익추구나 영토 확장 등을 기도할 가능성이 있어 엄격한 제한이 이루어지고 있다.

둘째, 초청에 의한 개입이다. 한 국가의 정통성있는 합헌정부가 내란 등의 발생으로 위기에 당면했을 때 위기를 극복하기 위해 타 국가의 개입을 공식적으로 요청할 경우인데, 전통적으로 이는 국제법적으로 허용되어 왔지만 최근에 들어서는 제한을 받고 있다. 이러한 개입은 특히 내전 상태에서 합헌정부에 대한 국내 반도단체(교전단체이면서 국제법적 승인을 받기 전의 내란을 일으킨 단체)의 도전이 강력할 경우에 발생하며, 이 경우 국제법적 승인문제가 제한요인이 된다. 최근 들어 초청이 정의로운 초청인지, 개입이 정의로운 개입인지의 여부를 판단하기 위하여 초청에 의한 개입이라도 국제적인 승인 절차를 밟아야 한다는 주장이 제기되고 있다.

셋째, 사태 전이 방지를 위한 개입이다. 내부적인 문제로 혼란에 빠진 국가가 스스로 이를 통제하고 해결할 만한 능력을 상실한 결과, 인접한 타 국가에 혼란이 전이될 우려가 있을 경우, 그 인접 국가는 사태가 자국으로 전이되는 것을 방지하기 위하여 인접 국가에 개입하는 경우가 있다. 그러나 혼란, 그리고 혼란의 전이라는 개념 자체가 모호하고, 이같은 개입의 와중에서 개입국가가 자국의 국익을 과도하게 보호하거나 개입을 무작정 지속하거나 영토 확장 등을 도모할 수 있기 때문에 이러한 종류의 개입은 엄격히 제한되며 쉽게 인정되지 않는다.

현대 국제정치에서 국제개입의 가장 흔한 사례는 유엔에 의하여 이루어져 왔다. 유엔은 창립 이후 평화유지활동 등의 방식을 통하여 세계 여러 지역에서 발생한 다양한 분쟁에 개입하여 왔다. 다양한 유엔의 다자간 개입

사례 중 북한에서 발생할 가능성이 있을 것으로 예상되는 사태와 유사한 경우는 다음과 같다. ① 내란 발생 시 타국이 자국민 구출을 구실로 무력개입을 하는 경우, ② 내란과 기아에 의한 대량 인명피해에 대한 인도주의적 개입, ③ 한 국가에서의 반란 발생 시 주변국으로의 사태 확산 방지를 위한 개입, ④ 내란 수습 및 신정부 수립을 위한 개입 등이다.

첫째, 내란 발생 시 타국이 자국민 구출을 구실로 무력개입을 하는 경우의 사례는 콩고에서 발생했다. 1960년 벨기에는 콩고의 독립을 인정하였으나, 콩고의 신정부는 질서유지 능력을 확보하지 못한 가운데 일부 지역이 분리를 선언하였고 군이 반란을 일으켜, 콩고에 남아 있던 벨기에인들이 공격을 받게 되었다. 이에 벨기에는 자국민을 구조하기 위한 목적으로 무력사용을 계획하였고, 소련은 이를 식민통치를 부활하기 위한 위장이라고 비난하였다.

이러한 상황에서 유엔은 콩고에 대한 외부세력의 개입을 방지하려는 노력의 일환으로 '콩고평화유지활동(ONUC)'을 창설했다. 강대국 군대의 ONUC 참여는 배제되었고 유엔 사무총장이 콩고활동에 대한 정치적 통제를 행하였다. ONUC의 설립 당시의 임무는 벨기에군의 철수를 확보하고 법과 질서를 유지하기 위해 콩고정부를 보조하며, 기술적 원조를 해주는 것이었다. 그러나 벨기에군의 철수 이후 콩고 내부 부족 간의 대립 항쟁이 심해지자 내전을 방지하는 것, 그리고 유엔의 지휘하에 있지 않은 모든 외국의 군사요원 및 정치고문, 그리고 모든 용병을 콩고에서 축출하고 콩고의 영토보전과 정치적 독립성을 유지하는 임무가 새로이 추가되었다. 콩고에서의 평화유지활동 과정에서 유엔은 국내의 권력갈등과 강대국 간의 갈등에 말려들게 되었으며, 대규모의 평화유지군으로 인한 비용 과다 등으로 인해 많은 국가들의 불만을 초래하였다. 그러나 강대국의 개입을 막으면서 콩고의 중앙정부가 회복된 것은 성공적이었다는 평가를 받았다.

둘째, 내란과 기아에 의한 대량 인명피해에 대한 인도주의적 개입의 사례는 소말리아에서 이루어졌다. 1991년 소말리아의 부족 간 갈등으로 내란이 발생하여 많은 인명이 살상되었고, 특히 기아로 인한 피해가 커지자, 유엔은 1992년 9월 파키스탄군 500여명을 평화유지군으로 파견하였다. 당시 냉전의 종식으로 아프리카의 전략적 가치가 감소함에 따라 미국 등 서방국들은 소말리아 내전에의 적극적 개입을 주저하였다.

그러나 소말리아 사태가 더욱 악화되고 유엔 구호물자까지 약탈당하는 상황이 벌어지자, 1992년 12월 2,900여 명의 미군 병력을 포함한 30여 국가의 7,000여 명의 병력으로 구성된 다국적군이 파견되었다. '희망회복작전'으로 명명된 유엔의 군사개입은 유엔의 평화유지활동을 무력으로 뒷받침하는 것이었다. 이러한 다국적군의 작전은 질서회복, 무장세력들에 대한 무장해제조치, 구호물자의 안전한 수송로의 확보를 우선적인 목표로 하였으며, 사태가 수습된 후에 질서유지 및 물자수송 등 제반 활동을 평화유지군에게 넘겨주는 것을 목표로 하였다.

1993년 3월 유엔은 소말리아의 약 15개 종파로부터 임시정부 구성방법에 대한 합의를 도출해 냈으며, 향후 소말리아 내전의 종식을 위한 평화유지활동을 계속하기 위하여 다국적 통합군을 대체할 30개국의 3만 5,000여 명 규모의 새로운 평화유지군을 파견하였다. 이 평화유지군은 미국, 프랑스, 이탈리아, 인도, 파키스탄 등의 병력을 중심으로 이루어졌다. 이들은 각 파벌의 무장해제와 휴전 이행을 감시할 뿐만 아니라 인도적 구호활동과 난민송환 협조, 파벌 간 정치화합 추진, 국가재건활동 등의 역할도 수행하였다. 유엔은 소말리아에서의 평화유지활동을 통해 내란을 종식시키고, 소말리아인들을 기아와 전쟁으로부터 구할 수 있었다. 그러나 소말리아 각 정파들의 의견 불일치로 국가의 체제와 기능을 회복시키고자 한 임무는 달성할 수 없었다.

셋째, 국가에서의 반란 발생 시 주변국으로의 사태 확산 방지를 위한 개입의 사례는 중앙아프리카공화국에서 이루어졌다. 1996년 중앙아프리카에서 주민들의 사회·경제적 불만이 심화되어 군 일부 세력이 반란을 일으켜 정치·군사적 위기가 초래되었다. 사태가 악화되어 주변지역에까지 혼란이 확산될 우려가 커지는 가운데 중앙아프리카공화국 대통령이 도움을 요청하자, 1996년 12월 개최된 제9차 프랑스·아프리카 국가수반 회의는 가봉, 부르키나 파소, 차드, 말리의 국가수반들에게 중재 역할을 부탁하였다. 4개국 수반들은 중앙아프리카공화국의 정부군 및 반란군과의 협상을 통해 휴전을 이끌어 내었으며, 1997년 1월 중앙아프리카공화국의 수도 방기(Bangui)에서 사태수습을 위한 협정이 체결되었다. 4개국 수반들은 방기협정의 이행을 감독하기 위한 국제위원회를 설치하였다. 이와 함께, 반란단체들에 대한 무장해제와 휴전협정 감시를 통해 평화와 안정을 유지하기 위한 '아프리카 다국적군(MISAB)'이 창설되었다. MISAB은 가봉, 부르키나 파소, 차드, 말리, 세네갈, 토고로부터 파견된 800여 명의 병력으로 구성되었으며, 프랑스가 재정 및 병참을 지원하였다.

유엔 안보리는 MISAB의 역할을 지지하고, 그 활동을 보장하는 동시에 MISAB의 임무 종료 이후 중앙아프리카공화국의 평화와 안정을 지속적으로 유지하기 위한 평화유지군(MINURCA)의 파견을 결정하였다. MINURCA는 1998년 4월부터 이동의 자유 확보, 법과 질서유지, 무장해제 감독, 유엔 요원의 활동 보장, 경찰 훈련 지원, 선전 지원 등의 임무를 수행하였다. MINURCA는 아프리카의 인접 국가들 외에 프랑스, 포르투칼, 캐나다 등 14개국이 파견한 1,347명의 군인과 22명의 민간경찰 요원으로 구성되었다. 1998년 11월 중앙아프리카공화국은 MINURCA의 협조하에 국회의원선거를 무사히 마쳤다.

넷째, 내란 수습 및 신정부 수립을 위한 개입 사례는 캄보디아에서 이루어졌다. 1978년 캄보디아를 침공한 베트남은 크메르루주(Khmer Rouge) 정부를 축출했고, 1979년 캄푸치아 인민공화국(PRK: People's Republic of Kampuchea)이 수립되었다. 1982년 PRK에 대항한 3개의 저항세력이 연합하여 '캄푸치아 민주연합정부'를 세웠으며, 1989년 PRK는 '캄보디아'로 이름을 바꾸었다. 캄보디아의 내전이 계속되자, 사태해결을 위해 1990년 관련 18개국(유엔 안보리 상임이사국, ASEAN 회원국, 일본, 베트남, 캄보디아의 각 정파)은 파리 국제회의를 통해 평화조약을 체결하였다.

1991년 캄보디아의 교전세력들은 새로운 정부의 수립을 감독하기 위한 국가최고위원회를 설립했으며, 이에 발맞춰 유엔은 캄보디아 잠정통치기구(UNTAC: UN Temporary Authority for Cambodia)라는 이름 아래 평화유지활동을 시작하였다. UNTAC은 미국, 영국, 독일, 중국 등을 포함한 36개국으로부터 파견된 2만 6,000여 명의 요원으로 구성되었으며, 군사요원만도 1만 5,900명에 달하였다. 이는 당시로써는 사상 최대규모의 평화유지군이었다. 이들은 인권, 선거, 군사, 일반행정, 경찰, 피난·귀향, 부흥부문 등의 7개 부문을 통해 난민송환, 무장해제 및 군축 감독, 총선거를 통한 신정부 구성, 농지분배 등의 광범위한 활동을 수행하였다. 군사활동으로는 외국군과 그 무기 및 장비의 철폐, 정전 및 관련되는 제반 조치의 검증, 외부로부터의 군사원조 정지 감시, 지뢰제거를 위한 원조 등을 수행했다. UNTAC는 정전감시를 중심으로 하는 종래의 평화유지군과는 다르게 일반행정에서 선거실시, 전후 부흥까지 광범위한 분야를 담당함으로써 평화유지활동에 새로운 전기를 마련한 것으로 평가된다.

3) 북한 급변사태 유형별 국제개입 요건

북한지역에는 국가성이 존재한다고 인정을 받고 있기 때문에 북한에 급변사태가 발생해도 어느 국가라도 단독으로 개입할 수 없도록 국제법에 의한 보호를 받는다. 따라서 힘의 공백 상태가 된 북한에 대한 개입 결정은 유엔안보리의 결의 또는 이해관계가 있는 강대국 간의 합의에 의하여 이루어지는 것이 바람직하다. 국제개입을 막기 위해서는 동독 붕괴과정에 서독이 개입한 것처럼 북한지역에 과반수 주민들의 지지를 받는 개혁적인 합법정부가 수립되어 남한과 합의형의 통일을 하는 것이다.

남북한관계가 획기적으로 개선되지 않는 한 북한주민들이 남한과 통일할 수 있는 개혁정부를 북한에 수립되는 것을 지지하지 않을 것이다. 혹시나 북한주민들이 체제에 저항하여 체제를 붕괴시킨다 해도 적대국이라는 인식을 가지고 있는 남한에 흡수통일되겠다는 의지를 가지는 것은 다른 문제이기 때문이다. 내부 과정을 통해 개혁적인 합헌정부의 출현이 불가능하고 외부 개입 없이는 평화적인 방법에 의한 사태수습이 불가능한 상황이 될 경우, 북한지역에는 결국은 국제개입이 이루어질 것이다.

앞서 설명한 바와 같이 북한의 급변사태는 다양한 방식과 과정에 의하여 발생할 가능성이 있고, 이에 따라 국제개입도 다양한 방식과 수준으로 이루어질 것이다. 첫째, 식량난 및 경제난, 이에 따른 대량 탈북에 따른 급변사태의 발생이다. 북한에 대한 국제제재가 장기화되면서 북한의 경제난, 특히 식량난이 더욱 심화되어 아사자(餓死者)가 대규모로 발생하고 전면적인 탈북 러시가 일어날 경우에 이는 국제문제로 비화될 수 있다. 극심한 경제난으로 일부 지방이나 특정 계층의 폭동 또는 대량 탈출이 발생하는 상황은 국제사회의 인도주의적 개입을 불러일으킬 가능성이 있다. 또한 대량 탈북 과정에서 중국 접경 지역과 러시아를 통한 육상 탈출에 더해 한국과 일본을 향한 해상 탈출이 크게 늘게 되면 국경보호 및 해상 구난협력 등에서 이 문제가 관련 국가의 직접적인 관심사로 부각되어 필요시 사태 전이 방지를 위한 개입의 동기로도 작용할 수 있을 것이다.

둘째, 인권탄압에 저항하거나 체제에 불만을 가진 세력의 무장봉기로 시작하여 내전으로 격화되면서 국제개입이 요구되는 상황이 전개될 수가 있다. 김정은의 통치에 대한 저항세력이 투쟁을 하여 혼란상태에 빠지거나, 이러한 개혁세력에 반대하는 친위쿠데타가 일어나서 무정부적인 무력분쟁으로 비화될 가능성이 있다. 이미 과잉 군사화되어 있는 북한 내 무장집단

간의 교전은 핵무기 등 대량살상무기의 통제와 관련하여 국제적으로 심각한 안보적 위험이 아닐 수 없다. 또 이는 통상적으로 사회주의 국가의 내전 과정에서 야기되는 것처럼 인프라의 붕괴와 배급체계의 파괴에 따른 주민 생활의 극심한 곤경을 초래할 수 있을 것이다. 교전 과정에서 다수의 민간인 희생자를 낳을 수도 있다. 이에 따라 북한에서의 내전은 단순한 국내세력 간 전쟁일 뿐 아니라 국제평화 내지 인권보호 측면에서 국제사회의 개입을 불러일으킬 수 있을 것이다.

셋째, 급변사태 과정에서 최후의 수단으로 일부 군부세력이 대남 도발을 하는 경우이다. 이 경우에 체제 약화에 따라 전면전 도발은 어려울 것이고, 국면전환을 위하여 서해 5도 지역이나 휴전선 지역에서 국지 도발을 자행할 가능성이 있다. 특히 도발세력이 핵무기 등 대량살상무기를 확보하고 있는 경우에는 더욱 심각한 상황이 전개될 수도 있다. 소규모의 국지 도발로 제한된다면 현재와 같은 대간첩 작전 수준에서 대응이 이루어질 것이지만, 규모가 크거나 대량살상무기를 활용한 도발이라면 자위를 위한 전면 대응을 필요로 하게 될 것이다. 이 경우 전쟁으로 비화하여 한미동맹이 작동될 것이고, 국제평화와 안전을 위협하는 요건으로 인식되어 국제개입이 이루어질 가능성이 있다.

넷째, 북한 내부의 혼란 상태에서 붕괴 직전의 북한 당국이 외국인과 한국인을 비롯한 외부인들을 집단으로 감금하거나 인질 납치를 하는 사태가 발생할 수 있다. 특히 체제붕괴 과정에서 사적·공적으로 북한을 방문하고 있는 방문객, 북한 거주 외교관, 언론인, 기업인들을 감금하는 사태가 발생할 수 있다. 이는 자국민 보호 차원의 자위권 내지 인도주의적 개입의 대상이 되어 국제적인 승인이 없이 단독적인 국제개입이 이루어질 수도 있다.

이러한 다양한 상황 전개에 따라서 국제개입도 다양한 방식으로 이루어질 수 있다. 첫째, 무정부 상태에서 발생하는 비인도적 행위에 대해서는 유엔 결의에 따라 집단적 인도주의 개입이 가능하다. 둘째, 내전 발생 후 국제법적으로 인정받는 교전단체가 등장할 경우 전쟁법이 적용되고, 동맹이 작동될 수 있다. 내전 상황에서 일방 세력이 주변국에 요청할 경우 개입이 가능하지만, 이 경우에도 유엔 안보리의 결의 등 국제사회의 승인이 필요하다. 셋째, 일부 세력의 대남 도발 시 한미동맹이 작동되는 요건이 성립되며, 유엔 안보리 결의에 의해 타국의 개입도 가능한 요건을 갖출 가능성이 있다. 넷째, 외부인 집단 감금 등이 발생하면 자국민 보호를 위한 개입이 가능하지만, 그 목적에 맞는 수준의 개입으로 그쳐야 하고, 개입이 성공하지 못하여 확대되거나 장기화될 경우에는 유엔의 승인을 받아야 한다.

이와 같은 상황을 가정해 볼 때 북한의 급변사태 발생 시 대체로 유엔 결의 등 국제사회의 승인이 필요하다. 따라서 한국의 북한에 대한 단독개입은 용이하지 않을 것으로 예상된다. 물론 남북한이 특수관계임을 고려하고 사태의 원만하고도 조속한 해결을 위해 필요시 한국 단독개입이 예외적으로 인정될 가능성을 배제할 수는 없으나, 그 경우에도 한국의 개입으로 인한 북한 내의 반발과 주변국의 적극 반대가 발생하지 않을 것이 확실시되는 경우에 국한될 것이다.

4) 국제개입의 가능성 판단

한반도에 대한 주변국들의 이익은 국제세력의 역학관계에 있어서 핵심적인 이익이기 때문에 북한의 급변사태에 대한 주변국들의 관심은 지대하다. 더욱이 한반도의 통일에 대해 주변국들은 경쟁적으로 많은 영향을 미치려 하고 있으며, 어떤 경우에는 통일을 반대하며 방해를 할 수도 있고, 다른 한편 자국에게 유리한 방식의 통일이 되기를 원할 것이다.

주변국들의 대한반도 정책은 '두 개의 한국정책(Two Korea Policy)', 또는 '분할통치(divide and rule)'를 근간으로 하고 있다. 다시 말해서 현재의 분단상태가 지속되면서 남북한의 공존적 경쟁이 안정적으로 유지되기를 원하고 있다. 남북한 간의 역학구조가 어느 한편으로 기울어 세력균형이 와해될 조짐이 보이게 되면 주변국들은 남북한에 대한 비균형적 지원정책을 추진하여 세력균형 관계를 복원시키는 노력을 기울이게 된다. 비균형적 지원은 남북한의 세력관계가 어느 한편으로 기울게 되면 불리한 측에 대한 지원을 확대하여 한편의 붕괴를 막으면서 남북한이 경쟁적으로 공존하도록 하여 주는 것이다. 주변국들의 한반도에 대한 정치·경제·사회적인 이익은 한반도가 분단되어 있을 때 가장 최대의 효과를 거둘 수 있는 것이다.

한반도의 분단상태가 와해되고 통일의 과정으로 들어서게 되면 주변국들은 상황적 변화에 맞도록 새로운 국가이익을 설정하고 이에 따라 자국의 영향력을 극대화하려는 노력을 기울일 것이다. 한반도 통일과정에서 주변국들은 우선적으로 자국에 유리한 방식으로 한반도의 통일을 유도하려는 적극적 정책, 그리고 이것이 불가능할 경우 자국에게 불리하지 않는 방향의 소극적 정책을 모색하게 될 것이다. 적극적 정책은 단독적 개입을 모색이고, 소극적 정책은 공동적 또는 집단적 개입이 될 것이다.

북한 급변사태 이후 국제개입이 예상될 수 있지만, 급변사태 과정에서도 국제개입이 이루어질 가능성이 있는데, 가장 최우선적인 상황은 북한 내부의 혼란과정에서 대립하는 두 세력 중 어느 한편이, 아니면 양측 모두가 주변국에 지원을 요청하는 경우이다. 이 경우 이외에는 북한 급변사태 과정에서 적극적인 국제가입의 가능성은 별로 없고, 단지 국제 및 지역안보를 심각하게 해치는 경우에만 집단적인 개입이 이루어질 수 있을 것이다. 특히 북한의 도발 가능성, 대량살상무기 처리문제, 난민처리문제, 진압과정에서의 인권유린문제가 등장할 경우 집단개입이 모색될 것이다.

급변사태 과정에서 북한 국내정치적 차원에서 이루어질 가장 가능성이 큰 경우는 위기에 처한 북한의 집권층이 중국에 지원을 요청할 가능성이다. 반대로 북한체제에 도전하는 세력은 한국이나 미국에 지원을 요청할 것이다. 앞서 설명한 바와 같이 최근의 국제법은 기본적으로 '불개입'을 원칙으로 하고 있으며, 개입이 반드시 필요한 경우에는 유엔 등 국제사회의 승인을 받은 후에 하게 되어 있다. 정통성을 가진 정부가 아니거나, 한 집단이 외국의 지원을 요청할 경우 합법적인 개입을 할 수 없으며, 개입이 이루어진다면 법적 차원이 아니라 정치적인 차원에서 이루어질 가능성이 크다. 또한 명시적인 개입보다는 암묵적이고 비공식적인 지원이 이루어질 가능성이 크다. 반대세력에 대한 개입이 동시에 이루어질 경우에는 전쟁으로 비화될 가능성이 크다. 어느 한편만 지원하는 개입이 이루어질 경우에도 결국은 다른 한편의 개입도 유도하게 되어 대립과 갈등이 조장될 것이다. 이러한 전쟁의 위험성을 줄이기 위하여 상호 불개입을 하거나, 유엔과 같은 중립단체에 의한 집단개입이 모색될 것이다.

기본적으로 한반도 통일에 대한 한국인들의 시각과 국제적인 시각에는 차이가 있다. 한국인들은 한반도의 통일은 남북한 내부의 민족문제라고 생각하는 반면, 주변국들은 한반도의 통일은 역내질서와 안보에 영향을 미치기 때문에 국제적인 차원에서 다루어야 한다는 생각을 갖고 있다. 그러나 남북한이 합의통일을 할 경우에 주변국들은 한반도 통일문제에 개입할 기회를 거의 가지지 못할 것이다. 따라서 남북한이 합의통일을 하지 못하고 어느 한 쪽이 붕괴되어 흡수통일을 해야 할 경우 국제적인 개입이 예상되기 때문에, 합의통일 형식, 즉 동서독의 통일과 같이 '합의형 흡수통일'로 추진하는 것이 바람직하다. 최선의 방법은 북한의 사회주의체제가 붕괴되어 가는 과정에서 북한에 개혁정권이 수립되도록 지원하여 이 정권이 한국정부와 통일협정이나 조약을 체결하여 통일하도록 유도하는 것이다.

그러나 한국정부가 북한의 급변사태 과정에 개입하여 통일의 대상으로서의 개혁정부를 수립하는 데 실패하고, 북한이 무정부상태로 진입하게 되면 한국의 북한 흡수는 매우 어려워질 것이다. 주변국들은 우선 국제법적 논리를 제시할 것이다. 앞에서 설명한 바와 같이 북한지역에는 국가성이 존재하여 일시적으로 합법정부가 존재하지 않더라도 외부의 개입이 방지되는 국제법적 보호를 받게 된다. 이와 더불어 한국정부는 국제법적으로 북한지역에 대한 통치권을 분단 당시부터 보유하고 있지 않았기 때문에, 무정부상태의 북한지역에 무슨 이유에서건 한국정부가 진입하여 점령할 경우 국제법을 위반했다는 국제적인 견제를 받을 것이다.

주변국들이 한국정부가 북한을 흡수통일하지 못하게 하는 이유는 국제법적인 이유 이외에 정치·외교적인 이유도 있을 것이고 경제적 이익도 무시할 수 없을 것이다. 한국정부가 북한을 흡수하여 통일하게 되면 물론 초기에는 북한의 경제난을 해소해야 하는 등 통일비용 때문에 경제적 부담을 가지겠지만, 중장기적으로 통일한국은 동북아의 역학관계를 변화시키고 역내 국가들의 이익을 상당 수준 축소할 것이라는 점을 우려할 것이다. 이러한 점에서 주변국들은 어느 한 나라의 단독개입을 봉쇄하면서 공동개입을 모색할 것이다. 주변국들이 공동으로 개입하여야 한다는 명분 중에는 북한의 주민들이 한국정부를 선택하지 않을 것이라는 이유도 포함될 것이다.

북한의 무정부상태 시 한국정부가 단독으로 북한에 진입하여 흡수통일 과정을 진행하는 것을 반대할 주변국들은 각각의 국익을 바탕으로 다양한 국제개입 시나리오를 제시할 것이다. 이에 대한 주변국들 간의 경쟁과 갈등도 시현될 가능성이 없지 않다. 무정부상태의 북한을 국제관리하여야 한다는 원칙에는 합의를 하겠지만, 방법론에 있어서는 이견이 나타날 것이다. 일단 어느 한 국가가 주도하여 자국의 세력권을 형성하려는 기도를 막을 것이며, 되도록 집단적 개입을 추구하여 어느 국가도 손해를 보지 않는 방법을 모색할 것이다.

북한지역을 국제관리하려는 주변국 간의 의견충돌 때문에 북한에 대한 개입이 지연될 가능성도 배제할 수 없다. 미국과 중국이 주도적인 역할을 할 것이고, 러시아와 일본도 국익 차원에서 되도록 중요한 역할을 하려할 것이다. 이 국가들이 중국이나 미국의 주도적 역할을 견제하려 할 때 북한지역의 국제관리 방식에 대한 합의가 도출되기 어려울 것이다. 유엔에서 이 문제를 다룰 경우에도 미국, 중국, 러시아가 안보리의 거부권을 보유하고 있으므로 이 국가들의 국익에 합치되는 방식의 결의안이 제출되어야 통과될 것이다. 만약 국제관리에 대한 합의가 늦어질 경우 북한지역의 혼란이 가중되고, 내부 유혈충돌로 발전할 경우 남한에 심각한 안보위협을 초래할 가능성이 있다.

4. 북한의 국제관리와 한국의 통일정책

아마도 북한의 급변사태가 시작되면 한국정부는 우선적으로 한국정부가 북한에 대한 관할권을 가진다는 점을 대내외에 선포하고 주변국들을 설득할 것이다. 주변국들은 이를 수용하지 않을 것이고 결국은 국제관리로 들어 갈 가능성이 크다. 한국정부는 한반도 내의 분쟁이나 통일문제는 국제문제이기 이전에 한민족 내부문제라는 점을 내세워 당사자 해결 원칙을 고수하는 것이 바람직하다. 주변국 정부들이 한국정부의 주장을 수용하지 않을 가능성이 크지만, 북한에 대한 국제관리가 불가피할 경우 이 국제관리 내에서 한국정부의 입지와 영향력을 확대하기 위하여 한민족 내부문제라는 점을 강하게 내세울 필요가 있다. 혹시 국제관리가 이루어지더라도 북한의 안정과 평화가 이룩되는 즉시 주변국들은 통일문제를 한국인들에게 맡기고 되도록 빠른 시일 내에 철수하여야 한다는 점을 명확히 해야 한다.

북한을 국제관리하는 방식에는 개입국가들이 통치기구를 설립하여 직접통치하는 방식, 그리고 한국인들로 하여금 임시정부를 수립하게 하고 개입국가들은 자문기구를 설립하여 간접통치하는 방안이 있다. 한국의 입장에서는 한국이 주도할 수 있고, 빠른 시일 내에 통일을 하기 위해서는 임시정부를 수립하여 간접통치하는 방식을 선택하도록 해야 한다.

국제관리가 시작되기 이전에 한국이 주도한다는 내용을 골자로 한 다자협정을 국제관리에 참여하는 국가들과 체결하고, 유엔의 동의 절차를 거치는 것이 바람직하다. 국제관리에 참여하는 주변국들의 이익이 국제관리 기간에도 첨예하게 대립할 가능성이 크기 때문에 이러한 갈등을 줄이고, 한국의 이익에 반하는 방향으로 국제관리가 될 가능성을 배제하기 위하여 사전에 협정을 체결하여 이에 따라 국제관리를 진행하여야 할 것이다.

1) 북한 급변사태 이후 국제관리 시 피해야 할 상황

한국의 입장에서 북한지역에 대한 국제관리를 수용하기 어렵지만, 주변국들의 주도 하에 유엔에서 북한지역에 대한 국제관리가 결정된다면 한국의 입장에서는 반대할 수만은 없는 상황이 될 것이다. 국제관리가 불가피하다면, 국제관리 이후 순조로운 통일을 위해서 사전에 피해야 할 구체적인 상황들이 있다.

북한의 기존체제를 재건시키는 방식의 국제관리

주변국들이 북한의 기존세력을 재건시켜 이들도 국제관리에 참여할 수 있도록 인정하자는 제안을 할 수 있다. 북한지역을 통치해 본 경험이 없는 국제관리 요원들은 북한통치의 효율성을 높이기 위하여 북한 구정권 인사들의 등용을 고려할 수도 있다. 국제관리할 경우 국제관리에 참여하는 국가들은 북한지역에서의 공산주의 척결보다는 북한의 혼란 방지와 안정적 관리를 우선적으로 고려할 것이다. 이 경우 다시 공산화가 되지 않는다는 전제하에 구정권을 재건시켜 이를 통한 국제관리를 할 우려도 있다.

또한 북한의 급변사태 과정에서 김정은 세력이 중국에 망명하여 망명정부를 수립할 경우 중국이 이러한 요구를 강하게 할 가능성이 크다. 국제관리를 지원하도록 과거 집권세력의 일부를 임시정부에 포함할 경우, 중국의 이해를 가장 잘 대변할 것이기 때문에 중국은 구정권의 일부를 임시정부에 참여시키자는 주장을 할 것으로 보인다.

아무리 재공산화 방지의 전제조건이 있더라도 구공산정권의 제한적 재건은 장기적 측면에서 공산주의의 부활을 의미할 수 있다. 수십 년간 공산주의 정치교육을 받으며 유일숭배사상에 젖어온 북한주민들은 습관적으로 공산지도자에 대한 숭배를 다시 할 가능성이 있기 때문에, 한국의 입장에서는 국제관리에 북한 구정권의 어느 세력도 참여시키지 말아야 할 뿐더러, 국제관리가 진행되는 과정에도 구공산세력이 하나의 정치세력화 하는 것을 봉쇄하여야 할 것이다.

주변국들의 완충지대 설정 또는 지역분할

북한에 대하여 가장 중요하고 직접적인 이익을 가진 국가는 중국이다. 지리적으로 가장 근접할 뿐더러 국경을 공유하고 있기 때문에 중국의 가장 중요한 이익은 한중국경의 안정화에 있다. 1950년 가을 한국전쟁 기간 북한군이 유엔군의 반격에 의하여 패배 일보 직전에 놓였을 때 중국은 미국에 대한 군사력의 열세에도 불구하고 과감히 참전하였다. 참전 사유는 형제 사회주의 국가를 보호한다는 차원에서 북한을 군사적으로 지원한 점도 있지만, 그보다 더 중요한 이유는 미국을 비롯한 유엔군이 한반도를 무력으로 통일할 경우 중국 자신의 국경도 불안해질 우려가 있기 때문에 여러 가지 제약요인이 존재함에도 불구하고 전쟁에 개입했다.

과거 1930년대를 전후하여 한반도는 일본이 중국을 침략하는 통로로 사용되었기 때문에 북한이 생존함으로써 미국, 일본을 중국과 격리하는 완충지대 역할을 해주기를 원하고 있다. 이러한 완충지대 역할을 기대하는 북한에 힘의 공백상태가 생길 경우 중국은 자국의 국경안보를 위하여 여러 가지 대안을 설정할 것이다. 첫째, 북한의 급변사태를 방지하도록 정치·경제적 지원을 할 것이다. 둘째, 북한의 급변사태가 불가피할 경우 중국과 친밀한 인사 또는 단체가 북한의 주도권을 장악하도록 지원할 것이다. 셋째, 앞의 두 가지 전략이 모두 실패할 경우 중국은 직접 개입을 시도하여 친중국정부를 수립시키려는 시도를 할 가능성도 배제할 수 없다. 특히 북한 내부의 혼란상태가 지속되고 대량 난민이 중국지역으로 탈출하는 등 국경지역의 불안정상태가 계속되면 중국은 국경안전을 구실로 군대를 파견하는 등 직접 개입할 가능성이 있다.

이에 대하여 미국 등이 중국의 단독개입을 봉쇄하기 위하여 할 수 있는 방안은 매우 제한되어 있다. 크게 나누어서 외교적 방법과 군사적 방법을 강구할 수 있는데, 군사적 방법은 확전의 위험이 있기 때문에 중국이 대규모의 군대를 북한에 파견하여 점령하였을 경우에나 신중히 고려해야 할 방안이다. 따라서 우선적으로 모든 외교적 방법을 강구하여야 할 것이다. 이 외교적인 방안에는 중국의 국경안전을 보장해 주는 방안이 포함될 수 있다. 첫째, 국경지역에 완충지대를 설정해 주는 안이다. 둘째, 국경 부근의 일부 지역을 중국의 세력권으로 인정하는 지역분할을 주변국들이 건의할 가능성을 배제할 수 없다.

완충지대 설정안은 한국전쟁 기간 영국 등이 제시한 바 있다. 유엔군의 반격으로 북한군의 후퇴가 지속되자 중국은 유엔군이 북진을 계속하면 군대를 파견하여 전쟁에 참여하겠다는 성명을 여러 차례 발표하였다. 영국정부는 이 경고를 심각하게 받아들여 유엔군의 진격을 멈추고 북위 40도선 이북을 완충지대로 설정하고 한반도 통일을 위한 협상을 하자는 제의를 하였다. 미국은 전쟁에서의 승리 이전에 공산주의자들과의 협상은 있을 수 없다며 이 제의를 거부하였지만, 중국군이 실제로 참전하자 미국 관료들 중 일부는 완충지대를 한만국경 남쪽뿐만 아니라 중국 측에도 설치한다면 완충지대안을 고려해 볼 수도 있다는 의견을 제시한 적이 있다. 이 의견은 중국군이 1950년 11월 7일 전투행위를 중단하자 대공세 전략으로 전환되었다.[9] 실현은 안되었지만 중국과 서방국가들은 양측의 이익이 한반도에서 충돌할 때 완충지대를 설치할 수도 있다는 사례를 보여 주었다.

완충지대를 설정하거나 일부 지역을 분할하여 중국에게 세력권을 인정할 경우 이 지역의 회복은 오랜 기간이 지나야 가능하고, 혹은 회복이 불가능할 수도 있을 것이다. 중국은 자국 국경의 보호를 이유로 장기간 완충지대를 유지하거나 일부 국경지역 관리를 장기화할 것으로 예상된다. 미국 등 중국과의 갈등을 원하지 않는 국가들도 일부 지역의 중국 관할을 인정할 가능성이 크다. 중국의 이익을 보장함으로써 다른 국가들의 북한에서의 활동이 더욱 자유로워질 수 있기 때문이다.

한국정부의 입장에서는 기존의 북한지역의 어느 한 부분이라도 분할하여 완충지대를 설정하거나 중국의 세력권으로 인정하는 것에 대하여 동의하는 것은 있을 수 없다. 중국의 국경을 보호해 주는 방안으로 한중국경 이남 10마일 지역을 비무장지대로 설정하고 동북아국가들이 아닌 유럽이나 동남아 국가들로 구성된 유엔평화유지군을 이 지역에 일정 기간, 적어도 5년의 기간 동안 주둔시키는 방안을 제시하는 것이 바람직하다.

한국을 배제한 국제관리

한국군대나 관리가 북한에 진입하게 되면, 북한 내부의 여론이 악화되고 주민들이 심리적으로 남한에 의한 보복의 위협을 받을 것을 두려워할 가능성이 있기 때문에 혼란이 가속화될 우려가 있다는 명분으로 국제관리에 한국을 배제하거나, 실질적인 권한 없는 형식적 참여만 시킬 우려가 있다. 한국전쟁 당시 1950년 가을 유엔군의 반격이 성공하여 북한지역을 잠시 통치하게 되었을 때 일부 북한주민들은 남한에 의한 통치보다 유엔에 의한 통치를 원한 적이 있다. 남한에서 파견한 일부 관료, 경찰, 서북청년단 등이 점령군 행세를 하며 북한주민들이 패배감, 열등감을 느끼게 하였기 때문이다.

이러한 문제점을 해결하기 위하여 한국정부는 다음과 같은 대비책을 수립하여야 한다. 첫째, 한국정부는 북한 급변사태 과정에서 북한에 대한 선무활동(민심을 안정시키고 사회의 안전을 도모하는 제반활동)을 강화하고,

주민들의 대남인식을 제고시킬 필요가 있다. 북한체제의 붕괴는 필연적인 사실이고, 한국의 주도적인 역할이 없으면 국제관리 이후 재분단의 고통을 겪어야 한다는 점을 주지시켜야 한다. 북한에 파견되는 한국관리와 군대는 북한을 점령하는 점령군이 아니라, 북한의 질서를 유지하고 북한주민들을 구공산세력으로부터 보호하며 새로운 국가수립을 위한 통일국가건설 준비요원이라는 점을 알려야 한다.

둘째, 북한지역에 파견할 관리나 군인에 대한 교육을 철저히 해야 한다. 점령군으로 파견되는 것이 아니라 공산 치하에서 억압받던 북한주민들을 해방시킨다는 사명감과 주의 사항을 주지시켜야 한다. 공산 치하에 살던 북한주민들의 특성과 사상적 경향을 정확히 이해시켜 북한주민들을 포용하는 태도를 보이도록 해야 한다. 특히 가혹행위나 재산상 손해를 주는 행위를 하지 말도록 해야 한다. 북한주민들과 직접 대면해야 하는 대민업무는 남한에서 파견한 인사보다는 북한관리 중 사상전환 가능자를 교육시켜 활용하는 것이 바람직하다.

셋째, 한국인들을 배제하고 외국인들만으로 북한지역을 통치할 경우 북한은 물론 남한 내부에서도 반외세감정 및 정치적 혼란이 가중될 것이라는 점을 주변국에 이해시켜야 할 것이다. 남한인사들이 북한을 가장 잘 이해할 수 있고, 효과적인 통치를 하는 데 가장 큰 기여를 할 수 있을 것이라는 점을 알려야 한다.

2) 국제관리 이후 통일 유도 방안

주변국에 의한 국제관리가 불가피할 경우 한국이 가장 강조해야 할 점은 한반도 문제는 한국인들이 풀어야 하지만, 한반도와 동북아의 절대적 안정과 평화를 위하여 임시로 국제관리를 하게 되었다는 점이다. 남북한 간의 분쟁이나 통일문제는 국제문제 또는 동북아 차원의 문제이기 이전에 한민족 내부문제라는 점을 내세워 당사자 해결 원칙을 고수하는 것이 바람직하다. 주변국 정부들이 한국정부의 주장을 수용하지 않을 가능성이 크지만, 북한에 대한 국제관리가 불가피할 경우 이 국제관리 내에서 한국정부의 입지와 영향력을 확대하기 위하여 한민족 내부문제라는 점을 강하게 내세울 필요가 있다. 또한 북한의 안정과 평화가 이룩되면 주변국들은 통일문제를 한국인들에게 맡기고 되도록 빠른 시일 내에 철수하여야 한다는 점을 명확히 해야 한다.

통상적으로 국제관리가 시작되면, 국제관리의 최종목표는 그 지역의 주민들이 원하는 정부를 탄생시켜 주는 것이다. 그러기 위해서는 우선 총선거가 실시될 것이다. 북한지역이 안정되고 질서가 유지되면 총선거를 되도록 조속한 시일 내에 시행하도록 하고 한국이 주도하여야 통일을 앞당기고 순조롭게 할 수 있을 것이다. 독일의 경우 1990년 3월 실시된 동독지역의 총선거는 거의 완전하게 서독정부에 의하여 통제되었고, 서독의 정당들이 주도하였다. 따라서 총선거가 실시된 지 2개월 뒤인 1990년 5월 새로 수립된 동독의 개혁정부와 서독정부가 통일조약을 체결할 수 있었고, 그로부터 5개월 뒤인 10월 3일 통일되었다.

특히 중요한 점은 구공산세력이 총선거에서 득세하는 것을 막아야 한다. 이를 위해서 한국정부는 북한주민에 대한 선무활동과 민주주의 정치교육을 적극적으로 광범위하게 실시하여야 한다. 북한주민들이 자유민주주의와 자본주의의 가장 큰 병폐로 생각하고 있는 부정부패, 범죄에 따른 사회혼란이 생기지 않도록 철저한 행정력을 발휘하여야 한다. 자유의 가치가 돋보이고 자본주의의 풍요로움을 즐길 수 있도록 북한사회에 대한 충분한 물자지원을 해야 할 것이다. 한국은 총선거 과정에서 북한 후보들에 대한 영향력을 확대하기 위하여 한국의 정당인들을 북한 민주정치 교육의 강사로 파견하여 총선거 이전 북한에 수립되는 정당이 한국의 정당들과 연계되도록 하여야 한다.

국제관리에 참여하는 주변국들은 북한지역에 다수정당제를 선호하고 다양한 형태의 정당이 수립되는 것을 원할 것이다. 이 경우 친중국 사회주의 정당이 탄생하는 등 이념적으로나 제도적으로 북한사회를 혼란케 하는 정당체제가 이루어질 우려가 예상됨으로 한국정부는 자유민주주의와 자본주의를 지향하는 2~3개의 정당이 수립되도록 하여야 할 것이다. 특히 남한에 존재하는 정당들의 자매정당이 북한에 설립되도록 유도하는 것도 바람직하다.

국제관리에 참여한 국가들은 북한지역에 정통성있는 새로운 정부를 탄생시키기 전에는 철수하지 않을 것이므로, 북한지역에 새로운 정부의 설립을 피하기는 어려울 것이다. 국제관리 이후 조속한 시일 내에 통일을 이루기 위해서는 북한에 수립되는 새 정부가 완전한 주권을 가지는 정부형태 보다는 과도정부의 성격을 가지게 하는 것이 바람직하다. 국제관리 참여국에 대한 통일외교를 강화하여 총선거에 의하여 북한지역에 새로 설립되는 정부는 조속한 시일 내에 한국과 통일을 하여야 한다는 점을 명확히 해야 한다. 이를 위하여 "국제관리의 최종단계에 총선거에 의하여 정통성 있는 정부를 탄생시키되, 이 정부는 한국과의 통일을 위하여 설립되는 과도적 임시정부의 성격을 가진다"는 조항을 국제관리 초기에 체결하는 국제관리 협정서에 포함하는 것이 바람직하다.

한국이 북한지역에 계속 개입하여야 할 가장 큰 명분은 북한지역에 대한 경제지원이다. 북한지역의 경제는 자생력을 이미 잃은 상태일 것이므로 한국정부 또는 민간기업의 투자와 관리가 필요할 것이다. 주변국들은 한반도가 통일되어 강력한 국가가 탄생하는 것을 우려하여 소극적 입장을 지니고 국제관리에 임하겠지만, 북한지역의 새 정부 탄생 이후 북한의 경제력 회생에 별다른 기여를 하지 못할 것이고 결국은 한국정부나 기업이 책임을 져야 할 것이다. 급변사태 직후 국제관리 과정에 들어가게 되면 한국은 북한의 사회간접시설 또는 기간산업에 대한 대규모 투자를 하여 경제분야의 통합을 시작하고, 북한지역의 한국경제에의 의존도를 높여야 한다.

새 정부의 구성원 또는 북한주민의 일부가 남한에의 흡수통일을 반대하거나 강력히 저항할 우려도 있다. 이러한 저항감과 통일에 의한 충격을 줄이기 위하여 제도적인 측면에서만 통일을 하고 실질적으로는 북한지역을 별도의 자치지역으로 하는 연방제 성격의 통일국가를 추진하는 것도 고려해 봄 직하다. 독일의 경우 동서독의 동질성 회복 및 일체화를 위하여 동독지역에 대한 별도관리의 기간을 설정하지 않고 흡수통일을 하였기 때문에 동독인들의 충격은 매우 컸고, 통일 이후 10년 뒤에도 여론조사에서 많은 동독인들이 서독에 대하여 '마음 속의 장벽'을 느낀다는 대답을 한 바 있다. 한반도의 경우 북한을 별도관리하는 형태의 연방제를 한다면, 그러한 성격의 제도를 유지하는 기간은 적어도 10년 이상이 되어야 할 것이다. 통일국가의 연방제는 일반적인 개념, 즉 중앙에 연방정부를 수립하고 남북한에 동등한 자격의 지방정부를 수립하는 형태의 연방이 아니라 남한의 정부를 중앙정부로 하고 연방을 하는 변형된 형태의 연방제가 바람직하다.

제4부

통합과 통일의 국제사례

7장

독일통일 _ 355

8장

예멘통일 _ 408

9장

베트남통일 _ 456

분단국의 통일사례를 분류하는 기준으로는 첫째, 상호 합의에 의한 평화적 통일인가 아니면 일방에 의한 흡수 또는 무력통일인가, 둘째, 통합이 자본주의 또는 사회주의의 주도로 이루어졌는가를 들 수 있다. 베트남식 통일은 사회주의체제를 유지하던 북부가 자본주의체제인 남부를 무력통일 한 사례이다. 예멘식 통일은 이슬람-자본주의체제하에 있던 북부가 사회주의체제하에 있던 남부와 협상을 통해서 통일한 다음 통일체제에 내재하던 문제가 내전으로 비화되자 무력으로 남부를 통합한 사례이다. 1990년의 1차 통일은 자본주의와 사회주의의 협상을 통해 이룩한 대등한 평화적 통일로써 학문적 용어로 '준 합의의 비례대표 유형'으로 불린다.[1] 1994년의 2차 예멘의 통일은 자본주의체제 주도의 무력통일이었다. 독일식 통일은 자본주의체제의 서부가 국제환경의 변화와 체제의 구조적 결함에 따라 붕괴한 사회주의체제하의 동부를 평화적으로 흡수통일한 것이다.

통일을 주도한 주체의 차원에서 살펴보면 예멘의 합의통일은 정치엘리트들에 의하여 주도된 위로부터의 통일이었고, 독일의 흡수통일은 동독의 주민들이 공산체제를 무너뜨리고 서독에 편입된 아래로부터의 통일로 분류할 수 있다.

7장

독일통일

1. 동서독의 분단과정 및 적대정책 … 357
2. 서독의 동방정책 추진 … 359
3. 통일 이전 양독 간의 교류 · 협력 상황 … 365
4. 동서독의 통일과정 … 374
5. 분야별 통합추진 … 384
6. 독일통일의 평가 … 401

독일의 분단으로부터 통일까지는 5단계의 정책이 추진되었다. 제1단계(1945~1962년)는 패전과 분단의 고착화, 서독의 '힘의 우위정책' 추진단계였다. 이 기간에 1949년 분단정부가 수립되었고, 1955년 NATO가입과 서독의 할슈타인 외교원칙이 선언되었다. 당시 서독 외무장관의 이름에 따라 명명된 할슈타인 원칙은 동독과 관계를 가지는 국가와는 서독이 교류를 하지 않겠다는 동독을 고립시키는 외교원칙이다. 또한 1961년에는 베를린에 동서를 가로지르는 장벽이 구축되었다.

제2단계(1963~1970년)는 서독의 동방정책이 정착되는 시기이다. 통일이 불가능하다는 점을 인식하고 대동독 화해를 위하여 작은 교류부터 우선 실현한다는 '작은 걸음정책'을 채택하였다. 할슈타인 원칙을 수정하고 대동유럽관계 정상화부터 추구하여 대동독 화해를 모색하는 동방정책을 브란트 수상이 1969년 선언하였다. 선 평화, 후 통일을 지향하면서 지속적인 양 독일 간 교류협력을 추진하였다. 그리고 1970년에 독소불가침조약이 체결되었다.

제3단계(1970~1974년)는 동서독정상회담 개최와 기본조약 및 교류·협력 관련 협정을 체결한 기간이다. 1970년 3월과 5월 두 차례의 정상회담이 개최되었다. 이 정상회담에서 서독 측은 기본조약 체결을 위한 20개 항목(불가침조항, 상호교류증진조항 등)을 제시하였다. 동독 측은 유엔 즉시가입, 동독의 국제법상 완전승인을 요구하였다. 양측의 현격한 입장차이로 구체적 성과도출에 실패하였으나, 이 정상회담 이후 2년여에 걸친 장차관 회담 70여회 등 270여 회의 실무자 회담의 결과, 1972년 일반통행협정과 교통조약을 체결하고, 양독 간의 기본조약을 체결하는 데 성공하였다. 1973년 양독은 유엔에 동시가입하였다.

제4단계(1974~1989년)는 교류·협력 증진에 따른 양독관계의 성숙기이다. 기본조약 체결 후 다수의 후속조약을 체결하였다. 1974년 양독 간 상주대표부의 설치에 합의하였고, 1976년 우편, 통신분야에 대한 정부 간 의정서, 1979년 화물차 등의 통행에 관한 협정, 1987년 환경보호, 과학, 기술, 원자력 등 3개 협력협정을 체결하였다. 1987년 호네커가 동독 국가원수로서는 최초로 서독을 공식방문하였다.

제5단계는(1989~1990년) 동독체제의 붕괴와 통일단계이다. 1989년 동유럽 공산주의 붕괴의 여파로 동독주민들의 탈출과 시위가 발생하였고, 이는 호네커 정권의 붕괴와 베를린장벽 붕괴로 이어졌다. 1990년 3월 동독지역에서의 총선거가 이루어졌고, 5월과 7월의 통합조약 체결 이후 10월 3일 통일되었다.

1. 동서독의 분단과정 및 적대정책

독일은 1945년 제2차 세계대전의 종료와 함께 분단되었다. 독일이 항복하기 약 3개월 전인 1945년 2월 미국, 영국, 소련 3개국이 얄타회담에서 패전 독일의 전후문제를 처리하였는데, 이 회담에서 전승국들은 독일이 재기하지 못하도록 분할점령, 군수산업시설 해체, 전후보상문제, 지역할양문제 등에 합의하였다. 1945년 5월 독일이 항복한 후 1944년 11월에 체결되었던 런던협약에 따라 미·영·불·소 4대 전승국 사령관으로 구성된 독일점령 '공동관리위원회'가 설치되었고, 독일영토를 분할점령 통치하되 베를린은 공동관리할 것을 결정하였다. 독일은 이에 따라 미국, 영국, 프랑스 점령지역인 서독지역, 소련점령지역인 동독지역, 폴란드 및 소련 합병지역의 3부분으로 분단되었고 베를린은 4개 전승국에 의하여 분할 점령되었다.

1948년 2월 서독지역을 분할점령하고 있던 서방 3국은 이 지역을 정치·경제적으로 통합하는 데 합의하였으나, 다음 달 소련이 3국 관할지역 통합에 반발하여 관리위원회에서 일방적으로 탈퇴하였고, 베를린 봉쇄를 감행함으로써 연합국의 합의에 의한 통일독일 국가건설이 좌절되었다. 결국 1949년 5월 23일 서독정부가 수립되었고 같은 해 10월 7일 동독정부가 수립됨으로써 독일은 공식적으로 분단되었다.

1950년 들어 한국전쟁이 발발하는 등 미국과 소련을 중심으로 한 동서냉전이 심화되기 시작하자 미국, 영국, 프랑스를 비롯한 서방 측은 서독과 서베를린에 대한 안전보장을 위해 서독의 재무장을 결정하였고, 서독정부의 단일대표권 인정 및 북대서양조약기구(NATO: North Atlantic Treaty Organization)의 창설을 가속화하였다. 1954년 서독이 NATO에 가입하였고, 1955년 소련을 중심으로 한 바르샤바조약기구(WTO: Warsaw Treaty Organization)의 설립과 동시에 동독이 이 기구에 가입함으로써 통일 이전까지 독일은 동서냉전의 대결장이 되었으며, 지속적으로 군사적인 긴장상태를 유지하였다.

1969년 이전에 서독은 공식적이건 비공식적이건 동독을 승인하려는 의도를 전혀 가지고 있지 않았다. 1949년부터 1962년까지 집권한 아데나워(Konrad Adenauer) 통치 기간에 서독은 서유럽을 경제적 자본주의, 정치적 자유민주주의하에 결속시키는 것이 독일을 통일시키는 최선의 방법이라는 정책을 추구하였다. 아데나워시대를 '힘의 우위정책'시대로 부른다. 서독은 기본법 전문에 명시된 "전 독일 국민의 자유로운 자결권 행사를 통해 독일의 통일과 자유를 성취해야 한다"는 통일의무조항과 1950년 8월 뉴욕에서 개최된 서방 3개국 외무장관회담의 결정사항에 따라 통일 시까지 서독의 독일 전체에 대한 유일대표권을 주장하였다.

아데나워정부는 적극적인 친서방정책을 펼쳐, 1952년 5월 독일조약으로 서방 3개국으로부터 주권을 회복하였고, 1954년 10월 파리조약을 체결하여 NATO 및 서유럽동맹(WEU: Western European Union)에 가입하여 재무장의 기반을 마련하였다. 친서방정책으로 안보문제를 해결한 서독은 동독에 대한 힘의 우위정책을 펼치면서 할슈타인 원칙에 의거 동독의 외교적 고립을 유도하고 철저한 반공정책을 추진하였다. 서독정부는 1956년 공산당을 불법화하였다.

통일정책에 있어서 서독정부는 동독이 서독에 병합되어야 한다는 통일조건을 제시하고, 연합군과 유엔 감시하의 전독 총선거의 실시를 주장하였다. 인구 면에서 서독이 동독보다 월등함을 감안할 때 동독이 이 안을 수락하지 않을 것이 확실하였고, 또한 한국전쟁 이후 격화되기 시작한 냉전과 이에 따른 군비증강이 한창이던 당시의 국제질서를 감안하여 볼 때 양독 간에 결코 현실성 있는 합의를 도출해낼 수 없었다.

한편 동독은 소련점령 기간 소련체제를 모델로 사회구조를 전면 개편한 뒤 사회주의 건설을 위해 총력을 기울이는 한편, 서독이 NATO에 가입하기 이전까지 서독의 서유럽편입과 재무장을 방지하기 위하여 1952년 3월 스탈린이 제의한 독일의 중립화 통일 제안을 지지하며 외교공세를 펼쳤다. 그러나 이때까지 동독은 내부적인 사회주의 건설을 추진하면서도 외형적으로는 사회주의하의 독일통일이란 목표를 포기하지 않고 "전 독일을 협상 테이블로"라는 구호 아래 친 동독세력의 통일전선 형성을 통한 전 독일회의 개최를 주장하였다.

1948년 이후 서독으로부터 동독지역에로의 여행이 점점 어려워지고, 1952년부터는 동독 측 경계선 부근에 지뢰 및 통행금지 설치물을 가설하기 시작함에 따라 1950년대 초까지만 해도 가능했던 개인여행, 스포츠, 문화분야 접촉이 단절되기 시작하였다. 그러자 1950년대 말부터 정치적 자유와 경제적인 생활을 향상시키기 위한 동독주민의 대탈출이 일어나게 되었다. 당시 베를린을 통하여 서독으로 탈출한 동독주민의 숫자는 매년 14만에서 33만 명에 달하였다.

이러한 주민들의 대탈출 사태에 대처하기 위해 동독정부는 1961년 8월 베를린장벽을 설치하였고, 이에 따라 독일의 분단은 장기간 지속될 것이 분명하게 되었다. 서독정부로서는 아데나워의 힘에 의한 강경책만으로는 더 이상 분단고통을 완화할 수 없음을 인식하고, 양독 당국자 간의 접촉을 통해 동독에 살고 있는 주민의 고통을 경감시키는 방향으로 통일정책을 수정하게 되었다.

2. 서독의 동방정책 추진

1963년부터 1966년까지 이어진 에르하르트(Ludwig Erhard)시대는 서독이 통일정책을 수정하는 과도기적 시대였다. 1963년 부분적 핵실험금지조약(PTBT)이 서명됨에 따라 국제적 긴장완화 움직임이 감도는 가운데, 서독은 괄목하게 발전된 경제력을 바탕으로 하여 우선 동유럽국가들에 대한 접근정책을 추진하였다. 이러한 동독의 주변부에 대한 접근정책과 더불어 내독관계에서는 동독에 대한 '작은 걸음정책'을 추진하였다. 이 정책의 첫 결실로서 1963년 12월 동서 베를린 간의 통과사증 협정이 맺어졌고, 1964년에는 신문의 교환이 이루어지게 되었다.

기민당과 사민당의 연립정권이 형성된 키징거(Kurt Georg Kiesinger) 시대에는 처음으로 동독과 서신교환이 시도되는 등 외교적 대화와 협상에 더하여 사회·문화적 교류가 지속적으로 확대되었다. 기민당 출신의 키징거 수상은 취임 후 "서독 외교정책의 최대목표는 통일이 아니라 긴장완화"라고 하면서, 동독의 외교적 고립 포기, 동유럽국가들과의 국교정상화 용의, 소련블록과 무력사용포기 공동선언 등을 제안하였다.[1)]

1966년부터 1969년까지의 대연정기간 외무장관이었던 브란트(Willy Brandt)는 소련과 동유럽국가들에 대한 접촉을 강화하여 관계개선과 평화공존을 모색하는 동방정책을 추구하였다. 국제 긴장완화 추세에 역행하는 무리한 독일 재통일 주장은 오히려 독일민족 자결권의 재량범위를 축소할 우려가 있으므로 유럽의 평화와 안전보장 하에 독일분단이 극복될 수 있다는 인식을 하게 되었다. 이에 따라 1민족 2국가론에 입각하여 동서독 간의 관계정상화와 자유왕래·공동번영을 통해 민족동질성을 유지해 나감으로써 통일국가를 이룩해 나가겠다는 단계적 통일정책을 추진하였다.

1969년 수상이 된 브란트는 유럽 전체의 평화질서를 기반으로 하여 화해와 평화적 협상을 추구하였다. 브란트가 제시한 동방정책은 분단을 극복하는 최선의 방법은 분단을 인정하는 것을 의미하였고, 통일을 위해서는 상호협조적인 공존체제 구축이 우선한다는 인식을 하게 되었다. 서독이 분단현실을 받아들이지 않는 것은 평화와 안정에 위협이 된다고 소련이 계속 주장해 왔으므로 분단을 수용하는 것이 서독과 동독의 공동 국가이익을 극대화하는 것이라고 받아들이게 되었다.

동방정책이 등장한 배경은 당시의 국제적인 상황의 변화와 독일인들의 통일인식의 변화를 들 수 있다. 동방정책 등장의 첫째 배경은 1960년대 후반부터 나타나기 시작한 동서진영 간의 긴장완화 추세와 다극화 현상, 이에 따른 소련 및 동독의 대서독 인식변화를 들 수 있다. 둘째, 미국과 소련 등 주변 강대국들이 독일의 재통일을 바라지 않으며 전후질서에 대하여 현상유지를 고수하려 한다는 서독 지도층의 현실적 판단이다. 셋째 배경은 서유럽국가들과의 결속과 '사회시장경제'로 인한 경제성장을 배경으로 서독이 국력 면에서 동독보다 월등하다는 자신감에서 비롯되었다. 마지막으로 동서독 간의 접촉부재는 오히려 긴장을 촉진하고 분단을 고착화할 것이므로, 인도적 차원에서 양독관계가 개선되어야 한다는 국민여망의 고조가 동방정책 추진의 주요 배경으로 분석되고 있다.

동방정책의 내용은 크게 둘로 나누어지는데, 첫째는 양독 상호간 협력관계의 발전 도모였다. 동독에 대하여 국내법적으로 승인하고 국제법상으로 민족 내부적 특수관계를 수립하는 동시에, 할슈타인 원칙을 완전 폐기하여 동독과 수교를 한 국가와도 교류를 한다는 원칙을 수립하였다. 특히 양독 간의 경제·문화부문의 협력을 추진하는 동시에 동독에 대하여 불가침조약 체결을 제의하는 내용이었다. 둘째 내용은 유럽평화가 독일통일의 지름길이라는 인식하에 유럽의 평화공존과 현상유지를 노력하는 것이었다. 독일에 대한 4대국의 이익 및 의무를 존중하고, 소련 및 폴란드와 무력행사 포기를 위한 협상의사를 표명하였다. 폴란드와 오데르-나이세(Oder-Neisse) 국경협상을 제의하고, 헝가리 및 체코와의 관계개선 의사를 표명하였다. 국제안보의 차원에서 핵확산금지조약에 서명하는 결정을 내렸다.

서독이 동독을 흡수한다는 일방적 통일정책을 포기하고 교류와 협력을 골자로 한 동방정책을 추진한 결과 양국은 공존의 토대를 마련할 수 있었다. 1970년 3월과 5월 두 차례에 걸쳐 정상회담이 개최되었다. 1970년 8월에는 독소불가침조약을 체결하였고, 1970년 12월에는 폴란드와 1973년에는 체코와 관계정상화 조약을 체결하였다. 동방정책의 가장 큰 결실은

1972년 5월에 교통조약을 체결하고 이어서 같은 해 12월 동서독 기본조약을 체결한 것이었다. 1973년 9월에는 유엔에 동시가입하였고 1974년 3월에는 상주대표부를 설치하였다. 이어서 유럽안보협력회의(CSCE) 과정 및 헬싱키선언에 적극적으로 참여하였다.

양독 정상회담 개최 및 기본조약 체결

1969년 브란트는 취임연설을 통해 동독이 '또 하나의 국가'임을 인정하면서 '동서독 간 폭력행사와 무력포기협정' 체결을 비롯한 제반 협력관계를 유도하기 위해 동서독정부 간 회담을 제의하였다. 이에 대해 1969년 12월 17일 동독의 울브리히트(Walter Ulbricht) 국가평의회 의장이 서독의 하이네만(Gustav Heinemann) 대통령에게 보내는 서한을 통해 "국제법상의 일반원칙에 입각한 선린관계" 수립을 위해 동서독 수상회담을 제의하였다. 이 결과 수상회담을 위한 예비회담의 개최에 이어 1970년 두 차례의 수상회담이 개최되었다.

전후 최초로 이루어진 정상회담은 서독의 브란트 수상이 1970년 3월 19일 동독의 에르푸르트를 방문함으로써 이루어졌다. 이 제1차 정상회담은 서로 다른 정치이념을 바탕으로 한 원칙과 개념상의 차이 때문에 구체적인 결실을 가져오지 못했다. 제2차 정상회담은 제1차 때의 합의에 따라 2개월 만인 5월 21일 서독의 캇셀(Kassel)에서 개최되었다. 이 회담에서 브란트는 기본조약의 20개 항목을 구체적으로 제시하였고, 동독 측 슈토프 대표는 동서독이 서로 다른 이념에 따라 조성된 2개의 민족임을 강조하고 국제법상 독립된 국가로서의 관계수립을 촉구하였다.[2)]

양차에 걸친 정상회담의 결실은 1972년에 체결된 동서독 기본조약이었다. 기본조약 체결은 정상회담의 결실이지만, 당초 이 조약의 체결은 주변국 관계와 밀접한 연관을 가지고 시작되었다. 1972년 서독의 소련 및 폴란드와의 불가침 및 관계개선조약 체결 과정에서 서독 하원은 5월 17일 동독과의 관계정상화를 위하여 정부가 적극적으로 나설 것을 권유하는 결의안을 채택하였다. 이에 따라 서독정부의 적극적인 대동독정책이 추진되었고, 이를 계기로 동서독 대표는 동등한 자격, 유엔 헌장 존중, 무력행사 포기, 독립성 인정 등을 바탕으로 하여 1972년 8월 16일 관계개선 협의를 시작하였다. 그로부터 3개월 후 양국은 기본조약 문안을 작성하는 데 성공하였고, 같은 해 12월 21일 조약을 체결하였고, 다음 해인 1973년 6월에 발효하였다.

이 기본조약은 내독관계를 규율하기 위한 '최소한의 원칙'만 규정하였다. 전문 및 10개 항으로 구성된 기본조약의 주요내용은 △양국은 동등자격 원칙 하에 정상적인 우호선린관계를 발전시키고, △모든 국가의 주권, 독립, 자주성, 국경선, 자결권 등 유엔 헌장에 명시된 목적과 원칙을 인정하고, △분쟁을 평화적으로 해결하고 무력에 의한 위협·무력행사를 포기하며, △양국의 어느 국가도 다른 국가의 국제적 대표권 행사를 하지 못하며, △유럽국가들 간의 평화적 관계증진과 안전에 기여하며, △경제·학술·기술·교통·우편·통신·보건·문화·체육·환경 등 실질적·인도적 문제에 대한 후속협정을 체결하는 것을 골자로 하였다.

동독은 서독의 동방정책 추진과 기본조약의 체결을 동독 국가승인의 중요한 계기로 활용하여 외교적인 공세를 취하는 한편, 동독 존재의 이데올로기적·정치적 정통성 획득을 위하여 기존의 민족국가 개념을 수정하여 1971년 독일 사회주의통일당(SED) 8차 전당대회 이후부터는 서독의 부르주아적 민족개념과 구별되는 사회주의적 민족개념을 새로이 정립하였다. 결국 기본조약은 민족개념에 대한 상이한 입장차이가 존재하여 각 조항에 대한 상이한 해석상의 여지를 남긴 채 양측이 타협하게 되었다.

동서독은 1973년 11월 유엔에 동시가입 하였으며, 1974년 6월 20일에는 상주대표부를 각각 설치하였다. 브란트 이후 1974년부터 1981년까지 지속된 슈미트(Helmut Schmidt)정부는 동방정책을 계승하여 동유럽국가들과의 교류증진에 노력하는 한편, 더 나아가 동서 양 진영 화해의 조정자로서 교량역할을 수행하며 각 분야에 걸쳐 기본조약의 후속협약을 동독과 체결했다.

그러나 1970년대 말부터 국제정세는 데탕트 기간을 벗어나 소련의 아프가니스탄 침공, 폴란드 계엄사태, 소련의 제3세계 개입 및 무력증강, 이에 대한 미국의 강경대처, NATO의 유럽에의 중거리미사일 배치 결정 등으로 동서 신냉전이 시작되었다. 그럼에도 불구하고 유럽의 긴장완화와 평화유지를 위한 서독의 외교노력과 1981년 슈미트가 호네커를 방문하여 이루어진 제3차 동서독정상회담을 통해 양 독일은 외교적인 영역에서 재량권을 확보하고 교류협력을 꾸준히 진전시킬 수 있었다. 이 당시의 분위기는 미국과 소련이 중거리 핵무기를 주로 독일지역에 배치함으로써 동서독은 국가안보에 직접 위협을 받았으나, 동서독 정상은 양 독일이 긴장완화를 유도해야 한다는 데 공감대를 형성하고 있었다.

1982년 슈미트를 이어 수상이 된 기민당의 콜(Helmut Kohl)은 아데나워의 친서방정책과 그동안의 사민·자민당 연정의 동구권 및 동독과의 교류·협력정책을 이어 받았다. 한편 1985년 3월 소련에서 고르바초프가 등장하여 개방·개혁정책을 추진함에 따라 맞게 된 동서 간 신데탕트 시대를 최대한 활용하여, 상대적으로 월등한 경제력을 바탕으로 대동독 교류를 증진하면서 개방을 유도하는 데 총력을 기울였다.

그 결과 제4차 정상회담이 개최되었다. 동독의 국가평의회 의장 겸 사회주의 통일당 서기장이었던 호네커의 1987년 11월 서독방문은 분단 후 처음으로 동독의 국가원수 겸 실권자가 서독 땅을 밟았다는 데 의의가 있었다. 호네커는 1983, 1984, 1986년 서독방문 초청을 받았으나, 양독 간의 결속을 바람직하게 생각하지 않던 소련의 저지로 이루어지지 않았었다. 이 회담에서 양독은 명분을 살리면서 분단국 간에 협력할 수 있는 모든 분야에 걸쳐 합의함으로써 평화를 정착하고 국민들의 불편을 최소화할 수 있는 관계를 적극 모색하게 되었다.

1989년에는 고르바초프가 서독을 방문하여 제2차 세계대전의 종지부를 찍고 상호 협력하는 데 동의하여 유럽 내 평화의 정착과 더욱 진전된 양독 간 관계개선의 여건을 조성하였다.

3. 통일 이전 양독 간의 교류·협력 상황

동서독 간에는 분단 이후 무력충돌이 없었기 때문에 분단 직후부터 비공식적이나마 교류가 이루어졌다. 본격적인 교류는 1970년 정상회담과 1972년 기본조약이 체결된 후 이루어졌다. 교류·협력 형태를 시기별로 나누어 보면 표 7.1과 같다.

1) 경제교류·협력

분단 이후 4대 점령국 간의 정치적인 갈등에도 불구하고 경제교류는 꾸준히 지속되었다. 동독의 경우 1946년 1월 8일부터 소련군정청 명령 5호로 서방 3개국 점령지역과의 무역이 허용되었으며, 1947년 1월 민덴협정(Minden Agreement) 체결 이후 서방점령지역과 소련점령지역 간의 공식적인 교류가 시작되었다. 동서독 간 초기거래는 교역에 대한 제도적 장치가 마련되어 있지 않아 소규모 구상무역(두 국가 수출입 물품에 대해 대금을 돈이 아닌 그에 상응하는 수입과 수출 물품으로 지급하여 무역차액을 0으로 만드는 것)이 주류를 이루었으나, 이 형태의 교역마저 1948년 6월부터 동서독이 독자적인 화폐를 사용함에 따라 난관에 봉착하게 되었다. 또한 소련이 베를린 육로를 봉쇄함에 따라 내독교역은 중단상태에 놓이게 되었다.[3)]

그러나 1949년 5월 제섭-말리크협정(Jessup-Malik Agreement)을 체결하여 교역을 재개하였고, 1949년 6월의 프랑크푸르트협정에 의하여 교

표 7.1 동서독 간 교류·협력형태 변화단계

단계	년도	내용
1단계	1951년	내독무역
2단계	1970년	통신·교통교류
	1972년	인적교류
	1975년	환경문제 공동해결
	1976년	광물채광
	1979년	문화교류
	1982년	민간단체 교류
	1983년	차관공여
3단계	1987년	과학기술협력
		환경보호협력
		문화교류협력

역의 결제단위, 결제방식, 거래방법 등 교역의 기본적인 틀을 갖추었다. 그 후 1951년 9월 베를린협정이 체결되었는데, 1960년 8월 새로이 수정된 베를린협정이 양독 간 무역의 법적근거가 되었다. 1972년 체결된 동서독 기본조약 7조의 추가의정서에서도 양측은 베를린협정에 기초하여 내독 간 무역을 발전시키는 데 합의하였다.

1969년 서독이 동방정책을 본격적으로 추진한 시기부터 물품의 수출입에 있어서 몇 가지의 대공산권 수출금지 품목을 제외하고는 개별품목에 대한 허가제도가 폐지되었다. 양독 간 무역은 단일 경제단위 원칙하에 내부거래로 간주하여 무관세 등의 특혜를 부여하였으며, 결제는 양독 중앙은행 간에 청산계정을 설정하여 이루어졌는데, 그 청산단위 VE는 서독의 마르크화를 동독의 마르크화와 청산할 경우에 한해서만 1:1로 취급하는 특수한 단위였다. 내독무역은 주로 안정적인 서독 시장가격을 기준으로 하여 이루어졌으므로 서독의 마르크화가 가치기준이 되었다.

연간 총 교역량은 1980년대 평균 150억 VE 수준으로 서독은 동독에게 있어서 소련 다음가는 제2의 무역상대국이었으며, 동독은 서독의 제15위 무역상대국이었다. 동서독 간의 교역을 평가해 볼 때 1960년대 후반부터 순조로운 증가를 하였다고 할 수 있다. 무역수지면에서도 일방 편중을 보이지 않고 어느 정도의 균형을 이루었다. 그러나 의존도에 있어서 동독의 서독에의 의존도가 상당히 높은 편이었다. 서독의 동독에 대한 무역의존도는 1.5%였으나, 동독의 서독에 대한 무역의존도는 28%를 기록하였다. 동독의 무역의존도를 살펴보면 사회주의국가에의 의존도는 65% 이상, 소련에의 의존도는 39%였다. 비사회주의권에 대한 의존도는 34% 전후인데 이중 서독에의 의존도가 28%를 기록하였다.[4)]

이러한 의미에서 동서독 간의 교역은 선진국 간의 수평적 무역형태라기보다는 선진국과 후진국 간의 수직적 무역형태였다는 것을 알 수 있다. 한 예로 서독은 동독에 원유를 수출하고 반대로 서독은 동독에서 정유(가공)제품을 수입하였다. 동독은 원유수입을 위한 외화부족 때문에 서독이 대신하여 원유를 수입하여 동독으로 재수출하며 동독은 원유를 정제 가공하여 일부는 국내소비에, 대부분은 서독에 재수출하였다. 이러한 무역거래는 비금속 분야에서도 이루어졌다.[5)] 서독은 화학제품, 중기계, 첨단기술, 생산시설 등을 주로 동독에 수출하였고, 농산물, 섬유제품, 광유제품, 서비스 등을 동독으로부터 수입하였다.

1950년대 냉전 기간 서방진영은 사회주의권에 대하여 금수 조치를 취하였기 때문에 서독의 동독과의 무역도 원칙적으로 불가능하였으나, 서독은

표 7.2 1980년대 동서독 간 무역현황 (단위: 억 VE)

	1981	1982	1983	1984	1985	1986	1987	1988
서 → 동	61	71	77	73	86	78	74	68
동 → 서	64	70	76	82	82	73	71	73

동독에 대한 교역을 특수관계하의 내부교역인 '내독교역'으로 선언하여 국제적 규제를 피할 수 있었다. 서독이 관세 및 무역에 관한 일반협정(GATT)과 유럽공동체(EC)에 가입할 때도 특별규정을 신설하여 내독 간 교역이 변동 없이 지속되고, 동독이 특수한 지위를 인정받도록 하여 서독과 똑같은 권리를 누릴 수 있도록 배려하였다. 1951년 4월 21일 서독이 GATT의 정식회원이 될 당시, '독일이 원산지'가 되는 모든 상품을 교역할 때 아무런 규제를 받지 않도록 하였다. EC 가맹국은 동독과의 교역협정을 체결할 때 다른 가맹국에도 알려야 할 것이며, 나아가서 이러한 협정은 유럽공동시장 형성 정신에 위배되어서는 안된다고 하였다. 이러한 이유로 동서독 간 교역을 비판적으로 보는 사람은 동독을 EC의 준가맹국, 또는 제13가맹국으로 간주하기도 하였다.

동독은 서독에의 과도한 의존 또는 종속을 우려하여 한때 서독과의 교역을 중단하려 하였으나, 최대 무역 상대국인 소련이 긴급하고 필요한 제품을 제때 공급하지 못하여 결국 서독에 의존하게 되었다. 동독은 내독교역의 특수관계성을 부인하고 서독의 동방정책에 대하여 '제한정책'으로 맞섰지만, 사회주의 건설에 필요한 경제적 충족의 욕구 때문에 특수관계로부터 오는 혜택을 마약과 같이 거절하지 못하고 이중적 태도를 견지하였다.

서독은 동독과의 교역에서 한 걸음 더 나아가 산업분야의 협력을 위해 장기차관을 공여하였다. 1983년 6월에 서독의 은행연합은 상업베이스로 조건 없이 10억 마르크의 현금차관을 제공하는 데 합의하였고 서독정부는 은행차관의 정부보증을 해주었으며, 1984년 7월에는 9억 5,000만 마르크를 추가 제공하였다. 1980년대 국제적으로 신냉전이 시작되자 1982년 초 유럽국가들은 동유럽국가들의 부채상환 능력부족으로 코메콘(CMEA) 회원국 전반에 걸쳐 차관공여를 정지시키고 채무상환 불이행국으로 지정하였으며 동독도 이에 포함되었다. 그러나 1983년과 1984년 동독정부는 서독은행으로부터 두 차례에 걸쳐 차관보증을 받음으로써 동독은 부채상환 능력이 있는 나라로 인정받게 되었다.

당시 오일쇼크가 발생하였음에도 불구하고 동독은 서유럽으로부터 기계 및 공장시설 수입을 억제하고 반대로 석유수출을 강화함으로써 서유럽국가들과의 무역수지 적자를 개선할 수 있었으며, 1982년부터는 상당한 무역흑자를 볼 수 있었다. 따라서 부채도 12조 5,000억 달러에서 6조 2,000억 달러로 감소시킬 수 있었다. 그리고 양독 간의 제협정, 강제태환제, 면세점, 호텔, 주유소 등으로 매년 2조 달러의 외화를 획득할 수 있었다.

서독정부는 동독을 개방시키고 교류·협력을 유지하기 위하여 동독정부에 대하여 상당한 금액의 지원금을 제공했는데 무조건 지원했다기보다는 항상 명분을 부여하여 동독의 자존심을 살리려는 노력을 하였다. 그 내용은 연간 5억 2,500만 마르크의 서베를린 통행 일괄지불금, 연간 5,250만 마르크의 동독 도로사용료, 연간 2억 마르크의 우편교환에 대한 조정금 등을 포함하였다. 이 이외에도 서베를린 및 동독지역의 환경문제와 관련된 협력과 서독의 보조금 제공, 동독 내 고속도로의 공동건설 및 수리보수 등 다양한 형태의 협력사업이 추진되었다.

동서독 간에는 정치협상을 목적으로 한 금전거래가 비밀리에 이루어지기도 하였다. 대표적인 것으로는 동독의 정치범 및 동독시민의 서독이주 허가의 대가로 지불한 것이다. 1963년 이후 동독은 서독과의 협상하에 약 2만 8,000명의 정치범을 석방하였는데 그 대가로 1인당 약 10만 마르크를 서독이 제공하였다. 이를 환산하면 연평균 1억 5,000만 마르크를 동독정부에 지불한 것으로 추정된다. 동독시민의 서방권 이주를 허용하는 대가로 동독정부는 서독정부로부터 1인당 약 3만 마르크를 제공받았으며, 1989년이 예산은 3억 1,000만 마르크였다. 이러한 정치적 지불금들은 서독 슈투트가르트의 특수은행에 루터 자선단체의 예금구좌에 예치되어 동독정부가 서독의 상품을 구입하는 데 한정되어 사용되었다. 단순 방문인 경우 서독을 방문하는 동독주민에 대해 서독정부는 1인당 100마르크를 기초경비로 제공하였는데 이에 따른 서독정부의 부담은 연간 3억 마르크에 달했다.

또한 서독은 동독을 여행하는 자국 국민의 도로사용료도 부담하였다. 10년간 서독은 3억 5,000만 달러를 동독에 지불하였다. 이와 같은 서독의 경제적 지원책으로 인하여 동독의 서독 의존도는 40%로 증대되었고 서독의 동독 의존도는 10%에 불과했다. 서독은 동독에 대한 마르크 차관조차도 동독인들의 인권과 자유 향상을 위해 연계시켰다. 1983년 서독은 동독에 10억 마르크의 차관을 공여하면서 그 대가로 서독은 동독 측이 1,400km에 달하는 국경선에 설치해 놓은 기관총좌와 지뢰의 3분의 1을 철거토록 유도하였다. 이어 서독은 1984년 9억 5,000만 마르크의 차관을 동독 측에 대여해 주면서 동독이 서독여행 제한을 크게 완화하도록 하였다.

2) 인적교류

경제교류와 더불어 동서독 간에 가장 활발히 이루어진 협력분야는 인적교류·협력이다. 분단 직후 동독지역에 친척이 있는 경우 동독방문이 규정상 1년에 4주의 한도 내에서 가능했으나, 1952년부터 거의 이루어지지 못하였고, 1961년 베를린장벽 설치 이후부터는 상업목적 이외의 여행 및 방문이 불가능해졌다. 동독정부는 인적왕래를 규제하기 위하여 1964년부터 의무적으로 서독의 여행자들에게 하루 5마르크를 교환하여 사용케 했는데, 이 금액은 계속 인상되어 1980년부터는 25마르크로 인상되었다. 1968년부터는 여권 및 체류허가 취득의 의무를 부과하였다.

1963년 동서 베를린 간에 통과사증 협약이 맺어진 이후 긴급한 경조사에 한하여 방문이 허용되었고, 1972년 통행협정이 맺어진 이후 방문의 규제가 완화되어 친척뿐 아니라 친구를 방문할 수 있게 되었다. 1년에 여러 차례 45일의 범위 내에서 방문이 허용되었고, 체류허가도 전 동독지역에 유효하게 되었다. 서독에서 동독지역으로의 여행의 경우 1960년대에는 특정 지역만 허용되었으나, 통행협정 이후 동서독의 여행사들이 수속업무를 대행하면서 여행사가 제공하는 여행코스에 한하여 체류허가를 받는 조건으로 여행이 대폭 허용되었다. 서독인들의 동독 방문 및 여행자 수는 1972년 기본조약 체결 후 200만 내지 300만 명을 유지하다가, 1980년대 후반에 단체여행, 수학여행 등으로 급격히 늘어나 600만 내지 700만 명에 이르렀다.

동독에서 서독으로의 여행 및 방문의 경우 1946년 이후 여권소지를 의무화하여 베를린을 제외한 다른 서독지역으로의 여행·방문을 엄격하게 제한하였다. 1957년 이후는 청소년층의 여행을 금지하고 베를린장벽 설치 이후는 상업목적과 공무에 한하여 여행을 허가하였다. 이에 따라 1957년 270만 명의 방문자가 1958년 60만으로 줄어들었으며, 베를린장벽 설치 이후인 1962년과 1963년에는 2만 7,000명과 5만 명으로 줄었다.

1964년 이후부터 연로한 연금생활자, 1972년 통행협정 이후 긴급한 집안 경조사가 있는 경우 등 친척방문 범위를 늘려가며 방문을 허용하였다. 이에 따라 서독지역 방문객 수는 100만에서 150만 명을 유지하였다. 1984년 이후에는 친구를 방문할 수 있게 되어 더욱 늘어나게 되었다. 동독인의 서독방문 및 여행자 수는 1980년대 여행자의 증가로 대폭 늘어나 1986년에 약 250만 명에 달하였다.

베를린장벽 설치 이후 이산가족들의 상봉은 인도적인 견지에서 서독정부의 꾸준한 노력으로 추진되어, 1962년 처음 합법 이주가 시작된 이래 매년 평균 1만 5,000명 정도의 동독인의 서독으로의 이주가 허용되었다. 특히 1972년 기본조약에서 가족상봉의 문제해결을 위해 노력한다는 규정과 동독이 유럽안보협력회의(CSCE)의 헬싱키선언에 서명한 이후 인권문제에 대한 국제적 여론을 의식하여 이주신청자에 대해서 노골적인 탄압을 가하지는 못하였다. 1981년 동서독 간에 '이주를 위한 협정'이 체결되어 이주규모와 속도가 가속화되었다. 이 협정으로 동독에서 서독으로, 서독에서 동독으로 정식절차에 의하여 이주할 수 있게 되었다.

1988년 동독에서 서독으로 이주한 주민 수는 약 3만 5,000명이었는데, 이들 중 2만 5,000명은 이산가족 재결합이었고, 나머지는 단순한 이주자였다. 이주가 시작된 초기에는 이주자의 대부분이 연금대상자였으나 1980년대에 들어서는 고학력자와 숙련공 등 비교적 교육 수준이 높은 젊은 세대도 이주신청을 많이 하였다. 이러한 이주자들의 성향은 일반적으로 동독에 대해서 불만 또는 비타협적인 태도를 가졌거나 사회혼란을 일으킨 자 등이었으며, 개인의 특별한 사정도 이주의 큰 동기가 되었다. 모든 이주자들은 서독에서 내국인으로 인정받으며 수용되었으나, 이주민들의 재취업은 어려운 편이었다. 이주민의 20% 이상이 연수교육, 재취업교육을 받았음에도 불구하고 서독기업에 적응하는 데 어려움을 겪었으며, 동독으로 '재탈출'하려는 이주민도 생겼다.

취업할 때까지 이주민은 실업수당을 받아 주거보장을 받았다. 연금대상자일 경우 연금계산과정에서 동독에서의 직장경력을 인정해 주었으며, 연금대상자가 동독에서 받을 수 있는 연금을 1:1의 환율로 사망 시까지 지급해 주었다. 이주민에게 동독에서 지출되었던 교육연수비를 서독이 동독당국에게 반환하였다. 연금대상자는 동독에서 받을 연금을 모두 포기하기 때문에 동독으로서는 경제적 절약 효과를 누릴 수 있었다.

인적교류 중에는 동독의 정치범도 포함되었다. 이들은 주로 체제저항 세력으로 중형을 받고 있던 사람들이었다. 1964년 70명의 동독 내 정치범이 처음으로 서독으로 인도된 이래 1989년까지 약 3만 3,000명의 정치범이 서독에 인도되었다. 이에 대하여 서독은 막대한 대가를 지불했는데, 직접 현금으로 지급한 것은 아니고 동독 내 부족한 현물(열대과일 등)을 공여하는 형식을 취하였다. 서독에서는 내독관계부의 차관이 이 업무를 전담했으며 동독의 변호사와 접촉창구를 만들어, 인도자 명단을 서독에서 제시하면 동독에서 인도여부를 결정하는 형식을 취하였다.

정치범을 인도함으로써 서독은 물질적인 대가를 지불하고서라도 인도적인 견지에서 분단을 고통을 겪고 있는 인간을 도울 수 있었고, 동독은 체제 유지에 부담이 되는 인물들을 추방함으로써 체제를 더욱 공고히 할 수 있었다. 또한 서독이 지불한 대가는 당시까지 동독에서 고급인력을 양성하기 위해 국가가 투자한 비용에 대한 대가로서 당연히 보상받아야 한다는 입장을 취하였다.

동서독 간의 인적교류를 보다 활성화시킨 것은 양측 간의 우편 및 통신교류가 이루어졌다는 점이다. 분단 이후 양측 지역 간에는 변칙적인 체신교류가 가능했다. 1961년 베를린장벽이 구축되면서 체신교류가 일시적으로 중단되었으나 곧이어 재개되었다. 동독은 1948년부터 1968년 사이의 우편, 전신 사용료로 서독 측에 18억 마르크를 요구했을 정도로 두 지역 간에는 분단 초기부터 체신교류가 활발하게 이루어졌다. 결국 동서독은 1971년 9월 체신교류에 관한 의정서를 체결하고 양 지역을 연결하는 전화회선을 크게 늘렸다.

동서독은 분단된 상태에서도 교통망을 계속 연결해 사용하고 있었다. 동서독 간에는 32개의 철로, 3개의 고속도로, 31개의 연방도로, 그 밖의 공공도로들로 연계되어 있었다. 이 교통망은 1948년 6월부터 1949년 4월 사이의 베를린 봉쇄 당시 전면 차단된 바 있으나 그 후 곧 재개되었다. 동독은 동독영토 170km 안쪽에 위치하고 있는 서베를린으로 통과하기 위한 도로사용료를 1951년부터 서독으로부터 징수하기 시작하였다. 그리고 이후 1972년 5월 동서독은 교통조약을 체결하였다. 이 조약은 국제관례에 따라 호혜주의 원칙에 기초한다는 것을 명시하였고 철도, 자동차, 하천교통, 해운 등의 교통에 관해 규정하였다.

동서독 교류과정에서 가장 어려웠던 분야는 언론매체의 교환이었다. 동독이 언론을 통한 서독의 자유사상 유입을 두려워했기 때문이다. 동서독의 공식적인 라디오와 텔레비전 방송 교류는 기본조약이 발효된 1973년 이후부터 가능하였다. 통일전 1988년 현재 서독의 수도 본에는 6명의 동독 특파원이 주재하고 있었으며 동베를린에는 19명의 상주 서독 특파원이 취재하고 있었다. 그뿐만 아니라 서독의 3개 TV방송국이 동베를린에 지사를 설치, 현지 방송을 함으로써 85%의 동독지역이 서독 TV 시청권으로 들어갔다. 라디오는 100% 가청권으로 확대되었다.

4. 동서독의 통일과정

독일의 통일은 국제정치적 측면에서 세계 냉전의 종식이 큰 역할을 했다. 냉전시대에 동독은 소련의 위성국이면서 종속적인 위치에 있었으므로 소련이 변하고 붕괴될 때 동독도 따라서 붕괴되지 않을 수 없었다. 1985년 고르바초프가 소련의 지도자로 등장하면서 시작된 동서진영 간의 해빙은 동유럽 공산국가들의 민주화를 가져 왔고, 이에 따라 동독에서도 민주화운동이 전개되었다. 약 20년간 동서독 간의 교류에 따라 동독주민들은 공산체제의 문제점을 인식하고 서방세계에 대한 동경심을 가지게 되었다. 이러한 대내외적인 요인이 동독의 붕괴와 독일의 통일을 가능하게 하였다.

1) 동독의 급변사태와 서독의 통일정책 모색

동독체제의 붕괴는 1989년 5월 동독주민들의 서독으로의 대규모 탈주로부터 시작되었다. 1989년 여름, 동독과 국경을 접하고 있는 헝가리가 중립국 오스트리아와의 국경을 개방하고 국경선 철조망 절단 행사를 실시했다. 이러한 사실이 동독 국민의 85% 이상이 시청하는 서독 텔레비전에 방영되어 동독 주민들이 서독으로 이주할 수 있는 방법을 터득하게 되었다. 따라서 주로 기술을 가지고 있는 동독의 젊은이들이 헝가리와 오스트리아를 통하여 서독으로 탈출하였다.

더구나 헝가리정부가 동독정부와 1969년에 체결한 협정을 1989년 9월 10일에 일방적으로 정지시킴에 따라 동독인들의 탈출이 늘어났는데, 그 협정의 내용은 유효한 증명서가 없는 시민들은 양국 간에 자동적으로 귀환시킨다는 내용이었다. 헝가리가 동독의 항의에도 불구하고 동독과의 국경을 개방한 이유는 여러 가지가 있었지만, 그중에 흥미로운 것은 서독정부의 대헝가리 외교도 한몫을 하였다는 점이다. 서독정부는 1989년 9월 13일 서독의 은행이 헝가리 수출산업을 지원하기 위하여 5억 마르크의 차관을 공여할 것이라고 발표하였다.[6]

1989년 5월부터 그해 말까지 34만 명이 동독에서 탈출하였고, 11월에만 13만 3,000명이 탈출하였다. 1990년 처음 두 달 동안에도 12만 명이 탈출을 감행하였다. 동독정부는 초반에 탈출을 통제하였으나 탈출자의 수가 급격히 증가하자 이를 제대로 봉쇄하지 못하였다. 동독 탈출자 현황을 보면 소련점령 기간(1945~1948년) 약 73만 명, 베를린장벽 설치 시까지(1949~1961년) 약 270만 명, 동독 급변사태 발생 이전까지(1961~1988년) 약 61만 명, 베를린장벽 붕괴 전까지(1989년 1월~12월) 약 34만 명이었다.

1989년 봄부터 시작된 주변 동유럽국가들의 민주화운동과 1989년 6월 중국에서의 천안문 시위는 동독의 민주화운동에 많은 영향을 미쳤다. 교회를 중심으로 한 시민운동가들은 1989년 5월에 실시된 자치선거 결과를 전면 부인하면서 '노이에스 포럼'을 조직하는 등 민주화운동을 시작하였다. 한 달여 동안 10만 명 이상이 이 포럼의 설립을 지지하는 청원서에 서명하였고, 심지어는 동독 집권당인 사회주의통일당(SED) 내의 개혁지지자들도 서명을 하였다. 1989년 10월부터 동독정치제도의 민주화를 요구하는 항의집회가 라이프치히에서 시작되어 동독 모든 지역으로 확대되었고, 10월 18일 호네커가 실각하였다.

호네커가 실각하여 동독정부가 붕괴되었으나, 사회주의체제까지 붕괴되지는 않았다. 권력을 승계한 크렌츠(Egon Krenz)는 호네커에 버금가는 강경파로서 공산당 비밀정보부요원 출신이었다. 정권붕괴가 되었으나 사회주의체제는 오히려 더 강화된 느낌이었다. 위기상황에서 권좌에 오른 크렌츠는 주민들의 불만을 일시적으로 봉합하기 위해서 합리적이고 국민들의 지지를 받는 지도자로서의 이미지를 심으려 노력하였으며, 이의 일환으로 자유선거와 해외여행제한 철폐를 약속하였다.

그러나 반정부집회는 계속되어, 1989년 11월 4일 동베를린에서 50만 명 이상이 참여하여 동독의 개혁을 주장하는 최대 규모 시위가 발생하였고, 이는 동독 대도시에 대규모 시위로 확산되었다. 반정부집단에 대한 회유책으로 1989년 11월 6일 동독정부는 국외여행법안을 발표하였다. 제한 없는 여행, 자유선거, 언론·출판·집회의 자유와 야당의 설립을 허용하였으나, 국가·경제·사회의 완전한 개혁을 요구하는 대규모 시위가 계속되었다. 결국 1989년 11월 9일 크렌츠가 베를린장벽의 붕괴를 재가함으로써 독일은 통일의 길로 들어서게 되었다.

동독에서의 반정부집회에 고무된 서독의 콜 수상은 1989년 11월 28일 국가연합 형태의 동서독 통일방안 10개 항을 발표하였다.

① 국경 개방으로 야기된 대동독 지원 분야(인도, 의료, 외환 등)에 대한 즉각적인 긴급 지원
② 양 국민에게 직접 이익이 되는 경제·과학 분야의 협력 강화
③ 동독 개혁 달성 시 경제원조의 대폭확대
④ 동독 수상의 구상을 수용, 양독의 모든 필요한 분야에서 합의 도출을 위한 공동기구 설치
⑤ 자유선거와 합법정권의 탄생을 전제한 공동위원회, 공동의회 등의 기구 설치 → 국가연합 형태로 발전
⑥ 유럽 분할의 극복(양독관계는 유럽통합과 동서 관계 속에서 발전)
⑦ 동유럽 및 중부 유럽국가들에 EC 문호 개방
⑧ 전 유럽안보협력회의(CSCE) 적극 추진

⑨ 군비관리, 군축조약의 진전

⑩ 독일민족의 자결권 행사로 통일을 기하고 유럽의 평화적 질서 구축

이 방안은 동독이 제안한 조약공동체 구상을 받아들여, 통일을 위한 과도기적 형태로서 동서독 간에 '국가연합적 구조'를 거쳐, 최종적으로 연방 형태의 통일국가 형성 추구를 골자로 하였다. 다시 말해서 상이한 두 개의 국가를 결합시켜 통일을 하겠다는 의도였다. 동독이 완전히 붕괴된 이후 서독이 일방적인 흡수통일을 하기보다는 동독체제를 보존시키면서 국제법적으로 인정이 되는 국가 간 합의에 의하여 통일을 하는 정책을 모색한 것이다. 서독이 동독을 일방적으로 흡수통일할 경우 서독의 동독지역에 대한 관할권 문제를 국제사회에서 제기하여 통일에 난관이 예상되기 때문에, 이를 피하면서 통일을 하는 방안으로 '국가연합' 방식을 모색한 것이다.

그러나 동독의 상황은 이 제안을 받아들일 만큼 안정되어 있지 못하였다. 크렌츠가 베를린장벽의 붕괴를 재가하는 등 일부 민주화 조치를 취하였으나 동독 국민들은 이에 만족하지 않고 200만 명이 참가하는 '인간사슬' 시위를 벌여 1989년 12월 3일 크렌츠가 사임하였다. 그후 개혁온건파인 모드로우(Hans Modrow)가 신임수상이 되어 경제·사회개혁을 위해 새로운 연립정부 구성과 새로운 선거법 제정을 약속하였다. 동독공산당(후에 민사당으로 개칭)은 1989년 12월 채택한 새 강령에서 스탈린식 국가사회주의로부터 탈피하여 당의 지도적 우위 포기, 당 운영에 있어 비민주적 원칙 포기, 시장경제제도의 도입 등 '제3의 길'을 새로운 노선으로 제시했으나, 어디까지나 당시의 내독관계와 사회주의체제를 유지하는 것을 전제로 하였다.

그러나 동독 내에서의 정치·경제적 상황이 점차 악화되면서 동독인들은 부유하고 안정된 서독과 빠른 시일 내에 통합하는 것만이 혼란상태를 해결할 수 있는 유일한 방법이라는 인식을 가지기 시작하였다. 1969년부터 서독의 브란트 수상이 추진했던 동방정책이 성과를 거두는 순간이었다. 서독

의 인내심있는 대동독 유화정책으로 동독 주민들은 서독체제의 우월성을 인지하고 있었던 것이다.

이에 따라 동독 내 반정부 소요가 격화되었으며, 특히 1990년 1월 15일에는 수만 명의 시위군중이 동베를린의 정보기관인 슈타시 본부를 점령·수색하였다. 동독 내 시위가 확대되기 시작하자, 동독정부는 1990년 1월 재야대표와 원탁회의를 개최하고, 재야의 의견을 수용하여 자유·민주헌법 마련과 국민투표 실시, 이 헌법에 따른 조기총선의 실시를 결의하였다. 또한 정보기관인 슈타시는 1990년 1월 25일까지 해체되고, 그 대신 '헌법보호청'이라는 조직으로 전환될 것이라는 결정도 하였다.

그동안 서독정부는 화폐·경제·사회통합을 위한 준비를 시작하고 있었다. 1990년 1월 30일 서독 재무부는 화폐통합과 관련하여 비밀회의를 개최하고, 화폐통합조약 초안 마련을 위한 '내독관계실무단'을 구성했다. 그리고 2월 7일 서독 연방내각은 외무·내무·법무·재무·경제·내독관계·노동·환경장관 등으로 구성된 통일위원회와 6개 분과위원회를 구성하여 통화통합 등의 문제를 심도있게 검토하기 시작하였다.[7)]

동독의 모드로우 수상은 1990년 2월 1일 중립화와 경제·교통망·법률제도를 우선 합치는 임시 연방을 내용으로 하는 4단계 통일방안을 발표하였다.

1. 양독이 통일연방국가 건설을 위해 나토와 바르샤바조약기구로부터 탈퇴, 군사적 중립유지
2. 양독이 경제·통화·교통 및 법률제도 통합을 통한 계약공동체 구성
3. 중앙 및 지방의회와 정부기구 등을 묶는 공동정책기구 설치·운영
4. 공동정책기구에 양독의 주권을 이양하여 통독 실현

모드로우와 콜은 정상회담을 통해 경제·통화동맹 창설과 서독의 동독에 대한 재정지원 등을 논의하였다.

서독의 콜 수상은 동독이 완전 붕괴하기 이전에 동독의 체제를 보존하면

서 연합을 하여 합의형 통일을 하려 했으나 동독의 상황이 이를 받아들일 수 없는 상태로 무너지게 되어 결국은 동독지역에 새로운 개혁정부를 탄생시켜 서독과 공식적으로 합의하여 통일을 하는 전략을 수립하였다. 이를 위하여 서독정부와 정치인들은 동독지역의 총선거를 계획하였다. 자유민주주의 원칙에 의하여 실시되는 동독지역의 총선거 결과 설립되는 정부는 국내외적인 정통성을 보유하게 될 것이고, 이 정부와 서독이 통일을 하게 되면 국제적으로 인정받는 통일이 될 것으로 확신하였다. 특히 서독의 동독흡수통일에 대한 국제법적 시비를 거는 외세의 비판을 잠재울 수 있는 방안이었다.

1990년 3월 18일 실시된 동독 총선에는 24개의 정당이 400석의 4년 임기 의원이 되고자 참가하였다. 2월 20일에 채택된 새로운 규정에 의하여 순수비례대표제가 채택됨에 따라 각 당은 대의원 명부를 제출하였고 전국을 15개 지역선거구로 나누었다. 93.4%가 참여한 총선거 결과 기민당(CDU)을 중심으로 한 '독일연합(AFD)'이 승리하였으며, 조속한 서독 귀속 통일방안이 공식화되었다. 서독 자매당들의 지원 속에 24개 군소정당이 난립하여 치른 선거에서 독일연합이 48%를 획득하였고 경쟁당인 사회민주당(SPD)은 브란트 등 서독 사민당 지도자들의 지원에도 불구하고 22%의 지지밖에 얻지 못하였다. 민사당 16%, 기타 군소정당이 14%를 획득하였다. 독일연합은 서독의 집권당인 기민당과 제휴한 동독의 기민당을 중심으로 한 보수연합으로서 서독의 경제통합 제안과 양독의 조속한 정치통합에 대한 동독 국민들의 지지를 그들의 선거공약에 반영하였다. 신임수상으로는 독일연합에 속한 기민당 당수 드 메지에르가 선출되었다.

2) 동서독의 통합조약 체결과 국제적 승인

동서독의 화폐통합 문제는 1990년 초부터 논의가 시작되었다. 1990년 2월 서독의 콜 수상과 동독의 모드로우 수상이 정상회담을 가진 직후 화폐·경제·사회통합을 위한 공동위원회를 구성하여 실무작업을 시작했다. 그러나 콜 수상은 동독에서 민주적 정통성을 인정받는 정부가 들어선 이후에야 통합을 실시하겠다는 생각을 갖고 있었기 때문에 본격적인 협상은 진전되지 않았다. 결국 동독에서의 총선거 이후 4월 25일 동서독정부는 전문가들로 구성된 새로운 위원회를 구성하여 조약을 체결하기 위한 본격적인 준비를 시작하였다.

그 결과 1990년 5월 18일 동서독은 제1차 국가조약인 통화·경제·사회통합조약(GEMU조약)을 조인하고, 1,150억 마르크의 통일기금조성을 착수함으로써, 동독을 사회주의 통제경제체제에서 사회적 시장경제체제로 전환하는 기틀을 마련하게 되었다. 이 조약 체결 이후 통일까지 동서독은 연합단계를 거쳤다는 주장도 있다. 짧은 기간이었지만 동서독은 '통화·경제·사회연합이라는 국가연합 단계를 거쳐 완전통일'에 이르렀다는 주장이다.[8)]

1990년 8월 31일 동서독은 제2차 조약인 '독일의 단일성 회복에 관한 조약'(일명 통일조약)을 체결하여 정치통합을 위한 준비를 하였다. 9장 45조와 의정서로 구성된 통일조약은 동독의 서독편입 규정(제1조)을 비롯하여 통일 후의 국제법적 관계, 공공행정과 법적 보호, 공공재산과 채무, 노동·사회부문 등을 규정함으로써 정치통합을 법적으로 뒷받침하였다. 동독총선을 위한 선거협약 및 통합조약을 체결함으로써, 모든 분야에 걸친 양독관계 통합을 위한 최종 법적 구체화 작업이 이루어졌다. 통일조약은 9월 20일 동서독 의회의 비준을 거쳐 9월 25일 서독 대통령이 서명함으로써 절차적인 단계를 마무리 지었다. 마침내 1990년 10월 3일 동독이 서독의 기본법 제23조에 따라 동독지역의 15개 지구가 분단 전의 5개 주로 개편되어 서독연방에 편입됨에 따라 독일연방공화국으로 공식적인 통일국가가 되었다.

독일은 제2차 세계대전 이후 국제적인 협약에 따른 분할점령으로 분단되었기 때문에 통일을 위해서는 국제적인 합의가 필요하였다. 또한 독일의 통일은 그 정치·경제적 비중으로 볼 때 유럽의 안보 및 평화문제와 불가분의 함수관계를 갖고 있어 통독 후 군사동맹체 잔류문제, 국제정치적 위상문제, 유럽안보협력회의(CSCE) 문제, 유럽통합 등 향후 유럽질서의 핵심적인 부분에 대한 논의 및 위상설정이 독일통일의 가장 중요한 전제조건이었다.

이러한 문제들을 해결하기 위하여 2+4협상이 개최되었다. 2+4회담은 동서독과 미국, 영국, 소련, 프랑스 포함 전승 4개국이 전후 독일문제를 종결짓는 수단으로서, 독일과 전승 4개국 간의 평화조약이 체결되지 않았기 때문에 채택된 특수한 방식이었다. 전승 4개국 중 서방 3개국과는 '독일조약'을 통해 베를린을 제외하고 주권국가로서 서독의 권리를 인정받았으나, 소련은 독일 전 지역에 계속 점령권을 행사하고 있다는 주장을 하여 왔으므로 통일을 위해서는 소련으로부터 '완전주권'을 회복하는 것이 국제법상 필수불가결하였다.

1990년 5월 5일 본에서 개최된 제1차 2+4회담은 독일민족의 자결권에 입각한 독일통일의 조기실현을 합의하였다. 서방 측은 기존 나토전략의 수정과 나토의 정치기능 강화를 조건으로 통독의 나토가입을 제안하고, 나토의 틀 안에서 통독문제 해결 및 유럽안보유지 입장을 고수하였다. 소련 측은 통독의 나토가입을 반대하며, 독일이 양 동맹체로부터 탈퇴하여 중립의 지위를 가져야 한다는 입장을 표명하였다. 또한 통일독일이 나토에 가입하지 않는다는 조건으로 동독주둔 소련군의 완전철수 입장을 표명하며, 통독의 외적인 측면 해결과 양독 간의 내적 통일 진행과정의 분리추진을 제안하였다. 통일 이후에 군사동맹체 유지 문제가 주요 쟁점이 되었다.

동베를린에서 1990년 6월 22일 개최된 제2차 회담은 통독 외국군의 단계적 철수를 토의하였다. 독일의 통일 이후 유럽의 신평화질서 구축을 위해 유럽안보협력회의체제를 제도화할 것과, 이 체제의 테두리 속에서 통독의 정치·군사적 지위에 관한 문제해결을 합의하였다. 서방 측은 통독 후 독일 국가주권의 완전회복과 통일독일의 나토가입의 입장을 재천명하였다. 소련 측은 외국군의 베를린으로부터의 철수, 통독 후 5년의 과도기간을 설정하여 통일독일에 나토와 바르샤바조약기구의 동시 회원국 지위 부여, 통일독일의 군사력 상한선 20~25만 명을 제의하였다.

제2차 2+4회담까지 국제적인 면에서 가장 크게 부각된 문제는 통일독일의 나토가입에 대한 소련의 반대였다. 이 문제를 해결하기 위하여 3차 2+4회담 직전인 1990년 7월 14~17일 고르바초프와 콜이 만나 합의점을 추구하였다. 협상결과 소련은 안보적 측면에서 거대한 경제력과 잠재력을 가진 독일이 중립화되지 않으면 안 된다는 인식을 포기하게 되었다. 고르바초프는 나토의 기존 전략을 수정하는 조건하에 적정 규모의 군사력을 가진 비핵국가 독일이 나토 회원국이 되는 것이 소련의 안보이해를 해치지 않는 선에서 이를 받아들이기로 하였다. 대가로 소련은 내부의 정치·경제개혁을 촉진하기 위해 독일로부터 자본·고급기술설비·생필품·경제전문가·상품시장화를 비롯한 경제원조 제공과 소련군 철수비용을 독일정부가 부담할 것을 약속받았고 중부 유럽지역의 비군사화를 추진함과 동시에 동서 간 경제협력체제 형성에 합의하였다.

정상회담 이후 콜 수상은 통일독일의 완전주권 회복과 나토가입을 사실상 수락하는 내용의 역사적인 독·소 간 합의 8개 항을 발표하였다.

1. 독일통일 대상지역
2. 소련의 전승국으로서의 권리 포기, 통일독일 주권회복
3. 통일독일의 주권행사를 통한 동맹국 결정, 나토가입 입장 선언
4. 동독주둔 소련군 38만 명 3~4년 이내 철수 및 양자조약 체결
5. 소련군 동독주둔 동안 나토군 동독주둔 금지
6. 동독지역 소련군 주둔 동안 베를린에 3대 연합군 과도적 주둔
7. CFE협상에서 3~4년 내에 동독군대 37만으로 감축
8. 화·생·방무기 생산·보유·반입금지

서독과 소련의 외무장관은 1990년 6월 11일, 18일, 8월 17일 등 세 차례

에 걸쳐 회담을 가지고, 소련군의 철수비용을 서독이 제공하는 합의를 하였다. 서독이 재정으로 부담하는 비용은 철수군의 주택건설, 소련군 1994년까지 주둔비용, 소련군 철수운송비용, 소련군 직업전환 교육비용 등의 120억 마르크였고, 이외의 경제지원으로 30억 마르크를 5년 거치 무이자 상환조건으로 차관을 제공하며 그 이자 10억 마르크를 서독정부가 부담키로 하였다. 결국 서독은 통일독일의 나토가입권을 소련에게 돈을 주고 산 것이나 다름없었다.

이어서 서독과 소련은 선린우호관계와 협력에 관한 조약을 9월 13일 체결하였다. 이는 서독이 완전주권을 회복하고 최초로 맺은 조약으로 소련과 독일 간의 관계를 향후 전 분야에 걸쳐 확대 및 발전시키고 양국이 '결코 어떠한 상황에서도' 서로 무력을 사용하여 전쟁을 치르지 않기로 규정한 포괄적인 조약이었으며, 향후 후속조약에 대한 상위 기본조약의 역할을 하는 조약이었다.

제3차 회담은 서독과 소련의 정상회담 직후인 1990년 7월 17일 파리에서 개최되었는데, 이 회담은 독일-폴란드 국경선을 확정하고 통일독일의 나토 잔류를 결정하였다. 모스크바에서 1990년 9월 12일 개최된 제4차 회담에서 통독문제 최종합의서가 채택되었다. 최종합의서 내용은 대부분 독소 정상회담에서 합의된 내용들로,

1. 통독국경규정 및 독일의 평화선언
2. 독일의 화생방무기 제조·보유·사용포기선언 및 통독군사력 37만 명으로 감축
3. 통독 후 독일군대 중 나토 소속군대를 포함한 어떤 국가의 군대도 소련군 철수 시까지 동독지역 주둔 금지 및 군사훈련 금지
4. 통일독일의 동맹가입권리 보장

이로써 2+4회담이 개최되는 동안 제2차 세계대전 승전 4개국은 독일, 특

히 베를린 지역에 가지고 있던 법적권리를 포기하였고 독일이 완전주권을 회복하는 법적 절차에 합의하였다. 독일의 국경문제도 별 이의 없이 잘 해결되었다. 1990년 7월 17일 폴란드가 2+4회담에 참가하여 독일-폴란드 국경문제 등 현안문제들을 해결함으로써 국제적인 문제가 일단락된 것이다. 독일관련 최종처리에 관한 조약(Treaty of Final Settlement on Germany)이 1990년 9월 12일 모스크바에서 2+4국가들에 의해 공식적으로 서명되었으며, 8일 후 서독의회와 동독인민회의가 인준하였다. 1990년 10월 3일 동서독이 공식적으로 통일을 이룩했으며, 한 달 후인 11월 7일 35개국이 참가한 파리 유럽안보협력회의(CSCE)에서 독일통일에 대한 국제적 승인이 최종적으로 이루어졌다.

독일의 통일방식은 서독헌법 23조에 의거한 흡수통일 방식이었다. 통일과 함께 서독헌법의 모든 조항이 동독으로 확대되었고, 동독의회는 1945년에 폐기되었던 5개의 주를 복귀시키고 해체되었으며, 동독지역은 서독의 선거제도에 흡수되었다.

5. 분야별 통합추진

통일 후 독일은 구동독의 행정 및 사법체제의 개편, 구동독이 외국과 체결한 조약 및 협정의 처리, 구동독군의 감축 및 군대통합, 경제제도의 전환 및 경제 수준의 향상, 사회·문화분야의 통합 등 정치통합 이후의 새로운 독일의 국민통합을 위한 작업을 진행하였다.

통일 이후 독일정부는 동서독을 통합하는 데 있어서 다음과 같은 과제를 해결해야 하였다. 첫째, 동독지역의 체제변화에 따른 주민들의 의식구조와 생활양식을 재정비하는 문제였다. 사회주의 이데올로기에서 탈피하여 자본주의체제에 상응한 창의력의 개발을 유도하려는 노력을 기울였다.

둘째, 동독지역에서의 구정치 행태를 탈피시키고, 행정체계를 재정비할 필요가 있었다. 동독이 채택한 구체제를 청산하고 신설된 5개 주의 행정체계를 확립하고, 비효율적인 관리체계를 정비하고, 과도한 행정인력을 축소할 필요도 있었다.

셋째, 동서독지역 간 실질격차를 해소하기 위하여 동독지역 경제를 활성화하는 문제도 시급하였다. 계획 및 통제경제체제로부터 시장경제체제로의 전환과 더불어, 서독 및 서방기업으로부터 동독지역에 대한 개발투자의 유치도 필요하였다. 또한 사회간접자본 확충, 실업대책, 사회보장제도 확대,

표 7.3 통일독일 주요지표

구분	서부	동부	통일독일
면적(천 ㎢)	249	108	357
인구(100만, 1988년)	61.7	16.7	78.4
인구밀도(㎢당)	248	155	220
고용(%)			
– 남	61	55	60
– 여	37	48	39
– 농업	5	12	7
– 산업	41	48	43
– 서비스	54	40	51
연금자(인구비 %)	15.2	13.2	14.8
출생률(1,000명당)	10.4	13.4	11
사망률(1,000명당)	16.3	13.4	15.7
결혼률(1,000명당)	6.3	8.3	6.7
종교(인구비 %)			
– 로마카톨릭	45	10	38
– 신교	49	80	55
문화시설(가구비 %)			
– 자동차	97	52	87
– 냉장고	77	43	70
– 자동세탁기	76	10	62
– 칼라TV	94	52	85
– 전화	98	7	79

환경보존시설 개선의 추진도 필요하였다.

넷째, 국가 소유 기업의 사유화 및 재편의 문제도 있었다. 공기업을 사유화하기 위한 신탁청을 설립하였다. 동독지역에 있던 8,000여 개의 기업을 사유화 및 재편성해야 했으며, 기업사유화 매각자금을 동독기업 정비에 사용하였다. 또한 토지 등 공유부동산을 매각한 자금을 통독지역 재건에 활용하였다.

1) 경제통합

통일 이후 통합과정에서 나타난 가장 큰 문제점은 양 지역 간의 경제력을 균형화시키는 문제였다. 예상했던 것보다 통일비용이 많이 들어감에 따라 국민적인 불안감이 생성되었다. 대체로 통일비용은 총 4,310억 마르크(1마르크는 대략 2달러였다)가 소요될 것으로 분석되었다. 우선 구동독지역 재건을 위한 연방정부의 재정지원액이 1989년 450억 마르크, 1990년 975억 마르크에 달하였다. 통일 직전에도 서독은 동독에 연성차관 또는 보조금 등의 형태로 매년 50억 마르크를 투자하였다. 이는 서베를린과의 통신수단 개선, 공해감소, 정치범에 대한 자유회복 등의 자금으로 사용되었다.

통일 당시 30%의 동독기업만이 자유시장경제에 경쟁력을 가지고 있었다. 1990년 중반 동독정부가 조사한 평가에 의하면, 8,000개의 기업 가운데 20%는 경쟁력을 잃고 문을 닫아야 할 상황이었고, 50% 정도는 임시 신용보증이 있어야 새로운 독일체제에서 경쟁할 수 있는 수준이었다. 나머지 30%의 기업만이 지원없이 조업할 수 있었다. 부실기업들이 생존하기 위해서는 대규모의 투자가 필요했지만, 서독기업들은 동독에 대한 투자를 회피하였다. 이에 따른 동독지역의 경기침체 및 세무행정체계 미확립으로 동독지역 주 정부 세입이 격감하여 동독지역 주 정부의 재정자립도가 전무한 상태가 되었다.

표 7.4 통일 당시 동서독 경제력 비교

구분	서독	동 독
국민총생산(억 달러)	13,525	1,709
1인당 GNP(달러)	21,739	10,287
실질성장율(%)	3.8	1.9
무역규모(억 달러)	6,111	470
수출(억 달러)	3,413	237
수입(억 달러)	2,698	233

서독은 경제적인 측면에서 몇 가지 그릇된 평가 및 기대를 하고 있었다. 서독의 경제전문가들은 1970년대와 1980년대에 동독이 서독의 70~80%의 생산력을 가지고 있다고 평가하였으나, 실제는 25%의 능력만을 가지고 있었다. 또한 서독의 경제인들은 동서독의 환율 1:1 교환 후 동독인들이 동독생산품에 대하여 전면적인 거부를 할 것을 예상하지 못하였다. 동독생산품의 동독에서의 소비는 반 이하로 줄어들게 되어, 동독의 공장들이 문을 닫아야 하는 상황에 직면하게 된 것이다. 통일 이후 동독 주민들은 생전 처음 보는 서독의 수준 높은 제품만 구입하려 했다.

통일과정에서 동독기업들은 경영합리화를 시도하여야 했고, 이의 일환으로 고용 노동자들을 정리함으로써 1990년 6월 말~8월 말 사이 동독지역의 실업 수준이 3배로 증가하여 35만 명에 이르렀고, 이는 전 노동인구의 4%였다. 또한 전 노동력의 10% 정도가 완전고용이 아닌 시간고용이었다. 실업자가 기하급수로 늘어나 1990년 말에는 노동인구의 4분의 1이 실업상태이거나 불완전 고용상태였다. 1991년도에는 노동인구의 절반 가량인 170만 명이 실업상태였고, 200만 명이 시간노동에 종사하게 되었다.[9)]

IMF는 2001년까지 동독의 경제가 서독의 수준에 도달하려면 1조 7,000억 마르크가 필요하다고 분석하였다. 또한 2001년에 동독의 생산력이 서독의 80%에 도달한다면 실업률이 6%로 하락할 것이지만, 60%에 도달하지 못한다면 실업률은 36% 이상을 기록할 것으로 예상하였다. 동독경제가 서독에 완전히 흡수 통합되려면 적어도 한 세대의 기간이 걸릴 것으로 전망되었다.[10] 1990년 12월의 선거공약에서 콜 수상은 통일 이후 독일인 누구도 불이익을 당하지 않을 것이고 세금의 증가도 없을 것을 약속했으나, 통일 이후 개인소득에서 7.5%의 초과부담이 있자, 독일인들의 불만이 고조되었다.

통일 이후 안정을 위해서는 양 지역의 경제를 통합하여 경제적 인정을 회복하는 것이 급선무였다. 동독지역의 자력성장을 도모하고 역동적인 경제발전을 목적으로 1990년 말~1991년 초 수립된 '동독부흥(Aufschwung Ost: Project Germany)' 전략은 다음과 같은 내용을 포함하고 있었다.

① 민간투자활동 장려, 전반적인 투자지원을 통한 민간창업 지원
② 투자 장애요인의 제거
③ 사회간접시설의 확충
④ 동독기업에 대한 판매조건의 개선
⑤ 신탁청에 의한 민영화, 재민영화 및 기업정비
⑥ 불가피하게 발생하는 구조붕괴를 사회적으로 측면지원하기 위해 노동시장정책적인 수단의 투입
⑦ 지역정책을 통한 구조조정과정의 측면지원

1990년 5월 18일 체결된 제1차 국가조약, 즉 통화·경제·사회통합조약(GEMU조약)에 의거 서독은 1,150억 마르크의 통일기금조성을 착수함으로써, 동독을 사회주의 통제경제체제에서 사회적 시장경제체제로 전환하는 기틀을 마련하게 되었다. 이 조약은 통합 후 동독의 화폐교환에 대하여 연령에 따른 차이를 두어야 한다는 내용을 포함하였다. 특히 고연령층이 일생 고생한 노동의 대가를 보장하여야 한다는 측면에서 연령별 차이를 두도록 하였다. 동독의 모든 노동임금, 봉급, 연금 및 개인저축은 어린이에게는 2,000

마르크까지, 15~59세에게는 4,000마르크까지, 60세 이상에게는 6,000마르크까지 1:1로 동등하게 교환되며, 그 이상의 모든 저축과 국가기업의 부채 등은 2:1로 전환토록 하였다. 이 조약의 다른 주요한 내용은 1990년 3월 설립된 신탁청의 감독하에 8,000개의 국영기업을 점차 사유화하는 것, 또한 1972년 국유화된 기업들이 전소유자에게 환원되어야 한다는 것 등이었다.

통합 이후 가장 중요하게 추진된 경제정책은 실업과 인플레를 해소하고 경제 활성화를 도모하는 것이었다. 공공투자증진, 법인세 면세, 임금인상억제 등을 통한 기업의 투자를 장려하였고, 민간의 구매력 증진을 위해 소득세의 인하 조치를 취하였다. 성장보다는 안정을 중시하여 인플레 방지에 최우선의 노력을 기울였다. 또한 산업의 국제경쟁력을 제고하고 노동환경을 개선하는 데 힘썼다. 무엇보다도 구동독지역의 경제체제를 시장경제체제로의 전환을 추진하는 동시에, 경기부양, 산업구조개편, 사회간접자본 확충 등에 총력을 기울였다.

구동독지역의 경기를 부양시키기 위하여 서방기업의 동독지역 투자를 적극적으로 유치하였다. 이러한 투자촉진을 위해 관련법을 정비하고 미흡한 부분은 새로 제정하였다. 동독지역의 집중개발을 위해 세금인상 및 공채발행, 투자 유도 목적의 감세 혜택 조치도 병행하였다. 서독지역에서는 동독 개발재원을 마련하기 위해 소득세, 법인세, 보험세, 석유세, 담배세를 인상조치하였다.

동독의 경제 수준을 서독 수준으로 발전시키는 데 통일비용이 가장 많이 지출되었으나, 그 이외 분야에서의 비용도 적지 않게 지출되었다. 특히 환경에 투자된 비용이 막대하였다. 동독기업들은 공산주의 시절 할당량만큼의 생산에 치중하였지, 폐수 및 오염 등 환경문제에는 거의 신경을 쓰지 않았다. 동독 기초에너지의 70%가 유황이 함유된 갈탄이었으며 많은 화학공장들은 과거의 석탄로를 사용하였고 에너지 소모율도 매우 높았다. 동독의 유황·이산화물 분출량은 1980년대 말에 연평균 1인당 240kg에 달하여 서독의 60kg 이하에 비하여 4배에 달하였으며 유럽에서 가장 높은 수치였다. 이에 따라 동독주민의 폐암 발생률이 높았으며 산림까지 훼손시킬 정도였다. 북쪽지역은 수공업지역이었음에도 불구하고 발틱해안은 산업폐기물의 계속적 유기로 오염되었으며, 또한 소련이 건설한 핵발전소 때문에 방사능 오염의 위험도 상존하고 있었다. 서독 수준으로 동독지역의 환경정화시설 투자에 소요되는 비용은 2,000억 마르크로 추정되었다.

독일통일은 독일민족에게 있어서 수십 년간의 꿈을 이룬 것이고, 더구나 동독이 서독에 흡수통합되었다는 점은 서독인들에게는 더할 나위 없는 영광과 기쁨이었으나, 그러나 막대한 통일비용이 들게 되고 이를 서독인들이 부담해야 한다는 데 대하여는 불만을 표출하기 시작하였다. 1991년 민간투자를 제외한 공공분야에서만 동독지역에 투자한 금액은 1,700억 마르크(약 85조 원)인 반면, 이 지역에서의 세입은 300억 마르크(약 15조 원)에 불과, 1년간 1,400억 마르크(70조 원)의 적자를 기록하였다. 이는 독일 전체 GNP의 6%, 연방정부 예산(4,250억 마르크)과 주 정부 예산 및 통일비용 등을 비롯한 전체공공지출의 25%에 해당하는 것이었다.

동독정부는 통일 직전인 1990년 3월 국가소유기업을 개선하여 사유화하는 작업을 감독하기 위하여 신탁청(Treuhandanstalt)을 설립하기로 결정하였고, 6월 17일 자로 동독신탁법에 의거 신탁청은 기업민영화의 임무를 부여받았다. 1995년 1월 1일 신탁청이 민영화 임무를 완료하고 간판을 내릴 때까지 1만 4,000개의 기업이 민영화되었고, 2만 2,000개의 호텔, 식당, 상점이 개인 또는 기업에 매각되었다.

1949년 동독지역이 공산화된 이후 몰수되었던 재산권 반환 및 보상문제도 해결해야 할 과제였다. 동독정부 수립 이전에 개인이 소유했던 토지를 동독정부 수립 이후 강제징수하여 주민들에게 배분한 바 있는데, 이에 대한 반환문제가 대두된 것이다. 재산권 반환은 세 부류에서 요구되었다. ① 국유화에 의하여 공장을 잃어버린 기업인들, ② 집단화에 의하여 토지를 잃은 농민들, ③ 제2의 주택을 반환받으려는 서독인들이었다. 통합초기에 약 120만 건의 반환신청서가 접수되었다. 이를 확인하고 반환하기 위해서는 막대한 행정력이 소요되었으나 행정체계의 미확립으로 지연되지 않을 수 없었다.

재산권 반환을 위한 기준은 1990년 6월 15일의 '동서독 정부 간 미해결 재산문제의 처리를 위한 공동성명서'에서 확정되었고, 1990년 9월 20일 동독법인 미해결 재산처리에 관한 법률로서 통일조약과 함께 발효되었다. 이 문서에서 합의된 원칙은 1949년 10월 7일 이래 동독영토에 있던 재산으로서 아무런 보상금 없이 몰수된 재산은 원소유자에게 반환되어야 한다는 것이었다. 미해결 재산처리에 관한 법률, 약칭 보상법은 권리자에게 재산의 반환이 불가능하거나 권리자가 재산의 반환 대신 보상금 지불을 원할 경우 권리자에게 보상금을 지불하도록 하였다.

2) 사회통합

통일 이후 급격한 통합에 따른 동독 주민들의 정체성(identity) 위기문제가 심화되었으며, 또한 통일 이후 이념적 양극화에서 나타난 정치문화의 혼란 상태는 독일의 내적통합을 저해하는 주요한 문제 중 하나로 꼽혔다. 특히 분단 시기에 형성된 상호간의 편견, 이질적인 체제 속에서 형성된 삶의 양식의 차이, 민족공동체적 정체성의 부재, 통일 이후 통합과정에서 노정된 사회·경제적 및 사회·심리적 불안, 그리고 단기간의 체제흡수 형태로 이루어진 통일과정상의 문제 등을 꼽을 수 있다.

이러한 장애요인에도 불구하고 통합 이후 독일정부는 사회안정을 위하여 과거 동독 공산치하의 잔재청산 및 정신적인 손상회복을 위해 최선의 노력을 기울였다. 전독일 지역에 복지 및 사회보장제도를 확대하였고, 동독지역에 대한 지방자치제의 육성에 중점을 두었다. 사회간접자본 시설과 주택

건설 등 고용효과가 큰 공공사업을 조기에 시작하였고, 환경보호를 국가목표로 설정하여 기본법에 삽입시키고 구동독지역의 교육제도 개선 및 문화보존 등 환경·사회문제 해결을 위해 국가적 관심을 집중하였다.

독일정부는 연방사회법, 제국보험령 및 기타 법규로 의료·재해, 연금, 실업 등에 대한 보험 및 사회복지제도를 마련하였다. 그 이외의 사회복지제도로서 산후 18개월까지 지급되는 양육수당, 자녀수에 따라서 지급되는 아동수당, 자녀 교육지원제도, 생활능력이 없는 자에게 지급되는 사회부조 및 저소득자에 대한 주택수당 등이 있다. 통일 이후 이러한 서독의 사회보장체제를 동독으로 확대하였다.

정치적 동질화를 위하여 연방정부는 동독주민에 대한 체제전환에 따른 민주주의 및 법치국가에 대한 정치교육을 실시하였다. 주요대상은 군인, 공무원, 교사, 언론인, 노조간부 등이었으며, 교육기관은 연방 및 주 정부 정치교육센터, 각 정당, 학술재단 등이었다. 이러한 연방정부의 노력에도 불구하고 동독주민들은 통일 직후 개방적이고 다원화된 사회에 제대로 적응하지 못하였다.

통일 이후 대두된 사회적 문제점은 실업자의 증가로부터 시작되었다. 통합 직후 동독에 약 300만 명의 실업자가 발생하였다. 동독지방에서의 실업자 증가에 대하여 연방정부가 적절한 해결책을 제시하지 않자 동독주민들의 불만이 증대되기 시작하였다. 더구나 선거 이후 4개월이 지나는 동안 콜이 동독을 방문하지 않자 동독인들은 '농락' 당하였고 '버림' 받았다고 인식하게 되었다.

거의 모든 동독인들은 자신들이 정치·경제·문화적으로 서독에 병합되었거나 점령당하였다고 생각함으로써 동서독인들 간의 갈등이 나타나기 시작하였다. 동독인들은 그들이 새로운 환경에 적응할 시간이 없을 정도로 통일과정이 빨리 진행되었고, 많은 것이 약속되었지만 실제로 시행되는 것은 별로 없다고 생각한 반면에, 서독인들은 동독인들이 노력은 하지 않고 요구만

한다고 비난하였다.

통일 이후 정치적 문제점들도 많이 발생하였다. 특히 경제 및 사회적인 문제점들의 발생과 이에 대한 해결책을 제대로 제시하지 못하여 1990년의 선거에서 42%의 지지를 받았던 콜에 대한 지지율이 1991년 3월에는 26%로 하락하였다. 동독의 경제문제를 해결하기 위하여 콜이 임명한 관료들이 인기가 없어 인재등용하는 데 어려움을 겪었으며, 콜 조직 내에서도 갈등이 존재하였다. 동독의 문제점들이 해결될 때까지 마르크화의 안정이 어렵다는 비판이 나왔으며, 독일인들은 일반적으로 정부가 통일비용을 잘못 계산하였거나 이를 감추고 있다고 생각하였다.

통일 이후 주민들 간의 이질감 극복도 용이하게 진전되지 못하였다. 40년간의 분단으로 상이한 국가관, 생활양식, 가치, 경험체계가 형성되었으며, 특히 구동독인의 사회주의적 타성이 동서독 주민 간의 화합에 커다란 장애요소로 등장한 것이다. 서독기업인들은 동독근로자의 채용을 회피하였으며, 서독주민들의 동독주민들에 대한 경시풍조가 만연하였다. 동독주민의 86%가 심리적으로 2등 국민이라고 차별의식을 느끼고 있었다.

특히 서독 중심의 급속한 흡수통합으로 구동독지역 군인, 공무원 등 공공기관에 종사하는 사람들을 감원한 데 따른 동독인들의 피해의식이 팽배해 있었다. 감축 대상자는 과도기적 경과기간(50세 이하는 6개월, 50세 이상은 9개월) 동안 과거 급여의 70%를 받으며, 직업교육 이수 등 전직준비를 하였고 그 이후는 자동적 실직되게 하였다. 이에 따라 통일 이후 많은 실직자가 발생하였다. 이와 더불어 급격한 물가상승, 가시적인 생활환경 개선 지연 등으로 인해 동독인들의 피해의식이 팽배하였다. 1991년 3월 25일 라이프치히에서 대규모 반정부집회가 개최되었는데, 여기 참가한 6만여 명은 직장과 생활조건의 개선을 외쳤고 콜 수상의 사임을 요구하였다.

동독 공산체제의 붕괴 이후 공산주의의 이념적 교육을 받으며 자란 세대의 정신적 방황이 심각한 정치·사회문제로 등장하였다. 구동독지역 청소년층의 이데올로기적 방황의 결과로 신나치주의가 급속하게 확산되었다. 심리적인 패배감 및 피해의식의 표출로 외국인에 대한 극단적인 폭력행위를 자행하였고, 경기장 내 폭력 등 집단적인 폭력을 행사하였다. 또한 청소년층의 히틀러숭배, 외국인 학대 등은 전쟁피해 당사국들과의 관계악화를 초래할 우려가 있었다. 1991년 6월 당시 3만 명의 동독 젊은이들이 극우극단주의를 지지하고 있었으며, 5,000~1만 5,000명이 신나치활동을 하고 있는 것으로 조사되었다.

그러나 다른 대안이 없었기 때문에 동독의 서독편입에 대하여 동독인들은 거의가 긍정적인 반응을 보였다. 서독으로의 편입이 옳았다고 생각하는 동독주민이 약 70%에 달하였고, 28% 정도가 틀렸다고 생각하였다. 동독지역의 주민들은 점차로 통일에 적응을 해 나갔지만 과거 사회주의에 대한 향수를 느끼고 있는 주민들도 상당수 있는 것으로 분석되었다. 1994년 여름 독일의 슈피겔지가 실시한 여론조사에서 구동독인들은 "스스로를 독일인으로 인식하고 있는가, 혹은 동독인으로 인식하고 있는가"에 대한 질문에 '독일인'으로 대답한 사람들은 61%로, 1992년 11월의 45%에 비해 16%가 증가하였지만, '동독인'으로 대답한 사람이 36%(1992년 54%)에 달하였다.

구동독인들은 "사회주의가 왜 실패하였는가"에 대해서는 71%가 "사회주의의 이상은 좋은데 이를 실현할 정치가가 없었기 때문"이라고 대답해 원론적으로 사회주의를 부정하지 않았다. 그러나 생활면에서 9%만이 "매우 나쁘다" 혹은 "나쁘다"고 대답했으며, "좋다" 혹은 "매우 좋다"는 대답이 54%에 달하였다. 이 결과를 분석해 보면, 통일로 인하여 동독인들의 생활 수준이 향상되었음에도 불구하고 구동독인들은 사회주의에 대한 향수를 완전히 버리지 못하고 있음을 알 수 있다. 동독지역의 주민들은 스스로 모험을 무릅쓰거나(26%) 상술에 능하지(15%) 않은 반면, 사회규범을 잘 지키고(70%) 정직(63%)하며 오만하지도 않다(4%)고 생각하였다. 이에 반하여 서독인들에 대해서는 모험을 무서워하지 않으며(57%) 상술에도 밝은(62%) 반면, 사

회규범을 잘 지키지(12%) 않고 정직하지(8%)도 않고 오만하다(77%)고 응답하였다.[11)]

1995년의 여론조사에 의하면, 통일 이후 상황을 예상했던 것과 비교하였을 때 동독주민들 중 낫다는 응답자가 13%, 비슷하다 33%, 못하다 53%의 결과가 나왔다. 서독은 낫다 25%, 비슷하다 28%, 못하다 43%로 조사되었다. 동독인들의 소외감과 열등감이 심각하게 나타났는데, 2등 국민 대접을 받는다 72%, 마음 속의 장벽이 더 높아지고 있다 67%, 실업자가 될지도 모른다 70%였다. 사회분야의 9개 항목에 대한 동서독의 우열관계를 동독지역에서 1991년과 1995년을 비교하여 조사한 결과 1991년에는 치안, 여성권리, 사회적 안정 세 가지 면에서 동독에 후한 점수를 주었고, 생활 수준, 과학기술, 학교교육, 직업교육, 의료제도, 주택사정 등 여섯 가지는 서독이 낫다는 평가를 하였지만, 1995년에는 생활 수준과 과학기술을 뺀 일곱 항목 모두가 옛 동독이 나았다고 대답하였다.[12)]

통일 직후 동독지역은 매우 불안정상태가 계속되었다. 예를 들어, 출산율을 살펴보면 1993년의 출산율은 1989년에 비하여 60%가 낮아졌는데 이는 전시에나 볼 수 있는 수치이다. 1989년에서 1991년 사이 25세에서 45세 사이의 젊은 남자 사망률도 30%나 증가하였다.

3) 군사통합

독일의 통일은 서독의 동독 흡수로 이루어졌기 때문에 당연히 군대도 서독군이 동독군을 흡수 통합하였다. 통일과 동시에 동독군을 해체하고 연방군 예하의 동부사령부로 축소 구성하였으며 1991년 6월 동부사령부를 폐지하였다. 동독군의 사기를 고려하여 일부 동독군에 대한 전환교육을 통해 서독군에 편성하였고, 전환불가능자는 사회로 복귀하는 데 지원을 하였다. 통일 이전 동독의 의무복무기간은 18개월이었으며, 이에 비하여 서독의 의무복무기간은 15개월이었다.

통일 후 군사통합 과정을 보면, 1990년 10월 3일 통일과 함께 기존 동독 인민군의 모든 명령, 지휘권은 독일연방군으로 인계되었으며, 서독에 편입된 동독지역에는 서독의 법과 규정이 적용되었다. 동독지역에는 독일연방군 동부사령부가 창설되었고, 이 사령부는 실질적 군사통합을 위한 과도기 임무를 맡았다.

1990년 10월 3일 창설된 독일연방군 동부사령부의 주요 임무는 동독군대의 해체 및 개편이었다. 동독군으로부터 인수한 육군 2개 군사지역을 2개 방어지역 사령부로, 6개 사단을 6개 여단으로, 해군 3개 전단을 3개 전대로, 공군 2개 사단을 1개 비행사단으로 개편하여 1991년 6월 30일부로 독일 연방군의 지휘체계로 편입하였다. 이와 더불어 구동독군 병사 중 우수한 자를 선별, 교육하여 정병양성화, 구동독 인민군 사용 장비, 탄약, 시설의 인수 및 관리, 동독주둔 소련군의 철수지원조, 서유럽식 군대의 병영생

표 7.5 통일 이전 동서독 병력 비교 (병력 단위: 명)

		육군	해군	공군	기타	총계
서독	병력	345,000	39,000	111,000		495,000
	주요 부대	3개 군단 12개 사단 3개 지역사 6개 관구	6개 전단 1개 항공전단 2개 지원사	4개 비행사단 2개 전술항공사단 2개 방공사단	민간인 180,000 (군비국, 국방 행정) 예비군 750,000 (대기, 동원, 일반)	
동독	병력	120,000	16,000	37,100		173,100
	주요 부대	2개 군사령부 6개 사단 2개 지역사	3개 전단 1개 통신지원사 1개 항공단	2개 비행사단 1개 방공사단	예비군 323,500 국경수비대 47,000	
통일 후	병력	260,000	26,200	83,800		370,000
	주요 부대	8개 사단 3개 지역사 6개 관구	5개 전단 2개 지원사 항공대	5개 비행사단 공군지원 사령부	예비군 530,000 국경수비대 38,000	

활과 교육수행, 작전업무 수행능력강화 및 출동준비태세 완료, 부대훈련 총괄 등의 임무를 부여하였다.

통합을 전후한 구동독군의 퇴역실태를 보면, 1990년 10월 2일을 기해 모든 장성과 제독, 55세 이상의 직업군인, 정치장교, 군검찰청과 군사법원 소속군인 일체가 강제 퇴역조치 당하였다. 55세 이상 장기복무자 이외에 소장 하사관중 대다수가 퇴역하였는데, 그 이유는 젊은 하사관들이 병역의무를 마치면 대학입학의 특전을 부여하였기 때문이다. 국경수비대와 민방위체제 요원 6,000명은 연방군 내에서 민간근무직의 특수지위를 한시적으로 부여받았다.

통일 이후 연방군은 약 8만 9,000명의 동독군을 인수하였는데, 군별로 보면 육군 5만 7,300명, 해군 8,300명, 공군 2만 3,000명이었으며, 이중 장기근무자는 5만 명, 의무복무자는 3만 9,000명이었다. 전체 병력의 감축을 위하여 인수한 동독군의 계급별, 연차별 감축계획을 수립하였는데, 1991년 5월까지 7만 명, 1994년까지 5만 명으로 감축하도록 하였다. 약 2,000명의 서독연방군 장교를 동독지역에 배속하여 대대급 이상 주요 지휘관 및 참모를 서독군으로 대체하였고, 교육훈련장교 및 정보분야, 군수분야 등 특과장교도 서독군으로 대체하였다.

동독군에 대한 인사관리 원칙은 장기 복무자에 대해서 2년간 근무실적과 사상성을 관찰한 후 선발하는 것이었다. 엄격한 심사를 거쳐 자유민주주의의 기본규칙을 준수할 수 있는 자만 선발하여 연방군에 잔류시키도록 하였다. 구동독 인민군 장교는 1~2계급 강등조치를 하였는데, 그 이유는 동독군의 빠른 진급으로 연령에 의한 서독군과 균형을 위해서였다. 연방군에 편입된 장교는 9,000명이었는데 이 중에는 3명의 대령, 300명의 중령, 400명의 소령이 포함되어 있었다. 구동독 장교 중 독일 연방군의 하사관 근무를 지원하는 자는 하사관으로 활용할 계획을 세웠다.

장기복부자는 2차에 걸쳐 선발하였다. 1991년 9월 30일까지의 1차 선발

단계에서는 해당 지원자의 동독군 내 근무실적 및 사상성 등 검토하여 선발하였고, 1차 선발자에 대하여 2년간 복무기회를 부여하고 관찰 평가하도록 하였다. 1991년 10월 1일부터 1993년 9월 30일까지의 복무 이후 2차 선발 단계에서는 2년간 근무실적 및 사상성 검토 후 선발하였다.

구동독군의 봉급은 서독군의 약 60% 수준에서 점차 증액하여 1992년 말부터 서독군과 같은 수준으로 지급하였다. 장기복무자의 퇴직금은 25년 미만 근무자는 6개월 치 급료를 일시불로 지급하고, 연금은 급료의 75%를 지급하도록 하였는데 이는 서독군의 약 3분의 1 수준이었다. 전역자는 전역 후 본인의 희망에 따라 6개월까지 직업교육을 실시하도록 하였으나, 퇴직금 지불 후 장래 생활보장 대책은 없었다.

통일 이후 연방군의 병역제도는 의무복무제를 그대로 실시하였다. 통일 이전 동독의 의무복무기간은 18개월이었으며, 이에 비하여 서독의 의무복무기간은 15개월이었으나, 1990년 10월 1일부로 의무복무기간을 12개월로 단축하였다. 의무복무기간 단축으로 약화될지도 모르는 전투력의 유지를 위해 장기복무자를 증원할 계획을 수립하였다. 방위병에 대한 복무기간도 20개월에서 15개월로 단축하였다.

연방군이 인수한 동독군의 장비 중 육군무기는 탄약을 포함하여 대부분 인수하지 않고 처리할 계획을 수립하였고, 해군장비는 13척의 고속정만 인수할 계획을 세우고 기타는 폐선하거나 제3국에 이전하도록 하였다. 공군장비는 MIG-29기 24대를 인수하는 이외에 기타는 판매하거나 폐기할 계획을 세웠다. 독일은 무기판매 관련법 규정에 의거 NATO의 승인하에 우선 NATO국가에 판매할 수 있었으며, 다음은 동구권 국가와 제3우방국 순으로 판매가 가능하였다. 단 분쟁과 긴장의 소지가 없는 국가로 제한 판매해야 했으며, NATO내 후진국인 터키와 동구권 국가에 판매할 가능성이 컸다.

동독으로부터 인수한 장비의 관리 및 처리에 막대한 인력과 예산이 장기간 소요될 것으로 예상되었다. 특히 탄약처리에 어려움이 예상되었다. 구동독 인민군이 보유했던 탄약, 유탄, 지뢰 등은 30만여 톤에 이르렀다. 이들 중 대부분 사용할 필요가 없어 약 97%를 폐기처분할 계획이었다. 구동독의 5개 연방 주에 탄약폐기 공장을 설립하고 1년에 5,000~10,000여 톤의 탄약을 폐기할 계획을 수립하였는데, 여기에 투자되는 비용이 3,000~4,000만 마르크가 소요될 것으로 추산되었다.

군사통합 이후 수많은 문제점이 대두되었다. 문제점이 대두된 이유 중의 하나는 통합 당시 동독군의 실태를 제대로 파악하지 못하였기 때문이었다. 통합 당시 서독군이 받은 세가지 충격은 ① 장교와 사병의 최악의 생활조건, ② 모든 부대가 보유하고 있는 최고의 기동성과 최악의 생활조건에 반대되는 최고 수준의 장비 유지, ③ 예상보다 많은 양의 탄약을 보유하고 있었기 때문이었다.

통합 이후 문제점들은 외부문제와 내부문제로 구분된다. 외부문제는 CIS 내 정치정세 불안정에 따른 러시아군의 철수지연 우려였다. 동독지역에 주둔하고 있던 러시아군의 경제적 빈곤 및 철수 후 대책이 막연하였고, CIS 내 정치정세 불안정, 특히 쿠데타 이후 큰 위협세력으로 부각되었다. 또한 과거 역사에 대한 주변국의 선입관이 상존하여 독일 군사력을 되도록 이면 제한하려 하였다. 새로운 안보질서 형성 및 국제환경 변화가 불확실한 면도 외부 문제점으로 지적되었다. 그 예가 유고사태, CIS 장래의 불투명, 장래 국제환경 변화를 예측하기 어려운 점이었다.

내부문제 중 첫 번째는 구동독군 인사관리문제였다. 전·퇴역자에 대한 생활보장 대책이 미흡하였다. 퇴직금, 연금 등에 있어서 구서독과의 차별대우로 불만이 팽배하였고, 실업증가로 병사들의 장래에 대한 불안이 증대하였다. 구동독군 장교 1~2계급 강등조치, 인원감축을 위한 선발제도, 급여제도 등 제반조치에 대한 정신적 굴욕감 및 피해의식이 팽배하였다. 동독군 장비, 탄약 등의 인수에 꼭 필요한 장교는 강등조치에서 제외하면서, 연령에 의한 강등조치를 하는 것은 형평의 원칙에 위배된다고 주장하였다. 동독군의 모든 제도, 전통 등은 전부 부정됨으로 인한 정신적인 굴욕감이 팽배하였고, 서독군과의 급여차이로 상대적 열등감 및 갈등이 발생하였다. 심지어 일부 동독군 장교들은 총 한방 쏘아보지 못하고 항복하였다는 불만을 토로하였다.

두 번째 문제점은 군 감축에 따른 문제였다. 의무복무기간 단축으로 전투력이 약화되었다는 인식을 하게 되었는데, 실제로 신병훈련기간, 부대교육기간 등을 고려할 때 12개월의 복무기간으로는 의무복무병의 질적 전투력을 기대하기 곤란하였다. 구동독군의 인수병력을 1994년까지 5만 명으로 감소해야 함에 따른 선발문제가 있었고, 군 감축에 따른 진급 정체현상도 심화될 것으로 예상되었다.

셋째, 동독으로부터 인수한 잉여장비 및 탄약의 처리문제도 있었다. 독일연방군의 감축으로 인한 기존 서독연방군의 잉여물자 및 구동독군으로부터 인수한 장비, 탄약 등을 처리해야 하는데, 장기간 다수의 인력 및 비용이 소요될 것으로 예상되었다. 탄약관리에 약 1만 1,000명의 인원이 투입되어야 하고, 30만 톤의 탄약을 처리하기 위해 막대한 예산이 소요될 것으로 추정되었다.

따라서 예상보다 빠르게 진행된 독일통일은 사실상 동서독 군통합에 대한 사전준비가 이루어지지 않은 상황 하에서 통합됨으로 인해 많은 문제점들을 일으킨 것으로 분석되었다. 그러나 장기적으로 소수인 구동독군들은 서독연방군에 결국은 동화되어 갈 것이며, 독일연방군은 자체적인 변화를 추구할 것으로 전망되었다. 우선적으로 의무복무기간 단축으로 인한 전투력 감소를 막기 위해 장기복무자의 구성비율을 증가시켰다. 또한 독일군을 세 분야로 구분하여 각기 다른 임무를 가진 3개의 분야를 육성할 계획을 수립하였다. 첫째, 일반적인 의무복무형을 중심으로 편성된 부대로서 국내에서 훈련을 받고 군사적인 비행구역 감시 및 구조임무 등을 수행하는 부대이다. 둘째, 완전히 또는 부분적으로 기간화 된 부대로서, 유사시 몇 달간의 준비기간을 거쳐 전쟁에 투입될 수 있는 병력과 고도로 기간화된 예비군으로 충원된다. 셋째, NATO군, 또는 유엔군의 일부로 유럽의 국지전이나 유엔의 지휘 하에 다른 분쟁지역에 투입될 수 있는 정예 기동부대로 고도의 전투력 및 전투태세 유지하고, 차후 NATO 군사전략 변화에 따라 편성될 계획이었다.

6. 독일통일의 평가

독일의 분단은 유럽에서 동서 간의 힘의 균형과 대립에 의하여 생긴 부산물로서, 힘의 균형이 깨어질 때 독일의 분단이 종식되는 것은 기정사실이었다. 동독의 지도자들은 동서냉전의 종식으로 자신들의 존재 이유가 소멸하였을 때 분단정권을 유지하는 정치적 의지를 상실하게 되었다.

그러나 독일의 통일은 냉전이 종식되면서 하루아침에 이루어진 것이 아니다. 1963년부터 서독이 동독을 흡수통일하겠다는 정책을 포기하고 동독과의 교류·협력을 추진하여 분단의 고통을 극복하겠다는 화해정책이 결실을 본 것이다. 또한 서독만의 노력뿐만 아니라 탈냉전이라는 국제환경 변화를 서독이 적절히 활용하여 통일을 이루어낸 것이다. 독일통일을 가능하게 한 복합적인 원인 중 서독의 대동독 교류·협력정책과 통일정책을 가장 비중있게 꼽을 수 있다.

첫째, 서독정부는 아데나워 초대 수상 시절 '자석이론' 또는 '힘의 우위에 의한 통일' 정책에 입각하여 서독의 국력 증강과 국제적 위상 강화에 주력하였다. 이것이 통일에 직접적인 기여를 한 것은 없지만, 이후 자신감을 가지고 대동독정책을 추진하는 데 도움이 되었다. 결과적으로 서독의 민주주의에 대한 자신감과 막강한 경제력에 토대를 둔 대동독 지원정책이 독일통일의 밑거름이 되었다고 할 수 있다.

서독의 안정된 민주주의 질서는 자본주의 경제의 풍요와 함께 동독인들의 동경 대상이 되었으며, 서독의 정치체제에 대한 동독인들의 동경심과 기대감은 동독체제 변화 요구, 궁극적으로 서독으로의 정치통합을 가능하게 하였다. 동독체제의 개혁·민주화운동이 애초 동독의 비판적 지식인들이 생각했던 것처럼 진정한 의미의 사회주의 국가건설이라는 목표추구로 나타나지 않고, 서독으로의 대이주 사태와 서독에의 흡수통일로 이어진 것은 동독국민에 대한 서독체제의 매력에 있었다. 의회민주주의와 다원주의에 바탕을 둔 정치적 안정과 더불어, 자유로운 시장경제를 보장하는 사회적 시장경제제도의 정착과 철저한 사회보장 등이 매력의 원인이었다.

둘째, 1969년 10월 집권한 브란트 수상이 동방정책을 추진하면서 '접촉을 통한 변화', '작은 걸음' 전략에 따라 동서독 교류의 범위를 넓히고 화해·협력을 추진했던 점이 독일통일의 중요한 원동력이 된 것으로 평가된다. 서독은 "현상을 변경시키기 위해서는 현상을 인정해야 한다"는 바르(Egon Bahr)의 명제에 따라 다른 체제를 가진 상대방의 존재를 인정하였다. 이에 따라 통일을 일회적 행위가 아닌 하나의 긴 과정으로 파악하여 끈질긴 접촉과 교류를 통해 질적 전환 과정을 거치는 정책을 추진하여 궁극적으로 동독이 스스로 변화하도록 유도하였다. 동독 지도부를 자극하지 않은 채 분단으로 고통받는 동독주민을 돕기 위해 강력한 국력을 바탕으로 하여 경제적 지원을 다양한 형태로 제공하여 동독의 개방과 개혁을 유도한 것이다.

1970년 첫 정상회담을 하고, 1972년 기본조약을 체결한 이후 서독은 동독의 '차단정책'에도 불구하고 끈질긴 접근을 시도하였다. 동독은 서독에 종속될 것이 두려워 서독으로부터의 지원을 선별적으로 거부하였으며 더 많은 스파이를 보내는 등 강경정책을 펼쳤으나 자존심을 접어둔 채 인내심을 가지고 동독개방이라는 최종목표를 위한 서독의 도전이 결국 성공을 거둔 것이다. 서독은 동독을 국가로 인정을 하면서도 법적으로 외국이 아닌 민족 내부의 특수관계임을 강조하고 독일인 상호 간의 민족 동질성이 유지되도록 노력하여 동독의 이주민이 유입되었을 때 부작용을 줄일 수 있었다.

셋째, 동독 내부의 문제로 사회주의 경제체제의 실패로 대중의 불만이 증대된 것이다. 서방진영으로부터의 정보유입·인적왕래 등을 통해 동독대중의 기대 수준이 향상되었고, 생산력 향상이 일정한 한계에 직면할 수밖에 없는 경직된 사회주의 경제체제로는 이를 충족시킬 수가 없었다. 서독과의 경쟁에서 건국초기부터 항상 '정통성 회복의 필요'라는 강박관념에 시달렸던 동독의 지도부는 더 나은 사회주의 건설을 위해 시장경제를 도입하는 경제개혁을 거부하고, 중앙집권적 계획경제 체제를 강화하여 국민이 필요로 하는 물품과 국가가 생산하는 물품 간에 괴리가 발생하였다. 중앙집권적 경제구조는 경영을 위한 정보의 획득과 노동생산성 향상을 위한 노동자들의 동기유발에 실패하여, 고도로 산업화된 현대 국민경제 운영에 있어서는 생산력의 저하로 나타날 수밖에 없었다.

넷째, 아래로부터의 체제개혁 요구에 대한 동독공산당의 탄압과 동독주민들의 자각이다. 지식인을 중심으로 한 '인간의 얼굴을 가진 사회주의' 혹은 '민주적 사회주의' 건설을 요구하는 체제개혁 운동세력을 국가보안기구(Stasi)를 통해 추방·투옥하는 등 조직적으로 탄압하였다. 이로써 동독체제는 스스로 약점을 보완해 나갈 수 있는 체제개혁의 기회를 상실하게 되었다. 호네커를 비롯한 동독의 지도자들은 소련의 개혁·개방정책을 따르지 않았으나, 서독과의 교류과정에서 서방체제의 장점을 이미 파악하고 있던 동독 주민들은 계속 개혁을 요구했다.

소규모의 체제개혁 운동이 교회를 근거로 한 민주적 시민권 회복운동으로 점차 조직화되면서 일반대중 수준으로 확산되기 시작하였다. 민권단체 대표들이 선거감시인으로 참가한 1989년 5월의 동독지역 선거에서의 득표율 조작사건을 계기로 민권운동은 구체적인 정치투쟁의 성격을 띠게 되었다. 이후 동독의 스탈린주의적 국가사회주의체제를 비판하는 작가, 종교인, 예술인 등의 지식인들이 공산당의 '민주적 집중주의', '진리규정의 독점성',

'절대적 영도성'에 도전하는 노이에스포럼(Neues Forum) 등의 정치단체들을 조직하였다. 동베를린, 라이프치히 등 대도시 지역에서 이들 정치단체가 민중운동을 주도하고 동독시민들이 대거 참여하여 자유·민주·인권보장 등 정치체제 개혁과 서독과 유사한 생활 수준 보장을 요구하였다. 이 과정에서 많은 동독인들이 서독으로 이주했다. 1989년만 약 30만 명 이주하였고, 베를린장벽 붕괴 이후에도 하루 평균 약 2,000명이 이주하였다. 서독으로의 대이주 사태에서 보듯, 동독주민은 의사표현의 자유제한, 여행자유제한, 정치적탄압, 국가에 의한 감시조종 등을 거부했다.

독일의 분단은 제2차 세계대전에서 독일이 패전하면서 승전국들이 독일을 약화시키는 전략으로 선택한 4분할 점령을 기반으로 하여 분단으로 이어졌기 때문에 국제적인 영향을 매우 많이 받았다고 할 수 있다. 따라서 독일이 통일을 하기 위해서도, 그리고 통일을 하는 과정에서 국제적인 요소를 무시할 수 없었다.

독일통일의 직접적인 계기는 고르바초프의 개혁정책에 의하여 이루어졌으며, 폴란드의 솔리다리티 운동과 동독·헝가리 국경의 개방이 이를 뒷받침하였다. 독일통일의 대외적 요인은 첫째, 유럽안보협력회의(CSCE)를 구심점으로 한 유럽 내 동서진영 간의 평화공존체제의 정착을 들 수 있다. 1975년 이후 CSCE를 통하여 이루어진 정치·군사적 신뢰구축을 위한 지속적 노력이 이의 밑바탕이 되었다. 이는 미소정상회담, 유럽재래식무기감축조약(CFE)의 성공 등으로 이어지면서 유럽에서의 긴장이 제거되었다. 경제 및 기술협력 등 물적교류의 적극 추진으로 상호이익 구조가 형성되었으며, 방송 등 언론개방, 문화교류 확대, 상호 자유여행 허용 등으로 동서진영 간 인간적 접촉이 증대되었다.

둘째, 고르바초프의 개혁·개방정책이다. 소련체제가 당면했던 경제위기의 극복과 인간적인 사회주의 건설을 위해 고르바초프는 공산주의 개혁을 시도하였다. 1988년의 신베오그라드 선언으로 표현된 '신사고'에 입각하여 소련은 동구권에 대한 패권전략을 포기하였다. 고르바초프는 냉전시대 소련의 대동독정책의 기조였던 '브레즈네프독트린'을 포기하고 동유럽 위성국가들에 대한 영향력을 거둬들이면서 동유럽국가들도 생존을 위한 개방과 개혁을 해야 한다는 주장을 하였다. 고르바초프는 1989년 10월 동독 건국 40주년 기념행사에 참가하기 위하여 동베를린을 방문하여 "너무 늦게 오는 자는 역사의 벌을 받는다"는 비유로 동독의 개방을 촉구하였다. 1989년 12월 2~3일 몰타에서 개최된 미소 간의 정상회담에서 고르바초프는 "소련은 현재 동독에서 발생하고 있는 일련의 사태를 전환시키기 위해 어떠한 직접적 행동도 취하지 않을 것"이라고 밝혔으며, 1990년 2월 11일~12일 서독의 콜 수상 및 겐셔 외상과의 회담에서 고르바초프는 "독일인민의 통일은 독일인 스스로 결정해야 한다"고 선언하였다.

셋째, 폴란드와 헝가리 등 동유럽에서의 민중주도에 의한 개혁운동의 성공이다. 동유럽 공산권의 민주화로 호네커체제가 자유화·개혁·개방 물결에 반대할 명분을 상실하였고, 동독주민들의 개혁의지가 고조되었다. 헝가리는 동독과의 국경지대에 거주하는 동독주민들에게 국경을 개방하여 동독주민들의 탈출계기를 마련하였다.

넷째, 유럽공동체(EC) 국가들의 경제·정치적 통합을 위한 새로운 모색들이 독일통일에 긍정적 역할을 하였다. 진영론적 사고에 의해 형성된 유럽의 냉전구조를 청산하고 새로운 시장을 통해 통합을 달성하려는 유럽 내의 경제·사회적 역동성이 독일통일에 큰 기여를 하였다. 또한 군사동맹체의 정치동맹체로의 전환을 통한 새로운 전유럽안보체제 구축 및 고르바초프의 '유럽공동의 집' 구상이 독일통일의 주요한 대외적 요인이 되었다. 경제통합을 추진해온 EC에 서독이 적극 참여하고 유럽자유무역지역(EFTA: European Free Trade Area) 및 공산권 경제상호원조회의(COMECON) 국가와도 협력을 증대하여 통일 반대세력을 줄일 수 있었던 요인도 통일을 가능케 한 대외적 요인이라 할 수 있다.

무엇보다 통일 이전의 교류·협력이 독일통일의 가장 중요한 밑바탕이 되었음은 두말할 나위가 없다. 양독 간 교역은 국가 간의 거래가 아닌 '단일경제단위 원칙' 하에 '민족 내부거래'로 간주하여 무관세와 부가가치세 면제 등의 특혜를 부여받았다. 특히 서독은 동독에 대한 간접지원을 위해 무이자 무역신용을 공여하였다. 서독에서 동독지역으로 거는 전화통화는 1988년 4,000만 회에 달했으며, 2억 통의 편지와 3,600만 개의 소포가 상호 교환되었다.

방문 및 여행자 수는 1980년대 이후 급격히 늘어나 매년 800~900만 명에 달하였다. 또한 청소년의 교류는 분단 고착화를 방지하는 데 있어 큰 의미를 가졌는데, 매년 8만 명이 상대방 지역을 여행하였다. 아울러 도시간 자매결연도 활발히 추진되어 1989년까지 62개 도시가 참여하였으며, 언론·문화·체육인의 교류도 활발하였다. 이 밖에도 보건·환경 및 과학·기술 등 각종 분야에 이르기까지 활발한 교류·협력이 이루어졌다.[13] 이 결과 동독주민들은 서독에 대하여 상당한 수준에 이르기까지 파악하고 있었다.

통일 이후 동독주민들이 겪어야 했던 현실 또한 냉혹한 것이었다. 과거 공산체제하에서의 불법행위 청산과 희생자의 복권, 화폐·경제통합, 재산권 반환문제, 붕괴된 동독경제의 재건과 신연방 지방자치단체의 행정개편 등 적잖은 문제에 직면하게 되었다. 서독 마르크화의 도입, 서독 화폐와 동독 화폐와의 1:1 교환조치는 동독경제의 경쟁력을 극도로 약화시켰으며, 동독 기업들은 이러한 변화에 적응하지 못하였다. 이에 따라 실업률이 높아지고 생산성도 급격히 감소하였다. 동독 근로자 1인당 생산성은 서독의 30%에도 미치지 못하는 수준이었다.

이런 어려운 환경에서도 통일정부가 동독경제를 구조적으로 개선하고 발전시키려는 노력을 기울인 결과, 독일경제는 통일 후 수년 동안 다소 주춤하였으나 1997년 이후부터는 거시경제지표가 정상으로 회복되는 등 급격한 경제구조 변혁의 후유증에서 점차 벗어나는 모습을 보였다. 단지 고실업률 및 경상수지 적자는 단시일 내에 치유하기 어려운 분야였다.

독일통일은 남북한 통일에 많은 시사점을 안겨주고 있다. 체제와 이데올로기가 다른 분단국가 간의 통합이라는 점에서 독일과 남북한은 상당한 유사점을 가지고 있는 것이 사실이다. 그러나 차이점도 많이 존재하고 있다. 같은 자본주의체제를 택하고 있었지만 남한과 달리 서독은 통일비용을 충분히 감당할 수 있을 정도의 선진국이었다. 동독도 동유럽 사회주의권에서 가장 부유하였으며 비교적 공업화의 수준이 높았으나, 북한은 경제난 때문에 체제가 크게 약화되어 있는 상황이며 남한이나 외부의 지원 없이는 버티기가 어려울 정도이다. 또한 남북한은 전쟁이라는 극단적인 대립구도를 경험했기 때문에 화해와 협력이 매우 더딘 속도로 어렵게 진행되고 있는 반면, 동서독의 적대감을 해소하는 데에는 비교적 짧은 시간과 노력을 필요로 하였다. 또한 고립되어 있는 북한주민들과 달리 동독의 주민들은 서독과의 교류를 통하여 자본주의와 자유민주주의 세계에 대해서 많은 정보를 가지고 있었다.

8장

예멘통일

1. 예멘의 지정학적 환경과 분단사 … 409
2. 남북 예멘의 비교 … 412
3. 남북 예멘의 통일과정 … 422
4. 분야별 통합추진 … 433
5. 합의통일의 실패 … 439
6. 예멘통일의 평가: 한반도 통일에의 시사점 … 453

예멘이 1990년에 이룩한 합의통일은 남북한 통일에 시사하는 점이 많다. 남북 예멘의 합의에 의한 통일은 통일선포 후 4년 만에 재분단이 되고 내전을 겪게 됨으로써 실패하였기 때문에, 분단국이 어떠한 식으로 합의통일을 하고, 어떠한 미비점이 있으면 실패하는지, 반면교사적인 교훈을 주고 있다. 남북한 간의 대화와 협상을 통한 평화적 통일을 추구하고 있는 한국에게 있어서 의미 있는 통일사례가 되었다.

1. 예멘의 지정학적 환경과 분단사

예멘은 아라비아반도 서남부 홍해 입구에 있으며, 동쪽으로 길게 뻗어 있다. 북쪽으로 사우디아라비아, 동쪽으로는 오만과 인접하며 서쪽으로 바브알 아덴 해협과 홍해, 남쪽으로 아라비아해와 아덴만과 접하고 있다. 면적이 53만㎢로서 한반도 면적의 약 2.4배에 달한다. 예멘은 지정학적으로 홍해와 지중해를 연결하는 무역 중심지이며, 1896년 수에즈운하의 개통과 함께 전략적 중요성이 더욱 커졌다.

예멘은 기원전 12세기경부터 강력한 권력을 기반으로 동서교역의 요충지로서 '아라비아 페릭스(행복의 아라비아)'라고 불리며 문화적·상업적 번영을 누렸다. 예멘은 BC 950년부터 BC 115년 사이에 시바 여왕으로 유명한 시바(Sheba)왕국이 통치하였다. 그 후 AD 525년까지 힘야르(Himyarite) 왕조가 설립되어 남북 예멘 전 지역을 지배하였다. 힘야르 왕조가 기독교 국가인 에티오피아의 침공에 의해 멸망한 이후 예멘지역은 페르시아, 이집트, 터키 등의 침략을 겪는 과정에서 부족국가의 형태로 분열되었다.

7세기부터 예멘인들은 다른 아랍국가의 영향으로 이슬람교를 신봉하게 되었다. 예멘의 이슬람은 사우디아라비아의 수니파와는 다른 시아파 무슬림 공동체로 자이드 이맘의 통치가 지속되었다. 이맘은 이슬람의 지도자였으며, 예멘민족의 정신적 지도자로서 정치적 정통성과 합리성을 가지고 있었다. 7세기부터 예멘의 가치관과 민족의 정통성이 되어 온 이맘주의가 예멘의 전통을 유지시켰다.[1)]

이후 예멘은 1538년부터 1636년까지, 또한 1871년부터 1918년까지 두 차례에 걸쳐 오스만제국(Ottoman Turks)의 지배를 받았다. 오스만제국의 지배를 받았으나, 예멘은 아시아와 유럽을 연결하는 홍해에 인접한 전략적·경제적 위치의 중요성으로 인해 포르투갈, 스페인, 영국, 프랑스 등 유럽제국의 경쟁 대상이 되어 왔다. 17세기 남예멘지역에서 오스만제국의 세력이 쇠퇴한 이후 영국은 남부 예멘의 아덴(Aden)항의 전략적 가치를 중시하여 남예멘 진출을 기도하였다. 마침내 1839년 영국이 아덴항을 강점한 이후 인도 식민지정부의 관할 하에 두고 식민통치를 시작하는 동시에 인도양 진출의 거점으로 활용하였다. 1869년 수에즈운하가 개통되어 아덴의 전략적 가치가 높아지자 남예멘지역에 대한 식민통치를 확대하였다.

당시 아덴을 제외한 남예멘지역은 20여 개의 독립적인 왕국으로 분리되어 있었는데, 영국은 1882년부터 1914년까지 이들 회교 군주국들과 보호협정을 체결하였다. 이어서 1914년 오스만제국과 남북 예멘을 분할하는 국경선에 관한 협정을 맺고, 영국이 남예멘지역에 대한 통치권을 보장받았다. 이에 따라 남북 예멘의 분단이 국제적으로 공식화되었다.

그 후 제1차 세계대전에서 오스만제국이 패배하게 됨에 따라 예멘 전 지역은 영국의 지배하에 들어가게 되었다. 이에 예멘의 토착 부족인 자이디(Zaidi) 부족의 족장 이맘 야흐야(Imam Yahya)는 영국에 대해 격렬한 독립투쟁을 전개하였다. 이맘은 1911년 북부 산악지대를 거점으로 반란을 일으켜 해안지역을 제외한 북예멘지역에 대한 통치권을 이미 행사하고 있었다. 제1차 세계대전 이후 터키군이 철수하자 사나를 수도로 하여 북예멘이 독립하여 회교군주국으로 출발하였다. 아랍국가 중에서 최초로 독립을 획득한 북예멘은 영국과 미국으로부터 독립을 인정받지 못하였으나 영국과 적대관계에 놓여 있던 이탈리아와 소련으로부터 승인을 받았다.

한편, 1839년 이래 영국의 보호령 아래 있던 남예멘에서는 제2차 세계대전 이후 아랍 민주주의운동이 확산되었다. 특히 이집트 낫세르의 1952년 군사혁명으로 아랍 민족주의운동이 확산됨에 따라 남예멘에서도 영국의 식민통치에 대한 반항이 조직화되기 시작하였다. 영국의 점령 당국은 입법평의회(Legislative Council)를 설치하고 예멘인들을 의원으로 임명하는 등 제한된 민주화 조치를 통해 아덴인들의 불만을 무마하려 하였다.

그러나 입법평의회 의원선거 시 아덴에 거주한 기간과 재산을 기준으로 중산층 이상 주민들에게만 선거권을 부여하자, 노동자들이 집단으로 반발하였으며 그들은 선거법 개정, 노동조건 개선, 임금인상 등을 요구하며 파업을 주도하였다. 이처럼 입법평의회 선거를 계기로 예멘인들이 정치화되어 다양한 사회집단들이 독립운동을 전개하기 시작하였다. 부족지역의 지방 유지와 아덴의 일부 자유주의 지식인들은 1952년 남아라비아연맹(South Arabian League)이라는 사회단체를 결성하고 민족주의운동을 전개하였다.[2)]

예멘인들의 독립 움직임이 전개되자 영국은 1937년부터 1952년 사이 대부분의 토후들과 자문조약(Advisory Treaties)을 체결하여 관계강화를 통한 간접지배를 강화하였다. 또한 1954년 영국이 제의하였던 남아랍에미레이트연방(Federation of Arab Emirates of the South) 안이 1959년 2월 11일 구체적으로 실현되어 6개 서부지역 토후국들이 연방조약을 체결하였다. 영국은 연방군의 재정을 맡아 실질적인 영향력을 행사하였으며, 1962년에는 연방의 명칭을 남아라비아연방(Federation of South Arabia)으로 변경하였다.

영국의 무마책에도 불구하고 남예멘의 민족주의는 점차 고조되어 갔다. 정치조직화된 인민사회당, 통일국민당, 인민회의당 등이 독립운동을 전개하였으나, 일부 지식인들의 민족주의운동에 실망하고 좌파 계열의 영향을 받은 아덴의 학생과 혁명적 지식인들은 1963년 6월 무장투쟁 단체인 민족해방전선(NLF: National Liberation Front)을 결성하고 게릴라활동을 통해 사회적 기반을 급속히 확대하였다.[3)]

결국 소련의 지원을 받아 1967년 10월 영국과 독립협정을 체결하였고, 11월 30일 민족해방전선의 서기장인 카탄 알 샤비는 남예멘 인민공화국의 독립을 선언했다. 1969년 알 샤비가 실각하고 살림 루바이 알리가 집권한 이후 1970년 11월 헌법을 공포·시행하면서 아랍권에서 유일한 사회주의 국가인 예멘민주주의인민공화국(People's Democratic Republic of Yemen)의 수립을 선포하였다. 이에 따라 128년에 걸친 영국의 남예멘 지배가 종식되었다. 주변 아랍국가들은 공산혁명의 해외수출을 경계하여 남예멘정부에 대하여 적대적인 정책을 취하였다.

남북 예멘으로 분리독립된 이후 양국 간에는 통일을 전제로 한 갈등이 심화되었는데, 이는 남북 예멘이 서로 정통성을 주장하면서 상호 내정간섭을 하였기 때문이었다. 남예멘에서 집권한 민족해방전선(NLF)은 북예멘의 왕정세력에 대항하는 공화파에 의용군을 파병하여 북예멘의 내정에 간섭하려 하였으며, 남예멘 내부의 세력다툼에서 패배한 NLF 우파세력은 북예멘으로 망명한 후 북예멘 정권의 지원을 받아 남예멘 정권을 위협하였다. 이 과정에서 남북 예멘은 1972년과 1979년 두 차례의 대규모 국경분쟁을 겪었으며, 정상회담에 참석하려던 최고 실력자가 암살당하는 등 상호 갈등과 대립을 계속하였다.

예멘의 분단원인을 요약하면 다음과 같다. 첫째, 예멘의 지정학적 환경요인에 따른 외세 개입, 특히 전략적·경제적 가치가 큰 남예멘의 아덴에 대한 영국의 개입을 봉쇄하지 못한 것이 근본원인이었다. 둘째, 남북 예멘 양측의 정파 간 대립투쟁과 정정불안을 들 수 있다. 북예멘은 1962년 공화정 수립 이후 공화파와 왕정파 사이의 내전에 따라 국력이 소진되었고, 남예멘은 남예멘해방전선과 민족해방전선 간 대립으로 결속력이 와해되면서 분열현상이 노정되었다. 셋째, 남예멘의 독립 이후 남북 예멘의 상이한 이념과 체제에서 연유된 대립이 국경충돌 등 군사적 대결로 발전되어 정권의 불안 및 정파 간의 내부분쟁이 점차 확대, 심화되었다.

2. 남북 예멘의 비교

예멘은 베트남, 독일, 한반도 등 냉전이 분단의 직접적인 원인이 된 다른 분단국과 달리 동서 간의 이데올로기 대립이 분단의 주요 원인이 되지는 않았다. 예멘의 경우는 오랜 기간 오스만제국의 지배를 받던 북예멘과 영국의 지배를 받던 남예멘이 독립하는 과정에서 독립의 시기적 차이, 독립 당시 주도세력의 이데올로기적 차이로 인해 분단되었다. 따라서 남북 예멘의 체제 성격의 차이도 다른 분단국 내부의 차이보다 덜 한 편이었다.

1) 정치체제

제1차 세계대전 이후 독립을 쟁취한 북예멘의 이맘 왕조는 봉건적 통치노선을 고수하여 정치·경제적 후진성을 면치 못하였다. 정치체제는 이슬람교 원리를 국가이념으로 채택한 입헌군주국이었으나, 실질적인 권력은 '혁명지도회의(Revolutionary Command Council)'가 장악하고 있었다. 폐쇄적이고 봉건적 정치가 계속되자 지식인들은 지속적인 개방·개혁을 요구하였으며, 결국 이맘 야흐야는 1948년 2월 17일 암살당하였다.

북부 부족세력의 지원을 받아 반란세력을 진압하고 왕위를 계승한 이맘 야흐야의 장남인 이맘 아마드(Imam Ahmad)는 지식인들의 반발을 무마하기 위하여 제한된 개방정책을 추진하여 1951년 미국, 영국, 이집트 등과 전면적인 외교관계를 수립하는 동시에 미국, 영국, 프랑스 등의 기술원조로 국내 개발계획에 착수하는 등 근대화정책을 적극 추진하였다. 또한 아마드는 남예멘지역에서의 영국군 철수를 주장하며 자신을 예멘민족의 이익을 수호하는 자로 부각시키면서, 남예멘지역에 대한 영유권을 주장하였다.

아마드가 추진한 개방정책은 전제체제하에서 한계에 봉착하여 1960년부터 민중들의 반정부 시위가 극렬히 전개되었다. 결국 이집트에서 교육을 받은 소장파 장교들이 자유장교단(Free Officer Organization)을 결성하고 쿠데타를 기도하였다. 젊은 장교들은 통일아랍공화국 지원 하에 알 살랄(Abdullah al-Sallal) 대령을 지도자로 하는 혁명을 성공시켜 왕정을 붕괴시키고 1962년 9월 26일 '예멘아랍공화국(Yemen Arab Republic)'을 선포

하고 알 살랄을 대통령에 추대하였다.[4)]

혁명과정에서 축출된 이맘 아마드의 아들 알 바드르(Muhammad al-Badr) 왕은 국내 보수세력과 아라비아반도의 공산화를 우려하는 사우디, 이란 및 영국의 지원으로 북부와 동부 산악지역을 장악하고 공화정권에 대항했다. 3만 명의 군대와 4만 명의 부족병을 보유한 왕당파와 이집트, 이라크 등 진보적 아랍국가와 소련으로부터의 무기원조와 통일아랍공화국군 4만 명의 지원을 받은 공화파 간의 내전은 국제적 성격을 띠게 되면서 1963년부터 1969년까지 계속되었다. 결국 1970년 5월 양측은 연립정부를 수립하였다. 이 정부는 정통 회교국의 입장 및 비동맹 노선을 고수하였다. 국가의 실질적 통치권은 집단적 지도체제의 성격을 지닌 '공화국평의회'가 행사하였는데, 의장에는 이리아니(Rahman Iryani)가 취임하였다.

연립정부는 보수진영의 압력으로 인하여 경제·사회적 근대화를 제대로 추진하지 못하였다. 이에 따라 이리아니는 국민들로부터 신임을 잃게 되었고, 결국 1974년 6월 13일 알 함디(Ibrahim al-Hamdi) 중령이 주도하는 군사 쿠데타에 의하여 정권이 교체되었다. 알 함디는 공화국평의회를 해체하고 그 대신 '군사평의회(Military Command Council)'를 설치하고 1970년 제정된 헌법을 정지시키는 한편, 국가권력을 강화하기 위하여 보수적 부족장들이 영향력을 행사하는 자문회의를 해체하는 등 개혁정책을 추진하였다. 개혁정책 실시로 국민들의 높은 지지를 받았지만, 보수파와 부족세력의 반발을 초래하여 1977년 10월 11일 수도 사나에서 암살당하였다. 알 함디는 남예멘 대통령과 정상회담을 하기 위하여 에덴을 방문할 계획을 세우고 있었는데, 출발하기 전날 암살당했다.

군사평의회 의장직을 승계한 가쉬미 중령은 부족세력과 밀접한 관계를 유지하면서 알 함디 추종자와 좌익세력을 탄압하는 동시에, 대통령제를 채택하고 자신이 대통령에 취임하였다. 가쉬미의 집권 이후 남북 예멘관계가 긴장상태로 돌입하였으며, 결국 1978년 6월 남예멘 특사와 면담 중 남예멘 특사의 서류가방에 든 폭탄에 의하여 폭사하였다. 이 사건은 남예멘의 음모설, 북예멘 내부 대립설, 사우디의 모략설 등 여러 가지 시나리오가 난무하였지만 결국 진상은 밝혀지지 않았다.[5] 다음 달 군의 지지를 받은 살레 중령이 대통령에 취임하였다. 이후 '민족민주전선'이 남예멘의 지원을 받아 반란을 일으켰다. 남예멘군은 '민족민주전선'을 지원하기 위하여 1979년 2월 북예멘을 침공하였으나, 곧 북예멘과 평화협정을 체결하였다.

한편 1978년 정권을 장악한 살레 대통령은 임기 5년의 대통령직을 3선에 의하여 유지하면서 정치를 안정화시켰다. 1979년 5월 살레 대통령은 5명의 대통령평의회를 구성하였으며 입법의회도 159명으로 확대시켰다. 1980년 5월에는 국정자문위원회가 구성되었고, 1981년 8~9월 전인민대회가 임기 4년의 1,000명 대의원으로 구성되었다. 전체회의는 2년마다 총회를 개최하는 대의제도였다. 외교적으로는 친서방정책을 추진하였다.

살레 대통령은 정치적 안정을 유지하면서 경제발전을 추구하였다. 1980년대 말 석유개발로 재정이 강화되자 북예멘정부는 부족세력에 대해 상당한 영향력을 행사하는 한편, 사우디아라비아에 대한 의존도를 줄이고 비교적 자유롭게 남예멘과 통일을 추진할 수 있게 되었다.

살레정권은 1988년 7월 5일 최초로 총선거를 실시하여 평의회 의원 128석을 159석으로 확대하였으며 부족대표를 위해 31석을 배정하였다. 선거에는 6만 명의 여성을 포함하여 100만 명의 유권자와 1,200명 후보자가 등록하였다. 살레정권의 민주개혁정책은 통일을 위한 준비단계였다고 할 수 있다. 1988년 7월 17일 살레 대통령은 96%의 절대적 지지로 3선이 되었으며, 12월 이슬람회의기구 회의, 1989년 9월 아랍협력기구 회의를 사나에서 개최하여 사나를 중심으로 한 통일환경을 촉진할 수 있었다.

1967년 11월 30일 영국으로부터 독립한 남예멘은 마르크스-레닌주의를 공식적인 국가이념으로 채택한 사회주의 정치체제를 유지하였다. 사회주의 국가를 수립하는 과정에서 민족전선 내부에서 권력투쟁이 빈번한 가운데 집권한 루바이 알리(Salem Rubay Ali)는 사회주의 노선을 강화하는 정책을 추진하였다. 알리정권은 친중국 정책을 구사하였으며, 집권당인 민족해방전선(NLF: National Liberation Front)의 서기장인 이스마일(Abd al-Fattah Ismail)은 실용주의 친소주의자였다. 1975년 민족해방전선이 군소정당을 흡수하여 '민족전선 통합정치조직'을 결성하면서 당내 친소파들이 세력을 확장하기 시작하였다. 1978년 6월 24일 남예멘 특사와의 면담 중 북예멘 가쉬미 대통령이 폭사하자 이를 계기로 이스마일을 중심으로 한 친소파는 루바이 알리를 체포하여 처형하였다.[6] 이는 남예멘에서 친소세력과 친중세력의 권력투쟁에서 친소세력의 승리를 의미하는 것이었다.

1978년 10월 이스마일은 예멘사회당을 설립하고, 국내정치체계를 소련형으로 개편하는 동시에 소련과 우호협력협정을 체결하는 등 소련, 동유럽 국가들과의 협력을 강화하였다. 남예멘은 사회당의 1당 독제체제였음에도 불구하고 국내정치적 안정을 이루지 못하고, 당 내부의 갈등은 대부분이 무력에 의하여 해결되었다. 더구나 1979년 북예멘과의 전쟁으로 인해 주변 아랍국가들의 원조가 중단되었고 소련의 원조가 증가하지 않자 당과 정부의 실용주의자들은 이스마일의 친소강경노선에 불만을 표시하기 시작하였다.

실용주의자들이 알리 나셀(Ali Nasser Mohamed) 수상을 중심으로 단합하여 세력을 확장하자 이스마일은 1980년 4월 소련으로 망명하였다. 나셀의 실용주의 외교정책은 북예멘과의 관계개선을 하는 성과를 가져 왔으며 1982년 이후부터는 서유럽국가들과의 접근 움직임도 보이기 시작하였다. 그러나 경제사정이 악화되면서 권력투쟁이 재개되었고 부족세력의 지지를 받은 나셀은 군부의 지원을 받은 강경파들과의 2주간 내전에서 패배하여 북예멘으로 망명하였다. 남예멘은 1986년 2월 알 베이드(Ali Salem Al-Beid) 예멘사회당 서기장을 최고인민회의 의장에 추대하고 집단지도체제를 구축하였다.

1980년대 중반 이후 소련의 개방·개혁으로 당시까지 남예멘을 지탱해 온 지지기반이 붕괴되는 것을 인식한 지도층은 일련의 개혁조치를 단행하였다. 남예멘에서 개방·개혁을 실시하자 북예멘 살레 대통령은 정상회담을 개최하기 위하여 1989년 11월 아덴을 방문하였다. 아덴 시민들이 살레를 대대적으로 환영하며 통일을 외치자 남예멘 지도층은 사회주의 실험에서 실패했다는 것을 자각하고 북예멘과 통일을 추진하기로 결정하였다.

2) 경제와 사회

예멘은 아라비아반도에서 최대인구 보유국(1,500만 명)인 데 반하여, 뚜렷한 수출품목이 없고 비산유국이었기 때문에 1980년대 후반까지 아랍권 최빈국의 하나였다. 1988년 세계은행 통계에 의하면 1986~1988년간 GNP는 430달러였다. 인구의 절반가량이 농업에 종사하고 있으며 GDP의 16%를 농업에 의존하였다. 국민경제활동 인구는 농수산업 45.2%, 공업 10.6%, 건설업 13.4%, 상업 9.2%, 기타 서비스업 21.2%였다. 빈곤에 허덕이던 예멘은 주변국가에 진출한 해외취업자로부터의 본국 송금 및 외국 정부의 원조에 의존하여 재정적자를 보전하는 경제구조를 이루고 있었다. 통일 직전인 1989년도 해외취업자 본국 송금은 남북 예멘을 합쳐서 약 4억 4,000만 달러였고, 무역적자는 약 11억 7,000만 달러에 달하였다.

북예멘 경제체제의 기본이념은 자본주의 시장경제이지만, 실질적으로는 공공경제와 민간경제가 혼합된 혼합경제체제의 성격을 지니고 있었다. 북예멘의 경제구조는 농업 중심으로 인구 약 70%가량이 농업에 종사하며 GNP의 약 30%를 점하였다. 제조업 부문은 극히 낙후되어 GNP의 6% 정도를 차지하였다. 공화국을 수립한 후 북예멘은 근대적 시장경제체제와 화폐제도를 도입하기 시작하였다.

1970년 사우디아라비아와의 관계정상화 이후 대규모 북예멘 노동자들이 사우디아라비아에 이주하였다. 1970년대 말 북예멘의 해외근로자들의 송금액이 북예멘 GNP의 40%를 차지하였다. 1970년대 말까지 사우디아라비아, 쿠웨이트 등 걸프제국의 석유산업 발달로 농업중심의 경제구조에서 탈피하여 제조업 부문의 발전을 위하여 노력을 기울였다. 150~200만 명의 해외근로자들의 송금과 외국원조 등으로 만성적인 적자를 다소 해소하였고, 소규모의 상점과 건축업체가 번성하면서 북예멘에서 자본주의 초기 형태의 경제성장이 이루어졌다. 그러나 1979년 이후 수입증가, 국제유가하락 및 송금감소 등으로 인하여 국제수지 적자를 해소하지 못하였다.

1982년 내란을 수습한 북예멘정부는 제2차 5개년 경제개발을 실시하였으나, 세계적인 경제침체의 영향으로 주변 아랍국의 원조가 줄어들고 해외근로자들의 송금이 더욱 감소하게 되어 경제위기를 겪게 되었다. 북예멘정부는 재정적자 해소를 위해 1983년부터 긴축정책, 수입규제정책, 외환통제정책을 추진했으나 별다른 실효를 거두지 못하였다. 그러나 1980년대 후반에 들어 석유발굴이 성공하면서 북예멘경제는 다시 활기를 띠게 되었고 석유생산 덕분에 북예멘경제는 1980년대를 통하여 연평균 6%의 경제성장률을 기록하였다.

1962년 공화국을 수립한 후 북예멘정부는 사회개혁을 시도하였으나, 1970년 왕당파와 연립정부를 수립한 이후 정부의 개혁의지는 쇠퇴하였다. 북예멘의 사회구조는 정부의 정책에 의해 급격한 변동을 겪지 않았지만, 1970년 이후 근대적 교육과 자본주의 경제가 확대되면서 점차 변화하였다. 북예멘 주민의 대다수는 이슬람교를 신봉하였는데, 전통적으로 자이디 부족과 사파이 부족 간의 대립이 지속되었다. 양 부족 간의 대립은 특히 북예멘 사회통합의 장애요인이 되었다.

남예멘 주요경제 활동지역은 아덴(Aden)이었는데, 이 지역은 영국의 지배 당시부터 유럽·아시아·아프리카로 통하는 주요항구였다. 아덴항에서는 무역이 성행하여 많은 양의 외화가 아덴항으로 유입되었다. 아덴이 영국 지배하에 있던 1955년에서 1965년 사이 영국은 아덴항 시설개발에 주력하였으며 주요항으로 크게 발전시켰으나, 1967년 영국군이 수에즈운하에서 철수함과 동시에 아덴의 번영은 마감되었다.

1969년 6월 남예멘정부는 사회주의 경제건설을 위한 정책을 수립하고 산업 국유화 조치와 토지개혁을 단행하였다. 이에 따라 1970년대 말까지 산업시설의 절반 정도를 국유화하였고 농지의 80%를 협동농장과 국영농장의 소유로 전환하였다. 또한 해외자본 및 기술원조를 적극적으로 유치하여 농업 및 제조업 분야에 집중투자하였다.

1970년대 말 남예멘 노동력의 약 15%가 해외에서 근무하고 있었으며 해외근로자들의 송금은 국가수입의 약 70%를 차지하였다. 남예멘정부는 재외 근로자들의 송금을 관리하며 이를 기반으로 산업성장을 이루려고 노력하였으나, 재외 근로자의 증대와 더불어 기술노동력이 부족하게 되었고, 비합리적인 운영관리체제, 자금부족, 기자재 부족과 비효율적인 판매체제 등이 경제성장에 커다란 장애요인이 되었다.

경제발전을 위하여 남예멘정부는 1980년 농·어민과 상인들에 대한 일부 자유화 조치를 발표하였고, 1982년 2월에 채택한 투자촉진법에 따라 1981~1982년 중에는 5% 이상의 GNP 성장을 이룩하였다. 경제성장의 박차를 가하기 위하여 1986년 제3차 5개년 경제개발계획을 수립하였으나 내전으로 경제계획은 제대로 실시되지 못하였으며, 1억 2,000만 달러 이상의 경제적 손실을 초래하였고 대부분의 외국인 기업들이 철수하였다. 그 결과 1980년부터 1988년 사이에 남예멘의 GNP는 연평균 3.2%씩 감소하였다.

만성적인 소비재 부족현상을 겪고 있던 남예멘경제는 매년 4억 달러에 달하는 소련의 경제원조로 유지되었는데 1989년 소련이 자국의 개방·개혁정책에 따라 경제원조를 5,000만 달러로 줄여서 남예멘은 경제적으로 심한 타격을 받게 되었다.

남예멘의 민족해방전선은 사회주의 정권을 수립한 이후 술탄과 부족장을 제거하고 사회개혁을 시도하였으나, 이 개혁은 농촌사회까지 완전히 침투하지 못하였다. 그 결과 다양한 부족들은 촌락 수준에서의 전통적 관습과 생활양식을 보존하였다. 남예멘정부는 사회주의 이념에 입각하여 종교 활동을 금지하려 하였으나 주민들의 반발에 따라 이슬람을 국교로 인정하였다. 그러나 남예멘정부는 종교단체의 재산을 국유화하였으며 사원의 운영자금과 승려들의 생활비를 국가의 보조금에 의존하도록 하였다. 남예멘정부의 사회개혁 노력은 국민보건, 교육 및 여성의 지위 향상 면에서 상당한 성과를 거두었다.

3) 남북 예멘의 종합적 비교

면적은 33만 8,600㎢(한반도의 1.5배)의 남예멘이 19만 4,200㎢의 북예멘보다 넓었으나, 인구는 북예멘 950만 명, 남예멘 248만 명으로 북예멘이 거의 4배에 가까운 인구를 보유하였다. 정치적으로 북예멘이 남예멘보다 안정되어 있으면서 민주주의가 어느 정도 확고히 자리잡고 있었으며, 경제력에 있어서도 북예멘이 우세하였으나 사회·문화면에서는 부족사회로 이루어진 북예멘이 오히려 후진성을 보였다. 북예멘은 자본주의, 남예멘은 사회주의 경제방식을 채택하였으나, 남북 예멘경제는 모두가 재정자립도가 낮아 해외원조 없이는 경제발전을 기대하기가 어려웠다. 비록 남북 예멘의 사회구조에는 이질성이 존재하였지만, 이슬람문화와 전통적 생활양식을 공유함으로써 두 지역 주민들 간의 사회의식은 상호 배타적이거나 대립적인 상태로까지 발전하지는 않았다. 남북 예멘의 국력이 크게 차이가 나지 않고 사회·문화적 유사성이 유지되고 있었기 때문에 외부의 압력과 지도자의 결단에 따라 통일을 쉽게 달성할 수 있는 환경을 갖추고 있었다.

표 8.1 통일전 남북 예멘 비교

구분		북예멘	남예멘
일반	국명	Yemen Arab Republic	People's Democratic Republic of Yemen
	인구	874만 2,000명 (1988년)	233만 9,000명 (1988년)
	문맹율	86% (1985년)	59% (1985년)
	평균수명	46세 (1988년)	51세 (1988년)
	면적	194,250㎢	336,869㎢
	수도	Sana'a	Aden
정치	정체	대통령중심제 (권위주의적 군사통치)	사회당 일당독재
	원수	알리 압둘라 살레 대통령	알리 살렘 알 베이드 최고인민회의 간부회의장
	의회	국민회의 (159석)	최고인민회의 (111석)
	정당	없음	예멘사회당(야당은 없음)
	병력	3만 6,600명	2만 7,500명
경제	체제	시장경제	국가계획경제
	GNP	57억 달러 (1988년)	10억 달러 (1988년)
	GNP 실질성장율	7.0% (1980~1988년)	3.2% (1980~1988년)
	1인당 GNP	650달러 (1988년)	430달러 (1988년)
	총수출	9억 달러 (1989년)	3억 달러 (1989년)
	총수입	16억 9,000만 달러 (1989년)	7억 6,000만 달러 (1989년)
	인플레율	11% (1980~1987년)	5% (1980~1987년)
	화폐	Ryal	Dinar
사회 문화	문맹율	86%	59%
	민족	아랍족	아랍족
	언어	아랍어	아랍어
	종교	이슬람	이슬람
	특징	– 음주, 가무 등 유흥금지 – 까트(Qat, 환각성작물) 허용 – 남녀불평등, 일부다처제	– 음주, 가무 개방 – 까트(Qat) 제한 – 남녀평등, 1부 1처제

3. 남북 예멘의 통일과정

1940년대 후반부터 남북 예멘의 자유주의적 지식인들은 상호 교류를 확대하면서 보다 실질적인 통일운동 전개의 필요성을 자각하였다. 분단과 외세지배의 특성상 북예멘의 민족주의운동은 전제정치를 폐지하고 근대국가를 건설하는 것을 목표로 한 반면, 남예멘의 민족주의운동은 식민지 해방 전쟁의 성격을 지니며 발전하였다. 북예멘은 1962년 공화국을 수립한 이후 영국으로부터의 독립을 목표로 한 남예멘의 민족해방운동을 지원하였고, 남예멘은 1968년 북예멘 공화파가 내전에서 수세에 몰리자 600명의 의용군을 파병하여 지원하는 등 양측은 유대를 강화하였다.

1960년대의 정치적 분단에도 불구하고 남북 예멘 사이의 주민왕래는 비교적 자유롭게 이루어졌다. 정부차원의 통제가 실시되었으나 주요 간선도로 이외에 산악, 항구 등을 통한 주민왕래는 가능하였다. 1970년대에도 문화·예술단체 대표들의 상호방문이 제한적으로 실현되었다.

이러한 남북 예멘의 밀월관계는 1970년 들어서면서 금이 가기 시작하였다. 1970년 북예멘에서 공화파가 사우디의 압력에 굴복하여 왕정파와 연립정부를 수립하는 한편, 남예멘에서는 소련의 지원을 받은 좌파세력이 정권을 장악하자 양 정부는 상대방 체제를 전복하기 위해 반정부세력을 지원하는 동시에 각기 자기들만이 예멘의 정통성 있는 민족주의 세력이라고 주장하였다. 자본주의와 사회주의의 이데올로기 대립이 시작되었다.

이후 남북 예멘의 갈등 및 긴장이 고조되어 무력충돌까지 발전되는 악순환이 되풀이되었다. 그러나 이러한 무력충돌 이후에는 다시 갈등을 해소하여 협상에 이르는 현상, 즉 대결과 협상의 순환과정을 되풀이하는 양상을 보여주었다. 양국이 무력충돌을 곧바로 협상으로 전환한 것은 소수의 군대만으로는 무력통일이 불가능하다는 인식을 하게 되었고, 이에 따라 평화적 통일을 위한 협상을 시작하게 되었다.

남북 예멘의 통일협상은 지역적인 분단상황이 국제정치상 주변 아랍국가들에 미치는 영향이 지대하였기 때문에 이집트, 리비아, 사우디아라비아 등 아랍연맹국들의 적극적 중재 노력으로 시작되었다. 또한 1987년 소련의 페레스트로이카 정책에 따라 대외원조 삭감, 사회주의권에 대한 개혁·개방 압력 강화에 따라 남예멘도 정치·경제개혁에 착수함으로써 남북 간의 이념과 체제상의 대립이 해소되어 통일국가 수립의 길이 열리게 되었다.

분단되어 있던 남북 예멘은 아랍 특유의 민족적 성향이 강하였고, 분단에 따른 체제 이질화에도 불구하고 동질적 민족문화 전통에 따른 통일의지가 강한 편이었다. 사회주의체제였던 남예멘의 정치·사회제도는 상부구조만 사회주의화 되었을 뿐 일반 주민들에게까지 사회주의 이데올로기가 깊이 침투되지 못한 것이 통일추진에 순기능으로 작용하였다. 갈등과 협상의 순환과정을 거치는 예멘의 통일과정은 크게 세 개의 시기로 구분할 수 있다.

1) 제1기(1972~1978년): 화해·공존 기간

1972년 9월 남북 예멘 간 대규모 국경충돌을 계기로 아랍연맹의 중재에 의하여 1972년 10월 28일 이집트의 카이로에서 수상회담이 개최된 시기로부터 1977년 10월 북예멘 알 함디(Ibrahim al-Hamdi) 대통령이 암살되고 1978년 6월 남예멘에서 친소 강경파의 쿠데타가 발생하여 양국 간 긴장이 고조되고 통일논의가 중단되기까지의 기간이다. 이 기간 동안 양국은 다섯 차례에 걸친 정상회담을 갖고 통일협상을 추진하였다.

1972년 국제적으로는 미국과 중국의 화해, 미국과 소련의 군축회담 등 동서 간의 데탕트 시대를 맞이하고 있었으나, 예멘에서는 국경분쟁이 발생하였다. 1972년 9월 북예멘이 남예멘 사회주의 정권을 전복시키기 위해 지원해 온 남예멘 해방전선(FLOYS)과 남아라비아연맹(SAL) 등의 무장세력들이 국경지역에 집결하자 남예멘 정부군이 선제공격함으로써 남북 예멘 간의 적대감이 고조되어 대규모 국경충돌로 발전하였다. 남예멘의 공산화를 저지하겠다는 북예멘의 전략과 이를 지원한 사우디아라비아가 주도하여 일으킨 전쟁이었다.[7)]

아랍연맹이 남북 예멘 간의 분쟁을 조정하기 위하여 카이로협상을 준비하였으며, 양측 외무장관 간의 국경분쟁협상은 통일협상으로 발전하여, 마침내 카이로 통일협정과 트리폴리 통일선언이 이루어졌다. 아랍세계에서 형제국 간의 전쟁을 방지한다는 이슬람 정치전통에 의해 이집트, 리비아 등 아랍국가들은 예멘분쟁에 적극적으로 개입하여 중재를 시도하였다.[8)]

1972년 10월 28일 카이로 수상회담에서는 "양국정부는 예멘국민이라는 하나의 이름으로 존재한다"라고 선언하고 단일국가로의 통일이라는 대전제와 함께 통일의 기본원칙, 통일국가의 성격, 통일의 절차 등을 합의하였다. 카이로협정은 1국민 1체제 국가와 아랍공동체 정신을 강조하였으며 1972년 9월 13일 아랍연맹에서 채택한 예멘통일 결의안에 의하여 보장원칙이 제시되었다.

리비아 가다피 국가원수의 중재로 1972년 11월 26일부터 28일까지 이루어진 트리폴리 정상회담에서는 카이로협정을 구체화하여 다음과 같은 원칙에 합의하였다.[9)]

1. 국호는 예멘공화국으로 하고 수도는 사나에 둔다.
2. 이슬람교를 국교로 하고 이슬람의 성전을 주요 법원(法源)으로 한다.
3. 아랍어를 공식언어로 한다.
4. 국가는 사회주의 실현을 목표로 한다.
5. 정치체제는 민족적 민주체제의 정부와 단일 통합 정치조직으로 한다.
6. 이런 기본 구상을 제도화하기 위하여 8개의 공동위원회를 구성한다.

8개 공동위원회는 헌법위원회, 외무·외교·영사위원회, 경제·재무위원회, 교육위원회, 문화·공보위원회, 군사위원회, 보건위원회, 행정·공공시

설운영위원회였다. 또한 반제국주의·친 팔레스타인해방기구(PLO) 정책으로 외교정책 노선을 정하였다. 사회주의를 중심으로 한 예멘통일국가를 원하는 가다피의 주도로 이루어진 선언이었기 때문에 이슬람국가 건설을 희망하는 북부 부족들은 실망하였고, 사회주의를 표방하는 남예멘정부는 이 선언을 환영하였다.

트리폴리선언은 서명 1년 후인 1973년 11월까지 통일을 완성한다고 규정하였지만, 사우디의 영향권 하에 있는 북예멘 산악지역의 토후세력인 보수세력과 남예멘의 이슬람형제당 등의 보수세력들의 반대로 통일은 순조롭게 진전되지 못하였다, 남예멘 측은 북예멘이 반정부 정치인들에 대한 망명을 허용하고 재정지원을 한다는 이유로 반감을 가지게 되어 국경분쟁이 재발될 조짐이 나타나기 시작하였다. 1972년 말 남예멘 해방전선의 무장병력 5,000명이 북예멘과 사우디아라비아 국경지대에 집결하여 긴장이 고조되었다. 더구나 1973년 5월 북예멘의 대통령평의회 3인 중 한 사람인 무함마드 알 오스만이 남예멘에서 파견한 테러리스트에 의하여 암살당하는 사건이 발생하였다.

이러한 긴장을 완화하기 위하여 남북 예멘은 1973년 9월 4일 알제리에서 정상회담을 개최하고 공동위원회 업무를 감독하기 위한 특별위원회를 구성하는 데 합의하였다. 남예멘 대통령이 처음으로 북예멘을 방문한 1973년 11월 10일의 타이즈-알후다이다 정상회담에서는 통합의지를 재확인하고 통일작업을 가속하는 데 합의하였다. 남북 예멘의 적극적인 통일협상에도 불구하고 북예멘의 이슬람국가 건설과 남예멘의 사회주의국가 건설이념이 통일정책의 장애요인으로 등장하였다. 더구나 분리주의자들에 의한 반정부운동과 더불어 정치분쟁이 무력분쟁으로 비화하기도 하였다.

1977년 2월 15일 루바이 알리 남예멘 대통령과 함디 북예멘 대통령은 국경도시 카타바에서 정상회담을 개최하고 외무, 경제, 통상, 기획 장관으로 구성되는 합동 각료위원회 설치를 합의하는 등 통일논의를 본격화하였다. 이 위원회는 6개월마다 정기적으로 사나와 아덴 양국 수도에서 순환회담을 가진다는 원칙에 합의하였다.

그동안 양국의 빈번한 정권교체, 이념·체제상의 갈등 등의 문제로 통일협의가 중단과 재개를 거듭되었지만 이 기간에 화해·공존의 원칙이 확고히 합의되었다. 그러나 정상회담을 위하여 아덴으로 출발하려던 북예멘의 함디 대통령이 당시 북예멘 정권의 대남예멘 유화정책과 통합정책에 반기를 든 보수파와 부족세력에 의해 1977년 10월 11일 피살됨으로써 통일노력은 무산되었다. 이후 남북 예멘 지도자의 암살, 쿠데타, 지도자 처형 등 정치적인 혼란상태가 지속되어 통일논의가 중단되었다.

분단 직후인 1960년대부터 남북 예멘 간 주민왕래는 비교적 자유로웠다. 1970년대 남북 예멘 간의 분쟁이 발생함에 따라 정부차원에서는 통제가 실시되었으나, 주 도로 이외에 산악, 항구 등을 통한 주민들의 왕래는 가능하였다. 남북 예멘 간 경제교류에 있어서도 1960년대 및 1970년대에 국경 및 항구를 통한 남북 예멘 간의 교역이 비공식적으로 진행되었다.

2) 제2기(1979~1986년): 통일촉진 단계

1979년 2월 남예멘 군대가 북예멘을 침공함으로써 남북 예멘 간에 국경분쟁이 재발된 것을 계기로 개최된 쿠웨이트 정상회담에서 통일논의를 재개한 이후 1986년 1월 남예멘의 정변발생으로 통일논의가 다시 소강상태로 들어갈 때까지의 시기이다. 이 기간에 양국은 두 차례의 정상회담과 네 차례의 정상 간 최고평의회, 17차례의 각료급 고위인사의 교환 방문회담 등을 통해 통일논의를 본격화하였다.

함디 대통령 암살 후 대통령으로 취임한 친사우디 성향의 아흐마드 가슈미 대령은 상호 반목하는 정치 이익집단들을 화해시키려고 노력하였다. 특히 남예멘과의 통일정책 추진을 위해 아덴에 망명하고 있던 압둘라 아스나

즈, 무함마드 바센트 등을 각료로 기용하여 국내정치안정 도모와 남예멘과의 통일환경 조성을 위해 노력하였다. 그러나 1978년 6월 24일 남예멘 대통령 특사의 서류가방에 들어 있던 폭탄이 폭발하여 가슈미 대통령이 사망하여 통일논의가 중단되었다.

이후 남북 예멘 간 계속된 국경분쟁과 국내권력투쟁·갈등관계가 지속되었다. 남예멘은 북예멘의 정치적 혼란을 이용하여 사회주의 혁명을 일으키기 위하여 반정부 단체인 민족해방전선(NLF) 게릴라의 테러활동을 지원하였으며, 마침내 1979년 2월 북예멘과 남예멘 군 및 NLF 세력 간에 전쟁으로 확산되는 국경충돌이 계속되었다. 이 충돌로 아라비아반도의 안보가 위협을 받게 되자 주변국들은 평화를 중재하였다.

쿠웨이트의 중재로 1979년 2월 까타바 정상회담이 개최되어 휴전협상이 이루어졌으며, 이 협상은 통일협상으로 발전하여 쿠웨이트 통일협정이 체결되었다. 1979년 3월 30일 쿠웨이트 정상회담에서 체결된 통일협정의 주요내용은 다음과 같다.

① 카이로협정, 트리폴리합의 성명의 통일국가 수립에 관한 합의 정신 준수
② 통일헌법 준비위원회 구성과 4개월 이내 통일헌법 초안 준비
③ 통일헌법 초안 승인을 위한 양국 간 정상회담 개최
④ 통일헌법 초안에 대한 국민투표를 6개월 이내 실시
⑤ 통일행정을 담당할 통일각료위원회 구성
⑥ 양국 정상은 사나와 아덴에서 매월 정기적 통일 감독회의 개최

쿠웨이트협정은 북예멘의 살레 대통령을 초대 통일대통령으로 추대하여 헌법 준비위원회로 하여금 통일헌법을 기초하게 하였다. 양국 정상은 통일헌법 초안을 검토·승인, 국민투표 실시 후 통과된 통일헌법에 의하여 실질적으로 통일과정을 진행하는 계획을 수립하였다.

쿠웨이트 정상회담 이후 분야별 교류·협력이 이루어졌다. 2차에 걸쳐 특사가 왕래하였고 각료급회담이 연쇄적으로 개최되었다. 1979년 11월 남예멘 특사가 북예멘을 방문하여 '남북 예멘국민의 접경지역 상호 자유 왕래에 관한 합의서'를 발표하였다. 구체적 내용은 접경지역에 남북 예멘의 안전원들로 구성된 국경통과 검문소 설치, 북예멘 국민들은 신분증 제시만으로 통과, 남예멘 국민들은 남예멘 담당기관 발급 허가증 제시만으로 통과 등을 포함하였다.

쿠웨이트 정상회담 당시 국제적으로는 소련의 아프가니스탄 공격, 중국의 베트남 침공, 이란의 호메이니 혁명 성공 등으로 새로운 국제질서가 형성되었고 이에 대한 아랍국가들의 시각은 다양했으나, 예멘 통일에 대해서만은 단결된 모습으로 지지하였다. 사우디아라비아, 쿠웨이트, 바레인 3국은 1979년 6월 28일 리야드에서 3국 외상회의를 개최하고 남북 예멘통일을 적극 지지한다는 데 합의하였다.

1980년 5월 6일에는 북예멘 수상이 남예멘을 방문하여 '아덴합의서'를 채택하였다. 양측은 이 합의서를 통하여 산업, 광물, 교통, 금융, 관광사업 등에서의 합작 및 공동투자 원칙을 합의하고 분야를 선정하였다. 1980년 6월에는 공보, 문화, 교통, 산업 장관들의 연쇄회담이 개최되었고, 예멘관광주식회사의 공동설립에 관한 협정을 체결하였다. 이와 더불어 문화, 예술, 직업단체 대표들의 상호방문도 이루어졌다. 6월 13일에는 '공보, 문화, 교육분야 업무조정에 관한 합의서'를 체결하였다. 이에 따라 언론, 자료개방, 문화, 예술인의 교환방문 및 공동작업을 지원하였고, 공보·문화출판물의 교환, 공동전시관 설립, 공동문예주간 설정 등의 작업을 진행하였다.[10)]

1981년 11월 30일에는 북예멘의 살레 대통령이 최초로 남예멘을 방문하여 남예멘의 모하메드 수상 겸 최고인민회의 간부회 의장과 아덴에서 정상회담을 개최하고, 12월 2일 '남북 예멘 조정 및 상호협력에 관한 협정(아덴협정)'을 체결하여 양국 간의 자유왕래, 문화·교육분야, 경제·자원개발분야, 외교분야 등의 교류·협력 확대에 합의하였다. 그 구체적 내용은 △ 양국 대통령으로 구성되는 '예멘 최고평의회'를 구성하고, 이 회의의 지시사항을 실천할 '공동각료위원회'와 '사무국'을 설치한다. 최고 평의회는 6개월에 한 번씩 정기회의를 개최하며, 공동각료위원회는 3개월에 한 번씩 개최한다. △ 양국의 경제 및 사회개발 계획을 조정하고 '양국연합공사'에 의한 지질 및 수자원 분야의 공동조사와 개발에 힘쓴다. 카타바-두라인 간 연결 도로건설을 추진하며, 국경마을의 편의를 위한 공동 회합장소를 설치한다. △ 국경에 공동학교를 설치한다. '문화·정보위원회'를 설치하여 사회교육에 관한 교과내용을 마련하고 교육과목을 통일한다. 라디오, 텔레비전의 프로를 공동 제작하여 동시 방영한다. △ 양국의 국민들에게 서로 양 지역을 왕래할 권리를 부여한다.

이어 1981년 12월 30일 남북 예멘 합동헌법위원회는 전문 136조로 구성된 통일헌법안을 기초하고 승인하였다. 국호를 통일예멘공화국, 수도를 북예멘의 사나, 국교를 이슬람으로 하였다. 입법부는 양국 국민들이 선출하는 의원들로 구성하며, 행정부는 통합각료 평의회로 구성하도록 하였다. 이 초안은 1990년 5월 22일 채택된 통일헌법의 모체가 되었다.

1982년 11월 합동각료회의를 개최한 이래 1985년 12월까지 최고평의회 4회, 합동각료회의 3회, 최고평의회 사무국회의 12회를 개최하였다. 1983년 8월 18일에는 특별공동위원회를 설치하고, 남북 예멘 간 교역활성화를 위한 조세 및 관세면제 원칙에 합의하였다. 같은 날 최고평의회는 84/85 학년도부터 남북단일 역사교과서를 모든 학교에서 사용하도록 결정하였다.

3) 제3기(1986년 1월~1990년 5월): 통일완성 단계

1986년 남예멘 정변 후 새로 등장한 알 아타스(Al-Attas) 정권이 안정됨에 따라 통일협상이 재개된 1988년 4월 타이즈 정상회담부터 1990년 5월 22일 통일선언을 하기까지의 시기이다. 남예멘 사회당 정권의 광범위한 개방·개혁조치에 따라 국경공동검문소 설치, 주민의 자유왕래 보장, 권력체계의 통합, 자원의 공동개발 등의 조치가 실현되었다. 이 기간 동안 네 차례의 정상회담과 두 차례의 공동각료회의 등을 통하여 본격적인 통일준비 협상을 추진하였다.

1986년 1월 남예멘에서는 무하마드(Ali Nasir Muharmad) 수상 겸 최고인민회의 간부회 의장이 서방에 대한 경제개방에 반대하는 친소파 강경파들을 소집하여 암살하자 알 아타스 등 잔여 친소 온건파들이 세력을 규합하여 무하마드와 그를 추종하는 군 장교, 당원, 공무원 2만여 명을 북예멘으로 축출하는 정변이 발생하였다. 곧 이어서 국경지대에서 남북 예멘군의 무력분쟁이 발생하였다. 이 분쟁을 종식시키기 위하여 1986년 7월 살레 북예멘 대통령과 알 아타스 남예멘 최고인민회의 간부회 의장은 리비아 수도 트리폴리에서 정상회담을 개최하고 통일논의를 지속하기로 합의하였다.

1988년 4월 북예멘 수상과 남예멘 사회당 중앙위 간사를 비롯한 남북 예멘 고위각료들은 북예멘 타이즈에서 실무급 회담을 개최하고, 남예멘 정변 이전 남북 예멘이 합의한 사항을 집행할 것과 통일대화를 계속 추진할 것을 합의하였다. 구체적으로 국경지대에서의 군대 철수, 2,200㎢의 비무장지대 설정, 양국 시민들의 사회운동 전개에 편의 제공, 마리브(Marib)와 샤브와(Shabwah) 유전지역의 공동검문소 설치 및 공동석유 개발사업 등에 대한 합의도 이루어졌다.

남북 예멘 간의 통일대화가 성숙되기 시작한 1988년 5월 알 비드 남예멘 서기장이 북예멘을 방문하여 살레 대통령과 사나에서 정상회담을 개최하였다. 예멘 최고평의회와 합동각료회의 및 사무국 업무 재개를 합의하고, 2개월 내 양 지역 주민들이 신분증 제시만으로 자유롭게 왕래할 수 있게 하는 '남북 예멘 간 통행자유화협정'을 체결하여 공동검문소를 설치하였다. 7월

1일부터는 신분증만으로 자유왕래 할 수 있게 되었다.

남북 예멘의 통일이 가시화되면서 경제교류협력도 더욱 활성화되었다. 1988년 '남북 예멘 간 전력체계 통합'에 합의하였으며, 이를 위하여 아랍경제사회개발기금에서 6,300만 달러가 지원되었다. 1989년 1월 '예멘 석유·광물개발 주식회사'의 설립에 합의하였는데, 이 주식회사에는 1,000만 달러의 자본금을 남북 예멘이 균등하게 출자하고, 마리브와 샤브와 사이 국경지대 석유자원의 공동개발을 추진하도록 하였다.

예멘의 통일논의는 1980년대 후반 소련의 변화에 힘입어 급속도로 진전되었다. 1989년 소련 고르바초프의 개방·개혁정책 천명에 따라 남예멘에 개혁실시를 요구하면서 소련의 지원을 대폭 감축하자, 결국 남예멘의 개방·개혁이 불가피하게 되었다. 남예멘은 서방 및 북예멘과의 경제교류·협력을 대대적으로 확대하는 정책을 추진하였다.

1987년 재정 및 무역 규제를 완화하는 조치를 취하였고 1989년 7월에는 정치·경제분야의 개혁정책을 발표하여 통일을 위한 여건 조성을 하기 시작하였다. 주택건설에 있어서 개인 투자를 허용하였고 국립은행이 발행한 유가증권을 사우디아라비아 시장에서 유통하는 것을 허용하는 조치를 취하였다. 남예멘은 1989년 9월에는 20년간 단절되었던 미국과의 관계를 개선하였다. 1990년 1월에는 석유, 관광, 항만 개발을 위한 외국인 투자 설립법안을 발표하였다. 국내정치적으로 1989년 12월 다당제에 의한 정당체계를 허용하여 정치적 다원화를 모색하였다.[11)]

북예멘의 살레 대통령은 통일협상의 주도권을 장악하기 위하여 1989년 11월 대규모 사절단을 이끌고 아덴을 방문하여 알 비드 사회당 서기장과 정상회담을 개최하였다. 정상회담에서는 1981년 12월 기초된 136개 조항의 통일국가 헌법안에 대한 정상 간 조인, 통일헌법 초안의 6개월 내 양국 국회비준, 비준 후 6개월 이내 국민투표 실시 등을 합의하여 통일의 구체적 일정을 결정하였다. 공동각료위원회와 단일정치조직위원회에서는 통일국가 수립을 위한 법안·집행규정안과 예멘 중앙은행 설립, 부처·기구 등의 통합에 관한 조직 및 규정안 등을 완성함으로써 통일국가 수립의 기본조직과 제도적 틀을 마련하였다. 아덴협정에 의거하여 남북 예멘은 1989년 12월 1일 136개 조항의 통일헌법 초안을 공표하였다.

1990년 1월에서 3월 사이 두 차례의 합동각료회의를 통해 정부기구의 조정과 통합의 원칙을 결정하였다. 통일정부를 33개 부처로 구성하기로 하는 등 정부 및 공공기관 조직법안과 관세, 과세, 금융, 노동조합, 여행, 외국인 규정 등 46개 법률안 제정에 합의하였다. 1990년 3월 양국 국경을 완전히 개방하였고, 1990년 4월 19일부터 22일까지 개최된 사나 정상회담에서 '예멘공화국 선포 및 과도기 조직에 관한 합의서'에 서명하였다. 이 합의서는 남북 예멘 통일 날짜를 1990년 5월 26일로 정하였고, 통일선포 후 30개월간의 과도기를 거쳐 총선거를 실시하여 완전한 단일국가를 수립하기로 하였다.

북예멘의 부족세력, 남예멘의 스탈린주의자, 사우디 등이 통일반대 움직임을 보이자 남북 예멘의 정상들은 이를 사전봉쇄하기 위하여 예정보다 앞당겨 1990년 5월 22일 아덴에서 통일을 선포하였다. 새 헌법에 대한 국민투표는 1990년 8월 발생한 걸프전의 영향으로 예정보다 늦은 1991년 5월 17일 실시되었는데, 투표자 중 98.3%가 새 헌법에 찬성하였다. 새 헌법은 아랍권에서는 드물게 민주주의, 복수정당제, 언론자유정책을 표방하였다.

반전을 거듭하면서 장기간 계속된 통일협상이 결실을 맺게 된 동기는 국제환경의 변화와 남북 예멘의 석유개발이 결정적 역할을 하였다. 1988년 남북 예멘 국경지역에서 50억 배럴의 매장량으로 추정되는 유전이 발견되어 상호간 공동개발에 대한 필요성이 증대되었다. 고르바초프의 개방·개혁정책에 따라 남예멘에 대한 소련의 개입이 철회되었을 뿐 아니라 세계적인 탈냉전으로 남예멘 자신이 공산주의의 실패를 자인하고 개혁정책을 펼침으로써 북예멘과 통합을 추진할 수 있게 되었다. 또한 남북 예멘은 석유개발로 인하여 통일을 이루면 양측 모두 경제적 번영을 누릴 수 있다는 점을 확신하였다. 이러한 국내외 환경의 변화와 더불어 상호 기득권을 인정하는 방향에서 협상을 타결한 남북 예멘 지도자의 결단이 통일을 촉진하였다.

4. 분야별 통합추진

남북 예멘의 지도자들은 분단 이후 상호 무력충돌로 조성된 불신과 적대감정을 극복하고 완전한 통일을 이루기 위해서는 중간 단계가 필요하다는 데 인식을 같이 하고 30개월의 과도기를 가지기로 합의하였다.

통일 직전 남북 예멘 간에는 전반적인 국력에 있어서 상당한 차이가 있었다. 국토의 면적에 있어서는 남예멘 33만 6,869㎢, 북예멘 19만 4,250㎢로 남예멘이 약 1.7배 컸으나, 인구는 북측 950만 명, 남측 248만 명으로 북예멘의 인구가 약 3.9배였다. 1인당 GNP에 있어서는 북예멘 682달러, 남예멘 420달러로 북측이 약 1.6배 앞섰고, 군사력에 있어서는 북측 3만 6,500명, 남측 2만 7,500명으로 북측의 군사력이 약 1.3배 우세하였다. 남예멘이 영토만 넓을 뿐 모든 국력에 있어서 북예멘에 열세였으나, 통합은 1대1의 대등한 입장에서 균형적 세력안배를 이룬 가운데 추진되었다.

1) 정치통합

1 대 1의 대등한 통합을 추진함에 따라 국력 전반에서 열세에 놓여 있던 남예멘이 보다 적극적으로 통일에 협조하게 되었다. 이에 따라 북측의 국민의회당(PGC)과 남측의 예멘사회당(YSP)이 연정을 구성하였다.

정치통합은 대통령평의회 위원의 남북 안배를 2 대 3으로 하고 수상과 의회 의장, 국방부장관, 경제개발부 장관, 석유자원부 장관을 남예멘 측에,

내무, 외무, 산업 등 요직을 북예멘 측에 배분하는 선에서 합의하였다. 대통령을 차지하게 된 북예멘 측은 헌법에 명시되지 않은 부통령직을 남예멘에 양보하고, 기타 고위직에 대해서는 기득권과 신분보장을 존중하고 50 대 50으로 안배하였다. 이러한 원칙 아래서 기구통합을 추진한 결과 양 정부기구 중 서로 상응하는 부와 국이 없으면 폐지하지 않는 방향으로 통합이 되어 기구의 확대를 초래하게 되었다.

대통령평의회 위원은 국회의원 4분의 1 이상의 지명을 받아 3분의 2 이상 찬성으로 임명되며 예멘공화국을 대표한다. 1차 투표에서 당선자가 없으면 과반수 득표자 간 2차 결선투표를 실시한다. 대통령평의회는 국가비상사태를 선포할 수 있으며 비상사태 선포 후 7일 이내에 국회를 소집해야 한다. 평의회는 국회가 채택한 법률안에 대해 재심을 거쳐 30일 이내에 회송할 수 있으나, 국회가 다시 채택할 시 법률로 채택된다. 대통령평의회는 필요시 국민투표를 통하여 국회를 해산할 수 있으며 해산될 경우 국민투표 결과 발표일로부터 60일 이내에 반드시 재선거를 실시해야 한다. 대통령평의회와 국회가 동일한 달에 임기가 만료될 경우 대통령평의회의 임기는 총선 시까지 연장되며 총선 후 새로 구성된 국회가 개회일로부터 60일 이내에 새로 대통령평의회 위원을 선출해야 한다. 대통령평의회 의장은 국회의 승인을 거쳐 총동원령을 발표하며 법률에 의해 국가방위 위원회를 구성·주재하고 안보문제를 논의한다.

통일선언일인 1990년 5월 22일 전 북예멘 자문회의(Consultative Assembly)와 전 남예멘 최고인민회의(Supreme People's Congress)의 합동회의에서 최고 의사결정기구인 5년 임기의 대통령평의회 위원 5명을 선출하였다. 위원장은 알리 압둘라 살레(Ali Aabdulla Saleh) 전 북예멘 대통령을 대통령으로 하고 남북 각기 2인씩의 위원으로 구성하였다. 부위원장(부통령)은 예멘사회당의 알리 살렘 알비드가 선출되었고, 위원으로는 국민회의당 압둘 아지즈 압둘가니 살레, 예멘사회당 살렘 살레 모하메드, 이슬람개혁당 압둘 까이드 아지즈 알진다니가 임명되었다.

전 예멘사회당 정치국원 출신이며 전 남예멘 최고인민회의 간부회의장이었던 알 아타스(Al-Attas)를 수상으로 21명의 북예멘 출신과 18명의 남예멘 출신으로 총 39개 부처의 행정부를 구성하였으며, 장차관직을 남북출신 인사로 교차 임명하여 권력을 균형적으로 배분하였다. 남북 예멘의 통일 담당 부처는 폐지되고, 수상실에서 직원을 흡수하여 과도기간 중의 통일업무를 담당하도록 했다.

의회는 국가입법기관으로 법률과 국가 일반정책, 일반경제 및 사회발전 계획, 일반예산, 최종회계 등을 심의 결정하며 헌법규정에 의거 행정부를 감독할 수 있으며, 전체의원 과반수의 찬성으로 정부에 대한 불신임권을 행사할 수 있었다. 의회 임기는 4년으로 직접·비밀·자유·평등의 소선거구제였고, 선거구는 인구 5%를 가감한 인구비례에 따라 평등배분하였다. 유권자는 18세 이상의 예멘국민이며 피선거권자는 25세 이상의 예멘국민으로 정하였다. 1989년 남예멘 권력투쟁으로 인한 내전 발생 시 남예멘 대통령이었던 무함마드 지지세력에게 20석을 할애하였고, 남예멘의 민족민주전선(NDF) 세력들에게도 10석을 할애하였다. 또한 부족 토후세력에게도 31석을 할애하여 범민족, 범정당적인 의회를 구성하려는 의지를 보였다.

전 북예멘의 자문의회 159명의 의원과 전 남예멘 최고인민회의 111명 의원 전원, 그리고 대통령평의회가 선출한 부족대표 31명의 의원으로 총 301석의 의회를 구성하였다. 특히 대통령평의회 선출의원 가운데는 1986년 남예멘 내전 시 북예멘으로 망명한 나세르(Muhammad Ali Nasser) 전 남예멘 대통령과 그의 지지자 21명, 그리고 전 북예멘 정권에 반대하였던 남예멘의 민족민주전선에 연계된 정당대표 10명이 포함되어 의회 내에서도 세력안배가 최대한 고려되었다. 남예멘에 배정된 국회의장은 남예멘 수상 출신인 예멘사회당의 야신 사이드 노만이 임명되었다. 통일예멘은 대통령평의회에 대한 자문기구로 45명의 위원으로 구성된 자문위원회(Advisory Council)를 설치하였는데 북예멘 출신 24명과 남예멘 출신 21명으로 안배하였다. 복수 정당제의 채택으로 1990년 이래로 많은 정당이 생겨났으며, 집권여당인 국민회의당, 예멘사회당, 최대 야당인 친 사우디계의 이슬람개혁당 등 37개 정당이 난립하게 되었다.

2) 경제통합

헌법에 의한 기본경제원칙에 따라 경제통합을 추진하였으며, 이를 위해 5개 경제부처 장관, 3개 국책은행장, 그리고 기업가 7명으로 구성된 특별위원회를 두었다. 예멘의 국가경제 기본원칙은 ① 사회 및 생산관계에 관한 이슬람 사회 정의, ② 사유재산의 보호(헌법 6조), ③ 공공이익과 국가경제 발전을 위한 개발계획(제8조) 등이었다.

이러한 원칙을 바탕으로 예멘은 시장경제체제를 지향하였으며, 남예멘 지역에 사유재산제도를 시행하였다. 다만 남예멘지역에서의 외국인 소유 토지나 대지주 토지에 대해서는 국유화정책을 계속 견지하였다. 차이가 크게 나는 남예멘지역과 북예멘지역의 경제 및 생활조건을 조화시키기 위하여 남예멘의 임금 수준을 북예멘 수준으로 상향 조정하였다.

또한 대외개방을 통한 해외자본의 유치에 노력을 기울였으며, 이를 위하여 아덴 자유무역지대 개발촉진법과 투자법을 제정·공포하고, 외자도입을 위한 차관외교를 적극적으로 전개하는 등 대외개방 정책을 추진하였다. 그 결과 국제개발협회(IDA: International Development Association)로부터 3,300만 달러의 긴급 경제복구자금을 융자받을 수 있었다.

화폐는 통일선포 후 과도기간 동안 남예멘의 디나르(D: Dinar)화와 북예멘의 리알(YR: Rial)화를 함께 사용하도록 결정하였다. 1990년 5월 예멘 중앙은행을 설립하였고, 남예멘의 디나르화와 북예멘의 리알화의 환율을 1 디나르 당 14리알에서 24리알로 평가절상하였고, 이어 1992년 1월 1일부

표 8.2 통합 후 예멘의 주요 경제지표(1990~1992년)

	단위	1990	1991	1992
GDP 실질성장률	%	−3.0	−4.8	1.5
소비자 물가상승률	%	34.2	45.0	55.0
인구	100만 명	11.3	12.52	12.96
수출(FOB)	100만 달러	626	506	390
수입(FOB)	100만 달러	1,671	1,600	1,520
경상수지	100만 달러	−216	−265	−767
공적외화준비고	100만 달러	250	220	200
대외채무	100만 달러	6,518	6,735	6,959
환율	YR/ US$	14	30	33

출처: EIU, IMF

로 리알화로 공식통합하였다.

통합 후 예멘의 경제구조는 농업인구가 전 인구의 약 3분의 2로서 GDP의 5분의 1 정도를 차지하고 있었으며, 민간 서비스 부문은 GDP의 2분의 1을 차지하며 석유 수출이 총 수출액의 80%를 차지하였다. 석유산업의 발달로 점차 경제활동 인구는 석유 및 관련산업 등 무역업과 서비스업으로 전환되었다.

3) 군사 및 사회·문화통합

분단시대에는 적군이었던 남북 예멘군을 통합하여 단일 군으로 구성하였다. 대통령을 군 최고통수자로 하였으며 대통령평의회 결의에 의하여 전 북예멘군 참모총장을 통합군의 참모총장으로 임명하였고, 남북 예멘의 군대를 단일 혼성군으로 통합하였다. 남북 예멘의 수평적 부대재편을 통해 통합 전의 병력규모를 존속시키고 군 직책을 공평하게 안배하였다. 또한 병력을 상호 교차 배치하여 장비의 조작기술, 전술, 교리 등을 상호 교차 학습토록 하였다. 군부의 일반 참모직은 통일 초창기부터 권력 안배원칙에 따라 통일된 국방부에 통합이 되었으나, 대부분의 야전군은 남북분단 상태로 독자적 지휘체계를 유지하였다. 군복은 북예멘 군복을 채택하기로 합의하였으나 예산부족으로 우선 통일전의 남북 예멘 군복을 각기 착용하였다.

통일 전 남북 예멘 대치상황에서의 공격과 방어 2중 개념의 군사전략을 방어전략으로 변경하였다. 모병제도는 통일 후 2년간 의무복무제로 하였다. 국방예산은 1991년 10억 6,000만 달러에서 1992년 9억 3,500만 달러로 감소되었다. 병력은 총 6만 3,500명으로 기간병력 4만 5,000명, 의무복무 1만 8,500명이었다. 이중 육군이 6만 명, 해군 1,500명, 공군이 2,000명이었다.

예멘사회당은 통합직후부터 끊임없이 군 인사에 살레 대통령 친인척 배제, 군인의 생계보장, 군 부패 방지, 군 인사 공평성 보장, 장비현대화, 훈련제도 개선 등 개혁안을 제출하여 정부와 마찰을 빚었다.

통일정부의 사회·문화부문 통합은 헌법 제3조를 중심으로 하여 추진되었는데, 기본적으로 남북이 각각 기존의 사회·문화를 인정하는 바탕 위에서 이슬람을 사회문화적 통일의 기조로 하면서 민주개혁을 추진하였다. 예멘은 정치적으로 분단되어 있었으나 일반 주민 간에는 민족동질성이 강하게 형성되어 내전 등 분단 시의 갈등에도 불구하고 남북 예멘 간의 극한적인 적대감은 존재하지 않았다.

사회·문화부문의 통합작업은 다른 부문과는 달리 이미 통일협상 과정에서부터 시행되었다. 1979년 쿠웨이트 정상회담에서의 합의에 따라 '공보, 문화, 교육분야 업무조정에 관한 합의서'를 채택하고, 언론자료, 공보, 문화 출판물의 교환, 문화 예술단의 교환방문을 하였다. 1980년 6월 10일의 '남북 예멘 국민의 상호자유왕래에 관한 남북 예멘 내무장관 합의서'에 따라 1983년부터 국민의 왕래가 시행되었다. 1983년 8월 18일 자 예멘 최고평의회 특별공동위원회의 결정에 따라 1984/5학년도부터 남북 단일 역사교과서를 사용하였다. 통합 이후 학제는 초등학교 6년 (의무교육), 중등학교 6년, 대학교 4년이며, 종합대학교 2개, 교육대학 9개, 특수 기술학교 24개 등 총 1만 5,000개의 각급 학교가 존재하였다.

5. 합의통일의 실패

예멘통일의 협상과정과 정치, 경제, 사회, 문화 등 부문별 통합방식을 살펴볼 때 통합 이후에 발생할지도 모르는 문제점을 해소하기 위한 준비는 부족하였지만, 분단 당시 남북 예멘이 당면하였던 대내외적 환경과 상황을 감안하여 적절한 통일과 통합방안을 선택하고 추진한 것으로 평가되었다. 남북 예멘은 이질적인 체제에도 불구하고 아랍민족주의 및 동질적 민족문화 전통에 기초한 통일의지를 갖고 있었다. 국경분쟁과 국내정치의 불안정은 계속되었으나, 정치지도자들은 평화협상과 통일대화를 지속하는 등 합의점 도출을 위해 인내를 가지고 노력하였다. 양측은 통일을 하기 위하여 15회의 정상회담과 19회의 각료급회담을 개최하였다. 또한 미국과 소련 등 외세개입을 반대하는 아랍연맹과 이집트, 리비아 등 주변 아랍국들의 평화중재와 통일지원은 대외적 환경이 예멘의 통일에 많은 기여를 하였다는 점을 보여주고 있다.

이와 같은 노력에도 불구하고 통일 후 4년 만에 재분단이 되어 내전이 발생하였다. 예멘의 평화적 합의통일이 실패한 원인은 통일협상과정에서의 절차적 오류를 지적하여 분석하기보다는, 통합협상과정이나 통합 선포시 합의하였고 준비하였던 각종 제도와 분야별 통합계획이 실제 통합과정에서 어떠한 문제점을 노정시켰는가를 살펴봄으로써 파악할 수 있다.

1) 통합의 문제점 발생

제도적인 측면에서 평가해 볼 때, 정치통합의 문제점은 정부조직의 비대화에 따른 행정의 능률성 저하, 지방에 대한 중앙정부의 통제력 미흡, 복수정당제 허용에 따른 군소정당의 난립 및 정치세력 간 갈등 표출로 테러, 정치적 폭력 발생 등이다. 남북 예멘은 정부조직을 기계적으로 합병함으로써 과도정부의 조직은 비대화한 반면 일관성이 결여되는 결과를 초래하였다. 과도정부는 비능률적인 행정과 보수주의자들의 반정부운동으로 혼란상태를 벗어날 수 없었다. 이슬람개혁당의 보수주의자들은 과도정부에 대하여 이슬람 교리의 원칙을 준수하라는 요구를 하면서 사회주의자들에 대해 정치적 테러를 자행하였다. 이에 따라 정치집단 간의 폭력이 연쇄적 반응을 일으키며 확대되었다.

군통합의 문제점으로는 남예멘 측의 정치적 이유에 따른 군통합 지연전술, 군의 명령체계 일원화 실패, 북부 부족세력의 독자적 무장집단 보유, 군통합에 필요한 재원 부족 등이 있었다. 경제통합의 문제점으로는 남예멘지역의 국유화되었던 기업과 토지에 대한 사유화 전환 부진, 걸프전 이후 사우디아라비아, 쿠웨이트 등의 경제원조 중단 및 해외근로자 강제귀환, 실업률 및 물가상승으로 인한 생활 수준 악화 등이 있었다. 통일정부는 남예멘의 사회주의 경제를 자본주의로 전환시키는 과정에서 많은 어려움을 겪었는데 기업과 토지를 사유화하는 과정에서 공산화 소유자들이 소유권을 주장한 반면 정부는 재정 형평성 보상조치를 취하지 못하였다.

사회통합의 문제점으로는 사회·문화통합의 기조로 내세운 이슬람 정신에 대해 남북 예멘인들 간의 갈등이 초래되었다. 북예멘 보수주의자들은 이슬람 율법을 '모든 법의 근원'으로 만들자고 주장한 데 대하여 교육 수준이 높은 남예멘 수도 아덴의 중산층은 불합리한 이슬람 율법에 대해 불만을 토로하였다. 특히 남예멘지역의 여성들은 통일전과 같은 사회적 신분보장을 강력히 요구하였다. 북부 보수주의자들이 이슬람 율법을 모든 법의 유일한 근원으로 만들기 위해 소요를 일으키자 남예멘 주민들은 보수주의자들의 불합리한 태도에 대하여 심한 반발감을 표명하였다. 남예멘 주민들의 시위는 경제난이 심해지고 정치적 폭력이 빈번해지면서 과격한 양상을 띠기 시작하였다.

통일 후 예멘에서 반정부시위, 노동자들의 파업, 그리고 주민들의 폭동이 발생하게 된 근본원인은 악화된 경제난에 있지만, 이와 더불어 남북 예멘인들이 상호 적대감을 버리지 못하고 자기들의 세력을 과시하고자 하는 경향에서도 그 이유를 찾을 수 있다. 통일예멘의 새로운 정부가 행정쇄신 목표를 달성하고 괄목할만한 경제성장을 이룩했다면 사회집단의 소요사태는 분명히 감소했겠지만, 남북 예멘 출신 정치인들 간의 갈등이 해소되지 않아 정치·사회적 위기가 심화되었다.

2) 통합의 실패과정

통일선포 당시에 합의한 정치일정에 의하면 30개월간의 과도기간이 끝나는 1992년 말에 총선을 실시하게 되어 있었다. 그러나 통합과정에서의 열세를 인식한 예멘사회당이 총선 연기를 요구함으로써 정치일정이 지연되었다. 인구와 국민지지도 면에서 열세인 사회당 측은 총선 후 국민회의 측과의 연립체제의 사전보장을 요구함에 따라 남북 예멘 간 갈등이 심화되면서 테러사건이 빈발하는 등 정세불안이 지속되었다. 주요 테러사건은 살렘 법무장관(남예멘 법무장관) 암살 미수사건(92. 4. 26) 등 남예멘계 인사에 대한 암살기도 및 사나주재 파키스탄(92. 9. 28), 독일(92. 10. 29), 미국(92. 11. 9) 대사관에서의 폭발사건 등이다. 정세불안이 지속되자, 살레 대통령은 대통령평의회·의회 및 각 정당 간 합동회의를 거쳐 총선을 1993년 4월 27일로 연기하였다.

전국 17개 지역 301개 선거구에서 20여 개 정당 및 무소속 3,627명이 입후보한 가운데 실시된 4월 27일의 총선에서는 일부 지역의 소규모 무력 충돌에도 불구하고 전체적으로 큰 혼란없이 평화롭게 진행되었다. 개표결과 선거 이전 제2당이었던 예멘사회당이 제3당으로 전락하는 결과가 나왔다. 국민회의당이 123석으로 제1당이 되었고, 북예멘의 이슬람 원리주의자, 부족세력, 부유 상인들의 연합인 이슬람개혁당이 62석, 예멘사회당이 57석, 바스당 7석, 나세르당 3석, 알하끄당 2석, 무소속이 48석을 차지하였다. 다당제 아래 행해진 선거는 아랍세계에서의 최초 민주적인 선거였다는 평을 받고 있으며 예멘정부는 국제선거감시단을 받아들이는 등 국제적인 정통성을 받으려는 노력도 기울였다.

통일 당시 대등한 세력안배로 통합에 합의하였던 예멘사회당은 총선에서 패배하게 됨에 따라 더 이상의 세력확장은 물론 이전의 세력균형도 유지하기 어렵게 되었다. 1993년 5월 15일 총선 후 최초로 국회가 소집되어 이슬람개혁당의 당수이며 북예멘 최대 부족연합인 하지드 연합의 부족장인 아흐마르 의원이 국회의장에 선출되었다. 이보다 앞선 5월 10일 국민의회당 중앙위원회와 사회당 정치국은 합동회의를 개최하여 양당의 정책통일을 위해 의회에서 통일의회파를 결성할 것에 합의하였다. 아흐마르 이슬람개혁당의 당수가 239대 59표 차로 국회의장에 선출된 것은 국민의회당과 사회당에 더하여 이슬람개혁당 3당이 원칙적으로 협력·협조하여 의회운영을 하려는 의도를 가지고 있는 것으로 평가되었다.

1993년 5월 30일 살레 대통령은 대통령평의회로부터 조각권을 위임받아 아타스 전수상을 수반으로 하는 신내각을 출범시켰다. 29명의 각료로 출범한 신내각은 각료직 배분을 국민회의당 11명, 예멘사회당 9명, 이슬람개혁당 6명, 바스당 2명, 낫세르당 1명 등 거국적으로 구성되었다. 주요 요직으로는 내무장관, 외무장관, 재무장관 등이 국민의회당에, 수상 외에 국방장관, 석유·광물장관이 사회당에, 공급·무역장관, 보건장관, 외끄프·지도장관(이슬람 사원 및 재산관리) 및 지방행정장관이 이슬람개혁당에 돌아갔다. 새로 구성된 연립정부는 현대국가체제를 확립하기 위한 노력을 기울였다. 수평적·기계적 통합으로 인해 비롯된 비효율적이고 방만한 정부기구의 축소 등 체제정비와 공무원 훈련 강화, 여성의 사회참여 확대, 공무원 인원 감축, 부패방지 등 행정쇄신을 추진하려고 하였다.

의회에서는 헌법개정과 대통령평의회 위원 재선문제로 갈등이 빚어졌다. 국민의회당은 대통령평의회 제도의 폐지와 대통령·부통령제로의 전환, 상·하양원제로의 헌법개정을 주장하였다. 한편 예멘사회당은 독재화 가능성과 장기집권의 폐단을 이유로 개헌을 반대하는 재야 측의 움직임에 편승하여 대통령제 개헌을 반대하였다. 이슬람개혁당은 대통령제 개헌을 찬성하지만 이슬람법을 모든 입법의 유일한 원칙으로 한다는 규정을 헌법에 명시하여 회교전통하의 개혁을 주장하였다. 이러한 체제정비와 헌법개정 문제에 대해 각 당의 입장과 주장이 다르고 정치지도자 간의 권력안배와 정국주도를 위한 투쟁으로 인해 정국이 점차 혼미하여지기 시작하였다. 특히 국민회의와 예멘사회당 간에 신정부의 권력구조와 국정운영의 방향에 대한 견해차이가 해소되지 않아 국정운영이 어렵게 되었다.

남예멘 출신으로 대통령평의회의 부위원장으로 선출된 알 베이드(Al-Beid)는 국민의회당이 이슬람개혁당의 대통령평의회 참여를 허용하고 이 당과 공동으로 개헌안을 제출한 데 대하여 반발하면서 부통령직 수행과 국민의회당에 대한 협력을 거부하겠다는 선언과 함께 살레 대통령에게 권력분산과 군사·정치·경제·개혁을 요구하였다. 이와 함께 집무를 거부한 채 1993년 8월 통일수도인 사나에서 남예멘 수도인 아덴으로 철수하였다. 이어서 사회당 출신 각료와 당 간부들이 대거 아덴으로 철수하여 아덴에 사실상 제2정부와 군 사령부가 생겨남으로써 남예멘의 이탈이 기정사실화 되었다.

주변국들이 중재하려는 노력을 기울였다. 1994년 1월 팔레스타인해방기구(PLO)의 아라파트 의장의 중재에 의해 국내 각 정당들의 대표로 구성된 범정당 정치대화위원회는 정치개혁안을 채택하여 살레 대통령과 알바이드 부통령에게 제출하였다. 그 개혁안은 모든 암살범과 강도범의 3개월 내 체포와 공개처형, 헌법개정안의 3~5개월 내 확정, 군의 시내순찰 중단, 부족 간의 불법적인 적대행위 금지, 신헌법에 의한 정보기관 설치, 대통령평의회와 내각 간의 권한 확정, 의회주의 신봉 등을 포함하였다.

1994년 2월 20일 오만 및 요르단 왕의 중재로 살레 대통령과 알 바이드 부통령은 암만에서 회동을 하고, 위 정치개혁안과 대통령의 안보·재정분야에서의 권한 축소, 부통령의 남예멘 유전지역에 대한 통제권 축소 등이 포함된 '화해 및 정치개혁 협정'에 서명함으로써 일단 재분단의 위기를 모면하였다. 이러한 정치적인 화해 모색에도 불구하고 양측 군대 사이에는 일촉즉발 전쟁발발 가능성이 고조되고 있었다. 통일 이후에도 군사통합이 제대로 이루어지지 않아 소규모의 남북 예멘 군대 간의 충돌이 있었다.

1994년 4월 27일 암난시 근교의 군사기지에서 남북 예멘 군대 간의 무력충돌이 시작되어 800여 명의 사망자와 85대 이상의 탱크가 파괴되었다. 남북군 사이에 무력충돌이 발생하자 이를 계기로 5월 4일부터 본격적인 내전에 돌입하였다. 북예멘을 중심으로 한 정부군은 이 내전을 알 베이드 등 일부 남측 지도자들이 주도한 분리주의적 반란으로 규정하고 '통일의 유지'를 내전의 대의명분으로 하였다. 당시 남예멘 지도층의 일부는 알 베이드의 분리주의에 반대하고 통일정부에 잔류하였다.

마침내 5월 21일에는 남예멘이 분리독립을 선언하게 됨으로써 예멘의 평화통일은 4년 만에 실패로 돌아갔다. 내전이 발발하자 이라크, 수단 등은 북측을 지원하였고, 사우디 등 GCC 국가들(카타르 제외)은 남측을 지원하였다. 남예멘이 예멘민주공화국(Democratic Republic of Yemen)으로 분리독립 선언을 하자, 사우디 등 주변국가들이 승인하리라는 당초 기대와는 달리 소말릴란드 만이 유일하게 승인하였다.

결국 전쟁이 발발한 지 2개월만인 1994년 7월 7일 북측의 승리로 내전이 종식되었고 남예멘은 북예멘에 무력 흡수당하였다. 무력통일 이후 1994년 9월 29일 개정된 헌법은 5인의 대통령평의회를 폐지하고 정·부통령제를 도입함으로써 대통령의 권한을 강화하였다. 대통령의 임기는 5년으로 하고 3선 이상 금지하도록 하였다. 1994년 10월 8일 예멘사회당을 배제하고 국민의회당, 이슬람개혁당의 연정에 의한 신정부가 출범되었는데, 대통령으로는 북예멘 출신으로 제1당인 국민의회당 총재인 살레(Ali Abdulla Saleh)가 선출되었고, 부통령으로는 남예멘 출신의 하디(Abd Rabu Mansour Hadi)가 취임하였다.

3) 통합실패의 원인

통일예멘의 정치·경제·군사·사회·문화 등 각 부문의 통합은 걸프전 등으로 인한 경제적 타격 때문에 계획대로 순조로이 추진되지 못하였다. 과도정부가 경제적 위기상황을 효과적으로 극복하지 못한 근본적인 이유는 통합방식 자체에 결함이 있었기 때문이다. 남북 예멘의 관료를 그대로 흡수한 과도정부는 재정을 낭비하는 한편 효율적인 정책을 수립할 수 없었다. 통합과정에서의 정치·행정적 문제점은 경제상황을 악화시켰고, 경제상황의 악화는 사회적 혼란을 증대시켰다.

이와 같은 정치·경제·사회적 문제가 연쇄적으로 악화되는 사태는 새로운 연립내각의 출범으로 정치가 안정화되고 이에 따라 문제점이 해소될 것으로 기대되었으나, 오히려 신정부의 권력구조 개편문제를 둘러싸고 남북예멘 출신 정치인 간에 불화가 심화되어 경제·사회적 불안이 증대되었다. 오만과 요르단 정상들의 중재와 예멘 내부의 모든 세력을 망라한 초당적인 화해와 통일유지 노력에도 불구하고 통일은 실패하고 말았다.[12] 예멘통일이 실패로 돌아간 근본적인 원인은 다음과 같이 다섯 가지로 분류할 수 있다.

첫째, 남북 예멘 지도자 간 권력투쟁 및 정치적 갈등이 지속되었다. 통일 당시 남북 예멘인들은 서로 다른 목적을 추구하고 있었다. 북측은 약 3배의 인구를 보유하고 석유 등 자원의 개발에 성공하는 등 경제적 우위를 배경으로 통일 이후 자신들이 주도권을 장악할 수 있을 것으로 예상하였다. 따라서 통일협상 당시 외교, 군사의 즉각적인 통합과 과도기간의 단축을 주장하였다. 반면 남측은 인구, 자원개발, 경제 수준 등에서의 열세에도 불구하고, 사회주의체제하에서의 근대화 경험, 훈련된 조직력 및 인적자원, 북측을 능가하는 석유자원 매장량 등을 배경으로, 통일 이후 일정 기간 세력기반 확충에 노력하면 자신들이 주도권을 장악할 수 있을 것으로 예상하였다. 따라서 남예멘은 통일협상 당시 충분한 과도기간의 확보를 주장하고, 자신들이 어느 정도 권력기반을 확보할 때까지는 군대 등의 즉각 통합보다는 점진적 통합을 선호하였다.

이러한 견해차 때문에 남북 예멘 출신 지도자들의 갈등은 초기부터 시작되었다. 살레 대통령과 알 베이드 부통령은 대승적 견지에서 진정한 통일국가 건설에 노력하기보다는, 자신들의 기득권 유지 내지 확대를 위해 권력투쟁에 몰두함으로써 반목과 불화를 심화시켰다. 통일 이후 좌우익 세력 간의 정치적 갈등도 심각한 정치문제로 대두되었다. 이러한 불안정한 정치상황에서 30여 개의 군소정당이 난립하여 정치적 혼란상태가 지속되었다. 특히 이슬람개혁당의 보수주의자들은 과도정부에 이슬람 교리의 원칙을 고수하라는 요구를 하는 동시에 사회주의자들에 대하여 테러를 감행하였다.

1991년 좌익계열의 지도자가 암살되자 사회주의자들은 보복으로 우익계열 정당 지도자에 대한 암살을 기도하였다. 또한 북부지역에 지부를 설치하려던 예멘사회당 등 남부 출신 정당 지도자들이 테러를 당하는가 하면 1992년 중반까지 수상, 의회대변인, 대통령평의회 위원 등에 대한 15건의 암살이 시도되었다. 한편 사회주의자들은 그들의 세력을 과시하기 위하여 노동자들의 파업을 선동하였다. 결국 결정적으로 총선에서 예멘사회당이 제3당으로 전락하면서 남북 예멘의 갈등은 되돌아 올 수 없는 다리를 건너게 되었다.

총선 후 각료직을 정당별로 안배하고 거국내각을 구성하였으나 대통령제 채택을 위한 헌법개정 문제와 관련하여 남북 예멘 출신 정치인들 간의 정치적 갈등은 더욱 심화되었다. 북측의 국민의회당은 대통령평의회를 폐지하고 대통령제로 헌법을 개정할 것을 주장한 반면, 남측의 예멘사회당은 독재화 가능성과 장기집권의 폐단을 이유로 개헌에 반대하면서 지도층 내부개혁을 강조하였다. 결국, 남북 간의 상대측 주요인사에 대한 암살 및 테러가 자행되는 가운데 자신들의 입지에 위기감을 느낀 알 바이드 부통령 등 남부 출신 주요 각료들은 1993년 10월 이후 국정참여를 거부하고 구 남예멘 수도인 아덴에 돌아가 칩거상태에 들어갔다.

두 번째 실패 이유는 군대통합이 이루어지지 않은 점이다. 합의통일은 통일과정이 평화적으로 이루어지기 때문에 통일 이후의 갈등 또는 무력대결의 가능성을 완전히 배제하는 것은 매우 어렵다. 오랜 기간 분단된 두 국가가 통합을 이루어 가는 데 있어서 기존의 적대감이 완전히 해소하는 데에는 시간이 걸리기 때문에 통일 직후 상호 갈등과 문제점이 필연적으로 발생할 수밖에 없으며, 이러한 갈등은 무력충돌로 이어질 수 있는 가능성을 상시 내포하고 있다. 따라서 분단된 국가가 통일을 성공적으로 달성하기 위해서는 분쟁의 원천을 제거하고 무력충돌을 방지할 수 있는 법적·제도적 장치를 마련하여야 한다.

예멘의 군통합은 수뇌부의 지휘관 지위만 통합하여 안배한 형식으로서 하부구조의 사병들은 단순한 혼성군일뿐 통일된 편제를 이루지 못하였다. 따라서 통일예멘의 야전군은 제도상으로 통합된 국방부와 사령부의 지휘감독을 받게 되어 있었으나 실질적으로는 통일 이전의 지휘계통을 그대로 유지하였다. 심지어 남북 예멘군은 통일 이전의 군복을 그대로 착용한 상태에서 각각 자기 지역 출신 지도자에게만 충성하여 사사건건 충돌하였다. 또한 남북 예멘의 지도층은 자신의 정치적 존립을 보장하기 위한 수단으로서 종래의 남북 예멘 군대를 자신의 영향력 하에 두고 군대통합에 소극적 자세를 보였다.

특히 남예멘계 야전부대는 현지에 계속 주둔하면서 기존의 명령계통에 따라 운영됨으로써 군의 명령체계가 제대로 수립되지 못하였다. 이는 남예멘이 북예멘과의 국력비교에서 군을 제외하고는 거의 모든 부분에서 열세인 상태에서 남예멘의 군대만이 통일협상에서 유리한 고지에 서기 위한 유일한 협상무기였기 때문에 의도적으로 군사통합을 지연시켰다. 더구나 통합 후에도 여전히 강력한 영향력을 가지고 있는 북부의 부족세력들이 독자적인 무장집단을 보유하고 있어 군의 통합이 효과적으로 이루어지지 않았다. 특히 북군은 남군에 대해 월권에 가까운 언행으로 남군의 불만을 자극하였다.

이와 같은 군의 정치적 중립 미확보, 통일 예멘군으로서의 자긍심 및 충성심 부족, 북예멘 부족세력의 독자적인 무장 허용, 군의 명령체계의 이원화 등은 정치적 불안과 연결되면서 결국 4년 만에 내전이 시작되는 결정적 원인이 되었다. 예멘의 통일 이후 군대통합이 제대로 이루어지지 않은 점은 한반도 통일에 시사하는 점이 크다. 국가무력에 대한 관리 및 통제의 문제는 한반도 통일과정에 있어서도 큰 비중을 두고 해결되어야 할 과제이다. 특히 남북 예멘이 통합 당시 6만 5,000여 명이라는 소규모의 병력을 보유한 데 비해, 남북한은 정규군만도 200만 명 가까이 되는 대규모의 병력을 보유하고 있는 만큼 사전에 충분한 군축이 이루어져야 할 것이다. 또한 군의 통합과정에서 양쪽 군대가 신뢰구축을 하여 적대감을 없애고 완전한 정치적 중립이 확보될 수 있는 제도적 장치가 마련되어야 하고, 통일군으로서의 자긍심 및 충성심 확보, 지휘체계의 단일화 등이 완벽하게 이루어져야 할 것이다.

세 번째 이유는 정부조직의 효율적 통합 및 재편이 실패하였기 때문이다. 통일 당시 대등 통합 및 남북안배 원칙에 따라 각 행정부처에 남북 출신 인사를 혼성 배치하였으나 남북 지도층 간의 권력투쟁과 알력이 심화되면서 원만한 행정업무 수행이 어렵게 되었다. 더욱이 주요 공직자들이 통일정부에 봉사하기보다는 남북 지도층의 이익에 충성하는 경향을 초래하였다. 예를 들어, 남측의 석유자원 개발 허가를 위해 외국기업은 남측 인사에게 뇌물을 줘야 했으며, 이 뇌물은 남측 세력의 정치 및 군사자금으로 사용되었다. 또한 남측의 석유 개발, 판매대금이 통일정부의 국고에 귀속되지 않고 남측 지도층에 유입되는 사례도 발생하였다.

행정부에서는 기존의 집권세력 중 소외인사가 생기지 않도록 하기 위하여 불필요한 정부기구와 자리를 증설함으로써 행정의 비능률을 초래하였고, 남북 예멘 출신 관료 간의 비협조로 인하여 새로운 정책을 수립하고 추진하는 데 어려움을 겪었다. 통일 이전 북예멘의 공무원 수는 10만 명 이내였으나, 통일 후 남예멘의 방만한 사회주의 공무원 조직을 흡수하여 공무원 수는 40만 명 이상으로 증가하는 등 행정의 심각한 비대화를 초래하였다.

심지어 남예멘인들은 공무원의 직급을 상향조정하고 일반 노무자들까지 정규공무원으로 보고하여 공무원 수가 폭증하게 되었으며, 공무원들이 월급만 받고 사적 용무를 보는 경우가 많았다. 이에 따라 정부예산의 60% 이상이 인건비로 소모되었고, 이는 경제상황 악화를 가속시켰다. 지도층의 정치적 반목에 따른 국정운영의 파탄과 경제상황의 악화가 가속화되자 공무원 사회의 유례없는 부패를 초래하였으며, 행정에 있어서의 뇌물수수가 만연되었다.

예멘의 통일이 실패한 네 번째 원인은 통일에 대한 국민적 합의와 공감이 부족했다는 점이다. 예멘 통일과정의 특징은 양국 간의 국경분쟁이 협상의 계기가 되었고, 주변 아랍국들의 중재 및 주요 정치엘리트 간의 정치적 협상에 의해 주도된 점이다. 따라서 통일협상과정에서 일반국민 또는 민간단체의 통일운동이 개입될 여지가 없었고, 다양한 국민의 의사를 결집시키고 반영하려는 정치엘리트들의 노력도 미흡하였다. 더구나 일부 통일반대 세력을 무마시키려는 노력을 전혀 기울이지 않았다. 북예멘지역에서는 막강한 영향력을 행사하는 부족세력이 민주공화국 이념에 입각한 통일을 적극 반대하였으며, 남예멘의 일부 세력들도 통일반대 운동을 전개하였다. 이러한 반대세력이 존재함에도 불구하고 정치엘리트들은 정치적 이해에 기초한 제도 중심의 통일협상을 전개함으로써 국민 모두가 합의할 수 있는 통일의 미래상에 대한 확고한 비전을 제시하지 못하였다.

통일 당시 남북 예멘 국민의 합의가 부족했기 때문에 통일 이후 불만세력이 증가하였다. 통일 후 북측 주민들은 알 베이드 등 남측 지도층의 국정 보이코트가 정치불안을 초래하였고, 상대적으로 빈곤한 남측 경제를 흡수하여 경제사정이 악화되었다는 불만이 확대되었다. 이에 반하여 남측 주민들은 통일정부의 예산, 외국원조 등이 아덴 자유지역 계획 등 남측 개발사업을 도외시한 채 북측에 편중되었고 통일 후 남부지역의 엄청난 인플레에 대한 불만이 누적되었다.

예멘은 단일언어, 단일종교, 단일민족이면서 역사상 단일국가를 유지한 기간이 길지 않았고, 부족중심의 전통이 강했기 때문에 민족을 통일할 수 있는 구심력이 부족했다. 더구나 예멘에서는 남북을 분단하는 국경의 개념이 분명하지 않았다. 분단상태에서도 남북 예멘 주민들은 산악지대, 항만, 사막지대 등을 통해 교류가 가능했고, 이산가족문제 같은 심각한 문제도 없었다. 이러한 점은 통합하는 과정에서 도움을 주기도 하였지만, 강력한 민족통합을 이루지 못하고 재분열하는 원인이 되기도 하였다.

예멘 통일 실패의 다섯 번째 이유는 통일 이후 경제난이 심화되었고, 이를 극복하는 데 실패한 점이다. 통일 이후 정부는 경제특별위원회를 구성하여 남북 예멘의 경제통합을 추진하였다. 과도기간 남예멘의 디나르화와 북예멘의 리알화를 함께 사용하도록 결정하고 남예멘지역의 사유화 정책은 제한된 범위에서만 실시하였다. 그러나 통일정부는 남예멘지역의 경제를 전환시키는 과정에서 많은 어려움을 겪었다. 남예멘지역에서 국유화되었던 기업, 토지, 건물 등을 사유화하는 과정에서 전 소유자들의 소유권 반환 요구에 대하여 재정 형편상 보상조치를 취하지 못하는 등 경제혼란과 이에 따른 민심 동요가 지속되었다.

통일 이전 남북 예멘은 공히 경제력이 미약하여 빈곤한 상태를 벗어나지 못하였고 대외의존도가 높았다. 통일 당시 남예멘의 1인당 GNP는 1987년 기준 420달러, 북예멘의 1인당 GNP는 1988년 기준 682달러에 불과하였다. 예멘인들은 석유개발을 하여 이러한 높은 대외의존성과 경제적 취약점을 치유하고 경제성장을 이룩하려 하였지만 이러한 기대는 걸프전 발발로 좌절되고 말았다. 걸프전 발발에 따른 경제적 손실과 행정부의 비대화, 부패 및 비효율화로 경제난은 점차 심화되었다.

전쟁에 패배한 이라크는 예멘에 대해 경제원조를 중단하였고, 걸프전 당시 예멘이 사우디아라비아, 쿠웨이트 등 연합군을 지지하지 않고 중립적 입장을 취한 데 대한 보복으로 이들 국가들이 경제원조를 철회하고, 예멘 노동자 90여만 명을 강제 귀환시켜 연간 10억 달러 이상(1989년 14억 달러)의 송금 중단으로 외화획득원 고갈, 실업률 급증(1992년 실업률 25%), 물가 급상승(40~50%) 등 심각한 경제난을 겪게 되었다. 1989년 이전까지 소비자물가 상승률이 연 20% 수준이었으나, 1990년 중 통일을 계기로 34% 상승하였으며, 1990년 상반기 중에는 걸프전사태 여파로 40~50% 상승하였다. 예멘 인구의 35%가 절대 빈곤상태에 놓이게 되었다. 귀국한 근로자 중 6만 명은 임시난민수용소에서 생활하여야 했기 때문에 예멘의 새로운 사회문제로 등장하였다. 극심한 경제난으로 1992년 12월 9일부터 12일까지 반정부 시위가 수도 사나를 비롯한 5개 주요 도시에서 발생, 사망자 12명 등 사상자가 84명에 달하는 유혈폭동 사태로 발전하였다. 예멘정부는 이 시위사태 직후 85%의 봉급인상과 불가안정책을 발표하여 시위를 진정시키는 노력을 기울였다.

그러나 미국이 경제원조를 1991년도 2,200만 달러에서 1992년 300만 달러로 축소하였다. 해외근로자들이 귀환함에 따라 예멘은 외화획득권을 상실한 반면 실업률이 급증하였다. 이에 예멘정부는 경제적 위기를 극복하기 위해 석유채굴권을 외국기업에 양도하는 등 다각적인 노력을 전개하였으나 경제는 회복하지 못하고 경제난과 높은 실업률에 따른 사회적 불안이 증대되었다. 특히 남예멘인들은 남쪽 유전개발 수입의 대부분이 북예멘으로 흘러 들어간다고 의혹을 품는 한편, 통일 후 계속되는 생활 수준 저하로 불만이 고조되었다.

남예멘지역의 사유재산체제로의 전환 부진도 경제계획을 추진하는 데 장애요인이 되었다. 토지·건물 등의 전 소유주의 소유권 주장에 대하여 당시 사용자의 불응, 보상요구, 철수 거부 등으로 폭력사태가 속출하였다. 전 소유주는 정부가 당시 사용자에게 보상해 줄 것을 요구하였으나 정부재정 형편상 지원이 불가능하였다.

또한, 통일 직후의 치안부재와 통일정부의 무기력으로 인한 외국공관 폭파사건, 외국기술자 납치, 정계 인사의 테러사건 등이 빈발함으로써 석유개발과 아덴 지역항 건설 등 서방투자의 유치에도 커다란 차질을 빚게 되었다. 이러한 경제의 난맥상은 각종 제도상의 통합을 실현하는 데 있어 필수적으로 소요되는 재정적 뒷받침을 불가능하게 하였다.

예멘통일 실패의 여섯 번째 이유는 사회통합의 실패였다. 통일 이후 남북 예멘 주민들의 화합과 직접 관련이 있는 사회통합이 제대로 이루어지지 않은 점 또한 통일 실패의 중요한 원인으로 지적되고 있다. 특히 종교적인 차원에서 인식차이가 컸을 뿐더러 사회통합의 기조로 내세운 이슬람 교리에 대해 남북 예멘 주민 사이의 갈등이 심화되는 현상이 나타났다.[13)]

북예멘의 보수주의자들은 이슬람 율법을 '모든 법의 유일한 근원'으로 삼을 것을 주장한 반면, 남예멘의 중산층들은 이슬람 율법의 불합리성을 비판하였다. 이와 같은 견해 차이는 일부다처제, 여성의 사회활동 문제, 음주 허용 여부 등을 둘러싸고 사사건건 대립하는 원인으로 작용했다. 특히 남예멘의 여성들은 통일 이전과 같은 신분보장을 강력히 요구하였다. 북부 보수주의자들이 이슬람 율법을 모든 법의 근원으로 만들자 남예멘 주민들은 반발하여 소요를 일으켰다. 남예멘 주민들의 시위는 경제난이 심해지면서 더욱 과격해졌다.

또한 통일예멘의 수도 사나는 1 대 1 통합에 따른 정부기구의 팽창과 걸프전 이후 귀환한 재외 근로자로 인하여 인구가 폭증하였으나 사무실과 주택은 물론이고 식수 및 전력공급 문제가 해결되지 않아 주민들은 일상생활에서 큰 불편을 겪어야 했다. 주민들은 상호불신과 갈등의 심화로 집단 간에 첨예하게 대립하였으며, 반정부 시위와 노동자 파업, 주민 폭동도 빈번하게 발생하였다.

6. 예멘통일의 평가: 한반도 통일에의 시사점

남북 예멘이 통일을 추진하게 된 요인을 구체적으로 살펴보면 다음과 같다. 첫째, 단일민족, 언어·종교의 단일성과 역사·문화의 동질성이 통일의 당위성을 도출하였다. 둘째, 양국은 지정학적으로 통일을 하여야 강대국의 영향력에서 벗어날 수 있다는 국제정치 현실을 자각하게 되었다. 셋째, 경제적으로 양측이 소모적인 군비지출을 억제하여 경제난을 타개하는 것이 긴급하다는 현실적 필요성을 인식하였다. 남예멘은 국토가 넓고 자원이 풍부하나 강우량이 부족하고 인구가 적으며, 북예멘은 국토가 좁고 자원이 빈약한 반면 강우량과 인구가 많아 양국 간 경제협력이 필요하였고 특히 1980년대 후반 국경지대의 유전발견으로 자원공동개발의 확대가 불가피하였다. 넷째, 아랍연맹은 1960년대부터 1979년 3월 연맹이 무력화될 때까지 쌍방에 대해 직·간접의 중재노력을 통해 예멘통일을 유도하였다. 다섯째, 이념대립에도 불구하고 양국 주민 간 적대감이 크지 않았기 때문에 물리적 국경선이 없어 양국 간 자유로운 인적·물적 왕래가 가능하였다. 여섯째, 국내정치의 불안 속에서도 양측 지도자들은 쌍방 합의로 도출한 통일원칙과 의지를 통일이 완성될 때까지 변함없이 고수하였다.

예멘의 통일은 결국 분단시대에 형성되었던 이질감을 극복하지 못하고 재분단되는 실패를 경험하였다. 합의통일의 경우 장기간에 걸친 주도면밀한 준비가 없으면 실패하고 만다는 교훈을 주고 있다. 예멘의 통일실패 사례는 민족통합이 뒷받침되지 못한 국가결합의 위험성과 함께 통일 후의 정치·경제·사회·문화 등 제 분야에서의 실질적인 통합과정이 매우 복잡하고 어렵다는 점을 시사하고 있다.

통일환경에 있어서 예멘과 한반도는 공통점과 차이점이 상존하고 있다. 양측의 공통점은 다음과 같다. 첫째, 예멘과 한반도가 전략적 요충지로서 잦은 외침을 받았다는 점이다. 둘째, 외세의 간섭과 침략에도 불구하고 민족·언어·문화적 단일성을 유지하면서 강력한 민족의식을 가지고 있다는 점이다. 셋째, 양측 모두가 분단된 독립국가를 수립하는 과정에서 이념적으로 자유민주주의와 사회주의를 바탕으로 분열되었으며 군사적인 대치상태를 유지하였다는 점이다.

그러나 사실상 예멘과 한반도에는 통일환경에 있어서 공통점보다 차이점이 더 많다. 첫째, 주변국들이 예멘의 통일을 원하고 있었으며, 전쟁이 발발하더라도 주변 아랍국가들의 중재로 휴전을 용이하게 할 수 있었으나, 남북한은 양측의 갈등과 분쟁을 해결하고 화해를 이루도록 중재할 수 있는 국제적 환경을 가지고 있지 않다. 더욱이 주변국들은 한반도의 통일을 적극 지지하지 않고 있다. 둘째, 남북 예멘은 내부적으로 사회통제력이 약했던 반면, 남북한은 강력한 사회통제력을 유지하며 이를 이용한 경제성장을 주도하였다. 셋째, 경제적 측면에서 남북한은 남북 예멘보다 훨씬 높은 수준의 경제성장을 이루었으며 남북한 경제력 격차가 남북 예멘보다 매우 심화된 상태이다. 넷째, 남북한은 주민왕래를 완전 차단한 결과 남북 예멘보다 더 이질화되었다.

남북 예멘의 합의통일과정, 합의통일의 실패결과가 한반도 통일에 시사하는 교훈이 적지 않다. 먼저 예멘의 합의통일과정이 한반도 통일문제에 시사하는 점들은 다음과 같다. 첫째, 평화통일을 달성하기 위해서 가장 우선적으로 필요한 것은 상호 실체를 인정하고 적대감을 해소해야 한다는 교훈이다. 둘째, 통일 이후 정치·사회적인 안정을 위해서는 통일과정을 투명하게 공개 및 국민적 합의를 도출할 수 있는 통일방식의 채택이 필요하다. 셋째, 갈등 및 분쟁을 해결하고 평화와 통일로 나아가려면 주변국들과 긴밀한 정치·경제적 유대관계를 형성하는 것이 바람직하다. 넷째, 경제·사회·문화 등 제 분야의 기능적 협력관계와 병행하여 정상회담 등을 통하여 통일원칙에 대하여 정치적 타결을 모색할 필요가 있다. 다섯째, 사회주의 국가였던 남예멘의 개방·개혁이 통일의 중요 계기가 되었다는 점을 고려할 때, 남한도 북한의 개방·개혁을 유도할 수 있는 다각적 방안을 모색할 필요가 있다.

합의통일 이후 통합과정이 효율적으로 전개되지 않고 결국 통합이 실패로 귀결되는 과정이 한반도 통일에 시사하는 점은 다음과 같다. 첫째, 합의통일 후 통일정부를 조직할 때 양측의 권력배분에 세심한 주의를 기울여 형평과 균형에 맞도록 하여야 할 것이다. 둘째, 통일 후 통일반대 세력에 의한 폭력을 저지하기 위하여 경찰, 군, 정보기관 등 물리적 통제력을 행사하는 기구의 통제권을 확립해야 한다. 셋째, 양측은 경제력 및 국력에 있어서 격차가 있음에도 불구하고 형식적인 제도적 통합만을 고수하지 말고 실질적 격차를 어느 정도 반영할 수 있고, 통합 후 경제발전할 수 있는 방향의 통합을 모색하여야 한다. 넷째, 민족 내부의 동질감을 조속한 시일 내에 회복하기 위하여 합리적인 가치관을 정립하고 주도면밀한 교육정책을 확립하여야 한다.

9장

베트남통일

1. 베트남의 분단과정 … 457
2. 평화통일 추진 실패와 베트남전 확대 … 464
3. 베트남전 종전을 위한 평화협상 … 469
4. 휴전의 실패와 공산화 통일 … 473
5. 남베트남의 공산화와 통일정부의 수립 … 476
6. 통일 이후 양 체제의 통합과정 … 480
7. 베트남통일의 평가 … 491

베트남은 동남아시아 국가들 중에서 유럽의 식민지에서 벗어나기 위한 무력투쟁에서 승리하여 독립한 유일한 국가이다. 역사적으로 오랫동안 식민지로부터 해방하기 위한 민족투쟁을 전개해 왔고, 이 과정에서 베트남인들은 강인한 민족정신과 혁명사상을 함양하였다. 베트남 독립운동을 주도한 공산주의자들은 비공산 민족주의자들과 연합하여 민족독립운동을 효과적으로 전개하였다. 결국 전통적 민족주의를 마르크스-레닌주의와 결합시켜 미국 중심의 자본주의 세력과의 무력투쟁에서도 승리하여 베트남의 공산화 통일을 이룩하였다.

1. 베트남의 분단과정

베트남은 아시아대륙 동남부에 있는 인도차이나반도의 동부해안을 따라 남북으로 길게 뻗은 국가이다. 북으로는 중국, 서쪽으로는 라오스, 캄보디아와 육지경계를 이루고 있고, 동쪽으로는 남중국해를 사이에 두고 필리핀이 있으며, 남쪽으로는 보르네오해를 사이에 두고 말레이시아와 브루나이가 있다. 또한 서남쪽으로는 타이만을 사이에 두고 타이남부와 마주하고 있다. 특히 국토의 동남부와 남부의 해안선이 1,000마일 이상이나 길게 뻗은 지리적 조건을 가진 면적이 약 329,560㎢로 한반도의 1.5배이며, 인구도 7,500만 명이나 된다.

역사적으로 베트남은 화려한 왕조문화를 유지해 왔다. 베트남은 중·북부지역을 중심으로 언어·문화적 유산을 공유한 민족공동체로 2000여 년을 이어 왔다. 베트남은 B.C. 219년 중국 진나라 시황제의 남정 이래 중국의 정치적 지배를 받아 오다가 9세기경부터 중국의 지배를 벗어나 독립왕국을 이룩하였다. 역사적으로 베트남은 북부의 통킹, 중부의 안남, 남부의 코친차이나로 삼분되어 있었다.

오랫동안 중국의 조공제도에도 불구하고 베트남인들은 중국문화에 흡수되지 않고 민족적 정체성을 유지해 왔다. 베트남은 고유한 정치문화를 유지하면서 남부로 진출하여 코친차이나 지역을 흡수하여 합병하였다. 이후 북·중부 베트남지역에는 유교문화와 대승불교문화가, 남부 베트남지역에는 유교문화와 소승불교문화가 융합하는 혼합문화가 발전하였다.[1)]

서세동점(西勢東漸)의 제국주의 세력의 일원인 프랑스가 1858년 중부 베트남의 해안거점인 다낭의 침공을 시작으로 베트남을 공략해 들어갔다. 당시 베트남을 지원할 종주국의 위치에 있었던 청나라는 내란(태평천국난 1850~1864년)과 영국, 프랑스 등 서유럽세력의 중국 침략으로 스스로 추스르기에도 힘에 부쳤기 때문에 베트남에 대한 외부의 침략을 방치했다. 결국 1884년 청불전쟁이 일어나 청이 패하자 이후 베트남은 프랑스 식민지가 되었다. 프랑스는 남부는 직접통치, 중부와 북부는 보호국, 반보호국으로 간접 지배하였다. 이어서 1887년 코친차이나(남부), 안남(중부), 통킹(북부) 및 캄보디아를 포함하는 프랑스령 인도차이나 연방을 창설하였다. 1899년 라오스도 이 연방에 편입되었고, 프랑스는 하노이에 총독부를 두고 식민통치를 실시하였다.

프랑스의 식민통치에 대한 저항운동은 1920년대 신교육을 받은 지식인을 중심으로 결성된 국민당이 주도하였고, 1930년대에는 호치민의 주도 아래 인도차이나 공산당이 결성되었다. 제2차 세계대전 발발 이후 호치민의 공산당은 다른 저항세력들을 흡수하여 베트민(Vietminh: 베트남독립연맹)을 창설하여 반제국·반프랑스 폭력투쟁을 전개하였다.

제2차 세계대전이 발발하면서 1940년 9월 23일 일본군이 베트남에 진주하여 영향력을 행사하기 시작하였다. 1945년 3월 9일 일본은 프랑스령 인도차이나 총독부를 강제 폐쇄하고 베트남의 독립을 인정하면서 '바오다이' 정권을 창출하였다. 이 정권은 프랑스와 체결한 보호조약의 폐기를 선언하고 대동아공영권의 체제 내에서 일본에 협력할 것을 표명하였다.

제2차 세계대전 중 베트남인들 가운데는 비시 프랑스파, 드골의 자유 프랑스파, 친일파, 공산주의자 등의 복잡한 세력들이 있었다. 종전 후 중도좌파인 프랑스 제4공화국은 강력한 민족주의 세력인 호치민의 공산주의자들에게 독립정부 수립을 맡기기 위하여 호치민을 파리로 초청하여 협상을 시도하였으나, 프랑스군부의 반발로 독립허용이 이루어지지 않은 상황이었다.

1945년 8월 일본의 패배 이후 호치민은 베트민을 발판으로 8월 혁명을 일으켜 하노이, 사이공 등 베트남 전 지역을 장악하였다. 9월 2일 호치민은 왕정을 폐지하고 베트남에서 유일하게 정통성 있는 정부를 수립하고 베트남민주공화국(Democratic Republic of Vietnam)이라고 선언하였다.

1945년 8월 14일 프랑스정부는 다르장뤼(Thierry d'Argenlieu) 제독을

프랑스령 인도차이나 총독으로 임명했다. 프랑스는 1880년대부터 해외 식민지 중에서 중요한 부분을 차지했던 인도차이나에 대한 통치권을 재확인하고자 했던 것이다. 프랑스 행정관리, 농부 및 사업가 4만 명은 2,500만 명 인도차이나인들을 통치했다. 그 과정에서 프랑스는 인도차이나의 풍부한 광물 자원을 착취하고, 큰 돈벌이가 되는 아편무역을 조직적으로 수행했으며, 프랑스 상품에 대한 보호시장을 제공했다.[2)]

포츠담협정에 따라 일본군의 무장해제를 목적으로 1945년 8월과 9월에 걸쳐 북위 16도선을 경계로 북에는 중국군이, 남에는 영국군이 진주하였다. 그러나 연합군은 포츠담회담에서의 합의와 달리 인도차이나에 대한 프랑스의 복귀를 인정하여 1946년 1월 프랑스군이 영국군과 교체하여 남부지역인 코친차이나에 진주하였다. 이후 프랑스는 북부의 하이퐁에 상륙하여 중국군과 협상을 하여 1946년 2월 28일 중국·프랑스 협정을 체결하여 중국군이 베트남에서 철수하였다. 프랑스는 베트남민주공화국을 인정하지 않고 왕을 옹립하여 베트남국이라는 괴뢰정권을 탄생시켰다.

호치민이 주도하는 베트남민주공화국은 베트남의 북부지역에 지배권을 확립하고 당면한 식량난을 해결하기 위해 프랑스 식민세력과 베트남 매판세력으로부터 토지를 몰수하여 빈민들에게 분배하고 모든 인민에 공유지의 공정한 분배, 노사분규에 있어서 노동자 보호 등의 과감한 시책을 펴나가면서 전국적으로 총선과 각 지역인민위원회의 설치를 추진하였다.

한편, 남부 베트남에서는 영국군이 진주하여 대세를 장악해 갔기 때문에 북부(하노이)에 거점을 둔 베트남공화국은 남부 베트남지역을 장악할 수 없었다. 당시 하노이정부는 1946년 3월 6일 장개석 군대의 철군을 앞당겨 중국 국민당과 연계되어 있던 보수주의 세력을 제거하고 완전독립을 위한 기반을 다지기 위해 우선 프랑스와 타협하여 프랑스로부터 정부와 의회 및 군대를 보유한 자유국가로 인정받는 예비협정을 체결하였다. 그러나 프랑스는 이 협정을 곧 파기하고 1946년 11월 20일부터 북부의 하이퐁과 중부의 다낭을 거점으로 북위 16도선 이북의 베트남지역, 특히 북베트남의 내륙과 평야지대를 공격해 들어갔다.

1946년부터 프랑스령 인도차이나에서는 시민 불복종운동이 전개되었다. 이 운동은 프랑스가 통킹만 북쪽 연안의 하이퐁을 입출항하는 모든 상품에 부과한 수입 관세 납부를 거부하는 방식으로 나타났다. 1946년 11월 23일 프랑스 해군은 베트남이 관세를 납부하도록 하기 위해서 하이퐁시의 4분의 1에 해당하는 지역에 포탄 공격을 가하였다. 이 공격으로 민간인 사상자 6,000명이 발생했다. 프랑스 언론은 이 공격이 프랑스인 수천 명이 인도차이나 반군 세력에 의해 살해당한 것에 대한 보복 조치였다면서 프랑스의 군사행동을 두둔했다. 폭격에 대한 보복으로 베트남 공산주의자들은 12월 하노이시의 프랑스 민간인들을 학살하였다. 이렇게 유발된 인도차이나 전쟁은 긴 저항의 최초 고리였다.

공산주의자들과 전쟁을 계속하면서 프랑스는 바오다이와 협상을 벌여 프랑스연합 내에 베트남의 독립을 인정하는 엘리제협정을 1949년 3월 8일 체결하였다. 이에 따라 6월 14일 바오다이를 국가원수로 하는 베트남국(월남)이 탄생하였다. 그러나 프랑스인에 대한 치외법권적 특권 인정, 경제이익 보호 및 사실상의 군사·외교권 관장을 규정한 엘리제협정에 따라 수립된 베트남국은 국내 민족주의 세력과 국민들로부터 외면받았다.

호치민은 프랑스와 전쟁을 하는 동안 공산주의 선전과 공작 활동을 중단하고 민족주의에 호소하여 온건한 민족주의자들과 중간계층의 협력을 얻는 데 노력을 집중하였다. 이 결과 호치민 정권은 민중과의 연대감을 높일 수 있었고 국민을 호치민식 세포조직에 끌어넣는 데 성공하였다.

베트남의 초기 민족주의 지도자들은 공산주의 이데올로기에 크게 매료되었다. 베트남에서 민족주의운동은 제2차 세계대전 이전에 시작되었으며, 민족주의 지도자들은 서구의 마르크스주의 또는 좌파인사들로부터 지원과 격려에 크게 영향을 받았다. 이 민족주의 지도자들은 서구에서 사상적으로 식민주의가 자본주의와 가장 밀접한 관련이 있다는 식민주의 비판이 절정기에 이르렀을 때인 1930년대에 정치적 성숙기에 들어갔으며, 전후 신생독립국의 지도세력으로 등장했다.[3] 1930년 호치민을 비롯한 베트남 공산주의자를 중심으로 캄보디아, 라오스의 공산주의자들을 망라한 인도차이나 공산당이 설립되었고, 이는 1970년대에 3국이 공산주의 국가를 이루는 초석을 마련한 의미가 있다.

1949년 중국에서 공산주의가 승리하면서 호치민의 게릴라들은 더욱더 활동 범위를 넓힐 수 있는 기반을 마련하게 되었으며 중국 공산당은 호치민에 대하여 대규모 원조를 하였다. 중국의 지원을 받은 호치민의 공세가 강화되자 1950년에는 미국도 공산주의의 동남아 확산을 봉쇄하기 위해 프랑스에 대한 원조를 증가시켜, 결국 베트남은 냉전의 각축장이 되었다.

그 결과 1954년까지 프랑스는 승리할 희망이 없었던 정글 전투를 거의 8년이나 지속하였다. 특히 프랑스에게 있어서 이 전쟁은 경제적·군사적 능력의 저하로 더욱더 인기 없는 전쟁이 되었다. 프랑스정부는 인도차이나에 보낼 군인들을 징집할 수 없었기 때문에 오직 직업 육군부대만을 파견하였다. 이 정책은 많은 군 관리들에게 환영을 받았다. 오직 명성 있는 부대만이 투입될 수 있었고, 이는 1940년에 군이 잃은 긍지를 되찾는 기회를 제공하였다. 1940년대 후반 프랑스는 인도차이나 지역에 약 18만 명의 군대를 주둔시키고 있었다. 그중에 5만 4,000명의 프랑스 국적군인, 2만 명의 외인부대, 3만 명의 북아프리카 출신 의용군, 심지어는 7만 명 이상의 베트남 출신 군인들을 포함하였다.[4]

이후 프랑스를 위한 구제책이 한국전쟁의 발발로 인해 힘을 얻게 되었다. 공산주의에 대항한 동일한 투쟁이 두 개의 전선에서 벌어지게 되면서 인도차이나가 관심의 대상으로 부각된 것이다. 프랑스는 상징적으로 한국전쟁에 1개 대대를 파견하여 미국의 한국전쟁 수행을 지원하였다. 프랑스의 대공산주의 전쟁에 대한 보급품과 자금공급으로 미국이 전쟁비용의

78%를 담당했다. 그러나 그것으로 대세를 돌리기에는 충분치 않았다. 그리고 한국전쟁이 끝났을 때, 미국의 이러한 원조는 끝났다. 결과는 당연한 것이었다.

1946년부터 1954년까지의 인도차이나전쟁에서 대부분의 전투는 북쪽 지역의 홍강 삼각지대(Red River Delta)에서 발생했다. 1954년 3월 프랑스는 베트남 남쪽 지역에서는 베트민(Vietminh) 게릴라 세력의 계속되는 공격에 시달리기 시작했고 북쪽 지역에서조차 게릴라군을 격퇴하지 못한 나머지, 북쪽 지역의 디엔비엔푸(Dien Bien Phu)에 야전사령부 지휘소를 설치하고자 했다. 프랑스는 야전지휘소가 북쪽 지역에 설치되면 적군의 후방에서 전투를 수행하여 베트민을 격퇴할 수 있다고 믿었다. 이러한 프랑스의 시도는 성공하지 못했다. 베트민은 정글을 뚫고 대포를 이동시켜 디엔비엔푸의 프랑스부대 지휘소에 전쟁 물자를 공급하는 역할을 하고 있던 임시 활주로에 포탄을 퍼부음으로써 프랑스군을 기습공격하였다.

1954년 4월이 되자 전투 상황은 프랑스에게 아주 불리하게 되었고 절박한 상황에 놓인 프랑스는 조르주 비도(Georges Bidault) 외무부 장관을 미국으로 보내 덜레스(John Foster Dulles) 미 국무장관에게 지원을 요청했다. 덜레스 장관은 원래 베트민에 대한 미국의 핵무기 사용에 동의했으나 이를 알아차린 이든(Anthony Eden) 영국 외무장관의 신속한 개입과 설득이 있은 후 핵무기 사용 동의를 철회한 것으로 알려지고 있다.[5)]

프랑스 몰락의 상징은 프랑스가 군사력을 엄청나게 쏟아 부었던 디엔비엔푸의 함락이었다. 1954년 5월 7일 프랑스가 디엔비엔푸에 설치했던 기지들 중 최후까지 남아있던 기지가 마침내 항복하였다. 당시 55일간 계속된 이 전투에 양측이 투입한 병력은 베트남 측이 20만 명이었고, 프랑스 측이 11만 2,000명으로 이는 당시 프랑스가 인도차이나에 주둔한 전 병력의 4분의 1을 차지했다. 이 전투로 1만 6,000명의 프랑스군이 전사·체포되었고, 프랑스 사령관 카스트리(De Castries) 장군 이하 참모들이 모두 베트남 공산군의 포로로 잡혔다. 디엔비엔푸의 몰락이 상징하는 바는 매우 큰 것이었다. 프랑스정부는 사임했고, 제4공화국의 취약성을 다시금 드러냈다.[6)]

디엔비엔푸의 함락 이후 인도차이나에서 평화를 정착시키는 것이 필수적이라고 믿었던 프랑스정부는 식민지 포기를 결정하지 않을 수 없었다. 영국은 미국의 직접개입을 억제하는 데 노력을 기울이면서 베를린 4개국 외상회의에서 중국을 포함한 5개국 및 관계국 회의를 개최하자는 소련의 제의를 미국이 수락하도록 설득하여 인도차이나 문제에 대한 제네바회의 개최를 주도하였다. 국제적 지위를 크게 향상시킬 절호의 기회를 맞게 된 중국은 프랑스에 전면적 군사항복을 요구하려는 호치민 정권을 설득하여 프랑스와의 평화협상에 응하도록 종용하였다. 이에 따라 1954년의 제네바 외무장관 회담에서 북위 17도선을 따라 베트남을 두 개의 국가로 분할 독립시키기로 합의되었다.

인도차이나 문제를 토의하기 위해 1954년 5월 8일부터 7월 21일까지 개최된 제네바회의는 교전 당사자 간에 직접 협상으로 이루어진 것이 아니라 강대국 간 협상에 의해 시작되었다. 1954년 1월 독일문제를 중심으로 동서관계 전반을 토의하기 위하여 미국·영국·프랑스·소련 4개국이 참석한 베를린 외상회의에서 모로토프 소련 외상이 한국 및 인도차이나 문제 등에 관한 보다 광범한 확대회의를 개최하자고 제의하였고, 이에 대해 이든 영국 외상이 동의하여 제네바회담이 개최되었다.

미국·영국·프랑스·중국·소련·캄보디아·라오스·남북 베트남 등 9개국이 참가한 제네바회의 결과 1954년 7월 20일 제네바 휴전협정이 조인되었다. 이 협정의 주요내용은 첫째, 북위 17도선을 군사경계선으로 설정하고 그 북쪽으로 베트남민주공화국군이 철수하고, 그 남쪽으로는 프랑스군이 철수한다. 둘째, 중립국 감시위원회(인도, 캐나다, 폴란드 등) 관리 하에 1956년 11월 베트남 모든 지역에 자유선거를 실시하여 통일정부를 구성한다. 셋째, 통일베트남 영토 내에 외국 군사기지를 허용하지 않고 어떤 군사동맹도 맺지 않는다는 것 등이다. 제네바 휴전협정은 7월 20일 조인된 베트남 휴전협정, 라오스 휴전협정, 캄보디아 휴전협정과 7월 21일 발표된 최종선언 및 미국과 바오다이 정권에 의한 단독선언으로 구성되었다. 제네바협정에 따라 베트남은 북쪽의 호치민 정권과 남쪽의 바오다이 정권으로 양분되었다. 남쪽에는 1955년 10월의 국민투표에 의해 바오다이정부가 붕괴되고 10월 26일 응오 딘 지엠을 대통령으로 하는 베트남공화국이 수립되었다. 당시 북베트남이 군사적으로 승리하였음에도 불구하고 분할에 동의한 것은 2년 후에 실시될 통일선거에서의 승리를 확신하였기 때문이었다.

2. 평화통일 추진 실패와 베트남전 확대

제네바협정은 군사적인 측면에서 인도차이나전쟁을 중단시키고 남북의 무장병력을 남북 국경선을 중심으로 분리시켰다는 점에서 일단 소기의 목적을 달성했다는 평가를 받았다. 제네바협정 체결 당시 북베트남은 총선에서의 승리를 확신하였기 때문에, 1954년 5월 7일 디엔비엔푸를 함락시킨 이후 군사적 우세를 점하였음에도 불구하고 불리한 제네바협정에 동의했다.

미국은 1954년 7월의 제네바합의를 받아들이지 않았다. 부분적으로 미국이 수용하지 않은 이유는 아직 외교적인 실체로 인정하지 않는 중국을 승인하는 결과가 초래되기 때문이었다. 이 합의를 지지하는 대신에 미국은 남베트남에 반공산주의를 지향하는 독립정부가 수립되도록 응오 딘 지엠(Ngo Dinh Diem)을 지원했다. 1955년 지엠은 다음 해에 개최될 총선거를 준비하기 위한 협상을 하자는 북베트남의 요구를 거절했다. 그 대신 그는 자체적인 국민투표를 시행하고 자신을 대통령으로 하는 베트남공화국(RVN: Republic of Vietnam)을 수립했다. 지엠은 선거에서 98.2%의 놀라운 지지를 받았는데, 유권자가 45만 명인 사이공에서 60만 표를 획득하는 등 부정선거가 실시되었다. 미국의 아이젠하워정부는 지엠정부에 경제지원을 하고 군사고문단을 파견했다.

제네바협정 체결 이후 북베트남은 총선에 대비하여 1955년 9월 10일 조국전선을 결성하고, 민족주의 세력들과의 광범위한 통일전선을 구축하는 한편, 남베트남에 잔류시켰던 수천 명의 공산주의자들을 이용하여 주민조직과 정치공작을 실시하는 등 준비 작업을 강력히 추진하였다. 총선에서 승리를 확신하지 못하는 남베트남정부가 소극적인 태도를 보이자, 북베트남은 1955년 6월 6일, 1957년 2월 14일, 7월 18일 등 여러 차례 남베트남의 응오 딘 지엠정권에 대해 총선실시를 위한 회담개최를 요구하는 동시에 남북베트남의 군비축소 및 통상관계 수립 등에 관해서 합의할 것을 제의하였다.

그러나 남베트남 측은 자유선거를 실시하여 통일을 실현하는 정책에는 변함이 없지만, 북베트남이 공포정치를 지속하는 한 통일선거를 실시할 수 없다고 거부하는 태도를 보였다. 당시 미국정부도 베트남의 총선에 대하여 회의적인 태도를 보이고 있었다. 미국인들은 베트남 전역에서 총선거가 실시될 경우 북베트남이 80%의 득표를 할 것으로 예상하였다. 결국 1956년 7월로 예정되었던 베트남의 통일선거는 실현되지 못하였고, 잠정적인 군사분계선인 17도선이 정치적 분단선으로 고착되었다. 이에 따라 북베트남은 평화통일을 포기하고 무력통일을 위한 혁명역량을 조성하기 위해 남베트남에 대규모 침투공작을 시작하는 동시에 사회주의 건설에 박차를 가하기 시작하였다.

북베트남의 통일전략으로서의 혁명역량 강화는 1954년 제네바협정 체결 직후부터 시작되었다. 당시 북베트남 당국은 사회주의 건설의 첫 단계로서 중국 지도하에 농지개혁을 단행하였다. 그러나 급진적인 농업개혁 작업은 농민의 반발을 고조시켜 1956년 농민폭동으로 발전하였다. 이와 같은 유혈사태로 북베트남 지도자와 대중 간에는 단절이 생기기 시작했으며 노동당도 심각한 위기에 처하게 되었다.

이에 대한 책임을 물어 호치민은 1956년 10월 쯔엉 찐을 노동당 서기장직에서 해임하였다. 그 후 1957년 초부터 호치민은 쯔엉 찐의 친중국 농업정책을 수정하여 소련 원조에 의한 공업화정책을 병행하여 추진하였다. 북베트남 당국은 중국과 소련의 원조로 북부의 사회주의 건설에 주력하면서 남부에서의 해방투쟁을 지원하기 위해 고도로 훈련된 정치 및 군사요원을 대량 남파하기 시작하였다.

한편, 1955년 10월 남베트남은 독자적으로 국민투표를 실시하여 헌법을 제정·공포하였다. 헌법절차에 따라 총선거를 실시하여 10월 26일 베트남공화국 수립을 선포하고 대통령에 취임한 응오 딘 지엠은 근대화를 위한 각종 개혁을 단행하였다. 이 개혁정책은 초기에는 성과를 거두었으나, 독재와 족벌정치를 시행하여 반대세력을 탄압하여 국민의 불만이 고조되고 많은 반정부세력이 지하로 잠입하였다. 남베트남 정권은 개인적 추종세력과 소장파 장교, 비밀경찰 등을 주축으로 하여 통치권을 확립하였다. 북부에서 내려온 난민들과 가톨릭 세력을 우대하는 반면, 다수 인구를 차지하는 불교도를 차별대우하고 도시상공업을 장악하고 있던 화교들을 배척하여 지지기반을 상실했다.

이러한 기회를 맞이하여 남부에 침투해 있던 공산주의자(통칭 베트콩)들은 치안상태가 나쁜 농촌 등지에서 반정부 게릴라활동을 전개하기 시작하였다. 뒤에 이들은 노동자, 농민, 지식인, 학생, 종교인 등 각계 각층이 망라된 반(反)지엠 통일전선 조직체로서 민족해방전선(NLF: National Liberation Front)을 1960년 12월 20일 결성하였다. 1961년 2월 15일 베트콩은 남베트남 내 공산 무장세력을 규합하여 인민해방군을 창설하고 조직적 무력투쟁을 전개함으로써 베트남은 점차 전쟁상태에 돌입하게 되었다. 북베트남에서는 남베트남 출신 이주자들을 남베트남으로 복귀시켜 베트콩과 합세하도록 하였고, 1961년에는 남베트남군에서 도망병과 탈출병이 속출하여 이들 대부분이 베트콩에 합류하였다.[7] 북베트남의 지시를 받는 베트콩의 게릴라전술 때문에 남베트남지역은 적군과 아군을 구분하기 힘든 전장으로 변하였다.

베트남에서 전투가 격화되자 미국은 1962년 2월 8일 사이공에 베트남지원사령부를 설치하고 본격 개입을 시작하였다. 이미 케네디 미 대통령은 1961년 5월 2일 심각해진 베트남 정세에 대처하기 위해 미군의 출동을 고려하고 있다는 성명을 발표한 데 이어, 해리만 특사와 존슨 부통령을 베트남에 파견하고 미국의 베트남에 대한 군사 및 경제원조를 증액하는 방침을 5월 13일 발표하였다. 케네디 대통령은 이어 10월 18일부터 25일까지 테일러 군사고문을 베트남에 파견하는 한편, 베트남군에게 기동성을 부여하는 통신·수송 장비 및 정보훈련에 필요한 원조를 제공키로 하고, 이를 위해 군사고문단과 교관 요원을 베트남에 파견하였다.[8)]

베트남에 대한 최초의 미군파병은 케네디 행정부 때부터 시작되었다. 1962년 2월 18일 미국 국방성은 특수군사령부(Special Military Command)를 창설한 뒤 특수부대요원 1만 2,000명을 베트남에 파병하여 베트콩의 게릴라진압에 나섰다. 소위 스탤리-테일러 계획(Staley-Taylor Programme)이라고 불렀던 이 특수전의 전략방안은 첫째, 남베트남 정부군을 헬리콥터와 장갑차로 중무장시켜 대베트콩 토벌의 전력을 강화하고, 둘째, 신속한 평정작전과 아울러 전략촌(Strategic Namlets)을 설치하여 농촌지역의 베트콩 거점을 철저히 분쇄하고, 셋째, 해안을 통제하고 군사분계선(북위 17도선)을 봉쇄하여 북베트남의 지원을 차단시켜 베트콩을 고립시킨다는 것이었다.

미국의 본격적인 개입 이후 남베트남은 공산군에 대한 대대적 공세를 감행하였다. 1963년 남베트남 정부군은 메콩 델타와 타이닌 성의 베트콩 기지 보급로에 대한 공격을 가하였고, 이에 대하여 베트콩은 병력을 집중시켜 본격적인 군사작전으로 반격을 시작하였다. 이에 대한 맞대응으로 미국은 베트남주둔 미군의 군사행동 제한 수칙을 변경하여 게릴라에 대한 직접적인 공격을 개시하였다.

이처럼 전쟁이 확산되어 가는 와중에 남베트남의 정국은 혼란에 빠지기 시작하였다. 응오 딘 지엠정권의 독재정치에 대한 국민의 불만이 고조되었고, 학생 및 불교도들의 시위로 정국의 혼란상태가 극도로 악화되었다. 1963년 11월 1일 즈엉반민 장군이 군사 쿠데타를 일으켜 지엠정권이 붕괴되었으나, 이후 쿠데타가 악순환되는 정치적 혼란은 계속되었다. 이에 따라 전황은 점차로 정부 측에 불리하게 전개되어 갔으며, 베트콩은 1964년 전 국토의 3분의 2, 전인구의 2분의 1을 장악하였다고 주장하였다. 미국은 베트남 전체의 공산화를 우려하여 베트남에 대한 원조를 확대하는 동시에 적극적인 군사조치를 강구하였다.

미국이 베트남에 개입을 더욱 확대하는 명분을 제공한 사건이 1964년에 발생하였다. 8월 2일부터 4일 사이에 통킹만에 정박 중이던 미국 구축함 매독스 호와 터너조이 호가 북베트남의 고속 어뢰정에게 피격당한 통킹만 사건이 발생한 것이다. 미국은 이에 대응하여 8월 4일 북베트남 어뢰정 기지에 폭격을 감행했으며, 8월 7일 미 의회는 대통령에게 베트남에서 공산군의 공격을 저지하는 데 필요한 모든 조치를 취할 수 있는 권한을 부여하였다. 이러한 상황하에서 1965년 2월 7일 베트콩이 중부 쁠래이꾸의 미군기지를 공격하였고, 이에 대한 보복으로 같은 날 미군 전투기가 북베트남에 대한 폭격을 감행함으로써 베트남전은 게릴라전에서 본격적인 전면전으로 확대되었다. 확전 과정에서 미국의 존슨 대통령과 러스크 국무장관은 25개 서방국가에 지원요청을 하였으나 대부분의 국가들은 파병을 거부하였다. 다만 아시아 태평양지역에서 태국, 필리핀, 호주, 뉴질랜드, 한국만이 파병요청에 응했다.

3. 베트남전 종전을 위한 평화협상

1964년 이후 베트남전이 확대되기 시작하자 국제적으로 평화적 해결을 모색하는 노력이 다각적으로 전개되었다. 미국-영국-소련-북베트남을 통한 평화협상이 시도되었으나 북베트남 측이 이를 모두 거부하고 무조건 북폭(北爆) 중지와 미군 및 연합군의 철수만을 주장하였다. 계속적인 북폭으로 북베트남의 항만·공장·교통 시설은 철저하게 파괴되었고, 1967년 1년간의 격전에 의한 병력소모로 베트콩 병력 보충능력도 한계에 도달하게 되었다.

당시 북베트남의 무기는 주로 중국 및 소련에 의존했으며 소련은 월평균 103톤의 군수물자를 하노이와 하이퐁항을 통하여 지원하였으나, 미군의 하이퐁항 폭격으로 수송이 용이하지 못하였고 중소분쟁으로 중국을 경유한 운송도 곤란하게 되었다. 더구나 1965년부터 1967년까지 북베트남군은 연합군의 수색 격멸작전에 패배를 거듭하여 인구 밀집지대로부터 라오스, 캄보디아 비무장지대 등지로 후퇴하는 등 전세가 악화되었다.

1967년과 1968년에 미국과 북베트남은 전세를 유리한 방향으로 이끌기 위하여 총력을 기울였다. 1967년 말 전쟁은 정규전으로 전환되었으며, 미군 병력은 54만 명 수준까지 파병되었다. 미국이 지출한 베트남전 비용은 1965년 1억 300만 달러에서 1968년 265억 달러로 증가하였다. 이는 그 해 미 군사비 총액의 30%, 미국 GNP의 3% 수준이었다.

1968년 1월 30일 열세를 만회하기 위해 공산군은 총 군사력을 집중하여 도시를 대상으로 하는 총공격 작전을 감행하였는데, 이것이 궁극적으로 미국과 협상을 하게 되는 계기를 제공한 '구정공세'였다. 민족해방전선(NLF)이 주도한 구정대공세에서 베트콩의 실패로 귀결되었지만, 이 공세는 미국의 베트남전쟁에 있어서 중요한 전환점이 되었다. 구정공세 계획은 6만 명의 병력을 동원하여 48개 주요 도시를 공격하는 것을 주요 골자로 하였다. 이 공세로 공공건물을 확보하면 48시간 이내에 구원 부대가 지원하고 베트남 정부군의 호응과 민중봉기가 뒤따라 연립정부를 구성하는 것이 주목적이었다.

그러나 베트콩의 구정공세는 1만 명의 전사자만 냈을 뿐 베트남 정부군의 호응이나 민중의 봉기가 전혀 없었을 뿐 아니라 연합군의 도시 방어전으로 완전히 실패로 돌아갔다. 구정공세가 군사적으로 참패하였지만, 베트남과 세계여론, 특히 미국에게 베트콩의 군사적 능력을 과시하는 데 큰 효과를 거두었다. 베트남의 공산군에 대하여 군사적으로 승리하기 어려울 것이라고 인식시킴으로써 평화협상을 적극적으로 추진하게 만드는 계기를 제공하였다.

1967년 1월부터 1968년 3월까지 미국과 북베트남은 선전적 차원의 휴전협상을 제의하다가, 존슨 미국 대통령은 1968년 3월 31일 자신의 대통령 불출마 의사 표명과 북위 20도선 이북에 대한 북폭 중지를 선언하고 북베트남 측에 평화협상을 제의하였다. 한편 북베트남도 전투수행 능력의 한계 상황에 직면하여 전력의 보충을 위한 시간적 여유를 얻으면서 정치투쟁에 주력하기 위해 4월 3일 미국 측의 평화협상 제의를 수락하였다.

1968년 5월 13일부터 파리 평화회담이 개최되었으나 미국과 북베트남 수석대표들이 서로 다른 개회 발언을 함으로써 이 회담의 전개가 평탄치 않을 것임을 예고하였다. 북베트남 대표들은 베트남인들이 자신들의 정치문제를 결정할 수 있도록 모든 폭격의 중지와 미군의 전면철수를 요구하였다. 미국은 파리회담을 통해 전쟁 종식을 위한 협상을 시작하려 했는데 반해, 북베트남 측은 미국의 전면적인 북폭 중지를 실현시켜 전력보강을 위한 시간적 여유를 얻어내려는 의도를 내보였다. 5월 13일부터 10월까지 총 28차례의 회담이 개최되었으나 합의점을 찾는 데 실패하였다.

미국은 고심 끝에 10월 초 비밀회담에서 3개 항을 조건으로 한 북폭 전면중지 안을 제시하였다. 3개 조건은 베트남 내 도시에 대한 공격중지, 비무장지대의 복원, 남베트남정부와 민족해방전선의 파리회담 참가 등이었다. 이 제안을 북베트남이 수용함에 따라 미국은 10월 30일 북베트남에 북폭 전면중지를 통고하고 다음 날 존슨 대통령은 파리회담에 남베트남이 참가할 것이라는 성명을 발표하였다. 민족해방전선은 11월 3일 파리 4자회담 개최에 동의한다는 내용의 성명을 발표하고 평화협상 대표단을 11월 14일 파리에 파견하였다. 그러나 남베트남정부는 북폭 중지, 미국의 북베트남과의 비밀협상에 불만을 품고 파리 평화회담 참가를 거부하였다. 결국 미국이 민족해방전선 불승인과 회담에서의 남베트남 주역의 인정을 약속하자 남베트남정부는 대표단을 파리에 보냈다. 1969년 1월 25일 4자간 제1차 파리 평화확대 본회담이 개최되어 1972년 9월 7일까지 158차 공개회담이 진행되었다.

회담은 개최되었으나 4자가 제안과 역제안을 거듭하면서 전쟁 종식을 위한 뚜렷한 합의점을 도출하기가 어려웠다. 그동안 닉슨 대통령은 1969년 7월 25일 괌에서 '닉슨독트린'을 발표하고, 이에 따라 주월미군의 단계적 철수와 베트남전의 베트남화 계획을 강력히 추진하였다. 이후 미국 대통령 안보담당 특별보좌관 헨리 키신저와 북베트남 정치국원이며 파리 평화회담 북베트남 측 고문인 레둑토 및 북베트남 측 수석대표 수안투이 간 비밀회담이 파리에서 개최되었다. 1969년 8월 4일부터 1973년 1월 27일 휴전협정 조인시까지 24차에 걸쳐 비밀회담이 개최되었으며, 이 비밀회담에 대해서는 1972년 1월 26일 닉슨 대통령이 최초로 공개하였다. 1971년 5월부터 본격화된 미국과 북베트남 간의 비밀교섭 과정에서 북베트남 측은 미국 측에 모든 미군과 연합군의 1971년 중 베트남 철수 등 9개 항의 평화안을 6월 26일에 제안하였다. 미국은 9개 항의 평화안에 대해 종전 후 6개월 이내 미군과 연합군을 전면 철수시키는 내용 등 8개 항의 평화안을 역제의하였다.

파리 평화회담이 미군철수 및 평화회복 문제와 관련된 쟁점을 둘러싸고 쌍방 주장이 엇갈리는 가운데 북베트남은 협상에서의 유리한 고지 확보를 위해 1972년 3월 30일을 기해 춘계 대공세를 감행하였다. 4월 6일 닉슨 대통령은 북폭을 명령했으나 당시 주월 미지상군 병력은 6만 5,000명 정도로 전투병력이 거의 철수한 상태였기 때문에 남베트남군의 후퇴가 불가피하였다.

전세가 불리함에도 불구하고 휴전에 반대하는 남베트남정부에 대한 미국의 압력과 회유가 계속되는 가운데 협상은 철저하게 미국 위주의 실리주의적 노선에 의해 진행되었다. 1972년 5월 1일 키신저와 북베트남의 레둑토 사이에 이루어진 비밀회의에서 북베트남은 평화의 조건으로 남베트남의 티우 대통령의 제거를 요구했지만, 외교적 교착상태는 닉슨으로 하여금 북베트남이 군사적 방법으로 승리를 하지 못하도록 하는 단호한 태도를 갖게 했다. 5월 8일 닉슨 대통령은 하이퐁과 다른 항구들에 기뢰를 설치하여 북베트남을 봉쇄하겠다는 선언을 했다. 북베트남은 모든 예비전력을 동원하여 총공세를 펼쳤으나 주요 목적을 달성하지 못했고 남베트남 군대는 실지를 많이 회복하고 생존에 성공했다.

지상전의 지속적인 교착상태에서 미공군은 1972년 크리스마스날에 북베트남의 하노이와 하이퐁 등에 대한 대규모 폭격을 실시했다. 이 폭격이 전쟁 기간중에 실시된 폭격 중에 가장 무차별적이고 대규모의 폭격이었다. 미국 국내에서는 민간인들이 밀집된 지역에 대한 폭격에 대해 비판이 제기되었지만, 이 폭격은 북베트남정부가 평화회담에 참여하게 하는 압력요소로 작용했다. 1973년 1월 8일부터 13일까지 계속된 제23차 키신저·레둑토 비밀회담이 끝난 후 닉슨 대통령은 북베트남 해역에 대한 폭격 및 기뢰 투하를 중지하도록 명령했으며, 1월 15일 10:00를 기해 이 명령은 북베트남 전 영토에 적용된다고 발표하여 사실상 휴전선포를 예고하였다.

키신저와 레둑토의 마지막 협상인 제24차 회담이 개최된 1973년 1월 23일 키신저와 레둑토 간의 휴전협정이 가조인되었다. 중국과 소련의 미국과 북베트남에 대한 외교적 압력, 북베트남 정규군 약 20만 명의 남베트남 주둔에 대한 미국의 허용 의사 등이 1월 27일 '파리평화협정'을 정식으로 조인하는 배경이 되었다. 그날 24:00를 기해 베트남 전역에 휴전이 발효되었다. 파리협정의 조인 4당사자는 미국정부, 베트남공화국정부, 베트남인민공화국정부, 남베트남임시혁명정부였다.

파리협정의 핵심내용은 1954년 제네바협정에 의해 인정된 베트남의 독립주권의 당위성 및 영토보전(제1조), 베트남 내정에 대한 미국의 군사적 개입과 간섭 중지(제4조), 미국과 외국군 철수(제5조), 포로석방(제8조) 등을 규정했으며, 티우 정권의 존속을 인정하고 베트콩의 남베트남 잔류를 묵인하는 선에서 상호 타협한 것이다. 파리협정은 미국이 적당히 체면과 명분을 세우고 힘겨운 베트남전쟁에서 빠져나오기 위한 방편으로 체결한 것이다. 베트콩의 실체를 인정함으로써 미군 철수 이후 남베트남에 두 개의 실체를 승인한 결과를 가져 왔다. 이 휴전을 관리하기 위해 국제휴전관리감시위원회(ICCS)와 4자 공동군사위원회(JMC) 등 2개의 기구가 설치되었다. 이 협정에서 북베트남은 남베트남정부의 전복을 지원하지 않겠다고 약속했고, 미국은 모든 미군을 60일 이내에 베트남에서 철수하겠다고 공언했다. 그 해에 키신저와 그의 대화 상대인 레둑토(Le Duc Tho)는 노벨평화상을 수상했다.

4. 휴전의 실패와 공산화 통일

평화협정을 체결하였으나 실제로 전쟁이 끝나지 않았다. 평화협정에 의해 서방진영과 공산진영의 대표로 구성되어 정전을 감시하는 국제위원회를 만들기로 되어 있었으나 실현되지 않았다. 평화협정은 선거를 실시하는 내용을 포함하고 있었는데, 날짜를 명기하지 않았다. 1973년 1월 27일 24:00를 기해 발효된 휴전은 휴전선이 확보되지 않은 '얼룩무늬'식 휴전이었기 때문에 쌍방은 보급로 확보 등 전략적 우위확보를 위해 산발적 전투를 계속하여 휴전 3일째인 1월 30일까지 각종 휴전위반 사태가 765건이나 발생하였다. 특히 공산 측은 2월 26일부터 이틀간 남베트남의 꽝남성 등지에서 ICCS 소속 헬기에 사격을 가하는 등 국제 휴전감시 활동을 노골적으로 방해하였다. 또한 남베트남의 레이저부대 기지를 포위하고 공격을 시도하는 등 휴전 위반을 계속하였다.

북베트남이 휴전협정을 준수하지 않아 군사적 불안 상태가 지속됨에도 불구하고 미국은 파리협정 규정에 따라 북베트남 해역에 미국이 가설했던 기뢰제거 작업에 착수하였다. 또한 북베트남 측이 포로석방 의사를 보임에 따라 휴전 당시 2만 3,156명이었던 베트남 주둔 미군의 철수를 단계적으로 시작하였다. 이에 따라 1973년 3월 29일 미군 포로의 석방과 동시에 베트남 주둔 전 미군병력의 철수를 완료하였다. 1962년 2월 8일 창설된 베트남 군사지원사령부(MAC-V)를 해체함으로써 미국의 베트남전 개입은 공식적으로 종식되었다.

미군의 철수가 완료되자 북베트남의 휴전 위반 사례는 점차 늘어났고, 휴전 감시단에 대한 공격도 자행되었다. ICCS 본부에 대한 포격 등을 하여 국제휴전 감시활동을 방해하여 휴전 감시기구의 기능을 마비시킨 채 남베트남 정부군 군사기지에 대한 공격을 강화하였다. 1974년 3월 하노이에서는 북베트남군 고위간부회의가 개최되어 남베트남에 대한 대규모 공세 계획을 논의했으나 미국의 재개입을 우려하여 일단 보류한 채, 미국의 반응을 측정하기 위한 산발적 공세만을 계속하였다.

공산군은 미군의 재개입을 우려하여 제한적인 공세만을 취했으나, 이미 전세는 공산 측이 유리한 상황으로 전개되고 있었다. 1974년 4월 12일 베트콩이 사이공에서 동북부 85㎞ 거리에 있는 남베트남 정부군의 통레찬 기지를 점령하자, 남베트남정부는 파리정치회담을 거부하여 쌍방간 정치·군사적 대화의 통로가 완전 단절되었고, 베트남 군사정세는 악화되었다.

북쪽으로부터 군사적인 공세가 격화되는 한편, 남베트남의 정국은 혼미 상태에 빠져들고 있었다. 1974년 1월 19일 티우 대통령의 3선 개헌안이 통과된 이후 비민주적인 방식에 의한 정치통제가 강화되고 집권층의 고질적 병폐인 부정부패에 대한 불만 등으로 남베트남에서는 반정부운동이 가열되기 시작하였다. 6월 18일 트란 후 탄 신부가 주동이 되어 300명의 가톨릭 신부들이 부정부패를 규탄하는 시국선언을 발표한 것을 도화선으로 9월부터 전국적으로 반정부운동이 확대되어 남베트남의 정국은 걷잡을 수 없는 혼란상태에 빠지게 되었다.

이러한 정치·군사적으로 유리한 상황을 맞게 된 북베트남은 1974년 12월 18일부터 1975년 1월 8일까지 하노이에서 개최된 노동당 정치회의에서 "1975년에 군사 대공세를 감행하여 유리한 정세를 조성한 후 1976년에 최후 공세로 남베트남에서의 인민 대봉기를 유도하여 남베트남정부를 붕괴시킨다"는 2개년 공세계획을 수립하였다. 이 계획의 전초전으로 북베트남 공산군은 1975년 1월 1일 신정을 기해 사이공 동북부지역에 대한 공세를 강화하여, 사이공에서 100여km 떨어진 푸옥룽 성의 성도인 푸옥빈 시를 1월 7일 점령함으로써 휴전 후 최초로 남베트남의 1개 성을 완전히 장악하게 되었다.

당시 남베트남은 매년 미국으로부터의 원조가 감소하여 군사작전에 많은 지장을 받고 있었다. 특히 1월 28일 포드 대통령이 의회에 요청한 인도차이나에 대한 긴급 추가 군사원조 5억 2,200만 달러(크메르: 2억 2,200만 달러, 베트남: 3억 달러)가 의회에서 통과되지 못하였다. 결국 북베트남은 1975년 초부터 3월까지의 공세에 대하여 미국이 미온적인 태도를 보임에 따라 미국이 재개입하지 않을 것이라고 확신을 하는 동시에 남베트남군 전력에 대한 자신감을 가지게 되었다. 마침내 북베트남은 1975년 3월 20일 정치국 간부의회를 열어 2개년 군사공세 계획을 앞당겨 우기가 시작되는 5월 이전까지 사이공을 점령하기 위한 대규모 군사작전인 '호치민 작전'을 전개하기로 결정하였다. 3월 25일 남베트남 전장에서 작전을 지휘하고 있는 반티엔둥 총참모장에게 호치민 작전을 수행하는 명령을 하달하였다.

이와 같이 베트남 정세가 절망적으로 기울자 4월 3일부터 미국은 과거 베트남전 기간 미국에 협조한 베트남인 및 정부 고위관리와 그 가족 등 공산군의 보복대상이 되는 베트남인들을 미국으로 철수시킴으로써 미국이 베트남을 포기할 것이라는 의도가 구체화되기 시작하였다. 미국은 남베트남 패망시까지 11만 4,000명의 베트남 난민을 비롯하여 캄보디아 난민 등 약 13만 명의 인도차이나 난민들을 괌을 통해 미국으로 철수시켰다. 미국은 태국 등을 통해 입국한 난민까지 합쳐 총 14만 4,000명의 인도차이나 난민을 접수하였다. 미국인이 완전 철수하고 남베트남군의 계속적인 패주와 전의 상실로 사이공이 함락되면서 즈엉반민 대통령은 1975년 4월 30일 11:00 항복 성명을 발표하였다.

북베트남의 승리로 끝난 베트남전쟁으로 막대한 전비가 소모되고, 수많은 인명이 희생되었다. 제1차 베트남전쟁은 약 460만 명의 사망자, 550만 명의 부상자 그리고 13만 병의 난민을 냈고, 제2차 베트남전쟁은 베트남인의 경우 약 190만 명의 사망자, 450만 명의 부상자 그리고 700만 명의 난민을 내었다. 미국의 경우 5만 8,000명이 사망했고, 13만 명이 부상당했으며, 미국이 소모한 전비는 1,700억 달러에 달했다.

5. 남베트남의 공산화와 통일정부의 수립

베트남의 통일은 무력통일이었다. 민족해방전쟁이 이데올로기 대립전쟁으로 이어졌고, 결국 강한 민족주의와 공산주의 사상으로 뭉친 북베트남이 부패하고 나약한 남베트남정부에 승리를 거둠으로써 무력통일을 이루게 되었다. 더구나 북베트남의 승리는 미국과 서방 연합군을 상대로 한 전쟁의 승리이기도 하였다. 전쟁의 승리에 의한 통일이었기에 양 체제의 통합은 승리한 북베트남에 의하여 일방적으로 이루어졌다.

1975년 4월 30일 사이공에 진입한 북베트남 군대는 '인민해방군 포고령'을 발표하고 통일작업에 착수하였다. 그 포고령은 통행금지 실시(19:00~07:00), 남베트남 군대와 경찰의 무기 반납, 노동자의 공장 및 직장 방어, 전력·가스·교통·보건·위생 등 공공사업의 기능 유지 등을 포함하였다. 전쟁에서 승리한 공산군은 유혈 보복 숙청은 되도록 피하고, 사회질서 회복에 중점을 두면서 비교적 유연한 화합정책을 구사하였다. 효율적인 통합을 위해서는 급진적인 공산화를 함으로써 사회적 무질서와 민심동요 및 탈출을 방지하고 대외적 비난여론을 무마하지 않을 수 없었다.[9)]

베트남전 휴전 당시 4자 공동위원회의 베트콩 측 위원장이었던 트라 반 트라 중장을 의장으로 하여 11인으로 구성된 사이공·지아딘 군사관리위원회가 5월 4일 발족되어 남베트남 전역에 대한 군정을 시작하였다. 군사관리위원회는 과거 남베트남 군대에 대한 무장해제를 실시하는 동시에 완전히 해체하였고, 군인들에 대한 공산주의 재교육을 실시하였다. 사병들에 대하여는 3일~1주일 교육을 시켰으나, 장교나 고위관리들에 대해서는 수개월간 집단교육을 실시하였다. 남베트남을 점령한 공산 당국은 강력한 언론통제를 실시하여 모든 언론기관을 폐쇄하고 5월 4일부터 관영 '지아이퐁(해방)' 신문만을 발행하였으며, 외국 기자들도 국외로 추방을 시작하였다.

이와 같은 통제를 가하면서 군사관리위원회는 남베트남의 사회질서를 회복하였고, 북베트남정부는 공산화 통일을 위한 준비 작업으로 행정관리 및 기술요원을 대량 남파하여 남베트남정부 및 통치관련 기관의 요직을 맡게 하여 남베트남에 대한 지배권을 확립하였다.[10)] 군사관리위원회는 남베트남의 각급 인민위원회를 통해 주민을 조직화하는 동시에 사상개조 운동 등 남베트남의 공산화 과정을 강력히 추진하였다. 구 정권의 군·관리들에게는 재교육을 실시했고, 학교 교사들은 공산주의 사상을 교육하기 위해 특별교육을 이수하도록 하였다. 1975년 5월 22일 군사관리위원회의 문화소위원회는 구 정권하에서 발행된 자유주의적인 도서, 잡지, 회화 테이프, 사진 등의 판매를 일체 금지한다는 포고를 발표하였다.

공산화 이후 경제적으로 남베트남은 미국의 원조중단, 실업증대, 생필품 부족 등으로 심각한 경제난에 봉착하였다. 이를 타개하기 위해 공산정부 당국은 여러가지 조치를 단행하였다. 도시 실업자들에게 귀향 정착을 권유하여 1975년 중 약 30만 명의 사이공 시민들이 각 지방으로 이주하였다. 모든 은행을 국유화하고, 9월 22일 화폐개혁을 단행하였다. 식량·유류 등 생필품에 대한 배급제도를 실시했으며 9월 24일에는 일반상품의 국영판매 제도를 시작하였다. 공산화 과정에 필수적인 토지개혁을 10월 17일 착수하는 등 남베트남 경제의 사회주의화 개조정책을 전방위적으로 추진하였다.

북베트남 노동당 주도하에 남베트남의 공산화 작업이 비교적 순조롭게 진행되어 가고 있었으나 한편으로는 반공 게릴라들의 활동이 남베트남 내 공산정부에게 불안을 조성하였다. 사이공 함락 이후 투항을 거부한 정부군과 전통적으로 반공 색채가 강한 가톨릭, 호아하오교 등 일부 종교세력이 메콩델타 중부 고원, 사이공 주변 등지에서 반공무장 게릴라활동을 전개하였다. 남베트남에 대한 북베트남의 지배가 노골화되어 가면서 남베트남 주민들의 공산체제에 대한 불만도 날이 갈수록 고조되어 갔다. 남북 베트남의 유엔가입 기도가 실패한 데다가 반공 게릴라활동이 활발해지는 가운데 남베트남 국민의 반발이 심화되어 가자 북베트남 노동당은 1975년 11월 들어 통일작업을 급속히 추진하였다.

1975년 11월 5일 사이공과 하노이를 연결하는 남북 철도의 부설공사가 착공되면서 남북 베트남의 매스컴은 일제히 통일에 관한 캠페인을 벌이기 시작했다. 이와 함께 11월 15일부터 21일까지 사이공에서는 남북 각 25명씩의 대표로 구성된 '민족통일 정치협상회의'가 개최되었다. 이 회의에서 1976년 상반기에 남북 인구비례 — 인구 10만 명당 1명의 대표선출 — 에 따라 단일 국회를 구성하기 위한 총선거를 실시한다는 기본원칙에 합의하였다. 1976년 1월 7일부터 남북 베트남은 성(省)을 개편하는 작업을 시작하였다. 남베트남은 종전의 44개 성과 10개 직할시를 20개 성 1개 직할시(사이공)로, 북베트남은 2개 직할시(하노이, 하이퐁)는 그대로 두고 24개 성을 15개 성으로 개편하였다. 이어 1월 21일에는 사이공·지아딘 지구 군사관리위원회를 해체하고 15인의 민간인들로 구성된 사이공시 인민혁명위원회를 발족시켜 민정체제로 전환하였다.

1976년 4월 25일 남북 베트남에서는 통일국회를 구성하기 위한 총선거가 실시되었다. 선거 이전의 인구조사 결과 남북 베트남의 통일국회 의석수는 남베트남 243석, 북베트남 249석등 총 492석으로 결정되었다. 총선에서 선출된 통일국회 의석은 노동자 80, 농민 100, 정치인 141, 군인 54, 지식인 98, 종교인 13, 수공업자 6석으로 배분되었고, 총 492명 중에는 여성의원이 129명 포함되었다.

총선 이후 남북 베트남은 통일국회 소집에 앞서 각종 정치·사회단체의 통합작업을 추진하였다. 남북 베트남 노동조합 대표들이 회의를 열고 남북노조를 단일기구로 통합시키기로 결정하였고, 북베트남의 베트남 통신과 남베트남의 지아이퐁 방송을 통일국회 소집시부터 베트남 통신으로 일원화하기로 결정하였고, 남베트남의 정치전선 조직과 북베트남의 조국전선이 본격적인 통합 준비작업을 시작하였다.

1976년 6월 24일 남북 베트남의 통일국회 개원 회의가 열렸다. 통일국회는 7월 2일 통일에 관한 7개의 결의안을 채택하고, 정·부통령을 비롯한 국가 지도부를 선출한 데 이어 베트남사회주의공화국(The Socialist Republic of Vietnam)으로의 통일을 공식 선언하였다. 전쟁 승리 이후 북베트남 당국은 남북지역 간의 사회·문화적 차이를 인식하고 체제통합을 서두르지 않았다. 약 15년 정도의 과도기간을 거치는 신중한 통일을 하려 하였다. 그러나 전후 복구와 경제건설을 효과적으로 추진하기 위해서는 단일의 정치·경제체제의 구성이 보다 효율적이라는 결론에 도달하여 정치·제도적 통합을 신속히 추진하였다.

6. 통일 이후 양 체제의 통합과정

역사적으로 남북 베트남은 구조적인 차이점을 안고 있었다. 이는 왕조시대의 지역적 차별성, 프랑스 지배 당시 불균형 발전전략, 분단 이후 체제와 이념의 상극성에 기인한다. 프랑스의 지배 이전까지 북부와 중부 베트남에는 유교적 농업관료국가가 존재하였고, 남부에는 비옥한 델타지역을 중심으로 상업농업화가 발전하였다. 프랑스는 지배통치 기간 분할통치(divide and rule)와 불균형한 정책을 통해 북부와 중부에는 자치권과 위임통치권을 부여하였고, 남부는 직접통치하였다. 프랑스는 북부의 하노이와 하이퐁에는 공업화를, 남부 코친차이나 지역에는 농업화와 관개사업을 추진하였다. 1954년 이후에는 자본주의의 남부와 사회주의의 북부로 이데올로기에 의한 분단이 이루어졌다.[11)]

1) 정치통합

베트남 통일정부는 베트남 모든 지역에서 사회주의 혁명을 완수하고 사회주의 이념을 바탕으로 한 새로운 통일사회를 형성하는 것을 국가목표로 설정하였다. 통일 직후 북베트남 지도자들은 북베트남의 정치 이데올로기와 체제를 남베트남에 이식하고자 하였다. 통일헌법이 만들어지기까지 1959년에 제정된 북베트남의 헌법이 남베트남에 잠정적으로 적용되었다. 북베트남 헌법은 중산층의 제거, 기업의 국유화, 개인의 재산 소유금지 등을 규정하였으며, 베트남 노동당의 유일성, 정치권력에 대한 당의 독점을 강조하였다.

약 5년 동안의 과도기간을 거쳐 1980년 12월에 제정된 통일헌법은 북베트남 헌법의 사회주의체제에 대한 내용 외에 1930년대 이후 활동해 온 북베트남 공산당의 반외세 투쟁사를 첨가하여 베트남 통일정부의 정통성을 반외세 민족주의 투쟁사에서 찾으려 하였다. 신헌법은 마르크스주의와 레닌주의에 입각한 프롤레타리아 계급 독재체제 형성 추구를 기저로 하였다. 공산당의 역할, 권력구조 등에서 소련헌법을 많이 원용한 통일헌법은 베트남이 노동자와 농민계급에 의하여 주도되는 단원적 사회체제여야 함을 규정하고 있어 다원주의 사회였던 남부지역에서 부르주아 계급인 지주와 자본가 계급을 제거해야 한다고 명시하였다. 또한 마르크스주의와 레닌주의로 무장하고 있는 베트남 노동자의 집합체인 공산당을 베트남의 혁명을 달성하는 유일의 조직체로 규정하였다.

당시 사회 전반을 지배하는 공산주의 국가에서 통일 후 당 조직의 정비 및 강화는 통일정부가 정치적 권위를 확보하고 양 베트남을 정치적으로 통합하기 위한 필수적인 사업이었다. 남북지역에 존재해 온 당 조직의 통합은 북부지역의 베트남 노동당이 남부지역의 당 조직을 흡수하는 형식으로 진행되었다. 통합과정에서 베트남 노동당은 '베트남 공산당'으로 개칭되었으며 베트남 공산당은 남부지역에 산재한 모든 대중조직을 흡수하여 전국 유일의 대중조직으로 새로이 탈바꿈하였다. 남베트남은 공산당 지도부의 주도로 사회주의제도와 법체계를 수용하는 등 급속히 사회주의체제로 전환되기 시작하였다. 농촌지역의 집단화, 도시민의 지방으로 이주정책 등이 실시되었으며, 자본주의적 요소가 점차 퇴색되어 갔다.

남베트남의 사회주의화 과정에서 공산당 간부인 정치국원과 중앙위원을 증원하여 남베트남 출신 인사들을 당과 정책분야의 고위직에 포진시켜 남베트남 인민들의 반감을 완화시키려 하였다. 그러나 베트남 공산당은 남부지역에서 지방당 조직과 지방당원의 충원에 문제점을 노출하였다. 남부지역 지방당 조직의 경우 충분한 시간적 여유를 갖지 못한 가운데 조직되어 적정 수준의 당원 충원이 불가능하였고, 모집된 당원의 자질도 수준 미달이었다. 1976년 통일 당시 남부지역의 공산당원 수는 20만 명으로 인구의 1.0% 미만이었으며, 3년 뒤인 1979년에 이르러서도 남부지역의 당원 수는

27만 3,000명(1.3%)으로 0.3%만 증가하였다.

결국 북부지역 지방당 요원의 3분의 1에 달하는 많은 인원을 남부지역으로 파견하였다. 그들은 남부지역 사정에 어두웠고, 업무에 전문성이 결여되어 있었다. 반외세 전쟁에 승리하여 통일을 주도하여 온 당 지도자들은 지배권의 정당성과 권위를 확보하기 위하여 남부지역에 대한 강경책을 실시하였다. 북부에서 투입된 인사들은 직위, 주택 등에 있어서 혜택을 받았으나, 남부 출신들은 영향력 없는 중하위의 기능직에 임명되었다.

국회 역할을 하는 최고인민회의는 남북 간 공동으로 구성된 최초의 정치기구로서 베트남 통일정부가 남북 베트남 전 지역에 걸쳐 수립된 합법적 통합정치체제라는 사실을 확인하는 상징적 정치조직으로 입법·사법·행정을 동시에 관할하는 헌법상 최고기관이 되었다. 통일베트남의 행정조직은 북베트남 행정조직의 특징이었던 중앙집권적 성향을 보였으며 남부지역에 대한 통제강화를 위하여 중앙행정기구의 권한을 이전에 비해 더욱 강화하였다. 행정기구의 중앙집권적 성격 강화는 통일헌법 제98조에 의하여 구성된 국가영도위원회의 역할에서 규정하고 있다. 국가영도위원회는 최고인민회의의 직능 기관으로 국가를 대표하는 최고의 통치기관이다. 입법 권한은 구헌법 하에서는 입법부에만 부여되었으나 통일헌법에서는 국가위원회에도 허용되어 역할을 강화하였다.

각료회의와 국가위원회의 관계는 위원들 간의 겸직을 금지하는 등 상호견제의 위치에 있었으나, 당이 양 기구의 상위에 위치하여 조정역할을 담당하고 있으므로 실제로 양 기구 사이의 견제와 갈등을 관리하고 있다. 각료회의는 수상과 8명의 부수상, 1명의 서기, 26명의 각료로 구성되어 있다. 남북지역 간의 인적구성을 보면 북부출신이 압도적으로 많았으며, 남부출신은 35명의 각료 중 부수상 2명을 포함하여 6명에 불과하였다.

정치적으로 정치충원의 제한성에서 오는 엘리트와 대중사이의 괴리가 심화되었다. 통일정부는 남부지역 사회의 가치체계를 전면적으로 부정함에 따라 남부지역 주민들을 대상으로 한 정치충원에 많은 제한을 받았다. 특히 통치이념의 혁명적 전환으로 남부지역에서 필요한 인물을 충원하기가 곤란하였다. 이에 따라 통일정부는 남부지역에 필요한 인력을 사회주의 이념에 동조하는 북부지역의 군인과 당료들로부터 충원함으로써 남부지역에서는 대중과 지도자 계층 간의 괴리가 확대되었다.

전문성이 부족한 관리들의 무능력과 무경험에서 파생되는 관료주의가 확산되었다. 전쟁 중 손실된 다수의 당료와 군인을 충원하는 과정에서 북베트남정부는 근로자와 농민을 정치충원의 주요한 대상집단으로 선택하였다. 이와 같은 방식에 의해 충원된 군인과 당료는 통일정부의 고위직과 중요 직책에 임용되었으나 필요한 지식과 경험이 결여된 채 전쟁 중에 겪었던 어려움에 대한 보상심리로 부패와 부조리에 쉽게 영합하게 되었다. 지도부의 강력한 통제에도 불구하고 공산당원과 관료집단의 부정·부패는 사회적 문제로 부각되었으며 당중앙위원회의 엄중한 비판이 있었음에도 별로 줄어들지 않았다. 이러한 부패한 관료주의는 남베트남 주민들의 통일정부에 대한 신뢰를 저하시켰고, 결국 주민의 저항을 합리화하는 빌미를 제공하였다.

전쟁에서 승리한 공산주의자들은 승리에 대한 보상으로 남베트남인들에게 복종을 요구하며 수탈을 일삼았다. 패배한 남베트남인들은 그들이 지켜왔던 가치관과 생활관습이 전면 부정당하고 집단적 범죄자 취급을 받게 되었다. 결국 남베트남인들은 열등감과 패배의식에 젖어 정체성을 상실하게 되었다. 이는 재교육과 집단이주의 대상이었던 공무원, 군인, 경찰 그리고 상인, 자본가들의 경우 특히 심하였다.

통일정부는 주민들에 대해 일방적이고 강제적인 대중동원을 실시하였으며 이에 대해 주민들은 공권력의 처벌을 피해 소극적이고도 비협조적인 태도를 견지하였다. 중앙집권적 성격 강화·주민통제 기능의 강화·남부지역 주민에 대한 실질적 정치참여 봉쇄 등 정부가 취한 일련의 강경조치들은 내면적으로 남부 주민들의 반발을 유발하였다. 이러한 주민들의 지속적인 저항은 정부로 하여금 정책을 효율적으로 수행할 수 없도록 하였으나 정부로서는 이들의 저항을 통제할 수 있는 실질적 방안을 강구하기가 쉽지 않았다.

다원주의와 시장경제에 적응되어 온 남베트남 주민들이 공산주의 재교육과 강제 집단이주 과정에서 강한 불만이 대두되었다. 공산당 지도부가 불만을 가진 인사들을 설득하여 체제 내로 수용하기보다는 격리 내지는 방치함으로써 불만이 더욱 심화되었다. 이들이 택할 수 있는 생존방법은 인접국가로 탈출하는 것이었고, 결국 '보트피플(boat people)'이라는 단어가 생성되면서 국제적인 난민문제로 대두되었다. 공산당 지도부는 탈출을 의도적으로 방치하는 경향도 보였다.

통일 이후 특히 남부지역에서 심각한 문제가 등장하기 시작하자, 공산당 통치체제는 통합과정에서 발생한 모든 부정적인 문제들을 해결하기 위하여 대대적인 당 간부의 교체를 실시하여 당원의 자질향상을 도모하였다. 당 간부의 교체는 교육 수준 미달에 따른 무능력, 무경험, 노령화에 따른 건강문제 등을 이유로 이루어졌다. 많은 당 간부와 당료 및 관료들이 퇴진하고 새로운 인물들이 등장하였으며, 비당료인 전문관료의 역할이 증대되었다. 그동안 당 원로들이 고수해 온 정통 사회주의 노선을 수정·보완할 수 있도록 권력구조를 신구 세대 간의 절충형으로 수정하였다.

2) 경제통합

통일 이후 남베트남의 경제개혁은 계층 간 경제적 불평등에 대한 문제점 시정에 비중이 두어졌으며 사회주의 목표인 프롤레타리아 독재체제를 건설함에 있어 계급구조 개편에 중점을 두어 추진되었다. 이에 따라 사회주의 경제체제로의 전환은 과거 북베트남에서와 같이 토지개혁을 통한 사유토지의 국가 소유화 추진을 기본으로 하였다.

1976년 제4차 당 대회에서 채택한 2차 경제개발 5개년계획(1976~1980

년)은 남부지역에서의 사회주의체제 건설을 위해 생산 수단의 국유화, 생산 방법의 집단화, 가격기구 없는 계획경제제도의 도입 등 과거 북부지역의 사회주의화 과정을 원용하였다. 이를 위하여 사유재산을 몰수하였고, 사기업을 국영화시켰으며, 사유재산과 영리추구 및 경제활동의 자유를 허용한 남부의 지방분권적 시장경제체제는 중앙집권적 계획경제체제로 전환되기 시작하였다.

사회주의 경제제도를 확립하기 위한 수단으로 관료중심 통제체제를 채택하고, 국가책임하의 생산과정은 정부 보조금제도와 생산계획에 따라 운영되도록 하였으며, 공급구조도 통제된 가격과 계획된 분배에 의존하도록 하였다. 개인소유 대기업들은 국가의 통제 및 관리를 받는 공기업으로 전환시켰고, 중소기업들은 생산 및 공급 합작사에 참여시켜 집단관리 체제하에 두도록 하였으며, 상업분야에서는 국영 유통구조를 확대하고 생필품의 배급제를 실시하였다.

남베트남의 매판 자본가와 봉건적 착취제도에 의한 비합법적 경영 방식을 개선하여 개인에 의하여 운영되던 대기업을 국가의 통제를 받는 공기업으로 전환시키고 소규모 개인기업은 공급합작사나 생산합작사에 참여시켜 집단관리체제로 전환하였다. 상업 분야에서는 국가에서 운영하는 유통구조를 확대하고 생필품의 배급제를 실시하여 주민에 대한 독점적 공급체제를 구축하였다. 특히 복잡한 소매망에 대해서는 합작사를 조직하도록 하고 다수의 소매상인에 대해서 노동자로의 전직을 강요하였다.

1975년 9월의 화폐개혁도 국유화의 촉진수단으로 이용되었다. 신화폐 교환 시 화폐교환액을 제한하여 자본가들의 재산을 예금의 형태나 몰수의 방식으로 국가에 귀속토록 조치하였다. 생필품 배급과 연결된 각종 세금제도도 국유화조치를 촉진시켰으며 농지세는 국가가 농민들로부터 농토를 빼앗는 수단으로 이용되었다.

남부의 시장경제를 사회주의 계획경제로 전환시키기 위한 다양한 조치를 취하였으나, 국유화와 집단화에 대한 국민들의 반발과 정책적 효율성의 저하로 기대만큼 성과를 거두기가 어려웠다. 제2차 5개년 경제개발 계획(1976~1980년)으로 추진된 경제구조 개편 작업은 계획대로 추진되지 못했다. 제2차 5개년 계획기간 베트남 지도부는 농업과 경공업의 개발, 중공업 기반건설, 농·공경제단위 지구건설 및 국방과의 연계, 남부의 사회주의 전환, 농·경공업제품 등 수출품 증산, 교육·문화·보건 개발, 경제기구 및 운영의 혁신 등을 기본과제로 설정하였다. 1979년 6월 제4차 당 중앙 상임위원회에서 이 계획은 실패한 사업으로 평가되었다.

이 계획은 전쟁 후유증의 지속, 인적 효율성의 저하, 과도한 목표책정, 중공업 우선정책, 급진적 사회주의화와 집단화 정책, 물질적 유인효과의 결여 등의 원인으로 실패하였다. 경제 외적인 실패 요인으로는 자연재해, 미국의 금수조치 등 압력, 중국과의 대립, 캄보디아 및 라오스에 대한 비효율적 군사 개입정책으로 인한 과다한 군사비 지출 등이 지적되고 있다. 보다 중요한 원인은 남베트남지역 내의 열악한 경제 기반과 주민들의 비협조적 태도이다. 통일 당시 베트남의 1인당 국민소득은 101달러였으나 1980년에는 98달러로 줄어들어 국민들은 생활고에 시달려야 했다. 경제구조 개편 작업의 또 다른 실패의 원인은 지나친 관료주의에서 발생하는 비현실적 생산 관리나 신경제구역내 관료들의 관리 미숙 및 부정부패 등에 기인하고 있다.

이러한 문제점을 극복하기 위하여 베트남정부는 1979년 9월 '신경제정책'을 발표하였는데, 기본방향은 정부의 간섭과 통제를 완화하고 사기업의 범위를 확대하는 것이었다. 제1차 경제개혁으로 알려진 이 정책의 내용은 국가·집단농장·국가개인 합영·자본가·개인의 5개 경제부문 중 비사회경제부문의 활용, 권한의 하부이양을 통한 지역단위의 자율성 부여, 생산자극을 위한 시장기구, 가격, 임금 등 물질적 유인제공 등을 포함하였다.[12]

이러한 조치에도 불구하고 경제침체가 지속되었다. 개인에 대한 국가계약제와 기업의 기계화 품목 생산 허용은 개인 및 특정 집단의 부를 축적시킴으로써 새로운 계층화를 촉진하였고, 개인의 상행위 허용을 포함한 유통구조의 자율화는 자본주의체제와 사회주의체제로 분리되어 살아온 남북주민 간의 소득 격차를 심화시켰으며, 고율의 인플레이션이 유발되었다. 생산활동에서 인센티브 제도가 없는 사회주의 경제구조가 주민들의 태업을 가져와 생산부문의 위축을 초래하였다. 1980년까지의 제2차 5개년계획 추진결과는 공업 생산분야의 경우, 실질 생산량이 목표치의 30% 수준에 머물렀고, 농업생산 부문에서는 60%를 상회하는 수준에 불과하였다.

이러한 부정적인 효과를 개선하기 위하여 정부의 간섭 완화와 사영업의 범위 확대를 근간으로 추진하였다. 쌀의 유통과정에 대한 정부통제를 폐지하고 국가나 집단 소유의 기업이 재생자원이나 지역에서 이용할 수 있는 자원을 활용하여 국가계획에 포함되지 않는 제품의 생산·판매를 허용하고 가계단위의 생산 및 판매를 장려하였다. 가내생산에 대한 은행의 금융지원을 결정하였으며 농민들에게는 집단화되지 않은 토지의 임의 경작을 허용하고 토지임대에 대해서는 면세조치를 단행하였다.

북베트남 지도자들은 경제적으로 앞서고 직업 분화를 이루고 있는 남베트남의 다원적 사회를 획일적인 노동자 중심사회로 전환시키려는 데서 나타나는 문제점과 부정적 영향을 과소평가하였다. 사회주의 정부가 통일 이후 남부지역에 적용하려 한 사회주의 이념과 체제는 남부지역의 경제활동을 위축하는 부정적 효과를 유발하였다. 부의 평등분배에 대한 강조는 남으로부터 북에 대해 일방적 시혜를 강요하는 것이었고, 남부지역의 다원화 구조를 획일화 구조로 전환하도록 하는 요구는 생산구조와 경제활동의 단순화로 연결되었다. 이러한 상황은 통일 이후 남북지역 간의 차별성을 오히려 심화시켜 베트남의 전 사회적 경제개혁 방향을 남북 간 통합에 역행토록 하는 결과를 초래하였다.

경제개혁을 추진하는 과정에서 베트남정부는 남베트남정부에 종사했던 인사들과 상인·자본가 등 잠재적 반대세력들을 변방의 신경제구역으로 집단이주 시켰는데, 이는 반대세력의 격리, 도시인구의 분산, 변방지역의 농업개발 등을 목적으로 실시되었다. 베트남정부는 1975년부터 1980년까지 약 130만 명이, 1981년부터 1985년까지 약 100만 명이 신경제지역으로 이주한 것으로 발표하였다. 이주정책은 단기적으로 정치적 반대세력을 격리시키는 데 성공하였지만, 장기적으로는 새로운 생활공동체를 건설하여 정착시키는 데는 성공하지 못하였다. 이주한 지역의 도로, 상하수도, 전기, 주택 등 열악한 사회간접시설 때문에 50% 이상의 이주민이 다시 도시로 유입됨에 따라 이주정책은 실패로 돌아갔다.

남부지역 경제를 담당하는 관료들은 전문성을 결여하고 있었을 뿐만 아니라 남부지역의 경제를 관리하기 위해 필요한 자본주의 경제의 기본적 이해조차 부족한 상황이었다. 따라서 관료들의 무능력·무경험으로 인한 엄격한 관료주의체제는 남부지역의 경제현실과 괴리된 정책결정과 집행을 초래하였다. 주민과 정부 간의 거리감만 생기고 관료들도 부패와 부조리에 쉽게 물들게 되어 사회주의체제의 특징인 경제의 계획관리도 불가능하게 되었다.

결국 베트남정부는 자율적인 개혁정책을 모색하였다. 영농방식으로서 최종산출계약 방식을 채택하여 농업생산성 증대를 도모하였다. 농민에 대한 처우를 개선하기 위하여 잔여물 처리권 부여, 수매가격과 농업세 조정, 미활용토지의 개간 허용 등의 정책도 도입하였다. 국영기업의 독립채산 및 금융에 있어서 자율과 책임을 부여하였다. 임금을 생산성 기준으로 책정하도록 하였고, 원자재 조달과 제품판매에 재량권을 확대하였다. 모든 인민들에게 사적 경제활동의 공간을 넓혀 주고 행정 및 경제조직의 분권화를 추진하였다.

3) 사회통합

통일 이후 베트남정부는 남북 양 지역의 사회·문화적 격차에서 발생할지도

모르는 갈등을 억제하고 관리하는 데 초점을 맞추었다. 북베트남의 사회주의 이념과 가치관을 통일 이후 남베트남지역에 적용함으로써 베트남 전역의 사회적 가치통합을 추구하였다. 특히 남부지역 주민의 다원적 사회구조 개조와 국제주의의 민족주의화, 그리고 집단주의 적용에 따른 이기적 개인주의를 제거하는 것이 기본방향이었다.

베트남 통일정부에 있어서 교육은 사회주의체제 건설을 위한 중요한 실천수단의 하나였다. 교육개혁의 필요성은 사회주의 이데올로기를 주민에게 전파하는 문제와 주민 개개인에 대해 노동자 자질을 양성·발전시킴으로써 이들을 사회주의 인간으로 개조하는 두 가지 목표로 집약되었다. 1979년 발표된 교육개혁안은 북베트남에서 실시되어온 사회주의 교육을 기본으로 하고 있었다. 북베트남정부는 이미 1950년대에 프랑스 식민지 교육의 잔재를 없애고 문맹을 줄인다는 목표 아래 교육제도와 내용을 개편하였다.

교육제도의 개편은 교육에 대한 당의 통제를 강화하는 방향으로 추진되었고 교육내용은 사회주의 이념 교육에 비중을 두어 개편되었다. 각급 학교마다 2명의 교사와 2명의 학생으로 구성되는 교육이사회를 설치하였고 학생들에 대해서는 교육 소조를 결성하였다. 교육내용은 형식상 문자 해독을 높이기 위한 학습을 위주로 하였으나, 실제로는 학생들에게 사회주의 이념을 주입시키는 데 더 큰 목적을 두고 편성하였다. 그러나 교육개혁의 실행과정에서 현실 상황으로부터 발생하는 부작용과 문제점들이 사회주의로의 사회가치 통합을 저해하는 결과를 초래하였다. 교육분야의 지도자가 모두 북부출신들로 충원되어 남북 간의 차별성을 줄이는 데 실패하였고, 남부의 교육 상황에 대한 고려가 이루어질 수 없었으며, 따라서 남부 주민의 반발이 증대되었다.

경제 사정의 악화로 충분한 교육 지원이 불가능하였다는 점도 남부지역의 차별화를 가속화시켰고 남부지역에서는 교재 부족 등으로 교육의 질이 저하되었다. 이처럼 통일베트남의 교육개혁은 사회주의 가치체계를 확산시키는 수단으로 중요시 되었으나, 개혁실행 과정에서는 오히려 남북 간의 이질성과 불평등한 가치체계에 의하여 교육목표가 변질되는 결과가 파생되었다.

통일 이전의 임시혁명정부 주도하에 실시되었던 주민들에 대한 이념학습과 사회 재교육은 제도적 통일 이후에도 계속되었다. 사회 재교육은 일반 주민을 대상으로 사회주의 이념과 체제에 대한 교육 및 홍보를 실시하는 소극적 재교육과 정치인·군인·관료·교사 등 구정치 체제를 유지했던 특정집단 혹은 개인에 대하여 행해진 적극적 재교육으로 구분되었다. 통일 이후 베트남 당국의 재교육 정책은 세밀히 준비된 사회 재적응 프로그램에 의한 것이라기보다는 잠재적 반체제 세력을 사회로부터 격리시키는 목적을 함유하고 있었다.

반체제 인사들에 대한 재교육은 베트남 임시혁명정부가 우선적으로 실시한 사항이었으며, 특히 구정부의 군인·관료·경찰·정치인 등을 대상으로 하여 직업과 직위, 계급 등을 기준으로 하여 차등적으로 실시되었다. 1976년 6월까지 재교육 과정에 응한 대상자 중 95%에 달하는 인원이 교육을 받고 사회로 복귀하였으나, 반공산주의 핵심세력에 대해서는 3년 내지 5년에 이르는 장기 재교육을 실시하였다. 장기 재교육 인원은 1976년 중반에 4만여 명으로 발표되었으나 1977년에는 5만 명, 1981년에는 30만 명에 달한 것으로 추계되었다.

통일정부의 종교정책은 기본적으로 탄압과 억제의 방향으로 진행되었으며 그 방법에 있어서는 통일 이전에 종교를 갖고 있던 다수의 주민을 고려하여 무조건적인 금지보다는 제한적으로 종교를 허용하는 점진적인 억제방식을 도입하였다. 헌법 제68조는 원칙적으로 종교의 자유는 허용하지만, 국가법이나 국가정책을 위반하지 못하도록 제한하였다. 1977년의 정부 각료회의 결정을 통해 종교 집회나 성직자의 임명 및 이동은 지역 인민위원회의 허가를 받도록 하였고 교회의 재산도 필요시에 정부가 수용할 수 있도록 규정하였다. 따라서 통일정부가 취한 종교탄압의 형식은 점진적이었으나 실제로는 정치체제 안정을 이유로 반정부적 성향을 보이고 있는 종교지도자와 신도에 대해서 강력히 대처하는 방식을 채택하였다.

통합과정에서 베트남 사회의 종교는 소멸의 길을 피하기 위해 통일정부의 의도에 따라 사회주의체제 건설을 위한 수단의 역할을 수행할 수밖에 없었으며 주민의 종교생활은 정부와의 타협에 따라 제한적이나마 유지가 가능하였다. 1980년대의 불교계는 순수한 종교활동보다는 정치권력과의 타협에 따라 불교위원회의 활동이나 불교학교의 설립을 통한 사회교육 참여 등을 강조하는 외형적 변화를 추구하였다.

7. 베트남통일의 평가

북베트남은 미국을 상대로 한 전쟁에서 승리하여 통일을 달성하였다. 북베트남이 전쟁을 효과적으로 수행할 수 있었던 이유는 여러 가지가 있다. 첫째, 북베트남은 남베트남에 민족해방을 목표로 한 통일전선을 성공적으로 구축하여 '민족해방투쟁'의 차원에서 전쟁을 수행할 수 있었다. 이는 북베트남 당국의 게릴라전과 정규전의 적절한 배합, 일관된 협상전략과 목표추구, 민족주의에의 호소 전술 등 전략·전술에서 성공했기 때문이었다. 북베트남은 장기간에 걸친 프랑스의 식민통치와 제2차 세계대전 기간 일본군의 점령 등 외국지배에 대한 베트남인의 외세배척 감정을 월남 공산화에 활용하였다.

이에 덧붙여 베트남 주둔 미군을 또 다른 식민세력으로 몰아붙여 반미감정을 극대화시켰다. 프랑스와 일본의 지배를 경험한 베트남인들의 외세배척 감정을 적극적으로 활용하여, 미국이 프랑스 식민전쟁을 대행하고 있다고 하며 미국을 또 다른 식민세력으로 규정하여 반미감정을 극대화하였다. 북베트남은 공산주의의 계급투쟁 이론을 반제·반미운동으로 연계시켰으며, 베트남의 고질적 빈곤과 부패의 책임을 유산계급과 자본주의 국가들의 착취로 돌렸다. 결국 베트남의 무산계급뿐만 아니라 종교인, 언론인, 교사까지도 반정부·반미 데모에 앞장섰고 베트콩에 합류하게 하였다. 민족주의를 내세워 비공산세력과 연합전선을 형성할 수 있었다.

둘째, 남베트남 당국의 끊임없는 정통성 시비와 이에 따른 탄압정책 실시로 비롯되는 반사이익을 적극적으로 활용할 수 있었다. 부패하고 무능하였으며 독재 일변도로 일관한 남베트남정부가 국민의 지지를 얻을 수 없었던 것은 당연하였다. 부패하고 무능한 독재정부는 돈과 무기를 가지고 있었으나 전쟁 시작 때부터 패배가 예정되어 있었던 것이다. 전쟁이 확대되어 가면서 인플레율이 85%에 이르는 등 경기가 크게 후퇴하였다. 이러한 상황에서 공산주의자들은 베트콩의 활동을 통해 남베트남의 사회통합을 방해하고 정부에 대한 국민의 지지를 무력화시키는 데 성공했다.

셋째, 미국은 공산주의 확산을 봉쇄하기 위하여 베트남전에 개입하였지만, 점차 미국개입의 정당성이 상실되어 갔다. 미국은 프랑스가 패배하고 철수한 베트남 정글에 멋모르고 뛰어들어 마치 프랑스 식민세력의 후계자 같은 인상을 주었다. 더욱이 미국은 제2차 세계대전 후 5년 만에 발발한 한국전쟁에 미국 젊은이들을 파병하여 5만 4,000여 명의 생명을 잃은 데 이어 월남 정글에 또 다시 투입하여 적지 않은 희생을 초래하였다. 미국인들은 부패한 베트남 독재정부를 위해 미국의 젊은이들이 피를 흘려야 하고 엄청난 달러를 쏟아 넣어야 하느냐는 의구심을 가졌다.

결국 미국의 월남전 확대는 미국 내에서 대규모 반전시위를 불러 일으켰다. 월남전은 최악의 인기 없는 전쟁으로 전락하여 국민의 지지를 받을 수 없게 되었다. 일부 언론들은 적의 패배를 미국 측의 대패로 왜곡 보도하는가 하면 전장의 잔혹성을 과대보도하여 반전분위기를 고조시켜 마침내 미군의 철수 여론을 조장했다. 미국은 통일 베트남이 공산화되더라도 중국 또는 소련과 동맹화하지 않고 반미노선을 선택하지 않는 정부가 수립된다면 최소한의 목표는 달성하는 것으로 만족해야 했다. 결국 미국은 도망치듯 철수하지 않을 수 없었고 그 결과가 베트남 공산화로 이어졌다.

넷째, 공산 측의 고도의 협상전략을 서방 측이 오판한 결과 전쟁에서 패배한 이유도 있다. 북베트남이 제네바에서 서명한 '베트남전 종식과 평화회복에 관한 협정'에 의하면 분명히 베트남 통일은 평화적 방법과 쌍방 간의 협의와 합의를 거치도록 명기되어 있었다. 그러나 북베트남은 미군이 이 협정을 믿고 60일 이내에 모든 베트남 주둔 미군을 철수시키자 평화적인 방법이 아닌 무력으로, 협의와 합의가 아닌 무조건 항복으로 남베트남을 흡수하였다.

다섯째, 휴전협정 자체의 문제점도 있었다. 휴전선이 확정되지 않은 채 남베트남지역에 산재해 있는 공산군 점령지역을 그대로 인정한 '얼룩무늬형 휴전'이 이루어져 공산군의 남침기지를 확보해 준 결과가 초래되었다. 13만 명에서 17만 명에 이르는 남쪽 주둔 북베트남군의 철수에 대한 명확한 조항이 없었다. 더구나 국제휴전 감시기구가 형식적 존재에 불과하였다. 캐나다, 인도네시아, 헝가리, 폴란드로 구성된 국제휴전관리감시위원회(ICCS)는 만장일치제로 운영되었기 때문에 능동적 감시활동이나 위반사항에 대한 규제조치가 불가능하였다.

북베트남의 공산당 지도부는 전쟁에서 승리하여 공산화 통일을 달성하였지만, 통일 이후 체제를 통합하여 가는 과정에서 예상외의 어려운 문제에 직면하게 되었다. 특히 정치통합 과정에서 많은 문제점이 노정되었다. 첫째, 사회주의 통치이념의 경직성으로 인하여 발생하는 체제 정당성의 위기가 발생하였다. 둘째, 정치충원의 제한성에서 비롯된 정치엘리트와 일반 대중 사이의 괴리가 심화되었다. 셋째, 정치지도자들이 전쟁 승리에 의한 정당성과 권위를 고수함에 따라 남베트남 주민들의 반발과 소극적 저항이 발생하였다. 넷째, 정치조직의 중앙집권적 성격과 정치조직의 분화 및 전문화의 미비 때문에 사회적 갈등과 불안에 대해 적절히 대처하기 어려웠다.[13)]

통일 이후 남북 베트남 사이에는 교통과 통신망이 연결되어 주민들은 친인척을 찾아서 왕래하기 시작하였다. 당시 남베트남지역을 찾았던 북베트남 주민들은 남베트남의 생활 수준이 높은 점에 대해 놀라움을 금치 못했다. 결국 남베트남 주민들의 생활문화가 책과 음악 등을 통해 북베트남지역으로 전파되었다. 북베트남 주민들은 서서히 사회주의체제에 대한 비판적 의식을 가지게 되었다. 한편 남베트남 주민들은 자본주의체제에서 누리던 자유를 박탈당한 채 경제적으로 낙후된 북베트남지역의 실정을 파악하고 공산주의 지도체제에 대해 불만을 표출하기 시작했다. 상황이 이렇게 되자 북베트남의 정치지도자들은 위기의식을 느낄 수밖에 없었다.

위기의식을 느낀 공산당 지도자들은 남북베트남의 사회통합을 강력하게 추진하여 갈등요인을 제거하려 노력하였다. 남베트남지역의 모든 생산수단을 국유화·집단화하는 한편, 주민들의 경제활동을 강력히 통제하기 시작하였다. 특히 남베트남의 정치인, 군인, 공직자 등 구제도 인사들에 대해서는 사회 재교육을 실시하고 일반 주민에 대해서는 '사회주의적 인간형'으로 개조한다는 목표 아래 대대적인 사상교육을 실시하였다.

또한 베트남 공산당은 북부지역 요원을 남부지역에 파견하여 통제를 강화하였으나, 오히려 주민들의 신뢰를 얻지 못해 남북 간 사회통합을 추진하는 데 필요한 조직기반을 구축하지 못하였다. 더욱이 통일정부는 남부지역 주민들의 사회체제 개편에 대한 반발과 저항을 억제하기 위해 감시조직의 운영, 주민의 자유제한, 배급제 실시 등을 통해 이중통제장치를 구축하였다.

이처럼 무리하게 강행된 사상교육과 사회체제 개편은 일시적으로 남베트남지역의 사회적 일탈현상으로 나타났다. 90여만 명에 달하는 남베트남 주민들이 조국을 버리고 자유를 위해 탈출함으로써 이른바 '보트피플(boat people)' 집단이 발생했다. 베트남에서 보트피플의 탈출 물결이 중단된 것은 베트남 당국이 강력한 사상교육의 시행을 중단하고 1986년 '도이모이(개혁)정책'이라는 실용주의 경제노선을 추구하기 시작한 이후의 일이었다.

당시 베트남정부는 사회주의체제 이념에 정면으로 배치되는 도이모이 정책을 선택하면서 국영기업의 민영화, 공기업에 대한 국가보조금 대폭 삭감, 금융개혁, 외국자본의 투자 유치를 위한 법률 정비 등을 단행했다. 이런 움직임에 대해 사회주의를 지지하는 수구파들의 반발이 있었으나, 베트남정부는 과감한 개혁·개방정책을 선택하였다. 특히 1992년에는 헌법을 개정하여 시장경제의 도입을 명시하였다. 더 나아가 미국과의 관계개선에도 착수하여, 1995년 7월 미국과 국교를 정상화한 데 이어, 동남아국가연합(ASEAN) 등과 협력해 나가면서 국제사회의 일원이 되기 위한 노력을 하였다.

10장

결론

국가 간의 통합이 성공하기 위해서 필요한 요소들은 매우 다양하고 복합적이다. 두 국가가 통합과정을 시작하기 위하여 협력적인 관계를 선택하였다고 해서 통합이 반드시 성공하리란 보장은 없다. 수많은 경험과 연구결과에 따르면 국가 간의 협력적인 태도가 성공적인 통합으로 발전되기 위해서는 지리적 근접, 유사한 정치체제, 국내여론의 지지, 문화적 동질성, 국내사회 발전 역사의 유사한 경험, 체제의 안정성, 군사태세와 경제력의 비슷한 수준, 과거의 협력사례가 필요하다.[1] 통합이 추진되기 위해서 반드시 이 요소들 모두가 필요한 것은 아니지만 역사적 경험을 비추어 볼 때 몇 가지 요소가 충족되지 않았을 경우 성공의 기회는 크게 줄어들 수 있다는 점을 알 수 있다. 남북한 간에는 지리적 근접 이외의 다른 요소들을 거의 충족시키지 못하고 있다. 이러한 요소들은 단시일에 만들어지지 않고 장기간의 시간을 두고 기능적 접근을 하여야 한다는 점을 감안하여 통일이란 쉽게 이루어지는 것이 아니고, 다방면적인 화해와 협력을 위한 노력이 없이는 불가능하다는 점을 보여주고 있다.

따라서 통합이나 통일의 과제를 목표와 수단의 연계적 차원에서 현실주의적 시각으로 인식할 필요가 있다. 통일의 목표는 민족이 발전하고 잘 살기 위한 단일국가를 건설하는 것이다. 통일은 감상적 차원에서가 아니라 현실적으로 남북체제가 맞물려서 추진되는 상호작용적 메커니즘이라고 할 수 있다. 따라서 이 과정에서 지속적으로 새로운 갈등과 모순이 파생될 수 있으며, 이러한 갈등과 모순을 해소해 나가면서 점진적으로 통합을 추진하는 것이 통일을 하기 위한 지름길이라고 할 수 있다.

통일은 지리적으로 국토가 하나 되는 것만을 의미하지는 않는다. 정치적으로 대립되었던 제도를 하나로 만드는 것이고, 경제적으로 서로 다른 체제를 하나로 거듭나게 하는 것이며, 이질화된 문화를 단일민족의 문화로 다시 탄생시키는 것이다. 이렇듯 통일은 모든 방면에서 남북의 주민이 다양성에 기초하여 동질적인 삶의 양식과 정신문명을 공유하는 것이다.

남북한의 통일접근방법과 통일안은 이론적 또는 실제적으로 많은 차이를 보이고 있다. 이론적인 측면에서 남한은 기능주의 또는 신기능주의적 접근방법과 통일안을 제시하고 있는 반면, 북한은 연방주의에 기초한 제의를 하고 있다. 독일의 경우 아데나워 서독 수상이 분단 직후 동독에 대한 '힘의 우위정책'을 사용하여 서독의 동독 흡수통일을 지향하다가, 브란트 수상이 통일을 하기 위해서는 분단을 인정하고 동독과의 교류를 실현해야 한다는 원칙 하에 동방정책을 추진하였고, 이것이 독일통일의 원동력이 된 점을 교훈으로 하여 남북한도 맹목적이고 지상주의적인 통일논의보다는 통일을 향하여 작은 것부터 이루어 나가는 점진적이고 기능주의적인 접근방법을 채택하고 있는 것이다.

남북한 통일은 이러한 점진적이고 단계적인 절차 이외에도 민주성과 미래지향성을 가지고 추구되어야 실패를 방지할 수 있을 것이다. 통합은 소수 정치엘리트들의 주도에 의하여 추진되는 것보다 국민적 합의와 공감을 바탕으로 하여 전체 국민을 위하여 추진되어야 한다. 또한 단순히 기존의 두 제도를 수평적으로 통합한다거나 분단 이전의 시대를 원상회복한다는 차원이 아니라 민족의 미래에 대한 새로운 비전을 제시하는 창조적 의미의 통합이 되어야 영구적인 통합을 이룰 수 있을 것이다.

남북한의 통일 또는 체제통합의 가장 큰 장애요인은 수십 년의 분단 기간 생성되어 온 양측의 이념차이를 들 수 있다. 통일에 대한 의지가 부족한 이유 중의 하나는 양측의 이념차이에 따라 통일에 대한 시각차가 크기 때문이다. 현실적이고 기술적인 측면에서 살펴볼 때 체제통합에 있어서 가장 큰 장애요인은 통합과정이나 통일 이후에 소요될 통일비용이 엄청나다는 것이다. 독일통일의 후유증, 특히 경제적 측면에서 통일비용이 과다하게 소요되는 것을 본 한국인들은 통일은 비용이 많이 든다는 것을 절감하게 되었다. 따라서 국민들은 통일된 체제의 생산과 분배가 통일 이전의 체제보다 우월할 경우에만 통일을 전폭적으로 지지할 가능성이 크다. 이론적으로 분석해보면 통일 후에 획득할 편익이 통일에 이르는 데 소요되는 비용인 '전환비용'을 초과하여야 하며, 동시에 전환비용이 분단상태에 남아 있음으로써 발생하는 기회비용, 즉 '분단의 기회비용'보다 작아야 한다.

통일비용과 연관되어 고려되어야 할 사항은 흡수통일 또는 합의통일에 의한 방법 중 어느 방법으로 통일이 이루어지던 간에 통일 후 한국이 막대한 통일비용을 투입할 경우 과연 북한의 경제가 소생할 가능성이 있는가의 문제와 북한의 경제체제가 자본주의체제로 전환할 수 있는가의 문제이다. 북한이 경제개방정책을 채택하더라도 경제난을 타개할 수 있을지 의문을 가지는 전문가들이 많다. 북한의 경제체제가 자본주의적인 경제체제를 받아들이기에는 이미 너무 늦었다는 주장이다. 북한이 자본주의 경제체제를 수용할 수 없을 것이라고 주장하는 경제전문가는 “낙후된 중공업 시설에서 오는 감가상각율의 가속화(acceleration of depreciation rate)와 자본의 생산성을 높이기 위한 투자의 조정비용(adjustment cost)이 너무나 크기 때문에 투자의 효율성과 자본의 한계생산성은 감소”한다는 논리를 펴고 있다.[2] 이러한 이유로 최근 들어서 남북한이 통일보다는 서로 이웃국가로 존재하며 상호 교류와 협력을 하는 우호관계를 가지거나, 통합을 하더라도 국가연합 정도만 하자는 주장이 나오고 있다.

남북한이 통일보다는 이웃국가로 존재하자고 주장하는 사람들은 양 체제의 이념차이와 통일비용 이외에 여러 가지 통일의 장애요인을 제시하는데, 그중의 중요한 장애요인으로 주변국들의 통일 견제를 들고 있다. 독일의 경우에도 국제적 합의를 위해 2+4회담이 4차에 걸쳐서 개최되었고, 통일국가의 NATO 가입문제 때문에 콜과 고르바초프가 단독 정상회담을 하는 등의 진통을 겪어야만 했다. 독일의 경우 제2차 세계대전의 패전국으로서 공식적인 국제적 합의에 의하여 분단이 되었기 때문에 한반도의 경우와는 다르지만, 한반도의 경우 비교적 세력의 균형을 이루고 있는 주변 4강이 한반도의 통일보다는 현상유지를 원하고 있기 때문에 통일과정에서 명시적 또는 암묵적으로 통일의 견제를 받을 가능성이 높다. 현재 주변국들이 표방하고 있는 ‘두 개의 한국정책(Two Korea Policy)’이 대표적인 예이다.

체제통합의 장애요인을 극복하기 위하여 가장 우선시 고려되어야 될 사항은 통일과 통합에 대한 국민적 합의가 필요하다는 점이다. 국민 모두가 지지하는 통일 접근방법을 채택하고 국민적 합의를 통해 도출된 통일안이 준비되면 지도층 또는 기득권층의 통일에 대한 정치적 이용, 무관심, 반대를 억제할 수 있을 것이다. 분단이 장기화하면서 국민의 통일에 대한 열의가 식어가고 있는 점을 감안하여 통일방법에 대한 국민적 합의 도출과 함께 국민들의 통일의지 고양도 필요하다. 이것이 불가능하면 통일을 먼 훗날로 미루고 남북한이 서로 국가로서의 실체로 인정을 하고 외교관계를 맺어서 가까운 이웃국가로 존재하는 것이 분단의 고통을 극복하는 우선적이고 최선의 방법일 수 있다.

통일을 하든, 이웃국가로 존재하든 한반도는 국제적으로 주변국들의 한반도에 대한 우호적 국제환경을 조성해야 한다. 동북아 평화체제 또는 다자안보체제와 연계하여 이를 통한 집단적 외교정책을 취하는 방안을 채택할 수도 있고 주변국에 대한 개별적 평화외교를 전개할 수도 있을 것이다. 무엇보다 중요한 것은 남북한이 통일 여부와 관련 없이 주변국들에 위협이 되지 않을 것이고 선린우호관계를 적극 추진할 것이라는 점을 밝혀야 할 것이다.

통합과정으로 진입하기 위해서 가장 필요하고 중요한 것은 남북한관계의 발전이다. 남북한의 적대감을 제거하면서 점진적이고 단계적인 통일을 이루어가기 위해서는 남북한이 서로 이해하고 교류·협력을 하면서 민족적 동질성을 회복하고 한반도에 평화를 정착시키는 노력을 해야 할 것이다. 1952년 석탄과 철강이라는 제한된 분야에서 공동체(ECSC)를 만들어 경제, 사회, 정치 분야로 폭을 넓히면서 통합을 지속해 온 유럽의 경험은 한반도 통일에 과정적 교훈을 주고 있다.

이러한 점에서 남북한 간의 교류와 협력은 남북한 경제통합의 초석이 될 것이고, 이어서 정치, 군사 등의 분야로 접촉과 협력이 확대될 것이다. 이러한 단계에서 가장 중요한 것은 평화를 제도화하는 것이다. 남북한의 평화공존을 제도화하기 위해서는 '평화공동체(peace community)'를 설치하는 것이 바람직하다. 이 평화공동체는 유럽의 유럽안보협력기구(OSCE)와 유사한 성격을 가지되 한반도 통일을 염두에 두고 보다 결속력 있는 공동체를 설립하는 것이 바람직하다. 이 평화공동체는 한국정부의 공식적인 통일방안인 민족공동체 3단계 통일방안의 제2단계인 '연합' 단계 직전에 설립되는 것이 바람직하며, 연합 기간에도 존속시키면서 남북한 군대 간의 군사적 신뢰구축과 군축의 역할을 담당하도록 하는 것이 바람직하다.

평화공동체는 남북한의 평화공존을 축으로 하고, 주변국들의 한반도에 대한 이익과 목표를 조정하면서 정치, 경제, 군사 등을 포괄적으로 협의하고 공동 실천하는 기구로 발전되어야 한다. 일부 전문가들은 경제공동체의 설립을 주장하지만, 경제공동체를 설립하는 것보다 평화공동체를 설립하여 경제교류·협력을 이 공동체의 제1단계로 설정하여 경제와 정치, 군사 등과 연계시키는 것이 바람직하다. 궁극적으로 평화공동체는 남북한 상호 체제 인정과 존중, 상호 비방·선전 중지를 기본으로 하여 남북한 기본합의서, 정상회담의 공동성명들과 한반도 비핵화 공동선언의 성실 이행, 남북한의 군사적 투명성 증대와 신뢰구축을 모색하여야 한다. 한반도의 신뢰구축을 바탕으로 하여 동북아 차원의 안보협력과 평화도 논의할 수 있을 것이다. 동북아 차원의 신뢰구축은 미·일·중·러의 남북한 교차승인 실현, 동북아 정상회담 정례화, 한반도 평화와 동북아 안정을 위한 고위급 다자간 안보회의 정례화, 대규모 군사훈련의 사전통보 및 상호참관단 허용, 동북아 지역 국가들 간의 공동군사훈련의 실시, 동북아의 제한적 비핵지대화(한반도 포함), 동북아 군축회담의 개최 등을 포함한다.

분단상태가 장기간 지속되면서 통일에 대한 열기가 점차 식어가고 있다. 국민들이 지지하는 통일은 안정적이고 평화적인 통일이다. 1990년대 중반에 실시한 조사에 따르면, "통일로 인해 혼란이 가중된다면 그 시기는 미루는 것이 좋다"에 78.5%가 찬성하였다. 다른 조사에 의하면 통일은 여러 가지 문제를 낳을 우려가 있으므로 조심스럽게 접근해야 한다 56.5%, 혼란과 경제부담을 야기하므로 통일을 원하지 않는다 5.6%, 솔직히 통일문제에 별로 관심이 없다 7.5%의 결과가 나왔다.[3] 30년 전의 조사가 이러한 결과가 나왔으므로, 시일이 지난 지금 조사하면 통일에 대해서 회의감을 가지는 대답이 더 나올 것으로 예상된다. 통일에 대한 관심이 줄어서인지 통일에 대한 여론조사도 별로 시행되지 않고 있다.

통일이 국가의 가장 중요한 목표 중의 하나이지만, 국가와 국민의 의식은 남한지역에서의 대한민국이라는 정체성에 많은 동화가 되어 가고 있는 것이 사실이다. 북쪽 지역에 우리 민족이 살고 있으며, 언젠가는 통일을 해야 할 대상으로 생각은 하고 있지만, 지금의 삶도 큰 어려움이 없기 때문에, 통일이 된다고 해서 더 좋은 삶을 영위할 수 있다는 보장이 없기 때문에 당장 모든 것을 바쳐서 통일을 해야겠다고 생각하는 국민들은 점차 줄어들고 있는 것이 사실이다. 특히 분단국가에서 기득권을 누리는 계층은 통일이라는 변화에 대한 두려움과 저항을 보일 수도 있을 것이다.

분단국의 통일은 서두르면 실패할 확률이 높다. 동독이 붕괴하여 서독이 흡수통일 할 때 준비가 거의 없었기 때문에 통일과정에서 정치적, 경제적, 외교적 문제점을 해결해야 하는 어려움을 겪었다. 이러한 난관을 서독정부는 강력한 국력과 주도면밀한 정책추진으로 극복했지만, 통일 이후 오랜 기간 동서독 주민들 간의 이질감이 계속된 것으로 알려져 있다. 예멘의 경우는 장기간에 걸친 합의였음에도 불구하고 통합정책의 실패로 재분단이 되어 내전이 발생하게 되었다. 이러한 타국의 경험적 교훈을 생각할 때 남북한은 어느 일방에만 유리한 통일이 아니라, 민족구성원 모두의 정치·경제적 자유가 보장되고, 인간으로서의 존엄성이 존중되는 복지사회가 구현되는 통일을 추구해야 한다. 통일한국은 항구적인 안전과 평화가 보장되는 가운데 세계 모든 나라들과 서로 도움으로써 세계의 평화와 인류의 복지증진에 이바지하는 나라가 되는 것이다. 이러한 조건들이 충족되지 않는 방향의 통일이 추진될 경우 통일과정에서 많은 고통과 비용을 치러야 하고, 통일이 성공하지 못할 가능성도 상존하고 있다.

통일은 우발적으로 다가올 수 있다. 특히 체제가 안정적이지 못한 북한에 급변사태가 발생하면 통일을 준비해야 할 상황이 올 수도 있다. 북한에 급변사태 발생시 한국의 입장에서 북한을 흡수하여 통일하는 가장 바람직한 방안은 주변국의 개입 없이 한국이 단독으로 북한에 진입하여 북한을 자유민주주의화와 자본주의화 한 후 조속한 시일 내에 통일국가를 수립하는 것이다. 그러나 외부영향을 거의 받지 않는 극히 폐쇄적이고 경직된 북한체제에 급변사태가 발생하기 위해서는 심각한 내분과 갈등에 따른 혼란의 과정이 반드시 수반될 것이라고 예상된다. 따라서 한국이 원하는 대로 북한의 급변사태 과정에서 남한과 통일을 할 수 있는 분위기를 만들거나 민주화된 개혁정부를 수립하는 것이 불가능할 상황이 전개될 가능성이 매우 높다.

북한의 급변사태가 전개되는 과정에서 무정부상태 또는 극도의 혼란이 지속될 때 한국정부가 할 수 있는 역할은 극히 제한되어 있다. 북한 내부의 개혁세력이 북한체제를 붕괴시켰다 해도 잔존하는 공산세력의 조직적 반격이 있을 경우 이를 무력화시킬 능력은 거의 없을 것이다. 이때 주변세력 누군가가 북한에 진입하여 안정시키고 질서를 유지하여야 하는데 한국정부가 이러한 역할을 할 수 있는가에 대해서는 능력 문제는 차치하고라도 국제법적이고 국제정치적 제한요소가 많다. 독일의 경우 동독의 붕괴과정에서 동독지역에서의 총선거 실시, 총선거에 의하여 탄생한 동독정부와 서독정부의 통일조약 체결의 수순을 밟아 통일에 대한 국제적 견제와 개입을 최소화할 수 있었다. 그러나 한반도의 경우 남북한 간 적대적 갈등의 골이 크고 북한에 100만 명 이상의 강력한 군대가 존재하고 있어 개혁정부를 탄생시키기 위한 한국정부의 적극개입은 쉽게 이루어지기 어려울 것이다.

북한지역이 힘의 공백상태가 되었을 때 한국정부가 단독으로 북한에 진입하여 통일을 할 수 있는가, 아니면 국제관리를 해야 하는가에 대한 논쟁이 계속될 것이다. 특히 북한지역의 국가성 인정 여부와 한국정부의 북한지역 관할권에 대한 견해차이가 나타날 것이다. 1991년 북한이 유엔에 가입함으로써 북한은 유엔에 의한 '국가승인'을 받았다. 따라서 북한에 급변사태가 발생하여 북한지역에 일시적으로 합헌정부가 존재하지 않는 상황이 되더라도 국제법적으로 북한지역에는 국가성(stateness)이 존재하는 것이며, 이 점에서 무주지(無主地)에 대한 국제법적 선점(先占)의 원칙은 성립하지 않는다. 대한민국 헌법은 대한민국의 영토가 한반도 전체와 부속도서라고 규정하고 있으나 국제법적 인정을 받지 못하고 있다. 1948년 12월 유엔이 대한민국정부를 승인할 때 남한지역에서의 합법정부로 승인하였고, 이후 1950년 10월 한국전쟁 시 북한에 대한 점령계획을 수립할 때 유엔은 한국정부의 북한관할권을 인정하지 않았다. 따라서 북한의 무정부상태 시 한국이 북한을 단독으로 관리하거나 흡수통일하는 데에는 국제적으로 많은 제약요인이 상존하고 있다.

한국정부가 북한지역을 단독으로 흡수할 기회를 상실할 경우 국제관리를 조속히 시작해야 북한 구 공산체제의 세력회복을 봉쇄할 수 있을 것이다. 따라서 북한의 급변사태 시 한국의 단독개입에 의한 흡수통일을 우선적으로 준비하여야 하지만, 경우에 따라서는 국제개입 시나리오도 준비해야 한다. 한반도는 전략적으로 중요한 위치에 놓여 있기 때문에 과거부터 한반도를 둘러싼 강대국들의 경쟁이 끊이지 않았다. 또한 제2차 세계대전 이후 미국과 소련의 분할점령이 결국 남북분단으로 이어진 경험을 갖고 있다.

현재 미국, 일본, 중국, 러시아 등 주변국들은 겉으로는 우호관계를 유지하고 있으나, 내부적으로는 치열한 경쟁관계를 유지하고 있다. 특히 북한의 급변사태와 같이 각국의 안보이익에 직접적 영향을 미칠 수 있는 사안과 관련하여서는 언제든지 갈등이 유발될 가능성을 안고 있다. 한반도 통일과정에서 주변국들은 우선적으로 자국에 유리한 방식으로 한반도의 통일을 유도하려는 적극적 관심, 그리고 이것이 불가능할 경우 자국에게 불리하지 않는 방향의 소극적 관심을 가지고 정책을 입안하게 될 것이다. 적극적 관심에 의한 정책은 단독적인 개입을 모색할 것이고, 소극적 관심은 공동적 또는 집단적 개입정책을 추진하도록 할 것이다.

힘의 공백상태가 된 북한지역에 국제관리가 실시된다면 유엔이 주요 역할을 할 것으로 전망되지만, 국제평화안보기구로서 유엔의 역할은 많은 제약요소를 가지고 있기 때문에 유엔의 주체적이고 직접적인 개입보다는 주변국의 공동 개입 시 이를 국제적으로 승인하고 명분을 부여하는 수준의 역할 이상은 하기 어려울 것이다.[4] 일부에서 북한지역에 대한 유엔의 신탁통치 또는 평화유지군 파견이 바람직하다는 견해를 피력하고 있으나, 두 가지 방법 모두 실현가능성이 부족하고 제한요인들이 있다. 신탁통치는 회원국 지역에 실시될 수 없다는 규정이 있으며 현재 신탁통치의 유용성이 떨어져 신탁통치이사회를 해체하는 의견도 나오고 있다. 유엔평화유지군 파견은 파견되는 지역정부의 동의가 필요하고 유엔 안보리의 결의가 있어야 하는데, 북한에 존재하는 모든 정파의 동의를 받는다는 것은 불가능하고, 이에 따라 유엔 안보리에서의 결의도 어려울 것이다. 유엔 평화유지활동에 참가하는 국가들은 중립성을 가져야 한다. 즉 그 관여지역에 이해관계를 갖는 유엔 회원국은 평화유지활동 참여에서 배제되도록 되어 있기 때문에 한국은 물론 주변 4국도 참여가 어려워 미국과 중국 등이 자국이 참여하지 못하는 유엔 평화유지군 창설을 지지할 가능성은 별로 없다.

따라서 국제법적 측면에서나 현실성에서 볼 때 가장 가능성이 큰 국제개입의 방안은 주변국에 의한 공동개입이라고 할 수 있다. 이는 북한 문제가 갖는 국제적 민감성을 감안할 때 미국이나 중국으로서도 선택할 수 있는 대안이 될 수 있다. 주변국들은 되도록 유엔 안보리 결의를 통해 대북 개입의 정당성을 확보한 뒤 군사적 내지 비군사적 수단을 활용하여 북한에 집단적으로 개입하게 될 것이다. 유엔 안보리는 한국전쟁과 걸프전 당시, 또한 소말리아 문제를 풀기 위하여 다국적군을 형성하기 위한 결의안을 통과시킨 바 있다.

국제관리가 실시될 경우 한국정부가 가장 역점을 두어야 할 정책은 한국이 주도적인 역할을 하는 방법을 강구하고, 국제관리 이후 하루라도 빠른 시일 내에 통일로 연계시키는 방안을 모색하는 것이다. 주변국들은 강력한 통일국가를 원하지 않기 때문에 되도록 한국의 국제관리에의 참여를 제한하려 할 것이며, 한국의 입장은 고려치 않고 바람직하지 않은 정책적 선택을 할 가능성이 크다. 따라서 한국정부는 북한체제를 재건시키는 방식의 국제관리, 북한의 일부지역에 대한 주변국들의 완충지대 설정 또는 지역분할,

한국을 배제한 국제관리, 국제적 충돌 또는 갈등 유발, 국제개입의 지연 또는 무개입 등 한국에게 불리한 정책이 결정되는 것을 막아야 한다.

한국이 주도할 수 있고, 통일을 빨리 이루기 위한 국제관리를 위해서는 주변국에 의한 직접통치보다는 북한의 개혁적 인사들을 중심으로 하여 임시정부를 구성하여 간접통치하도록 하는 것이 바람직하다. 국제관리가 시작되면 적어도 2년 내에 북한지역을 안정시키고 질서를 회복하여 총선거를 실시하도록 해야 할 것이다. 총선거 이후 수립되는 정부의 제1의 임무는 남한과의 통일을 준비하는 것으로 해야 한다. 통일 이후에는 동질성 회복과 북한경제의 발전이 이루어질 때까지 연방제를 실시하는 것이 바람직하다.

과거에 이루어진 분단국의 통일은 한반도의 통일에 많은 교훈을 주고 있다. 독일, 예멘, 베트남은 모두 다른 방식으로 통일이 되었다. 독일통일은 냉전 종식 이후 갑작스럽게 붕괴된 동독을 서독이 흡수통일하는 유형이었다. 서독은 흡수통일하는 과정에서 많은 어려움에 직면하였으나 서독의 막강한 국력과 경제력을 근간으로 성공적인 통일을 이룰 수 있었다. 예멘의 통일과정은 우선 산재되어 있는 국내 정치갈등을 해결하고 대외적 환경변화에 적응하면서 남북 예멘 당사자들이 단기적인 타결과 합의를 통하여 대등한 통일을 이끌어낸 합의형 통일방식을 보여주었다. 합의방식에 의한 통일에도 불구하고 준비기간과 과정의 미흡함으로 결국 실패하여 재분단이 되었고 내전이 발생하여 북예멘이 무력으로 통일을 하였다. 베트남의 통일은 탈식민지 민족해방 전쟁이 이데올로기 전쟁으로 이어져 공산 측이 승리한 급진적 무력통일 방식의 전형적 유형을 보여주었다.

세 나라의 통일과정 및 결과를 살펴볼 때 공통점으로 나타나는 점은 대체로 국력이나 경제력에서 우위를 점하고 있는 체제가 열세에 있는 체제를 흡수하거나 통일의 주도권을 행사하였다는 점이다. 정도의 차이가 있으나 3국 모두 통일 또는 통합과정에서 경제적 요인이 크게 작용하였다. 특히 통일 이후 통합과정에서 3국 모두 실업률과 인플레이션이 증가하는 등 경제적 어려움을 경험하였고, 이는 심각한 사회문제로 비화되기도 하였다. 이와 같이 다양한 방식의 통일경험 사례는 분단국으로서 통일을 지향해야 할 한국에 적지 않은 시사점을 제시하고 있다.

첫째, 통일국가를 건설한 이후 통일국가가 안정적으로 유지되기 위해서는 통일을 주도하는 국가의 국내정치적 안정이 필수적이다. 서독은 통일을 모색하기 이전에 안정된 민주정치 제도와 강력한 경제력을 구축하여 국내적인 통일기반을 우선적으로 확립하였다. 이러한 정치·경제적인 국력을 바탕으로 서독은 동독과의 민족적 동질성 회복을 자신있게 추진할 수 있었다.

반면 예멘의 경우는 합의통일을 하였음에도 불구하고 양 체제가 통일 당시까지 정치적 불안정 및 경제적 낙후성을 면치 못하여 통일의 장애요인과 통합과정에서의 갈등적 요인을 극복하지 못하고 재분단과 내전을 겪어야 했다. 독일의 예에서 알 수 있듯이 통일은 막대한 경제적·사회적 비용을 수반한다. 따라서 지속적인 경제성장을 추구하면서 다른 한편으로는 통일을 주도할 남한사회를 보다 바람직한 민주시민사회로 건설해 나가야 하며, 이러한 국가의 미래와 추진정책 등에 대해 범국민적 신뢰와 협조를 얻도록 노력해야 할 것이다.

둘째, 통일은 평화적인 방법으로 이루어져야 하며, 전쟁에 의한 통일은 막아야 한다는 점이다. 오랫동안 전쟁을 한 뒤 통일에 이른 베트남은 통일된 이후에도 전쟁의 상흔에 의한 국토의 황폐화와 경제시설 파괴뿐만 아니라 막대한 인명피해에 따른 고통을 겪었다. 전쟁으로 인한 마음의 상처는 통일정부에 대해 국민들이 자발적으로 협력할 것을 기대하기 어려운 상황을 만들어 놓았다. 이런 상황에서 통일베트남이 경제발전과 전반적인 삶의 질 향상을 위해 노력한다는 것은 쉬운 일이 아니었다.

셋째, 통일을 준비하는 과정에 경제협력, 인적교류 등을 통한 상호간의 신뢰구축은 안정적인 통일을 이루기 위한 필수조건이다. 서독은 1972년에 체결한 기본조약 및 각종 협정을 통해 동독과의 교류 및 경제원조를 실행하여 동독의 경계심을 해소하고 양독 간의 신뢰를 구축할 수 있었다. 이러한 신뢰구축은 통일과정에서 양 독일이 하나의 생활권이 되는 데 도움을 주었으며, 통일 직후 동독주민이 사회주의체제에 대한 대안으로 서독 자본주의 체제로의 병합을 선택하는 근원이 되었다. 이는 독일의 통일이 서독의 동독에 대한 일방적 흡수통일이었음에도 불구하고 아무런 유혈사태 없이 흡수하는 데 밑바탕이 되었다.

넷째, 평화적 합의에 의한 통일준비를 해나가는 데 있어 주도면밀한 검토와 대비책을 수립해야 한다는 점이다. 특히 예멘의 통일과정은 양국 정부조직을 기계적으로 통합했을 때 조직은 비대해지고 명령·통제 계통이 불명확해지는 현상을 극명하게 보여 주었다. 군대도 통일 이후 필요한 군사력만 보유해야 하는데 합의통일 과정에서 군비통제 및 군축과정을 가지지 않았기 때문에, 신뢰구축이 완전히 이루어지지 않았을뿐더러 불필요하게 과다한 군사력을 보유하게 되었으며, 단일화된 명령체계를 유지하기도 어려웠다. 또한 통일 후 완전히 일체가 되는 사전 준비가 제대로 되지 않으면 통일은 실패하거나 궁극적으로는 내전으로까지 갈 수 있다는 점을 보여주고 있다. 따라서 통일은 지도층뿐만 아니라 주민들 간에도 신뢰가 쌓인 다음에 점진적으로 이루는 것이 바람직하다.

다섯째, 남북한 간의 통치기구 및 기관을 통합하기 위한 법적·제도적 준비가 필요하다. 서독은 독일연방기본법 제23조에서 서독이 동독을 편입할 수 있는 법적 장치를 마련하고 있었기 때문에 동독의 서독으로의 흡수선택을 순조롭게 이행할 수 있었다. 이와 더불어 동서독은 통일조약의 협상과정에서 동독 내 부동산의 서독거주 원소유주로의 반환문제, 세원배분문제, 동독 공무원들의 지위유지 문제 등 통합에 따라 대두될 문제들을 사전에 준비함으로써 통합의 후유증을 최소화하려는 노력을 하였다. 예멘과 베트남은 이러한 준비가 전혀 되어 있지 않았기 때문에 큰 혼란을 겪게 되었다.

여섯째, 통일의 국제적 보장을 받기 위해서는 통일한국의 위상에 대한 주변 국가들의 불안을 해소하고 한국의 통일정책 및 방안에 대한 지지를 확보해야 한다. 서독은 대외적으로는 1970년대부터 소련, 폴란드, 체코 등과 조약을 체결하여 주변 사회주의국과 우호관계를 구축하였으며, 통일 직전 독·소 우호조약, '2+4 독일'에 관한 최종타결조약 등을 통하여 통일의 국제적 조건을 완비하였다. 서독은 독일의 통일이 유럽의 통일이라는 점과 군사안보적으로 독일의 통일이 주변국가들에게 위협의 대상이 되지 않음을 인식시켜 국제적 차원의 통일의 장애물을 제거할 수 있었다. 한국은 한반도의 안정 및 평화통일이 동북아 지역의 안정과 세계평화에 기여한다는 점을 주변국 및 국제사회에 적극적으로 주지시키는 노력을 기울여야 할 것이다. 동북아 차원의 안보협력체제 구성과 연계하여 한반도의 평화체제가 정착될 수 있도록 추진하는 것이 바람직하다.

결론적으로 한반도는 분단의 민족사를 청산하지 못하고 냉전구조의 마지막 지대로 남아 있다. 둘로 나누어진 조국을 하나로 통일해야 한다는 것은 오늘을 살아가는 우리 모두에게 맡겨진 역사적 사명이다. 우리가 이루고자 하는 통일은 어느 누구도 손해 보지 않고 어느 누구도 다치지 않는 평화통일이어야 한다. 그리고 국민들의 인권, 자유와 평등이 보장되는 민주주의의 원칙에 의한 통일이어야 한다. 경제적으로는 시장경제를 바탕으로 하면서 동등한 경제적 혜택을 누릴 수 있는 복지국가를 지향하는 통일이 이루어져야 한다. 독일의 경우와 같은 사회적 시장경제, 사회민주주의를 연구해 볼 필요가 있다. 특히 남북한 통합시 남북한 간의 빈부차이가 심화될 우려가 있으므로 국가가 어느 정도 개입하여 분배의 형평성을 이루도록 하는 경제체제를 받아들이도록 하여야 할 것이다.

이러한 정치·경제체제를 틀로 하여 사회적으로는 다원화된 사회를 구현하고 국제적으로는 개방화, 세계화에 적극 참여하고 기여하는 방향의 통합이 바람직하다. 바람직한 통일은 그 초점을 통일 이후 "어떻게 권력을 배분하느냐"에 맞추는 것이 아니라 우리 민족이 "어떻게 함께 살아가느냐"에 맞추어야 한다. 즉 통일은 계급이나 집단 중심의 이념보다는 인간 중심의 관념이 바탕이 되어야 한다. 그러므로 통일은 가공적인 국가체제의 조립이 아니라, 7,000만 한민족 모두가 더불어 살아가는 민족공동체의 건설이어야 한다.

주

제1부 Ⅰ 체제통합의 분석틀

2장 통합의 개념과 이론

1) 이 장은 본 저자의 논문인 "지역통합이론 연구: 유럽통합을 중심으로," 『세계정치연구』 제1권 2호 (2002년 1월), 그리고 "한반도 평화와 통일의 이론적 접근," 체제통합연구회 편, 『한반도의 평화와 통일』 (서울: 백산서당, 2005)을 수정·보완하고 재구성하였음.
2) 이종석, 『분단시대의 통일학』 (서울: 한울 아카데미, 1998), pp. 15-17.
3) 김혁, "한반도 통일을 위한 대안적 이론체계의 모색: 인식론과 방법론을 중심으로," 『통일경제』 제27호 (1997년 3월), pp. 35-48 참조.
4) Joseph S. Nye, "Comparative Regional Integration: Concept and Measurement," *International Organization*, Vol. 22, No. 4 (1968), pp. 855-880; Ben Rosamond, *Theories of European Integration* (New York: St. Martin's Press, 2000), p. 12.
5) Ernest B. Haas, *The Uniting of Europe* (Stanford: Stanford University Press, 1958), p. 16.
6) Leon N. Lindberg, *The Political Dynamics of European Economic Integration* (Stanford: Stanford University Press, 1963), p. 6.
7) Karl W. Deutsch, et al, *Political Community and the North Atlantic Area* (Princeton: Princeton University Press, 1957), p. 58.
8) Karl W. Deutsch, et. al., "Political Community and the North Atlantic Community," in Anchor Anthology, *International Political Communities* (New York: Doubleday, 1966), pp. 80-91.
9) Michael Hodges, "Introduction," in Michael Hodges (ed.), *European Integration* (Harmondsworth: Penguin, 1972), p. 13.
10) Joseph S. Nye, *Peace in Parts: Integration and Conflict in Regional Organization* (Boston: Little Brown, 1971), pp. 36-37.
11) Richard Higgott, "De Facto and De Jure Regionalism: The Double Discourse of

Regionalism in the Asia Pacific," *Global Security*, Vol. 11, No. 2 (1997).

12) Robert J. Lieber, *Theory and World Politics* (Cambridge, Mass.: Wintrop Publishers Inc., 1972), p. 65.
13) Reinhold Niebuhr, "The Illusion of World Government," *Bulletin of the Atomic Scientists,* Vol. 5 (October 1949), pp. 289–292; Hans J. Morgenthau, *Politics Among Nations* (New York: Knopf, 1978), pp. 499–507.
14) 기능주의 이론에 관해서는 David Mitrany, *A Working Peace System* (Chicago: Quadrangle Books, 1966); A. J. R. Groom and Paul Taylor (eds.), *Functionalism: Theory and Practice in International Relations* (London: University of London Press, 1975) 참조.
15) Rosamond (2000), p. 31.
16) Mitrany (1966), pp. 25, 92.
17) Paul Taylor, "Functionalism: the approach of David Mitrany," in A. J. R. Groom and Paul Taylor (eds.), *Frameworks for International Co-operation* (London: Pinter Publishers, 1990), p. 130.
18) David Mitrany, "The Prospect of Integration: Federal or Functional," in A. J. R. Groom and Paul Taylor (eds.), *Functionalism: Theory and Practice in International Relations* (London: University of London Press, 1975), pp. 53–78.
19) Mitrany (1975), pp. 53–78.
20) Leon N. Lindberg and Stuart A. Scheingold, *Regional Integration: Theory and Research* (Cambridge: Harvard University Press, 1971), p. 6.
21) Charles W. Kegley, Jr. and Eugene R. Wittkopf, W*orld Politics: Trend and Transformation,* 3rd ed. (London: Macmillan, 1989), p. 487.
22) Mitrany (1966), p. 71.
23) Rosamond (2000), pp. 38–39.
24) Walter Mattli, *The Logic of Regional Integration: Europe and Beyond* (Cambridge: Cambridge University Press, 1999), p. 23.
25) Rosamond (2000), p. 55.
26) Neil Nugent, *The Government and Politics of the European Union,* 5th ed. (Durham: Duke University Press, 2003), pp. 479–480.
27) Philippe Schmitter, "Three Neo-Functional Hypotheses About International Integration," *International Organization*, Vol. 23, No. 1 (1969).
28) Joseph S. Nye, "Comparing Common Markets: A revised Neofunctionalist Model," in Lindberg and Scheingold, *Regional Integration: Theory and Research* (Cambridge: Harvard University Press, 1971), pp. 69–70.
29) Reginald J. Harrison, "Neo-functionalism," in Groom and Taylor (eds.), *Frameworks for International Co-operation* (London: Pinter Publishers, 1990), p. 141.
30) Schmitter (1969), p. 162.
31) Nye (1971), pp. 208–214.
32) 김계동, 『북한의 외교정책과 대외관계: 협상과 도전의 전략적 선택』 (서울: 명인문화사, 2012), pp. 141–196.

33) 김계동, "한반도 냉전구조의 해체: 국제적 탈냉전의 유형과 선택적 대안," 김계동 외, 『탈냉전시대 한국전쟁의 재조명』 (서울: 백산서당, 2000), p. 500.
34) J. H. W. Verzihl, *International Law in Historical Perspective*, Vol. 2 (Leyden The Netherlands: Sijthoff, 1969), p. 159; G. Fenwick, *International Law* (New York: Appleton & Staring Publishers, 1983), pp. 241–242.
35) 장명봉, "국가연합에 관한 연구," 『국제법학논총』 제33권 2호 (1988), pp. 43–45; 임채완·장윤수, "연방제와의 비교를 통해 본 남북연합의 형성조건," 『한국동북아논총』 제28집 (2003), p. 89.
36) 국가연합의 다양한 사례에 대해서는 국토통일원, 『국가연합사례연구』 (서울: 국토통일원, 1986) 참조; 김근식, "연합과 연방: 통일방안의 폐쇄성과 통일과정의 개방성: 6·15 공동선언 2항을 중심으로," 『한국과 국제정치』 제19권 4호 (2003년 겨울), p. 159.
37) 유병화 외, 『국제법 I』 (서울: 법문사, 1999), p. 320.
38) Michael T. Molan(ed.), *Constitutional and Administrative Law Textbook*, 14th ed (London: HLT Publications, 1992), pp. 3–4.
39) I. Bernier, *International Legal Aspects of Federalism* (London: Longmans, 1973), p. 13; 배재식, "국가유형에 관한 연구," 서울대 법학연구소, 『법학』 제26권 1호 (1973), p. 100; 장명봉, "'6·15 남북공동선언'과 통일방안의 대안모색: '연합제안'과 '낮은 단계의 연방제안'을 중심으로," 북한법연구회, 『북한법연구』 제4호 (서울: 근사, 2001), p. 33.
40) 김대순, 『국제법론』 제7판 (서울: 삼영사, 2002), p. 165; 유명화 외 (1999), pp. 320–321.
41) 임채완·장윤수 (2003), p. 90.

제2부 | 체제의 갈등과 통합의 역사

3장 분단, 전쟁과 대립의 역사

1) Carl Berger, *The Korea Knot: A Military-Political History* (Philadelphia: University of Pennsylvania Press, 1964), p. 15; Gregory Henderson, *Korea: The Politics of Vortex* (Cambridge, Mass.: Harvard University Press, 1977), p. 15.
2) Gye-Dong Kim, *Foreign Intervention in Korea* (Aldershot: Dartmouth Publishing Company, 1993), pp. 2–3.
3) 진단학회, 『한국사』 제3권 (서울: 을유문화사, 1960), pp. 642–644.
4) Hak Joon Kim, *The Unification Policy of South and North Korea* (Seoul: Seoul National University Press, 1977), pp. 20–21; Soon-Sung Cho, *Korea in World*

Politics 1940–1950: An Evolution of American Responsibility (Berkeley: University of California Press, 1981), p. xii.

5) 한반도 분단과정에 대해서는 김계동, 『한반도 분단, 누구의 책임인가』 (서울: 명인문화사, 2012) 참조.
6) 38선 결정과정에 대하여는 김계동, 『한반도의 분단과 전쟁: 민족분열과 국제개입·갈등』 (서울: 서울대출판부, 2000), pp. 56–62를 참조할 것.
7) 송남헌, 『해방3년사 1945–1948 I』 (서울: 까치, 1985), p. 7; 한태수, 『한국정당사』 (서울: 신태양사, 1961), pp. 19–24.
8) 강만길, 『한국현대사』 (서울: 창작과 비평사, 1984), p. 194; 송광성, 『미군점령 4년사』 (서울: 한울, 1993), p. 82.
9) 송남헌 (1985), pp. 35–40; 이기하, 『한국정당발달사』 (서울: 정치사, 1961), pp. 39–50.
10) 송광성 (1993), p. 83.
11) 송남헌 (1985), pp. 41–42.
12) 구대열, "'자유주의' 열강과 해방 한국(1945–1950)," 『국제정치논총』 제45집 4호 (2005), p. 65.
13) Bruce Cumings, "American Policy and Korean Liberation," in Frank Baldwin, *Without Parallel: The American-Korean Relationship Since 1945* (New York: Pantheon, 1973), p. 55.
14) Harold Isaacs, *No Peace for Asia* (New York: The MIT Press Ltd, 1947), pp. 93–94; Joyce and Gabriel Kolko, *The Limits of Power: The World and United States Foreign Policy, 1945–1954* (New York: Harper & Row Publishers, 1972), pp. 280–281; 조민, "미군이 진주한 날: 1945년 오키나와에서 서울까지," 『월간조선』, 1986년 8월호, pp. 264–265.
15) *Keesing's Contemporary Archives*, p. 7422; Bertram D. Sarafan, "Military Government: Korea," *Far Eastern Survey,* Vol. 15, No. 20 (November 1946), p. 350; *Steintorf to Byrnes,* FRUS 1945, 6: 1041; *New York Times*, 12 September 1945; Joyce and Gabriel Kolko, *The Limits of Power*, p. 282.
16) *SWNCC 176/4,* 10 September 1945, FRUS(Foreign Relations of the United States) 1945, 6: 1044–1045; *Keesing's Contemporary Archives*, 20–27 October 1945, p. 7504
17) 진덕규, "미군정의 정치사적 인식," 송근호 외, 『해방전후사의 인식』 (서울: 한길사, 2006), pp. 37–38.
18) 송남헌 (1985), pp. 54–55; Carl Berger, *The Korea Knot: A Military-Political History* (Philadelphia: University of Pennsylvania Press, 1964), p. 53; *Benninghoff to Atcheson*, 10 October 1945, FRUS 1945, 6: 1070.
19) 박명림, 『한국전쟁의 발발과 기원 II: 기원과 원인』 (서울: 나남출판, 1996), p. 40.
20) 송남헌 (1985), pp. 54–55; Edward Grant Meade, *American Military Government in Korea* (Washington, DC: King's Crown Press, 1951), p. 62.
21) *Basic Initial Directive for Civil Affairs in Korea*, JCS 1483/5, 17 October 1945, JCS Records, CCS 383.21 Korea (3-19-45) Sec.1, RG 218, NA(National Archives,

미국가문서보관소).

22) *Hodge to MacArthur,* TFGCG 159, 25 November 1945, FRUS 1945, 6:1133-34.

23) *Benninghoff to Atcheson*, 10 October 1945, FRUS 1945, 6:1070-1071; Meade (1951), pp. 60-61; Peter Lowe, *The Origins of the Korean War* (London: Longman, 1986), pp. 22-23.

24) *New York Times,* 21 October 1945; Robert T. Oliver, *Syngman Rhee: The Man behind the Myth* (New York: Dodd Mead and Company, 1955), pp. 211-215; James Irving Matray, *The Reluctant Crusade: American Foreign Policy in Korea, 1941-1950* (Honolulu: University of Hawaii Press, 1985), pp. 58-59.

25) *Vincent to War Department,* 7 November 1945, FRUS 1945, 6:1113-1114.

26) *New York Times*, 3 November 1945.

27) 김계동 (2000), pp. 78-85.

28) 『조선중앙년감 1949』, (평양, 1950), pp. 58, 63; Department of State, *North Korea: A Case Study in the Technique of Takeover* (Far Eastern Series 103, January 1961), pp. 3, 13; Dae-Sook Suh, *The Korean Communist Movement 1918-1948* (Princeton: Princeton University Press, 1967), pp. 256-261.

29) Kathryn Weathersby, "Soviet Aims in Korea and the Origins of the Korean War, 1945-1950: New Evidence from Russian Archives," CWIHP, Working Paper #8, pp. 35-37.

30) 『동아일보』, 1945년 12월 30일; *Hodge to War Department*, TFGCG206, 30 December 1945, JCS Records, CCS 381.21 Korea, Sec.3, Box 659, RG 218, NA; *Hodge to War Department*, TFGBI 99, 30 December 1945, DS Records, 740.00119 Control (Korea)/12-3045, Box 3828, RG 59, NA.

31) 『조선일보』, 1946년 1월 1일.

32) 『서울신문』, 1946년 1월 4일; 북한 사회과학원, 『조선통사』 제3권 (평양: 노동신문 출판사, 1958), p. 458; 윤진헌, 『한반도 분단사의 재조명: 분단의 과정과 책임』 (서울: 문우사, 1993), p. 137; Henry Chung, *The Russians Came to Korea* (Washington D. C.: The Korean Pacific Press, 1947), p. 83; Berger (1964), p. 61.

33) 최상용, 『미군정과 한국민족주의』 (파주: 나남, 1989) pp. 214-215; 송광성 (1993), p. 135.

34) *Hodge to State Department,* TFGCG 301, 22 February 1946, DS Records, 740.00119 Control (Korea)/5-446, NA.

35) Department of State, *Korea's Independence* (Far Eastern Series 18, October 1947), pp. 19-20; *Keesing's Contemporary Archives,* 6-13 July 1946, p. 8006; Hodge to Byrnes, 9 May 1946, *FRUS* 1946, 8:665-666; Langdon to Byrnes, 14 May 1946, *DS Records,* 740.00119 Control (Korea)/5-1446, Box 3828A, RG 59, National Archives.

36) 이완범, "해방 직후 남한 좌우합작 평가: 국제적 제약 요인과 관련하여, 1946-1947," 『국제정치논총』 제47집 4호 (2007), p. 111.

37) UN, *Official Record of the Second Session of the General Assembly*, 16 Septem-

ber – 29 November 1947, Plenary Meeting, p. 264.
38) *UN Document*, A/AC 18/28; A/AC 18/31; A/AC 18/SR 9.
39) *Keesing's Contemporary Archives,* 27 March – 3 April 1948, p. 9191; Department of State, *Bulletin,* 7 March 1948, pp. 297–298; *New York Times,* 27 March 1948.
40) *UN Document*, A/575 ADD.2, p. 80; 『동아일보』, 1948년 3월9일, 13일; Lee Chong-Sik, "Negotiations among Private Group: The Case of the 1948 south-north Consultative Conference," *The Journal of Asiatic Studies*, Vol 13, No. 4 (December 1970), p. 384; 한국역사연구회 현대사연구반, 『한국현대사 1: 해방직후의 변혁운동과 미군정』 (서울: 풀빛, 1991), pp. 267–270.
41) Kim (1993), pp. 87–89.
42) *UN Document,* A/AC 19/W 43/Add.4; 김창순, 『북한 십오년사』 (서울: 지문각, 1961), pp. 209–214; 송광성 (1993), pp. 256–257.
43) *Seoul Times,* 4 June 1948; *UN Document*, A/AC 19/W 39/Add.4–8; Lee Tong-Won, "Korea and the United Nations," pp. 108–109; George M. McCune, *Korea Today* (London: Routledge, 2019), pp. 229–230.
44) Department of State, *Korea 1945–1948* (1948), p. 15; Benjamin Weems, "Behind the Korean Election," *Far Eastern Survey*, 23 June 1948, pp. 142–143, 147; 송광성 (1993), p. 274.
45) 서희경, "대한민국 건국기의 정부형태와 운영에 관한 연구: '대통령 권한의 통제'에 관한 논쟁을 중심으로," 『한국정치학회보』 제35집 1호 (2001 봄), pp. 86–88.
46) Department of State (1948), p. 78; *Pravda*, 13 September 1948, in Soviet Press Translations, 1 November 1949, p. 579.
47) 이 글의 주요 흐름은 김계동, 『한국전쟁: 불가피한 선택이었나』 (서울: 명인문화사, 2014); 김계동 외, 『한반도 국제관계사』 (서울: 한울, 2019)의 "제3장 한국전쟁: 냉전, 열전, 휴전의 통사," (김계동)의 내용을 발췌, 요약, 수정하였음.
48) George F. Kennan, *American Diplomacy 1900–1950* (Chicago: University of Chicago Press, 1951), pp. 111–118.
49) Cecil V. Crabb Jr., *The Doctrines of American Foreign Policy: Their Meaning, Role, and Future* (Baton Rouge and London: Louisiana State University Press, 1982), pp. 107–152.
50) 영국과 인도의 평화중재 시도에 대해서는 김계동 (2014), pp. 116–124 참조.
51) 박태균, 『한국전쟁: 끝나지 않은 전쟁, 끝나야 할 전쟁』 (서울: 책과 함께, 2005), pp. 212–213.
52) Roy Appleman, *The United States Army in the Korean War: South to the Naktong, North to the Yalu* (Washington D. C.: Department of Army, 1961), p. 548; James E. Schnabel and Robert J. Watson, *History of the Joint Chiefs of Staff* (Wilmington, Del.:Michael Glazier, 1979), 3:1:203–217; 이상호, 『맥아더와 한국전쟁』 (서울: 푸른역사, 2012), p. 199.
53) *UN Document* A/C 1/576; A/1435, 7 October 1950.
54) 박명림, "북한의 붕괴와 남한의 통치, 1950년 가을: 북한 붕괴위기의 1990년대 오늘의 의미와 시사," 한국정치외교사학회 편, 『한국전쟁과 휴전체제』 (서울: 집문당,

1998), p. 48.
55) *Public Papers of the Presidents: Harry S. Truman 1950*, pp. 724–728.
56) *Nitze memorandum*, 4 November 1950, FRUS(Foreign Relations of the United States) 1950, 7:1041–1042.
57) *US Minutes of the first meeting,* 4 December 1950, FRUS 1950, 7:1361–1374; *Meeting of Truman and Attlee*, Annex 1, 4 December 1950, PREM(Prime Minister Papers) 8/1200; *B.J.S.M. Washington to Defence Ministry,* FMS 1, 5 December 1950, FE/50/49, FO800/517, PRO(Public Record Office: 영국공문서보관소).
58) *Battle memorandum of a Meeting held on 5 December 1950,* 7 December 1950, FRUS 1950, 7:1430–1432; Annex 3 & 4 & 11, 6 & 7 December 1950, PREM 8/1200, PRO.
59) *Jessup memorandum*, 7 December 1950, FRUS 1950, 7:1462–1465; Annexes 5, 7 December 1950, PREM 8/1200, PRO.
60) 통일부, 『월간북한동향』, 2010년 11월.

4장 통합의 초기과정: 교류협력의 제도화와 평화체제 구상

1) 『로동신문』, 1988년 11월 8일.
2) 『로동신문』, 1991년 5월 29일.
3) 이종석 (1988), p. 134.
4) 공보처, 『주간 국정뉴스』, 1991년 12월 16일.
5) 김계동 (2012), pp. 145–148.
6) 제네바 핵 합의에 대한 구체적 내용은 김계동 (2012), pp. 148–149 참조.
7) 임동원 외교안보수석 『경실련』 특강, 1999년 2월 11일.
8) 『평양방송』, 1998년 9월 13일, 10월 3일, 11월 13일; 『로동신문·근로자 공동논설』, "자립적 민족경제 건설 노선 견지," 1998년 9월 17일.
9) 민족통일연구원, 『북한동향』 (1998년 9월호), pp. 280–281.
10) 『로동신문』, 1998년 11월 29일.
11) 『평양방송』, 1998년 8월 22일.
12) 유석렬, "남북 당국자 회담 교착과 대화추진 및 유도방안," 한국세계지역연구협의회 발표논문, 1999년 5월 26일, p. 3.
13) 통일부, http://unikorea.go.kr/kor/policy/Wht2001/-2.htm.
14) "말보다 실천이 중요하다," 『로동신문』, 2000년 3월 15일 논평.
15) 통일부, 『북한동향』 제605호 (2002.8.16–22), pp. 22–24.
16) 『연합뉴스』, 2007년 10월 4일.
17) "10·4선언은 자주통일의 실천강령," 『로동신문』, 2008년 3월 22일.
18) 『로동신문』, 2009년 1월 5일.
19) "남조선 당국이 반북대결로 얻을 것은 파멸뿐이다," 『로동신문』, 2008년 4월 1일.

20) “핵재난을 몰아오는 반역의 무리,”『로동신문』, 2008년 4월 7일.
21) “개방설은 우리에 대한 모독이고 도발,”『로동신문』, 2008년 4월 8일; “사기협잡꾼의 푼수 없는 망동,”『로동신문』, 2008년 4월 10일; “6.15통일시대에 대한 악랄한 도전,”『로동신문』, 2008년 4월 11일.
22) 『조선중앙통신』, 2009년 5월 1일.
23) 『연합뉴스』, 2009년 5월 15일
24) “남북 협력사업을 결딴낸 자들의 비명,”『로동신문』, 2009년 5월 26일.
25) 이 내용은 조봉현 기업은행 경제연구소 연구위원이 분석한 결과이다.『연합뉴스』, 2009년 6월 16일.
26) 『연합뉴스』, 2009년 8월 23일.
27) 『연합뉴스』, 2009년 8월 23일, 25일.
28) 『조선중앙통신』, 2010년 1월 27일.
29) 통일부, 『월간북한동향』, 2010년 11월.
30) 통일부, 『월간 북한동향』, 2012년 1월.
31) 정은이, “북미정상회담의 ‘컨밴션 효과’와 ‘무역외 수지’,” 통일연구원 Online Series, 2019.2.21.
32) 한용섭, 『한반도 평화와 군비통제』 (서울: 박영사, 2004), p. 153; Johan Galtung, *Peace by Peaceful Means* (London: Sage Publications, 1996), pp. 1-4에서 재인용.
33) 제성호, 『한반도 평화체제의 모색』 (서울: 지평서원, 2000), p. 194.
34) 서주석, “국방정책,” 김계동 외, 『한국정치와 정부』 (서울: 명인문화사, 2020).
35) 한용섭 (2004), p. 154.
36) Jozef Goldblat, *Arms Control: A guide to Negotiations and Agreements* (Oslo: International Peace Research Institute, 1994); 황진환, “남북한 군사적 신뢰구축 및 군비통제,”『국제정치논총』 제41집 3호 (2001), p. 194.
37) 이재헌, “국제 및 주변국의 군비통제 추이 분석과 대응 방향: 남북 군비통제 정책의 발전 방향을 중심으로,”『한반도 군비통제』 제21집 (1997.7), p. 95.
38) 구본학, “북한 핵 문제와 남북 군비통제,”『한반도 군비통제』 (2005.6), pp. 17-18.
39) 박영호, “한반도 군비통제의 가능성 모색,” 한국국제정치학회 주최 『한국군 50년과 한반도 안보환경』 학술회의 발표논문집, 1998년 9월 25일, p. 134.
40) 대표적인 안으로는 Pedro Almeida and Michael O'Hanlon, “Impasse in Korea: A Conventional Arms-Accord Solution?,” *Survival*, Vol. 41, No. 1 (1999)를 참조할 것.
41) Almeida and O'Hanlon (1999), p. 59.
42) Almeida and O'Hanlon (1999), p. 70.

제3부 | 통일정책과 통일방안

5장 남북한의 통일정책: 합의통일 방안

1) 국토통일원, 『남북한 통일정책 비교』 (서울: 국토통일원, 1990), p. 60.
2) 김계동 (2000), p. 164.
3) 유석렬, 『북한의 체제위기와 한반도 통일』 (서울: 박영사, 1997), pp. 394-395.
4) 임혁백, "남북한 통일정책의 비교분석," 이용필 외, 『남북한 통합론: 이론적 및 경험적 연구』 (서울: 인간사랑, 1992), p. 54.
5) 이홍구 외, 『분단과 통일, 그리고 민족주의』 (서울: 박영사, 1984), p. 165; 국토통일원, "한국의 통일관과 통일정책 기조," 『남북한 통일정책비교』 (서울: 정문사, 1990), p. 53.
6) 통일원, 『통일백서 1995』 (서울: 통일원, 1995), pp. 439-443.
7) 한민족공동체 통일방안의 내용과 이론적 분석에 대하여는 국토통일원, 『한민족공동체 통일방안의 실천과 제도화 연구』 (서울: 국토통일원, 1991), 참조.
8) 이 통일안의 구체적 내용과 분석은 통일원 (1995), pp. 459-466; 통일연수원, 『통일문제 이해』, 1996, pp. 60-67.
9) 남궁영, "남북정상회담과 통일방안의 새로운 접근: 연합제와 낮은 단계의 연방제," 『한국정치학회보』 제36집 1호 (2002년 봄), pp. 311-312.
10) 남북연합에 대한 학술적 평가에 대하여는 우철구, "새 통일의 통일정책과 '남북연합' 형성에 관한 문제," 김덕중, "남북연합의 구성 방안," 구영록·임용순 공편, 『한국의 통일정책』 (서울: 나남, 1993), pp. 89-110, 229-248; 김학준, "민족공동체와 남북한체제연합 연구," 『통일문제연구』 제1권 3호 (1989); 장명봉, "특수한 국가결합형태로서의 유럽공동체와 노르딕협력체," 『통일문제연구』 제2권 3호 (1990) 참조.
11) 통일원, 『통일백서 1992』 (서울: 통일원, 1992), p. 85.
12) 유석렬, "남북한 통일정책의 요지·쟁점과 전망," 한국정치학회 주최 『남북한 관계의 분야별 현황과 과제: 쟁점과 대책』, 학술회의 발표논문, 1997년 11월 8일, p. 6.
13) 남궁영 (2002), p. 322.
14) 김대중 3단계 통일론에 대하여는 아태평화재단 편, 『아태 통일연감』 (서울: 아태평화출판사, 1995), pp. 79-85를 참조할 것.
15) 허종호, 『주체사상에 기초한 남조선혁명과 조국통일 리론』 (평양: 사회과학 출판사, 1975), p. 20.
16) 사회과학출판사, 『정치사전』 (평양, 1973), p. 1235.
17) 한국정치연구회, 『북한정치론』 (서울: 백산서당, 1990), pp. 422-423.
18) 북한의 대남적화통일 전략에 대하여는 민병천, "북한의 통일 목표와 전략," 신정현 편, 『북한의 통일정책』 (서울: 을유문화사, 1989), pp. 46-55 참조.
19) 사회과학출판사, 『정치사전』, p. 1235; 이종석 (1988), pp. 93- 94.
20) 김세균, "통일정책," 최명 편, 『북한개론』 (서울: 을유문화사, 1991), pp. 650-651.
21) 김일성, 『조선민주주의인민공화국에서의 사회주의 건설과 남조선혁명에 대하여』 (평

양: 조선노동당출판사, 1965), pp. 36, 46 (인도네시아 '알리아르함' 사회과학원에서 1965년 4월 14일에 행한 강의내용).

22) 조선노동당, 『남조선혁명과 조국통일에 대한 우리 당의 방침』 (평양: 조국통일사, 1969), p. 36.
23) 허종호 (1975); 사회과학출판사 (1973), p. 494.
24) 김일성, "모든 힘을 조국의 통일독립과 공화국 및 북반부에서의 사회주의 건설을 위하여," 『남조선혁명과 조국통일에 대하여』 (평양: 조선로동당출판사, 1969), p. 137.
25) 이한 엮음, 『북한의 통일정책 변천사 上』 (서울: 온누리, 1988), p. 79; 한국정치연구회 (1990), p. 421에서 재인용.
26) 장수련, "북한의 대남혁명전략," 통일연수원, 『민주통일론』, 1993, p. 225.
27) 이종석, 『현대 북한의 이해: 사상·체제·지도자』 (서울: 역사비평사, 1995), p. 351.
28) 이종석 (1998), pp. 80, 90–91.
29) 김일성, "우리나라 사회주의 우월성을 더욱 높이 발양시키자," 『로동신문』, 1990년 5월 25일.
30) 공용득, 『북한연방제연구: 중앙과 지방정부의 관계를 중심으로』, (서울: 청목출판사, 2004), p. 213.
31) 공용득 (2004), p. 221.
32) 『조선중앙통신』, 2012년 8월 3일.
33) 한국정치연구회 (1990), pp. 429–430.
34) 『로동신문』, 1960년 8월 15일.
35) 유석렬 (1997), p. 282.
36) 노찬백, "남북통일에 관한 제이론," 현대한국정치연구회 편, 『탈냉전의 민족통일론』 (서울: 예진, 1993), pp. 77–78.
37) 리삼로, "조선통일과 아세아의 평화와 안전," 하와이 대학 개최 한반도 통일국제학술회의 발표논문, 1992년 6월 23~25일, p. 4.
38) 유석렬 (1997), p. 283.
39) 공용득 (2004), p. 174.
40) 조선로동당출판사, 『김일성저작선집 3』 (평양: 조선로동당출판사, 1975), pp. 400–415.
41) 『로동신문』, 1971년 4월 13일.
42) 『조선중앙연감』, 1973년, p. 65.
43) 『로동신문』, 1973년 6월 24일.
44) 한국정치연구회 (1990), p. 433; 이성구, "고려연방제의 변화에 관한 연구," 한국정치학회 주최 학술회의, 1999년 12월 4일, p. 6.
45) "조국통일 민주주의전선 중앙위 호소문," 『평양방송』, 1978년 4월 24일; 유석렬 (1997), pp. 284–285에서 재인용.
46) 김일성, "조국의 자주적 평화통일을 이룩하자," 『조선로동당 제6차 대회에서 한 중앙위원회 사업총화 보고』 (평양: 조선로동당출판사, 1967), pp. 338–356.
47) 김일성, 『조국의 자주적 평화통일을 위하여』 (평양: 조선로동당출판사, 1981), pp. 517–523.
48) 국토통일원, 『남북한 통일·대화제의 비교(1945–1988)』 (서울: 국토통일원, 1988),

p. 225.
49) 연대별 북한 연방제 통일방안의 내용은 남궁영 (2002), p. 317 표 참조.
50) 『로동신문』, 1990년 5월 25일.
51) 통일원, 『'92 북한개요』 (서울: 통일원, 1992), p. 512.
52) 남궁영 (2002), p. 316.
53) 이성구 (1999), p. 13.
54) 김혁 (1997).
55) 연방의 영어 표현은 federation이고, 연합은 confederation이다.
56) 김근식 (2003), pp. 161-162.
57) 김근식, "연합제와 연방제의 공통성 인정 - 통일접근 방식과 평화공존에 합의," 『아태평화포럼』 제39호 (2000년 7월호), p. 15.
58) 김일성, "주체의 혁명적 기치를 높이 들고 사회주의, 공산주의의 위업을 끝까지 완수하자," 『조선중앙년감 1989』, p. 29.
59) 『로동신문』, 2000년 10월 9일.
60) 남궁영은 낮은 단계 연방제를 '민족공동체 통일방안'의 중간단계인 남북연합과 함께 독립국가연합(CIS)과 같은 '국가연합'의 형태로 표현했다. 남궁영 (2002), p. 318.
61) 김근식 (2003), p. 170.

6장 북한의 급변사태와 흡수통일: 가능성과 한계

1) "그럭저럭 버티다가(muddling through)"라는 개념은 미국 경제학자 Marcus Noland가 처음 사용한 용어이다. Marcus Noland, "Why North Korea Will Muddle Through," Foreign Affairs, Vol. 76 No. 4, July/August, 1997 참조.
2) UN General Assembly, *Official Records: Third Session, Part I*, Resolutions, pp. 25-27.
3) 김계동 (2012), pp. 206-207.
4) 김명기, "유엔 가입에 의한 북한 승인과 통일 논리," 『통일문제연구』 (1992, 봄), pp. 216-217.
5) 육군본부 훈령 제86호, 군사연구소 편, 『한국전쟁사료-육본전투명령』 제65권 (육본작전국), 1995.
6) 『동아일보』, 1950년 10월 14일.
7) 김계동 (2014), pp. 140-145.
8) 민족통일연구원, 『한·일 안보협력방안 연구』 (서울: 민족통일연구원, 1996), pp. 52-56; 백종천·김태현 (편), 『탈냉전기 한국 대외정책의 분석과 평가』 (서울: 세종연구소, 1998), pp. 252-264 참조.
9) 한국전쟁 기간의 완충지대안에 대하여는 Kim (1993), pp. 259-273; 김계동 (2014), pp. 196-215를 참조할 것.

제4부 | 통합과 통일의 국제사례

1) 양운철, "남북한 경제통합의 모색," 세종연구소 주최 『남북한 이질화의 현황과 통합 모델의 모색』 학술회의 발표논문, 1995년 8월 25일, p. 8.

7장 독일통일

1) 이동윤, "분단과 갈등, 그리고 통일: 독일, 예멘, 베트남의 갈등관리 사례 비교," 『통일정책연구』 제11권 2호 (2002), p. 189; 김학성, "독일의 통일문제와 국내정치," 『통일정책연구』 제11권 1호 (2002), p. 77.
2) 서병철, "독일 정치통합의 과정과 원동력," 『통일문제연구』 제5권 4호 (1993년 겨울), p. 14.
3) 고일동, "내독경제관계 발전의 기본요소와 남북한 경협의 추진방향," 『통일문제연구』 제5권 1호 (1993), pp. 237-238.
4) 박성조, "동서독 간의 교류 및 협력형태와 남북한 교류에 주는 시준점," 『통일문제연구』 제1권 4호 (1989년 가을), p. 42.
5) 고일동 (1993), pp. 243-244; 서병철 (1993), p. 13.
6) 김일무, 『독일통일과 남북한통일』 (서울: 대왕사, 1995), p. 45.
7) 국가안전기획부, 『독일 통일모델과 통독후유증』, 1996, p. 87.
8) 한종수, "독일의 국가연합과 한반도 통일방안," 『국제정치논총』 제42집 2호 (2002), pp. 182-184.
9) 김일무 (1995), pp. 73, 110.
10) William Pfaff, "The East German Past is Hard for West Germans to Bear," *International Herald Tribune*, 13 May 1992.
11) 『조선일보』, 1994년 8월 26일.
12) 『한겨레신문』, 1995년 9월 30일.
13) 통일원, 『동서독 교류협력 사례집』 (서울: 통일원, 1993), pp. 274-518.

8장 예멘통일

1) 최현호, 『남북한 민족통일론』 (서울: 형성출판사, 2003), pp. 165-167.
2) 민족통일연구원, 『예멘 통합 사례연구』, 연구보고서 93-19 (1993.12), p. 14.
3) Helen Lackner, "The Rise of the National Liberation Front as a Political Organization," in B. R. Pridham, *Contemporary Yemen: Politics and Historical Background* (London: Croom Helm, 1984), p. 50.
4) Manfred W. Wenner, *The Yemen Arab Republic: Development and Change in*

an Ancient Land (Boulder: Westview Press, 1991), pp. 131-132.
5) 1970년부터 1990년 통일에 이르기까지 4명의 대통령이 쿠데타로 인하여 실각되거나 암살당하는 악순환이 되풀이되었다.
6) 홍순남, "합의에 의한 예멘통일과 한계," 한국정치외교사학회 주최 『정부수립 50년의 한국의 좌표와 미래의 전망』 학술회의 발표논문, 1998년 8월 10일.
7) 유지호, "예멘통일의 국제적 성격," 『통일정책연구』 제11권 1호 (2002), p. 37.
8) 홍순남 (1998).
9) 유지호, 『예멘의 남북통일: 평화통일의 매력과 위험성』 (서울: 서문당, 1997), p. 165.
10) 이동윤 (2002), p. 192.
11) 홍순남 (1998).
12) 유지호 (2002), p. 47.
13) 통일원(편), 『베트남 및 예멘의 통합사례 연구논문집』 (서울: 통일원, 1995).

9장 베트남통일

1) 김성주, "베트남의 민족통합과 과제," 한국정치외교사학회주최, 『정부수립 50년의 한국의 좌표와 미래의 전망』, 1998년 8월 10일.
2) Philip Thody, *Europe since 1945* (London: Routledge, 2000), p. 238.
3) 박재규 외, 『동남아정치론』 (서울: 법문사, 1983), p. 44.
4) Robert Thompson and John Kevan (eds.), *War in Peace: an analysis of wartime from 1945 to the present day* (London: Orbis, 1981), p. 67.
5) Thody (2000), pp. 241-242.; Louis J. Halle, *The Cold War as History* (London: Chatto & Windus, 1967), p. 297.
6) Derek W. Urwin, *A Political History Of Western Europe since 1945*, 5th ed., (London and New York: Longman, 1992), pp. 116-117.
7) 이영희, 『베트남전쟁』 (서울: 두레신서, 1985), p. 58.
8) 이동윤 (2002), p. 196.
9) 국가안전기획부, 『베트남 현황』, 1997년 12월, p. 394.
10) 국가안전기획부 (1997), pp. 394-395.
11) 김성주 (1998).
12) 김성주 (1998).
13) 최현호 (2003), pp. 195-196.

10장 결론

1) Roger Cobb and Charles Elder, *International Community* (New York: Harcourt,

Brace & World, 1970); Karl W. Deutsch, "The Growth of Nations: Some Recurrent Patterns of Political and Social Integration," in William D. Coplin and Charles W. Kegley, Jr., eds., *Analyzing International Relations* (New York: Praeger, 1975).

2) 양운철, "남북한 경제통합의 모색," 세종연구소 주최, 『남북한 이질화의 현황과 통합 모델의 모색』 학술회의 발표논문, 1995년 8월 25일.

3) 『한겨레신문』, 1997년 6월 16일; 세종연구소, 『'96 국민의식조사』 (성남: 세종연구소, 1996), p. 53.

4) 국제안보·평화기구로서 유엔역할의 한계에 대하여는 김계동, "국제평화기구로서 유엔역할의 한계," 『국제정치논총』 제34집 1호 (1994) 참조.

참고문헌

한글자료

강광식. “남·북한 분단체제의 복합적 갈등구조와 통일지향적 체제모형 탐색.” 『한국정치학회보』 제42집 2호 (2008, 여름).

강원식. 『한반도 통일과정에서의 러시아의 역할』. 서울: 민족통일연구원, 1998.

강장석. “북한의 체제붕괴 위기시 중국의 군사개입 가능성.” 『신아세아』 제13권 3호 (2006, 가을).

고상두. “북한 사회주의체제의 구조적 위기와 김정일 정권의 진로.” 『한국정치학회보』 제30집 2호 (1996, 여름).

______. “통일 이후 독일의 국제적 역할 변화: 논쟁과 실천.” 『국제정치논총』 제44집 2호 (2004).

고일동. “내독경제관계 발전의 기본요소와 남북한 경협의 추진방향.” 『통일문제연구』 제5권 1호 (1993).

공보처. 『주간 국정뉴스』. 1991년 12월 16일.

공용득. 『북한연방제연구: 중앙과 지방정부의 관계를 중심으로』. 서울: 청목출판사, 2004.

구본학. “북한 핵문제와 남북 군비통제.” 『한반도 군비통제』. 서울: 국방부, 2005.

국가안전기획부. 『독일 통일모델과 통독후유증』. 1996.

______. 『베트남 현황』. 1997년 12월.

국방부 전사편찬위원회. 『한국전쟁사 제4권』. 서울: 국방부 전사편찬위원회, 1971.

국방부 정훈국 전사편찬회. 『한국전란 1년지』. 서울: 문영사, 1951.

국토통일원. 『국가연합사례연구』. 서울: 국토통일원, 1986.

______. 『남북대화백서』. 서울: 국토통일원, 1988.

______. 『남북한 통일·대화제의 비교(1945-1988)』. 서울: 국토통일원, 1988.

______. 『남북한 통일정책 비교』. 서울: 국토통일원, 1990.

______. “한국의 통일관과 통일정책 기조.” 『남북한 통일정책비교』. 서울: 정문사, 1990.

군사연구소 편. 『한국전쟁사료-육본전투명령』. 제65권(육본작전국). 1995.

권만학. 『분단과 통일의 변증법』. 서울: 양지, 2000.

김계동. “국제평화기구로서 유엔역할의 한계.” 『국제정치논총』 제34권 1호 (1994).

______. “남북한 체제통합: 이론과 실제.” 『국제정치논총』 제36집 2호 (1996).

______. “남북한 체제통합을 위한 한국의 전략.” 『통일연구』 제16권 1호 (2012).

______. 『북한의 외교정책과 대외관계』. 서울: 명인문화사, 2012.

______. “지역통합이론 연구: 유럽통합을 중심으로.” 『세계정치연구』 제1권 2호 (2002, 1월).
______. “한국의 안보전략구상.” 『국가전략』 제3권 1호 (1997).
______. 『한국전쟁: 불가피한 선택이었나』., 서울: 명인문화사, 2014.
______. “한반도 냉전구조의 해체: 국제적 탈냉전의 유형과 선택적 대안.” 김계동 외. 『탈냉전시대 한국전쟁의 재조명』. 서울: 백산서당, 2000.
______. 『한반도 분단, 누구의 책임인가』. 서울: 명인문화사, 2012.
______. “한반도 분단, 전쟁에 대한 주변국의 정책: 세력균형이론을 분석틀로.” 『한국정치학회보』 제35집 1호 (2001).
______. “한반도 평화와 동북아 다자안보체제 구상.” 『외교안보연구』 제8권 1호 (2012, 6월).
______. “한반도 평화와 통일의 이론적 접근.” 체제통합연구회 편. 『한반도의 평화와 통일』. 서울: 백산서당, 2005.
______. “한반도 평화체제 구상.” 『국방정책연구』 제61호 (2003, 가을).
______. 『한반도의 분단과 전쟁: 민족분열과 국제개입·갈등』. 서울: 서울대출판부, 2000.
______. 『현대유럽정치론: 정치의 통합과 통합의 정치』. 서울: 서울대출판부, 2008.
김계동 외. 『한반도의 평화와 통일』. 서울: 백산서당, 2005.
김근식. “연합과 연방: 통일방안의 폐쇄성과 통일과정의 개방성: 6·15 공동선언 2항을 중심으로.” 『한국과 국제정치』 제19권 4호 (2003, 겨울).
______. “연합제와 연방제의 공통성 인정 – 통일접근 방식과 평화공존에 합의.” 『아태평화포럼』 제39호 (2000, 7월).
김대순. 『국제법론, 제7판』. 서울: 삼영사, 2002.
김덕중. “남북연합의 구성 방안.” 구영록·임용순 공편. 『한국의 통일정책』. 서울: 나남, 1993.
______. “북한 붕괴시 통일을 위한 남한 개입의 국제법상 합법성 검토.” 『국제문제』 (1997, 2월).
______. “북한의 국제법상 지위: 북한은 국가인가.” 『국제문제』 (1993, 10월).
______. 『분단 한국의 평화보장론』. 서울: 법지사, 1988.
______. “통일 이후 북한영역에의 적용법에 관한 기초적 연구.” 『통일문제연구』 (1993, 가을).
김명기. “유엔 가입에 의한 북한 승인과 통일 논리.” 『통일문제연구』 (1992, 봄).
김성주. “베트남의 민족통합과 과제.” 한국정치외교사학회주최. 『정부수립 50년의 한국의 좌표와 미래의 전망』. 1998년 8월 10일.
김성훈. 『남북 통일경제론』. 서울: 리아트코리아, 2015.
김세균. “통일정책.” 최명 편. 『북한개론』. 서울: 을유문화사, 1991.
김영호. 『통일한국의 패러다임』. 서울: 풀빛, 1999.
김유남. 『두 개의 한국과 주변국들』. 서울: 훈민정음, 1996.
김일무. 『독일통일과 남북한통일』. 서울: 대왕사, 1995.
김일성. “모든 힘을 조국의 통일독립과 공화국 및 북반부에서의 사회주의 건설을 위하여.” 『남조선혁명과 조국통일에 대하여』. 평양: 조선로동당출판사, 1969.
______. 『조국의 자주적 평화통일을 위하여』. 평양: 조선로동당출판사, 1981.
______. “조국의 자주적 평화통일을 이룩하자.” 『조선로동당 제6차 대회에서 한 중앙위

원회 사업총화 보고』. 평양: 조선로동당출판사, 1967.
______. 『조선민주주의인민공화국에서의 사회주의 건설과 남조선혁명에 대하여』. 평양: 조선노동당출판사, 1965.
______. "주체의 혁명적 기치를 높이 들고 사회주의, 공산주의의 위업을 끝까지 완수하자." 『조선중앙년감 1989』. 평양: 조선출판물수출입사, 1989.
『김일성저작선집 3』. 평양: 조선로동당출판사, 1975.
김재한. "북한체제의 대내적 위기와 대외적 대응." 『통일연구논총』 제6권 2호 (1997).
김창순. 『북한 십오년사』. 서울: 지문각, 1961.
김학노. "남과 북 서로주체적 통합의 밑그림." 『한국정치학회보』 제47집 4호 (2013, 가을).
김학성. "독일의 통일문제와 국내정치." 『통일정책연구』 제11권 1호 (2002).
김학준. "민족공동체와 남북한체제연합 연구." 『통일문제연구』 제1권 3호 (1989).
______. 『분단과 통일의 민족주의』. 서울: 소리출판, 1983.
김혁. "한반도 통일을 위한 대안적 이론체계의 모색: 인식론과 방법론을 중심으로." 『통일경제』 제27호 (1997, 3월).
김형기. 『남북관계 변천사』. 서울: 연세대학교 출판부, 2010.
남궁영. "남북정상회담과 통일방안의 새로운 접근: 연합제와 낮은 단계의 연방제." 『한국정치학회보』 제36집 1호 (2002, 봄).
______. "남북한 통일 방안 재고찰." 『통일경제』 제70호 (2000, 10월).
노중선. 『남북대화 백서: 남북교류의 갈등과 성과』. 서울: 한울 아카데미, 2000.
______. 『남북한 통일정책과 통일운동 50년』. 서울: 사계절, 1996.
노찬백. "남북통일에 관한 제 이론." 노찬백 외. 『탈냉전의 민족통일론』. 서울: 예진, 1993.
라종일. "북한통치의 반성 – 1950년 가을." 한국전쟁연구회 발표논문. 1997년 6월 25일.
류길재. "김정일 정권하의 북한체제와 체제변화 가능성의 검토." 『국가전략』 제3권 1호 (1997, 봄·여름).
리삼로. "조선통일과 아세아의 평화와 안전." 하와이 대학 개최 한반도통일국제학술회의 발표논문. 1992년 6월 23일-25일.
문성묵. "남북간 군사적 신뢰구축 현황과 향후 과제: 남북장성급 군사회담을 중심으로." 국방부. 『한반도 군비통제』. 2005년 6월.
문수언 외. "한반도 통일의 국제정치와 동북아 다자안보협력." 『국제정치논총』 제37집 3호 (1998).
민병천. "북한의 통일 목표와 전략." 신정현 편. 『북한의 통일정책』. 서울: 을유문화사, 1989.
민족통일연구원. 『북한동향』. 1998년 9월.
______. 『예멘 통합 사례연구』. 연구보고서 93-19. 1993년 12월.
______. 『한·일 안보협력방안 연구』. 서울: 민족통일연구원, 1996.
박건영 외. 『한반도 평화보고서』. 서울: 한울아카데미, 2002.
박명림. "북한의 붕괴와 남한의 통치, 1950년 가을: 북한 붕괴 위기의 1990년대 오늘의 의미와 시사." 한국정치외교사 편. 『한국전쟁과 휴전체제』. 서울: 집문당, 1998.
박성조. "동서독 간의 교류 및 협력형태와 남북한 교류에 주는 시준점." 『통일문제연구』 제1권 4호 (1989, 가을).
박순성. "북한경제와 체제변화." 『국제정치논총』 제36집 2호 (1996).

박영호. "한반도 군비통제의 가능성 모색." 한국국제정치학회 주최. 『한국군 50년과 한반도 안보환경』 학술회의 발표논문집. 1998년 9월 25일.
박재규 외. 『동남아정치론』. 서울: 법문사, 1983.
박정진. "남북기본합의서와 동서독 기본조약 비교." 『국제정치논총』 제53집 2호 (2013).
박태균. 『한국전쟁: 끝나지 않은 전쟁, 끝나야 할 전쟁』. 서울: 책과 함께, 2005.
박헌영. "8·15 해방 4주년 기념 보고서." 『근로자』. 1949년 8월 31일.
박형중. "사회주의경제의 체제전환전략: 급진론과 진화론." 『통일연구논총』 제6권 1호 (1997).
박후건. "북한의 후계체제와 김정일 정권 이후 북한의 정치체제 전망." 『현대북한연구』 제13권 3호 (2010).
배재식. "국가유형에 관한 연구." 서울대 법학연구소. 『법학』 제26권 1호 (1973).
백종천·김태현 (편). 『탈냉전기 한국 대외정책의 분석과 평가』. 서울: 세종연구소, 1998.
변종헌. 『남북한 관계와 한반도 통일: 성찰과 논의』. 서울: 인간사랑, 2014.
사회과학출판사. 『정치사전』. 평양: 사회과학출판사, 1973.
서병철. "독일 정치통합의 과정과 원동력." 『통일문제연구』 제5권 4호 (1993, 겨울).
______. "독일 통일의 성공 요인과 교훈." 한국정치외교사학회 주최 『정부수립 50년의 한국의 좌표와 미래의 전망』학술회의. 1998년 8월 10일.
서주석. "4자회담 개최시 한반도 평화체제 구축문제와 남북군사협상." 남북대화사무국 발표논문. 1996년 5월 21일.
서희경. "대한민국 건국기의 정부형태와 운영에 관한 연구: '대통령 권한의 통제'에 관한 논쟁을 중심으로." 『한국정치학회보』 제35집 1호 (2001, 봄).
선학태. "남북한 갈등해결 메카니즘." 『한국정치학회보』 제32집 3호 (1998, 가을).
세종연구소. 『'96 국민의식조사』. 1996년 7월.
송광성. 『미군점령 4년사』. 서울: 한울, 1993.
송남헌. 『해방3년사 1945-1948 I』. 서울: 까치, 1985.
신정현. 『북한의 통일정책』. 서울: 을유문화사, 1990.
아태평화재단. 『아태 통일연감』. 서울: 아태평화출판사, 1995.
안상욱. "유럽통합의 관점에서 본 독일통일: 유럽통합 진전에 따른 통일의 진전과 통합과정에서의 동유럽 통합절차와 차별성." 『국제정치논총』 제50집 5호 (2010).
양운철. "남북한 경제통합의 모색." 세종연구소 주최. 『남북한 이질화의 현황과 통합모델의 모색』 학술회의 발표논문. 1995년 8월 25일.
엄상윤. "한반도 통일의 이론적 모색: 지역적 양극체제와 약소국의 분단/통일." 『국제관계연구』 (2005, 가을).
오현철. "통일이념 구성을 위한 정치사상적 접근." 『통일정책연구』 제11권 2호 (2002, 겨울).
우철구. "새 통일의 통일정책과 '남북연합'형성에 관한 문제." 구영록·임용순 공편. 『한국의 통일정책』. 서울: 나남, 1993.
유병화. "남북한 UN 가입과 한국 통일의 법적 문제." 『통일문제연구』 제3권 3호 (1991, 가을).
유병화 외. 『국제법 I』. 서울: 법문사, 1999.
유석렬. "남북 당국자 회담 교착과 대화추진 및 유도방안." 한국세계지역연구협의회 발표논문. 1999년 5월 26일.

______. “남북한 통일 정책의 요지·쟁점과 전망.” 한국정치학회 주최. 『남북한 관계의 분야별 현황과 과제: 쟁점과 대책』 학술회의 발표논문. 1997년 11월 8일.
______. 『북한의 체제위기와 한반도 통일』. 서울: 박영사, 1997.
유재갑. “남북한 군비통제안의 비교와 대안적 접근.” 『한국정치학회보』 제29집 4호 (1995).
유지호. 『예멘의 남북통일: 평화통일의 매력과 위험성』. 서울: 서문당, 1997.
______. “예멘통일의 국제적 성격.” 『통일정책연구』 제11권 1호 (2002).
유호열. 『북한의 사회주의: 건설과 좌절』. 서울: 생각의 나무, 2004.
윤진표. “남북한 군사적 긴장상태의 해소를 위한 방안 연구.” 성신여자대학교 사회과학연구소. 『사회과학논총』 제8집 (1995).
윤진헌. 『한반도 분단사의 재조명: 분단의 과정과 책임』. 서울: 문우사, 1993.
이기동. “북한급변사태시 외부세력개입가능성 및 대책.” 『북한조사연구』 제2권 2호 (1999).
이기하. 『한국정당발달사』. 서울: 정치사, 1961.
이동윤. “분단과 갈등, 그리고 통일: 독일, 예멘, 베트남의 갈등관리 사례 비교.” 『통일정책연구』 제11권 2호 (2002).
이성구. “고려연방제의 변화에 관한 연구.” 한국정치학회 연례학술회의 발표 논문 (1999).
이영희. 『베트남전쟁』. 서울: 두레신서, 1985.
이완범. “해방 직후 남한 좌우합작 평가: 국제적 제약 요인과 관련하여, 1946-1947.” 『국제정치논총』 제47집 4호 (2007).
이용필 외. 『남북한 통합론: 이론적 및 경험적 연구』. 서울: 인간사랑, 1992.
이재헌. “국제 및 주변국의 군비통제 추이분석과 대응방향: 남북 군비통제 정책의 발전방향을 중심으로.” 『한반도 군비통제』 제21집 (1997, 7월).
이종석. 『분단시대의 통일학』. 서울: 한울 아카데미, 1998.
______. 『현대 북한의 이해: 사상·체제·지도자』. 서울: 역사비평사, 1995.
이철기. “한반도 평화체제: 정치·군사 분야의 과제와 방안.” 『남북정상회담 1주년기념 재외동포 초청 세미나 발표문』. 2001년 5월 24일.
이한. 『북한의 통일정책 변천사 上』. 서울: 온누리, 1988.
이홍구 외. 『분단과 통일, 그리고 민족주의』. 서울: 박영사, 1984.
임채완·장윤수. “연방제와의 비교를 통해 본 남북연합의 형성조건.” 『한국동북아논총』 제28집 (2003).
임혁백. “남북한 통일정책의 비교분석.” 이용필 외. 『남북한 통합론: 이론적 및 경험적 연구』. 서울: 인간사랑, 1992.
장명봉. “‘6·15 남북공동선언’과 통일방안의 대안모색: ‘연합제안’과 ‘낮은 단계의 연방제안’을 중심으로.” 북한법연구회. 『북한법연구』 제4호 (2001).
______. “국가연합에 관한 연구.” 『국제법학논총』 제33권 2호 (1988).
______. “특수한 국가결합형태로서의 유럽공동체와 노르딕협력체.” 『통일문제연구』 제2권 3호 (1990).
장병을 외. 『남북한 정치의 구조와 전망』. 서울: 한울 아카데미, 1994.
장수련. “북한의 대남혁명전략.” 통일연수원. 『민주통일론』. 1993.
전재성·김성배. 『통일의 외교안보 편익분석 및 대주변국 통일외교 전략』. 서울: 대외경제정책연구원, 2014.
전쟁기념사업회. 『한국전쟁사 제4권: 낙동강에서 압록강으로』. 1992.
정규섭. 『북한외교의 어제와 오늘』. 서울: 일신사, 1999.

______. “북한의 변화와 남북관계.” 『한국과 국제정치』 제8권 제2호 (1992, 가을·겨울).
정용길. “독일 통일 경험 분석: 독일 통일의 역사적 고찰과 시사점.” 『통일경제』 (1997).
정은이. “북미정상회담의 ‘컨밴션 효과’와 ‘무역외 수지’.” 통일연구원. Online Series, 2019.2.21.
제성호. 『한반도 평화체제의 모색』. 서울: 지평서원, 2000.
조민. “미군이 진주한 날: 1945년 오키나와에서 서울까지.” 『월간조선』, 1986년 8월호.
조선노동당. 『남조선혁명과 조국통일에 대한 우리 당의 방침』. 평양: 조국통일사, 1969.
조한범, 김병로, 박형중, 최의철, 최진욱. 『통일시나리오와 통일과성상의 정책추진 방안: 점진적 시나리오』. 서울: 통일연구원, 2002.
진단학회. 『한국사, 제3권』. 서울: 을유문화사, 1960.
______. 『한국사, 제6권』. 서울: 을유문화사, 1960.
최경희. “북한의 ‘2체제’ 통일전략에 관한 연구: 북한의 ‘수령권력’ 체제와 영구분단전략을 중심으로.” 『국제정치논총』 제54집 4호 (2016).
최상용. 『미군정과 한국민족주의』. 서울: 나남, 1989.
최진욱. 『현대 북한행정론』. 서울: 인간사랑, 2002.
최현호. 『남북한 민족통일론』. 서울: 형설출판사, 2003.
통일연구원. “통일환경 및 남북한관계 전망: 2005-2006.” 『연례정세보고서 2005』.
통일연수원. 『통일문제 이해』. 1996.
통일원. 『'92 북한개요』. 서울: 통일원, 1992.
______.『동서독 교류협력 사례집』. 서울: 통일원, 1993.
______. 『베트남 및 예멘의 통합사례 연구논문집』. 서울: 통일원, 1995.
______. 『통일백서 1995』. 서울: 통일원, 1995.
______. 『한민족공동체 통일방안의 실천과 제도화 연구』. 서울: 통일원, 1991.
한국역사연구회 현대사연구반. 『한국현대사 1: 해방직후의 변혁운동과 미군정』. 서울: 풀빛, 1991.
한국정치연구회. 『북한정치론』. 서울: 백산서당, 1990.
한반도평화포럼. 『통일은 과정이다』. 서울: 서해문집, 2015.
한용섭. 『한반도 평화와 군비통제』. 서울: 박영사, 2004.
한종수. “독일의 국가연합과 한반도 통일방안.” 『국제정치논총』 제42집 2호 (2002).
한태수. 『한국정당사』. 서울: 신태양사, 1961.
허남성, 윤종호, 이은득. “북한의 급변·붕괴사태 발생시 국제공조체제 구축방안.” 『정책연구』 제126호 (1997, 여름).
허재영, 송경호. “북한급변사태에 관한 이론적 논의: 선제공격론과 인도주의적 개입을 중심으로.” 『현대북한연구』 제19권 2호 (2016).
허종호. 『주체사상에 기초한 남조선 혁명과 조국통일 이론』. 평양: 사회과학출판사, 1975.
형성우, 이승철, 이영근. “바람직한 군사통합방안: 사례분석 및 교훈연구.” 『군사』 제57호 (2015, 12월).
홍순남. “합의에 의한 예멘통일과 한계.” 한국정치외교사학회 주최. 『정부수립 50년의 한국의 좌표와 미래의 전망』학술회의 발표논문. 1998년 8월 10일.
황진환. “남북한 군사적 신뢰구축 및 군비통제.” 『국제정치논총』 제41집 3호 (2001).

영문 자료

Acheson, Dean. *Present at the Creation: My Years in the State Department*. New York: W. W. Norton, 1969.

Almeida, Pedro, and Michael O'Hanlon. "Impasse in Korea: A Conventional Arms-Accord Solution?." *Survival.* Vol. 41, No. 1 (1999).

Appleman, Roy. *The United States Army in the Korean War: South to the Naktong, North to the Yalu.* Washington D. C.: Department of Army, 1961.

Barr, Stringfellow. *Citizens of the World. Garden City*. New York: Doubleday, 1953.

Berger, Carl. *The Korea Knot: A Military-Political History*. Philadelphia: University of Pennsylvania Press, 1964.

Bernier, I., *International Legal Aspects of Federalism.* London: Longmans, 1973.

Cho, Soon-Sung. *Korea in World Politics 1940–1950: An Evolution of American Responsibility*. Berkeley: University of California Press, 1981.

Chung, Henry. *The Russians Came to Korea.* Washington D.C.: The Korean Pacific Press, 1947.

Clark, Grenville, and Louis B. Sohn. *World Peace Through World Law*. Cambridge, Mass.: Harvard University Press, 1966.

Cobb, Roger, and Charles Elder. *International Community*. New York: Harcourt, Brace & World, 1970.

Codding, George A., Jr. "World federalism: the conceptual setting." in A. J. R. Groom and Paul Taylor. *Frameworks for International Co-operation.* London: Pinter Publishers, 1990.

Crabb, Cecil V., Jr. *The Doctrines of American Foreign Policy: Their Meaning, Role, and Future.* Baton Rouge and London: Louisiana State University Press, 1982.

Culberstone, Ely. *Total Peace: what makes wars and how to organize peace.* Garden City, N. Y.: Doubleday, 1943.

Department of State. *Bulletin*. 7 March 1948.

______. *Korea's Independence*. Far Eastern Series 18, October 1947.

______. *North Korea: A Case Study in the Technique of Takeover.* Far Eastern Series 103, January 1961.

Deutsch, Karl W. "The Growth of Nations: Some Recurrent Patterns of Political and Social Integration." in William D. Coplin and Charles W. Kegley, Jr. (eds.). *Analyzing International Relations*. New York: Praeger, 1975.

Deutsch, Karl W., et al. *Political Community and the North Atlantic Area*. Princeton: Princeton University Press, 1957.

______. "Political Community and the North Atlantic Community." in Anchor Anthology. *International Political Communities*. New York: Doubleday, 1966.

Farrar, Peter. "British Policy towards Korea during the Sino-Japanese War of 1894–5." *Association for Korean Studies in Europe (AKSE)* 주최 학술회의 발표문. 1985년 4월 10일–15일.

Fenwick, G. *International Law*. New York: Appleton & Staring Publishers, 1983.

Foot, Rosemary. *The Wrong War: American Policy and the Dimensions of the Korean*

Conflict, 1950–53. Ithaca and London: Cornell Univ. Press, 1985.
Galtung, Johan. *Peace by Peaceful Means*. London: Sage Publications, 1996.
Goldblat, Jozef. *Arms Control: A guide to Negotiations and Agreements*. Oslo: International Peace Research Institute, 1994.
Groom, A. J. R., and Paul Taylor. *Functionalism: Theory and Practice in International Relations*. London: University of London Press, 1975.
Haas, Ernst B. *The Uniting of Europe*. Stanford: Stanford University Press, 1958.
______. "The 'Uniting of Europe' and the Uniting of Latin America." *Journal of Common Market Studies*. Vol. 5. June 1967.
______. *The Uniting of Europe: Political, Social and Economic Forces 1950–1957*, 2nd ed. Stanford: Stanford University Press, 1968.
Halle, Louis J. *The Cold War as History*. London: Chatto & Windus, 1967.
Harrison, Reginald J. *Europe in Question: theories of regional international integration*. London: Allen & Unwin, 1974.
______. "Neo-functionalism." in A. J. R. Groom and Paul Taylor (eds.). *Frameworks for International Co-operation*. London: Pinter Publishers, 1990.
Henderson, Gregory. *Korea: The Politics of Vortex*. Cambridge. Mass: Harvard University Press, 1977.
Higgott, Richard. "De Facto and De Jure Regionalism: The Double Discourse of Regionalism in the Asia Pacific." *Global Security*. Vol. 11, No. 2. 1997.
Hodges, Michael. "Introduction." in Michael Hodges (ed.) *European Integration*. Harmondsworth: Penguin, 1972.
Holsti, K. J. *International Politics: A Framework for Analysis*. 4th ed. Englewood Cliffs, N. J.: Prentice-Hall Inc., 1983.
Isaacs, Harold. *No Peace for Asia*. New York: The MIT Press, 1947.
Kegley, Charles W. Jr., and Eugene R. Wittkopf. *World Politics: Trend and Transformation*. 3rd ed. London: Macmillan, 1989.
Kennan, George F. *American Diplomacy 1900–1950*. Chicago: University of Chicago Press, 1951.
Kim, Gye-Dong. *Foreign Intervention in Korea*. Aldershot, England: Dartmouth Publishing Company, 1993.
Kim, Hak Joon. *The Unification Policy of South and North Korea*. Seoul: Seoul National University Press, 1977.
Kim, Se-Jin. *Korean Unification*. Seoul: Research Center For Peace And Unification, 1976.
Kolko, Joyce, and Gabriel Kolko. *The Limits of Power: The World and United States Foreign Policy, 1945–1954*. New York: Harper & Row Publishers, 1972.
Lackner, Helen. "The Rise of the National Liberation Front as a Political Organization." in B. R. Pridham. *Contemporary Yemen: Politics and Historical Background*. London: Croom Helm, 1984.
Lee, ChongSik. "Negotiations among Private Group: The Case of the 1948 south-north Consultative Conference." *The Journal of Asiatic Studies*, Vol.13, No.4

(December 1970).
Lieber, Robert J. *Theory and World Politics*. Cambridge, Mass.: Wintrop Publishers Inc., 1972.
Lindberg, Leon N. *The Political Dynamics of European Economic Integration*. Stanford: Stanford University Press, 1963.
Lindberg, Leon N., and Stuart A. Scheingold. *Regional Integration: Theory and Research*. Cambridge: Harvard University Press, 1971.
Matray, James I. *The Reluctant Crusade: American Foreign Policy in Korea, 1941–1959*. Honolulu: University Press Hawaii, 1985.
Mattli, Walter. *The Logic of Regional Integration: Europe and Beyond*. Cambridge: Cambridge University Press, 1999.
McCormick, John. *The European Union: Politics and Policies*. 2d ed. Colorado: Westview Press, 2000.
Meade, E. G. *American Military Government in Korea*. New York: King's Crown Press, 1961.
Meyer, Cord, Jr. *Peace Anarchy*. Boston: Little Brown, 1947.
Mitrany, David. *A Working Peace System*. Chicago: Quadrangle Books, 1966.
______. "The Prospect of Integration: Federal or Functional." in A. J. R. Groom and Paul Taylor (eds.). *Functionalism: Theory and Practice in International Relations*. London: University of London Press, 1975.
Molan, Michael T. *Constitutional and Administrative Law Textbook*, 14th ed. London: HLT Publications, 1992.
Morgenthau, Hans J. *Politics Among Nations*. New York: Knopf, 1978.
Niebuhr, Reinhold. "The Illusion of World Government." *Bulletin of the Atomic Scientists*, Vol. 5 (October 1949).
Noland, Marcus. "Why North Korea Will Muddle Through." *Foreign Affairs*, Vol. 76 No. 4 (July/August, 1997).
Nugent, Neil. *The Government and Politics of the European Union*. 5th ed. Durham: Duke University Press, 2003.
Nye, Joseph S. "Comparing Common Markets: A revised Neofunctionalist Model." in Lindberg and Scheingold. *Regional Integration: Theory and Research*. Cambridge: Harvard University Press, 1971.
______. "Comparative Regional Integration: Concept and Measurement." *International Organization*, Vol. 22, No. 4 (1968).
______. *Peace in Parts: Integration and Conflict in Regional Organization*. Boston: Little Brown, 1971.
Oliver, Robert T. *Syngman Rhee: The Man behind the Myth*. New York: Dodd Mead and Company, 1955.
Panikkar, K. M. *In Two Chinas*. London: Allen and Unwin, 1955.
Pfaff, William. "The East German Past is Hard for West Germans to Bear." *International Herald Tribune*. 13 May 1992.
Reves, Emery. *The Anatomy of Peace*. New York: Harper & Brown, 1945.

Rosamond, Ben. *Theories of European Integration*. New York: St. Martin's Press, 2000.
Sarafan, Bertram D. "Military Government: Korea." *Far Eastern Survey*, Vol. 15 (20 November 1946).
Scalapino, Robert, and Chong Sik Lee. *Communism in Korea*. Vol.1. California: University of California Press, 1966.
Schmitter, Philippe. "Three Neo-Functional Hypotheses About International Integration." *International Organization,* Vol. 23, No. 1 (1969).
Schnabel, James E., and Robert J. Watson. *History of the Joint Chiefs of Staff.* Wilmington, Del.: Michael Glazier, 1979.
Suh, Dae-Sook. "North Korea: Emergence of an Elite Group." in Richard F. Starr (ed.). *Aspects of Modern Communism*. Columbia, South Carolina, 1968.
______. *The Korean Communist Movement 1918–1948*. Princeton: Princeton University Press, 1967.
Taylor, Paul. "Functionalism: the approach of David Mitrany." in A. J. R. Groom and Paul Taylor. (eds.). *Frameworks for International Co-operation*. London: Pinter Publishers, 1990.
Thody, Philip. *Europe since 1945*. London: Routledge, 2000.
Thompson, Robert, and John Kegan. *War in Peace: an analysis of wartime from 1945 to the present day*. London: Orbis, 1981.
Truman, Harry S. *Memoirs: Vol. 2 Years of Trial and Hope.* Garden City: Doubleday & Co, 1955.
UN Document, A/AC 18/28; A/AC 18/31; A/AC 18/SR 9.
______. A/AC 19/W 43/Add.4
______. "The Administration of the Territories Occupied by the United Nations Forces." A/RES/583-A, 12 October 1950.
UN General Assembly. *Official Records: Fifth Session*, Supplement No.20 (A/1775).
______. *Official Records: Third Session,* Part Ⅰ, Resolutions.
UN. *Official Record of the Second Session of the General Assembly*, 16 September – 29 November 1947, Plenary Meeting.
Urwin, Derek W. *A Political History Of Western Europe since 1945*, 5th ed. London and New York: Longman, 1992.
US Department of State, *Foreign Relations of the United States (FRUS)*.
Verzihl, J. H. W. *International Law in Historical Perspective*, Vol. 2. Leyden The Netherlands: Sijthoff, 1969.
Wallace, William. "Introduction: The Dynamics of European Integration." in William Wallace (ed.). *The Dynamics of European Integration*. London: Pinter/RIIA, 1990.
Weathersby, Kathryn. "Soviet Aims in Korea and the Origins of the Korean War, 1945–1950: New Evidence from Russian Archives." *CWIHP*. Working Paper #8.
Wenner, Manfred W. *The Yemen Arab Republic: Development and Change in an Ancient Land*. Boulder: Westview Press, 1991.

신문과 정기간행물

『동아일보』
『로동신문·근로자 공동논설』
『로동신문』
『서울신문』
『연합뉴스』
『조선일보』
『조선중앙년감』
『조선중앙통신』
『평양방송』
『한겨레』
New York Times
Seoul Times

정부문서

B.J.S.M. *Washington to Defence Ministry*. FMS 1, 5 December 1950, FE/50/49, FO800/517, PRO(Public Record Office: 영국공문서보관소).

Basic Initial Directive for Civil Affairs in Korea. JCS 1483/5, 17 October 1945, JCS Records, CCS 383.21 Korea (3-19-45) Sec.1, RG 218, NA.

Battle memorandum of a Meeting held on 5 December 1950. 7 December 1950, FRUS 1950, 7:1430-1432; Annex 3 & 4 & 11, 6 & 7 December 1950, PREM 8/1200, PRO.

Benninghoff to Atcheson. 10 October 1945, FRUS 1945, 6: 1070.

Hodge to Byrnes. 9 May 1946, FRUS 1946, 8:665-666

Hodge to MacArthur. TFGCG 159, 25 November 1945, FRUS 1945, 6:1133-34.

Hodge to War Department. TFGBI 99, 30 December 1945, DS Records, 740.00119 Control (Korea)/12-3045, Box 3828, RG 59, NA.

______. TFGCG206, 30 December 1945, JCS Records, CCS 381.21 Korea, Sec.3, Box 659, RG 218, NA

Jessup memorandum. 7 December 1950, FRUS 1950, 7:1462-1465; Annexes 5, 7 December 1950, PREM 8/1200, PRO.

Keesing's Contemporary Archives.

Langdon to Byrnes. 14 May 1946, DS Records, 740.00119 Control (Korea)/5-1446, Box 3828A, RG 59, National Archives.

Meeting of Truman and Attlee. Annex 1, 4 December 1950, PREM(Prime Minister Papers) 8/1200

Nitze memorandum. 4 November 1950, FRUS(Foreign Relations of the United States) 1950, 7:1041-1042.

Public Papers of the Presidents: Harry S. Truman 1950.

Steintorf to Byrnes. FRUS 1945, 6: 1041.

SWNCC 176/4. 10 September 1945, FRUS 1945, 6: 1044-1045.

US Minutes of the first meeting. 4 December 1950, FRUS 1950, 7:1361–1374.
Vincent to War Department. 7 November 1945, FRUS 1945, 6:1113–1114.

인터넷

통일부. http://unikorea.go.kr/kor/policy/Wht2001/-2.htm

찾아보기

5

5·24조치 195, 197, 203, 213

6

6·15공동선언 37, 161, 163, 176, 182, 184, 186, 188, 288, 291

6·23 평화통일외교정책 특별선언 275

7

7·4남북공동성명 32–33, 110, 126–128, 243, 264, 275, 278

7·7선언 ☞ 민족자존과 통일번영을 위한 특별선언 참조

9

9·19정상회담선언 207

S

SWNCC ☞ 국무성-전쟁성-해군성 합동위원회 참조

U

UNCURK ☞ 유엔 한국통일부흥위원단 참조

ㄱ

개성공단 37, 163, 165, 169–170, 172, 177–178, 183–185, 187–189, 195, 200, 204, 213; 개성공단 중단 200–201

건국준비위원회 59–61

경제상호원조회의(COMECON) 405

고려민주연방공화국 창립방안 43, 267, 278, 282, 284, 286, 291

고려연방제 통일방안 275–277, 281

구조적 군비통제 224, 227, 230

국가고문회의 64

국가성(stateness) 309–311, 342

국무성-전쟁성-해군성 합동위원회(SWNCC) 56, 63

군비통제 215, 223–230, 247

금강산 관광 36, 118, 156, 164, 169, 174, 177, 183–184, 187, 190–195, 204–205, 210, 213

기능주의(functionalism) 5, 22–27, 31–34, 37, 124, 130, 134, 157, 243

김대중 3단계 통일방안 254

ㄴ

남북경제협력추진위원회 163–164

남북고위급회담 34, 141–142

남북공동연락사무소 204, 206, 209

남북관계 발전과 평화번영을 위한 선언 176, 220

남북군사공동위원회 145, 205, 221, 228
남북기본합의서(남북 사이의 화해와 불가침 및 교류·협력에 관한 합의서) 32, 34–35, 117, 142–143, 146–148, 156, 221–222, 228, 265, 310, 501
남북연락사무소 146
남북연방제 270, 272–274, 277–278, 281; 남북연방제 통일방안 260, 272
남북정상회담 37, 138, 150–151, 157, 159–160, 164, 176, 178, 205, 251, 254–255
남북조절위원회 33, 127–129
낮은 단계 연방 160, 286, 290–291
냉전 종식 3, 34, 135, 157, 223, 283, 292, 317, 322, 328–329, 506
닉슨독트린 123, 471

ㄷ

다원적 안전공동체 17
다원주의 30
대량살상무기 5, 153, 202, 228, 230, 233, 298, 300, 319, 339, 341
대청해전 118, 122
대표민주의원(代表民主議院) 73, 75
대한독립촉성국민회 79
도끼만행사건 110
도이모이 (개혁)정책 494–495
독립촉성중앙협의회 67
독소불가침조약 356, 361
독일관련 최종처리에 관한 조약(Treaty of Final Settlement on Germany) 384
동서독 기본조약 362, 366

ㅁ

미소공동위원회 74–76
민족공동체 3단계 통일방안(민족공동체 건설을 위한 3단계 통일방안) 238, 249, 252–254, 286
민족공동체헌장 249
민족자존과 통일번영을 위한 특별선언(7·7선언) 34, 136–137, 178, 202
민족화합 민주통일 방안 246
민주주의민족전선(민전) 74–75

ㅂ

반탁운동 73
범민족대회 138–139
베를린선언 157–158
베를린장벽의 붕괴 376–377
베를린협정 366
봉쇄정책(containment policy) 83, 152
북대서양조약기구(NATO: North Atlantic Treaty Organization) 13, 84, 87, 355, 357–358, 364, 398, 401, 499
북미정상회담 207–209
북방한계선(NLL) 109, 116–118, 120, 172, 175, 177, 190, 204–205, 220–221
브레즈네프독트린 405
비핵 5원칙 149
비핵·개방 3000 181
비핵화 공동선언 146, 149

ㅅ

서해교전 118, 167
서해평화협력특별지대 177, 220
소극적 평화 215
신기능주의(neo-functionalism) 5, 22, 26–29, 32–35, 37, 147, 157, 246
신탁청(Treuhandanstalt) 390
신탁통치 54–55, 70–74, 84

ㅇ

아웅산 국립묘지 113–114
안전공동체(security community) 17
역류효과(spill-back) 28

연평해전 118
완충지대안 97
운용적 군비통제 224, 227
원자력법(Atomic Energy Act) 98
유럽경제공동체(EEC) 3
유럽공동체(EC) 3, 368, 405
유럽석탄철강공동체(ECSC) 3
유럽안보협력회의(CSCE: Conference on Security and Cooperation in Europe) 112, 362, 371, 377, 381, 384, 404
유럽통합 3–5, 12–14, 20, 30–31, 33, 148, 223
유엔 동시가입 142
유엔 한국통일부흥위원단(UNCURK) 314–316, 319
유엔한국임시위원단(UNTCOK: United Nations Temporary Commission on Korea) 76
융합적 안전공동체 17
인도적 지원 154, 157, 195, 197
인민공화국 64–66
인민위원회 59–60, 64–65
인천상륙작전 93–94
임진강 공동수해방지 사업 166

ㅈ

작은 걸음정책 355, 360
적극적 평화 215
정경분리 원칙 32, 36–37
조국통일 5대 강령 275–276
조선건국동맹 58
조선인민공화국 61
좌우합작위원회 75
지체효과(spill-around) 28

ㅊ

천안함 193–194
초국가주의 29

ㅌ

통미봉남(通美封南) 35, 116, 150, 152
통일비용 2, 4, 296, 343, 386, 389–390, 393, 407, 498
통킹만 사건 468
트루먼독트린 83–84

ㅍ

파급효과(spill-over) 27; 파급효과의 정치화 27–28
파리협정 473–474
판문점선언 204, 208, 218–219, 221
평양공동선언 204–205
평화공동체(peace community) 221–223
평화번영정책 168
평화체제 6, 22, 112, 153, 198, 204, 208, 217–219, 221, 223–224, 227, 251, 255
평화통일 3대 기본원칙 130
평화통일을 위한 외교정책 특별선언 244
평화협정 130, 204, 216–217, 219, 221, 282
푸에블로호 107–110

ㅎ

한국민주당 64, 79
한미 팀스피리트 훈련 133–134, 148
한민당 75, 80
한민족공동체 통일방안 34, 247, 250
할슈타인 원칙 355, 361
항미원조전쟁(抗美援朝戰爭) 98
핵-경협연계원칙 35, 149–150, 163
핵확산금지조약(NPT) 35, 116, 148–149, 163, 265, 361
헬싱키 의정서 112

저자소개

김계동 (kipoxon@hanmail.net)

연세대학교 정치외교학과 졸업
영국 옥스퍼드대학교 정치학 박사

현 건국대학교 안보·재난관리학과 초빙교수,
군사편찬연구소 자문위원

연세대학교 국가관리연구원 교수
국가정보대학원 교수(교수실장)
한국국방연구원 연구위원
한국전쟁학회 회장
한국정치학회 부회장
국가정보학회 부회장
국제정치학회 이사
국가안보회의(NSC)/민주평통 자문회의/국군기무사 자문위원
연세대, 고려대, 경희대, 성신여대, 국민대, 숭실대, 숙명여대, 동국대,
통일교육원 강사 역임

〈연구실적〉

1. 단독저서

Foreign Intervention in Korea (Dartmouth Publishing Company, 1993)
『한반도의 분단과 전쟁 : 민족분열과 국제개입·갈등』 (서울대출판부, 2000)
『북한의 외교정책 : 벼랑에 선 줄타기 외교의 선택』 (백산서당, 2002)

『남북한체제통합론: 이론·역사·정책·경험』(명인문화사, 2006)
『현대유럽정치론: 정치의 통합과 통합의 정치』(서울대출판부, 2007)
『북한의 외교정책과 대외관계: 협상과 도전의 전략적 선택』(명인문화사, 2012)
『한반도 분단, 누구의 책임인가?』(명인문화사, 2012)
『북한의 외교: 먹기 위한 개방, 살기 위한 핵외교』(살림출판사, 2012)
『한국전쟁, 불가피한 선택이었나』(명인문화사, 2014)

2. 공동저서

『세계외교정책론』(을유문화사, 1995)
『남북한 통일외교의 구조와 전략』(세종연구소, 1997)
『새로운 동북아질서와 한반도』(법문사, 1998)
『한국의 외교정책』(오름, 1998)
『21세기 한국의 외교정책』(나남출판, 1999)
『탈냉전시대 한국전쟁의 재조명』(백산서당, 2000)
『21세기 남북관계론』(법문사, 2000)
『한국전쟁과 중국』(백산서당, 2001)
『유럽 질서의 이해: 구조적 변화와 지속』(오름, 2003)
『동북아 신질서: 경제협력과 지역안보』(백산서당, 2004)
『한반도의 평화와 통일』(백산서당, 2005)
『유럽연합체제의 이해』(백산서당, 2005)
『남북한비교론』(명인문화사, 2006)
『한국현대사의 재조명』(명인문화사, 2007)
『북한체제의 이해: 제도와 정책의 지속과 변화』(명인문화사, 2009)
『한미관계론』(명인문화사, 2012)
『북한의 체제와 정책: 김정은시대의 변화와 지속』(명인문화사, 2014)
『현대 한미관계의 이해』(명인문화사, 2019)
『한국사회논쟁: 민주사회 발전을 위한 찬성과 반대논리』(명인문화사, 2019)
『한반도 국제관계사』(한울, 2019)
『한국정치와 정부』(명인문화사, 2020)

3. 단독번역

『국가정보: 비밀에서 정책까지』(명인문화사, 2008)
『국제관계와 세계정치』(명인문화사, 2013)
『동북아 정치: 변화와 지속』(명인문화사, 2015)
『현대 유럽의 이해』(명인문화사, 2017)
『정치학의 이해』(명인문화사, 2018)

4. 공동번역

『현대정치학』(을유문화사, 1994)
『글로벌 이슈: 세계화의 도전과 대응』(명인문화사, 2006)
『현대비교정치론』(명인문화사, 2007)
『테러리즘: 개념과 쟁점』(명인문화사, 2008)
『세계화의 논쟁: 국제관계 접근에서의 찬성과 반대논리』(명인문화사, 2010)
『정치학 방법론』(명인문화사, 2010)
『국제지구의 이해: 글로벌 거버넌스의 정치와 과정, 3판』(명인문화사, 2017)
『비교정부와 정치, 10판』(명인문화사, 2017)
『세계화와 글로벌 이슈 6판』(명인문화사, 2018)
『정치학개론: 권력과 선택, 15판』(명인문화사, 2019)

5. 논문

"Who Initiated the Korean War?." James Cotton (ed.), *Korean War in History* (Manchester University Press, 1989)

"한반도 분단과 전쟁에 있어서 외세의 역할." 『사회과학연구』 창간호, 1989년.

"한미방위조약 체결과정과 개선방안." 『사상과 정책』 1989년 여름.

"The Legacy of Foreign Intervention in Korea: Division and War." *Korea and World Affairs*, Summer 1990.

"Prospects for North East Asia in the 1990s." *East Asian Review* Vol.2, No.1, Spring 1990.

"Diplomacy of Constraint and Cooperation: The British Decision to Intervene in the Korean War." *Korea Observer* Vol.21, No.2, Summer 1990.

"미국의 대한반도 군사정책변화(1948-1950) : 철수·불개입에서 한국전 참전으로의 결정과정." 『군사』 1990년.
"한국전쟁을 보는 시각 : 전쟁기원과 중국의 참전과정." 『통일문제연구』 1990년 여름.
"미·북한관계 변화과정과 개선전망." 『국방논집』 제13호, 1991 봄.
"북방정책과 남북한관계 변화." 『통일문제연구』 제3권 4호, 1991 겨울.
"South Korea's Nordpolitik and its Impact on Inter-Korean Relations." *East Asian Review*. Spring 1992.
"강대국 군사개입의 국내정치적 영향: 한국전쟁시 미국의 이대통령 제거 계획." 『국제정치논총』 제32집 1호, 1992년.
"한국전쟁이 탈냉전시대에 주는 교훈." 『자유공론』 1992년 6월.
"북한의 대미·일 관계개선 : 가능성과 한계." 『국방논집』 제19호, 1992 가을.
"유럽통합과 한국의 대응방안." 『정책연구』 1993년.
"한국전쟁시 유엔의 역할 연구." 『자유공론』 1993년 6월.
"국제평화기구로서 유엔역할의 한계." 『국제정치논총』 제34집 1호, 1994.
"다자안보기구의 유형별 비교연구: 유럽통합과정에서의 논쟁을 중심으로" 『한국정치학회보』 제28집 1호, 1994.
"유럽통합의 최종목표 : 국가연합 또는 련방국가?." 『외교』 1994년.
"탈냉전시대 한국전쟁의 의미 연구." 『자유공론』 1994년 6월.
"한국전 휴전협상의 추진배경 연구: 전선의 안정과 정치적 결말 모색." 『한국군사』 창간호, 1995년 7월.
"김정일 체제의 대외관계 전망." 『통일경제』 1995년 9월.
"남북한 경제협력: 현황과 전망." 『국제관계연구』 제8집, 1995.
"한국전쟁 초기 인도·영국의 평화적 종전 모색." 『군사』 제30호, 1995.
"북한의 대외개방정책 : 여건조성과 정책방향." 『국방논집』 제30호, 1995 여름.
"북한의 대미정책 : 적대에서 협력관계로의 전환모색." 『국제정치논총』 제34집 2호, 1995년.
"남북한 체제통합: 이론과 실제." 『국제정치논총』 제36집 2호, 1996.
"유럽통합연구: 배경 및 추진방향." 『국제관계연구』제9집, 1996.
"한국의 안보전략구상."『국가전략』 제3권 1호, 1997.
"주변4강의 대한반도 정책과 한반도 평화체제 구축." 『입법조사연구』 제250호, 1998년 4월.

"Outlook for Relations between the Two Koreas and their Neighbors." *Korean Observations on Foreign Relations* Vol.3, No.1, June 2001.

"화해·협력시대 한반도와 주변국관계 전망." 『외교』 제55호, 2000년 10월.

"중국의 한국전 개입에 관한 영국의 정책." 『군사(軍史)』 제41호, 2000년 12월호.

"한반도 분단·전쟁에 대한 주변국의 정책 : 세력균형이론을 분석틀로." 『한국정치학회보』 제35집 1호, 2001년.

"한미동맹관계의 재조명: 동맹이론을 분석틀로." 『국제정치논총』 제41집 2호, 2001년.

"지역통합이론 연구: 유럽통합을 중심으로." 『세계정치연구』 제1권 2호, 2002년.

"한반도 평화체제 구상." 『국방정책연구』 제61호, 2003년 가을.

"중국의 한국전 개입 이후 미국의 세력권 회복 전략." 『군사(軍史)』 제56호, 2005.

"한국의 대북한정책 변화에 대한 이론적 연구." 『국방정책연구』 제24권 1호, 2008년 봄.

"한반도 분단과 전쟁 과정에서의 유엔의 역할." 『군사(軍史)』 제67호, 2008.

"유럽의 외교안보정책 협력: 자율성과 정체성의 모색과 한계." 『국방정책연구』 제27권 2호, 2011년 여름.

"한반도 평화와 동북아 다자안보체제 구상." 『외교안보연구』 제8권 1호, 2012년 6월.

"한국전쟁은 더 빨리 끝날 수 없었는가?: 평화중재의 시도와 좌절." 『군사(軍史)』 제83호, 2012년 6월.

"남북한 체제통합을 위한 한국의 전략." 『통일연구』 제16권 1호, 2012.

명인문화사 정치학 관련 서적

정치학 분야

정치학의 이해 Roskin 외 지음 / 김계동 옮김

정치학개론: 권력과 선택, 15판
Shively 지음 / 김계동, 민병오, 윤진표, 이유진 최동주 옮김

비교정부와 정치, 제10판
Hague, Harrop, McCormick 지음 / 김계동, 김 욱, 민병오, 윤진표, 이유진 옮김

정치학방법론
Burnham 외 지음 / 김계동 외 옮김

정치이론 Heywood 지음 / 권만학 옮김

정치 이데올로기: 이론과 실제
Baradat 지음 / 권만학 옮김

민주주의국가이론
Dryzek, Dunleavy 지음/ 김욱 옮김

신자유주의
Cahill, Martijn Konings 지음 / 최영미 옮김

정치사회학 Clemens 지음 / 박기덕 옮김

복지국가: 이론, 사례, 정책 정진화 지음

포커스그룹: 응용조사 실행방법
Krueger, Casey 지음 / 민병오, 조대현 옮김

문화로 읽는 세계
Gannon, Pillai 지음 / 남경희, 변하나 옮김

거버넌스의 정치학: 한국정치의 새로운 패러다임 모색 김의영 지음

한국현대사의 재조명 한국전쟁학회 편

성공하는 리더십의 조건
Keohane지음 / 심양섭, 이면우 옮김

여성, 권력과 정치
Stevens 지음 / 김영신 옮김

국제관계 분야

국제관계와 세계정치
Heywood 지음 / 김계동 옮김

국제정치경제
Balaam, Dillman 지음 / 민병오 외 옮김

국제관계이론 Daddow 지음 / 이상현 옮김

국제기구의 이해: 글로벌 거버넌스의 정치와 과정, 제3판
Karns, Mingst, Stiles 지음 / 김계동, 김현욱, 민병오, 이상현, 이유진, 황규득 옮김

현대외교정책론, 제3판
김계동, 김태효, 유진석 외 지음

외교: 원리와 실제
Berridge 지음 / 심양섭 옮김

세계화와 글로벌 이슈, 제6판
Snarr 외 지음 / 김계동, 민병오, 박영호, 차재권, 최영미 옮김

세계화의 논쟁: 국제관계 접근에서의 찬성과 반대논리, 제2판
Haas, Hird 엮음 / 이상현 옮김

현대 한미관계의 이해
김계동, 김준형, 박태균 외 지음

글로벌 환경정치와 정책
Chasek, Downie, Brown 지음 / 이유진 옮김

핵무기의 정치 Futter 지음 / 고봉준 옮김

비핵화의 정치 전봉근 지음

비정부기구(NGO)의 이해
Lewis, Kanji 지음 / 최은봉 옮김

한국의 중견국 외교
손열, 김상배, 이승주 외 지음

자본주의 Coates 지음 / 심양섭 옮김

지역정치 분야

동아시아 국제관계
McDougall 지음 / 박기덕 옮김

동북아 정치: 변화와 지속
Lim 지음 / 김계동 옮김

일본정치론
이가라시 아키오 지음 / 김두승 옮김

현대 중국의 이해, 제3판
Brown 지음 / 김흥규 옮김

현대 미국의 이해
Duncan, Goddard 지음 / 민병오 옮김

현대 러시아의 이해
Bacan 지음 / 김진영 외 옮김

현대 일본의 이해
McCargo 지음 / 이승주, 한의석 옮김

현대 유럽의 이해
Outhwaite 지음 / 김계동 옮김

현대 동남아의 이해, 제2판 윤진표 지음

현대 아프리카의 이해
Graham 지음 / 김성수 옮김

현대동아시아의 이해
Kaup 편 / 민병오, 김영신, 이상율, 차재권 옮김

미국정치와 정부
Bowles, McMahon 지음 / 김욱 옮김

미국외교정책: 강대국의 패러독스
Hook 지음 / 이상현 옮김

세계질서의 미래 Acharya 지음 / 마상윤 옮김

알자지라 효과 Seib 지음 / 서정민 옮김

일대일로의 국제정치 이승주 편

중일관계
Pugliese & Insisa 지음 / 최은봉 옮김

북한, 남북한 관계 분야

북한의 외교정책과 대외관계: 협상과 도전의 전략적 선택 김계동 지음

북한의 체제와 정책: 김정은시대의 변화와 지속 체제통합연구회 편

북한의 통치체제: 지배구조와 사회통제
안희창 지음

남북한 체제통합론: 이론 · 역사 · 경험 · 정책
김계동 지음

한국전쟁, 불가피한 선택이었나
김계동 지음

한반도 분단, 누구의 책임인가?
김계동 지음

한류, 통일의 바람 강동완, 박정란 지음

안보, 정보 분야

국제안보의 이해: 이론과 실제
Hough, Malik, Moran, Pilbeam 지음 / 고봉준, 김지용 옮김

전쟁과 평화
Barash, Webel 지음 / 송승종, 유재현 옮김

국제안보: 쟁점과 해결
Morgan 지음 / 민병오 옮김

전쟁: 목적과 수단
Codevilla 외 지음 / 김양명 옮김

국가정보: 비밀에서 정책까지
Lowenthal 지음 / 김계동 옮김

국가정보의 이해: 소리없는 전쟁
Shulsky, Schmitt 지음/ 신유섭 옮김

테러리즘: 개념과 쟁점
Martin 지음 / 김계동 외 옮김